AF377802

Richelieu

F n 48

f° F₃

18110

LOUIS, par la grace de Dieu Roi de France & de Navarre, au premier Huiffier de notre Cour de Parlement, ou autre Huiffier ou Sergent fur ce requis, fçavoir faifons: Qu'entre Meffire Louis-François-Armand Dupleffis, Duc de Richelieu, de Fronfac, Pair de France, Chevalier de nos Ordres, héritier fubftitué de Meffire Armand-Jean Dupleffis, Cardinal Duc de Richelieu, fon grand oncle, Demandeur aux fins des Lettres-Patentes par Nous à lui accordées le 2 Août 1733, enregiftrées le 7 Septembre de la même année, & exploit donné en conféquence au Grand Confeil le 26 Mai 1735, & depuis évoqué & retenu en la Grand'Chambre de notredite Cour, par Arrêt contradictoire du 25 Juin 1736 d'une part; & Meffire Louis-Guillaume de Chuberé, Confeiller honoraire au Parlement, Défendeur d'autre part; & encore entre ledit Duc de Richelieu, Demandeur aux fins defdites Lettres-Patentes dudit jour 2 Août 1733, enregiftrées au Grand Confeil le 7 Septembre de la même année, & exploit donné en conféquence au Grand Confeil le 27 Mai 1735, & depuis évoqué & retenu en la Grand'Chambre de notredite Cour, par Arrêt contradictoire dudit jour 25 dudit mois de Juin, d'une part; & Emmanuel-François Gobert, Marchand Bourgeois de Paris, Défendeur d'autre part; & encore entre Marie-Anne Delorme, veuve de Charles Gobert, Marchand Bourgeois de Paris, en fon nom, à caufe de la communauté de biens qui a été entre eux, Jean-Charles Gobert, Marchand Bourgeois de Paris, Pierre Thuyard, Confeiller en la Cour des Monnoyes, & Marie-Anne Gobert fon époufe, Pierre Bruffet, Huiffier ordinaire de notre Confeil, & Marie-Catherine Gobert fon époufe, & Jacques Jude, notre Confeiller Notaire au Châtelet de Paris, & Marie-Marguerite Gobert fon époufe, lefdits Gobert héritiers dudit Emmanuel-François Gobert leur frere & dudit défunt Charles Gobert leur pere, Demandeurs en Requête du 22 Juin 1735, d'une part, & ledit Duc de Richelieu Défendeur, d'autre part; & encore entre ledit Duc de Richelieu, Demandeur aux fins defdites Lettres-Patentes du 2 Août 1733, enregiftrées au Grand Confeil le 7 Septembre de la même année, & exploits donnés en conféquence au Grand Confeil les 17 Août & 15 Décembre 1735, évoqués & retenus en la Grand'Chambre de notredite Cour, par Arrêt contradictoire du 24 Juillet 1735, d'une part; & Henriette de Marpon, veuve de Meffire Louis-Charles Gilbert, Préfident en la Chambre des Comptes, tant pour elle que pour fes co-propriétaires de la maifon en queftion, fife rue Neuve des Bons-Enfans, & Demoifelle Marie Gilbert, fille majeure & héritiere dudit défunt Meffire Louis-Charles Gilbert, Préfident en la Chambre des Comptes, fon pere, Défendereffes, d'autre part; & entre lefdits Louis-Guillaume de Chuberé, Confeiller honoraire au Parlement, François Gobert, Bourgeois de Paris, Marie-Anne Delorme, veuve de Charles Gobert, Simon Gobert, Pierre Thuyard, Confeiller en la Cour des Monnoies, Marie-Anne Gobert, fon époufe, Jacques Jude, Marie-Marguerite Gobert fon époufe, Henriette de Marpon, veuve de Louis-Charles Gilbert, Préfident en la Chambre des Comptes, ès noms & qualités qu'elle procede, Demandeurs en Requête du 5 Janvier 1737, d'une part; & le Duc de Richelieu, Défendeur d'autre part; & entre ledit Duc de Richelieu, Demandeur aux fins defdites Lettres-Patentes du 2 Août 1733, regiftrées au Grand Confeil le 7 Septembre de la même année, & Exploit donné en conféquence au Grand Confeil le 13 Août 1735, depuis évoqué & retenu en la Grand'Chambre de notredite Cour, par Arrêt contradictoire du 25 Juin 1735, d'une part; & Meffire Charles-Paul Payen, notre Confeiller, Maître ordinaire en notre Chambre des Comptes, tant pour lui que pour fes co-propriétaires de la maifon en queftion, Défendeur, d'autre part; & entre ledit Duc de Richelieu, Demandeur aux fins defdites Lettres-Patentes dudit jour 2 Août 1733, enregiftrées au Grand Confeil ledit jour 7 Septembre de la même année, & Exploit donné en conféquence au Grand Confeil le 16 Décembre 1735, depuis évoqué & retenu en la Grand'Chambre de notredite Cour, par Arrêt contradictoire du 24 Juillet 1736, d'une part; & Marie-Henriette le Ferron, veuve de Me Nicolas Payen, Lieutenant-Général & Premier Préfident au Préfidial de la ville de Meaux, Défendereffe d'autre part; & entre ledit Duc de Richelieu, Demandeur aux fins defdites Lettres-Patentes dudit jour 2 Août 1733, enregiftrées eu Grand Confeil le 7 Septembre fuivant, & Exploits donnés en conféquence des 15 & 17 Décembre 1735, & depuis évoqués & retenus en notredite Cour par Arrêt contradictoire du 24 Juillet 1736, d'une part; & Auger, veuve de Me Nicolas Payen de Frecourt, tutrice de la Demoifelle Payen fa fille, héritiere dudit défunt fieur Payen, Lieutenant-Général & Premier Préfident au Préfidial de Meaux, Me Jean-Baptifte-Matthieu Payen, Prêtre, Chanoine de l'Eglife Cathédrale de Paris, Me Hugues-Florent-Gabriel Payen de Montmort, Maître-d'Hôtel de Notre Majefté, enfans & héritiers & bien-tenans dudit défunt fieur Payen, Lieutenant-Général & Premier Préfident au Préfidial de Meaux, & Meffire Jean-Baptifte de la Barre, Chevalier, Seigneur de Martigny, ancien Moufquetaire, & Catherine-Helene de Lozieres de Thunne fon époufe, icelle fille & héritiere de Dame Payen, & dudit fieur de Thunne, icelle Dame Payen de Thunne héritiere dudit défunt fieur Payen, Lieutenant-Général & Premier Préfident en la ville de Meaux, tant pour eux que pour les autres enfans dudit défunt fieur de Thunne & la Dame fon époufe héritiere dudit défunt fieur Payen, Lieutenant-Général, & Premier Préfident au Préfidial de Meaux, leur ayeul, Défendeurs & Défendereffes, d'autre part; & entre lefdits fieurs Charles-Paul Payen, notre Confeiller, Maître ordinaire des Comptes, Marie-Helene le Feron, veuve de Me Nicolas Payen, Lieutenant Général & Premier Préfident au Préfidial de Meaux, Dame Auger, veuve de Me Nicolas Payen de Frecourt, tutrice de la Demoifelle fa fille, Jean-Baptifte-Matthieu Payen, Chanoine de l'Eglife Cathédrale de Notre-Dame de Paris, Hugues-Florent-Gabriel Payen de Montmort, notre Maître d'Hôtel, Jean-Baptifte de la Bare, Chevalier, Seigneur de Martigny, ancien Moufquetaire, Catherine de Rofieré fon époufe, Demandeurs en Requête du cinq Janvier 1737, d'une part; & ledit Duc de Richelieu Défendeur d'autre part; & entre ledit Duc de Richelieu, Demandeur aux fins defdites Lettres-Patentes du 2 Août 1733, enregiftrées au Grand Confeil le 7 Septembre de la même année, & Exploits donnés au Grand Confeil les 13 & 17 Août 1735, & depuis évoqués & retenus en notredite Cour, par Arrêt contradictoire du 25 Juin 1736 d'une part; & Me Charles-Marin Hurfon, Confeiller au Parlement, & Demoifelle Elifabeth-Angelique Hardouin, fille majeure, Défendeurs, d'autre part; & entre ledit Charles-Marin Hurfon, & ladite Demoifelle Elifabeth-Angelique Hardoin, fille majeure, Demandeurs en requête du 5 Janvier 1737, d'une part, & ledit Duc de Richelieu Défendeur, d'autre part; & entre ledit fieur Duc de Richelieu, Demandeur aux fins defdites Lettres-Patentes du 2 Août 1733, enregiftrées au Grand Confeil le 7 Septembre de la même année, & Exploit donné au Grand Confeil le 7 Septembre 1735, d'une part; & Me Claude de Bretet, Chevalier, Marquis de Languetot, Défendeur, d'autre part; & entre Dame Catherine Groullard, veuve de Jacques Thieurville, Demandereffe aux fins de la Requête par elle préfentée au Grand Confeil, & Ordonnance au bas d'icelle du 13 Décembre 1735, ladite Requête & demande en intervention, circonftances & dépendances, évoquée & retenue en la Grand'Chambre de notredite Cour, par Arrêt du premier Septembre 1736, d'une part, & ledit Duc de Richelieu & ledit Claude de Bretet de Languetot, Défendeurs, d'autre part; & entre ledit Duc de Richelieu, Demandeur en Requête du 4 Janvier 1737, d'une part, & ladite Dame Anne-Catherine Groullard, veuve de Jacques Thieurville, Défendereffe, d'autre part; & entre ledit fieur

A.

de Brétet, Marquis de Languétot, & la Dame Catherine Groullard, veuve de Jacques Thieurville, Demandeurs en Requête du dix-sept Janvier 1737, d'une part, & ledit Duc de Richelieu Défendeur, d'autre part ; &
entre ledit Duc de Richelieu, Demandeur aux fins desdites Lettres Patentes du 2 deux Août 1733, enregistrées
au Grand Conseil le 7 Septembre de la même année, & Exploit donné au Grand Conseil le 20 Août 1735,
ledit Exploit de demande, circonstances & dépendances évoqué & retenu en notredite Cour par Arrêt du 24
Juillet 1736, d'une part ; & Me Joseph-Jean-Baptiste Gilbert de Saint-Lubin, Président en la Chambre des
Comptes, Défendeur, d'autre part ; & entre ledit sieur Gilbert de Saint-Lubin, Demandeur en Requête présentée en notredite Cour le le 19 Janvier 1737, d'une part, & ledit Duc de Richelieu, Défendeur, d'autre
part ; & entre ledit Duc de Richelieu, Demandeur aux fins desdites Lettres Patentes dudit jour 2 Août 1733,
enregistrées au Grand Conseil le 7 Septembre de la même année, de l'Arrêt du Grand Conseil du 6 Décembre 1735, & Exploit donné en conséquence au Grand Conseil le 13 Janvier 1736, évoqué & retenu en notredite Cour par Arrêt contradictoire du 29 Août 1736, d'une part ; & Me Lambert, Cornette au Régiment
d'Harcourt Dragon, émancipé d'âge, procédant sous l'autorité de Me Meny, ancien Procureur au Châtelet, son
Curateur aux causes, & ledit Me Meny audit nom de Curateur dudit sieur Lambert, Défendeur, d'autre part, &
entre ledit sieur Lambert & ledit sieur Me Meny, ès noms, Demandeurs en Requête présentée en notredite Cour
le 30 Janvier 1737, d'une part, & ledit Duc de Richelieu, Défendeur, d'autre part ; & entre ledit sieur de Chuberé, Emmanuel-François Gobert, Marie-Anne Delorme, veuve de Charles Gobert, Jean-Charles Gobert,
Pierre Thuynard, Marie-Anne Gobert son épouse, Pierre Brisset, Marie-Catherine Gobert son épouse,
Jacques Judde, & Marie-Marguerite Gobert son épouse, Demandeurs aux fins de la Requête, Ordonnance
& Exploit donnés au Grand Conseil, des 17 & 20 Décembre 1735, lesdites demande & assignation depuis
évoquées & retenues en notredite Cour, par Arrêt du 25 Juin 1736 d'une part, & Messire Charles-Jean-François Hénault, notre Conseiller en nos Conseils, Président Honoraire au Parlement, Défendeur d'autre part ;
& entre ledit sieur de Chuberé, la Dame veuve Gobert & consorts, ledit sieur Hurson, ladite Dame Hardouin, & ledit sieur Payen, Demandeurs aux fins des Requêtes, Commission & Exploits des 22, 23 Février, 10 & 15 Mars 1736, donnés au Grand Conseil, & depuis évoqués & retenus en notredite Cour par Arrêt
du 25 Juin 1736, d'une part, & Louis, Duc d'Orléans, Premier Prince du Sang, Défendeur, d'autre part ;
& entre le Duc d'Orléans Demandeur aux fins des Lettres-Patentes à lui accordées par nous le 27 Juillet
1726, Registrées au Greffe de notredite Cour le 9 Août de la même année, suivant l'Arrêt de notredite Cour,
Requête, Ordonnance, Commission & Exploit des 27, 28, 29 Mars, & 17 Avril 1736, évoqués en vertu desdites Lettres-Patentes & Arrêt d'enregistrement, & retenus en notredite Cour par Arrêt du 25 Juin 1736,
d'une part, & ledit Duc de Richelieu, ledit sieur de Chuberé, la Dame Marie-Anne Delorme, veuve Gobert
& Consorts, ledit sieur Hurson, ladite Demoiselle Hardouin, & le sieur Charles-Paul Payen, Défendeurs,
d'autre part ; & entre Delamotte, Maréchal-ferrant en la ville de Paris, Demandeur en Requête du 26 Janvier 1737, d'une part, & le Duc d'Orléans, ledit sieur Duc de Richelieu, ledit sieur Hurson, Conseiller au
Parlement, & ladite Demoiselle Elisabeth-Angélique Hardouin, fille majeure, ledit sieur de Chuberé, Conseiller honoraire au Parlement, la Dame veuve du sieur Président Gilbert, ladite Demoiselle Gilbert fille
majeure, ledit sieur Joseph-Jean-Baptiste Gilbert de Saint-Lubin, Président en la Chambre des Comptes, ledit
Claude de Butet, Chevalier, Marquis de Languetot, ladite Dame Anne-Catherine Groullard, veuve dudit
Jaques Thieurville, ledit Lambert, Cornette au Régiment d'Harcourt Dragon, émancipé d'âge, procédant
sous l'autorité dudit Me Meny son Curateur aux causes, & ledit Me Meny audit nom de Curateur, ledit
Emmanuel-François Gobert, ladite Marie-Anne Delorme, veuve dudit Charles Gobert, en son nom à cause
de la communauté des biens qui a été entr'eux, ledit Jean-Charles Gobert, ledit Simon Gobert, ledit Pierre
Thuyard, ladite Marie-Anne Gobert son épouse, ledit Pierre Brisset, ladite Marie-Catherine Gobert son épouse,
ledit Jacques Judde, ladite Marie-Marguerite Gobert son épouse, ladite Marie-Helene le Ferron, veuve
dudit Nicolas Payen de Frecourt, tutrice de la Demoiselle Payen sa fille, ledit sieur Jean-Baptiste de la Barre
de Martigny, ladite Dame Catherine de Lozieres son épouse, Défendeurs, d'autre part ; & entre Messire Pierre
Dupuis, Chevalier, notre Conseiller en nos Conseils, Président au Grand Conseil, & Conseiller honoraire
au Parlement, Demandeur en Requête du 7 Marts 1737, d'une part, & ledit Duc d'Orléans, ledit sieur Duc
de Richelieu, ledit sieur Hurson, ladite Demoiselle Hardouin, ledit sieur de Chuberé, ladite Dame veuve
du sieur Président Gilbert, ladite Demoiselle Gilbert, ledit sieur Gilbert de Saint-Lubin, ledit sieur Claude de
Bretet, ladite Dame veuve de Verville, ledit sieur Lambert, ledit Emmanuel-François Gobert, ladite
Marie-Anne Delorme, ledit Charles Gobert, ledit Simon Gobert, ledit Pierre Thuynard, ladite Marie-Anne
Gobert son épouse, ledit Brisset, ladite Marie-Catherine Gobert son épouse, ladite Marie-Héleine le Feron,
veuve dudit Nicolas Payen, ledit sieur Payen de Montmort, ledit sieur Jean-Baptiste-Matthieu Payen, ledit
sieur Charles-Paul Payen, ladite Dame veuve Auger, veuve dudit Nicolas Payen de Frecourt, tutrice
de ladite Demoiselle Payen sa fille, ledit sieur Jean-Baptiste de la Barre de Martigny, & ladite Dame Catherine-
Helene de Lozieres de Thunne son épouse, Défendeurs, d'autre part ; & entre Jacques de la Blancherie,
tuteur nommé par avis de Parens, homologué par Sentence du Châtelet, du 20 Février 1737, à la substitution du Cardinal de Richelieu, portée par son Testament du 23 Mai 1642, à l'effet d'intenter contestation,
défendre & intervenir dans les instances qui concerneront les biens compris dans ladite substitution, Deman-
mandeur en Requête du 8 Mars 1737, d'une part, & ledit Duc de Richelieu, le Duc d'Orléans, le sieur de
Chuberé, ledit Emmanuel-François Gobert & consorts, ledit sieur Lambert, Cornette au Régiment d'Harcourt Dragon, émancipé d'âge, procédant sous l'autorité de Me Meny, ancien Procureur au Châtelet,
son Curateur aux causes, & ledit Me Meny audit nom de Curateur, ladite Dame veuve du Président Gilbert,
le Président Gilbert de Saint-Lubin, ladite Demoiselle Gilbert, fille majeure, ledit sieur Payen, Maître des
Comptes, ledit sieur Payen de Montmort, notre Maître-d'Hôtel, le sieur Payen, Chanoine de l'Eglise Cathédrale de Notre-Dame, ladite Dame Auger, veuve du sieur Payen de Frecourt, tutrice de ladite Demoiselle sa fille, ledit sieur de la Barre de Martigny, ancien Mousquetaire, ladite Dame de Thunne son épouse,
ladite Dame le Feron, veuve de Nicolas Payen, Lieutenant Général & Premier Président au Présidial de
Meaux, ledit sieur de Bretet, Marquis de Languetot, ladite Dame Groullard, veuve du sieur de Vereville,
ledit sieur de Hurson, Conseiller en notredite Cour, & ladite Demoiselle Elisabeth-Angélique Hardouin,
fille majeure, Défendeurs, d'autre part ; & entre ledit Duc de Richelieu, Demandeur en Requête, Ordonnance, Commission & Exploits des 15, 17 Janvier & 9 Février 1739, d'une part, & Demoiselle Perrinne-
Françoise Chartier Durocher, fille majeure, Défenderesse, d'autre part ; & entre ledit Duc de Richelieu,
Demandeur aux fins de la Requête, Ordonnance, commission & Exploit des 15, 17 Janvier & 9 Février 1739,
d'une part, & Me François Dionis, notre Conseiller, Notaire au Châtelet de Paris, Dame Denise Perrier,

veuve du fieur Defplaces, Bourgeois de Paris, & Pierre Conftantin Perrier, ancien Marchand, Bourgeois
de Paris, Défendeurs d'autre part ; & entre ledit Dionis, ladite veuve Defplaces & ledit Perrier, Demandeurs en Requête des onze & douze Mai mil fept cent trente-neuf d'une part, & ledit fieur Duc de Richelieu, Défendeur d'autre part ; & entre ledit fieur Duc de Richelieu, Demandeur aux fins des Requête,
Ordonnance, Commiffion & Exploit des 15 & 17 Février 1739 d'une part, & Dame Marie-Catherine
Quentin, veuve de Meffire Louis le Bas de Girangis, Chevalier Seigneur de Clave, Défendereffe d'autre
part ; & entre ledit fieur Duc de Richelieu, Demandeur aux fins des Requête, Ordonnance, Commiffion
& Exploits des 15, 17 Janvier & 9 Février 1739 d'une part, & Jean-Baptifte Bellard, Lambert Def-
noeux, Bourgeois de Paris, & Dame Suzanne Rouffel fa femme, Damoifelles Anne & Therefe Rouffel,
filles majeures, & Jean-Baptifte Lavallée, Défendeurs d'autre part ; & entre ledit fieur Duc de Richelieu,
Demandeur aux fins des Requête, Ordonnance, Commiffion & Exploits des 15, 17 Janvier & 16 Février 1739 d'une part, & Pierre-Nicolas Chupin de Germigny, Défendeur d'autre part ; & entre ledit
fieur Chupin de Germigny, Demandeur en Requête du vingt-quatre Mars 1739 d'une part, & Jean Regnier, Ecuyer, fieur de Voify, ancien Capitaine de Dragons, Défendeur d'autre part ; & entre ledit fieur
Duc de Richelieu, Demandeur aux fins des Requête, Ordonnance, Commiffion & Exploits des 15, 17
Janvier, 9 Février 1739 d'une part, Meffire Pierre Dupuis, notre Confeiller en nos Confeils, Me des
Requêtes ordinaire de notre Hôtel, & Préfident honoraire au Grand Confeil, Dame Marie-Anne Loyer,
veuve de Mathurin Laifné, Ecuyer, Directeur des Monnoyes de Lyon, Meffire Claude Picard, Ecuyer,
fieur Devaux, ancien Capitoul de Touloufe, Dame Elifabeth Bonneau, veuve de François Gallois, ancien Receveur Général des Finances de Champagne ; & Jacques Defmarye, Maître Tailleur d'habits pour
femmes, Défendeurs d'autre part ; & entre ledit fieur Duc de Richelieu, Demandeur aux fins des Requête, Ordonnance, Commiffion & Exploits des 15, 17 Janvier & 9 Février 1739 d'une part, Meffire
Charles-Jean-François Henault, notre Confeiller en nos Confeils, Préfident honoraire en la premiere
Chambre des Enquêtes, Défendeur d'autre part ; & entre ledit fieur Duc de Richelieu, Demandeur aux
fins des Requête, Ordonnance, Commiffion & Exploit des 15, 17 Janvier & 5 Février 1739 d'une part,
& le fieur Delamotte, Maréchal férand à Paris, Défendeur d'autre part ; & entre ledit fieur Duc de Richelieu,
Demandeur aux fins des Requête, Ordonnance, Commiffion & Exploit des 15, 17 Janvier & 30 Avril
1739 d'une part, & Dame Elifabeth-Marguerite Hannigne, veuve & commune en biens de défunt Mathieu Racle, Effayeur particulier de la Monnoye de Paris, Défendereffe d'autre ; & entre ledit fieur Duc
de Richelieu, Demandeur aux fins des Requête, Ordonnance, Commiffion & Exploit des 15, 17 Janvier & 25 Avril 1739 d'une part, & Auguftin-Jerôme Dionis, Bourgeois de Paris, Défendeur d'autre
part ; & entre ledit fieur Duc de Richelieu, Demandeur aux fins de fes Requête, Ordonnance, Commiffion des 15, 17 Janvier & onze Février 1739 d'une part, & Dame Marie-Jeanne Robin de l'Ifle, veuve
de Guillaume Juilliet, Ecuyer notre Secrétaire, Receveur Général des Finances de Lyon, tant en fon
nom, comme commune en biens avec ledit défunt Juilliet fon mari, que comme mere & tutrice de
leurs enfans mineurs héritiers de leur pere, Défendereffe d'autre ; & entre ledit fieur Duc de Richelieu,
Demandeur aux fins des Requête, Ordonnance, Commiffion, Pareatis & Exploit des 15, 17 Janvier, 2
& 3 Avril 1739 d'une part, & Meffire Jean-Baptifte Rapally, notre Confeiller, Tréforier de France au
Bureau des Finances de la Généralité de Paris, Défendeur d'autre ; & encore entre ledit Rapally, Demandeur en Requête du 7 Juillet 1739 d'une part, & ledit fieur Duc de Richelieu, Défendeur d'autre ; &
entre ledit fieur Duc de Richelieu, Demandeur aux fins des Requête, Ordonnance, Commiffion & Exploit
des 15, 17 Janvier & 9 Février 1739 d'une part, & Barthelemy-Jean Nouveau, Ecuyer, notre Secrétaire,
Pierre Teftard notre Peintre ordinaire en notre Académie Royale de Saint Luc, François de la Riviere, Marchand Apoticaire à Paris, Sebaftien Lhotellier, Commiffaire & premier Commis du Bureau de la Marine, &
Jean-Baptifte Hattier, Bourgeois de Paris, défendeurs d'autre ; & entre Me Charles Dionis, Docteur en Médecine de la Faculté de Paris, Pierre-Charles de Lepine, Architecte Juré Expert-Bourgeois de Paris, tant en
fon nom propre que comme Curateur à l'interdiction de Pierre-Anne Dionis, Abbé de Reaulieu, Marie-Anne
de Lepine, veuve de Me Claude Dufrefne, Docteur en Médecine de la Faculté de Paris, & Anne-Françoife-
Therefe de Lepine, veuve de Gilles-Michel Gardoun, Architecte Controlleur de nos Bâtimens, demandeurs
en Requête du 25 Juin 1739 d'une part, & ledit fieur Duc de Richelieu défendeur d'autre ; & entre ledit fieur
Duc de Richelieu demandeur aux fins des Requêtes, Ordonnances, Commiffions & Exploits de 15, 17 Janvier
9 Février & 16 Juin 1739 d'une part, & Meffire François, Comte de Louvat, Pierre Pougin de Nomion,
Ecuyer, notre Confeiller Secretaire, Maifon Couronne de France & de nos Finances, Receveur Général de
nos Finances du Berri, Jacques-Louis le Mofnier Duquefne, au nom & comme Tuteur des fieurs & Demoifelles enfans mineurs des fieur & Dame Pafferat, & Me Robert-Touffaint Fouhet, Avocat en notredite Cour,
Tréforier de France à Montauban, fils & unique héritier de Demoifellle Marguerite-Jeanne de Doye, à fon
décès époufe du fieur Touffaint Fouhet fes pere & mere, & ayant repris au lieu & place de ladite Demoifelle Fouhet fa mere, par acte reçu au Greffe de notredite Cour le 17 Juillet 1739, défendeur d'autre ; & entre
Jean Regnier, Ecuyer, fieur de Voify, Capitaine de Dragons, héritier en partie de défunt Jean Regnier fon
pere, Ecuyer, notre Secretaire, ancien Confeiller au Châtelet de Paris, donataire entre-vifs de défunte Dame
Louife Noblet, veuve dudit fieur Jean Regnier, fa mere, demandeur en Requête & Exploit du 4 Mai 1739
d'une part, & Me Henri Chebron de Bonnegarde, Avocat en notredite Cour, ancien Payeur des Rentes défendeur d'autre ; & entre ledit fieur Duc de Richelieu demandeur aux fins des Requêtes, Ordonnances, Commiffion & Exploit des 15, 17 Janvier, & 16 Juin 1739 d'une part, & Meffire Gafpard-Nicolas Brayer, Confeiller au Parlement, Meffire Gafpard-Nicolas Brayer de la Motte, auffi Confeiller au Parlement, feuls héritiers de défunt Meffire Gafpard Brayer, Confeiller & Doyen du Parlement, défendeurs d'autre ; & entre ledit
fieur Duc de Richelieu, demandeur aux fins de fes requête, ordonnance, commiffion & exploit des 15, 17
Janvier, & 9 Février 1739 d'une part, & Jean-Charles Corneille, Bourgeois de Paris, défendeur d'autre part ;
& entre Me Martin Perdrigeon, ancien Greffier du dépôt des Enquêtes de notredite Cour, & Pierre de Lefpine,
Controlleur de nos Bâtimens, Copropriétaires avec le fieur Lhotellier d'une maifon fife en cette ville de Paris,
rue de Richelieu, demandeurs en requête du 27 Août 1739 d'une part, & ledit fieur Duc de Richelieu & ledit
Lhotellier défendeurs d'autre ; & entre ledit fieur Duc de Richelieu, demandeur aux fins des requête, ordonnance & exploit du premier Juin 1739 d'une part, & Dame Françoife-Charlotte de Senneterre de la Ferté,
époufe, foit difante non-commune en biens par fon Contrat de mariage, de Meffire François de Malortie, Chevalier, Marquis de Bauteville, Colonel du Régiment de Foix, héritiere de Dame Marie-Elizabeth-Margue-
rite-Gabrielle-Angelique de la Motte Houdancour fa mere, au jour de fon décès, veuve de Meffire Henri-

François de Senneterre de la Ferté, Pair de France, icelle Dame de Bouteville, autorisée par Justice au refus de son mari, à la poursuite de ses droits, par Arrêt de notredite Cour du 17 Août 1739, défenderesse d'autre, & entre ladite dame Hannique, veuve Racle, demanderesse aux fins des requêtes & exploit du 5 Mai 1739 d'une part, & Marin Gerbinot, sieur Destouches, ancien Payeur des Rentes de cette Ville de Paris défendeur d'autre ; & entre ledit sieur Duc de Richelieu, demandeur aux fins des requête, ordonnance & exploit du 6 Août 1739, & défendeur d'une part, & Messire Pierre Dupuis, notre Conseiller en tous nos Conseils, Maître des Requêtes Honoraire de notre Hôtel, & Président Honoraire au Grand Conseil, défendeur & incidemment demandeur, suivant ses défenses du 3 Septembre 1739 d'autre ; & entre Jean-Baptiste Guignard de Belleville, Bourgeois de Paris, demandeur en requête du 31 Août 1739 d'une part, & ledit sieur Duc de Richelieu, & ledit sieur le Mosnier Duquesne audit nom de Tuteur des sieur & demoiselle Passerat, défendeurs d'autre ; & entre ledit sieur Duc de Richelieu, demandeur aux fins des requêtes, pareatis & exploit des 15, 17 Janvier, & 17 Mars 1739 d'une part, & François de Beaumont, notre Conseiller Lieutenant de Robe-Courte de la Capitainerie des Chasses & Garennes du Comté de Blois, & Directeur Général de nos Fermes à Amiens, défendeur d'autre, & entre ledit sieur de Beaumont, demandeur en requête & exploit des 25 Juin & 7 Juillet 1739, aux risques du sieur Duc de Richelieu d'une part, & Messire Louis Phelippeaux, Comte de Saint Florentin, Marquis de la Vrilliere, & de Chateau-neuf sur Loire, Baron d'Ervy-le-Chatel & autres Terres, notre Conseiller en tous ses Conseils, Ministre & Secretaire d'Etat, & des Commandemens & Finances de notre Majesté, Commandeur de nos Ordres, fils & héritier en partie de Messire Louis Phelippeaux, Chevalier, Marquis de la Vrilliere, de Chateau-neuf sur Loire & autres Lieux, aussi notre Conseiller en tous nos Conseils, Commandeur & Secretaire de nos Ordres, Ministre & Secretaire d'Etat & des Commandemens de notre Majesté, Messire Jean-Frederic Phelippeaux de Pontchartrain, Comte de Maurepas, aussi notre Conseiller en tous nos Conseils, Ministre & Secretaire d'Etat, & des Commandemens & Finances de notre Majesté, Commandeur de nos Ordres, & dame Marie-Jeanne Phelippeaux de la Vrilliere son épouse, fille & héritiere en partie du sieur Marquis de la Vrilliere, & Me Claude Robert, Avocat en notredite Cour, au nom & comme Tuteur de Louise-Félicité & Louise-Emilie de Brehant de Plelo, demoiselles, filles, mineures & héritieres de Dame Louise-Françoise Phelippeaux de la Vrilliere leur mere, qui étoit aussi fille & héritiere en partie dudit sieur Louis Phelippeaux, Marquis de la Vrilliere, défendeurs d'autre ; & entre le Comte de Saint Florentin, le Comte & la Comtesse de Maurepas, & ledit Me Robert, Avocat, tous ès-dits noms & qualités qu'ils procédent, demandeurs en requête du 17 Août 1739 d'une part, & ledit sieur Duc de Richelieu, & ledit sieur de Beaumont défendeurs d'autre ; & entre ledit sieur Duc de Richelieu, demandeur aux fins des requête, ordonnances, commission & exploit des 15, 17 Janvier & 24 Mars 1739 d'une part, & Messire Joseph Durcy de Sautoy, Chevalier, Seigneur de Montigny & autres lieux, défendeur d'autre, & entre ledit sieur Durcy de Sautoy, demandeur en requête du 2 Septembre 1739 d'une part, & ledit sieur Duc de Richelieu défendeur d'autre ; & entre Messire Jean-Jacques Coustard, Conseiller en notredite Cour, & Dame Jeanne Breteau son Epouse, demandeurs en requête du 18 Août 1739 d'une part, & ledit sieur Duc de Richelieu défendeur d'autre part ; & entre Messire Antoine-François Bitault, Chevalier, Seigneur de Vaille, Rochereau & autres lieux, Elisabeth-Marguerite-Angelique Bitault, Demoiselle fille majeure, sa sœur, seuls uniques héritiers de Messire François Gallois notre Conseiller, ancien Receveur Général des Finances de Champagne, leur ayeul maternel, mineurs émancipés d'âge, procédans sous l'autorité de Messire François Bitault, Chevalier non-profés de l'Ordre de Saint Jean de Jerusalem, Seigneur de Boissaniere & autres lieux, leur curateur aux causes, & ledit sieur François Bitault audit nom de curateur aux causes desdits sieur & Demoiselles Bitault, demandeurs en requête du 17 Août 1739 d'une part, & ledit sieur Duc de Richelieu, & ladite Dame Elisabeth Bruneau, veuve dudit sieur Gallois défendeurs d'autre ; & entre ledit sieur Duc de Richelieu demandeur aux fins des requête & exploit des 15 Janvier & 11 Février mil sept cent trente-neuf d'une part, & Dame Marie-Jeanne Robin de l'Isle, veuve de Guillaume Juilliet, Ecuyer, notre Conseiller Secretaire, Maison, Couronne de France & de ses Finances, & Receveur Général des Finances de Lyon, en son nom, comme commune en biens avec ledit défunt sieur son époux, & encore au nom & comme mere & tutrice de leurs enfans mineurs, héritiers de leur pere, défenderesse d'autre ; & entre ladite Dame veuve Juillet ès-noms, demanderesse aux fins des requête & exploit du 24 Mars 1739 d'une part, & Messire René Gaillard, Seigneur de Charantonneau, notre Conseiller en notre Cour des Aydes, défendeur d'autre ; & entre ledit sieur Gaillard, Conseiller en notre Cour des Aydes, & Antoine Gaillard, Ecuyer, son frere, tous deux légataires universels, chacun pour moitié, de Dame Marie Quinault leur mere, veuve de Messire Pierre Gaillard, aussi Conseiller en ladite Cour des Aydes, demandeurs en requête du 19 Août 1739 d'une part, & ledit sieur Duc de Richelieu, & ladite Dame veuve Juillet esdits noms & qualités défendeurs ; & entre Jean Regnier, Ecuyer, sieur de Voisy, ancien Capitaine de Dragons, héritier en partie de défunt Jean Regnier son pere, Ecuyer, notre Conseiller Secretaire, donataire entre-vifs de défunte Dame Louise Noblet, veuve du sieur Jean Regnier, sa mere, demandeur aux fins des requête & exploit du 15 Juillet 1739 d'une part, & Joseph-Henri Chebron, notre Conseiller Controlleur des rentes de l'Hôtel de Ville de Paris, défendeur d'autre ; & entre ledit sieur Duc de Richelieu, demandeur aux fins des requête, ordonnance, commission & exploit des 15, 17 Janvier, & 9 Juillet 1739 d'une part, & Dame Agnès d'Hoquegnan, veuve de Me Charles Regnier notre Procureur honoraire au Bailliage Royal de Versailles, & ci-devant Intendant des Finances de feu Monsieur le Duc de Berri, tant en son nom à cause de la communauté qui étoit entre ledit défunt & elle, que comme mere & tutrice des enfans mineurs dudit défunt & d'elle défenderesse d'autre part ; & entre Dame Marie-Catherine Quentin, veuve de Louis le Bas de Girangis, Chevalier, Seigneur de Claye, commune en biens avec ledit défunt, tutrice de leurs enfans mineurs, demanderesse en requête, commission & exploit des 6, 9 & 11 Mai 1739 d'une part, & Guillaume Desprez notre Imprimeur-Libraire ordinaire, Marie-Anne Cornillier sa femme, & ledit sieur Duc de Richelieu défendeur d'autre ; & entre le sieur Augustin-Jerôme Dionis, Bourgeois de Paris, demandeur aux fins des requête, ordonnance & exploit du 8 Mai 1739 d'une part, & Demoiselle Angelique Dionis, fille majeure & héritiere de feu Pierre Dionis, premier Chirurgien de Madame la Dauphine, François Dionis Denveu, ci-devant Controlleur des rentes de l'Hôtel de Ville, seul fils & héritier de Demoiselle Marie Dionis, veuve de Me Christophe Denveu défendeur d'autre ; & entre ledit Jean Regnier de Voisy ès-noms, demandeur aux fins des requête & ordonnance des 4 Mai & 13 Août 1739, & exploit fait en conséquence le même jour 31   1739 d'une part, & Demoiselle Jeanne Bernier, fille mineure émancipée d'âge, procédante sous l'autorité de Demoiselle Jeanne Soulens sa mere, veuve de défunt Me Pierre-Gilles Bernier, Avocat en notredite Cour, sa curatrice aux causes, & ladite Demoiselle Bernier défenderesse d'autre ; & entre ledit Augustin-Jerôme Dionis, demandeur aux fins des requête & exploit du 8 Mai 1739 d'une part, & Demoiselle Denise Perrier, veuve du sieur Desplaces, Bourgeois de Paris, défenderesse d'autre ;

&c

&entre Dame Marie-Catherine Quentin, veuve de Louis Lebas de Girangis, Chevalier, Seigneur de Claye,
tant en son nom qu'en qualité de commune en biens avec ledit défunt, que comme tutrice de ses enfans mineurs, héritiers de leur pere, demanderesse en requête, commission & exploit des six, 9 & 14 Mai 1739 d'une
part, & Messire Augustin-Vincent Hennequin, Chevalier, Marquis d'Hecquevilly, tuteur honoraire du
sieur Marquis d'Hequevilly son fils mineur, & de défunte Dame Magdeleine Dumonceau de Nollant d'Ollan-
ville, laquelle étoit seule & unique héritiere de Messire Charles Dumonceau de Nollant, Chevalier d'Ollan-
ville défendeur d'autre; & entre Pierre-Nicolas Chupin de Germigny, demandeur en requête du 16 Décembre 1739 d'une part, & Jean Regnier, sieur de Voissy défendeur d'autre; & entre ladite Dame Quentin,
veuve de Girangis, demanderesse aux fins des commission & exploit des 30 Mai & 8 Juin 1739 d'une part, &
Me Louis Cornillard, Prêtre de l'Oratoire, Supérieur du Collége de Saint Nicolas de Soissons défendeur
d'autre; & entre Demoiselle Marie Gilbert, fille majeure, légataire universelle de défunte Dame Marguerite
Gilbert, veuve du sieur Louis Belun, demanderesse en requête du 9 Janvier 1740 d'une part, & Jean-Baptiste-
Martin d'Artaguette d'Yron, Ecuyer, Receveur général des Finances d'Auch, défendeur & demandeur en
requête du 11 Janvier 1740 d'autre part; & ladite Demoiselle Gilbert défenderesse encore d'autre; & entre
ledit sieur Duc de Richelieu demandeur aux fins des requête, ordonnance, commission & exploit des 15,
17 Janvier & 9 Février 1739 d'une part, & Jean-Baptiste-Martin d'Artaguette d'Yron, Receveur général
des Finances d'Auch, défendeur d'autre; & entre ledit sieur Duc de Richelieu demandeur aux fins des requête, ordonnance, commission & exploit des 15, 17 Janvier, & 3 Septembre 1739 d'une part, & ledit
sieur Président Henault défendeur d'autre; & entre ledit sieur Duc de Richelieu demandeur aux fins des
requête, ordonnance, commission & exploit des 15, 17 Janvier & 9 Février 1739 d'une part, & Me Gerard Bazin, Avocat en notredite Cour, défendeur d'autre part; & encore entre ledit Me Bazin demandeur
en requête du 23 Novembre 1739 d'une part, & ledit sieur Duc de Richelieu défendeur d'autre, & entre ladite
Dame Quentin, veuve Lebas de Girangis, demanderesse aux fins des requête, commission & exploit des 6,
9, 11, 25 Mai, premier & 18 Juin 1739 d'une part, & Messire Louis-Michel de Chamillart, Chevalier,
Comte de la Suze, Marquis de Courcelles, Grand-maréchal des Logis de notre Maison, Messire de Chamillard, Abbé de Messine,   Comte de Tolegrande, Dame Marie-Elisabeth de Chamillart son
épouse, & François Rabouine, Ecuyer, notre Conseiller Secretaire, Maison, Couronne de France & de
nos Finances défendeur d'autre; & entre ledit sieur Duc de Richelieu demandeur aux fins de ses requête, ordonnance, commission & exploit des 15, 17 Janvier & 9 Février 1739 d'une part; & Messire Laurent
Darcy notre Conseiller Président du Bureau des finances d'Orléans, & Demoiselle Louise-Magdeleine Darcy
fille majeure, usante & jouissante de ses droits, tous deux enfans heritiers, & biens tenans de défunt André
Darcy leur pere, & ayant repris en cette qualité par acte reçu au Greffe de notredite Cour du 10 Décembre
1739 défendeur d'autre; & entre ledit défunt sieur Darcy, représenté aujourd'hui par lesdits sieur & Demoiselle Darcy demandeurs en requête du 5 Septembre 1739 d'une part, & ledit sieur Duc de Richelieu défendeur d'autre; & entre ledit sieur Duc de Richelieu demandeur aux fins des requête, commission & exploit
des 15, 17 Janvier & 11 Février 1739 d'une part, & Charles-Marie Duchaufour, Ecuyer, défendeur d'autre;
& encore entre Messire Charles-Guillaume de Maupeou, Evêque de Lombès, héritier par bénéfice d'inventaire de Dame Elisabeth de Ruffet sa mere, veuve de Charles de Maupeou, Conseiller en nos Conseils,
Maître des Comptes demandeur en requête du 4 Novembre 1739 d'une part, & ledit sieur Duc de Richelieu
défendeur d'autre; & entre ledit sieur Duc de Richelieu demandeur aux fins des requête, ordonnance & exploit
des 14 Mars 1740 d'une part, & Messire Arnaud-Josse Garnier de Grandvilliers, Gouverneur de Beaumont,
tuteur de Demoiselle Marie-Alphonsine de la Poire de la Roquette, fille & unique héritiere de défunt Messire
Jacques de la Poire de la Roquette, Gouverneur des Pages de feu Monsieur le Duc d'Orleans, Régent du
Royaume, défendeur d'autre; & entre ledit sieur Duc de Richelieu demandeur aux fins de ses requête, ordonnance & exploit du 6 Mai 1740 d'une part, & Demoiselle Marie-Magdeleine Delamotte, femme se disante
séparée quant aux biens de François Poisson, Ecuyer de feu Monsieur le Duc d'Orléans Régent, & ledit
sieur François Poisson défendeur d'autre; & entre Messire Augustin-François Mouffle, Chevalier, Seigneur
de Champigny & de Valuse en Brie, Conseiller en notredite Cour, demandeur en requête du 6 Décembre
1739 d'une part, & ledit sieur Duc de Richelieu défendeur d'autre; & entre ladite Dame veuve Lebas de Girangis demanderesse en requête, commission & exploits des 6, 9 & 11 Mai 1739 d'une part, & les Dames
Prieure, Religieuses & Couvent des Filles de Saint Dominique, dites de S. Thomas, défenderesses d'autre;
& entre ledit sieur Garnier de Grandvilliers audit nom, demandeur aux fins des requête & exploit du 8 Août
1740 d'une part, & ledit sieur Président Dupuis & Dame Marie-Anne-Charlotte Buault Dutronchot son
épouse, défendeurs d'autre; & entre ladite Dame veuve Lebas de Girangis ès-noms, demanderesse en requête
des 26 Janvier & 3 Février 1740 d'une part, & la Dame Marquise de Bouteville, la veuve d'Hariague, le
Président Dupuis & Consorts, la Demoiselle Chartier du Rocher, ledit sieur Brayer, le sieur d'Artaguette,
François Dionis & autres, Augustin-Jerôme Dionis, le Président Henault, Marie-Magdeleine Delamotte
femme séparée de biens du sieur Poisson, Pierre-Constantin Perrier, Jean Beliard & consort, Me Gerard
Bazin, la Dame veuve Racle, le sieur Rapally, le sieur Durcy de Sauroy, le sieur Chupin de Germigny, la
Dame veuve Regnier, François Monffle, Seigneur de Champigny, Charles Dionis & Consorts, le Président
Gilbert de Saint Lubin, le Duc d'Orléans, la Demoiselle Hardouin & autres, le sieur Lambert, Jacques
de la Blancherie audit nom, lesdits de Chuberé & Hurson, Conseillers en notredite Cour, Guillaume Desprez sa femme & Consorts, le sieur Marquis d'Hequevilly ès-noms, le Comte de Saint Florentin, le Comte
& la Comtesse de Maurepas, Louis Cornillier, le sieur Comte de la Suze, le sieur Marquis de Courcelles,
le sieur Abbé Chamillard, François Rabonine, les Religieuses de Saint Dominique, dites de Saint Thomas,
tous défendeurs d'autre; & entre ledit sieur Regnier de Voissy, demandeur en requête & exploit des 4, 26
Mai, 14, 17, 26 Août 1739 d'une part, & Demoiselle Françoise Joly de Chavigny, fille majeure, Joseph-
Henri de Bonnegarde, Controlleur des rentes, Demoiselles Anne-Nicole & Elisabeth Chebron, fille
majeure, Pierre Silvain, Commissaire d'Artillerie, Marie-Marguerite Chebron sa femme, Demoiselle
Elisabeth Dalbot, fille majeure, le sieur Carpentier, Elû en l'Election de Paris, & Marie-Thérese Chebron
sa femme, Charles-François Duvivier, & Catherine-Henriette Chebron sa femme, défendeurs d'autre;
& entre ladite Dame Agnès d'Hoquinquant, veuve de Me Charles Regnier, notre Procureur honoraire au
Bailliage de Versailles, tant en son nom, comme commune en biens, que comme tutrice de leurs enfans
mineurs, demanderesse aux fins des requête & exploit du 7 Septembre 1739 d'une part, & ledit sieur Regnier
de Voissy défendeur d'autre; & entre Messire Jean-Baptiste Rapally ès-noms, demandeur aux fins des

B

requête & exploit du 3 Juin 1739 d'une part, & Nicolas Dupin, Ecuyer, & Dame Nicole Pariselle son épouse, non-commune en biens avec lui, défendeurs d'autre ; & entre ledit sieur d'Artaguette demandeur en requête & exploit du 11 Mars 1739 d'une part, & Demoiselle Marie Gilbert, fille majeure, légataire universelle de défunte Dame Marguerite Gilbert, au jour de son décès veuve du sieur Louis Blin, défenderesse & demanderesse en requête du 30 Janvier 1740 d'une part, & ledit sieur d'Artaguette défendeur d'autre ; & encore entre ledit sieur d'Artaguette demandeur en requête du 13 Février 1741 d'une part, & ledit Duc de Richelieu défendeur d'autre ; & entre Jean-Jacques Coustard notre Conseiller en notre Cour de Parlement, & Demoiselle Jeanne Berteau son épouse, demandeurs en requête du 4 Avril 1742 d'une part, & Louis-François-Armand Duplessis, Duc de Richelieu & de Fronsacq, Pair de France, Chevalier de nos Ordres, Maréchal de nos Camps & Armées, Lieutenant Général pour notre Majesté en notre Province de Languedoc, héritier substitué de deffunt Armand-Jean Duplessis, Cardinal Duc de Richelieu & de Fronsacq, Pair de France, son grand oncle, suivant son Testament du 23 Mai 1642, défendeur d'autre ; & entre ledit sieur Maréchal Duc de Richelieu, demandeur en requête du 25 Mai 1742 d'une part, & lesdits sieur & Dame de Coustard, défendeurs d'autre ; & entre ladite Demoiselle Chartier du Rocher, demanderesse aux fins des requête & exploit du 2 Mai 1739 d'une part, & Opportune-Marie Perrot, fille majeure, défenderesse d'autre part ; & entre ladite Chartier du Rocher & Jacques-Thomas Perrot sieur Duvernay, ancien Capitaine de Cavalerie au Régiment de Bussy, demandeurs en requête du 6 Juin 1739 d'une part, & ladite Chartier du Rocher & ledit sieur Maréchal Duc de Richelieu, défendeurs d'autre ; & entre ledit sieur Maréchal Duc de Richelieu, demandeur en requête du 16 Juillet 1739 d'une part, & lesdits sieur & Demoiselle Perrot, défendeurs d'autre ; & entre ladite Demoiselle du Rocher, demanderesse en requête du 17 Juin 1739 d'une part, & lesdits sieur & Demoiselle Perrot, défendeurs d'autre ; & entre ladite Demoiselle du Rocher, demanderesse en requête du 26 Juillet 1739 d'une part, & ledit Maréchal Duc de Richelieu, lesdits sieur & Demoiselle Perrot esdits noms, défendeurs d'autre ; & entre lesdits sieurs & dame Coustard, demandeurs aux fins des requêtes & exploits des 5 Avril, 3 & 13 Octobre 1742 d'une part, & demoiselle Elisabeth de Mezerets, Madeleine de Mezerets & Marie-Anne de Mezerets, toutes trois filles majeures de deffunte demoiselle Elisabeth Lepine leur mere, femme du sieur de Mezerets, Juré-Expert à Paris, laquelle étoit fille & héritiere de défunt Nicolas Lepine, notre Conseiller, Maître général des Oeuvres de maçonnerie & batimens de notre Majesté, & demoiselle Fleurette, sa femme, Nicolas Lepine, ancien Capitaine au régiment de Foix, Me Henri Lepine, Avocat en notredite Cour, Greffier des Requetes du Palais, enfans desdits Nicolas Lepine & de ladite Fleurette sa femme, Pierre-Charles Lepine, Juré, Architecte Expert-Bourgeois de Paris, dame   Lepine, veuve de Claude Dufresne, Docteur en Médecine de la Faculté de Paris, & dame   Lepine, veuve de Me Julles-Michel Hardouin, Controlleur de nos bâtimens, enfans & héritiers de défunt Pierre-Nicolas Lepine, lequel étoit fils & héritier de défunts Nicolas Lepine & sa femme, & demoiselle Jeanne Soulas, veuve de défunt Me Pierre-Gilles Bernier, Avocat en notredite Cour, & Me Jean-François Bazin, Procureur en notredite Cour, & demoiselle Angelique-Antoinette Soulas sa femme, lesdites demoiselles Soulas, filles & héritieres de demoiselle Jeanne Lepine, morte femme de Me Soulas, Procureur en notredite Cour, laquelle étoit fille dudit Pierre-Nicolas Lepine, fils & héritier dudit défunt Nicolas Lepine, & Elisabeth Fleurette sa femme, défendeurs d'autre ; & entre lesdits sieur & dame Coustard, demandeurs en requête du 29 Janvier 1743 d'une part, & le Maréchal Duc de Richelieu, & lesdits sieur & demoiselle Lespine, Defresne, Hardouin, Bernier, Bazin & sa femme, & de Mezerets, tous défendeurs d'autre ; & entre lesdits sieur & dame Coustard, demandeurs aux fins des requête & exploit des 5 Avril & 3 Octobre 1742 d'une part, & demoiselle Elisabeth-Adrienne Soulas, épouse de Me Jean Delestang, Procureur en notredite Cour, autorisée par Justice au refus dudit Me Delestang, suivant l'Arrêt de notredite Cour du cinq Février 1743, ladite demoiselle Delestang, fille & héritiere de demoiselle Jeanne Lespine, morte femme de Me Soulas, Procureur en notredite Cour, laquelle étoit fille de Pierre-Nicolas Lespine, fils & héritier de deffunt Nicolas Lespine, notre Conseiller, Maître général des œuvres de maçonnerie, & demoiselle Elisabeth Fleurette son épouse, défendeurs d'autre ; & entre lesdits sieur & dame Coustard, demandeurs en requête du huit Février 1743 d'une part, & le Maréchal Duc de Richelieu, & ladite demoiselle Delestang, défendeurs d'autre ; & entre lesdits sieur & dame Coustard, demandeurs suivant la commission obtenue en Chancellerie, pareatis du grand Sceau, & exploit fait en conséquence des dix-neuf, vingt-neuf Janvier & onze Février 1743 d'une part, & Nicolas Chevrel, Président Trésorier de France de la Génralité d'Alençon, seul fils & unique heritier de défunte dame Lespine, femme de défunt Chevrel, Procureur en notredite Cour, laquelle Lespine étoit fille & héritiere en partie de défunt Nicolas Lespine, Maître général des œuvres de maçonnerie, & Elisabeth Fleurette sa femme, défendeurs d'autre ; & entre lesdits sieur & dame Coustard, demandeurs en requête du 10 Mai 1743 d'une part, & le Maréchal Duc de Richelieu & ledit Chevrel, défendeurs d'autre ; & entre ledit de la Blancherie, tuteur à la substitution ès noms, demandeurs en requête du 14 Juin 1743, d'une part, & le Maréchal Duc de Richelieu, les sieur & dame de Bouteville, la demoiselle du Rocher, les sieurs l'Hostellier, Perdrigeon & Lespine, le sieur Brayer, le sieur Nouveau, les sieur & demoiselle Dionis ès noms, la demoiselle Perrier veuve Desplaces, le sieur Corneille & dame veuve Laisné ; le sieur Desmary, le sieur Président Henault, le sieur Fouhel, la dame veuve Gallois, le sieur Hattier, le sieur de la Riviere, le sieur Testard, le sieur le Mosnier Duguesne audit nom, le sieur Guignard de Bellevile, le sieur Pongin de Nomion, la dame veuve le Bas de Girangis, le sieur Perrier, les sieur & dame Marquis & Marquise de Livry, la dame veuve Desmarais ès noms, le sieur Bellard, les sieur & dame Desnoeux, les demoiselles & le sieur Lavallée, le sieur de Beaumont, la dame veuve Raclé, la dame veuve Juilliet ès noms, le sieur Rapally, le sieur de Sauroy, le sieur Devaux, le sieur Chupin de Germigny, le sieur de la Motte, le Président Dupuis, la dame veuve Regnier, les sieur & dame Coustard ès noms, le sieur Cordier ès noms, le comte de Saint Florentin ès noms, le comte de Maurepas & la dame de la Vrilliere son épouse, le sieur Robert ès noms, les sieurs Gaillard de Charentonneau ès noms, les sieur & demoiselle Bitault, héritiers du sieur Gallois leur ayeul maternel, procédant ensemble sous l'autorité du sieur François Bitault leur curateur aux causes, & ledit sieur François Bitault audit nom, le sieur Garnier de Grandvilliers audit nom, le sieur d'Artaguette, la Demoiselle Delamotte, femme du sieur Poisson, & ledit sieur Poisson, les sieur & demoiselle Darcy, le sieur Bazin, le sieur de Maupeou, Evêque de Lombès ès-noms, le sieur Président Henault & le sieur Mouffle de Champigny défendeurs d'autre ; & entre ledit sieur Chupin de Germigny demandeur en requête du 12 Juillet 1743 d'une part, & ledit sieur Regnier de Voisy, défendeur d'autre part ; & entre ladite Demoifelle Durocher, demanderelle en requête du 24 Juillet 1743 d'une part, & les fieur & Demoifelle Perrot, & le fieur de la Blancherie audit nom défendeurs d'autre ; & entre la Dame veuve Charles Regnier demanderelle en requête du 15 Janvier 1744 d'une part, & ledit fieur Regnier de Voiffy, le Marechal Duc de Richelieu défendeur d'autre ; & entre le fieur de Chuberé & Conforts demandeurs en requête du 21 Janvier 1744 d'une part, & le Marechal Duc de Richelieu, ledit fieur de la Blancherie audit nom défendeurs d'autre ; & entre ladite Dame veuve Charles Regnier audit nom, demande-relle en requête du 27 Janvier 1744 d'une part, & ledit fieur de la Blancherie audit nom, & ledit fieur Regnier de Voiffy défendeurs d'autre ; & entre le fieur Picard Duvaux demandeur aux fins des requête & exploit des 28 Avril 1739, & 19 Mars 1740 d'une part, & Dame Marie-Magdeleine le Poupet, veuve de Meffire Jacques Mazieres, Ecuyer, Brigadier de nos Armées, commune en biens avec ledit défunt, & ayant repris en fon lieu, le fieur Leduc, Architecte, & Demoifelle Mazieres fa femme, lefdites Mazieres héritieres de défunte Demoifelle Elifabeth de Flacourt, au jour de fon décès veuve de Jacques Mazieres, Architecte-Entrepreneur de nos Bâtimens défendeur d'autre ; & entre ledit fieur Picard demandeur en requête du 22 Février 1744 d'une part, & ladite Dame le Pouper, Sieur & Demoifelle Leduc, défendeurs d'autre, entre ledit fieur Dartaguette, demandeur en Requête du 23 Mars 1744 & M. le Procureur Général, la Demoifelle Gil-bert ès noms & qualités qu'elle procéde, le Maréchal Duc de Richelieu, & ledit fieur de la Blancherie audit nom défendeurs d'autre ; & entre ledit fieur Dartaguette, demandeur aux fins des Requêtes & Ex-ploit du 15 Juin 1741 & notre Procureur Général défendeur d'autre ; & entre ledit fieur Picart De-mandeur aux fins de fes Requêtes & Exploits du 28 Avril 1749 d'une part, & Dame Marie de Lamou-che, veuve de Meffire Jean-Baptifte de Bregot Chevalier, Commandeur de l'Ordre de Notre-Dame de Montcarmel & de faint Lazare de Jerufalem, défenderelle d'autre ; & entre le Maréchal Duc de Riche-lieu, demandeur en Requête du 20 Juillet 1745 d'une part, & le fieur de Chuberé, la Dame veuve & héritiers Gobert, & le fieur Lambert & fon curateur, défendeurs d'autre ; & entre ledit fieur de la Blancherie audit nom, demandeur en Requête du 2 Août 1745 d'une part, & ledit fieur de Chuberé, la Dame veuve & héritiers Gobert, le fieur Lambert en fon curateur, le Duc d'Orleans, le Préfident Dupuis & ledit Lamotte défendeurs d'autre, & entre ledit fieur de Chuberé, Jean-Charles Gobert, Mar-chand Bourgeois de Paris, Simon Gobert, Marchand Drapier, Bourgeois de Paris, Emmanuel-François Gobert, auffi Marchand, Bourgeois de Paris, Pierre Thuyard, Confeiller en la Cour des Monnoyes & Marie-Anne Gobert fon époufe ; Pierre Briffet, Huiffier ordinaire de nos Confeils, & Marie-Catherine Gobert fon époufe, & Jacques Judde, notre Confeiller-Secretaire, Notaire au Châtelet de Paris, & Marie-Marguerite Gobert fon époufe, tous enfans & héritiers de Charles Gobert & de Marie de Lorme leur pere & mere, beau-pere & belle-mere, ayant repris au lieu & place de ladite Marie-Anne de Lorme veuve Gobert, par acte reçu au Greffe de notredite Cour, le 13 Août 1745, & demandeurs en Requête du 14 dudit mois d'Août d'une part, & ledit fieur Maréchal Duc de Richelieu, & ledit fieur de la Blan-cherie audit nom défendeurs d'autre ; & entre ledit fieur Préfident Dupuis, les Sieur & Dame Nouveau ès noms, la Dame veuve Gallois, les fieur & Demoifelle Bitault ès noms, la Dame veuve & héritiers Goudin, les dames veuves Demarets & de Livry, le fieur Deftureaux, le fieur de Belmont & la dame de Nomion fon époufe, la dame veuve Laifné, le fieur Fouhet, les fieurs de Beaumont de la Riviere Def-marys, appellans de l'appofition & levée de fcellés appofés après le décès de Jean-Armand Dupleffis Duc de Richelieu & de Fronfac le 10 Mai 1715 & jours fuivans, de la Sentence rendue au Châtelet le 15 Juillet 1716, portant enthérinement des lettres de bénéfices d'inventaire obtenues en Chancellerie par l'In-timé ci-après nommé, le premier dudit mois de Juillet 1716 pour la fucceffion du feu fieur Duc de Ri-chelieu fon pere, de la Sentence rendue au Châtelet de Paris le 19 Juin 1749, portant création de la perfonne de Vincent Buneau pour curateur à ladite fucceffion vacante, enfemble de la clôture du compte rendu par l'Intimé aux Prieure, Religieufes & Couvent de l'Abbaye Royale de faint Remy de Landes, en préfence du tuteur à la fubftitution portée par le teftament du Cardinal de Richelieu, ledit compte préfenté devant Me Glon, Commiffaire au Châtelet le 15 Juillet 1748 & jours fuivans, clos & arrêté le le 25 Janvier 1749, & de la Sentence d'appurement dudit compte, rendue au Châtelet le 23 Avril 1749, demandeurs aux fins du relief d'appel & commiffion obtenue en Chancellerie le 16 Juin 1751, & défen-deur d'une part, & le fieur Maréchal Duc de Richelieu, Intimé, défendeur & demandeur en Requête du 26 Juin 1751, & encore Louis-Charles Damas, Bourgeois de Paris, tuteur à la fubftitution portée par le teftament du Cardinal de Richelieu ayant repris au lieu & place du fieur de la Blancherie, par acte fait au Greffe de notredite Cour le 27 Avril 1746, Intimé & défendeur d'autre ; & entre Meffire Philippe-Louis Thibault de Senneterre, Marquis de la Ferté & de la Carte, feul fils & héritier par bénéfice d'inventaire de dame Françoife-Charlotte de Senneterre de la Ferté, au jour de fon décès, époufe de Meffire Jean-François de Malortie, Marquis de Boutteville, ayant en cette qualité repris au lieu & place de ladite Dame Marquife de Boutteville fa mere, par acte reçu au Greffe de notredite Cour le 7 Mars 1746, de-mandeur en Requête & Exploit du 2 Juillet 1739 d'une part, & Me Louis Villaume Procureur au Châ-telet, tuteur aux actions immobiliaires de Meffire Louis-Armand de Seiglieres de Belleforieres, Comte de Soyecourt, donataire entre-vif, légataire & héritier de feue dame Marie-Renée de Belleforieres de Soyecourt, veuve de Meffire Thimoleon-Gilbert de Seiglier fon aycul paternel, & Jean Huguet Bour-geois de Paris, tuteur onéraire de Meffire Antoine-Adolphe de Seiglier de Belleforiere, Marquis de Lon-gueil, & de Meffire Joachim-Charles de Seiglier de Belleforiere, Chevalier de Soyecourt, légataires uni-verfels de la feue dame de Belleforiere de Soyecourt, ayant en ladite qualité repris par acte du 29 Jan-vier 1744, au lieu & place de Pierre Merite, ci-devant tuteur defdits fieurs Marquis de Longeuil & Che-valier de Soyecourt, défendeurs d'autre ; & entre ledit fieur de Senneterre, Marquis de la Ferté ès noms, demandeur en Requête du 2 Juillet 1739 d'une part, & dame Jeanne-Angelique Roch de Varengeville, veuve & douairiere de Louis-Hector Duc de Villars, Pair & Marechal de France, héritiere des propres de fa ligne du feu fieur de Longeuil, Marquis de Maifons, fon petit neveu, défenderelle d'autre ; & en-tre ledit fieur de Senneterre, Marquis de la Ferté ès noms, demandeur en Requête du 2 Juillet 1739, d'une part, & Meffire Armand-Jean de Nicolay, Marquis de Gouffainville, premier Préfident en la chambre des comptes, légataire de fa portion héréditaire dans la fucceffion du fieur de Nicolay Premier Préfident de la chambre des comptes fon pere, & fon légataire particulier, lequel fieur de Nicolay pere étoit héritier des propres de fa ligne, du feu fieur de Longeuil, Marquis de Maifons, défendeur d'autre ; & entre ledit fieur Maréchal Duc de Richelieu demandeur en Requête du 3 Mai 1746 d'une part, & ledit fieur de Senneterre, Marquis de la Ferté ès noms, défendeur d'autre ; & entre ledit fieur de Nicolay & conforts, demandeurs aux fins de leur Requête & Exploit des 28 & 30 Septembre 1746 d'une part, & le fieur le Duc architecte & demoifelle Mazieres fa femme, fille & héritiere en partie de demoifelle Elifabeth de Flacourt, veuve Mazieres, laquelle étoit héritiere de défunt Charles de Flacourt, fieur de la Touche, & de dame Regine fa femme défendeurs d'autre ; & entre ledit fieur de Senneterre, Marquis de la Ferté, demandeur en Requête du 23 Mars 1747 d'une part, & le fieur comte de Soyecourt & conforts, le fieur Maréchal Duc de Richelieu, & le fieur Damas, tuteur à la fubftitution, défendeurs d'autre ; & entre Meffire Jean-Aymard de Nicolay, Chevalier, Marquis de Gouffainville, Seigneur de Derny & autres terres, Confeiller ordinaire en notre Confeil d'Etat, & en tous nos Confeils, Premier Préfident en la Chambre des Comptes à Paris ; Dame Jeanne-Angelique Roque de Varangeville, veuve de Meffire Louis-Hector de Villars, Prince de Martigues, Vicomte de Melun, Marquis de Nocle-Galleville, Duc de Villars & autres terres, Pair & Maréchal de France, Grand-d'Efpagne de la premiere claffe, Chevalier de nos Ordres, & de la Toifon d'or, Gouverneur & Lieutenant Général pour nous des Pays & comté de Provence, des Ifles, Forts & Tours de Toulon, Marfeille, Carles & terres adjacentes, Miniftre d'Etat, Ambaffadeur extraordinaire à la Cour de Turin, & Général des Armées de France & d'Italie ; Meffire Louis-Armand de Seiglieres, de Belleforieres, de Soyecourt, Chevalier, Marquis de Soyecourt, Maifon, Poiffy & autres lieux, Colonel du Régiment Dauphin Etranger Cavalerie, ayant repris au lieu & place de feu Louis Villaume, Procureur au Châtelet, qui étoit ci-devant fon curateur aux caufes, & fon tuteur à fes actions immobiliaires, par acte reçu au Greffe de notredite Cour, le 10 Mars 1747, Meffire Antoine-Adolphe de Seiglieres, de Belleforieres, de Soyecourt, Chevalier Marquis de Feuquieres, capitaine audit Régiment Dauphin, Meffire Charles-Joachim de Seiglieres, de Belleforieres, Chevalier de Soyecourt, ancien Capitaine audit Régiment Dauphin, lefdits fieurs Marquis de Feuquieres & chevalier de Soyecourt, mineurs émancipés d'âge, procédant fous l'autorité de fieur Jacques-Adrien Boulnois, Bourgeois de Paris, leur curateur aux caufes, & ledit Boulnois audit nom de curateur defdits fieurs Marquis de Feuquieres & Chevalier de Soyecourt, ayant ledit Boulnois repris en fadite qualité au lieu & place cudit Me Villaume, par le fufdit acte de reprife du 11 Mars 1747 demandeurs aux fins des requêtes, Ordonnance & Exploits des 28 & 30 Septembre & 12 Octobre 1746 d'une part, & dame Marie-Madeleine le Pouper veuve de Meffire Jacques de Mazieres, Ecoyer, Brigadier de nos Armées, commune en biens avec ledit défunt, lequel étoit fils & héritier & biens tenant de dame Elifabeth de Flacourt, veuve dudit fieur Jacques de Mazieres, Architecte-Entrepreneur de nos Bâtimens fes pere & mere, & ladite Dame de Mazieres, héritiere de défunte Claude-Charles de Flacourt fieur de la Touche, & de dame Genevieve Regnier fa femme, Me Henri de Lepine, Avocat en notredite Cour, Greffier des Requêtes du Palais & fieur Pierre-Charles de Lepine Architecte, Juré-Expert, lefdits fieurs de Lepine, héritiers & repréfentans Simon de Lefpine notre Juré-Expert ès œuvres de maçonnerie, & Jeanne Pacquier fa femme, défendeurs d'autre ; & entre Meffire Armand-Jean de Saint-Simon, Duc de Ruffec, Pair de France, Grand d'Efpagne de la premiere Claffe, Brigadier de nos Armées, meftre de camp-cavalerie, dame Marie-Jeanne - Louife Baujy d'Argenvilliers fon époufe, ladite dame Ducheffe de Ruffec, auparavant veuve de Meffire Jean-René de Longueil, chevalier Marquis de Maifon & de Poiffy, Seigneur des Châtellenies, Vicomtés, terres & feigneuries de Longueil, Orgeries, Sevre, Neufchatel, Grifolles & autres terres, notre Confeiller en notre Confeil d'Etat, Préfident de notre Parlement, héritiere des meubles, acquêts de Meffire René-Profpert de Longeuil, Chevalier, Marquis de Maifon, décédé, fils unique de ladite dame Ducheffe de Ruffec, la dame Maréchale de Villars, le fieur Marquis de Soyecourt, le fieur Marquis de Feuquieres, le fieur chevalier de Soyecourt & ledit Boulnois ès noms, lefdits fieurs Marquis de Soyecourt, Marquis de Feuqueres & chevalier de Soyecourt, légataires de dame Marie-Renée de Belleforiere, de Soyecourt, veuve de Meffire Thimoleon-Gilbert de Seiglieres, chevalier, feigueur de Boisfranc, notre Confeiller en nos Confeils, Maître des Requêtes ordinaire de notre Hôtel, Garde des Sçeaux de feu Monfieur, Frere unique du Roi Louis-le-Grand, ladite dame de Belleforiere, héritiere en partie fous bénéfice d'inventaire quant aux propres dudit feu fieur René-Profper de Longueil, comme petite-fille dudit feu fieur Marquis de Maifon, le fieur Préfident de Nicolay, dame Marie-Elifabeth de Nicolay, veuve de Meffire Charles marquis de la Chaftre, ledit fieur le Préfident de Nicolay, & ladite dame Marquife de la Chaftre, héritiers en partie dudit René-Profper de Longueil quant aux propres, comme petit-fils & petite-fille de Meffire Gafpard de Fieubec, chevalier, Vicomte & Baron de Launac, Confeiller d'Etat, pere de dame Louife de Fieubec à fon décès, époufe dudit feu fieur Marquis de Maifon, & Meffire Adolphe-Charles de Romilly, chevalier, Marquis de la Chennelaye, Brigadier de nos Armées, ledit fieur Marquis de la Chennelaye, auffi héritier en partie dudit feu fieur René-Profper de Longueil, quant aux propres fitués en la coutume de Normandie, comme neveu de ladite Marquife de Belleforiere, & arriere petit-fils dudit fieur René de Longueil, demandeur en requête du 13 Avril 1747, d'une part, & le fieur Maréchal Duc de Richelieu, le fieur de Senneterre, Marquis de la Ferté, défendeurs d'autre ; & entre Henry de Lefpine & conforts, demandeurs en requête du trente Mai 1747 d'une part & le fieur Maréchal Duc de Richelieux, ledit fieur de Senneterre & le fieur Préfident de Nicolay & conforts défendeurs d'autre ; & entre ledit fieur de Saint-Simon Marquis de Ruffec & conforts demandeurs en requête, des 16, 21 & 27 Juin 1747 d'une part, & Henry de Lefpine & conforts, le fieur de Senneterre Marquis de la Ferté, & ledit fieur Maréchal Duc de Richelieu, défendeurs d'autre ; & entre ledit fieur de Saint-Simon Marquis de Ruffec, ledit fieur Préfident de Nicolay & conforts, demandeurs aux fins de la Requête, Ordonnance & Exploit des 16, 21 & 27 Juin 1747 d'une part ; & demoifelles Elizabeth de Mezerets, Madelaine de Mezerets & Marie-Ieanne de Mezerets filles majeures, héritieres de défunte Lefpine leur mere, décédée femme du fieur de Mezerets, Juré-Expert à Paris, laquelle étoit héritiere de défunt Nicolas de Lefpine, notre Confeiller, maitre des œuvres de maçonneries & Bâtimens de Notre Majefté, qui étoit fils & héritier de Simon de Lefpine notre Expert-Juré ès ouvrages de marquétdries, & de Jeanne Parquet fa femme, Nicolas de Lefpine ancien Capitaine au Régiment de Foix, dame de Lefpine veuve de Me Gilles-Michel Hardouin, Contrôleur de nos bâtimens, lefdits fieur & dame de Lefpine, enfans & héritiers dudit fieur Nicolas de Lefpine, qui étoit fils dudit Simon de Lefpine & fa femme, dame Jeanne Soulas, femme de défunt Pierre-Gilles Bernier, Avocat en notredite Cour, & dame Elifabeth-Adrienne Soulas, époufe de Me Jean de Leftang Procureur en notredite Cour, autorifée par Juftice à la pourfuite de fes droits au refus de fon mari, lefdites dames Bernier & de Lef-

ftang

filles & héritieres en partie de Jeanne de Lespine décédée femme dudit Me Soulas, laquelle étoit fille dudit Pierre-Nicolas de Lespine défendeur d'autre ; & entre ledit sieur de Ruffec & consorts ès noms demandeurs en Requête du 7 Août 1749 d'une part, & ledit sieur Maréchal Duc de Riche-lieu, ledit Damas audit nom, le sieur Marquis de la Ferté, lesdites demoiselles Mezerets & lesdites dames Hardouin, Bernier & de Lestang tous défendeurs d'autre : & entre ledit sieur Marquis de la Ferté demandeur en requête du 27 Janvier 1755 d'une part, & ledit sieur Maréchal Duc de Richelieu, ledit Damas audit nom, & le sieur Président de Nicolay & consorts défendeurs d'autre ; & entre lesdits Nicolay, Henry & Pierre-Charles de Lespine demandeurs en Requête du 30 Avril 1746 d'une part, & ledit sieur Maréchal Duc de Richelieu défendeur d'autre ; & entre ledit sieur Coustard demandeur en Requête du 2 Décembre 1746 d'une part, & lesdits sieurs de Lespine, la dame veuve Bernier, Me Bazin, la demoiselle Soulas, les demoiselles Mezerets, & le tuteur à la substitution défendeurs d'autre ; & entre Melchior Cosmeau, Chevalier Seigneur de Pourdeveaux & autres lieux, & Marie-Alphonsine de la Poire de la Roquette sa femme, ayant repris par acte reçu au Greffe de notredite Cour le 9 Juillet 1746, au lieu de Messire Armand-Josse Garnier de Granvilliers, tuteur de ladite demoiselle de la Poire, seule fille & unique héritiere de défunt Messire Jacques de la Poire, Cheva-lier Seigneur de la Roquette, Gouverneur des Pages de M. le Duc d'Orleans, Régent du Royaume, demandeur en Requête du 7 Décembre 1746 d'une part, & le Président Dupuis, & le sieur Damas tuteur à la substitution, défendeurs d'autre, & entre lesdits sieur & dame de Pondevaux demandeurs en Requête du 5 Janvier 1747 d'une part, le Sr Président & la dame Présidente Dupuis défendeurs d'autre ; & entre lesdits sieur & dame Président & Présidente Dupuis demandeurs en Requête du 26 Janvier 1746 d'une part, & le sieur Grandvilliers, le Maréchal Duc de Richelieu, & ledit sieur de la Blancherie tuteur à la substitution défendeurs d'autre, & entre lesdits sieur & demoiselle Perrot demandeurs en Requête du 4 Mai 1746 d'une part, & la demoiselle Durocher, le Maréchal Duc de Richelieu, & ledit tuteur à la substitution défendeurs d'autre ; & entre le Maréchal Duc de Richelieu demandeur en requête du 23 Mai 1746 d'une part, & ladite demoiselle Durocher défenderesse, d'autre ; & entre ledit Damas, tuteur à la substitu-tion, demandeur en requête du 6 Juin 1746, d'une part ; & ladite demoiselle Durocher, défenderesse, d'autre ; & entre lesdits sieur & demoiselle Perrot, demandeurs en requête du 13 Avril 1746, d'une part, & ledit sieur Maréchal Duc de Richelieu défendeur, d'autre ; & entre ladite demoiselle Durocher, deman-deresse en requête du 20 Mai 1748 d'une part, & ledit sieur Maréchal Duc de Richelieu, le sieur Président Dupuis, & les sieur & demoiselle Perrot, défendeurs, d'autre ; & entre ledit sieur Maréchal Duc de Ri-chelieu, demandeur en requête du 7 Septembre 1752, d'une part, & ladite demoiselle Durocher, défen-deresse d'autre ; & entre ledit sieur Damas audit nom, demandeur en requête du 12 Mars 1753, d'une part, & ladite demoiselle Durocher, défenderesse d'autre ; & entre le sieur Maréchal Duc de Richelieu de-mandeur en requête du 24 Mai 1746, d'une part, & ledit sieur Président Hénault défendeur d'autre ; & entre ledit Damas, tuteur à la substitution, demandeur en requête du 6 Juin 1746 d'une part, & ledit sieur Président Hénault, défendeur d'autre ; & entre ledit sieur Maréchal Duc de Richelieu, demandeur en re-quête du 4 Décembre 1752, d'une part, & ledit sieur Président Hénault défendeur d'autre ; & entre ledit sieur Maréchal Duc de Richelieu, demandeur en requête du 12 Janvier 1753, d'une part, & ledit sieur Président Hénault défendeur d'autre ; & entre ledit Damas, audit nom, demandeur en requête du 12 Janvier 1753, d'une part, & ledit sieur Président Hénault défendeur d'autre ; & entre ledit Damas audit nom, demandeur en requête du 14 Mars 1753 d'une part, & ledit sieur Président Hénault défendeur d'au-tre ; & entre ledit sieur Président Hénault demandeur, suivant les requête, ordonnance & exploit du 19 Février 1737, d'une part, & les Administrateurs de l'Hôpital-Général de Paris, défendeurs d'autre ; & entre ledit sieur Président Hénault, demandeur en requête du 26 Mai 1755, d'une part, & ledit sieur Maré-chal Duc de Richelieu, défendeur, d'autre ; & entre ledit sieur Président Hénault, demandeur en requête du 30 Mai 1755, d'une part, & ledit Damas, audit nom, & les Administrateurs de l'Hôpital-Général de Paris défendeurs d'autre ; & entre ledit sieur Président Hénault, demandeur en requête du 31 Mai 1755, d'une part, & ledit sieur Maréchal Duc de Richelieu, & lesdits Administrateurs de l'Hôpital défendeurs d'autre ; & entre ledit sieur Président Hénault, demandeur en requête du 9 Juin 1755 d'une part, & les-dits Administrateurs, & ledit sieur Maréchal Duc de Richelieu défendeurs d'autre ; & entre ledit sieur Pré-sident Hénault, demandeur aux fins des requête, ordonnance & exploit du 15 Avril 1739 d'une part, & messire Mathurin-Claude Portail, & dame Edmée Payen son épouse, héritiere pour moitié de messire Charles-Paul Payen son pere, Messire Claude-Jean-Nicolas Leroi de Sanguin de Rouillé son fils, & hé-ritier pour moitié de dame Anne-Charlotte Payen sa mere, au jour de son décès épouse de Messire Claude Leroi de Sanguin, & messire Pierre-Louis-Anne Drouin de Vandeuil, & dame Anne-Marie-Charlotte Leroi de Sanguin son épouse, aussi fille & héritiere de ladite dame Anne-Charlotte Payen, la-quelle étoit aussi héritiere pour moitié dudit Charles-Paul Payen, son pere, qui étoit héritier pour un septieme de Matthieu Payen de Montmort son frere, aussi héritier en partie de messire Jean-Baptiste-Mathieu Payen, Chanoine de Notre-Dame, lequel étoit aussi héritier pour un septieme dudit sieur Payen de Montmort, ayant repris au lieu & place dudit sieur Charles-Paul Payen, par acte reçu au Greffe de notredite Cour le neuf Mai 1755, tous défendeurs, d'autre, & ledit sieur Maréchal Duc de Richelieu, dé-fendeur, encore d'autre ; & entre lesdits sieur & dame Portail & consorts demandeurs en requête du Juillet 1755 d'une part, & ledit sieur Président Hénault, défendeur & demandeur en requête du 23 Juillet 1755, & ledit Damas, audit nom, défendeur d'autre ; & entre ledit messire Mathurin Portail, notre Con-seiller, maître ordinaire en notre Chambre des Comptes, & dame Edmée Payen son épouse, héritiere pour moitié de messire Charles-Paul Payen son pere, aussi maître des comptes, lequel étoit héritier pour un septieme de Mathieu Payen, Ecuyer, sieur de Montmort, ledit Claude-Jean-Nicolas Leroi de San-guin de Rouillé, Conseiller en notredite Cour, héritier pour moitié de dame Anne-Charlotte Payen sa mere, au jour de son décès épouse de messire Claude Leroi de Sanguin, messire Pierre-Louis-Anne Drouin de Vandeuil, aussi Conseiller en notredite Cour, commissaire aux requêtes du palais, & dame Anne-Marie-Charlotte Leroi de Sanguin son épouse, héritiere pour l'autre moitié de ladite dame Anne-Marie-Charlotte Payen sa mere, laquelle étoit héritiere pour moitié dudit sieur Charles-Paul Payen son pere, qui étoit héritier pour un septieme de Mathieu Payen, Ecuyer, sieur de Montmort son oncle, notre maître-d'hôtel, aussi héritier en partie de messire Jean-Baptiste-Mathieu Payen, Chanoine de Paris, son

C

frere, qui étoit aussi héritier pour un septiéme dudit défunt Mathieu Payen de Montmort, notre maître-d'hôtel, aussi héritier pour un septiéme dudit défunt Mathieu Payen son oncle, & aussi héritier en partie dudit feu sieur Abbé Payen son frere, messire   de Martigny, Brigadier de la premiere Compagnie de nos Mousquetaires, & dame Catherine-Hélene Lozieres de Theumine son épouse, ladite dame héritiere pour moitié de dame Payen sa mere, laquelle étoit héritiere en partie desdits défunts Mathieu Payen & sieur Abbé Payen, & messire Paul de Lozieres, Marquis de Theumine, ancien Capitaine en nôtre Régiment, héritier pour moitié de ladite dame sa mere, qui étoit héritiere pour un septiéme de feu sieur Payen de Montmort, & encore ledit sieur Marquis de Theumine héritier en partie dudit feu sieur Payen, chanoine de Notre-Dame, demandeur en requête du 16 Juillet 1755, d'une part, & ledit sieur Président Hénault, le sieur Maréchal Duc de Richelieu, & ledit Damas, audit nom, défendeurs, d'autre; & entre ledit sieur Président Hénault, demandeur en requête du 10 Juillet 1755, d'une part, & ledit sieur Maréchal Duc de Richelieu, ledit Damas, audit nom, & lesdits sieur Portail de Vaudeuil & autres, défendeurs d'autre; & entre ledit sieur Président Hénault, demandeur aux fins des requête & exploit du 9 Avril 1755, d'une part, & les Maîtres, Gouverneurs & administrateurs de l'Hôtel-Dieu de Paris, défendeurs. d'autre; & entre ledit sieur Président Hénault, demandeur en requête du 9 Août 1755, d'une part, & lesdits sieurs administrateurs de l'Hôtel-Dieu, ledit sieur Maréchal Duc de Richelieu, & ledit Damas, audit nom, défendeurs d'autre; & entre ledit sieur Président Hénault, demandeur en requête du 11 Août 1755, d'une part, & les sieur & dame Portail & consorts, le sieur Maréchal Duc de Richelieu, & ledit Damas, audit nom, défendeur d'autre; & entre ledit sieur Maréchal Duc de Richelieu, demandeur en reqrête du 25 mai 1746, d'une part, & le sieur Moufle de Champigny & consorts, défendeurs, d'autre; & entre ledit Damas, audit nom, demandeur en requête du 6 Juin 1746, d'une part, & ledit sieur Moufle de Champigny & consorts, défendeurs, d'autre; & entre ledit Damas, audit nom, demandeur en requête du 6 Juin 1746, d'une part, & les sieurs Delespine, défendeurs d'autre; & entre ledit sieur Maréchal Duc de Richelieu, demandeur en requête du 5 Décembre 1752, d'une part, & la dame de Verduc, épouse non commune en biens de messire Jean-Baptiste-Angélique Comte du Quesnoy, ancien Lieutenant-Ayde-Major au régiment des Gardes-Françoises, chevalier de l'Ordre royal & militaire de Saint-Louis, & auparavant veuve & commune en biens du sieur Sébastien Lhostelier, ledit sieur du Quesnoy autorisant ladite dame son épouse, ayant repris au lieu & place dudit feu sieur Lhostelier, par acte fait au Greffe de notredite Cour le 4 Août 1751, & les sieurs Champigny & consorts, défendeurs d'autre; & entre ledit Damas, audit nom, demandeur en requête du 14 Mars 1753, d'une part, & Pierre Delespine, la dame veuve Lhostelier & consorts, défendeurs, d'autre; & entre ledit sieur d'Artaguette d'Yron, demandeur en requête du 3 Avril 1745, d'une part, & notre Procureur Général défendeur d'autre; & entre le Maréchal Duc de Richelieu, demandeur en requête du 25 mai 1745, d'une part, & ledit sieur d'Artaguette défendeur d'autre, & entre ledit Maréchal Duc de Richelieu, demandeur en requête du 25 mai 1746 d'une part, & ledit sieur d'Artaguette défendeur d'autre; & entre ledit Damas, audit nom, demandeur en requête du 6 Juin 1746, d'une part, & ledit sieur d'Artaguette, défendeur d'autre; & entre ledit sieur d'Artaguiette demandeur aux fins des commission & exploit des 8 & 11 Juin 1746, d'une part, & messire Antoine-Joseph de Lanoue, Comte de Tourouvre, & dame Henriette Gilbert son épouse, de lui séparée quant aux biens, héritiere de demoiselle Gilbert, fille majeure, légataire universelle de défunte Marguerite Gilbert, veuve du sieur Louis Blin, notre Sécrétaire, défendeurs, d'autre; & entre ledit Damas, audit nom, demandeur en requête du 20 Juin 1747, d'une part, & la dame veuve Nouveau, audit nom, défenderesse, d'autre; & entre le Maréchal Duc de Richelieu, demandeur en requête du 6 Juin 1746, d'une part, & ladite dame veuve Desplaces, défenderesse, d'autre; & entre ledit Damas, audit nom, demandeur en requête du 6 Juin 1746, d'une part, & ladite dame veuve Desplaces, & demoiselles Catherine-Françoise, Marie-Victoire, & Marie-Anne Dionis, ayant repris par acte fait au Greffe de notredite Cour le 30 Avril 1746, au lieu & place du sieur François Dionis, défenderesse, d'autre; & entre le sieur Maréchal Duc de Richelieu, demandeur en requête du 10 Juin 1746, d'une part, & les héritiers Dionis, défendeurs, d'autre; & entre ledit Damas, audit nom, demandeur en requête du 11 Juin 1746, d'une part, & lesdits héritiers Dionis défendeurs d'autre; & entre ledit Maréchal Duc de Richelieu, demandeur en requête du 9 Décembre 1752, d'une part, & les demoiselles Dionis, & la veuve Desplaces, défenderesse, d'autre; & entre ledit Damas, audit nom, demandeur en requête du 15 Mars 1753, d'une part, & lesdits sieurs & demoiselles Dionis & Desplaces, défendeurs, d'autre; & entre le Maréchal Duc de Richelieu, demandeur en requête du 15 mai 1746, & le sieur Corneille, défendeur, d'autre; & entre ledit Damas, audit nom, demandeur en requête du 6 Juin 1746, & le sieur Corneille défendeur d'autre; & entre ledit sieur Maréchal Duc de Richelieu, demandeur en requête du 9 Décembre 1752, d'une part, & me Jean-Baptiste Agard Destureaux, Prêtre, Docteur en Théologie de la Faculté de Paris, maison & Société de Sorbonne, Chanoine de l'Eglise de Bourges, & Official Métropolitain du Diocèse, & messire Clément Agard, Chevalier, Seigneur Destureaux, ancien Capitaine de la premiere Compagnie des Grenadiers au Régiment de la Marine, Chevalier de l'Ordre royal & militaire de Saint-Louis, héritier par bénéfice d'inventaire de défunt sieur Jean Corneille, bourgeois de Paris, ayant repris au lieu & place dudit sieur Corneille, par acte fait au Greffe de notredite Cour le 30 Janvier 1747, défendeurs, d'autre; & entre ledit Damas, audit nom, demandeur en requête du 14 Mars 1753, d'une part, & lesdits sieurs Destureaux, ès noms, défendeurs d'autre; & entre Messire Antoine Laisné, Ecuyer, sieur de Purvilly, Chevalier des Ordres royaux & militaires de Notre-Dame du Mont-Carmel, de Saint-Jean de Jérusalem & de Saint Lazare, & dame Marie-Anne Laisné, épouse séparée quant aux biens, du sieur Louis-Jacques Waubert, Ecuyer, ci-devant Trésorier de feue madame la Duchesse de Berry, & autorisée par Justice à la poursuite de ses droits & actions, tous deux héritiers par égale portion de défunte dame Marie-Anne Léger leur mere, au jour de son décès, veuve de Mathurin Laisné, Ecuyer, Directeur & trésorier de la Monnoie de Lyon, ayant repris au lieu & place de ladite dame veuve Laisné leur mere, par acte fait au Greffe de notredite Cour le 28 Juin 1747, demandeurs aux fins des requête & exploit du 6 Août 1740, d'une part, & messire de Seves de Flecheres, Conseiller en notredite Cour, dame Marie-Madelaine de Marcy son épouse, & messire Antoine-Claude de Marcy, Capitaine, défendeurs, d'autre; & entre ledit sieur Laisné & consorts, demandeurs en requête du 5 Mai 1755, d'une part, & les sieurs & dame de Flecheres de Marcy, le sieur Maréchal Duc de Richelieu & ledit Damas, audit nom, défendeurs d'autre ; & entre les sieurs & dame de Flecheres & de Marcy, demandeurs en requête du 6 Septembre 1754, d'une part, & les sieur & dame Delespine, les sieur & dame Leduc, héritiers & représentans Charles Flacourt, le Maréchal Duc de Richelieu, & le tuteur à la substitution, défendeurs, d'autre ; & entre le Maréchal Duc de Richelieu, demandeur en requête du 24 Mai 1746, d'une part, & ledit sieur Desmary, défendeur, d'autre ; & entre ledit sieur Maréchal Duc de Richelieu, demandeur en requête du 24 Mai 1746, d'une part, & le sieur Laisné & consorts défendeurs, d'autre ; & entre ledit Damas, audit nom, demandeur en requête du 6 Juin 1746, d'une part, & ledit sieur Desmary, défendeur, d'autre ; & entre ledit Dámas, audit nom, demandeur en requête dudit jour 6 Juin 1746, d'une part, & le sieur Laisné & consorts défendeurs, d'autre ; & entre le sieur Maréchal Duc de Richelieu, demandeur en requête du 11 Décembre 1752, d'une part, & ledit sieur Desmary défendeur, d'autre ; & entre ledir sieur Maréchal Duc de Richelieu, demandeur en requête du 11 Décembre 1752, d'une part, & les sieurs & demoiselles Laisné & consorts, défendeurs, d'autre ; & entre ledit sieur Damas, audit nom, demandeur en requête du 14 Mars 1753, d'une part, & ledit Desmary audit nom, défendeur, d'autre ; & entre ledit sieur Damas, audit nom, demandeur en requête du même jour 14 Mars 1753, d'une part, & les sieur & demoiselle Laisné, défendeurs, d'autre ; & entre ledit Maréchal Duc de Richelieu, demandeur en requête du 6 Juin 1746, d'une part, & ladite dame veuve Fouhet & consorts, défendeurs, d'autre ; & entre ledit Damas, audit nom, demandeur en requête dudit jour 6 Juin 1746, d'une part ; & ladite dame veuve Fouhet & consorts, défendeurs d'autre ; & entre ledit sieur Maréchal Duc de Richelieu, demandeur en requête du 14 Décembre 1752, d'une part, & ladite dame veuve & héritiers Fouhet, défendeurs d'autre ; & entre ledit Damas, audit nom, demandeur en requête du 15 Mars 1753, d'une part, & Toussaint Fouhet, défendeur, d'autre ; & entre ledit sieur Maréchal Duc de Richelieu, demandeur en requête du 23 Avril 1753, d'une part, & le sieur Poisson de Vandieres, défendeur, d'autre ; & entre ledit Damas, audit nom, demandeur en requête du 14 Avril mil sept cent cinquante-trois, d'une part ; & ledit sieur Poisson de Vandieres, défendeur, d'autre ; & entre ledit sieur Maréchal Duc de Richelieu, demandeur en requête du 24 Mai mil sept cent quarante-six, d'une part, & ladite dame veuve Gallois & ledit sieur Bitault, défendeurs d'autre ; & entre ledit Damas audit nom, demandeur en requête du 6 Juin 1743 d'une part, & ladite dame veuve Gallois & les sieurs Bitault, défendeurs d'autre ; & entre le sieur Maréchal Duc de Richelieu, demandeur en requête du 24 Décembre 1752 d'une part, & ladite veuve Gallois & les sieurs Bitault, défendeurs d'autre ; & entre ledit Damas audit nom, demandeur en requête du 16 Mars 1753 d'une part, & ladite Dame veuve Gallois & les sieur & demoiselle Bitault, défendeurs d'autre ; & entre ledit sieur Maréchal Duc de Richelieu, demandeur en requête du 25 Mai 1744 d'une part, & ledit Hattier, défendeur d'autre ; & entre ledit Damas audit nom, demandeur en requête du 6 Juin 1746 d'une part, & ledit sieur Hattier, défendeur d'autre ; & entre Mathieu Goudin, , Ecuyer, notre Conseiller, Notaire honoraire & ancien Echevin de la ville de Paris, procédant & ayant repris au lieu & place du sieur Jean-Baptiste Hattier, demandeur en requête du 7 Février 1744 d'une part, & le sieur Maréchal Duc de Richelieu, & ledit Damas audit nom, défendeurs d'autre ; & entre ledit sieur Maréchal Duc de Richelieu, demandeur en requête du 14 Décembre 1752 d'une part, & ledit sieur Goudin, défendeur d'autre ; & entre ledit Damas audit nom, demandeur en requête du 11 Mars 1753 d'une part, & ledit Goudin, défendeur d'autre ; & entre ledit Damas audit nom, demandeur en requête du 12 Juin 1755 d'une part, & dame Marie-Anne Malingrez, veuve de Mathieu Goudin, Ecuyer, notre Conseiller, Notaire honoraire au Châtelet, & ancien Echevin de Paris, à cause de la communauté qui étoit entr'elle & ledit feu sieur Goudin, & le sieur Goudin notre Conseiller en notre Cour des Aydes & en l'Hôtel-de-Ville de Paris, seul & unique enfant & héritier dudit feu sieur Mathieu Goudin, ayant repris au lieu & place dudit feu sieur Mathien Goudin, par acte fait au Greffe de notredite Cour le 5 Avril 1753, défendeurs d'autre part ; & entre ledit sieur Maréchal Du de Richelieu, demandeur en requête du 24 Mai 1746 d'une part, & ledit sieur de la Riviere, défendeur d'autre ; & entre ledit Damas audit nom, demandeur en requête du 6 Juin 1746 d'une part., & les sieurs Jean-Baptiste, Charles, Louis-François de la Riviere, enfans mineurs & héritiers du sieur François de la Riviere, émancipés d'âge, procédans sous l'autorité du sieur Jean-Louis Lambert, premier Secrétaire du Substitut du Procureur Général au Châtelet, leur curateur aux causes, ledit Lambert audit nom, & Louis-Raymond de la Riviere, marchand Apoticaire, fils & héritier dudit feu sieur de la Riviere, ayant repris en son lieu & place, par acte fait au greffe de notredite Cour le 17 Juin 1747, tous défendeurs d'autre ; & entre ledit sieur Maréchal Duc de Richelieu, demandeur en requête du 15 Décembre 1752 d'une part, & lesdits enfans & héritiers de la Riviere défendeurs d'autre ; & entre ledit Louis-Raymond de la Riviere, demandeur aux fins des commissions obtenues en chancellerie le 16 Juin 1753, pareatis de grand Sceau du 18 dudit mois de Juin, & exploit fait en conséquence le 26 Mars 1754 d'une part, & Messire Claude Anceau, Conseiller au Parlement de Toulouse, fils & héritier de défunt Messire Jean-Louis Anceau, Conseiller honoraire au même Parlement, défendeur d'autre ; & entre ledit sieur Anceau ès noms, demandeur en requête du 11 Décembre 1754 d'une part, & ledit sieur de la Riviere, le sieur Maréchal Duc de Richelieu & ledit Damas audit nom, défendeurs d'autre ; & entre Jean-Baptiste-François de la Riviere, Etudiant en Médecine, & Charles-Louis-François de la Riviere, Bourgeois de Paris, demandeurs en requête du onze Décembre 1754 d'une part, & ledit sieur Anceau, & ledit sieur Louis-Raymond de la Riviere, défendeurs d'autre ; & entre le sieur Jean-Louis Anceau, Grand-Maitre des Eaux & Forêts de Languedoc, demandeur en requête du 16 Décembre 1754 d'une part, & le sieur Maréchal Duc de Richelieu, ledit Damas audit nom & ledit sieur Louis-Raymond de la Riviere, défendeurs d'autre ; & entre Jeanne-Marie-Constance Anceau, épouse de Messire de Pujol, ancien Capitaine de Cavalerie, demanderesse en requête du 18 Décembre 1754 d'une part, & ledit sieur Maréchal Duc de Richelieu, ledit Damas audit nom, & ledit Louis-Raymond de la Riviere, défendeurs d'autre ; & entre Messire Claude Anceau, notre Conseiller en notre Cour de Parlement de Toulouse, demandeur aux fins des commission & exploit des 7 septembre & 23 novembre 1754 d'une part, & dame Anceau, épouse séparée & autorisée de Messire de Commuchau, défenderesse d'autre ; & entre ledit Raymond de la Riviere, demandeur en requête du 19 Juillet 1755 d'une part, & les sieur & dame Anceau, le Maréchal Duc de Richelieu & ledit Damas audit nom, défendeurs d'autre ; & entre le Maréchal Duc de Richelieu, demandeur en requête du 23 Mai 1746 d'une part, & lesdits sieur & demoiselle Darcy, défendeurs d'autre ; &

entre ledit Damas audit nom, demandeur en requête du 6 Juin 1746 d'une part, & les sieur & demoiselle Darcy, défendeurs d'autre; & entre le maréchal Duc de Richelieu, demandeur en requête du 16 Décembre 1752 d'une part, & lesdits sieur & demoiselle Darcy, défendeurs d'autre; & entre ledit sieur maréchal Duc de Richelieu, demandeur en requête du 14 Mai 1746 d'une part, ledit sieur Testard, défendeur d'autre; & entre ledit Damas audit nom, demandeur en requête du 6 Juin 1746 d'une part, & ledit Testard, défendeur d'autre; & entre le maréchal Duc de Richelieu, demandeur en requête du 22 Décembre 1752 d'une part, & ledit Testard, défendeur d'autre; & entre le maréchal Duc de Richelieu, demandeur en requête du 24 Mai 1746 d'une part, & Claude-Madeleine Saintard, veuve de Barthelemy Nouveau au nom & comme tutrice & gardienne noble de Barthelemy-Antoine Nouveau son fils, mineur, Ecuyer, seul & unique héritier pur & simple de Barthelemy-Jean Nouveau, Conseiller, son ayeul, ayant repris au lieu dudit sieur Barthelemy Nouveau, par acte fait au Greffe de notredite Cour le 20 Décembre 1746, défenderesse d'autre; & entre ledit Damas audit nom, demandeur en requête du 6 Juin 1746 d'une part, & ladite veuve Nouveau ès noms, défenderesse d'autre; & entre le maréchal Duc de Richelieu, demandeur en requête dudit jour 26 Mai 1746 d'une part, & le sieur le Mosnier Duquesne, au nom & comme tuteur des enfans mineurs des sieur & dame Passerat, défendeur d'autre; & entre le maréchal Duc de Richelieu, demandeur en requête du 22 Décembre 1752 d'une part, & ladite veuve Nouveau ès noms, défenderesse d'autre; & entre le maréchal Duc de Richelieu, demandeur en requête du 22 Décembre 1752 d'une part, & ledit le Mosnier Duquesne ès noms, défendeur d'autre; & entre ledit Damas audit nom, demandeur en requête du 15 Mars 1753 d'une part, & les héritiers Passerat, défendeurs d'autre; & entre ledit Damas audit nom, demandeur en requête du 16 dudit mois de Mars d'une part, & ladite dame veuve Nouveau ès noms, défenderesse d'autre; & entre le sieur Pougin de Nomion, Ecuyer, notre Conseiller, Maison, Couronne de France & de nos Finances, Receveur Général des Finances de Berry, demandeur aux fins des requêtes & exploit du 13 Novembre 1739 d'une part, & dame Marie-Anne Pajot du Bouchet, veuve de Messire Jean-Baptiste Auget, Chevallier, Baron de Monthion & autres lieux, notre Conseiller en nos Conseils, Maître ordinaire de notre Chambre des Comptes de Paris, ayant renoncé à la communauté de biens qui étoit entre elle & ledit feu de Monthion son mari, & Guillaume Volfe, Bourgeois de Paris, ladite dame de Monthion, tutrice honoraire, & ledit Volf, tuteur onéraire de messire Jean-Baptiste-Antoine Auget de Monthion, fils mineur dudit défunt sieur de Monthion, & ledit Volfe ayant repris esdites qualités, au lieu & place dudit feu de Monthion, par acte reçu au Greffe de notredite Cour le 16 Mars 1743, défendeurs & demandeurs en requête du 11 Juillet 1744 d'une part, & ledit sieur Pougin de Nomion défendeur d'autre; & entre le Maréchal Duc de Richelieu, demandeur en requête du 23 Mai 1746 d'une part, & ledit sieur Pougin de Nomion défendeur d'autre; & entre dame Marie-Anne Pajot du Bouchet, veuve de Messire Jean-Baptiste-Robert Auget, Chevalier, Seigneur & Baron de Monthion, notre Conseiller, Maître ordinaire en notre Chambre des Comptes de Paris, ayant renoncé à la communauté des biens d'entre elle & son défunt mari, tutrice honoraire d'Antoine-Jean-Baptiste-Robert Auget de Monthion, fils mineur dudit défunt son mari & d'elle, légataire universel dudit sieur son pere, lequel étoit légataire pour un tiers dudit défunt Jean Auget, Chevalier, Baron de Monthion, ancien Président des Trésoriers de France à Paris, Guillaume Volfe, Bourgeois de Paris, tuteur onéraire dudit sieur Jean-Baptiste-Robert Auget de Monthion, mineur, demoiselle Elisabeth-Louise Auget, fille majeure, légataire pour un tiers dudit défunt sieur Jean Auget, Trésorier de France, & Abraham-François Macé, sieur de Montouri, Chevalier de l'Ordre royal & militaire de Saint-Louis, ancien Capitaine au régiment de Ponthieu, & Catherine Auget son épouse, aussi légataire pour un tiers dudit Jean Auget son pere, demandeurs aux fins des requêtes & exploit du dix-huit Août 1747 d'une part, & demoiselle Elisabeth-Catherine Soulas, épouse de me Jean de Lestang, Procureur en notredite Cour, autorisée par Justice à la poursuite de ses droits, défenderesse d'autre; & entre ladite dame veuve de Monthion & consorts demandeurs en requête du vingt-deux Mai 1751 d'une part, & Jean-Baptiste Halma de Bellemont, notre Conseiller en nos Conseils, grand Audiencier de France, & Geneviéve-Catherine Pougin de Nomion, seul enfant & unique & héritiere du feu sieur Pierre Pougin de Nomion, ayant repris en son lieu & place, par acte du trois Avril 1751, & les représentans & héritiers de Lespine défendeurs d'autre; & entre ladite dame veuve de Monthion & consorts, demandeurs aux fins des requête & exploit du dix-huit Août 1747 d'une part, & dame Anne-Dorothée Pioger, veuve de me Henri de Lespine, Avocat en notredite Cour, Greffier des Requêtes du Palais, ayant renoncé par acte du dix-huit Février 1748, à la communauté de biens qui a été entr'eux, tutrice de demoiselle Henriette-Dorothée de Lespine, leur fille mineure, ayant repris au lieu dudit défunt me Henri de Lespine, par acte du premier Décembre 1749, & Dame Jeanne Soulas, veuve de me Pierre-Gilles Bernier, avocat en notredite Cour, ayant renoncé à la communauté de biens qui a été entr'eux, défenderesses d'autre; & entre lesdits sieur & dame de Bellemont, demandeurs en requête du neuf Avril 1753 d'une part, & ladite dame veuve de Monthion & consorts, défendeurs d'autre; & entre lesdits sieur & dame de Bellemont, demandeurs en requête du trente-un Mai 1755 d'une part, & le maréchal duc de Richelieu & ladite dame veuve de Monthion & consorts défendeurs d'autre; & entre ledit sieur & la dame de Bellemont, demandeurs en requête du seize Juin 1755, d'une part, & ladite dame de Monthion & consorts, le maréchal duc de Richelieu, & ledit Damas, audit nom, défendeurs d'autre; & entre ledit sieur Lebas Duplessis, au nom, & comme tuteur & ayant la garde noble des enfans mineurs de lui & de défunte dame Marie-Catherine Lebas de Girangis son épouse, Marie-Therese Lebas, veuve de messire Jean-Baptiste le Clerc, chevalier, seigneur de Boisguiche, Riberpré & autres lieux, Claude-François Bocquet, baron de Courbouzon, seigneur de Saint-Agnan & autres lieux, conseiller au Parlement de Bezançon, Anne-Magdelaine Lebas de Girangis son épouse, Pierre-René Lebas de Girangis, chevalier, capitaine au régiment de Chepy, & Louis-César Lebas de Girangis, chevalier, seigneur de Claye, capitaine de dragons dans le régiment de la Reine, lesdits mineurs des sieur & dame Lebas Duplessis, la dame le Clerc, la dame de Courbouzon, & lesdits sieurs le Bas seuls enfans & héritiers chacun pour un cinquiéme de dame Marie-Catherine Quentin, au jour de son décès veuve de messire Louis Lebas de Girangis, seigneur de Claye leur mere & ayeule, ayant tous repris en son lieu par acte reçu au Greffe de notredite Cour, & demandeurs en requête du six Février 1745, d'une part, & le sieur Cornillier & consorts, les dames prieure & religieuses du Couvent des Filles de Saint-Dominique, dites de Saint-Thomas;

le fieur marquis d'Hecquevilly, audit nom, & ledit Damas, audit nom, défendeurs d'autre; & entre
ledit fieur Lebas ès noms & conforts, demandeurs en requête du douze Avril 1745 d'une part, & ledit
fieur maréchal duc de Richelieu, ledit Damas, audit nom, le marquis d'Hecquevilly, le comte de la
Suze & conforts défendeurs d'autre; & entre ledit fieur Lebas ès noms & conforts demandeurs en requête
du ... Mai 1745 d'une part, & ledit fieur comte de la Suze & conforts défendeurs d'autre; & entre ledit
fieur maréchal duc de Richelieu demandeur en requête du vingt-trois mai 1746 d'une part; & ledit fieur
Lebas & conforts défendeurs d'autre; & entre ledit Damas, audit nom, demandeur en requête du fix
Juin 1746 d'une part, & ledit fieur Lebas & conforts défendeurs d'autre; & entre ledit fieur Lebas & conforts demandeurs en requête au quinze Juin 1746 d'une part, & le fieur comte de la Suze & conforts,
ledit fieur Cornillier & conforts, lefdites dame Prieures & Religieufes de Saint Dominique, dites de
Saint-Thomas; le marquis d'Hecquevilly, audit nom, & autres, & le maréchal duc de Richelieu défendeurs d'autre; & entre ledit fieur Lebas & conforts demandeurs en requête du dix-huit Juin 1746 d'une
part, & ledit fieur comte de la Suze & conforts, lefdites dames Religieufes de Saint-Thomas, le marquis
d'Hecquevilly, & ledit Damas, audit nom, défendeurs d'autre; & entre ledit fieur comte de la Suze &
conforts demandeurs en requête du dix-huit mai 1747 d'une part, & ledit fieur Lebas & conforts défendeurs d'autre; & entre meffire Auguftin-Louis Hennequin, marquis d'Hecquevilly, ès noms, ayant
repris comme majeur, au lieu & place du fieur marquis d'Hecquevilly fon pere, & ci-devant fon tuteur
par acte reçu au Greffe de notredite Cour le vingt Juin 1747, demandeurs en requête du vingt-deux Juin
audit an, d'une part, & ledit fieur Lebas & conforts, le maréchal duc de Richelieu défendeurs d'autre;
& entre lefdites dames Prieure, Religieufes & Couvent des Filles de Saint-Dominique, dites de Saint
Thomas, demandereffes en requête du trois Juillet 1755 d'une part, & le maréchal duc de Richelieu
& ledit Lebas & conforts défendeurs d'autre; & entre lefdites dames Religieufes de Saint Thomas demandereffes en requête du fept Juillet 1755 d'une part, & le maréchal duc de Richelieu & ledit Lebas & conforts
défendeurs d'autre; & entre lefdites dames Religieufes demandereffes en requête du fept Août 1755 d'une
part, & le maréchal duc de Richelieu, & ledit Lebas & conforts défendeurs d'autre; & entre lefdites
dames Religieufes demandereffes en requête du fept Août 1755 d'une part, & le maréchal duc de Richelieu
& ledit Lebas & conforts défendeurs d'autre; & entre le maréchal duc de Richelieu demandeur en requête
du vingt-deux Avril 1746 d'une part, & la dame veuve & héritiers Perrier, défendeurs d'autre; &
entre ledit Damas, audit nom, demandeur en requête du trente Juin 1747 d'une part, & ladite dame
veuve & Héritiers Perrier, défendeurs d'autre; & entre Conftantin-Joseph Perrier, notre Confeiller,
receveur général des domaines & bois de la Généralité d'Alençon, Marie-Anne Perrier épouse féparée
quant aux biens de François-Pierre Gazon, marchand, bourgeois de Paris, & autorifée par Juftice à la
pourfuite de fes droits, François Beuzelin & Marie-Louife Perrier fa femme, tous héritiers chacun en
partie du fieur Pierre-Conftantin Perrier leur pere & beau-pere, marchand drapier à Paris, ayant repris
en fon lieu & place par acte reçu au Greffe de notredite Cour le dix-fept Février 1749, & encore héritiers
chacun en partie de la dame Barrois leur mere, veuve dudit fieur Perrier, ayant repris en fon lieu & place
par acte reçu au Greffe de notredite Cour le quatorze Octobre mil fept cent quarante-neuf, demandeurs
en requête du 4 Novembre audit an, d'une part, & le Maréchal Duc de Richelieu, défendeur, d'autre;
& entre le Maréchal Duc de Richelieu, demandeur aux fins des requêtes, ordonnances & exploit du 7
décembre 1745, d'une part; & Nicolas Defneux, Traiteur privilégié de Nous, & demoifelle Lamant
fon épouse, défendeurs, d'autre; & entre ledit Defneux & fa femme, demandeurs en requête du cinq
Février 1746, d'une part; & le Maréchal Duc de Richelieu, défendeur d'autre; & entre ledit Defneux &
fa femme, demandeurs, fuivant la commiffion & exploit des 18 & 31 Décembre 1745 d'une part; &
meffire Louis de Berthereau, Chevalier, Seigneur de la Girandiere & autres lieux; & dame Marie-The-
refe de Saint-Mefmin fon épouse, défendeurs d'autre; & entre lefdits fieur & dame de la Giraudiere, demandeurs en requête du 14 Mai 1746 d'nne part; & le Maréchal Duc de Richelieu, & les fieurs & dame
Defneux, défendeurs d'autre; & entre le Maréchal Duc de Richelieu, demandeurs en requête du 10
Janvier 1753 d'une part; & Bertrand Tailligoury, Maitre-en-fait-d'armes, à caufe de Françoife-Eleonore
de Lamant fa femme, auparavant veuve de Nicolas Defneux, Marchand Fripier à Paris, en fon nom, à
caufe de la communauté qui a été entre elle & ledit feu fieur Defneux qu'elle a accepté, & encore
comme donataire mutuelle dudit défunt Defneux, ayant repris en fon lieu & placé par acte reçu au
Greffe de notredite Cour du 16 Septembre 1747, Pierre Defneux, Marchand, Simon Houdan, Marchand, & Michelle Defneux fa femme, Marie-Madelaine Defneux veuve d'André Boudon, & François
Defneux, héritiers chacun pour un quart dudit feu fieur Nicolas Defneux, & ayant repris conjointement avec ladite Delamant, au lieu & place dudit défunt Nicolas Defneux, par acte reçu au Greffe de notredite Cour du 31 Août 1746, & les fieur & dame de la Giraudiere, défendeurs d'autre; & entre
lefdits héritiers Defneux, demandeurs en requête du 16 Janvier 1752 d'une part, & le Maréchal Duc de
Richelieu & les fieur & dame de la Giraudiere, défendeurs d'autre; & entre lefdits fieur & dame de la
Giraudiere, demandeurs en requête du 25 Janvier 1753 d'une part, & lefdits héritiers Defneux & le
Maréchal Duc de Richelieu, défendeurs d'autre; & entre ledit Damas audit nom, demandeur en requête
du 19 Mars 1753 d'une part, & lefdits héritiers Defneux, défendeurs d'autre, & entre le Maréchal Duc
de Richelieu, demandeur en requête du 25 Avril 1746 d'une part, & les dames Defmarets & de Livry, défendereffes d'autre, & entre le Maréchal Duc de Richelieu, demandeur en requête du 23 Mai 1746 d'une
part, & lefdites dame Defmarets & de Livry, défendereffes d'autre; & entre le Maréchal Duc de Richelieu,
demandeur en requete du 11 Janvier 1753, & lefdites dames veuve Defmarets & de Livry, défendereffes
d'autre; & entre ledit Damas audit nom, demandeur en requête du 16 Mars 1753 d'une part, lefdites dames
veuve Defmarets & de Livry défendereffes d'autre; & entre le Maréchal Duc de Richelieu, demandeur
en requête du 25 Mai 1746 d'un part, & le fieur Belard & conforts défendeurs d'autre; & entre ledit Damas audit nom, demandeur en requete du 6 Juin 1746 d'une part, & ledit fieur Belard & conforts, défendeurs d'autre; & entre Jean-Baptifte Belard, Lambert Defneux, demoifelle Sufanne Rouffel fa femme,
demoifelles Anne & Therefe Rouffel, filles majeures, & Jean-Baptifte Lavallée, héritiers par repréfentation de leur mere, de Jean-Baptifte Lavallée & de Catherine de Lobel fa femme, leur ayeul & ayeule paternel & maternelle, demandeurs aux fins de la requête du 13 octobre 1740, & exploit fait en conféquence
du même jour d'une part, & Me Jean-François Caron, notre Confeiller, Notaire au Châtelet de Paris, &

D

dame Catherine de Lobel sa femme, Me Joseph Prevôt, aussi notre Conseiller, Notaire au Châtelet de Paris, dame Jeanne-Geneviève de Lobel sa femme, lesdites dames de Lobel, héritieres de défunt sieur Charles-François de Lobel leur pere & beau-pere, lequel étoit héritier du sieur Nicolas de Lobel & de dame Françoise Hamele ses pere & mere, lequel sieur Nicolas de Lobel, étoit aussi héritier du sieur Cristophe de Lobel son pere, défendeurs d'autre; & entre lesdits Belard & consorts, demandeurs en requête du 27 Juin 1747 d'une part, & lesdits héritiers de Lobel & le maréchal duc de Richelieu, défendeurs d'autre; & entre ledit Belard & consorts demandeurs aux fins des requête, ordonnance & exploit du 13 octobre 1740 d'une part, & Me Hilaire-Atanase Lamirault, Greffier en la premiere Chambre des Requêtes du Palais, dame Marie-Françoise de Lobel sa femme, & le sieur François de Lobel, marchand de fer, défendeurs d'autre; & entre ledit Belard & consorts demandeurs en requête du 27 novembre 1747 d'une part, & lesdits Lamirault & de Lobel & le sieur maréchal duc de Richelieu, défendeurs d'autre; & entre le maréchal duc de Richelieu, demandeur en requête du 11 janvier 1753 d'une part, & ledit sieur Belard & consorts, défendeur d'autre; & entre ledit Damas audit nom, demandeur en requête du 29 mars 1753 d'une part, & ledit sieur Belard & consorts, défendeurs d'autre; & entre ledit Belard & consorts, demandeurs en requête du 23 mars 1753 d'une part, & le sieur de Lobel & consorts, Lamirault & consorts, le maréchal duc de Richelieu & ledit Damas audit nom, défendeurs d'autre; & entre ledit Belard & consorts, demandeurs en requête du vingt-sept mars 1751 d'une part, & le maréchal duc de Richelieu & ledit Damas audit nom, défendeurs d'autre; & entre ledit Belard & consorts, demandeurs en requête du vingt-neuf janvier 1750 d'une part, & le maréchal duc de Richelieu, ledit Damas audit nom, les sieurs de Lobel & consorts, le sieur Caron & consorts & la veuve Lebas, tous défendeurs d'autre; & entre le maréchal duc de Richelieu, demandeur en requête du vingt-trois mai 1746 d'une part, & le sieur de Beaumont, défendeur d'autre; & entre ledit Damas audit nom, demandeur en requête du six juin 1746 d'une part, & ledit de Beaumont, défendeur d'autre; & entre ledit de Beaumont, demandeur aux fins des requête & exploit du vingt-quatre janvier 1748 d'une part, & messire Charles Jullien, notre Conseiller, Correcteur en la Chambre des Comptes à Paris, héritier, & ayant repris par acte du huit juin 1751 au lieu & place de demoiselle Marie-Claude Jullien sa sœur, légataire universelle & biens-tenante de défunt Me Jean Gerard, Avocat en notredite Cour, défendeur d'autre; & entre ledit Me Jullien, demandeur en requête du dix-sept mars 1753 d'une part, & ledit de Beaumont, les héritiers & représentans, Simon Lespine, & le maréchal de Richelieu, défendeurs d'autre, & entre ledit de Beaumont, demandeur en requête du neuf avril 1753 d'une part, & le maréchal duc de Richelieu & le tuteur à la substitution, les comtes de Maurepas, de Saint Florentin & consorts, défendeurs d'autre; & entre Me Jullien, demandeur en requête du vingt-cinq septembre 1754 d'une part, & le maréchal duc de Richelieu & ledit de Beaumont défendeurs d'autre; & entre les Supérieure, Religieuses, Couvent & Monastere de la Visitation de Sainte-Marie de Melun, demanderesses aux fins des requête, commission & exploit, des sept & seize septembre 1754 d'une part, & les sieur & dame de Thiville, icelle dame de Thiville, héritiere & représentante & biens tenante de Charles Flacourt de la Tour & le sieur Flacourt de Pretefort, défendeurs d'autre; & entre ledit Me Jullien, demandeur en requête du dix avril 1755 d'une part, & ledit de Beaumont, défendeur d'autre; & entre ledit Me Jullien demandeur suivant ses requête, commission & exploit des vingt-un & vingt-quatre Février 1753, & les Supérieure, Religieuses & Couvent du Monastere de la Visitation de Sainte-Marie de Melun, défenderesses d'autre; & entre ledit Me Jullien, demandeur en requête du dix-neuf avril 1755 d'une part, & ledit de Beaumont & lesdites Supérieure, Religieuses & Couvent du Monastere de la Visitation de Sainte-Marie de Melun, défenderesses d'autre; & entre ledit Me Jullien, demandeur en requête du dix-neuf avril 1755 d'une part, & ledit de Beaumont & lesdites Supérieure & Religieuses, défendeurs d'autre; & entre ledit de Beaumont, demandeur en requête du seize Juillet mil sept cent cinquante-cinq d'une part, & ledit me Jullien, le maréchal duc de Richelieu, & ledit Damas audit nom, défendeurs d'autre; & entre Louis-Mathurin Taboureau, grand-maître des Eaux & Forêts du Lyonnois, Dauphiné & Provence, & Catherine-Geneviéve Bazin sa femme, seule héritiere de Me Gerard Bazin son pere, Avocat en notredite Cour, ayant repris en son lieu & place par acte fait au Greffe de notredite Cour le vingt-neuf Décembre mil sept cent quarante-cinq, demandeurs aux fins des requête & exploit du sept Février mil sept cent quarante-six d'une part, & messire François-Alexandre de Jouhanne de la Carre, comte de Sommery, Jean-Nicolas de Jouhanne de la Carre de Sommery, Marie-Therese de la Carre de Sommery, fille majeure, & Louise-Angélique de Johanne de la Carre de Sommery aussi fille majeure, défendeurs d'autre; & entre lesdits sieurs & demoiselles de Sommery demandeurs aux fins des requête & exploit du quatorze mars mil sept cent quarante-six d'une part, & messire Alexandre d'Orléans de Rothelin, défendeur d'autre; & entre le maréchal duc de Richelieu demandeur en requête du vingt-cinq mai mil sept cent quarante-six d'une part, & ledit Taboureau & sa femme défendeurs d'autre; & entre ledit Damas, audit nom, demandeur en requête du six Juin mil sept cent quarante-six d'une part, & ledit Taboureau & sa femme, défendeurs d'autre; & entre ledit Taboureau & sa femme demandeur en requête du treize mai mil sept cent quarante-sept d'une part, & le maréchal duc de Richelieu défendeur d'autre; & entre messire Alexandre d'Orléans, marquis de Rothelin, comte de Moussy & autres lieux, maréchal de nos camps & armées, gouverneur du Port-Louis, demandeur aux fins des requête & exploit du vingt quatre mai mil sept cent quarante-six d'une part, & Nicolas de Lespine, ancien capitaine au régiment de Foix, & Me Henry de Lespine, avocat en notredite Cour, greffier des requêtes du Palais, défendeurs d'autre; & entre les sieurs & demoiselles de Sommery, demandeurs en requête du quinze Juillet mil sept cent quarante-sept d'une part, & ledit Taboureau & sa femme défendeurs d'autre; & entre le maréchal duc de Richelieu demandeur en requête du quinze Janvier mil sept cent cinquante-trois d'une part, & ledit Taboureau & sa femme défendeurs d'autre; & entre ledit Damas, audit nom, demandeur en requête du dix-neuf mars mil sept cent cinquante-trois d'une part, & ledit Taboureau & sa femme défendeurs d'autre; & entre ledit Taboureau & sa femme demandeurs en requête du 21 Février mil sept cent cinquante-cinq d'une part, & le sieur comte de Sommery & consorts, le maréchal duc de Richelieu & ledit Damas audit nom, défendeurs d'autre; & entre les sieurs & demoiselle de Sommery, demandeurs aux fins des requête, ordonnance & exploit des douze mai 1755 d'une part, & le marquis de Rothelin, défendeur d'autre

& entre ledit Damas, audit nom, demandeur en requête du six Juin 1746 d'une part, & la veuve Racle défenderesse d'autre. & entre Jean Regnier, écuyer, sieur de Voisy, ancien capitaine de Dragons, demandeur aux fins des requête, ordonnance & exploit des treize, vingt-six, vingt-sept Août, treize & vingt-quatre Octobre 1739 d'une part, & Me Henri Chebron de Bonne-Garde, ancien payeur de rentes maître Joseph-Henri Chebron, contrôleur des rentes, demoiselle Anne-Françoise Joly de Chavigny, fille majeure, Pierre Sylvain commissaire d'artillerie, & demoiselle Marie-Marguerite Chebron sa femme; demoiselle Marie-Anne Chebron, Anne-Merle Chebron, & Elisabeth Chebron, filles majeures, Charles-François Duvivier, & Catherine-Henriette Chebron sa femme, demoiselle Elisabeth Delhost, fille majeure, défendeurs d'autre; & entre Jean Regnier de Voisy, demandeur aux fins des requête, ordonnance & exploit des quatre mai, quatorze, vingt-six & trente Août mil sept cent trente-neuf d'une part, & Nicolas de Lespine, Henri de Lespine, Charles-Philippe Mezerets défendeur d'autre; & entre ledit Regnier de Voisy, demandeur aux fins des requête, ordonnance & exploit des treize Août, treize & vingt-quatre Octobre mil sept cent trente-neuf, d'une part, & lesdits de Lespine & Mezerets défendeurs d'autre; & entre ledit Regnier de Voisy demandeur aux fins des requête, ordonnance & exploit des treize Août & vingt-quatre Novembre mil sept cent trente-neuf d'une part, & Pierre-Charles de Lespine architecte-expert-juré défendeur d'autre; & entre Me Bonvarlet & sa femme, demandeurs en requête du sept Janvier mil sept cent cinquante-deux d'une part, & Gabriel-François Regnier de Vaupepin, Ecuyer, chevalier de l'Ordre militaire de Saint-Louis, & commissaire d'artillerie, héritier par bénéfice d'inventaire de Jean Regnier de Voisy, ayant repris au lieu & place dudit Regnier de Voisy par acte fait au Greffe de notredite Cour le   Novembre mil sept cent quarante-sept, défendeur d'autre; & entre le maréchal duc de Richelieu, demandeur en requête du vingt-quatre Mai mil sept cent quarante-six d'une part, & la veuve Juillet défenderesse d'autre; & entre ledit Damas, audit nom, demandeur en requête du six Juillet mil sept cent quarante-six d'une part, & la veuve Juillet défenderesse d'autre; & entre ledit maréchal duc de Richelieu demandeur aux fins des requête, ordonnance, commission & exploit des deux & dix-sept mars mil sept cent quarante-six d'une part, & demoiselle Claudine Bourdon, épouse non commune en biens de Claude-François Poitevin Deverieres, receveur des Tailles de l'Election de Guise, autorisée de son mari, & ledit Deverieres, audit nom, défendeurs d'autre; & entre ledit Deverrires & sa femme demandeurs aux fins des requête & exploit des vingt-sept mai mil sept cent quarante-six d'une part, & messire Jean-François de Creil & dame Emilie de Mailly son épouse, défendeurs d'autre; & entre ledit Deverrieres & sa femme, ès noms demandeurs aux fins de la requête du onze décembre mil sept cent cinquante-un d'une part, & me Aubin Gauthier, Prêtre, Licentié ès Loix, chapelain de l'Eglise de Paris, Claude Michelin, bourgeois de Paris, & Me François Guerin de Boullancourt, Procureur au Grand Conseil, créanciers, syndics & directeurs des droits des autres créanciers de messire Jean-François marquis de Creil, & dame Emilie de Mailly de Breuil son épouse, défendeurs d'autre; & entre lesdits syndics & directeurs des créanciers de Creil, demandeurs en requête du sept décembre mil sept cent cinquante-quatre d'une part, & ledit Deverrieres & sa femme, & le maréchal duc de Richelieu, défendeurs d'autre; & entre ledit Damas, audit nom, demandeur en requête du vingt-sept Juin mil sept cent quarante-sept d'une part, & le maréchal duc de Richelieu & ledit Deverrires & sa femme, défendeurs d'autre; & entre les syndics & directeurs des créanciers du marquis & de la marquise de Creil, demandeurs en requête du dix-sept Décembre mil sept cent cinquante-quatre d'une part, & ledit Damas, audit nom, ledit Deverrieres & sa femme, défendeurs d'autre; & entre ledit Deverrieres & sa femme demandeurs en requête du vingt-huit mai mil sept cent cinquante-cinq d'une part, & le marquis & la marquise de Creil, les syndics & directeurs de leurs créanciers, & le maréchal duc de Richelieu défendeur d'autre; & entre ledit Desverrieres & sa femme demandeurs en requête du dix-sept Juin mil sept cent cinquante-cinq d'une part, & le marquis & la marquise de Creil, les syndics & directeurs de leurs créanciers, le maréchal duc de Richelieu; & ledit Damas, audit nom, défendeurs d'autre; & entre messire Joseph Durey de Sauroy, chevalier, seigneur de Martigny & autres lieux, notre conseiller en nos conseils, commandeur & trésorier de l'Ordre royal & militaire de Saint Louis, demandeur aux fins des requête & exploit du vingt-deux Avril mil sept cent trente-neuf d'une part, & messire Jacques Durey de Noinville, notre conseiller, maître des requêtes, & président honoraire au Grand Conseil, défendeur d'autre; & entre ledit messire Durey de Noinville demandeur aux fins des requête & exploit du vingt-six mai mil sept cent trente-neuf d'une part, & les directeurs & administrateurs de l'Hôtel-Dieu de Paris & de l'Hôpital-Général, légataires universels de demoiselle Marie-Thérèse le Petit de Verier, de Chausseraye, défendeurs d'autre; & entre ledit de Noinville demandeur en requête du vingt-neuf mars mil sept cent quarante-six d'une part, & ledit Durey de Sauroy, lesdits administrateurs de l'Hôtel-Dieu de Paris & de l'Hôpital-Général, ès noms, défendeurs d'autre; & entre ledit Durey de Sauroy, demandeur en requête du trente-un mars mil sept cent quarante-six d'une part, le maréchal duc de Richelieu, ledit sieur Durey de Noinville, & lesdits administrateurs de l'Hôtel-Dieu & de l'Hôpital Général de Paris défendeurs d'autre; & entre le maréchal Duc de Richelieu demandeur en requête du 23 Mai 1746 d'une part, & le Sr Durey de Sauroy défendeurs d'autre; & entre ledit Dumas audit nom demandeur en Requête du 6 Juin 1746 d'une part, & le sieur Durey de Sauroy défendeur d'autre, & entre Nicolas Chabouillé, Officier-Juré Vendeur de Marée demandeur en Requête du 28 Novembre 1749 d'une part, & le maréchal Duc de Richelieu, ledit Damas, audit nom, les sieurs Durey de Sauroy, Durey de Noinville, les Administrateurs de l'Hôtel-Dieu de Paris & de l'Hôpital Général ès noms défendeurs d'autre; & entre ledit Chabouillé demandeur aux fins des requête, ordonnance & exploit du 22 Avril 1751 d'une part, & messire Louis Davy de la Fautriere, notre Conseiller en notre Cour de Parlement & consorts, Créanciers, Syndics & Directeurs des droits des autres Créanciers de messire Jacques-Bernard Durey de Noinville, défendeur d'autre; & entre messire Louis-Alexandre-Girardin de Vauvré, ancien Maître des Requêtes, Antoine-Jacques Monnerot de Bromilly, Capitaine du Mestre de Camp Cavalerie, Etienne le Texier de Meunelort, Ecuyer, notre Conseiller, Receveur Général des Finances de Limoges & Claude Bourgon, marchand Bourgeois de Paris, Créanciers, Syndics & Directeurs des droits de messire Durey de Noinville demandeurs en requête du 24 Novembre 1751 d'une part, & le maréchal Duc de Richelieu, ledit Damas audit nom, ledit Chabouillé, les Administrateurs de l'Hôtel-Dieu de Paris & de l'Hôpital Général tous défendeurs d'autre ; & entre ledit Chabouillé demandeur en requête du 18 Décembre 1752 d'une part, & ledit Chabouillé, le Maréchal Duc de Richelieu, ledit Damas audit nom, le sieur Dafey de Noinville & les directeurs de ses créanciers défendeurs d'autre ; & entre messire Rapally ès noms demandeur en requête du cinq Août 1744 d'une part, & Nicolas Dupin & Nicolle Paricelle sa femme défendeurs d'autre ; & entre le Maréchal Duc de Richelieu demandeur en requête du 23 Mai 1746 d'une part, & ledit messire Rapally défendeur d'autre ; & entre ledit Damas audit nom demandeur en requête du 6 Juin 1746 d'une part, Me Rapally défendeur d'autre ; & entre Messire Jean-Baptiste-Pantin Daguesseau de Fresne, Conseiller d'Etat, demandeur en requête du 27 Août 1755 d'une part, & le Maréchal Duc de Richelieu, Me Rapally, Dupin & sa femme & le tuteur à la substitution, défendeurs d'autre ; & entre le Maréchal Duc de Richelieu demandeur en requête du 23 Mai 1746 d'une part, & Claude Picard Desvaux défendeur d'autre ; & entre ledit Picard Desvaux demandeur en requête du 25 Mai 1746 d'une part, & Marie-Madelaine le Poupet & consorts, héritiers de défunte Elisabeth de Flacourt, au jour de son décès veuve Jacques Mazieres, & de ladite veuve le Poupet défendeurs d'autre ; & entre ledit Damas audit nom, demandeur en requête du 6 Juin 1746 d'une part, & ledit Picard Desvaux défendeur d'autre ; & entre le Maréchal Duc de Richelieu demandeur en requête du 23 Mai 1746 d'une part, & Charles Maurice Duchauffour défendeur d'autre ; & entre ledit Damas audit nom demandeur en requête du 6 Juin 1746 d'une part, & ledit Duchauffour, & messire de Maupeou Evêque de Lombez défendeurs d'autre ; & entre le Maréchal Duc de Richelieu demandeur en requête du 23 Mai 1746 d'une part, & Pierre Nicolas Chupin de Gernugny défendeur d'autre ; & entre ledit Damas audit nom demandeur en requête du 6 Juin 1746 d'une part, & ledit Chupin de Gernugny défendeur d'autre ; & entre ledit Chupin de Germigny demandeur en requête du 15 Juin 1746 d'une part, & le Maréchal Duc de Richelieu ledit Dumas, & ledit Regnier de Voisy défendeurs d'autre ; & entre ledit Regnier de Voisy demandeur aux fins des requête, ordonnance & exploit des 24 Octobre, 12 Décembre 1739, 8 & 14 Janvier 1740 d'une part, & Anne-Françoise Joly de Chavigny fille majeure, Henry-Chebron de Bonnegarde Payeur des rentes de l'Hôtel-de-Ville, demoiselle Elisabeth Delbost fille majeure, Charles-François Duvivier, & Catherine-Henriette Chebron sa femme, Joseph-Henry Chebron Contrôleur des rentes, Pierre Silvain Commissaire d'Artillerie ; & Marie-Marguerite Chebron sa femme défendeurs d'autre ; & entre ledit Chupin de Gernugny demandeur en requête du 9 Décembre 1746 d'une part, & ledit Regnier de Voisy défendeur d'autre ; & entre ledit Regnier demandeur en requête du 8 Mai 1747 d'une part, & ledit Chupin de Gernugny, le Maréchal Duc de Richelieu, le tuteur à la substitution & les héritiers Lespine défendeurs d'autre ; & entre le Maréchal Duc de Richelieu demandeur en requête du 23 Mai 1746 d'une part, & la veuve Charles Regnier défenderesse d'autre ; & entre ledit Damas audit nom demandeur en requête du 6 Juin 1746 d'une part, & la dame veuve Regnier défenderesse d'autre ; & entre ledit Regnier de Voisy demandeur aux fins des requête, ordonnance & exploit des 24 Octobre, 12 Décembre 1739, 8 & 14 Janvier 1740 d'une part, & Anne-Françoise Joly de Chavigny & consorts, héritiers & représentans le feu sieur Charles de Flacourt défendeurs d'autre ; & entre Jean Regnier de Voisy demandeur aux fins des requête, ordonnance & exploit des 24 Octobre & 12 Décembre 1739 d'une part, & Me de Mezerets & demoiselle Elisabeth Delbost fille majeure, défendeurs d'autre ; & entre ledit Regnier de Voisy demandeur aux fins des requête, ordonnance & exploit des 24 Octobre 1739 & 14 Janvier 1740 d'une part, & Me Henry de Lespine ès noms d'autre ; & entre ledit Regnier de Voisy demandeur en requête du 9 Décembre 1746 d'une part, & le Maréchal Duc de Richelieu, la veuve Regnier & les héritiers de Lespine défendeurs d'autre ; & entre la veuve Regnier ès noms demanderesse en requête du 24 Avril 1747 d'une part, & le Maréchal Duc de Richelieu ledit Damas audit nom, & ledit Regnier de Voisy défendeurs d'autre ; & entre le Maréchal Duc de Richelieu demandeur en requête du 30 Juin 1747 d'une part, & ledit de Lamotte défendeur d'autre ; & entre ledit Damas audit nom demandeur en requête du 30 Juin 1747 d'une part, & ledit de Lamotte défendeur d'aure part.

VU PAR NOTRE DITE COUR, les Lettres Patentes obtenues par le Duc de Richelieu le 2 Août 1733 adressées au Grand Conseil, & enregistrées par Arrêt du 7 Septembre suivant, par lesquelles nous aurions évoqué au Conseil tous & chacuns les Procès & différends civils & criminels mûs & à mouvoir en quelques Tribunaux qu'ils fussent pendans, que ledit Duc de Richelieu avoit ou auroit ci-après & iceux avec leurs circonstances & dépendances, aurions renvoyé lesdites contestations, audit Grand Conseil, pour y être fait droit, lui attribuant à cet effet toute Cour, Jurisdiction & connoissance & icelle interdisant à toutes les Cours & autres Juges pendant trois ans, aurions permis néanmoins audit Duc de Richelieu, conformément à l'Arrêt du 10 Février 1715 de porter ses causes en premiere instance pardevant les Juges qui en doivent connoitre, sauf en cas d'appel, à les relever audit Grand Conseil ; exploit de signification desdites Lettres Patentes audit de Chuberé le 26 Mai 1735 avec assignation audit Grand Conseil, pour se voir condamner à se départir de la possession d'une maison & cour sises en la ville de Paris, rue saint Honoré, sur la façade de laquelle étoit l'image de saint Claude, tenant pardevant du côté du midi sur ladite rue saint Honoré du côté du nord ou septentrion aux bâtimens, faisant partie du Palais Royal, d'un côté au nommé Gobert Bourgeois de Paris, & du côté du couchant au nommé Lambert, laquelle fait partie de celle appellée la maison de l'Ours, provenante de la succession & biens substitués du Cardinal Duc de Richelieu, par testament du 23 Mai 1642, & vendue par feu le Duc de Richelieu pere, à Charles Flacourt par contrat passé devant Notaire à Paris le 29 Mai 1655, de laquelle maison, ledit de Chuberé se trouve à présent propriétaire, ensemble à restituer les fruits & revenus de ladite maison, à compter du jour du décès dudit Duc de Richelieu pere, arrivé le 10 Mai 1715, aux dommages, intérêts & dépens, le tout sans aucune approbation préjudiciable audit Duc de Richelieu demandeur de tous ses droits & actions, en vertu de la substitution portée par le testament dudit Cardinal Duc de Richelieu, fins de non-recevoir & défenses dudit de Chuberé du dix-neuf Janvier 1736 contre ladite demande, exploit de signification de ces mêmes Lettres Patentes audit Gobert le vingt-sept Mai 1735 avec assignation au Grand Conseil, pour se voir condamner de se départir & déporter de la possession d'une maison & cour située en cette ville de Paris rue saint Honoré, ayant pour enseigne l'image saint Simon, la façade de ladite maison tenant du côté du midi pardevant sur ladite rue saint Honoré, & confrontant ladite maison dans les autres parties ; sçavoir d'un bout du nord ou septentrion aux bâtimens

ment faisant partie du Palais Royal, & du côté du couchant ou occident aux murs de la maison possédée par ledit de Chuberé, laquelle fait partie de celle appellée la maison de l'Ours, provenante de la succession & biens substitués du Cardinal Duc de Richelieu, & vendue par le Duc de Richelieu pere, par contrat du 29 Mai 1665, de laquelle maison ledit Gobert se trouvoit pour lors propriétaire, ensemble à restituer les fruits & revenus de ladite maison, à compter du jour du décès dudit de Richelieu pere, aux dommages, intérêts & dépens, le tout sous les mêmes réserves & protestations, que celles énoncées au précédent exploit. Requête donnée au Grand Conseil par les veuve & héritiers Gobert le 22 Juin 1735, contenant demande à ce qu'ils fussent reçues Parties intervenantes dans l'Instance y pendante entre Emmanuel-François Gobert & le Duc de Richelieu sur la demande dudit Duc de Richelieu, formée par exploit du vingt-sept Mai 1735, il leur fût donné acte de ce que pour moyens d'intervention, ils employoient le conteuu en leur requête, & y faisant droit, il leur fût pareillement donné acte de ce que pour défendre à la demande & prétention dudit de Richelieu, ils s'unissoient & joignoient audit Emmanuel-François Gobert, se réservant de former contre les prétention & demandes dudit Duc de Richelieu les moyens, exceptions, fins de non-recevoir & défenses qu'ils aviseroient, & de prendre telles conclusions qu'ils jugeroient à propos, & en cas de contestations, ledit Duc de Richelieu fût condamné aux dépens. Fins de non-recevoir fournies le trente Janvier 1736 par lesdits Gobert contre la demande dudit Duc de Richelieu portée par exploit du vingt-sept Mai 1735; exploits de significations desdites Lettres-Patentes des dix-sept Août & quinze Décembre 1735 à Henriette de Marpon, veuve du Président Gilbert, & à Marie Gilbert sa fille, avec assignation au Grand Conseil pour se voir condamner; sçavoir ladite veuve Gilbert à se départir & déporter de la possession & jouissance d'une maison sise en cette ville de Paris, rue neuve des Bons-Enfans, tenante d'un côté, du levant, à la maison du sieur Hurson, du côté du couchant au jardin du Palais Royal, du côté du midi à la maison appartenante aux nommés Bigault & Desfossés, & du côté du nord à la maison du nommé Lanctot & à la rue neuve des Bons-Enfans, laquelle maison fait partie de celle appellée l'Hôtel des Mousquetaires du Cardinal de Richelieu, provenant des biens par lui substitués par son testament, & a été vendue par le défunt Duc de Richelieu pere, rendre ladite maison audit Duc de Richelieu fils, conformément au testament dudit Cardinal de Richelieu, avec restitution des fruits & revenus, à compter du jour du décès dudit de Richelieu père, aux dommages, intérêts & dépens, le tout sous les mêmes réserves & protestations que celles ci-dessus énoncées, & à l'égard de ladite Marie Gilbert, à ce que sans se départir de l'assignation donnée à ladite veuve Gilbert, & au Président Gilbert de saint Lubin, les dix-sept & vingt Août 1735 & autres poursuites contre eux faites jusqu'alors, ni aux droits & prétentions que ledit Duc de Richelieu pouvoit avoir contre ladite Gilbert, ladite Gilbert seroit tenue d'assister en l'Instance pendante au Grand Conseil entre ledit Duc de Richelieu, ladite veuve Gilbert & ledit Gilbert de saint Lubin, son frere, pour voir déclarer commun avec elle l'Arrêt qui interviendroit sur lesdites assignations des dix-sept & vingt Août 1735; ce faisant, qu'eux ou ladite Gilbert si elle étoit propriétaire de la maison rue neuve des Bons-Enfans, dont est question, ladite Gilbert fût tenue de se désister & départir de sa possession & jouissance de ladite maison, la rendre audit Duc de Richelieu, conformément au testament du Cardinal de Richelieu, avec restitution des fruits & revenus, à compter du jour du décès du Duc de Richelieu pere, aux dommages, intérêts & dépens, le tout sous les mêmes réserves & protestations que celles ci-dessus énoncées; exceptions fournies le dix Novembre 1735 par ladite veuve Gilbert contre la demande contre elle formée par exploit du 17 Août précédent; exploit de signification desdites Lettres-Patentes audit Charles Payen Maître des Comptes, à la requête du Duc de Richelieu le treize Août 1735 avec assignation au Grand Conseil, pour se voir condamner tant pour lui que pour ses co-propriétaires, à se départir & déporter de la possession d'une maison sise en cette ville de Paris, sise rue Neuve des Bons-Enfans, confrontant du côté du levant au passage de la maison de la nommée Fontaine Martel ou représentans, du côté du couchant au jardin du Palais Royal, d'un bout du midi à ladite Fontaine Martel ou représentans, d'un bout du nord à la rue neuve des Bons-Enfans, & à la comtesse Doisy & représentans, ladite maison faisant partie de la maison ci-devant appellée l'Hôtel des Mousquetaires du Cardanal de Richelieu, & provenant des biens substitués par son testament, rendre ladite maison audit Duc de Richelieu conformément audit testament, avec restitution des fruits & revenus, à compter du jour du décès du Duc de Richelieu pere, aux dommages, intérêts & dépens sous les mêmes réserves & protestations que celles cidessus énoncées. Exceptions fournies le sept Septembre 1735 par ledit Payen, contre la susdite demande; réponses du Duc de Richelieu du vingt-un Novembre 1735, aux exceptions dudit Payen, exploit de signification desdites Lettres-Patentes à la veuve Nicolas Payen à la requête du Duc de Richelieu le seize décembre 1735, avec assignation au Grand Conseil, pour voir dire qu'elle seroit tenue d'assister en l'Instance y pendante entre ledit Duc de Richelieu d'une part, & ledit Charles Payen, pour voir déclarer commun avec elle l'Arrêt qui interviendroit sur l'exploit donné au Grand Conseil audit Payen le treize Août 1735, à la requête dudit Duc de Richelieu; ce faisant, voir dire & ordonner, qu'en faisant droit sur l'éviction de la maison mentionnée, déclarée & désignée dans l'exploit dudit jour treize Août 1735, donnée audit Payen, ladite veuve Payen seroit tenue à la restitution des fruits & revenus de ladite maison pour le tems dont elle en avoit été usufruitiere, jusqu'à l'éviction qui seroit ordonnée contre ledit Payen, avec dommages, intérêts & dépens, sous les mêmes réserves & protestations que celles ci-dessus énoncées; exploit de signification des mêmes Lettres-Patentes à la nommée Auger, veuve Nicolas Payen de Frecourt tutrice de sa fille, à Jean-Baptiste-Matthieu Payen, & à Huges-Florent-Gabriel Payen de Montmort, enfans & héritiers dudit défunt de Frecourt; à la Requête du Duc de Richelieu les seize & dix-sept décembre 1735, avec assignation au Grand Conseil, pour voir dire qu'ils seroient tenus d'assister dans l'Instance y pendante entre ledit Duc de Richelieu d'une part, & ledit Charles Payen d'autre, pour voir déclarer commun avec eux l'Arrêt qui interviendroit sur l'exploit du treize Août 1735, donné audit Payen audit Grand Conseil à la requête dudit Duc de Richelieu; ce faisant, voir dire qu'en faisant droit sur l'éviction de la maison mentionnée dans l'exploit dudit jour treize Août, ladite veuve, enfans & héritiers Payen de Frecourt, seroient condamnés pour telles parts & portions qu'ils étoient héritiers dudit de Frecourt, & solidairement, hipotéquairement & personnellement pour le tout à la restitution des fruits & revenus de ladite maison à compter du jour du décès du duc de Richelieu, jusqu'au jour de l'éviction qui seroit ordonnée avec ledit sieur Charles Payen, avec dommages-intérêts & dépens, sous les mêmes réserves & protestations que celles ci-dessus énoncées, exploit de signification des mêmes Lettres Patentes à Charles-Marin Hurson, & à Elisabeth-Angelique Hardouin, à la Requête du Duc de Richelieu les 13 & 17 Août 1735, avec assignation au Grand Conseil pour se voir condamner; sçavoir ledit Hurson à se départir de la possession & jouissance d'une maison sise en cette ville de Paris, rue Neuve des Bons Enfans, vulgairement appellée la maison des bons enfans, faisant l'encoignure de la rue des Bons Enfans vis-à-vis la rue Baillif, confrontant, d'un côté, du levant à la rue des Bons Enfans, du couchant à la maison de la Présidente Gilbert, du côté du midi à la maison des nommés Desfossés & Regnault, & du nord à la rue Neuve des Bons Enfans, laquelle maison provenoit & faisoit partie des biens substitués de la succession du Cardinal Duc de Richelieu, par son Testament du 23 Mai 1642, & avoit été vendue par le Duc de Richelieu pere, rendre & restituer ladite maison audit Duc de Richelieu fils, conformément audit Testament, avec restitution de fruits & revenus à compter du jour du décès dudit Duc de Richelieu pere, aux dommages-intérêts & dépens, le tout sous les mêmes réserves & protestations que celles ci-dessus énoncées; & à l'égard de ladite Hardouin à se départir de la possession & jouissance de la moitié de la susdite maison désignée & confrontée par le susdit exploit, rendre ladite maison audit Duc de Richelieu fils, conformément audit Testament avec restitution de fruits & revenus, à compter du jour du décès dudit Duc de Richelieu pere, avec dommages-intérêts & dépens, le tout sous les mêmes réserves & protestations que celles ci-dessus énoncées; exploit de signification des mêmes Lettres Patentes du 7 Septembre 1735, à la requête du Duc de Richelieu, à Claude de Bertel, Marquis de Languetot, avec assignation au Grand Conseil pour se voir condamner à se départir & déporter de la possession & jouissance d'une maison sise en cette ville de Paris, rue Neuve des Bons Enfans, tenant, d'un côté, du levant au passage de la maison de la Présidente Gilbert, du couchant au Jardin du Palais Royal, du côté du midi à la maison de ladite Présidente Gilbert, & du côté du nord à la maison de la nommée Payen, & à la rue Neuve des Bons Enfans, laquelle maison fait partie de celle appellée vulgairement l'Hôtel des Mousquetaires du Cardinal Duc de Richelieu, & provient des biens substitués par son Testament dudit jour 23 Mai 1642, ainsi qu'il est porté par le contrat de vente dudit Hôtel des Mousquetaires, qui en a été fait par le Duc de Richelieu pere aux nommés Flacourt, de Lépine & Boileau; par Contrat du 30 Janvier 1658, de laquelle maison ledit de Bretel se trouvoit lors propriétaire, la rendre & restituer audit duc de Richelieu fils, conformément audit Testament, avec restitution des fruits & revenus, à compter du jour du décès du duc de Richelieu pere, arrivé le 10 mai 1715, avec dommages-intérêts & dépens, le tout sous les mêmes réserves & protestations que dessus, exceptions, fins de non-recevoir & défenses fournies le 10 Avril 1736 par ledit de Bretel, contre la susdite demande; requête donnée au Grand Conseil le 13 Décembre 1735, par Catherine Groullard, veuve Jacques Tieuville, contenant demande à ce qu'elle soit reçue partie intervenante dans l'instance pendante au Grand Conseil, entre ledit duc de Richelieu & ledit de Bretel, sur la demande formée par ledit duc de Richelieu en désistement de ladite maison sise rue Neuve des Bons Enfans, par exploit du 7 Septembre 1735, qu'il lui fût donné acte du contenu en sa requête pour moyens d'intervention, & de ce qu'elle se joignoit audit de Bretel, sauf & sans préjudice à ladite veuve Tieuville, après avoir eu communication des titres & pièces sur lesquels ladite demande en désistement étoit fondée à faire & dire par elle, conjointement avec ledit de Bretel ce qu'il appparttiendroit, & à prendre telles conclusions qu'elle aviseroit; exploit de signification des susdites Lettres Patentes, fait à la requête du duc de Richelieu au Président Gilbert de Saint Lubin le vingt Août 1735, avec assignation au Grand Conseil, pour se voir condamner à se départir & déporter de la possession & jouissance d'une maison sise en cette ville de Paris rue neuve des Bons Enfans, tenant d'un côté, du levant, à la maison de M. Hurson & de la nommée Hardouin, du couchant au Jardin du Palais Royal, du côté du midi à la maison des nommés Rigault & Desfossés, & du côté du nord à la maison dudit de Bretel & à la rue Neuve des Bons Enfans, laquelle maison fait partie de celle qui s'appelloit l'Hôtel des Mousquetaires du Cardinal duc de Richelieu, & provient des biens substitués par ledit Cardinal, par son Testament du 23 mai 1642, ainsi qu'il est porté par le contrat de vente dudit Hôtel des Mousquetaires, qui en a été fait par le feu duc de Richelieu pere audit Flacourt, de Lepine & Boileau, par le contrat du 30 Janvier 1658, de laquelle maison le Président Gilbert se trouvoit lors propriétaire ou de partie d'icelle, circonstances & dépendances, la rendre audit duc de Richelieu fils conformément audit Testament, avec restitution de fruits & revenus, à compter du jour du décès du duc de Richelieu pere, arrivé le 10 mai 1715, dommages-intérêts & dépens, sous les mêmes réserves & protestations que celles ci-dessus énoncées, déclarant en outre ledit duc de Richelieu qu'il n'entendoit point se servir de l'assignation qu'il avoit fait donner au Grand Conseil le 13 Août 1735 audit Président Gilbert, au domicile de sa mere, rue Neuve des Bons Enfans; les défenses du Président Gilbert du sept Septembre 1735 contre la susdite demande; répliques du 21 Novembre 1735 du duc de Richelieu ausdites défenses; exploit de signification desdites Lettres Patentes fait à la requête dudit duc de Richelieu, le 13 Janvier 1736, audit Lambert, Cornette du Régiment d'Harcourt dragons, & à Me Meny, Procureur au Châtelet son curateur aux causes, avec assignation au Grand Conseil, pour se voir condamner à se départir & déporter de la propriété, possession & jouissance d'une maison & dépendances, située en la ville de Paris, sur la façade de laquelle est l'image Saint Charles Boromée, rue Saint Honoré, tenant du midi à ladite rue Saint Honoré, du nord ou septentrion aux bâtimens faisant partie du Palais Royal, du côté du levant à la maison possedée par ledit de Chuberé, & du couchant à laquelle maison fait partie de la maison appellée de l'Ours, provenante de la succession & biens substitués du Cardinal duc de Richelieu, par son Testament du 23 Mai 1642, vendüe par feu le duc de Richelieu pere, à Charles Flacourt, par contrat passé devant Notaires le 29 mai 1655, de laquelle maison ledit Lambert se trouvoit lors propriétaire, la rendre audit duc de Richelieu fils conformément audit Testament, avec restitution de fruits & revenus, à compter du jour du décès du duc de Richelieu pere, dommages-intérêts & dépens, sous les mêmes réserves & protestations que dessus; requête, ordonnance & exploit donnés au Grand Conseil les dix-sept & vingt décembre 1735, par lesdits de Chuberé, veuve & héritiers Gobert, contenant demande à ce qu'en conséquence de l'instance y pendante entre le duc de Richelieu d'une part, & lesdits de Chuberé & Gobert d'autre; sur les demandes que le duc de Richelieu a formées contre eux, par exploit des 26, 27 mai & 13 août 1735, il fût permis aux risques du duc de Richelieu, & sans approuver ses demandes, de faire assigner au Conseil les propriétaires des maisons étans dans les environs du Palais Royal & Jardin d'icelui, bâties ſur les places vendues par feu le duc de Richelieu pere, par contrat du 29 mai 1655, confirmé par autre du 30 Janvier 1658, pour voir dire qu'ils ſeroient tenus d'intervenir dans ladite inſtance d'entre le duc de Richelieu & leſdits de Chuberé & Gobert, fournir aux frais & faux frais qu'il ſeroit néceſſaire de faire, & ſe joindre auxdits de Chuberé & conſorts pour défendre à la prétention dudit duc de Richelieu qui leur eſt commune, ſur les demandes formées par les ſuſdits exploits; & en outre que leſdits propriétaires ſeroient tenus d'aider leſdits de Chuberé & Gobert des titres & piéces qu'ils avoient entre les mains, qui pourroient ſervir de défenſes contre la prétention dudit Duc de Richelieu, & même que l'Arrêt à inter-venir ſeroit déclaré commun avec eux, & en cas de conteſtations que les conteſtans fuſſent condamnés aux dépens deſdits de Chuberé & conſorts, leſquels ſe réſervoient de prendre contre tous leſdits propriétaires telles concluſions qu'ils aviſeroient, ſe réſervant auſſi leſdits de Chuberé & conſorts de fournir contre ledit duc de Richelieu telles fins de non-recevoir & défenſes, tant en commun qu'en particulier qu'ils aviſeroient; Requête, commiſſion & exploit donnés au Grand Conſeil par leſdits de Chuberé, veuve & héritiers Gobert, Hurſon, Hardouin & Payen, des 12 & 23 Janvier, dix & quinze Mars 1736 contre le duc d'Orléans, pour voir dire qu'il ſeroit tenu d'intervenir dans l'inſtance d'entre eux & le duc de Richelieu, de ſe joindre à eux, de les aider des titres qu'il pourroit avoir, & voir dire en outre que l'Arrêt qui interviendroit ſeroit déclaré commun avec lui; Lettres Patentes accordées par nous au duc d'Orléans le 26 Juillet 1726, enre-giſtrées en notredite Cour par Arrêt du 29 Août ſuivant, par leſquelles nous aurions renvoyé en notredite Cour tous & chacun les procès & conteſtations mûs & à mouvoir, qui étoient & ſeroient pendans & in-décis en toutes Cours & Juriſdictions du Royaume, entre le duc d'Orléans & telles autres parties que ce fût, même les procès & conteſtations dans leſquels le duc d'Orléans ſeroit obligé d'intervenir, de quelque nature qu'ils fuſſent, circonſtances & dépendances, concernant les biens & droits dont il jouiſſoit, ſoit à titre d'appanage ou autrement, & ceux qu'il pourroit acquérir par la ſuite, en quelques lieux que leſdits biens fuſſent ſitués, pour y être inſtruits & pourſuivis ſuivant les derniers erremens, & jugés & décidés par notredite Cour, ainſi que de raiſon, lui attribuant à cet effet toute Cour, Juriſdiction, & icelle inter-diſant à tous autres Juges, faiſant défenſes aux parties de faire pourſuites ailleurs qu'en notredite Cour à peine de nullité, &c. requête, ordonnance, commiſſion & exploits donnés en notredite Cour par le duc d'Orléans les vingt-ſept, 28 & 29 mars, & ſept avril 1726, à ce qu'acte lui fût donné de ce qu'il intervenoit dans les cauſes pendantes au Grand Conſeil entre le duc de Richelieu d'une part, leſdits de Chuberé, veuve & héritiers Gobert, Hurſon, Hardouin & Payen, propriétaires des maiſons en queſtion d'autre part, & de ce qu'il ſoutenoit que leſdits de Chuberé & conſorts devoient être déchargés des demandes dudit duc de Richelieu, de même que lui duc d'Orléans de celles deſdits de Chuberé & conſorts, & leſdits de Chuberé & conſorts, condamnés aux dépens; Arrêt contradictoire de notredite Cour du 25 Juin 1736, obtenu par le duc d'Orléans, qui a ordonné que toutes les parties procéderoient en notredite Cour ſur les demandes formées au Grand Conſeil par le duc de Richelieu contre leſdits de Chuberé & conſorts, ſur les demandes que de Chuberé & conſorts ont formées audit Grand Conſeil contre le duc d'Orléans, & ſur l'intervention du duc d'Orléans, circonſtances & dépendances, ſuivant les derniers erremens, tous dépens réſervés, fin de non-recevoir & défenſes fournies en notredite Cour le premier Septembre 1736 par ledit de Chuberé, contre la demande du duc de Richelieu du 16 mai 1735; répliques fournies en notredite Cour le 5 dudit mois de Septembre par le duc de Richelieu, contre les ſuſdites défenſes; Arrêt de notredite Cour du 29 Août 1736, contradictoirement rendu entre le duc de Richelieu d'une part, le nommé Lambert & Me Meny ſon curateur d'autre part, qui déclare l'Arrêt du 25 Juin 1736 commun avec leſdits Lambert & Meny, & a ordonné que les parties pro-céderoient en notredite Cour; défenſes fournies le onze Janvier 1737, par leſdits Lambert & Meny en notredite Cour contre la demande du duc de Richelieu du treize Janvier 1736; repliques fournies en notre-dite Cour le 15 Janvier 1737, par le duc de Richelieu contre les ſuſdites défenſes; arrêt contradictoire de notredite Cour du 24 Juillet 1736, qui déclare celui du vingt-cinq Juin précédent commun avec la Préſidente Gilbert, en conſéquence a ordonné que ſur les demandes formées au Grand Conſeil par le duc de Richelieu contre ladite Préſidente Gilbert, les parties procéderont en notredite Cour ſuivant les derniers erremens, dépens réſervés, fins de non-recevoir & défenſes fournies en notredite Cour le premier Septembre 1736 par la Préſidente Gilbert contre la demande du duc de Richelieu, portée au Grand Conſeil par exploit du dix-ſept août 1735; les répliques fournies en notredite Cour par le duc de Richelieu, le ſept Janvier 1737 contre les ſuſdites défenſes; fins de non-recevoir & défenſes fournies en notredite Cour le premier Septembre 1736 par Marie Gilbert, contre la demande du duc de Richelieu du quinze décembre 1735; répliques du duc de Richelieu du ſept Janvier mil ſept cens trente-ſept, contre les ſuſdites fins de non-recevoir & défenſes; dé-fenſes fournies en notredite Cour le 9 août 1736 par la veuve & hériters Payen aux riſques de leurs garans, contre la demande formée au Grand Conſeil par le duc de Richelieu, par exploit du treize août 1735; Arrêt de notredite Cour rendu contradictoirement le premier Septembre 1736 entre le duc de Richelieu d'une part, & Catherine Groullard veuve Thieuville qui a déclaré l'Arrêt du 24 Juillet 1736 commun avec elle, & ſur ſa demande en intervention a ordonné que les parties procéderoient en notredite Cour; requête préſentée en notredite Cour le 4 Janvier 1737 par le duc de Richelieu, contenant demande à ce qu'il plût à notredite Cour en conſéquence de la déclaration faite par ladite Groullard, par ſa requête du 13 décembre 1735, qu'elle étoit propriétaire pour les trois quarts de la maiſon en queſtion, la condamnet à ſe déporter & départir, conjointement avec ledit de Bretel, de la poſſeſſion, jouiſſance & dépendances de la maiſon ſiſe en la ville de Paris rue des Bons Enfans, ci-deſſus déſignée & dont eſt queſtion, avec reſtitution des fruits & revenus, à compter du jour du décès du duc de Richelieu pere, arrivé le dix mai mil ſept cens quinze, avec dommages-intérêts & dépens, le tout ſans aucune approbation préjudiciable, & ſans préjudice au duc de Richelieu, à tous ſes droits & actions, en vertu de ladite ſubſtitution du Cardinal Duc de Richelieu, & que les conteſtans fuſſent condamnés aux dépens; fins de non-recevoir & défenſes fournies en notredite Cour le premier Septembre mil ſept cens trente-ſix, par ledit Me Hurſon & ladite Hardouin, aux riſques de qui il appar-tiendra, contre la demande formée au Grand Conſeil par le duc de Richelieu, par exploit du treize août mil ſept cens trente-cinq; répliques fournies le cinq Septembre mil ſept cens trente-ſix par le duc de Riche-lieu contre leſdites défenſes; fins de non-recevoir & défenſes fournies en notredite Cour le dix-neuf Février mil ſept cens trente-ſept par le duc d'Orléans, contre les demandes formées au Grand Conſeil par ledit de Chuberé & conſorts, par leurs requête, commiſſion & exploit des 22, 23 Février & quinze mars mil ſept cens trente-ſix; requête donnée en notredite Cour le cinq Janvier mil ſept cens trente-ſept par leſdits de

Chuberé & conforts, afin d'opposition à l'Arrêt par défaut du fix Septembre mil fept cens trente fix; & faifant droit fur icelle, il plût déclarer ledit Arrêt & toute la procédure fur laquelle il étoit intervenu nul, & au principal qu'il fût ordonné que les parties en viendroient au prémier jour, & que le Duc de Richelieu fût condamné aux dépens; Requête donnée en notredite Cour le 5 Janvier 1737 par la veuve & héritiers Payen afin d'opposition au même Arrêt par défaut du 6 Septembre 1736, & de nullité de la procedure, en conféquence qu'il fût donné acte de ce qu'ils dénonçoient ledit Arrêt par défaut au Duc d'Orleans, comme leur garant, & auxdits de Chuberé, Hurfon, Gobert & autres, à ce qu'ils euffent à fe joindre avec la veuve & héritiers Payen pour défendre aux demandes du Duc de Richelieu, voir déclarer commun avec eux l'Arrêt qui interviendra fur ladite opposition, donner pareillement acte auxdits veuve & héritiers Payen de ce qu'ils contrefommoient au Duc de Richelieu la demande en fommation ci-deffus; ce faifant en le déboutant de fes demandes, qu'il fût condamné en tous les dépens faits & à faire par lefdits veuve & héritiers Payen contre toutes les parties; Requête dudit Me Hurfon & de ladite Hardouin afin d'opposition au même Arrêt par défaut du 6 Septembre 1736, & faifant droit fur ladite opposition qu'il plût à notredite Cour déclarer ledit Arrêt & toute la procedure fur laquelle il eft intervenu nulle, & au principal qu'il fût ordonné que les parties en viendroient au premier jour, & que le Duc de Richelieu fût condamné aux dépens, ladite Requête dudit de Bretel & de ladite Groullard du dix-fept Janvier 1737, afin d'opposition à l'Arrêt par défaut du huit dudit mois de Janvier; faifant droit fur ladite opposition que ledit Arrêt & la procedure fur laquelle il étoit intervenu fuffent déclarés nuls au principal, qu'il fût ordonné que les parties en viendroient au premier jour, & que le Duc de Richelieu fût condamné aux dépens; Requête du Préfident Gilbert du dix-neuf Janvier 1737, à ce qu'il plût à notredite Cour le recevoir oppofant au même Arrêt du dix-huit dudit mois, faifant droit fur l'opposition que la procedure foit déclarée nulle, & au principal qu'il fût ordonné que les parties en viendroient au premier jour; Requête defdits Lambert & Meny du trente Janvier 1737, tendante à ce qu'il plût à notredite Cour les recevoir oppofans à l'Arrêt par défaut du feize dudit mois de Janvier; faifant droit fur l'opposition que la procedure fût déclarée nulle, & qu'il fût ordonné que les parties en viendroient au premier jour, & le Duc de Richelieu condamné aux dépens; Requête donnée en notredite Cour le vingt-fix Janvier 1737 par Delamotte Maréchal Ferrant, contenant demande à ce qu'il plût à notredite Cour le recevoir en qualité de propriétaire de la maifon fife en la Ville de Paris, rue neuve des Bons-Enfans, tenant du côté du nord au nommé Vigier, du côté du midi à la Comteffe d'Oify, du côté du levant à la rue neuve des Bons-Enfans, & du côté du couchant au jardin du Palais Royal, partie intervenante dans les conteftations pendantes en notredite Cour entre le Duc de Richelieu, le Duc d'Orleans & autres parties intéreffées, propriétaires des maifons bâties fur les places vendues par le Duc de Richelieu par les contrats des vingt-neuf Mai 1655, & trente Janvier 1658, fur les demandes formées par ledit Duc de Richelieu, contre les Propriétaires defdites maifons, qu'il lui fût donné acte de ce qu'il employoit pour moyens d'intervention le contenu en fadite Requête, qu'il lui fût pareillement donné acte de ce qu'il fe joignoit au Duc d'Orleans & autres parties intereffées, propriétaires defdites maifons, pour, concurremment avec eux, défendre & foutenir le Duc de Richelieu non-recevable dans fes demandes, ou en tout cas l'en débouter, & le condamner aux dommages-intérêts & dépens envers toutes les parties; Requête donnée en notredite Cour le fept Mars mil fept cent trente-fept par le Préfident Dupuis, contenant demande à ce qu'il plût à notredite Cour le recevoir en qualité de proprietaire d'une maifon fife rue de Richelieu, près le Palais Royal, partie intervenante dans les conteftations y pendantes entre le Duc de Richelieu, le Duc d'Orleans & autres parties intéreffées, propriétaires des maifons bâties fur les places vendues par le feu Duc de Richelieu pere par les contrats du vingt-neuf Mai mil fix cent cinquante-cinq, & trente Janvier mil fix cent cinquante-huit, fur les demandes formées par le Duc de Richelieu contre lefdits proprietaires fans aucune approbation defdites demandes, qu'il fût donné acte de ce que pour moyens d'intervention il employoit le contenu en ladite Requête, & de ce qu'il fe joignoit au Duc d'Orleans & autres parties intereffées proprietaires defdites maifons, pour, concurremment avec eux, défendre & foutenir le Duc de Richelieu non-recevable dans icelle, ou en tout cas qu'il en foit débouté & condamné aux dommages-intérêts & aux dépens envers toutes les parties; Sentence du Châtelet de Paris du vingt-huit Février mil fept cent trente-fept, portant nomination de Jacques de la Blancherie pour tuteur à la Subftitution portée au Teftament du Cardinal Duc de Richelieu du vingt-trois Mai mil fix cent quarante-deux; Requête donnée en notredite Cour par ledit Blancherie audit nom le huit Mars mil fept cent trente-fept, tendante à ce qu'il lui plût le recevoir partie intervenante dans la caufe pendante entre le Duc de Richelieu, d'une part, le Duc d'Orleans, lefdits de Chuberé, Gobert & autres, d'autre, tous affignés à la requête du Duc de Richelieu en défiftement des maifons appellées celles de l'Ours, l'Hôtel des Moufquetaires & la Maifon ou Hôtel des Bons-Enfans, joignantes autour du Palais Royal, qu'il lui fût donné acte de ce que pour moyens d'intervention il employoit le contenu en fa Requête, & y faifant droit, condamner; fçavoir ledit de Chuberé à fe défifter & départir de la poffeffion & jouiffance d'une maifon, circonftances & dépendances fife en la Ville de Paris rue Saint Honoré, fur la façade de laquelle eft l'image Saint Claude, ladite image fculptée fur la façade de ladite maifon tenant pardevant, du côté du midi fur la rue Saint Honoré, du nord ou feptentrion aux bâtimens faifant partie du Palais Royal, du côté du levant au fieur Gobert Bourgeois de Paris, & du côté du couchant à celle dudit Lambert, laquelle maifon fait partie de celle appellée la maifon de l'Ours, provenante de la fucceffion des biens fubftitués du Cardinal Duc de Richelieu, par fon Teftament du vingt-trois Mai mil fix cent quarante-deux, & vendue par le feu Duc de Richelieu pere, rendre ladite maifon & cour, circonftances & dépendances conformément audit Teftament, avec reftitution des fruits & revenus, à compter du jour du décès du Duc de Richelieu pere, arrivé le dix Mai mil fept cent quinze, dommages-intérêts & dépens, fuivant l'exploit du vingt-fix Mai mil fept cent trente-cinq, donné à la requête du Duc de Richelieu au Grand-Confeil, & évoqué en notredite Cour du vingt-cinq Juin mil fept cent trente-fix, lefdits héritiers Gobert à fe défifter & départir de la poffeffion & jouiffance d'une maifon, cour & dépendances fife en ladite Ville de Paris rue Saint Honoré, fur la face de laquelle eft l'image Saint Simon, tenant d'un côté, du midi, pardevant, fur la rue Saint Honoré, & confrontant ladite maifon dans les autres parties, fçavoir d'un bout du nord ou feptentrion aux bâtimens faifant partie du Palais Royal, du côté du couchant ou occident aux murs de la

maifon

maifon poffédée par ledit de Chuberé, laquelle maifon fait partie de celle appellée la maifon de l'Ours, provenante de la fucceffion des biens fubftitués du Cardinal de Richelieu par fon Teftament, & vendue par le Duc de Richelieu pere, reftituer ladite maifon, cour & dépendances conformément audit Tefta-ment, avec reftitution de fruits & revenus à compter du jour du décès du Duc de Richelieu pere, dom-mages-intérêts & dépens, fuivant autre exploit du vingt-fept dudit mois de Mars mil fept cent trente-cinq, donné à la requête du Duc de Richelieu au Grand-Confeil, & depuis évoqué en notredite Cour & retenu par le même Arrêt du vingt-cinq Juin mil fept cent trente-fix, lefdits Lambert & Meny pour être auffi condamnés à fe défifter & départir de la partie de la propriété, poffeffion & jouiffance d'une maifon & dépendances fife en cette Ville de Paris rue Saint Honoré, fur la façade de laquelle eft l'i-mage Saint Charles Boromée, tenant du midi à la rue Saint Honoré, du nord ou feptentrion aux bâ-timens faifant partie du Palais Royal, du côté du levant à la maifon poffédée par lefdits de Chuberé & du couchant à . . . . . laquelle maifon fait partie de la maifon de l'Ours, & provenant de la fubftitution & biens fubftitués du Cardinal Duc de Richelieu par fon Teftament & vendue par le Duc de Richelieu pere, la rendre & reftituer conformément audit Teftament, avec reftitution de fruits & re-venus à compter du jour du décès du Duc de Richelieu pere, dommages-intérêts & dépens, fuivant au-tre exploit du treize Janvier mil fept cent trente - fix, donné à la requête du Duc de Richelieu au Grand-Confeil, évoqué en notredite Cour & retenu par ledit Arrêt du vingt-cinq Juin 1736, la veuve & héritiers du Préfident Gilbert à fe défifter & départir de la poffeffion & jouiffance d'une autre mai-fon fife en la Ville de Paris rue neuve des Bons - Enfans, tenant d'un côté du levant à la maifon de M. Hurfon, du côté du couchant au jardin du Palais Royal, du côté du midi à la maifon appartenante auxdits Rigault & Desfoffés, & du côté du nord à la maifon dudit de Bretel & à la rue neuve des Bons-Enfans, laquelle maifon fait partie de celle appellée l'Hôtel des Moufquetaires du Cardinal de Riche-lieu, & provient des biens par lui fubftitués par fon Teftament & vendue par le Duc de Richelieu pere, rendre ladite maifon conformément audit Teftament, avec reftitution de fruits & revenus à compter du jour du décès du Duc de Richelieu pere, dommages-intérêts & dépens, fuivant les exploits des dix-fept, vingt Août & quinze Décembre 1735, donnés à la requête du Duc de Richelieu, pareillement évoqués en notredite Cour & retenus par Arrêt du vingt - quatre Juillet 1736, fur les exploits donnés auxdits veuve & héritiers Gilbert le 16 Mai précédent, en conféquence de ladite évocation du Duc d'Orleans, les héritiers François Payen pour fe voir condamner à fe défifter & départir en ce qui peut les concer-ner chacun en droit foi de la poffeffion & jouiffance d'une maifon fife en cette Ville de Paris rue neuve des Bons-Enfans, tenant d'un côté de midi au paffage de la maifon de la nommée Fontaine-Martel ou repréfentans, du côté du couchant au jardin du Palais Royal, d'un bout du midi à ladite Fontaine-Martel ou reprenfentans, & du bout du nord à la rue neuve des Bons-Enfans & à la Comteffe d'Oify ou repréfentans, ladite maifon faifant partie de celle appellée ci-devant l'Hôtel des Moufquetaires du Cardinal de Richelieu, & provenant des biens fubftitués par fon Teftament, rendre & reftituer ladite maifon conformément audit Teftament, avec reftitution de fruits & revenus à compter du jour du dé-cès du Duc de Richelieu pere, dommages-intérêts & dépens, fuivant les exploits des treize Août, quinze, feize & dix - fept Décembre 1735, donnés à la requête du Duc de Richelieu au Grand - Confeil, évo-qués en notredite Cour & retenus par Arrêts defdits jours vingt - cinq Juin & vingt - quatre Juillet 1736, fur les exploits donnés auxdits héritiers Payen les feize & vingt-trois Mai précédent en notredite Cour, en conféquence de l'évocation du Duc d'Orleans, ledit de Bretel & ladite Groullard veuve de Rieuville, pour fe voir pareillement condamner à fe défifter & départir conjointement de la poffeffion, jouiffance & dépendances d'une maifon fife en cette Ville de Paris rue neuve des Bons-Enfans, tenant du côté du levant au paffage de la maifon de la Préfidente Gilbert, & du côté du nord à la maifon de la veuve & héritiers Payen & à la rue neuve des Bons-Enfans, laquelle maifon fait partie de celle ap-pellée vulgairement l'Hôtel des Moufquetaires du Cardinal de Richelieu, & provient des biens fubfti-tués par fon Teftament, ainfi qu'il eft porté par le contrat de vente dudit Hôtel des Moufquetaires, qui en a été fait par le Duc de Richelieu pere, auxdits Flacourt, Lefpine & Boilleau par acte du trente Janvier 1658, la rendre & reftituer conformément audit Teftament, avec reftitution des fruits & re-venus à compter du jour du décès du Duc de Richelieu pere, avec dommages-intérêts & dépens, fui-vant l'exploit du fept Septembre 1735, donné au Grand-Confeil à la requête du Duc de Richelieu, évo-qué & retenu en notredite Cour par Arrêt du vingt-quatre Juillet 1736, auffi bien que la requête d'in-tervention du premier Septembre audit an, ledit Me Hurfon & ladite Hardouin pour fe voir condamner pareillement à fe défifter de la poffeffion & jouiffance d'une autre maifon fife en la Ville de Paris rue neuve des Bons-Enfans, appellée vulgairement la maifon des Bons-Enfans, faifant l'encoignure de la rue des Bons-Enfans, vis-à-vis la rue Baillif, tenant du côté du levant à la rue des Bons-Enfans, du couchant à la maifon de la Préfidente Gilbert, du midi à la maifon defdits Desfoffés & Rigault, & de nord à la rue neuve des Bons-Enfans, dont ledit Me Hurfon & ladite Hardouin font poffeffeurs par indivis, laquelle maifon provient & fait partie des biens fubftitués de la fucceffion du Cardinal Duc de Richelieu, par fon Teftament & vendue par le Duc de Richelieu pere, rendre & reftituer ladite maifon conformément audit Teftament, avec reftitution des fruits & revenus à compter du jour du décès du Duc de Richelieu pere, dommages-intérêts & dépens, fuivant les exploits à eux donnés au Grand-Confeil à la requête du Duc de Richelieu, évoqués en notredite Cour à la requête du Duc d'Or-leans & retenus par Arrêt de notredite Cour du vingt-cinq Juin 1736, en conféquence qu'il fût pa-reillement donné acte audit de la Blancherie audit nom de ce qu'il adhéroit aux conclufions ci-deffus expliquées & prifes par le Duc de Richelieu, lefquelles lui feroient pareillement adjugées contre les poffeffeurs ci-deffus dénommés, ce faifant qu'ils fuffent condamnés à fe défifter & départir defdites maifons, circonftances & dépendances ci-deffus déclarées, confrontées & fpécifiées, d'en délaiffer l'en-tiere & paifible poffeffion & jouiffance aux appellés à la fubftitution portée par le Teftament du Car-dinal de Richelieu dudit jour vingt-trois Mai 1642, avec reftitution des fruits & revenus depuis ledit jour dix Mai 1715, jour du décès du Duc de Richelieu pere, qu'ils fuffent pareillement condamnés aux dommages - intérêts des appellés à ladite fubftitution & en tous les dépens, fans préjudice audit de la Blancherie audit nom à tous fes droits, actions, prétentions & demandes; Arrêt du huit Août

F

1717, par lequel notredite Cour a reçu ledit de Chuberé & conforts opposans à l'Arrêt par défaut, le Duc d'Orleans, ledit de la Motte & ledis de la Blancherie audit nom parties intervenantes, & pour faire droit fur leurs interventions, enfemble fur les demandes refpectives des parties, les a appointées en droit joint les fins de non - recevoir dudit de Chuberé & conforts, défenfes au contraire, a donné defaut contre les défaillans, & pour le profit a déclaré l'Arrêt commun avec eux, tous dépens réfervés; Requête & Mémoire imprimés du Duc Richelieu du dix Janvier 1738, employé pour avertiffement en exécution du fufdit Arrêt; La production dudit Duc de Richelieu en exécution du même Arrêt du 8 Août 1717 par fon inventaire non fignifié, ladite production contenant entr'autres piéces expédition du contrat de vente faite le vingt-neuf Mai 1655 par le Duc de Richelieu pere à Charles Flacourt de plufieurs places à bâtir fcifes ès rues Saint Honoré, Richelieu, neuve des Petits-Champs & des Bons-Enfans; plus trois mille fept cens quatorze livres de rente fonciere; Expédition d'autre contrat de vente faite le 30 Janvier 1658 par le duc de Richelieu pere auxdits Flacourt, Lefpine & Boilleau de deux maifons appellées l'Hôtel des Moufquetaires & l'Hôtel des Bons-Enfans, fifes rue des Bons-Enfans, moyennant trente - huit mille livres; expédition d'autre contrat de vente faite le dix-fept Février 1660 par ledit duc de Richelieu pere auxdits Flacourt, de Lefpine & Boilleau d'une place à bâtir, fituée près le Palais Cardinal, appellée l'Hôtel de Richelieu, moyennant cent vingt mille livres; contredits fournis le vingt-huit Juillet 1746 par ledit Chuberé & conforts contre la fufdite production; production dudit de la Blancherie audit nom, en exécution dudit Arrêt du huit Août 1737, par fa requête du vingt-cinq Janvier 1738; contredits dudit Chuberé & des héritiers Gobert du vingt-huit Juillet 1746, contre la fufdite production; production du duc d'Orleans en exécution du même Arrêt, par fa requête du dix-fept Août 1745. Requête dudit duc de Richelieu du vingt-trois Novembre 1745, d'emploi pour contredits contre ladite production; avertiffemens du Préfident Dupuis & conforts du dix-neuf Août 1745, & fa production en exécution du même Arrêt du huit Août 1737, par fa requefte du même jour dix-neuf Août; requefte du duc de Richelieu du 23 Novembre 1745, d'emploi pour contredits contre ladite production; les fommations faites à la requefte du duc de Richelieu aux differentes parties de l'Inftance de produire & contredire en exécution du fufdit Arrêt du huit Août 1737. Requefte préfentée en notredite Cour par le duc de Richelieu le quinze Janvier 1739, à ce qu'il lui fût permis d'y faire affigner tous les poffeffeurs, détempteurs & jouiffans des maifons bâties autour du jardin du Palais Royal, dans les rues de Richelieu, neuve des Petits-Champs & neuve des Bons Enfans, chacun en leur particulier, pour voir déclarer commun avec eux l'Arrêt qui interviendra en l'Inftance pendante en notredite Cour entre le duc de Richelieu, ledit Chuberé & conforts, fur laquelle l'Arrêt du huit Août 1737 avoit été rendu, & pour voir dire que les détempteurs des places réfervées par le contrat de 1636 & celles retirées par le contrat de 1641 appartenantes à ladite fubftitution & maifons bâties fur icelles feroient condamnés à fe défifter & départir du fonds, propriété & jouiffance des places & maifons bâties fur icelles en faveur dudit duc de Richelieu, & de ceux appellés après lui à la fubftitution, & d'en rapporter les fruits au duc de Richelieu, avec dommages, intérêts à compter dudit jour dix Mai 1715, jour du décès du duc de Richelieu pere, auquel tems la fubftitution a été ouverte en faveur du duc de Richelieu fils; comme auffi que les détempteurs & poffeffeurs des places & maifons bâties fur icelles fujettes à la rente fonciere portée par le contrat de 1636, feroient condamnés à fe défifter & départir en faveur de ladite fubftitution du fonds, propriété & jouiffance de ladite rente, à raifon de cinq livres, deux fols fix deniers par chaque toife de fuperficie, rachetable au denier vingt-quatre, fervir ladite rente audit duc de Richelieu & aux appellés à ladite fubftitution, & de lui en payer les arrérages auffi avec dommages, intérêts à compter dudit jour dix Mai 1715 jour du décès du duc de Richelieu pere, & au furplus voir adjuger audit duc de Richelieu les autres conclufions par lui prifes dans ladite Inftance, & que les conteftans fuffent condamnés aux dépens, au bas de laquelle requête eft l'Ordonnance de notredite Cour, de foient Parties appellées, commiffion obtenue en Chancellerie le dix-fept Janvier 1739, à la requête du duc de Richelieu fur la fufdite requête, exploit d'affignation donnée en notredite Cour le 9 Février 1737, à la requête du duc de Richelieu, en vertu de l'Ordonnance appofée au bas de la fufdite requefte du quinze Janvier 1739, & de la fufdite commiffion du dix-fept à ladite Durocher, pour fe voir condamner à fe défifter & départir du fonds, propriété & jouiffance de la rente fonciere de bail d'héritage dont la maifon ci - après fpécifiée eft chargée, à raifon de cinq livres deux fols fix deniers par chaque toife de fuperficie, fuivant le contrat d'arrentement fait par le Cardinal de Richelieu en faveur de Louis Barbier le dix-fept Mars 1636 de la place fur laquelle ladite maifon ci-après eft bâtie en autres places autour du jardin du Palais Royal, laquelle rente s'eft trouvée dans la fucceffion du Cardinal de Richelieu, & a été vendue avec autres emplacemens & la maifon de l'Ours par feu le duc de Richelieu pere à Charles Flacourt, par contrat paffé devant Notaires le vingt-neuf Mai 1655, à caufe de quoi la fubftitution du Cardinal de Richelieu faite en faveur de la branche de Richelieu s'eft trouvée privée de ladite rente, ladite maifon fife rue de Richelieu, appartenante à ladite Durocher, tenant d'un côté du midi à la maifon appartenante au Préfident Dupuis, d'autre côté au nord à la maifon appartenante au Préfident Henault, pardevant d'occident à ladite rue, & par derriere à l'orient au jardin du Palais royal, laquelle maifon fera & demeurera chargée de ladite rente, pour la fervir & la payer, tant au duc de Richelieu qu'à ceux qui feroient appellés après lui à la fubftitution du Cardinal de Richelieu; enfemble fe voir condamner à payer au duc de Richelieu les arrérages de ladite rente, à compter du dix Mai 1715 jour du décès du duc de Richelieu pere, auquel tems la fubftitution a été ouverte en faveur du duc de Richelieu fils & les fruits & revenus à lui acquis, & en fes dommages, intérêts foufferts & à fouffrir, aux offres que fait le duc de Richelieu de tenir compte à ladite Durocher de ce qui a pû être légitimement payé par elle ou par fes auteurs, à la décharge de la fucceffion du Cardinal de Richelieu provenant du prix du contrat de vente dudit jour vingt-neuf Mai 1655, fans préjudice au duc de Richelieu de tous fes autres droits & demandes, tant contre ladite Durocher que contre tous autres qu'il appartiendra, & fans aucune approbation de tout ce qui s'étoit pû faire contre lui jufqu'alors, ni à tout ce qui pourroit être fait contre lui dans la fuite, & en outre répondre & procéder comme de raifon, afin dé dépens; défenfes fournies le 8 Mai 1739, par ladite Durocher contre la fufdite demande aux rifques de ladite Perrot, & autres fes garans; répliques du duc de Richelieu du neuf Mai 1739 aux fufdites défenses, Arrêt du quinze Mai 1739; parce que notredite Cour pour faire droit aux Parties sur les susdites demande & défenses les a appointé en droit & joint à l'Instance d'entre le Duc de Richelieu & ledit de Chuberé & consorts, dépens réservés; production du Duc de Richelieu, en exécution dudit Arrêt par inventaire signifié les vingt-trois Novembre 1739 & vingt-huit Avril 1740. Requeste de ladite Durocher du quinze Décembre 1745, d'emploi pour contredits contre ladite production aux risques de ladite Perrot & autres garans; avertissement & production de ladite Durocher, en exécution du meme Arrêt par inventaire requeste du vingt-trois Novembre mil sept cens trente-neuf, contenant demande à ce qu'il plût à notredite Cour déclarer le Duc de Richelieu non-recevable dans sa demande, ou en tout cas l'en débouter & le condamner aux dépens, au bas de laquelle requeste est l'Ordonnance de notredite Cour, qui a donné acte de l'emploi, & réservé d'y faire droit en jugeant. Requeste du Duc de Richelieu du 30 Décembre 1740, employée en exécution du même Arrêt du quinze Mai 1739, pour contredits contre la production de ladite Durocher; exploit d'assignation donnée en notredite Cour le neuf Février 1739; à la requeste du Duc de Richelieu en vertu des susdites requeste, ordonnance & commission des quinze & dix-sept Janvier 1739, audit Me François Dionis pour se voir condamner à se désister & départir du fonds, propriété & jouissance de la rente fonciere de bail d'héritage dont la maison ci-après spécifiée & chargée à raison de cinq livres deux sols six deniers par chaque toise de superficie, suivant le contrat d'arrentement fait par feu le Cardinal de Richelieu en faveur de Barbier le dix-sept Mars 1636, de la place sur laquelle ladite maison ci-après est bâtie & autres places autour du jardin du Palais Royal, laquelle rente s'est trouvée dans la succession du Cardinal de Richelieu, & a été vendue avec autres emplacemens & la maison de l'Ours par le feu Duc de Richelieu pere à Charles Flacourt par contrat du vingt-neuf Mai 1655, à cause de quoi la substitution du Cardinal de Richelieu faite en faveur de la branche de Richelieu, s'est trouvée privée de ladite rente, ladite maison sise rue de Richelieu appartenante audit Dionis, tenant d'un côté à la maison appartenante audit Me Nouveau, d'autre côté au nord à la maison appartenante à la veuve Desplaces, pardevant à l'occident à ladite rue de Richelieu, & par derriere à l'orient au jardin du Palais Royal, laquelle maison sera & demeurera chargée de ladite rente, pour la servir & payer tant au Duc de Richelieu qu'à ceux qui seront appellés après lui à la substitution du Cardinal de Richelieu, ensemble se voir condamner à payer au Duc de Richelieu pere, auquel tems la substitution a été ouverte en faveur du Duc de Richelieu fils, & les fruits & revenus à lui acquis, & en ses dommages-intérêts souffert s & à souffrir, aux offres que fait le Duc de Richelieu de tenir compte audit Dionis de ce qui a pû être légitimemet payé par lui ou par ses auteurs à la décharge de la succession du Cardinal de Richelieu, provenant du prix du contrat de vente du vingt-neuf Mai 1655, & en outre proceder comme de raison afin de dépens; Autre exploit d'assignation donnée en notredite Cour à la requete du Duc de Richelieu le neuf Février 1739 en vertu des susdites requête & ordonnance dés quinze & dix-sept Janvier 1739 à la veuve Desplaces, pour se voir condamner à se départir du fond, propriété & jouissance de la rente fonciere de bail d'héritage dont la maison ci-après spécifiée est chargée à raison de cinq livres deux sols six deniers par chaque toise de superficie, suivant le contrat d'arrentement fait par le Cardinal de Richelieu en faveur de Louis Barbier le dix-sept Mars 1736, sur laquelle ladite maison ci-après est bâtie & autres places autour du jardin du Palais Royal laquelle rente s'est trouvée dans la succession du Cardinal de Richelieu & a été vendue avec autres emplacemens & la maison de l'Ours par le Duc de Richelieu pere à Charles Flacourt par contrat du vingt-neuf Mai 1655, à cause de quoi la substitution du Duc de Richelieu faite en faveur de la branche de Richelieu, s'est trouvée privée de ladite rente, ladite maison sise rue de Richelieu appartenante à ladite veuve Desplaces, tenant d'un côté du midi à la maison appartenante audit Dionis, d'autre côté au nord à la maison appartenante à ladite Perrier, pardevant sur ladite rue de Richelieu, & par derriere à l'orient au jardin du Palais Royal, laquelle maison seroit & demeureroit chargée de ladite rente pour la servir & payer tant au Duc de Richelieu audit nom, qu'à ceux qui seront appellés après lui à la substitution du Cardinal de Richelieu, ensemble se voir condamner à payer au Duc de Richelieu les arrérages de ladite rente à compter du dix Mai 1715, jour du décès du Duc de Richelieu pere, auquel tems la substitution a été ouverte en faveur du Duc de Richelieu fils, & les fruits & revenus à lui acquis, & en ses dommages-intérêts soufferts & à souffrir aux offres que faisoit le Duc de Richelieu de tenir compte à ladite veuve Desplaces de ce qui avoit pû être légitimement payé par elle ou par ses auteurs à la décharge de la succession du Cardinal de Richelieu, provenant du prix du contrat de vente du vingt-neuf Mai 1655, & en outre répondre & proceder comme de raison afin de dépens, exceptions, fins de non-recevoir & défenses fournies par ledit Dionis & la veuve Desplaces le seize Avril 1739, contre les susdites demandes répliques du Duc de Richelieu du vingt trois Avril 1739 contre les susdites défenses; Requête dudit Dionis & de la veuve Desplaces du 11 Mai 1739, à ce qu'il plût à notredite Cour faute par le Duc de Richelieu d'avoir établi ses qualités & communiqué des titres suffisans pour fonder ses actions, le déclarer non-recevable dans ses demandes, le condamner aux dépens, Arrêt du quinze dudit mois de Mai, par lequel notredite Cour pour faire droit aux parties sur les susdites demandes & défenses, les a appointé en droit & joint à l'Instance d'entre le Duc de Richelieu & ledit de Chuberé & consorts, dépens réservés; Production du Duc de Richelieu en exécution dudit Arrêt par inventaire signifié les vingt-trois Novembre 1739, & vingt-huit Avril 1740; Production de Me Dionis & de la veuve Desplaces en exécution du même Arrêt par requête du dix-neuf Juin 1741, employée pour avertissement; Requête du Duc de Richelieu du dix-neuf Janvier 1743, employée pour contredits contre la susdite production, exploit d'assignation donnée en notredite Cour le neuf Janvier 1739 à la requête du Duc de Richelieu en vertu des requête, ordonnance & commission des quinze & dix-sept Janvier 1739 audit Perrier pour se voir condamner à se désister & départir du fond, propriété & jouissance de la rente fonciere de bail d'héritages dont la maison ci-après spécifiée est chargée à raison de cinq livres deux sols six deniers par chaque toise de superficie, suivant le contrat d'arrentement fait par le Cardinal de Richelieu en faveur de Louis le Barbier le dix-sept Mars 1636, de la place sur laquelle la maison ci-après a été bâtie & autres places autour du jardin du Palais Roya, laquelle rente s'est trouvée dans la succession du Cardinal de Richelieu, & a été vendue avec autres emplacemeus & la maison de l'Ours par le feu Duc de Richelieu à Charles Flacourt par contrat du vingt-neuf Mai 1655, à cause de quoi la substitution du Cardinal de Richelieu, faite en faveur de la branche de Richelieu, s'est trouvée privée de ladite rente, ladite maison sise rue neuve des Petits-Champs appartenante audit Perrier, tenant du côté du couchant à la maison appartenante à la dame de Girangis, du côté du levant à la maison appartenante au Comte de Louvat pardevant au nord à la rue neuve des Petits-Champs, & par derriere au midi au jardin du Palais Royal, laquelle mai-

ſon ſera & demeurera chargée de ladite rente pour la ſervir & payer tant au Duc de Richelieu, qu'à ceux qui
ſeront appellés après lui à la ſubſtitution du Cardinal de Richelieu, enſemble ſe voir condamner à payer au
Duc de Richelieu les arrérages de ladite rente à compter du dix Mai 1715 , jour du décès du Duc de Richelieu pere , auquel tems la ſubſtitution a été ouverte en faveur du Duc de Richelieu fils , & les fruits &
revenus à lui acquis & en ſes dommages-intérêts ſoufferts & à ſouffrir , aux offres que fait le Duc de Richelieu de tenir compte audit Perrier de ce qni a pû être légitimement payé par lui ou ſes auteurs à la décharge
de la ſucceſſion du Cardinal de Richelieu , provenans du prix du contrat de vente dudit jour vingt-neuf Mai
1655 ; &, en outre proceder comme de raiſon afin de dépens ; Défenſes dudit Perrier du dix-huit Avril 1739
contre la ſuſdite demande ; Requête dudit Perrier du douze Mai 1739 , contenant demande à ce qu'il plût à
notredite Cour faute par le Duc de Richelieu d'avoir établi ſes qualités & communiqué des titres ſuffiſans
pour fonder ſon action , le déclarer non-recevable dans ſes demandes & le condamner au dépens ; Arrêt
du quinze Mai 1739 , par lequel notredite Cour pour faire droit aux parties ſur les ſuſdites demandes & défenſes les a appointé en droit & joint à l'inſtance d'entre le Duc de Richelieu & ledit de Chuberé & conſorts ,
dépens réſervé ; Production du Duc de Richelieu en exécution du ſuſdit Arrêt par ſon inventaire ſignifié les
vingt-trois Novembre 1739 & vingt-huit Avril 1740 ; Sommation faite à la requête du Duc de Richelieu audit
Perrier de produire & contredire en exécution du même Arrêt ; Exploit d'aſſignation donnée en notredite
Cour le neuf Février 1739 à la requête du Duc de Richelieu en vertu & aux fins des ſuſdites requête & ordonnance & commiſſion des quinze & dix-ſept Janvier audit an à la Dame de Girangis , pour ſe voir condamner
à ſe déſiſter & départir du fonds , propriété & jouiſſance de la rente fonciere de bail d'héritage dont la maiſon
ci-après ſpécifiée eſt chargée à raiſon de cinq livres deux ſols ſix deniers par chaque toiſe de ſuperficie , ſuivant
le contrat d'arrentement fait par le Cardinal de Richelieu en faveur de Louis Barbier le 17 Mars 1636 , de la
place ſur laquelle la maiſon ci-après eſt bâtie , & autres places autour du Jardin du Palais royal , laquelle
rente s'eſt trouvée dans la ſucceſſion du cardinal de Richelieu , & a été vendue avec autres empacemens , &
la maiſon de l'Ours par le feu duc de Richelieu pere à Charles Flacourt , par contrat du 29 mai mil ſix cens
cinquante-cinq , à cauſe de quoi la ſubſtitution du cardinal de Richelieu faite en faveur de la branche de Richelieu s'eſt trouvée privée de ladite rente , ladite maiſon ſiſe rue neuve des petits-champs , tenante d'un côté au
couchant à la maiſon appartenante audit Pougin de Nomion , du côté d'orient à la maiſon appartenante audit
Paris , pardevant à ladite rue neuve des petits champs , du nord & par derriere au midi au Jardin du Palais
royal , laquelle maiſon ſera & demeurera chargée de ladite rente pour la ſervir & payer , tant au duc de Richelieu qu'à ceux qui ſeront appellés après lui à la ſubſtitution du cardinal de Richelieu , enſuite ſe voir condamner à payer au duc de Richelieu les arrérages de ladite rente , à compter du dix mai mil ſept cens quinze ,
jour du décès du duc de Richelieu pere , auquel tems la ſubſtitution a été ouverte en faveur du duc de Richelieu fils , & les fruits & revenus à lui acquis , & en ſes dommages-intérêts ſoufferts & à ſouffrir , aux offres
que faiſoit le duc de Richelieu de tenir compte à ladite veuve de Girangis de ce qui avoit pû être légitimement
payé par elle ou par ſes auteurs , à la décharge de la ſucceſſion du cardinal de Richelieu , provenant du prix
dudit contrat de vente du vingt-neuf mai mil ſix cens cinquante-cinq , & en outre répondre & procéder
comme de raiſon afin de dépens ; fins de non-recevoir & défenſes fournies le onze mai 1739 , par ladite veuve
de Girangis , aux riſques de ſes garans contre la ſuſdite demande ; arrêt du 6 Juin 1739 , par lequel notredite
Cour pour faire droit aux parties ſur les demandes & défenſes ci-deſſus , les a appointé en droit & joint , à
l'inſtance d'entre le duc de Richelieu & ledit de Chuberé & conſorts , dépens réſervés ; production du duc de
Richelieu en exécution dudit arrêt , par ſon inventaire de production ſignifié les 23 Novembre mil ſept cens
trente-neuf , & vingt-huit avril mil ſept cens quarante ; production de ladite veuve de Girangis en exécution du même arrêt , par requête du trente décembre mil ſept cens trente-neuf , employée pour avertiſſement , additions de fins de non-recevoir & défenſes ; requête du duc de Richelieu du trois août mil ſept cent
quarante-un , employée pour contredits contre la ſuſdite production ; l'acte de repriſe fait au Greffe de notredite Cour le dix-ſept décembre mil ſept cent quarante-deux par ledit Lebas , Dupleſſis & conſorts , au lieu &
place de ladite veuve de Girangis ; additions d'avertiſſement du cinq Janvier mil ſept cent quarante-cinq
fournis par ledit Lebas , Dupleſſis & conſorts , & ſervant de contredits contre la production du duc de Richelieu en exécution du ſuſdit arrêt du ſix Juin mil ſept cent trente-neuf ; exploit d'aſſignation donnée en notredite Cour à la requête du duc de Richelieu en vertu des ſuſdites requête , ordonnance & commiſſion des quinze
& dix-ſept Janvier mil ſept cent trente-neuf audit Bellard , tant pour lui que pour ſes autres copropriétaires
pour ſe voir condamner à ſe déſiſter & départir du fonds , propriété & jouiſſance de la rente fonciere , de bail
d'héritage , dont la maiſon ci-après ſpécifiée eſt chargée à raiſon de cinq livres deux ſols ſix deniers par chaque
toiſe de ſuperficie , ſuivant le contrat d'arrentement fait par le cardinal de Richelieu en faveur de Louis
Barbier le dix-ſept mars mil ſix trente-ſept , de la place ſur laquelle ladite maiſon ci-après déſignée a été
bâtie , & autres places autour du jardin du Palais royal , laquelle rente s'eſt trouvée dans la ſucceſſion du
cardinal de Richelieu , & a été vendue avec autres emplacemens , & la maiſon de l'ours par le duc de Richelieu pere à Charles Flacourt , par contrat du vingt-neuf mai mil ſix cent cinquante-cinq , à cauſe de quoi
la ſubſtitution du cardinal de Richelieu faite en faveur de la branche de Richelieu , s'eſt trouvée privée de
ladite rente , ladite maiſon ſituée rue neuve des Petits champs , tenant du côté du couchant à la maiſon
appartenante au Comte de Louvat , du côté du levant à la maiſon appartenante audit de Beaumont , pardevant ſur ladite rue neuve des Petits champs , & par derriere au midi au jardin du Palais royal , laquelle
maiſon ſera & demeurera chargée de ladite rente pour la ſervir & payer tant au duc de Richelieu qu'à ceux qui
ſeront appellés après lui à la ſubſtitution du cardinal de Richelieu , en outre ſe voir condamner à payer au duc
de Richelieu les arrérages de ladite rente , à compter du dix mai mil ſept cent quinze , jour du décès du duc
de Richelieu pere , auquel tems la ſubſtitution a été ouverte en faveur du duc de Richelieu fils , & les fruits &
revenus à lui acquis , & en ſes dommages-intérêts ſoufferts & à ſouffrir , aux offres du duc de Richelieu de tenir
compte audit Bellard & conſorts de ce qui avoit pû être légitimement payé par lui ou par ſes auteurs à la décharge de la ſucceſſion du cardinal de Richelieu , provenant du prix du contrat de vente du vingt-neuf mai
mil ſix cent cinquante cinq , & en outre répondre & procéder comme de raiſon afin de dépens ; défenſes
fournies par ledit Bellard & conſorts le quinze Juin mil ſept cent trente-neuf , contre la ſuſdite demande ; répliques fournies le ſeize Juin mil ſept cent trente-neuf par le duc de Richelieu contre les ſuſdites défenſes ;
arrêt du vingt Juin mil ſept cent trente-neuf , par lequel notredite Cour , pour faire droit aux parties ſur
leurs ſuſdites demandes & défenſes les a appointé en droit & joint à l'inſtance d'entre le duc de Richelieu
d'une

par ledit de Chuberé & consorts d'autre, a joint les fins de non-recevoir, défenses au contraire, dépens reservés; production du duc de Richelieu en exécution dudit arrêt par son inventaire de production signifié les vingt-trois novembre mil sept cent trente-neuf & vingt-huit avril mil sept cent quarante; requête dudit Bellard & consorts du quatre Juillet mil sept cent quarante-sept, employée aux risques de leurs cohéritiers, pour contredits contre la susdite production; production dudit Bellard & consorts en exécution du même arrêt, par leur inventaire de production non signifié; requête du Duc de Richelieu du 18 Juin mil sept cent quarante-deux, employée pour contredits contre la susdite production; requête dudit Bellard & consorts du cinq juillet mil sept cent quarante-sept, employée pour salvations aux sudits contredits; exploit d'assignation donné en notredite Cour à la requête du duc de Richelieu audit Chupin de Germigny en vertu des requête, ordonnance & commission des quinze & dix-sept Janvier mil sept cent trente-neuf, pour se voir condamner à se désister & départir du fonds, propriété & jouissance de la rente fonciere de bail d'héritages dont la maison ci-après spécifiée est chargée à raison de cinq livres deux sols six deniers par chaque toise de superficie suivant le contrat d'arentement fait par le cardinal de Richelieu, en faveur de Louis le Barbier le dix-sept mars mil six cent trente-six, de la place sur laquelle ladite maison est bâtie & autres places autour du jardin du Palais cardinal, à présent Palais-royal, laquelle rente s'est trouvée dans la succession du cardinal de Richelieu, & a été vendue avec autres emplacemens, & la maison de l'ours, par le feu duc de Richelieu pere, à Charles Flacourt, par contrat du vingt-neuf mai mil six cent cinquante cinq, à cause de quoi la substitution du cardinal de Richelieu faite en faveur de la branche de Richelieu s'est trouvée privée de ladite rente, ladite maison sise rue Neuve des Bons-enfans, appartenante audit Chupin de Germigny, tenant d'un côté du nord à la maison appartenante audit Duchaufour, du côté du midi au nommé Cuirette, pardevant à ladite rue Neuve des Bons-Enfans, & parderriere au couchant au jardin du Palais-royal, laquelle maison sera & demeurera chargée de ladite rente, pour la servir & payer tant au duc de Richelieu qu'à ceux qui seroient appellés après lui à la substitution du Cardinal de Richelieu, ensemble se voir condamner à payer au duc de Richelieu les arrérages de ladite rente, à compter du dix mai, jour du décès du duc de Richelieu pere, auquel tems la substitution a été ouverte en faveur du duc de Richelieu fils, & les fruits & revenus à lui acquis, & en ses dommages-intérêts soufferts & à souffrir, aux offres faites par le duc de Richelieu de tenir compte audit Chupin de ce qui avoit pû être légitimement payé par lui ou ses auteurs, à la décharge de la succession du cardinal de Richelieu provenant du prix du contrat de vente dudit jour vingt-neuf mai mil six cent cinquante-cinq, & en outre répondre & procéder comme de raison afin de dépens; défenses fournies le dix-sept juin mil sept cent trente-neuf, contre la sudite demande, aux risques, périls & fortunes dudit Regnier de Voisy; répliques fournies par le duc de Richelieu le dix-huit juin mil sept cent trente-neuf contre lesdites défenses; Arrêt du vingt-trois juin mil sept cent trente-neuf, par lequel notredite Cour, pour faire droit au parties sur leurs susdites demandes & défenses, les a appointé en droit & joint à l'instance d'entre le duc de Richelieu d'une part, & ledit de Chuberé & consorts, dépens réservés; production du duc de Richelieu, en exécution du susdit arrêt, par son inventaire de production signifié les vingt-trois novembre mil sept cent trente-neuf & vingt-huit Avril mil sept cent quarante; Requête dudit Chupin de Germigny du sept Janvier mil sept cent cinquante-cinq, employée pour contredits contre la sudite production; production dudit Chupin, en exécution du même arrêt, par sa requeste du vingt-deux Décembre mil sept cent trente-neuf, employée aux risques de Regnier de Voisy son garand, pour fins de non-recevoir & avertissement; requeste du duc de Richelieu du sept janvier mil sept cent quarante-un, employée pour contredits contre la sudite production; requeste dudit Chupin du deux janvier mil sept cent quarante-un, contenant demande à ce qu'il plût à notredite Cour en lui adjugeant ses conclusions, condamner, soit le duc de Richelieu ou ledit Regnier de Voisy, ou celui des deux qui succomberoit en tous dépens, & en ceux reservés par l'arrest du vingt-trois juin mil sept cent trente-neuf, même en ceux faits par ledit Chupin les unes à l'encontre des autres, au bas de laquelle requeste est l'ordonnance de notredite Cour qui a reservé d'y faire droit en jugeant; requête dudit Chupin du vingt-quatre mars mil sept cent trente-neuf, à ce qu'il lui fût permis de faire assigner en notredite Cour ledit Regnier de Voisy, pour voir dire qu'il seroit donné acte audit Chupin de ce qu'il lui sommoit & dénonçoit la demande portée par les requestes, commission & exploit des quinze, dix-sept janvier & seize Février mil sept cent trente-neuf, & contenant demandes à ce qu'il fût tenu de prendre le fait & cause dudit Chupin, ou en tout cas l'acquiter, garantir & indemniser de l'effet de ladite demande, & de toutes condamnations qui pourroient intervenir contre lui au profit du duc de Richelieu, tant en principal, intérêts que frais, mises d'exécution & dépens; exploit d'assignation donnée ledit jour vingt-quatre mars mil sept cent trente-neuf, à la requeste dudit Chupin audit Regnier de Voisy, en vertu & aux fins desdites requeste & ordonnance, exceptions & défenses fournies le vingt-trois juin mil sept cent trente-neuf par ledit de Voisy contre la susdite demande, aux risques de ses garands; arrest du vingt-cinq juin mil sept cent trente-neuf, par lequel notredite Cour, pour faire droit aux parties sur les susdites demandes & défenses, les appointe en droit & joint à l'instance d'entre ledit duc de Richelieu d'une part, & ledit Chuberé & consorts d'autre, dépens réservés; production dudit Chupin en exécution du susdit arrest par sa requeste du six août mil sept cent trente-neuf, employée pour repliques aux défenses dudit Regnier de Voisy, du vingt-trois juin mil sept cent trente-neuf, & pour avertissement, sommation audit Regnier de Voisy de fournir de contredits contre ladite production; requête dudit Regnier de Voisy du dix-sept mai mil sept cent quarante-un, d'emploi pour avertissement, écritures & production, en exécution dudit arrest, du vingt-cinq juin mil sept cent trente-neuf; requeste dudit Chupin du deux janvier mil sept cent cinquante-cinq, d'emploi pour contredits contre ladite production; production dudit Regnier de Voisy, en exécution du même arrest du vingt-cinq juin mil sept cent trente-neuf, par sa requeste du vingt-neuf mai mil sept cent quarante-un, employée pour additions de fins de non-recevoir, & défenses contre la demande dudit Chupin portée par ses requeste & exploit du vingt-quatre mars mil sept cent trente-neuf; plus ample avertissement sur icelle, & contenant demande à ce qu'il plût à notredite Cour déclarer ledit Chupin non recevable dans sa demande du vingt-quatre mars mil sept cent trente-neuf, subsidiairement s'en débouter, & le condamner aux dépens, même en ceux réservés par ledit arrest du vingt-cinq juin mil sept cent trente-neuf, au bas de laquelle requeste est l'ordonnance de notredite Cour, qui a donné acte de l'emploi y porté, & réservé d'y faire droit en jugeant; requeste dudit Chupin du deux janvier mil sept cent cinquante-cinq, d'emploi pour contredits contre ladite production; exploit d'assignation donnée en notredite Cour le neuf février mil sept cent trente-neuf, à la requeste du duc de Richelieu, à la veuve Laisné,

G

en vertu des requeste, ordonnance & commiſſion des quinze & dix-ſept janvier mil ſept cent trente-
neuf, pour ſe voir condamner à ſe déſiſter & départir du fonds, propriété & jouiſſance de la rente fonciere de bail d'héritage dont la maiſon ci-après eſt chargée, à raiſon de cinq livres deux ſols ſix deniers pour
chaque toiſe de ſuperficie, ſuivant le contrat d'arentement fait par le cardinal de Richelieu, en faveur de
Louis le Barbier le dix-ſept mars mil ſix cent trente-ſix, de la place ſur laquelle ladite maiſon ci-après eſt
bâtie, & autres places autour du jardin du Palais-royal, laquelle rente s'eſt trouvée dans la ſucceſſion du
cardinal de Richelieu, a été vendue avec autres emplacemens, & la maiſon de l'ours, par le ſeu duc de Richelieu pere, à Charles Flacourt, par contrat du vingt-neuf mai mil ſix cent cinquante-cinq, à cauſe
de quoi la ſubſtitution du cardinal de Richelieu faite en faveur de la branche de Richelieu s'eſt trouvée
privée de ladite rente, ladite maiſon rue de Richelieu, appartenante à la veuve Laiſné, tenante d'un côté
au midi à la maiſon appartenante au nommé Corneille, d'autre côté au nord à la maiſon appartenante aux
héritiers Ma ey, pardevant à l'occident à la rue de Richelieu, & parderriere à l'orient au jardin du Palais-royal, laquelle maiſon demeurera chargée de ladite rente, pour la ſervir & payer tant au duc de Richelieu qu'à ceux qui ſeront appellés après lui à la ſubſtitution du cardinal de Richelieu, enſemble ſe voir
condamner à payer audit duc de Richelieu les arrérages de ladite rente, à compter du dix mai mil ſept
cent quinze, jour du décès du duc de Richelieu pere, auquel tems la ſubſtitution a été ouverte en faveur
du duc de Richelieu fils, & les fruits & revenus acquis, & en ſes dommages-intérêts ſoufferts & à ſouffrir,
aux offres faites par le duc de Richelieu de tenir compte à ladite veuve Laiſné de ce qui auroit pû être
légitimement payé par elle ou par ſes auteurs, à la décharge de la ſucceſſion du cardinal de Richelieu, provenant du prix du Contrat de vente du vingt-neuf Mai mil ſix cent cinquante-cinq, &
en outre, comme de raiſon afin de dépens; fins de non-recevoir & défenſes fournies le vingt Avril
1739 par la veuve Laiſné aux riſques, périls & fortunes de ſes garands & du duc de Richelieu contre
la ſuſdite demande. Arrêt du vingt-ſix Juin 1739, par lequel notredite Cour pour faire droit aux Parties ſur les ſuſdites demandes & défenſes, les a appointé en droit & joint à l'Inſtance d'entre le duc de
Richelieu & ledit de Chuberé & Conſorts, a joint les fins de non recevoir; défenſes au contraire,
dépens réſervés; la production du duc Richelieu en exécution dudit Arrêt par ſon inventaire de production,
ſignifié le vingt-trois Novembre 1739 & vingt-huit Avril 1740; ſommation faite à la requête du duc
de Richelieu à ladite veuve Laiſné de produire & contredire en exécution dudit Arrêt; production de
ladite veuve Laiſné, en exécution dudit Arrêt, par requête du vingt-ſept Août 1740, employée auſſi
pour avertiſſement; requête du duc de Richelieu du ſept Septembre 1740, employée pour contredire
contre ladite production; autre production de ladite veuve Laiſné, en exécution du même Arrêt par ſon
inventaire de production non ſignifié; contredits du duc de Richelieu du vingt-neuf Octobre 1745 contre
ladite production; exploit d'aſſignation donnée en notredite Cour le vingt-quatre Mars 1739 à la requête
du duc de Richelieu à Jacques Deſmaris, en vertu des ſuſdites requete, ordonnance & commiſſion des
quinze & dix-ſept Janvier 1739, pour ſe voir condamner à ſe déſiſter du fonds, propriété & jouiſſance de la rente fonciere de bail d'héritage dont la maiſon ci-après ſpécifiée eſt chargée, à raiſon de
cinq livres deux ſols ſix deniers par chaque toiſe de ſuperficie ſuivant le contrat d'arentement fait par
le Cardinal de Richelieu, en faveur de Louis le Barbier le dix-ſept Mars 1636 de la place ſur laquelle
ladite maiſon ci-après eſt batie & autres places autour du Palais Royal; laquelle rente s'eſt trouvée dans la
ſucceſſion du duc de Richelieu, & a été vendue avec autres emplacemens, & la maiſon de l'Ours par ledit feu
duc de Richelieu pere à Charles Flacourt par contrat du vingt-neuf Mai 1655, à cauſe de quoi la ſubſtitution du Cardinal de Richelieu faite en faveur de la branche de Richelieu, eſt privée de ladite rente,
ladite maiſon ſiſe rue de Richelieu, tenant d'un côté du midi à la maiſon appartenante à la veuve Laiſné,
d'autre au nord à la maiſon appartenante au ſieur Préſidente Haynault, pardevant à l'occident à la rue de
Richelieu, & par derriere à l'orient au jardin du Palais Royal, laquelle maiſon ſera & demeurera chargée
de ladite rente pour la ſervir & payer tant au duc Richelieu qu'à ceux qui ſeroient appellés après lui à
la ſubſtitution du Cardinal de Richelieu; enſemble ſe voir condamner à payer au duc de Richelieu les
arrérages de ladite rente, à compter du dix mai 1715, jour du décès du duc de Richelieu pere, auquel
tems la ſubſtitution a été ouverte en faveur du duc de Richelieu fils, & les fruits & revenus à lui acquis,
& en ſes dommages-intérêts ſoufferts & à ſouffrir, aux offres faites par le duc de Richelieu, de tenir
compte audit Deſmarys de ce qui pourroit être légitimement payé par lui ou par ſes auteurs à la décharge
de la ſucceſſion du Cardinal de Richelieu provenant du prix du contrat de vente dudit jour vingt-neuf
Mai 1635, & en outre répondre & procéder comme de raiſon, afin de dépens, fins de non-recevoir
fournies le ſeize Juin 1739 par ledit Deſmarys aux riſques de ſes garans contre la ſuſdite demande. Arrêt
du vingt-ſix Juin 1739, par lequel notredite Cour pour faire droit aux Parties ſur les demandes & défenſes ci-deſſus, les a appointé en droit & joint à l'Inſtance d'entre le duc de Richelieu & ledit de Chuberé & conſorts, a joint les fins de non-recevoir, défenſes au contraire, production du duc de Richelieu en exécution dudit Arrêt par ſon inventaire ſignifié les vingt-trois Novembre 1739 & vingt-huit
Avril 1740; ſommation faite à la Requête du duc de Richelieu audit Deſmarys de fournir de contredits contre ladite production dudit Deſmarys en exécution du même Arrêt, par ſa requête du vingt-
ſept Août 1740, employée pour avertiſſement; requeſte du duc de Richelieu du ſept Septembre 1740,
pour contredits contre la ſuſdite production; exploit d'aſſignation donnée en notredite Cour le neuf Janvier 1739 à la requeſte du duc de Richelieu audit Picard Devaux, en vertu des requeſte, ordonnance
& commiſſion des quinze & dix-ſept Janvier préſident pour ſe voir condamner à ſe déſiſter & départir
du fonds, propriété & jouiſſance de la rente fonciere de bail d'héritage, dont la maiſon ci-après occupé
eſt chargée à raiſon de cinq livres deux ſols ſix deniers par chaque toiſe de ſuperficie ſuivant le contrat
d'arentement fait par le feu Cardinal de Richelieu, en faveur de Louis le Barbier le dix-ſept Mars
1636 de la place ſur laquelle ladite maiſon ci-après eſt bâtie & autres places autour du Palais Royal,
laquelle rente s'eſt trouvée dans la ſucceſſion du Cardinal de Richelieu, & a été vendue avec autres
emplacemens & la maiſon de l'Ours par le feu duc de Richelieu pere à Charles Flacourt par contrat
paſſé devant Notaires le vingt-neuf mai 1655, à cauſe de quoi la ſubſtitution du Cardinal de Richelieu
faite en faveur de la branche de Richelieu s'eſt trouvée privée de ladite rente, ladite maiſon ſiſe rue
neuve des Bons-Enfans appartenante audit Devaux, tenant du côté du ſeptentrion à la maiſon appartenante à   du midi à la maiſon appartenante audit Duchauſſour pardevant au levant à la

dite rue neuve des Bons-Enfans, par derriere au couchant au jardin du Palais royal, laquelle maison sera & demeurera chargée de ladite rente pour la servir & payer tant au Duc de Richelieu qu'à ceux qui seront après lui appellés à la substitution du Cardinal de Richelieu ; ensemble se voir condamner à payer au Duc de Richelieu les arrérages de ladite rente, à compter du dix Mai 1715, jour du décès du Duc de Richelieu pere, auquel tems la substitution a été ouverte en faveur du Duc de Richelieu fils, & les fruits & revenus à lui acquis en ses dommages, intérêts soufferts & à souffrir, aux offres que faisoit le Duc de Richelieu, de tenir compte audit Duvaux, de ce qui a pû être légitimement payé par lui ou par ses auteurs à la décharge de la succession du Cardinal de Richelieu provenant du prix du contrat de vente dudit jour vingt-neuf Mai 1655, & en outre procéder comme de raison afin de dépens ; fins de non-recevoir & défenses fournies le dix-huit Juin 1739 par ledit Duvaux aux risques de ses garans contre ladite demande ; répliques du Duc de Richelieu du dix-neuf Juin 1739 auxdites défenses, Arrêt du vingt-six Juin 1739, par lequel notredite Cour pour faire droit aux demandes & défenses ci-dessus les a appointé en droit & joint à l'Instance d'entre le Duc de Richelieu & ledit de Chuberé & consorts, a joint les fins de non-recevoir, défenses au contraire, dépens réservés ; Production du Duc de Richelieu en exécution dudit Arrest par son inventaire signifié les vingt-trois Novembre 1739 & vingt-huit Avril 1740, sommation faite audit Duvaux, à la requeste du Duc de Richelieu de produire & contredire en exécution du même Arrest, exploit d'assignation donnée en notredite Cour le neuf Février 1739, à la requeste du Duc de Richelieu au Président Haynault en vertu des requeste, ordonnance & commission des quinze & dix-sept Janvier audit an, pour se voir condamner à se désister & départir du fonds, propriété & jouissance de la rente fonciere de bail d'héritages dont deux maisons ci-après spécifiées sont chargées, à raison de cinq livres deux sols six deniers, par chaque toise de superficie suivant le contrat d'arrentement fait par le Cardinal de Richelieu en faveur de Louis le Barbier le dix-sept Mars 1739 des places sur lesquelles lesdites maisons ci-après sont bâties, & autres places autour du jardin du Palais royal, laquelle rente s'est trouvée dans la succession du Cardinal de Richelieu & a été vendue avec autres emplacemens & la maison de l'Ours par le feu Duc de Richelieu à Charles Flacourt, par contrat du vingt-neuf Mai 1655, à cause de quoi la substitution du Cardinal de Richelieu faite en faveur de la branche de Richelieu, s'est trouvée privée de ladite rente, ladite maison sise rue de Richelieu, tenant du côté du midi aux héritiers de Marsy, d'autre au nord, à la maison appartenante à la veuve Foye Limonadiere, pardevant à l'occident, à ladite rue de Richelieu, & par derriere à l'orient, au jardin du Palais royal, l'autre maison sise rue de Richelieu, tenant d'un côté au midi à la maison appartenante au nommé Poisson pardevant à l'occident à ladite rue Richelieu, & par derriere à l'orient au jardin du Palais royal, lesquelles maisons seront & demeureront chargées de ladite rente pour la servir & payer tant au Duc de Richelieu qu'à ceux qui seront après lui appellés à la substitution du Cardinal de Richelieu ; ensemble se voir condamner à payer au Duc de Richelieu les arrérages de ladite rente, à compter du dix Mai 1715 jour du décès du Duc de Richelieu pere, auquel tems la substitution a été ouverte en faveur du Duc de Richelieu fils, & les fruits & revenus à lui acquis, & en ses dommages-intérêts soufferts & à souffrir, aux offres que faisoit le Duc de Richelieu, de tenir compte audit Président Haynault de ce qui a pû être légitimement payé par lui ou ses auteurs à la décharge de la succession du Cardinal de Richelieu, provenant du prix du contrat de vente dudit jour vingt-neuf Mai 1655, & en outre répondre & procéder comme de raison afin de dépens ; défenses fournies le dix-neuf Juin 1739 par le Président Haynault contre ladite demande aux risques de ses garans ; repliques fournies le vingt-deux Juin 1739, par le Duc de Richelieu, auxdites défenses ; Arrêt du 30 Juin 1739, par lequel notredite Cour, pour faire droit aux Parties sur les demandes & défenses ci-dessus, les a appointées en droit & joint à l'Instance d'entre ledit Duc de Richelieu & ledit de Chuberé & Consorts, a joint les fins de non-recevoir défenses au contraire, dépens réservés, production du Duc de Richelieu, en exécution du susdit Arrêt, par son inventaire de production signifié les 23 Novembre 1739 & 28 Avril 1740 ; production du Président Haynault, en exécution du même Arrêt, par sa requeste du sept Avril 1745, sommation au Président Haynault de fournir de contredits contre la susdite production du Duc de Richelieu, & sommation au Duc de Richelieu de fournir de contredits contre la susdite production du Président Haynault ; exploit d'assignation donnée en notredite Cour le 9 Février 1739, à la requeste du Duc de Richelieu audit Delamotte, en vertu des requeste, ordonnance & commission des quinze & dix-sept Janvier audit an, pour se voir condamner à se désister & départir de la propriété, possession & jouissance du fonds & superficie d'une maison & bâtimens situés en la ville de Paris rue neuve des Bons-Enfans, où demeuroit ledit Delamotte, confrontant d'un côté au septentrion à la maison appartenante au nommé Cuirette, d'autre côté au midi à la maison appartenante à la Dame Comtesse Doisy, pardevant à l'orient à la rue neuve des Bons-Enfans, & par derriere à l'occident au jardin du Palais Royal, laquelle maison se trouvoit bâtie sur une place réservée par feu le Cardinal de Richelieu, pour former un passage de ladite rue neuve des Bons-Enfans dans le jardin du Palais Royal, par le contrat d'arrentement qu'il fit d'autres places audit Louis le Barbier en date du dix-sept Mars 1636, laquelle place s'est trouvée dans la succession du Cardinal de Richelieu, & a été vendue avec autres places, & la maison de l'Ours par le feu Duc de Richelieu à Charles Flacourt, par contrat du 29 Mai 1655, laisser la libre propriété, possession & jouissance de ladite maison audit Duc de Richelieu, ensemble se voir condamner à la restitution des loyers de ladite maison en faveur du Duc de Richelieu, à compter du 10 Mai 1715, jour du décès du Duc de Richelieu pere, auquel tems la substitution a été ouverte au profit du Duc de Richelieu, & en ses dommages-intérêts soufferts & à souffrir, aux offres que faisoit le Duc de Richelieu de tenir compte audit Lamotte, de ce qui avoit pû être légitimement payé par lui ou par ses auteurs, à la décharge de la succession du Cardinal de Richelieu sur le prix du contrat dudit jour 29 Juin 1655, & procéder en outre comme de raison, afin de dépens ; défenses fournies par ledit de Lamotte le 30 Juin 1739, contre la susdite demande ; Arrêt du 2 Juillet 1739, par lequel notredite Cour pour faire droit aux Parties sur les demande & défenses ci-dessus, les a appointé en droit & joint à l'Instance d'entre le Duc de Richelieu d'une part, & ledit de Chuberé & Consorts d'autre, dépens réservés ; production du Duc de Richelieu, en exécution du susdit Arrêt par son inventaire de production signifié, les 23 Novembre 1739 & 28 Avril 1740 ; sommation faite à la requeste du Duc de Richelieu audit de Lamotte de produire & contredire.

en excution du même Arrêt, exploit d'assignation donnée en notredite Cour le 30 Avril 1739 en vertu des requeste, ordonnance & commission des 15 & 17 Janvier andit an, à la requeste du duc de Riche- à la veuve Matthieu Racle, pour se voir condamner à se désister & départir du fonds, propriété & jouis- sance de la rente fonciere de bail d'héritage, dont les maisons ci-après spécifiées sont chargées, à raison de cinq livres deux sols six deniers par chaque toise de superficie, suivant le contrat d'arrentement fait par le Cardinal de Richelieu en faveur de Louis le Barbier le 17 Mars 1636 de la place sur laquelle les- dites maisons ci-après sont bâties, & autres places autour du Palais Royal, laquelle rente s'est trouvée dans la succession du Cardinal de Richelieu, & a été vendue avec autres emplacemens, & la maison de l'Ours par le feu duc de Richelieu à Charles Flacourt, par contrat passé devant Notaires le vingt- neuf Mai 1655, à cause de quoi la substitution du Cardinal de Richelieu, s'est trouvée privée de ladite rente, lesdites maisons sises rue des Bons-Enfans appartenante à ladite Dame Racle, suivant l'indication & déclaration dudit Racle, l'une tenant du côté du nord à la maison du nommé Bazin, d'autre côté au midi à une autre maison ci-après déclarée appartenante à ladite veuve Racle, pardevant du côté du le- vant à ladite rue neuve des Bons-Enfans, & par derriere au couchant, au jardin du Palais Royal, une autre maison appartenante à la veuve Racle, tenant du côté du nord à celle ci-dessus, du côté du midi à la veuve & héritiers Juillet, pardevant au levant sur ladite rue, & par derriere au couchant sur le jar- din du Palais Royal, lesquelles maisons seront & demeureront chargées de ladite rente pour la servir & payer, tant au duc de Richelieu audit nom, qu'à ceux qui seront appellés après lui à la substitution du Cardinal de Richelieu ; ensemble se voir condamner à payer au duc de Richelieu les arrérages de ladite rente, à compter jour du décès du duc de Richelieu pere, auquel tems la substitution a été ouverte en faveur de son fils, & les fruits & revenus à lui requis, & en ses dommages & intérêts soufferts & à souffrir, aux offres que faisoit le duc de Richelieu de tenir compte à ladite veuve Racle de ce qui avoit pû être légitimement payé par elle ou par ses auteurs, à la décharge de la succession du cardinal de Richelieu, provenant du prix du contrat de vente du vingt-neuf mai mil six cent cinquante-cinq, & en outre repondre & procéder comme de raison afin de dépens, défenses fournies le vingt-six juin mil sept cent trente-neuf par la veuve Racle aux risques dudit Robinot son garand à la susdite demande ; arrêt du trois Juillet mil sept cent trente-neuf, par lequel notredite Cour pour faire droit aux parties sur les demandes & défenses ci-dessus les a appointé en droit ci-joint à l'instance d'entre le duc de Richelieu & ledit de Chuberé & consorts, a joint les fins de non recevoir, défenses au con- traire ; production du duc de Richelieu en exécution du susdit Arrêt par son inventaire de production signifié les vingt-trois Novembre mil sept cent trente-neuf, & vingt-huit Avril mil sept cent quarante, sommation à ladite veuve Racle de produire & contredire en exécution du susdit arrêt; exploit d'assignation donnée en notredite Cour le vingt-cinq avril mil sept cent trente-neuf, en vertu des requête, ordonnance & com- mission des quinze, dix-sept Janvier audit an, la requête du duc de Richelieu à Augustin-Jerôme Dionis, sans néanmoins par le duc de Richelieu se départir de l'assignation donnée à François Dionis par exploit du neuf février mil sept cent trente-neuf, aux risques dudit Dionis, pour se voir condamner à se désister & dé- partir conjointement avec François Dionis du fonds, propriété & jouissance de la rente fonciere de bail d'héritage dont la maison ci-après est chargée à raison de cinq livres deux sols six deniers par chaque toise de superficie, suivant le contrat d'arentement fait par le cardinal de Richelieu en faveur de Louis Barbier le dix-sept mars mil six cent trente-six, de la place sur laquelle ladite maison ci-après est bâtie & autres places autour du jardin du Palais-royal, laquelle s'est trouvée dans la succession du cardinal de Richelieu & a été vendue avec autres emplacemens, & la maison de l'ours par le feu Duc de Richelieu à Charles Flacourt par contrat du vingt-neuf mai mil six cent cinquante-cinq à cause de quoi la substitution du car- dinal de Richelieu faite en faveur de la branche de Richelieu s'est trouvée privée de ladite rente, ladite maison sise rue de Richelieu, appartenante par indivis auxdits François & Augustin-Jerôme Dionis, tenante d'un côté à la maison appartenante au nommé Nouveau, d'autre côté au nord à la maison appartenante à la veuve Desplaces, pardevant à l'occident à ladite rue de Richelieu, & par-derriere à l'orient au jardin du Palais-royal, laquelle maison sera & demeurera chargée de ladite rente pour la servir & payer, tant au duc de Richelieu qu'à ceux qui seront appellés après lui à la substitution du cardinal de Richelieu, ensemble se voir condamner conjointement avec ledit Me François Dionis, notaire, à payer audit duc de Richelieu les arrérages de ladite rente, à compter du jour du décès du duc de Richelieu pere, auquel tems la substitu- tion a été ouverte en faveur du fils, & les revenus à lui acquis, & en ses dommages-intérêts soufferts & à souffrir, aux offres que faisoit le duc de Richelieu de tenir compte auxdits Dionis de ce qui avoit pû être légitimement payé par eux ou par leurs auteurs, à la décharge de la succession du cardinal de Richelieu, pro- venant du prix du contrat de vente du vingt-neuf mai mil six cent cinquante-cinq, & en outre répondre & procéder comme de raison afin de dépens, fins de non-recevoir & défenses fournies le trois juillet mil sept cent trente-neuf par ledit Dionis, aux risques de ses garands ; l'arrêt du six Juillet mil sept cent trente-neuf, par lequel notredite Cour, pour faire droit aux parties sur les demandes & défenses ci-dessus, les a appointé en droit, & joint à l'instance d'entre le duc de Richelieu & ledit de Chuberé & consorts a joint les fins de non-recevoir, défenses au contraire, dépens réservés ; production du duc de Richelieu en exécution du sus- dit arrêt par son inventaire signifié le vingt-trois novembre mil sept cent trente-neuf, & vingt-huit avril mil sept cent quarante ; sommation faite à la requête du duc de Richelieu audit Dionis de produire & contredire en exécution dudit arrêt ; production dudit Dionis en exécution du même arrêt par sa requête du vingt-six juin mil sept cent quarante-quatre, employée aux risques de ses garands pour fins de non-rece- voir, contenant demande à ce qu'il plût à notredite Cour déclarer le duc de Richelieu non recevable dans sa demande formée par requête, commission & exploit des quinze, dix-sept janvier & vingt-cinq avril mil sept cent trente-neuf, & qu'il fût condamné aux dépens, au bas de laquelle requête est l'ordonnance de notredite Cour qui a donné acte de l'emploi y porté, & a réservé d'y faire droit en jugeant ; requête du duc de Richelieu du vingt-sept novembre mil sept cent quarante-cinq, d'emploi pour fins de non-recevoir & défenses à la susdite demande ; contredits du duc de Richelieu du premier décembre mil sept cent quarante- cinq contre la susdite production ; exploit d'assignation donnée en notredite Cour le onze février mil sept cent trente-neuf à la requête du duc de Richelieu, à la veuve & héritiers Juillet, en vertu des requête, or- donnance & commission des quinze & dix-sept janvier mil sept cent trente-neuf, pour se voir condamner à se désister & départir au profit du duc de Richelieu du fonds, propriété & jouissance de la rente fonciere de bail d'héritage dont la maison ci-après spécifiée est chargée, à raison de cinq livres deux sols six deniers par

chaque

chaque toise de superficie, suivant le contrat d'arrentement fait par le cardinal de Richelieu en faveur de Louis Lebarbier le dix-sept mars mil six cent trente-six, de la place sur laquelle ladite maison ci-après est bâtie, & autres places autour du jardin du Palais-royal, laquelle rente s'est trouvée dans la succession du cardinal de Richelieu, & a été vendue avec autres emplacemens & la maison de l'Ours, par le feu duc de Richelieu à Charles Flacourt, par contrat du vingt-neuf mai 1655, à cause de quoi la substitution du Cardinal de Richelieu, faite en faveur de la branche de Richelieu, s'est trouvée privée de ladite rente, ladite maison appartenante à la veuve, enfans & héritiers Juilliet, tenante d'un côté au nord à la maison appartenante à la veuve Racle, d'autre côté au midy à la maison appartenante à

pardevant du côté de l'orient à la rue neuve des bons enfans, & par derriere au couchant au jardin du Palais-royal, laquelle maison sera & demeurera chargée de ladite rente pour la servir & payer tant au duc de Richelieu qu'à ceux qui seront appellés après lui à la substitution du Cardinal de Richelieu, ensemble se voir condamner à payer au duc de Richelieu les arrérages de ladite rente, à compter du dix mai 1715, jour du décès du duc de Richelieu pere, auquel tems la substitution a été ouverte en faveur du duc de Richelieu fils, & les fruits & revenus à lui acquis, en ses dommages-intérêts soufferts & à souffrir aux offres que fait le duc de Richelieu de tenir compte auxdits veuve & héritiers Juilliet de ce qui a pû être légitimement payé par eux ou par leurs auteurs, à la décharge de la succession du Cardinal de Richelieu, provenant du prix du contrat de vente du vingt-neuf mai 1655; & en outre répondre & procéder comme de raison à fin de dépens, exceptions & défenses fournies par la veuve & héritiers Juilliet le huit avril 1739 contre la susdite demande; répliques du quinze mai 1739, fournies par le duc de Richelieu contre les susdites défenses; Arrêt du onze juillet 1739, par lequel notredite Cour pour faire droit sur les susdites demande & défenses, a appointé les Parties en droit & joint à l'Instance d'entre le duc de Richelieu & ledit de Chuberé & consorts, dépens réservés; production du duc de Richelieu en exécution du susdit Arrêt par son inventaire signifié le vingt-trois novembre 1739 & vingt-huit avril 1740; sommations faites les douze & quinze octobre 1745 à la requête du duc de Richelieu à ladite veuve Juilliet de produire & contredire en exécution dudit Arrêt; exploit d'assignation donné en notredite Cour le trois avril 1739, en vertu des requête, commission & pareatis des quinze, dix-sept janvier & deux avril 1739, à la requête du duc de Richelieu audit Rapally, pour se voir condamner à se désister & départir du fonds, propriété & jouissance de la rente fonciere de bail d'héritage dont la maison ci-après signifiée est chargée à raison de cinq livres deux sols six deniers par chaque toise de superficie, suivant le contrat d'arrentement fait par feu le Cardinal de Richelieu en faveur de Louis le Barbier le dix-sept mars 1716 de la place sur laquelle la maison ci-après déclarée est bâtie & autres places autour du jardin du Palais-royal, laquelle rente s'est trouvée dans la succession du Cardinal de Richelieu, & a été vendue avec autres emplacemens, & la maison de l'ours par feu le duc de Richelieu à Charles Flacourt, par contrat passé devant Notaires le vingt-neuf mai 1655, à cause de quoi la substitution du Cardinal de Richelieu, en faveur de la branche de Richelieu, s'est trouvée privée de ladite rente, ladite maison tenante d'un côté du nord à la veuve & héritiers Juilliet où demeure ledit Taboureau, du midy à la maison appartenante à   où demeure à présent ledit Dujardin, pardevant au levant à la rue neuve des bons enfans, & parderriere au jardin du Palais-royal, laquelle maison sera & demeurera chargée de ladite rente pour la servir & payer tant au duc de Richelieu audit nom, qu'à ceux qui seront appellés après lui à la substitution du Cardinal de Richelieu, ensemble se voir condamner à payer au duc de Richelieu les arrérages de ladite rente, à compter du dix mai 715, jour du décès du duc de Richelieu pere, auquel tems la substitution a été ouverte en faveur du duc de Richelieu fils, & les fruits & revenus à lui acquis, & en ses dommages-intérêts soufferts & à souffrir aux offres que faisoit le duc de Richelieu de tenir compte audit Rapally de ce qui avoit pû légitimement être payé par lui ou par ses auteurs, à la décharge de la succession du Cardinal de Richelieu provenant du prix du contrat de vente du vingt-neuf mai 1655, & en outre répondre & proceder comme de raison à fin de dépens; défenses fournies par ledit Rapally le 7 juillet 1739, aux risques de Dupin son garant contre la susdite demande; requête dudit Rapally du sept juillet 1739, à ce qu'il lui fût donné acte de la sommation & dénonciation qu'il faisoit au duc de Richelieu de la demande que ledit Rapally a formée en notredite Cour à ses risques contre Dupin & sa femme par requête & exploit des trois juin 1739, ce faisant en déclarant le duc de Richelieu non-recevable & mal fondé dans la demande qu'il a formée en notredite Cour contre ledit Rapally, par requête, commission & exploit des quinze, dix-sept janvier & trois avril 1739, avec dépens, qu'il fût condamné aux dépens de ladite demande que ledit Rapally a formée contre ledit Dupin & sa femme, même à acquitter, garantir & indemniser ledit Rapall, des dépens auxquels il pourroit être condamné envers ledit Dupin & sa femme, tant en demandant, défendant que de la sommation, dénonciation & demande; Arrêt du onze juillet 1739, par lequel notredite Cour, pour faire droit sur les demandes & défenses ci-dessus, a appointé les Parties en droit & joint à l'Instance d'entre le duc de Richelieu, ledit de Chuberé & consorts, dépens réservés; production du duc de Richelieu en exécution dudit Arrêt par son inventaire signifié les vingt-trois novembre 1739 & vingt-huit avril 1740; requête dudit Rapally du trente juin 1747, employée pour contredits contre la susdite production; avertissement dudit Rapally du vingt août 1740, & sa production en exécution du même Arrêt par son inventaire du vingt trois dudit mois; requête du duc de Richelieu du vingt avril 1741, employée pour contredits contre ladite production; requête dudit Rapally du huit juillet 1742, employée pour salvations; requête dudit Rapally du six juin 1752, contenant demande à ce qu'il lui fût donné acte de la dénonciation qu'il faisoit à Dupin & sa femme en continuant ses précédentes sommations & icelles augmentant, de la demande contre lui formée à la requête du duc de Richelieu, portée par requête, ordonnance, pareatis, commission & exploit des quinze, dix-sept janvier & trois avril 1739 des défenses par lui fournies le sept juillet 1739, aux risques dudit Dupin & sa femme, de la requête par lui présentée en notredite Cour le même jour à leurs risques, périls & fortunes, de l'Arrêt de notredite Cour du onze du même mois, qui, pour faire droit sur la demande, a appointé les Parties en droit & joint des écritures & productions par lui signifiées & faites en exécution dudit Arrêt, de la requête d'emploi pour contredits du duc de Richelieu du vingt-trois avril 1742, & de tout ce qui a précédé & suivi, à ce qu'ils eussent à faire cesser les demandes & moyens du duc de Richelieu, sinon l'acquitter, garantir & indemniser de l'effet d'iceux, & qu'ils fussent condamnés en

H

tous les dépens, tant en demandant, défendant, que de la sommation & dénonciation, en ceux faits contre lui par le duc de Richelieu, & par ledit Rapally contre le duc de Richelieu, même en ceux faits par ledit Rapally contre ledit Dupin & sa femme, en ceux de la présente demande, au surplus adjuger audit Rapally les conclusions qu'il a prises en l'instance, au bas de laquelle requête est l'Ordonnance de notredite Cour, qui a réservé d'y faire droit en jugeant; exploit d'assignation donné en notredite Cour le neuf février 1739, à la requête du duc de Richelieu audit Hattier, en vertu des requête & commission des quinze & dix-sept janvier précédent, pour se voir condamner à se désister & départir du fond, propriété & jouissance de la rente fonciere de bail d'héritage dont la maison ci-après spécifiée est chargée à raison de 5 livres 2 sols 6 deniers pour chaque toise de superficie, suivant le contrat d'appointement fait par feu le Cardinal de Richelieu en faveur de Louis le Barbier le 17 mars mil six cent trente-six, de la place sur laquelle ladite maison ci-après est bâtie, & autres places autour du jardin du Palais Royal, laquelle rente s'est trouvée dans la succession du Cardinal de Richelieu, & a été vendue avec d'autres emplacemens & la maison de l'Ours par le feu duc de Richelieu pere à Charles Flacourt, par contrat passé devant Notaires le vingt-neuf Mai mil six cent cinquante-cinq, à cause dequoi la substitution du Cardinal de Richelieu faite en faveur de la branche de Richelieu, s'est trouvée privée de ladite rente; ladite maison sise rue de Richelieu appartenante audit Hattier, tenant du côté du midi à la maison appartenante à la nommée Gallois, d'autre côté au nord à la maison appartenante audit Lariviere, & par devant au couchant à ladite rue de Richelieu, & par derriere à l'orient au jardin du Palais Royal, laquelle maison sera & demeurera chargée de ladite rente, pour la servir & payer tant au Duc de Richelieu audit nom, qu'à ceux qui seront appellés après lui à la substitution du Cardinal de Richelieu, ensemble se voir condamner à payer au Duc de Richelieu les arrérages de ladite rente, à compter du dix Mai 1715 jour du décès du Duc de Richelieu pere, auquel tems la substitution a été ouverte en faveur du Duc de Richelieu fils, & les fruits & revenus à lui acquis & les dépens, dommages-intérêts soufferts & à souffrir, aux offres que faisoit le Duc de Richelieu de tenir compte audit Hattier de ce qui avoit pû être légitimement payé par lui & ses auteurs à la décharge de la succession du Cardinal de Richelieu, provenans du prix du contrat de vente du vingt-neuf Mai 1655, & en outre proceder comme de raison afin de dépens; Fins de non-recevoir & défenses fournies le dix Juillet 1739 par ledit Hattier, aux risques de ses garants contre la susdite demande; Répliques fournies le onze Juillet 1738 par le Duc de Richelieu aux susdites défenses; Arrêt du seize Juillet 1739, par lequel notredite Cour pour faire droit aux parties sur les demandes & défenses ci-dessus, les a appointés en droit & joint à l'instance d'entre le Duc de Richelieu, ledit de Chuberé & consorts, a joint les fins de non-recevoir, défenses au contraire, dépens réservés; Production du Duc de Richelieu en exécution du susdit Arrêt, par son inventaire signifié les vingt-trois Novembre 1739, & vingt-huit Avril 1740; Sommation faite à la requête du Duc de Richelieu audit Hattier de fournir de contredits; Production dudit Hattier en exécution dudit Arrêt par requête du vingt-sept Août 1740; Requête du Duc de Richelieu du sept Septembre 1740, employée pour contredits contre ladite production; Autre production dudit Hattier en exécution du même Arrêt par son inventaire non signifié; Contredits du Duc de Richelieu du vingt-deux Novembre 1745 contre ladite production; Exploit d'assignation donnée en notredite Cour le neuf Février 1739 à la requête du Duc de Richelieu audit Testard en vertu des requête, ordonnance & commission des quinze & dix-sept Janvier audit an, pour se voir condamner à se désister & départir du fonds, propriété & jouissance de la rente fonciere de bail d'héritage dont la maison ci-après spécifiée est chargée à raison de cinq livres deux sols six deniers chaque toise de superficie, suivant le contrat d'arrentement fait par le Cardinal de Richelieu en faveur de Louis le Barbier le 17 Mars 1636, de la place sur laquelle ladite maison ci-après est bâtie, & autres places autour du jardin du Palais Royal, laquelle rente s'est trouvée dans la succession du Cardinal de Richelieu, & a été vendue avec autres emplacemens & la maison de l'Ours par le feu duc de Richelieu à Charles Flacourt par contrat du vingt-neuf Mai 165 , à cause dequoi la substitution du Cardinal de Richelieu, faite en faveur de la branche de Richelieu, s'est trouvée privée de ladite rente, ladite maison sise rue neuve des Petits-Champs, tenant d'un côté au couchant à la maison Darcy, d'autre côté au levant à la maison du susnommé du côté du nord à la rue des Petits-Champs, & du côté du midi au jardin du Palais Royal, laquelle maison sera & demeurera chargée de ladite rente, pour la servir & payer tant au Duc de Richelieu, qu'à ceux qui seront appellés après lui à la substitution du Cardinal de Richelieu, ensemble se voir condamner à payer au Duc de Richelieu les arrérages de ladite rente, à compter du dix Mai 1715, jour du décès du Duc de Richelieu pere, auquel tems la substitution a été ouverte en faveur du Duc de Richelieu fils, & les fruits & revenus à lui acquis en ses dommages-intérêts soufferts & à souffrir, aux offres que faisoit le Duc de Richelieu de tenir compte audit Testard de ce qui avoit pû être legitimement payé par lui ou par ses auteurs à la décharge de la succession du Cardinal de Richelieu, provenant du prix du contrat de vente du vingt-neuf Mai 1655, & en outre répondre & proceder comme de raison afin de dépens, Fins de non-recevoir & défenses fournies le dix Juillet 1739 par ledit Testard, aux risques de ses garants, contre la susdite demande; Répliques fournies le treize Juillet 1739 par le Duc de Richelieu contre les susdites défenses; Arrêt du 16 dudit mois de Juillet, par lequel notredite Cour pour faire droit sur les demandes & défenses ci-dessus, a appointé les parties en droit & joint à l'instance d'entre le Duc de Richelieu, ledit de Chuberé & consorts, a joint les fins de non-recevoir, défenses au contraire, dépens réservés; Production du Duc de Richelieu, en exécution dudit Arrêt, par son inventaire signifié le vingt-trois Novembre 1749, & vingt-huit Avril 1740; Sommation audit Testard de fournir de contredits; Production dudit Testard en exécution du même Arrêt par sa requête du vingt-sept Août 1740; Requête du Duc de Richelieu du sept Septembre audit an, employée pour contredits contre la susdite production; Addition de production audit Testard, suivant le même Arrêt, par son inventaire de production; Contredits du Duc de Richelieu du quatre Décembre 1745, contre ladite addition de production; Exploit d'assignation donnée en notredite Cour le neuf Février 1739 à la requête du Duc de Richelieu audit Delariviere en vertu des requête, ordonnance & commission des quinze & dix-sept Janvier 1739, pour se voir condamner à se désister & départir du fond, propriété & jouissance de la rente fonciere de bail d'héritage, dont la maison ci-après spécifiée est chargée à raison de cinq livres deux sols six deniers chaque toise de superficie, suivant le contrat d'arrentement fait par le Cardinal de Richelieu en faveur de Louis le Barbier le dix-sept Mars 1636, de la place sur laquelle la maison ci-après spécifiée est bâtie, & autres places autour du jardin du Palais Royal; laquelle rente s'est trouvée dans la succession du feu Cardinal de Richelieu, & a été vendue avec autres emplacemens & la maison de l'Ours par le feu Duc de Richelieu pere à Charles Flacourt par contrat du vingt-neuf Mai 1655, à cause de quoi la substitution du Cardinal de Richelieu, faite en faveur de la branche de Richelieu, s'est trouvée privée de ladite rente, ladite maison sise au coin des rues de Richelieu & des Petits-Champs appartenante audit Delariviere, confrontant à l'occident & au nord au susdites rues, par derriere au midi à la maison appartenante au nommé Hattier, & d'un côté à l'orient à la maison du nommé Darcy, laquelle maison sera & demeurera chargée de ladite rente, pour la servir & payer tant au Duc de Richelieu, qu'à ceux qui seront appellés après lui à la substitution du Cardinal de Richelieu; ensemble se voir condamner à payer au Duc de Richelieu les arrerages à compter du 19 Mai 1715, jour du décès du Duc de Richelieu pere, auquel tems la substitution a été ouverte en faveur du Duc de Richelieu fils, & les fruits & revenus à lui acquis & en ses dommages-intérêts soufferts & à souffrir, aux offres que faisoit le Duc de Richelieu de tenir compte audit Delariviere de ce qui avoit pû être légitimement payé par lui ou par ses auteurs, à la décharge de la succession du Cardinal de Richelieu, provenant du prix du contrat de vente du vingt-neuf Mai mil six cent cinquante-cinq, & en outre proceder comme de raison afin de dépens, fins de non-recevoir & défenses fournies le seize Juillet mil sept cent trente-neuf contre ladite demande; Répliques du Duc de Richelieu contre les susdites défenses; Arrêt du seize Juillet mil sept cent trente-neuf, par lequel notredite Cour pour faire droit aux parties sur les susdites demande & défenses, les a appointé en droit & joint à l'instance d'entre le Duc de Richelieu & ledit de Chuberé & Consorts, a joint les fins de non-recevoir, défenses au contraire, dépens réservés; Production du Duc de Richelieu en exécution dudit Arrêt, par son inventaire signifié les vingt-trois Novembre 1739, & vingt-huit Avril 1740; Sommation audit Delariviere de fournir de contredits; Production dudit Delariviere, en exécution du même Arrêt, par sa requête du vingt-sept Août 1740, aussi employée pour avertissement; Requête du Duc de Richelieu du sept Septembre 1740, employée pour contredits contre ladite production; Addition de production dudit Delariviere, en exécution du même Arrêt par son inventaire de production, Sommation au Duc de Richelieu de fournir de contredits contre ladite addition de production; Exploit d'assignation donnée en notredite Cour le neuf Février 1739 à la requête du Duc de Richelieu audit Nouveau, en vertu des requête, ordonnance & commission des quinze & dix-sept Janvier audit an, pour se voir condamner à se désister & départir de la propriété, possession & jouissance du sol, fonds & superficie d'une maison, cour, bâtimens & dépendances situés en la Ville de Paris, rue de Richelieu, qui confronte d'un côté du midi à la maison appartenante audit Duraguette, d'autre côté du nord à la maison dudit Dionis, par devant à l'occident à ladite rue de Richelieu, & par derriere à l'orient au jardin du Palais Royal, laquelle maison se trouvoit bâtie sur une place réservée par feu le Cardinal de Richelieu pour former un passage de ladite rue de Richelieu dans le jardin du Palais Royal, par le contrat d'arrentement qu'il fit d'autres places audit Louis le Barbier, en date du dix-sept Mars 1636, laquelle place s'est trouvée dans la succession dudit défunt Cardinal, & a été vendue avec d'autres places & la maison de l'Ours par le feu Duc de Richelieu pere audit Charles Flacourt, par contrat passé devant Notaires à Paris le vingt-neuf Mai 1655, laisser la libre propriété & jouissance de ladite maison audit Duc de Richelieu, ensemble se voir condamner à la restitution des loyers de ladite maison en faveur du Duc de Richelieu, à compter du dix Mai 1715, jour du décès du Duc de Richelieu, son pere, auquel tems la substitution a été ouverte au profit du Duc de Richelieu fils, & en ses dommages-intérêts soufferts & à souffrir, aux offres que faisoit le Duc de Richelieu de tenir compte audit Nouveau de ce qui avoit pû être légitimement payé par lui ou par ses auteurs, à la décharge de la succession dudit feu Cardinal de Richelieu sur le prix du contrat dudit jour vingt-neuf Mai 1655, & en outre répondre & proceder, comme de raison, afin de dépens; Fins de non-recevoir & défenses fournies le dix-neuf Juin 1739 par ledit Nouveau contre la susdite demande, aux risques du Duc de Richelieu lui-même, & de ses autres garants; Répliques fournies par le Duc de Richelieu le vingt-deux Juin 1739 contre les susdites défenses; Arrêt du seize Juillet 1739, par lequel notredite Cour pour faire droit sur les demande & défenses ci-dessus a appointé les parties en droit & joint à l'instance d'entre le Duc de Richelieu, ledit de Chuberé & consorts, a joint les fins de non-recevoir, défenses au contraire, dépens réservés; Production du Duc de Richelieu, en exécution dudit Arrêt, par son inventaire de production signifié les vingt-trois Novembre & vingt-huit Avril 1740; Sommation audit Nouveau de fournir de contredits; Production dudit Nouveau, en exécution dudit Arrêt par requête du vingt-sept Août 1740, employée pour avertissement; Requête du Duc de Richelieu du dix-sept Septembre 1740, employée pour contredits contre la susdite production; L'addition de production dudit Nouveau, en exécution du même Arrêt, par son inventaire; Sommation faite à la requête dudit Nouveau au Duc de Richelieu de fournir de contredits contre ladite addition de production; Requête présentée en notredite Cour le vingt-six Juin 1739 par Charles Dionis & consorts, à ce qu'il plût à notredite Cour les recevoir parties intervenantes en l'instance d'entre le Duc de Richelieu, Augustin-Jérôme Dionis & Angelique Dionis, qu'il leur fût donné acte de ce que pour moyens d'intervention ils employoient le contenu en leur requête, qu'il leur fût pareillement donné acte de ce qu'ils se joignoient avec ladite Angelique Dionis, & soutenoient le Duc de Richelieu non-recevable & mal fondé dans sa demande contre Augustin-Jérôme Dionis, par conséquent mal fondé dans celle par lui formée contre ladite Angelique Dionis; ce faisant, que le Duc de Richelieu en devoit être débouté & condamné aux dépens, & ledit Augustin-Jérôme Dionis de celle par lui formée contre ladite Angelique Dionis & pareillement condamné aux dépens, sauf son recours contre le Duc de Richelieu; Arrêt du vingt-sept Juillet 1739, par lequel notredite Cour a reçu lesdits Dionis parties intervenante; & pour faire droit sur ladite intervention, a appointé les parties en droit & joint à l'instance d'entre le Duc de Richelieu, d'une part, ledit de Chuberé & consorts, d'autre, dépens réservés; Production du Duc de Richelieu en exécution des Arrêts des quinze Mai, six & vingt-sept Juillet 1739, par son inventaire signifié les vingt-trois Novembre 1739, & vingt-huit Avril 1740; Sommation faite à la requête du Duc de Richelieu audit Charles Dionis & consorts de produire & contredire en exécution dudit Arrêt du vingt-sept Juillet 1739; Exploit d'assignation donnée en notredite Cour le neuf Février 1739 à la requête du Duc de Richelieu au Comte de Louvat, en vertu des requête, ordonnance & commission des quinze & dix-sept Janvier 1739, pour se voir condamner à se désister & départir de la propriété, possession & jouissance du sol, fonds & superficie d'une maison, cour, bâtimens & dépendances situés en la Ville de Paris, confrontant d'un côté au couchant à la maison appartenante audit Perrier, d'autre côté au levant à la maison appartenante audit de Blar & autres; par devant du côté du nord à la rue neuve des Petits-Champs; & par derriere au jardin du Palais Royal, laquelle maison se trouvoit bâtie sur une place réservée par feu le Cardinal de Richelieu, pour former un passage de ladite rue neuve des Petits-Champs dans le jardin du Palais royal, par le contrat d'arrentement qu'il fit d'autres places audit Louis le Barbier, en date du dix-sept Mars mil six cent trente-six, laquelle place s'est trouvée dans la succession du Cardinal de Richelieu, & qui a été vendue avec autres places, & la maison de l'ours par le feu duc de Richelieu pere à Charles Flacourt, par contrat passé pardevant Notaires le vingt-neuf mai 1655, laisser la libre propriété, possession & jouissance de ladite maison au duc de Richelieu, ensemble se voir condamner à la restitution des loyers de la petite maison en faveur du duc de Richelieu, à compter du dix mai 1715, jour du décès du duc de Richelieu pere, auquel tems la substitution a été ouverte en faveur du duc de Richelieu fils, & en ses dommages-intérêts soufferts & à souffrir, aux offres que faisoit le duc de Richelieu de tenir compte au Comte de Louvat de ce qui avoit pû être légitimement payé par lui ou par ses auteurs, à la décharge de la succession du Cardinal de Richelieu du prix du contrat dudit jour vingt-neuf mai 1755, & en outre procéder comme de raison afin de dépens; fins de non-recevoir & défenses fournies le vingt-deux juillet 1739 par le Comte de Louvat contre la susdite demande; repliques du vingt-quatre dudit mois, fournies par le duc de Richelieu contre les susdites défenses; Arrêt du quatre août 1739, par lequel notredite Cour, pour faire droit aux Parties sur les demandes & défenses ci-dessus, les a appointées en droit & joint à l'instance d'entre le duc de Richelieu d'une part, & ledit de Chuberé & consorts, a joint les fins de non-recevoir, défenses au contraire, dépens réservés; production du duc de Richelieu en exécution dudit Arrêt, par son inventaire signifié les vingt-trois novembre 1739 & vingt-huit avril 1740; acte de reprise fait au Greffe de notredite Cour le vingt-huit mars 1740, par Marie Robert, veuve de François Dauvet, Chevalier, Comte Desmaréts, grand Fauconnier de France, & par Louis Languin, Marquis de Livry, Chevalier de nos Ordres, notre premier Maître d'Hôtel, & Marie-Madeleine Robert son épouse, héritiers du Comte de Louvat, de l'instance pendante en notredite Cour entre le Comte de Louvat & le duc de Richelieu; production desdits Desmaréts & de Livry, en exécution dudit Arrêt du quatre août 1739, par requête du vingt-sept août 1740 employée pour avertissement; requête du duc de Richelieu du sept septembre 1740, employée pour contredits; addition de production desdits Desmaréts & de Livry en exécution du même Arrêt, par leur inventaire de production; contredits du vingt-deux novembre 1745, fournis par le duc de Richelieu contre ladite addition de production; exploit d'assignation donné en notredite Cour le neuf janvier mil sept cent trenteneuf, à la requête du duc de Richelieu audit Pougin de Nomion, en vertu des requête, ordonnance & commission des quinze & dix-sept janvier audit an, pour se voir condamner à se désister & départir du fonds, propriété & jouissance de la rente fonciere de bail d'héritage, dont la maison ci-après spécifiée est chargée à raison de cinq liv. deux s. six d. par chaque toise de superficie, suivant le contrat d'arrentement fait par feu le Cardinal de Richelieu en faveur de Louis le Barbier le dix-sept mars 1636, de la place sur laquelle ladite maison ci-après est bâtie & autres places autour du jardin du Palais-royal, laquelle rente s'est trouvée dans la succession du Cardinal de Richelieu, & a été vendue avec autres emplacemens, & la maison de l'ours par le feu duc de Richelieu à Charles Flacourt, par contrat du vingt-neuf mai 1655, à cause de quoi la substitution du Cardinal de Richelieu, faite en faveur de la branche de Richelieu, s'est trouvée privée de ladite rente, ladite maison sise rue neuve des petits-champs, appartenante audit de Nomion, tenant d'un côté au couchant à la maison appartenante au nommé Dartaguette, d'autre côté au levant à ladite de Girangis, pardevant sur ladite rue neuve des petits-champs, & par derriere au midy au jardin du Palais-royal, laquelle maison sera & demeurera chargée de ladite rente, pour la servir & payer tant au duc de Richelieu audit nom, qu'à ceux qui serout appellés après lui à la substitution du Cardinal de Richelieu, ensemble se voir condamner à payer au duc de Richelieu les arrérages de ladite rente, à compter du dix mai 1715, jour du décès du duc de Richelieu pere, auquel tems la substitution a été ouverte en faveur du duc de Richelieu fils, & les fruits & revenus à lui acquis, & en ses dommages-intérêts soufferts & à souffrir, aux offres que faisoit le duc de Richelieu de tenir compte audit de Nomion de ce qui avoit pû être légitimement payé par lui ou par ses auteurs, à la décharge de la succession du Cardinal de Richelieu, provenant du contrat de vente du vingt-neuf mai 1655, & en outre procéder comme de raison afin de dépens; fins de non-recevoir & défenses fournies le vingt-deux juillet 1739 par ledit de Nomion contre la susdite demande; repliques fournies le vingt-quatre juillet 1739 par le duc de Richelieu contre les susdites défenses; Arrêt du quatre août 1739, par lequel notredite Cour, pour faire droit aux Parties sur les demandes & défenses ci-dessus, les a appointées en droit & joint à l'instance d'entre le duc de Richelieu & ledit de Chuberé & consorts, a joint les fins de nonrecevoir, défenses au contraire, dépens réservés; production du duc de Richelieu en exécution dudit Arrêt; sommation faite audit de Nomion de fournir de contredits contre la susdite production; production dudit de Nomion en exécution du même Arrêt, par sa requête du vingt-sept août 1740, employée pour avertissement; requête du duc de Richelieu du sept septembre 1740, employée pour contredits contre la susdite production; addition de production dudit de Nomion, en exécution du même Arrêt par son inventaire; contredits du duc de Richelieu du vingt-deux octobre 1745 contre la susdite production; exploit d'assignation donné en notredite Cour le neuf février 1739 à la requête du duc de Richelieu, en vertu des susdites requête, ordonnances, commission des quinze & dix-sept janvier audit an à la veuve Fouhet, pour se voir condamner à se désister & départir du fonds, propriété & jouissance de la rente fonciere de bail d'héritage dont la maison ci-après est chargée à raison de cinq livres deux sols six deniers par chaque toise de superficie, suivant le contrat d'arrentement fait par le Cardinal de Richelieu en faveur de Louis le Barbier le quinze mars 1636, de la place sur laquelle ladite maison ci-après est bâtie, & autres places autour du jardin du Palais-royal, laquelle rente s'est trouvée dans la succession du cardinal de Richelieu, & a été vendue avec autres emplacemens, & la maison de l'Ours par le feu duc de Richelieu pere, à Charles Flacourt, par contrat passé devant Notaires le 29 Mai mil six cinquante-cinq, à cause de quoi la substitution du Cardinal de Richelieu faite en faveur de la branche de Richelieu s'est trouvée privée de ladite rente, ladite maison sise rue de Richelieu, tenant d'un côté au midi à la maison appartenante au Président Hénault, d'autre côté au nord au nommé Poisson, pardevant à l'occident à ladite rue de Richelieu, & parderriere à l'orient au jardin du Palais-royal, laquelle maison sera & demeurera chargée de ladite rente, pour la servir & payer, tant au duc de Richelieu, audit nom, qu'à ceux qui seront appellés après lui à la substitution du cardinal de Richelieu, ensemble se voir condamner à payer au duc de Richelieu les arrérages de ladite rente, à compter du dix mai mil sept cent quinze, jour décès du duc de Richelieu pere, auquel tems la substitution a été ouverte en faveur du duc de Richelieu fils, & les fruits & revenus à

lui

ui acquis, & en ses dommages-intérêts soufferts & à souffrir, aux offres que faisoit le duc de Richelieu de tenir compte à ladite veuve Fouhet de ce qui avoit pû être légitimement payé par elle ou ses auteurs, à la décharge de la succession du cardinal de Richelieu, provenant du prix du contrat de vente du vingt-neuf mai mil six cent cinquante-cinq, & procéder en outre comme de raison, afin de dépens; requeste du seize juin mil sept cent trente-neuf, présentée en notredite Cour par le duc de Richelieu, à ce qu'il lui fût permis d'y faire assigner Robert Fouhet, héritiers & biens-tenant de la veuve Fouhet sa mere, pour reprendre en son lieu & place, & en la susdite qualité, les contestations pendantes en notredite Cour entr'elle d'une part, & le duc de Richelieu d'autre, & procéder en icelle suivant les derniers erremens, sinon voir dire que les contestations demeureroient pour reprises; exploit d'assignation donnée en notredite Cour le seize juin mil sept cent trente-neuf, à la requête du duc de Richelieu audit Fouhet, en vertu & aux fins de ladite requête; fins de non-recevoir en défenses fournies le vingt-sept juillet mil sept cent cent trente-neuf par ledit Fouhet aux susdites demandes; arrêt du quatre août mil sept cent trente-neuf, par lequel notredite Cour, pour faire droit aux parties sur les susdites demandes & défenses, les a appointé en droit & joint à l'instance d'entre le duc de Richelieu d'une part, & ledit de Chuberé & consorts, a joint les fins de non-recevoir, défenses au contraire, dépens réservés; production du duc de Richelieu en exécution du susdit arrêt par son inventaire signifié les vingt-trois novembre mil sept cent trente-neuf, & vingt-huit avril mil sept cent quarante; production dudit Fouhet en exécution du même arrest, par requête du vingt-sept août mil sept cent quarante, employée pour avertissement; requête du duc de Richelieu du sept Septembre mil sept cent quarante, employée pour contredits contre la susdite production; sommation audit Fouhet de fournir de contredits; addition de production dudit Fouhet par son inventaire de production; sommation au duc de Richelieu de fournir de contredits contre ladite addition de production; requête dudit Regnier de Voisy du quatre mai mil sept cent trente-neuf, à ce qu'il plût à notredite Cour, en conséquence de la contestation y pendante entre ledit Chupin de Germigny & ledit Regnier de Voisy sur la demande dudit Chupin portée par requête & exploit du vingt-quatre mars mil sept cent trente-neuf, lui permettre d'y faire assigner tous les héritiers & représentans Charles de Flacourt de la Touche, Geneviève Regnier son épouse, les héritiers Simon de Lespine & Jeanne Poquet son épouse, pour voir dire qu'il seroit donné acte audit Regnier de Voisy de ce qu'il leur sommoit & dénonçoit la demande dudit Chupin à ce qu'ils fussent tenus de prendre son fait & cause sur ladite demande, comme étant ses garans formels, & en faire débouter ledit Chupin, sinon & à faute de ce faire, être solidairement condamnés à acquitter, garantir & indemniser ledit Regnier de Voisy de l'évenement de ladite demande, & de toutes les condamnations qui pourroient intervenir contre lui, tant en principal, intérêts, que frais, mises d'exécution & dépens, & être en outre condamné en tous les dépens envers ledit Regnier de Voisy, tant en demandant, défendant, que de la sommation & dénonciation; exploit d'assignation donné en notredite Cour le quatre mai mil sept cent trente-neuf, à la requête dudit Regnier de Voisy à Henri Chebron de Bonnegarde, en vertu & aux fins de la susdite requête; défenses du 18 Juillet mil sept cent trente-neuf, fournies par ledit Chebron contre la susdite demande; arrêt du dix-huit août mil sept cent trente-neuf, par lequel notredite Cour, pour faire droit aux parties sur la susdite demande, les a appointé en droit & joint à l'instance d'entre ledit Chupin & autres d'une part, & ledit Regnier de Voisy d'autre, pour leur être sur le tout conjointement fait droit, production dudit Regnier de Voisy en exécution du susdit arrêt, par sa requête du vingt-trois Novembre mil sept cent trente-neuf, employée pour avertissement, & contenant demande à ce qu'il plût à notredite Cour, en lui adjugeant les conclusions par lui prises, condamner ledit Chebron aux dépens, même en ceux réservés par le susdit arrêt du huit août mil sept cent trente-neuf, au bas de laquelle requête est l'ordonnance de notredite Cour qui a donné acte de l'emploi y porté, & réservé d'y faire droit en jugeant; sommation faite à la requête dudit Regnier de Voisy audit Chebron de produire & contredire en exécution dudit arrêt du huit août mil sept cent trente-neuf; exploit d'assignation donnée en notredite Cour le seize juin mil sept cent trente-neuf, à la requête du duc de Richelieu aux risques de la veuve Brayer, à Gaspard-Nicolas Brayer, héritier de défunt Brayer notre Conseiller, tant pour lui que pour ses co-propriétaires de la maison ci-après déclarée, en vertu des susdites requeste & commission des quinze & dix-sept janvier mil sept cent trente-neuf, pour se voir condamner à se désister & départir du fonds, propriété & jouissance de la rente fonciere de bail d'héritage dont la maison ci-après spécifiée est chargée, à raison de cinq livres deux sols six deniers par chaque toise de superficie, suivant le contrat d'arentement fait par le Cardinal de Richelieu en faveur de Louis le Barbier le dix-sept Mars mil six cent trente-six, de la place sur laquelle ladite maison ci-après est bâtie, & autres places autour du jardin du Palais-royal, laquelle rente s'est trouvée dans la succession dudit feu Cardinal de Richelieu, & a été vendue avec autres emplacemens & la maison de l'Ours par le feu duc de Richelieu à Charles Flacourt, par contrat du vingt-neuf mai mil six cent cinquante-cinq, à cause de quoi la substitution du Cardinal de Richelieu en faveur de la branche de Richelieu s'est trouvée privée de ladite rente, ladite maison sise rue de Richelieu, appartenante audit Brayer, suivant la déclaration faite par la dame veuve Brayer par acte du six mars mil sept cent trente-neuf, tenant d'un côté au midi à la maison appartenante au nommé Lhostelier, d'autre côté au nord à la maison appartenante au nommé d'Artaguiette, pardevant à l'occident à ladite rue de Richelieu, & par-derriere à l'orient au jardin du Palais-royal, laquelle maison sera & demeurera chargée de ladite rente, pour la servir & payer, tant au duc de Richelieu qu'à ceux qui seront appellés après lui à la substitution du cardinal de Richelieu, ensemble se voir condamner à payer au duc de Richelieu les arrérages de ladite rente, à compter du 10 mai 1715, jour du décès du duc de Richelieu pere, auquel tems la substitution a été ouverte en faveur du duc de Richelieu son fils, & les fruits & revenus à lui acquis, & en ses dommages & intérêts soufferts & à souffrir, aux offres que faisoit le duc de Richelieu de tenir compte audit Brayer de ce qui avoit pû être légitimement payé par lui ou par ses auteurs, à la décharge de la succession du Cardinal de Richelieu, provenant du prix du contrat de vente du vingt-trois mai 1655, & en outre procéder comme de raison afin de dépens, exceptions, fins de non-recevoir & défenses fournies le huit août 1739 par ledit Brayer contre la susdite demande; Arrêt du douze août 1739, par lequel notredite Cour, pour faire droit aux Parties sur les demandes & défenses ci-dessus, les a appointé en droit & joint à l'instance d'entre le duc de Richelieu & ledit de Chuberé & consorts; production du duc de Richelieu en exécution dudit Arrêt par son inventaire signifié les vingt-trois novembre 1739 & vingt-huit avril 1740; avertissement desdits Brayer du quatre avril 1746, & leur production en exécution dudit Arrêt par leur inventaire non signifié; sommation de fournir des con-

I

tredits ; exploit donné en notredite Cour le neuf février 1739, à la requête du duc de Richelieu audit Corneille, en vertu des requête, ordonnance & commission des quinze & dix-sept janvier audit an, pour se voir condamner à se désister & départir du fonds, propriété & jouissance de la rente fonciere de bail d'héritage dont la maison ci-après spécifiée est chargée à raison de cinq liv. deux s. six den. par chacune toise de superficie, suivant le contrat d'attenement fait par feu le Cardinal de Richelieu en faveur de Louis le Barbier le dix-sept mars 1636, de la place sur laquelle ladite maison ci-après est bâtie & autres emplacemens autour du Palais-royal, laquelle rente s'est trouvée dans la succession du Cardinal de Richelieu & a été vendue par le feu duc de Richelieu pere à Charles Flacourt, par contrat passé devant notaires le vingt-neuf mai mil six cent cinquante-cinq, à cause de quoi la substitution du Cardinal de Richelieu faite en faveur de la branche de Richelieu s'est trouvée privée de ladite rente, ladite maison sise rue de Richelieu, appartenante audit Corneille, tenant d'un côté du midi à la maison appartenante à la veuve Desplaces, d'autre côté au nord à la maison appartenante à la veuve Laîné, pardevant à ladite rue de Richelieu, & parderriere à l'orient au jardin du Palais-royal, laquelle maison sera & demeurera chargée de ladite rente, pour la servir & payer, tant au duc de Richelieu qu'à ceux qui seront après lui appelés à la substitution du Cardinal de Richelieu, ensemble se voir condamner à payer au duc de Richelieu les arrérages de ladite rente, à compter du dix mai mil sept cent quinze, jour du décès du duc de Richelieu pere, auquel tems la substitution a été ouverte en faveur du duc de Richelieu fils, & les fruits & revenus à lui acquis, en ses dommages-intérêts soufferts & à souffrir, aux offres que faisoit le duc de Richelieu de tenir compte audit Corneille de ce qui avoit pû être légitimement payé par lui ou ses auteurs, à la décharge de la succession du cardinal de Richelieu, provenant du prix du contrat de vente du vingt-neuf mai mil six cent cinquante-cinq, & en outre procéder comme de raison afin de dépens ; exceptions, fins de non-recevoir, & défenses fournies le vingt mars mil sept cent trente-neuf par ledit Corneille contre la susdite demande ; repliques du duc de Richelieu du treize avril mil sept cent trente-neuf auxdites défenses ; arrest du 22 août mil sept cent trente-neuf, par lequel notredite Cour, pour faire droit aux parties sur les demandes & défenses ci-dessus, les a appointé en droit & joint à l'instance d'entre le duc de Richelieu d'une part, & ledit de Chuberé & consorts d'autre, joint les fins de non-recevoir, défenses au contraire, dépens reservés ; production du duc de Richelieu en exécution dudit arrest par son inventaire signifié le vingt-trois novembre mil sept cent trente-neuf, & vingt-huit avril mil sept cent quarante ; sommation faite audit Corneille de fournir de contredits contre la susdite production ; production dudit Corneille en exécution dudit arrest par sa requete du vingt-sept août mil sept cent quarante, employée pour avertissement ; requeste du duc de Richelieu du sept Septembre mil sept cent quarante, employée pour contredits ; addition de production dudit Corneille en exécution dudit arrest ; contredits du dix novembre mil sept cent quarante-cinq, fournis par le duc de Richelieu contre ladite addition de production ; exploit d'assignation donnée en notredite Cour le neuf février mil sept cent trente-neuf, à la requête du duc de Richelieu, à Sébastien Lhôtelier, en vertu des requête, ordonnance & commission des quinze & dix-sept janvier audit an, pour se voir condamner à se désister & départir du fonds, propriété & jouissance de la rente fonciere de bail d'héritage dont la maison ci-après spécifiée est chargée, à raison de cinq livres deux sols six deniers par chaque toise de superficie, suivant le contrat d'attenement fait par le Cardinal de Richelieu en faveur de Louis le Barbier le dix-sept mars mil six cent trente-six, de la place sur laquelle ladite maison ci-après est bâtie & autres places autour du jardin du Palais-royal, laquelle rente s'est trouvée dans la succession du cardinal de Richelieu, & a été vendue avec autres emplacemens, & la maison de l'Ours par le feu duc de Richelieu à Charles Flacourt, par contrat du vingt-neuf mai mil six cent cinquante-cinq, à cause de quoi la substitution du cardinal de Richelieu faite en faveur de la branche de Richelieu s'est trouvée privée de ladite rente, ladite maison sise rue de Richelieu, appartenante audit Lhôtelier, tenant d'un côté au midi à la maison appartenante au nommé Deshoyer, d'autre côté au nord à la maison appartenante à la dame Brayer, pardevant à l'occident à ladite rue de Richelieu, & parderriere à l'orient au jardin du Palais-royal, laquelle maison sera & demeurera chargée de ladite rente, pour la servir & payer tant au duc de Richelieu qu'à ceux qui seront appelés après lui à la substitution du cardinal de Richelieu, ensemble se voir condamner à payer au duc de Richelieu les arrérages de ladite rente, à compter du dix mai mil sept cent quinze, jour du décès du duc de Richelieu pere, auquel tems la substitution a été ouverte en faveur du duc de Richelieu fils, & les fruits & revenus à lui acquis, & en ses dommages-intérêts soufferts & à souffrir, aux offres que faisoit le duc de Richelieu de tenir compte audit Lhôtelier de ce qui avoit pû être légitimement payé par lui ou par ses auteurs, à la décharge de la succession du Cardinal de Richelieu, provenant du prix du contrat de vente dudit jour vingt-neuf mai mil six cent cinquante-cinq, & en outre répondre & procéder comme de raison afin de dépens ; fins de non-recevoir & défenses fournies le dix juillet mil sept cent trente-neuf, par ledit Lhôtelier aux risques de ses garans contre la susdite demande ; repliques du duc de Richelieu du treize juillet mil sept cent trente-neuf aux susdites défenses ; arrêt du seize juillet mil sept cent trente-neuf, par lequel notredite Cour, pour faire droit aux parties sur les demandes & défenses ci-dessus, les a appointé en droit, & joint à l'instance d'entre le duc de Richelieu, ledit de Chuberé & consorts, joint les fins de non-recevoir, défenses au contraire, dépens reservés ; production dudit de Richelieu en exécution dudit arrêt ; sommation audit Lhôtelier de fournir de contredits ; production dudit Lhôtelier en exécution du même arrêt par la requete du vingt-sept août mil sept cent quarante, employée pour avertissement ; requeste du duc de Richelieu employée pour contredits des sept Septembre mil sept cent quarante, & dix novembre mil sept cent quarante-cinq, contre la susdite production ; requeste des nommés Perdrigeon & Delespine du vingt-sept août mil sept cent trente-neuf, à ce qu'il plût à notredite Cour les recevoir parties intervenantes dans la cause d'entre le duc de Richelieu d'une part, & ledit Lhôtelier d'autre, sur la demande que le duc de Richelieu a formée en notredite Cour contre ledit Lhôtelier, par requête & exploit des quinze janvier & neuf février mil sept cent trente-neuf, qu'il leur fût donné acte du contenu en leur requête pour moyens d'intervention, faisant droit sur leurdite intervention, qu'il leur fût donné acte de ce qu'ils se joignoient audit Lhôtelier contre la demande du duc de Richelieu, & de ce qu'ils adhéroient aux conclusions dudit Lhôtelier contre ladite demande, ce faisant déclarer le duc de Richelieu non recevable dans sadite demande du neuf février mil sept cent trente-neuf, & le condamner aux dépens, sans par lesdits Perdrigeon & Delespine entendre approuver les qualités que prenoit le duc de Richelieu ; arrest du vingt-neuf août mil sept cent trente-neuf, par lequel notredite Cour a reçu lesdits Perdrigeon & Delespine parties intervenantes dans l'instance d'entre le duc de

... & Lhostellier, pour faire droit sur lesdites intervention & demande, les a appointé en droit, & joint à l'instance d'entre le duc de Richelieu & ledit de Chuberé, a joint les fins de non-recevoir, défenses au ... dépens réservés ; production du duc de Richelieu en exécution du susdit arrest par son inventaire de production signifiée le vingt-trois novembre mil sept cent trente-neuf, & vingt-huit avril mil sept cent quarante ; sommation auxdits Perdrigeon & Delespine de fournir contredits ; production desdits Lhostellier, Perdrigeon & Delespine, en exécution du même arrêt, par leur requeste du vingt-sept août mil sept cent quarante, employée pour avertissement ; requeste du duc de Richelieu employée pour contredits, & contredits des sept septembre mil sept cent quarante, & dix novembre mil sept cent quarante-cinq contre la susdite production ; requête présentée en notredite Cour par le duc de Richelieu le premier juin mil sept cent trente-neuf, à ce qu'en conséquence des contestations y pendantes entre lui duc de Richelieu d'une part & autre lui fût permis d'y faire assigner Françoise-Charlotte de Senneterre, épouse du marquis de Boutteville, & auparavant veuve du marquis de la Carre, & Jean-François Malortie, marquis de Boutteville, pour se voir à l'égard de la marquise de Boutteville, condamner à se désister & départir de la propriété, possession & jouissance du sol, fonds & superficie d'une maison, cour, bâtimens & dépendances, situés en la ville de Paris, rue de Richelieu, qui confronte d'un côté au midi à la maison du marquis de Crécy, d'autre côté à la maison d'Harlségue, au nord, pardevant à la rue de Richelieu à l'occident, & parderriere à l'orient au jardin du palais royal, laquelle maison se trouve bâtie sur une place donnée à rente avec autres par le cardinal de Richelieu à Louis le Barbier, par contrat du dix-sept mars mil six cent trente-six, & ensuite retirée par le cardinal par un contrat du vingt mai mil six cent quarante-un, laquelle place s'étoit trouvée dans la succession du cardinal de Richelieu, & avoit été vendue avec autres emplacemens, & la maison de l'Ours, par le feu duc de Richelieu pere, à Charles Elacourt, par contrat du vingt-neuf mai mil six cent cinquante-cinq, laisser la libre propriété & jouissance de ladite maison au duc de Richelieu, ensemble se voir condamner à la restitution des loyers à compter du dix mai mil sept cent quinze, jour du décès du duc de Richelieu pere, auquel tems la substitution a été ouverte au profit du duc de Richelieu son fils, & en ses dommages-intérêts soufferts & à souffrir, aux offres que faisoit le duc de Richelieu de tenir compte à la marquise de Boutteville de ce qui avoit pû être légitimement payé par elle ou par ses auteurs à la décharge de la succession du Cardinal de Richelieu sur le prix du contrat dudit jour vingt-neuf mai mil six cent cinquante-cinq, & à l'égard du marquis de Boutteville, pour voir dire qu'en tant que besoin est ou seroit, pour la validité de la procédure il seroit tenu d'autoriser son épouse pour procéder sur la demande, circonstances & dépendances, sinon voir dire qu'à son refus elle seroit & demeureroit autorisée par Justice, & que le marquis & la marquise de Boutteville seroient condamnés en tous les dépens ; exploit d'assignation donné en notredite Cour le premier juin mil sept cent trente-neuf, à la requête du duc de Richelieu au marquis & à la marquise de Boutteville, en vertu & aux fins de la susdite requête ; défenses du marquis de Boutteville du vingt-trois juin mil sept cent trente-neuf contre la susdite demande ; repliques du duc de Richelieu du vingt-six dudit mois aux susdites défenses ; défenses de la marquise de Boutteville du quatorze août mil sept cent trente-neuf aux risques de ses garans contre la même demande ; Arrêt du dix-sept dudit mois d'août, rendu sur la requête du duc de Richelieu, par lequel notredite Cour a ordonné que la marquise de Boutteville demeureroit autorisée au refus de son mari, & en conséquence qu'elle procéderoit en ladite qualité sur ladite demande, circonstances & dépendances dont est question, suivant les derniers erremens ; autre Arrêt du vingt-neuf août mil sept cent trente-neuf, par lequel notredite Cour, pour faire droit aux Parties sur les demandes & défenses ci-dessus, les a appointé en droit & joint à l'instance d'entre le duc de Richelieu d'une part, & ledit de Chuberé & consorts d'autre, dépens réservés ; production du duc de Richelieu en exécution du susdit Arrêt par son inventaire signifié le vingt-trois novembre mil sept cent trente-neuf & vingt-huit avril mil sept cent quarante ; sommation à la marquise de Boutteville de produire & contredire en exécution du même Arrêt ; acte de reprise fait au Greffe de notredite Cour le sept mars mil sept cent quarante-six par Philippe-Louis Thibault de Senneterre, marquis de la Ferté & de la Carre, seul fils & héritier par bénéfice d'inventaire de Françoise-Charlotte de Senneterre de la Ferté, épouse du marquis de Boutteville, de l'instance pendante en notredite Cour sur la demande y formée par le duc de Richelieu, par requête & exploit du premier juin mil sept cent trente-neuf contre la marquise de Boutteville sa mere ; des demandes en garantie formées par ladite marquise de Boutteville, même des interventions & de tous les incidens en dépendans, offrant de procéder en notredite Cour sur lesdites demandes, circonstances & dépendances au lieu & place de la marquise de Boutteville, suivant les derniers erremens ; avertissement fourni le premier juillet mil sept cent quarante-six par le marquis de la Ferté, en exécution dudit Arrêt du vingt-neuf août mil sept cent trente-neuf, & sa production en exécution du même Arrêt par son inventaire signifié le deux juillet mil sept cent quarante-six ; la requête du marquis de la Ferté du vingt-trois août mil sept cent quarante-six ; d'emplois pour contredits contre la production du duc de Richelieu en exécution du même Arrêt ; contredits fournis le vingt-neuf octob. e mil sept cent quarante-six par le duc de Richelieu contre la susdite production ; requête de la veuve Racle du cinq mai mil sept cent trente-neuf, à ce qu'il lui fût permis de faire assigner dans les délais de l'ordonnance, aux risques du duc de Richelieu, Marie Herbinot des Touches, pour voir dire qu'elle auroit acte de ce qu'elle lui dénonçoit la demande du duc de Richelieu, portée par ses Requête & exploit des quinze Janvier & trente Avril 1739 ; ce faisant, qu'il seroit tenu en qualité de garant formel de la veuve Racle de défendre auxdites demandes & prétentions, en faisant débouter le duc de Richelieu, en principal, intérêts & frais, sinon & à faute de ce faire, & où le duc de Richelieu réussiroit dans ses demandes en tout ou partie, en ce cas se voir lesdits des Touches condamnés d'acquitter ladite veuve Racle de toutes les condamnations qui pourroient intervenir contre elle au profit du duc de Richelieu tant en principal, intérêts que frais & en tous les dépens, tant en demandant, défendant, que de la sommation : Exploit d'assignation donné le cinq Mai 1739 à la requête de la veuve Racle audit des Touches en vertu & aux fins de ladite requête : Exceptions, fins de non-recevoir & défenses fournies le huit Juillet 1739 par ledit des Touches contre la susdite demande, aux risques de ses garans : Arrêt du deux Septembre 1739, par lequel notredite Cour pour faire droit aux parties sur les demandes & défenses ci-dessus, les a appointé en droit & joint à l'instance d'entre la veuve Racle & le duc de Richelieu, pour leur être fait droit : Avertissement fourni par la veuve Racle le neuf Décembre 1739 ; en exécution des Arrêts des trois Juillet & deux Septembre audit an, & sa Production par son inventaire non signifié : Requête du duc de Richelieu du vingt-cinq Avril 1741, employée pour contredits contre la susdite production : Sommation faite à la requête de ladite veuve Racle audit des Touches de produire & contredire en exécution du susdit Arrêt : Requête du Duc de Richelieu du six Août 1749, à ce qu'il plût à notredite Cour en conséquence des contestations y pendantes, lui permettre d'y faire assigner le Président Dupuis, pour voir dire qu'acte seroit donné au Duc de Richelieu de ce qu'il se désistoit de la demande par lui formée contre le Président Dupuis, par son exploit du 9 Février 1739, afin de désistement de la rente foncière de bail d'héritage de cinq livres deux sols six deniers par chaque toise de superficie sur la maison dont est question, sur laquelle demande les parties avoient été appointées par Arrêt de notredite Cour du vingt-cinq Juin 1739, en droit & joint à l'instance d'entre le Duc de Richelieu, d'une part, & ledit de Chuberé & consorts, d'autre ; ce faisant, qu'il fût ordonné que sur ladite demande les parties seroient mises hors de Cour ; & attendu que le Président Dupuis étoit & se trouvoit Propriétaire de la maison ci-après désignée & spécifiée, qu'il fût condamné à se désister & départir de la propriété, possession & jouissance du sol, fond & superficie d'une maison, cour, bâtimens & dépendances situés en la Ville de Paris, rue de Richelieu, confrontant d'un bout à l'occident à ladite rue de Richelieu, d'autre bout à l'orient par derriere au jardin du Palais royal ; d'un côté au midi à la maison appartenante audit de Grandvilliers, & d'autre côté au septentrion à la maison appartenante à ladite Durocher, laquelle maison se trouve bâtie sur une place donnée à rente avec autres par feu le Cardinal de Richelieu à Louis le Barbier par un contrat du dix-sept Mars 1636, & ensuite retirée par le Cardinal de Richelieu, par un Contrat du vingt Mai 1641, laquelle place s'est trouvée dans la succession du Cardinal de Richelieu, & a été vendue avec autres places & la maison de l'Ours par le feu Duc de Richelieu pere à Charles Flacourt, par contrat passé devant Notaires à Paris le vingt-neuf Mai 1655, laisser la libre propriété, possession & jouissance de ladite maison au Duc de Richelieu, ensemble qu'il fût condamné à la restitution des loyers, à compter du dix Mai 1715, jour du décès du Duc de Richelieu pere, auquel tems la substitution a été ouverte au profit du Duc de Richelieu fils, & en ses dommages-intérêts soufferts & à souffrir, aux offres que faisoit le Duc de Richelieu de tenir compte au Président Dupuis de ce qui avoit pû être légitimement payé par lui ou par ses auteurs à la décharge de la succession du Cardinal de Richelieu sur le prix du contrat dudit jour vingt-neuf Mai 1655, & condamner le Président Dupuis en tous les dépens : Exploit d'assignation donnée en notredite Cour le six Août 1739 à la requête du Duc de Richelieu audit Dupuis en vertu & aux fins de la susdite requête : Fins de non-recevoir & défenses fournies le trois Septembre 1739 par le Président Dupuis contre la susdite demande, aux risques de ses garants : Arrêt du quatre Septembre 1739, par lequel notredite Cour pour faire droit aux parties sur les demandes & défenses ci-dessus, les a appointées en droit & joint à l'instance d'entr'elles, & le tout joint à celle d'entre le Duc de Richelieu & ledit de Chuberé & consorts, pour leur être fait droit, ainsi qu'il appartiendra, a joint les fins de non-recevoir, défenses au contraire, dépens réservés : Production du Duc de Richelieu, en exécution du susdit Arrêt, par son inventaire de production signifié le vingt-trois Novembre 1739, & 28 Avril 1740 : Contredits fournis le 14 Janvier 1746 par le Président Dupuis contre la susdite production : Production du Président Dupuis, en exécution du même Arrêt, par requête du vingt-sept Août 1740, employée pour avertissement : Requête du Duc de Richelieu du sept Septembre 1740, employée pour contredits contre la susdite production : Addition de production du Président Dupuis, en exécution du même Arrêt : Requête du Duc de Richelieu du vingt-trois Novembre 1745, d'emploi, pour contredits contre ladite addition de production : Exploit d'assignation donnée en notredite Cour le neuf Février 1739 à la requête du Duc de Richelieu audit Nouveau en vertu des requête, ordonnance & commission des quinze & dix-sept Janvier précédent, pour se voir condamner à se désister & départir du fonds, propriété & jouissance de la rente foncière de bail d'héritage, dont la maison ci-après spécifiée est chargée à raison de cinq livres deux sols par chaque toise de superficie, suivant le contrat d'arrentement fait par le Cardinal de Richelieu en faveur de Louis le Barbier le dix-sept Mars 1636, de la place sur laquelle ladite maison ci-après est bâtie, & autres places autour du jardin du Palais royal, laquelle rente s'est trouvée dans la succession du Cardinal de Richelieu, & a été vendue avec autres emplacemens & la maison de l'Ours par le feu Duc de Richelieu à Charles Flacourt, par contrat du vingt neuf Mai 1655, à cause dequoi la substitution du Cardinal de Richelieu faite en faveur de la branche de Richelieu, s'est trouvée privée de ladite rente, ladite maison sise rue neuve des Petits-Champs, tenant du côté du levant à la maison des héritiers Passerat, de l'occident à la maison du nommé Testard ; du côté du nord à la rue neuve des Petits-Champs, & par derriere au midi au jardin du Palais royal, laquelle maison sera & demeurera chargée de ladite rente, pour la servir & payer tant au Duc de Richelieu, qu'à ceux qui seront appellés après lui à la substitution du Cardinal de Richelieu, ensemble se voir condamner à payer au Duc de Richelieu les arrérages de ladite rente, à compter du dix Mai mil sept cent quinze, jour du décès du Duc de Richelieu, auquel tems la substitution a été ouverte en faveur du Duc de Richelieu fils, & les fruits & revenus à lui acquis, & en ses dommages-intérêts soufferts & à souffrir, aux offres que faisoit le Duc de Richelieu de tenir compte audit Nouveau, de ce qui avoit pû être légitimement payé par lui ou par ses auteurs, à la décharge de la succession du Cardinal de Richelieu provenant du prix du contrat de vente du vingt-neuf Mai 1655, & en outre procéder comme de raison, afin de dépens, fins de non-recevoir, & défenses fournies le dix-neuf Juin 1739 par ledit Nouveau contre la susdite demande aux risques du Duc de Richelieu & de ses autres garans, répliques fournies le vingt-deux Juin 1739, par le Duc de Richelieu, contre les susdites défenses ; Arrêt du seize Juillet 1739, par lequel notredite Cour pour faire droit sur les demandes & défenses ci-dessus, a appointé les Parties en droit & joint à l'instance d'entre le Duc de Richelieu & ledit de Chuberé & consorts, a joint les fins de non-recevoir, défenses au contraire, dépens réservés, production du Duc de Richelieu, en exécution du susdit Arrêt par son inventaire signifié les vingt-trois Novembre 1739 & vingt-huit Avril 1740, sommation audit Nouveau de fournir de contredits, production dudit Nouveau en exécution du même Arrêt, par son inventaire de production, sommation au Duc de Richelieu de fournir de contredits ; requête dudit Nouveau du quatorze Avril 1738, à ce qu'en conséquence de ce que notredite Cour étoit saisie de la demande formée contre lui par le Duc de Richelieu, il lui fût permis de faire assigner aux risques du Duc de Richelieu le nommé Lemosnier Duquesne, au nom & comme tuteur des enfans mineurs & héritiers d'Eustache Passerat & de la nommée Bourgeons son épouse, leurs pere & mere, qui étoient héritiers pour moitié d'Alexandre Passerat & de Madelaine le Moine, leurs pere & mere, & Jean-Baptiste & Louis-Alexandre Guignard de Belleville, enfans & héritiers de Guignard de Belleville, & de Catherine-Anne Passe-

rat,

rat, qui étoient enfans & héritiers pour l'autre moitié d'Alexandre Passerat & de Madeleine Lemonier, pour dire que ledit Nouveau, comme exerçant les droits de Madeleine Lepetit sa venderesse, épouse du Desbilles, & qui étoit héritiere de Denise Lemoine, épouse de Jean Petit ses pere & mere, auroit acte de la sommation & dénonciation qu'il leur faisoit de la demande contre lui formée par le Duc de Richelieu par requeste, pareatis & exploit des quinze, dix-sept Janvier & neuf Février 1739, telle que ladite demande étoit contre lui formée, à ce qu'ils n'en ignorassent; ce faisant voir, déclarer exécutoire, contre ledit Lemonier Duquesne audit nom de tuteur des enfans mineurs & héritiers Passerat & contre lesdits Guignard de Belleville esdits noms & qualités, tous les partages, contrats & titres dudit Nouveau, & en tant que besoin seroit, le contrat de vente du dix-huit Janvier 1720, comme le tout étoit exécutoire contre les pere & mere & ayeuls dudit Passerat & desdits de Belleville; ce faisant, condamnés ès noms & qualités; sçavoir lesdits mineurs Passerat, pour telles parts & portions dont ils étoient héritiers de leurs pere & mere, & solidairement & hipotéquairement pour le tout, & lesdits Guignard de Belleville aussi pour celle part & portion qu'ils étoient héritiers de leurs pere & mere &, solidairement & hipotéquairement pour le tout, & aussi tant eux que lesdits mineurs Passerat, pour telles parts & portions qu'ils étoient héritiers, propriétaires, détempteurs & jouissans des biens des successions d'Alexandre & de Madeleine Lemoine son épouse, qui étoient enfans & héritiers de Jean Lemoine & de Denise Maillard sa femme, leurs bisayeuls, & solidairement & hipotéquarement; pour le tout de prendre le fait & cause dudit Nouveau, faire cesser ladite demande du Duc de Richelieu, & d'en faire décharger ledit Nouveau, sinon de l'acquitter, garantir & indemniser de tous les évenemens de ladite demande & de toutes les condamnations si aucunes intervenoient contre lui, au profit du Duc de Richelieu ou autrement, en principaux, arrérages, intérêts, frais & dépens, & se voir condamner envers ledit Nouveau en tous les dépens, tant en demandant, défendant, que de la sommation & dénonciation, sans néanmoins entendre par ledit Nouveau approuver la demande du Duc de Richelieu & les qualités qu'il prend; au bas de laquelle requeste est l'Ordonnance de notredite Cour, de soient parties appellées, exploits d'assignations données en notredite Cour les quatorze & vingt-deux Avril 1739 à la requête dudit Nouveau audit Lemosnier Duquesne audit nom, & auxdits Guignard de Belleville ès noms, en vertu & aux fins des susdites requestes; autre requeste dudit Nouveau du vingt-un Juillet 1739, à ce qu'en conséquence de ce que notredite Cour étoit saisie de la demande formée contre lui par le Duc de Richelieu, il lui fût permis d'y faire assigner aux risques du Duc de Richelieu, Me Moriceau notre Conseiller, fils & héritier de Moriceau, notre secretaire qui a été légataire universel de François Moriceau son oncle, pour voir dire & ordonner que ledit Nouveau auroit acte de la sommation & dénonciation qu'il lui faisoit de ladite demande, en désistement formé contre lui par le Duc de Richelieu, par requeste Pareatis & exploit des quinze & dix-sept Janvier & neuf Février 1739, de la propriété & jouissance de la maison vendue audit Nouveau par les héritiers bénéficiaires d'Anne Bergerat, qui avoit épousé en premieres nôces François Moriceau, & qui étoit commune en biens avec lui par contrat du treize Avril 1718, avec restitution des loyers de ladite maison depuis 1715, dommages-intérêts soufferts & à souffrir, à ce que ledit Moriceau n'en ignorât; ce faisant, voir déclarer exécutoire contre lui esdits noms & qualités, le partage fait devant Notaires au Châtelet de Paris le vingt-trois Novembre 1710, entre ledit Moriceau son pere & ladite Anne Bergerat des biens de la communauté qui avoit été entr'elle & ledit François Moriceau son premier mari; comme ledit partage étant exécutoire contre ledit Moriceau son pere; ensemble & en tant que besoin seroit, ledit contrat de vente faite par les héritiers bénéficiaires de ladite Bergerat à ladite de Guerbons, ledit jour treise Avril 1718, en conséquence se voir condamner ès mêmes noms & qualités à prendre le fait & cause dudit Nouveau, faire cesser ladite demande du Duc de Richelieu, & en faire décharger ledit Nouveau, sinon de l'acquitter, garantir & endemniser de toutes les condamnations si aucunes intervenoient contre lui au profit du Duc de Richelieu, ou autrement en principaux, arrérages, intérêts, frais & dépens, & se voir encore condamner envers ledit Nouveau, en tous les dépens tant en demandant, défendant, que de ladite sommation & dénonciation, sans entendre par ledit Nouveau, approuver la demande du Duc de Richelieu ni les qualités qu'il prend; au bas de laquelle Ordonnance de notredite Cour, de soient parties appellées; exploit d'assignation donnée en notredite Cour le vingt-un Juillet 1739 audit Moriceau, en vertu & aux fins desdites requeste & ordonnance; exploit d'assignation donnée en notredite Cour le neuf Février 1739, à la requeste du Duc de Richelieu audit Lemosnier au nom & comme tuteur des enfans mineurs & héritiers Passerat, en vertu des susdites requeste, ordonnance & commission des quinze & dix sept Janvier audit an, pour se voir condamner à se désister & départir du fonds, propriété & jouissance de la rente fonciere du bail d'héritage dont la maison ci-après spécifiée est chargée à raison de cinq livres deux sols six deniers, par cahque toise de superficie suivant le contrat d'arrentement fait par le Cardinal Duc de Richelieu en faveur de Louis le Barbier le dix-sept Mars 1636, de la place sur laquelle ladite maison ci-après a été bâtie, & autres places autour du jardin du Palais Royal, laquelle rente s'est trouvée dans la succession du Cardinal de Richelieu, & a été vendue avec autres emplacemens, & la maison de l'Ours, par le feu Duc de Richelieu à Charles Flacourt, par contrat passé devant Notaires le vingt-neuf. Mai 1655, à cause de quoi la substitution du Cardinal de Richelieu, faite en faveur de la branche de Richelieu, s'est trouvée privée de ladite rente, ladite maison sise rue neuve des Petits-Champs, tenant d'un côté du couchant à la maison dudit Nouveau, d'autre au levant, à la maison dudit Dartaguette, pardevant au nord à ladite rue neuve des Petits-Champs, & par derriere au midi au jardin du Palais Royal, laquelle maison s-ra & demeurera chargée de ladite rente pour la servir & payer tant au Duc de Richelieu qu'à ceux qui seront appellés après lui à la substitution du Cardinal de Richelieu, ensemble se voir condamner à payer au Duc de Richelieu les arrérages de ladite rente, à compter du dix Mai 1715 jour dudit décès du Duc de Richelieu pere, auquel tems la substitution a été ouverte en faveur de son fils, & les fruits & revenus à lui acquis, & en ses dommages-intérêts soufferts & à souffrir aux offres, que faisoit le Duc de Richelieu de tenir compte audit Lemosnier audit nom, de ce qui avoit pû être légitimement payé par lui ou par ses auteurs à la décharge de la succession du Cardinal de Richelieu, provenante du prix du contrat de vente du vingt-neuf Mai 1655, & en outre procéder comme de raison afin de dépens, fins de non-recevoir & défenses fournies le dix-sept Juillet 1739 par ledit Lemosnier, aux risques de ses garans contre la susdite demande; répliques fournies le vingt-quatre Juillet 1730 par le Duc de Richelieu contre les susdites défenses ; Arrêt du quatre Août 1739 , par lequel nôtredite Cour pour faire droit aux Parties sur les demandes & défenses ci-dessus , les a appointé en droit & joint à l'Instance d'entre le Duc de Richelieu d'une part , & ledit de Chuberé & Consorts , a joint les fins de non-recevoir , défenses au contraire , dépens réservés ; production du Duc de Richelieu en exécution du susdit Arrêt par son inventaire signifié le vingt-trois Novembre 1738 & vingt-huit Avril 1740 ; sommation audit Lemosnier audit nom de produire & contredire , en exécution dudit Arrêt ; requeste de Jean-Baptiste Guighard de Belleville du trente-un Août 1739 , tendante à ce qu'il plût à nôtredite Cour le recevoir Partie intervenante dans l'Instance d'entre le Duc de Richelieu , ledit Lemosnier Duquesne au nom & comme tuteur des enfans Passerat , sur la demande formée contre lesdits mineurs Passerat par le Duc de Richelieu le neuf Février 1739 , & dépendances de ladite demande , qu'il lui fût donné acte du contenu en sa requeste , pour moyens d'intervention , & y faisant droit , qu'il lui fût donné acte de ce qu'il adhéroit à la défense des mineurs Passerat , & aux conclusions prises par eux par ledit Lemosnier Duquesne contre le Duc de Richelieu , & en conséquence déclarer le Duc de Richelieu non-recevable dans sa demande , & le condamner en tous les dépens , le tout aux risques des garans dudit de Belleville , sans par lui approuver les qualités prises par le Duc de Richelieu ; requeste du Duc de Richelieu du 2 Septembre mil sept cens trente-neuf , à ce qu'il lui fût donné acte de la déclaration faite par ledit de Belleville qu'il est co-propriétaire avec les enfans mineurs Passerat , dont Lemosnier Duquesne étoit tuteur , d'une maison sise en la ville de Paris rue neuve des Petits-Champs près le Palais Royal , en conséquence que ledit de Belleville fût condamné à se désister & départir conjointement avec ledit Duquesne audit nom du fonds , propriété & jouissance de la rente fonciere de bail d'héritage , dont ladite maison est chargée , à raison de cinq livres deux sols six deniers par chaque toise de superficie , suivant le contrat d'artentement fait par le Cardinal de Richelieu en faveur de Louis le Barbier le dix-neuf Mars 1636 de la place sur laquelle ladite maison est bâtie & autres places autour du Jardin du Palais Royal , laquelle rente s'est trouvée dans la succession du Cardinal de Richelieu , & a été vendue avec les autres emplacemens & la maison de l'Ours par feu le Duc de Richelieu pere à Charles Flacourt , par contrat du vingt-neuf Mai 1655 , à cause de quoi la substitution du Cardinal de Richelieu faite en faveur de la branche de Richelieu , s'est trouvée privée de ladite rente , ladite maison tenant d'un côté au couchant à celle dudit Nouveau , d'autre côté au levant à la maison du nommé Dartaguette , pardevant au nord à ladite rue des Petits-Champs , & par derriere au midi au jardin du Palais Royal , laquelle maison sera & demeurera chargée de ladite rente pour la servir & payer tant au Duc de Richelieu qu'à ceux qui seront appellés, après lui à la substitution du Cardinal de Richelieu , que ledit de Belleville fût pareillement condamné à payer au Duc de Richelieu les arrérages de ladite rente , à compter du dix Mai 1715 , jour du décès du Duc de Richelieu pere , auquel tems la substitution a été ouverte en faveur du duc de Richelieu fils , & les fruits & revenus à lui acquis , & en ses dommages-intérêts soufferts & à souffrir , aux offres que faisoit le duc de Richelieu de tenir compte audit de Belleville & ses co-propriétaires de ce qui avoit pû être légitimement payé par eux & par leurs auteurs à la décharge de la succession du Cardinal de Richelieu , provenant du prix du contrat de vente du vingt-neuf Mai 1655 ; & que ledit de Belleville fût condamné aux dépens , fins de non-recevoir & défenses fournies le trois Septembre 1739 par ledit de Belleville contre la susdite demande aux risques de ses garans ; Arrêt du quatre Septembre 1739 , par lequel nôtredite Cour a reçu ledit de Belleville Partie intervenante , & pour faire droit sur son intervention & demande , ensemble sur la demande du Duc de Richelieu du deux Septembre 1739 , a appointé les Parties en droit & joint à l'Instance d'entre le Duc de Richelieu & ledit Duquesne tuteur des mineurs Passerat , le tout joint à l'Instance d'entre le Duc de Richelieu & ledit de Chuberé & consorts , pour leur être fait droit ainsi qu'il appartiendra , a joint les fins de non-recevoir , défenses réservées au contraire , dépens réservés ; production du Duc de Richelieu en exécution des susdits Arrêts des quatre Août & quatre Septembre 1739 , par inventaire signifié les vingt-trois Novembre 1739 & vingt-huit Avril 1740 ; sommation faite à la requête du Duc de Richelieu auxdits Duquesne & de Belleville de fournir leurs contredits contre la susdite production ; production desdits Duquesne & de Belleville en exécution des mêmes Arrêts , par requeste du vingt-sept Août 1740 employée pour avertissement ; requeste du Duc de Richelieu du sept Septembre 1740 , employée pour contredits ; addition de production dudit Duquesne & de Belleville en exécution des mêmes Arrêts par leur inventaire de production ; requeste du Duc de Richelieu du vingt-sept Novembre 1649 d'emploi pour contredits contre ladite production ; exploit d'assignation donnée en nottedite Cour le dix-sept Mars 1739 , à la Requeste du Duc de Richelieu audit de Beaumont , en vertu des requeste , ordonnance & commission des quinze & dix-sept Janvier audit an , pour se voir condamner à se désister & départir du fonds , propriété & jouissance de la rente fonciere de bail d'héritage dont les maisons ci-après spécifiées sont chargées à raison de cinq livres deux sols six deniers par chaque toise de superficie , suivant le contrat d'arrentement fait par le Cardinal de Richelieu , en faveur de Louis le Barbier le dix-sept Mars 1736 des places sur lesquelles lesdites maisons ci-après sont bâties , & autres places autour du jardin du Palais Royal , laquelle rente s'est trouvée dans la succession du Cardinal de Richelieu , & a été vendue avec autres emplacemens & la maison de l'Ours par le feu Duc de Richelieu à Charles Flacourt , par contrat du vingt neuf Mai 1655 , à cause de quoi la substitution du Cardinal de Richelieu en faveur de la branche de Richelieu s'est trouvée privée de ladite rente ; lesdites deux maisons sises rue neuve des Bons-Enfans , & une autre n'en faisant qu'une ensemble située à l'encoignure des rues neuve des Petits-Champs & neuve des Bons-Enfans , tenant d'un côté au couchant à la maison appartenante au nommé de Blard , du côté du levant à la rue des Bons-Enfans , pardevant du nord à la rue neuve des Petits-Champs , du côté du midi au nommé de la Boissiere & par derriere au jardin du Palais Royal , lesquelles maisons ensemble seront & demeureront chargées de ladite rente pour la servir & payer tant au Duc de Richelieu audit nom , qu'à ceux qui seront appellés après à la substitution du Cardinal de Richelieu , ensemble se voir condamner à payer au Duc de Richelieu les arrérages de ladite rente à compter du dix Mai 1715 , jour du décès du Duc de Richelieu pere , auquel tems la substitution a été ouverte en faveur de son fils , & les fruits & revenus à lui acquis , & en ses dommages-intérêts soufferts & à souffrir , aux offres que faisoit le Duc de Richelieu de tenir compte audit de Beaumont de ce qu'il avoit pû légitimement payer par lui ou par ses auteurs à la décharge de la succession du Cardinal de Richelieu , provenant du prix du contrat du vingt-neuf Mai 1655 , & en outre répondre & procéder ainsi que de rai-

... ... dépens ; requête dudit de Beaumont du vingt-cinq Juin 1739, à ce qu'il plût à notredite Cour, en conséquence de ce qu'elle étoit saisie de la demande formée contre ledit de Beaumont par le Duc de Richelieu, lui permettre d'y faire assigner aux risques du Duc de Richelieu les Comtes & Comtesses de Maurepas & de Saint Florentin, enfans, héritiers & biens tenans du Marquis de la Vrilliere, pour voir dire que ledit de Beaumont aura acte de la sommation & dénonciation qu'il leur fait de la demande contre lui formée par le Duc de Richelieu par requête, Pareatis & exploit des quinze & dix-sept Mars 1739, à ce que ledit de Beaumont fût tenu de se désister & départir du fonds, propriété & jouissance d'une rente de bail d'héritage de cinq livres deux sols six deniers par chaque toise de superficie du terrein sur lequel est bâtie la maison donnée à rente de bail d'héritage, & vendue auxdits de Bellegarde par le Marquis de la Vrilliere, par contrat du vingt-neuf Mai 1705, & à ce que ladite maison demeure chargée de ladite rente, à ce que les Comtes & Comtesses de Maurepas & de Saint Florentin n'en ignorent ; en second lieu, pour voir déclarer exécutoire contre eux, comme enfans, héritiers & biens tenans du Marquis de la Vrilliere, ledit contrat de vente à titre de rente de bail d'héritages dudit jour vingt-neuf Mai 1705, & la quittance de remboursement de la rente de sept cens livres créée par ledit contrat, comme le tout étoit exécutoire contre le Marquis de la Vrilliere, en conséquence être condamnés pour telles parts & portions qu'ils étoient héritiers du Marquis de la Vrilliere & hipotéquairement pour le tout, de prendre le fait & cause dudit de Beaumont, faire cesser ladite demande du duc de Richelieu, & en faire décharger ledit de Beaumont, sinon l'acquitter, garantir & indemniser de toutes les condamnations si aucunes intervenoient contre lui au profit du Duc de Richelieu, ou autrement en principaux, arrérages, intérêts, frais & dépens, & se voir en outre condamner envers ledit de Beaumont, en tous les dépens tant en demandant, défendant, que de ladite sommation & dénonciation, sans néanmoins entendre par ledit de Beaumont approuver en aucune maniere ladite demande du Duc de Richelieu, ni les qualités qu'il a prises, & sans préjudice de toutes les fins de non-recevoir, droits, noms, raisons & actions en général dudit de Beaumont contre ladite demande ; exploit d'assignation donnée le vingt-cinq Juin 1739, à la requête dudit de Beaumont aux Comtes & Comtesses de Maurepas & de Saint Florentin, pour y procéder en notredite Cour sur & aux fins desdites requêtes ; requête présentée en notredite Cour le sept Juillet 1739 par ledit de Beaumont, à ce qu'attendu que notredite Cour étoit saisie de la demande contre lui formée par le Duc de Richelieu, & de celle formée par ledit de Beaumont contre les Comtes & Comtesses de Maurepas & de Saint Florentin, en dénonciation de celle du Duc de Richelieu, il lui fût permis d'y faire assigner aux risques du Duc de Richelieu, Me Claude Robert Avocat en notredite Cour, au nom & comme tuteur de Louise-Félicité & Louise-Amelie de Brehan de Plelo, filles mineures & héritieres de Louise-Françoise Phelippeaux de la Vrilliere leur mere, qui étoit fille & héritiere pour un tiers du Marquis de la Vrilliere, pour voir déclarer commun avec lui audit nom de tuteur desdites de Plelo l'Arrêt qui interviendroit sur la demande formée par ledit de Beaumont contre les Comtes & Comtesses de Maurepas & de Saint Florentin, par ses requête & exploit du vingt-cinq Juin 1739 ; ce faisant voir dire que ledit de Beaumont auroit acte de la sommation & dénonciation qu'il lui faisoit, & ausdites de Plelo de la demande contre lui formée par le Duc de Richelieu par lesdites requête & exploit des quinze Janvier & dix-sept Mars 1739, à ce que ledit Robert audit nom n'en n'ignorât ; ce faisant, voir déclarer exécutoire contre lui audit nom & contre lesdites de Plelo, comme héritieres de leur mere, qui étoit fille & héritiere pour un tiers du Marquis de la Vrilliere, ledit contrat de vente, à titre de rente de bail d'héritage du vingt-neuf Mai 1705, & la quittance de remboursement de la rente de sept cens livres créée par ledit Contrat, comme le tout étoit exécutoire contre le Marquis de la Vrilliere & la dame de Plelo leur mere, en conséquence se voir condamner audit nom de tuteur desdites de Plelo pour telles parts & portions dont elles étoient héritieres de leur mere, & aussi pour telles parts & portions, dont ladite de Plelo leur mere étoit héritiere & biens tenante du Marquis de la Vrilliere son pere & hipotéquairement & solidairement pour le tout, de prendre le fait & cause dudit de Beaumont, faire cesser ladite demande du Duc de Richelieu, & en faire décharger ledit de Beaumont, sinon l'acquitter, garantir & indemniser solidairement avec les Comtes & Comtesses de Maurepas & de Saint Florentin de toutes les condamnations, si aucunes intervenoient contre lui, au profit du Duc de Richelieu, ou autrement en principaux, arrérages, intérêts, frais & dépens, & se voir encore condamner envers ledit de Beaumont en tous les dépens tant en demandant, que de ladite sommation, sans néanmoins entendre par ledit de Beaumont approuver en aucune maniere ladite demande du Duc de Richelieu, ni les qualités qu'il prend, & sans préjudice de toutes les fins de non-recevoir dudit de Beaumont en général contre la demande & autrement, ainsi qu'il appartiendroit ; fins de non-recevoir & défenses fournies le 29 Juillet 1739 par ledit de Beaumont, aux risques de ses garans contre la demande du duc de Richelieu portée par ses requête & exploit des quinze & dix-sept mars mil sept cent trente-neuf ; repliques fournies le treize juillet 1739 par le duc de Richelieu contre les susdites défenses ; requête présentée en notredite Cour le dix août 1739 par lesdits Comtes & Comtesses de Saint Florentin & de Maurepas & ledit Robert audit nom, à ce qu'il plût à notredite Cour les recevoir Parties intervenantes dans la cause d'entre le duc de Richelieu & ledit de Beaumont, sur la demande contre lui formée par le duc de Richelieu, par requête & exploit des quinze janvier & dix-sept mars 1739, qu'il leur fût donné acte du contenu en leur requête pour moyens d'intervention, qu'il leur fût donné acte de ce qu'en tant que de besoin ils employeroient pour défenses contre lesdites demandes & garantie contre eux formées par ledit de Beaumont les vingt-cinq juin & sept juillet 1739 le contenu en leur requête, & au principal de ce qu'ils prenoient contre le duc de Richelieu le fait & cause du duc de Beaumont sur la demande qu'il avoit formée contre lui par requête & exploit des quinze janvier & dix-sept mars 1739, par rapport seulement à ladite maison rue neuve des petits-champs, vendue au nommé Meault de Bellegarde & sa femme par le Marquis de la Vrilliere leur pere, beau-pere & ayeul, le vingt-neuf mai 1705, le tout aux risques de leur garant & du duc de Richelieu, & sans entendre en aucune maniere approuver ladite demande du duc de Richelieu ni les qualités qu'il prenoit ; fins de non-recevoir fournies le quatre septembre 1739 par les Comtes & Comtesses de Saint Florentin & de Maurepas & ledit Robert contre ladite demande du duc de Richelieu, formée contre ledit de Beaumont par requête, commission & exploit des quinze, dix-sept janvier & dix-sept mars 1739 ; Arrêt du cinq septembre 1739, par lequel notredite Cour pour faire droit sur la demande du duc de Richelieu contre ledit de Beaumont & sur celle en dénonciation dudit de Beaumont contre les Comtes & Comtesses de Saint Florentin & de Maurepas & dudit Robert, & fur l'intervention; demande de prife de fait & caufe defdits de Saint Florentin, de Maurepas & dudit Robert, & défenfes des Parties, les a appointé en droit & joint à l'inftance d'entre le Duc de Richelieu & ledit de Chuberé & conforts, pour leur être fait droit ainfi qu'il appartiendroit, a joint les fins de non-recevoir, défenfes réfervées au contraire, tous dépens réfervés; production du duc de Richelieu en exécution du fufdit Arrêt, par fon inventaire fignifié le vingt-trois novembre 1739 & vingt-huit avril 1740; fommation faite à la requête du duc de Richelieu auxdits de Beaumont, de Saint Florentin & de Maurepas, & audit Robert audit nom de fournir leurs contredits contre fadite production; production defdits de Beaumont, de Saint Florentin & conforts, en exécution du même Arrêt par leur requête du vingt-fept août mil fept cent quarante, employée pour avertiffement; requête du duc de Richelieu, employée pour contredits contre ladite production; avertiffement fourni le quatorze juin mil fept cent quarante-deux par le Comte de Saint Florentin & autres Propriétaires des maifons fifes autour du Palais-royal, en exécution de tous les Arrêts d'appointement de l'inftance, & notamment de celui du cinq feptembre 1739; leur addition de production en exécution du même Arrêt par inventaire; contredits fournis par le duc de Richelieu le vingt Octobre mil fept cent quarante-cinq contre la fufdite Production; Mémoire imprimé & fignifié le vingt-quatre Juillet mil fept cent quarante-deux pour les Comtes de Saint Florentin, de Maurepas & autres Propriétaires defdites maifons contre le Duc de Richelieu & le tuteur à la Subftitution; Requête defdits Rapally, Perrier & de la veuve Racle des vingt-neuf Décembre mil fept cent quarante-un, dix-huit Janvier mil fept cent quarante-fix, vingt-huit Juin mil fept cent qurante-fept & vingt-neuf Mai mil fept cent cinquante, d'emploi pour avertiffement, écritures, production & contredits en exécution de l'Arrêt du 5 Septembre 1739; Exploit d'affignation donné en notredite Cour le 24 mars 1739 à la requête du Duc de Richelieu audit Durey de Sauroy, en vertu des Requête, Ordonnance & Commiffion des 15 & 17 Janvier 1739, pour fe voir condamner à fe défifter & départir du fonds, propriété & jouiffance de la rente fonciere de bail d'héritage dont la maifon ci-après fpécifiée eft chargée à raifon de cinq liv. deux f. fix den. par chaque toife de fuperficie, fuivant le contrat d'arrentement fait par le Cardinal de Richelieu en faveur de Louis le Barbier le dix-fept Mars 1636, de la place fur laquelle ladite maifon ci-après eft bâtie & autres places autour du Jardin du Palais-royal, laquelle rente s'eft trouvée dans la fucceffion du Cardinal de Richelieu, & a été vendue avec autres emplacement, & la maifon de l'Ours par le feu Duc de Richelieu à Charles Flacourt par coniratt paffé devant Notaires le vingt-neuf Mai 1655, à caufe de quoi la Subftitution du Cardinal de Richelieu, faite en faveur de la branche de Richelieu, s'eft trouvée privée de ladite rente, ladite maifon appartenante audit de Sauroy, tenante d'un côté du nord à la maifon appartenante audit Rapally, où demeure le nommé Deffaleure, du midi à la maifon appartenante au nommé Devaux, pardevant au levant à 1. rue neuve des Bons-Enfans, & par derriere au couchant au Jardin du Palais-royal, laquelle maifon fera & demeurera chargée de ladte rente pour la fervir & payer tant au Duc de Richelieu qu'à ceux qui feront appellés après lui à la Subftitution du Cardinal de Richelieu; enfemble fe voir condamner à payer au Duc de Richelieu les arrérages de ladite rente, à compter du dix Mai 1715, jour du décès du Duc de Richelieu pere, auquel tems ladite Subftitution a été ouverte en faveur du Duc de Richelieu fon fils, & les fruits & revenus à lui acquis en fes dommages-intérêts foufferts & à fouffrir, aux offres que faifoit le Duc de Richelieu de tenir compte audit de Sauroy de ce qui avoit pû être légitimement payé par lui ou par fes auteurs, à la décharge de la fucceffion du Cardinal de Richelieu, provenant du prix du contrat de vente du vingt-neuf Mai 1655, & procéder en outre comme de raifon à fin de dépens; défenfes fournies le 2 Septembre 1739 par ledit de Sauroy aux rifques de fes garans contre la fufdite demande; repliques fournies le quatre Septembre mil fept cent trente-neuf par le Duc de Richelieu; Arrêt du 5 dudit mois de Septembre, par lequel notredite Cour a reçu ledit de Sauroy oppofant à l'Arrêt par défaut du premier Août 1739; au principal fur les demandes & défenfes ci-deffus a appointé les Parties en droit & joint à l'inftance d'entre le Duc de Richelieu d'une part, & ledit de Chuberé & conforts d'autre; a joint les fins de non-recevoir, défenfes au contraire; Production du Duc de Richelieu en exécution dudit Arrêt par fon inventaire fignifié les 23 Novembre 1739 & vingt-huit Avril 1740; Sommation faite à la requête du Duc de Richelieu audit de Sauroy, de produire & contredire en exécution du fufdit Arrêt; Exploit d'affignation donné en notredite Cour le neuf Février 1739 en vertu des fufdites Requêtes; Ordonnance & Commiffion des quinze & dix-fept Janvier audit an, à la requête du Duc de Richelieu à la veuve d'Hariagues, tant en fon nom de commune, que comme mere & tutrice de fes enfans, pour fe voir condamner à fe défifter & départir du fonds, propriété & jouiffance du fol, fonds & fuperficie d'une maifon, cour, bâtimens & dépendances, fitués en la ville de Paris, rue de Richelieu, qui confronte d'un côté au midi à la maifon du Marquis de Boutteville à caufe de fon époufe, d'autre côté au nord à la maifon appartenate audit de Grandvilliers, pardevant au levant à la rue de Richelieu, & par derriere à l'orient au Jardin du Palais-royal, laquelle maifon fe trouvoit bâtie fur une place donnée à rente avec autres par le Cardinal de Richelieu audit le Barbier par un contrat du dix-fept Mars 1636, & enfuite retirée par un contrat du vingt Mai 1641, laquelle place s'eft trouvée dans la fucceffion du Cardinal de Richelieu, & a été vendue avec autres places, & la maifon de l'Ours par le feu Duc de Richelieu pere à Charles Flacourt, par contrat du vingt-neuf Mai 1655, laiffer la libre propriété, poffeffion & jouiffance de ladite maifon au Duc de Richelieu, fe voir condamner à la reftitution des loyers, à compter du dix Mai mil fept cent quinze, jour du décès du Duc de Richelieu pere, auquel tems la Subftitution a été ouverte au profit de fon fils, & en fes dommages-intérêts foufferts & à fouffrir, aux offres que faifoit le Duc de Richelieu de tenir compte à la veuve d'Hariagues de ce qui avoit pû être légitimement payé par elle ou par fes auteurs, à la décharge de la fucceffion du Cardinal de Richelieu fur le prix du contrat dudit jour vingt-neuf Mai 1655 paffé par le Duc de Richelieu & la Dame fon époufe, & en outre procéder comme de raifon à fin de dépens; Exceptions fournies le fix mars mil fept cent trente-neuf par ladite d'Hariagues contre ladite demande aux rifques de fes garans; Repliques du Duc de Richelieu du neuf Juin mil fept cent trente-neuf auxdites Exceptions; Requête de ladite d'Hariagues & dudit Cordier, tuteur de fes enfans, du dix Juin mil fept cent trente-neuf, à ce qu'il plût à notredite Cour ordonner que le Duc de Richelieu, fe difant héritier fubftitué du Cardinal de Richelieu, feroit tenu de fatisfaire aux Exceptions de ladite d'Hariagues du fix Mars mil fept cent trente-neuf; ce faifant, que dans trois jours de la fignification de l'Arrêt qui interviendroit, il feroit tenu de juftifier; 1°. que les places réfervées & retirées par le Cardinal de Richelieu dans les Contrats paffés entre lui & ledit le Barbier, les dix-fept Mars mil fix cent trente-fix, &

vingt

vingt Mai 1641, se font trouvées dans la fucceffion du Cardinal de Richelieu, & à cet effet communiquer l'inventaire fait après le décès du Cardinal de Richelieu ; 2°. que ces mêmes places refervées & retirées par le Cardinal de Richelieu dans les contrats des dix-fept Mars 1636, & vingt Mai 1641, en fuppofant qu'elles fe foient trouvées dans la fucceffion, ont été comprifes dans la vente faite par les feu fieur & Dame de Richelieu audit Flacourt, par le Contrat du vingt-neuf Mai 1655 ; 3°. que la maifon dont le délaiffement eft demandé par le Duc de Richelieu, ou la place fur laquelle cette maifon eft conftruite, provient de celles qui ont été vendues audit Flacourt par le Contrat du vingt-neuf Mai 1655, & qu'elle fait partie ou de celles qui avoient été refervées par le Cardinal de Richelieu, par le Contrat du dix-fept Mars 1636, ou de celles par lui retirées par le Contrat du vingt Mai 1641 ; 4°. de communiquer les Lettres de bénéfice d'inventaire qu'il prétend avoir obtenues pour la fucceffion du Duc de Richelieu ; & l'inventaire fait après le décès du Duc de Richelieu, obligé folidairement avec la Ducheffe de Richelieu, par le Contrat du vingt-neuf mai 1655, à la garantie de la vente y portée, de tous troubles, hypothéques, dons, douaires, évictions, & autres empêchemens quelconques, fous l'hypothéque de tous & un chacun les biens, tant meubles qu'immeubles pour, après lefdites juftification & communication, faire & dire par ladite veuve d'Hariagues, ce ce qu'il appartiendra, donner acte à ladite veuve d'Hariagues de ce qu'aux rifques du Duc de Richelieu, & en continuant la dénonciation par elle ci-devant faite audit de Couftard & fa femme par requête & exploit du vingt Mars mil fept cent trente-neuf, fous les referves y portées de la demande en délaiffement formée par le Duc de Richelieu contre la veuve d'Hariagues, & ledit Cordier par requête, commiffion & exploit des quinze, dix-fept Janvier & neuf Février mil fept cent trente-neuf, & des exceptions fournies par la veuve d'Hariagues & ledit Cordier contre ces demandes, le fix Mars mil fept cent trente-neuf, elle fommoit & dénonçoit pareillement, & fous les mêmes referves audit de Couftard & fa femme, tant lefdites répliques & exceptions que la préfente requête, à ce que ledit de Couftard & fa femme fuffent tenus de fe joindre à la veuve d'Hariagues & audit Cordier, pour leur faire adjuger leurs conclufions, finon & où il feroit ordonné que la veuve d'Hariagues & Cordier feroient tenus de fournir de défenfes à ladite demande en délaiffement, en ce cas ordonner que ledit de Couftard & fa femme feroient pareillement tenus de fournir de défenfes à ladite demande en dénonciation formée contre eux par ladite d'Hariagues, par requête & exploit du vingt Mars 1739, & condamner ceux du Duc de Richelieu ou dudit de Couftard & fa femme qui fuccomberont, aux dépens envers ladite d'Hariagues ; Requête du Duc de Richelieu du quinze Juin 1739, à ce qu'il pût à notredite Cour, fans s'arrêter à la requête de la veuve d'Hariagues & conforts dont ils feront déboutés, ordonner que dans le jour ils feront tenus de fournir de défenfes contre la demande du Duc de Richelieu portée par fa requête, ordonnance, commiffion & exploit des quinze, dix-fept Janvier & exploit des quinze, dix-fept Janvier, & neuf Février 1739, finon que le Duc de Richelieu fera & demeurera autorifé à lever fon défaut faute de défendre, & le faire juger en la maniere accoutumée, & condamner la veuve d'Hariagues & ledit Cordier, audit nom, pour leur mauvaife conteftation, aux dépens ; Requête dudit de Couftard & fa femme du vingt-huit Novembre mil fept cent trente-neuf, à ce qu'il plût à notredite Cour les recevoir parties intervenantes dans l'inftance d'entre le Duc de Richelieu & la veuve d'Hariagues, & ledit Cordier fur la demande contre eux formée par le Duc de Richelieu, par requête & exploit des quinze, dix-fept Janvier & neuf Février mil fept cent trente-neuf, & qu'acte leur fût donné de ce qu'ils prenoient le fait & caufe de ladite d'Hariagues & de fes enfans mineurs, fur ladite demande contre le Duc de Richelieu, en conféquence ordonner que ladite veuve d'Hariagues, fes enfans, & ledit Cordier leur tuteur feront mis hors de caufe à la charge de l'ordonnance, le tout aux rifques du Duc de Richelieu, & des garants dudit Couftard & fa femme, & fans par eux entendre approuver en aucune maniere la demande du Duc de Richelieu, ni les qualités qu'il prend, fans préjudice de toutes les fins de non – recevoir, droits, noms, raifons & actions en général dudit de Couftard & fa femme contre ladite demande & autrement, & à former par eux par la fuite tant contre le Duc de Richelieu, que contre tous autres qu'il appartiendra telles conclufions qu'ils jugeront à propos : Arrêt du quatre Septembre 1739, par lequel notredite Cour a reçu ledit Couftard & fa femme parties intervenantes ; faifant droit fur l'intervention, leur a donné acte de leur prife de fait & caufe, & a ordonné que les parties procéderont en notredite Cour en la maniere accoutumée entre le Duc de Richelieu & ledit Couftard & fa femme feulement, dépens entr'eux réfervés, a donné défaut contre la veuve Dariagues & conforts, & pour le profit a déclaré le préfent Arrêt commun avec eux : Les fins de non-recevoir fournies le cinq Septembre 1739 par ledit Couftard & fa femme contre la demande formée par le Duc de Richelieu contre ladite Dhariagues & conforts portée par les requête, commiffion & exploit des quinze Janvier & neuf Février 1739 : Arrêt du fept Septembre 1739, par lequel notredite Cour pour faire droit fur l'intervention & prife de fait & caufe dudit de Couftard & fa femme pour la veuve Dhariagues & ledit Cordier audit nom, reçue par Arrêt du quatre Septembre 1739, enfemble fur les défenfes dudit de Couftard & fa femme contre la demande principale formée par le Duc de Richelieu contre la veuve Dhariagues & ledit Cordier ès noms, a appointé les parties en droit & joint à l'inftance d'entre le Duc de Richelieu & ledit Chuberé & conforts, pour leur être fait droit, ainfi qu'il appartiendra, a joint les fins de non-recevoir, défenfes réfervées au contraire, dépens réfervés : Production du Duc de Richelieu, en exécution du fufdit Arrêt, par fon inventaire fignifié les vingt-trois Novembre 1739, & vingt-huit Avril 1740 : Sommation faite audit de Couftard & fa femme de fournir de contredits contre la fufdite production : Production dudit de Couftard & fa femme prenant le fait & caufe de la veuve Dariagues en exécution du même Arrêt, par requête du vingt-fept Août 1740, employée pour avertiffement : Requête du Duc de Richelieu du fept Septembre 1740, employée pour contredits contre la fufdite production : Autres contredits fournis le vingt-fix Octobre 1745 contre la même production : Exploit d'affignation donnée en notredite Cour le neuf Février 1739 à la requête du Duc de Richelieu à la veuve Gallois en vertu des requête, ordonnance & commiffion des quinze & dix-fept Janvier audit an, pour fe voir condamner à fe défifter & départir du fonds, propriété & jouiffance de la rente fonciere de bail d'héritage dont la maifon ci-après fpécifiée eft chargée à raifon de cinq livres deux fols fix deniers par chaque toife de fuperficie, fuivant le contrat d'arrentement fait par le Cardinal de Richelieu en faveur de Louis le Barbier le dix-fept Mars 1636, de la place fur laquelle ladite maifon ci-après eft bâtie, & autres places autour du jardin du Palais Royal, laquelle rente s'eft trouvée dans la fucceffion du Cardinal de Richelieu, & a été vendue avec autres emplacemens & la maifon de l'Ours par le feu Duc de Richelieu à Charles Flacourt, par contrat paffé devant Notaires le vingt-neuf Mai 1655, à caufe de quoi la fubftitution du Cardinal de Richelieu faite en

L

veur de la branche de Richelieu, s'eft trouvée privée de ladite rente, ladite maifon fife, rue de Richelieu appartenante à la veuve Gallois, tenant du côté du midi à la maifon appartenante aux héritiers de la nommée Paris, d'autre côté au nord à la maifon appartenant au nommé Hattier; par-devant du couchant à la rue de Richelieu, & par derriere à l'orient au jardin du Palais Royal, laquelle maifon fera & demeurera chargée de ladite rente, pour la fervir & payer tant au Duc de Richelieu, qu'à ceux qui feront appellés après lui à la fubftitution du Cardinal de Richelieu, enfemble fe voir condamner à payer au Duc de Richelieu les arrérages de ladite rente, à compter du dix Mai 1715, jour du décès du Duc de Richelieu pere, auquel tems la fubftitution a été ouverte en faveur de fon fils, & les fruits & revenus à lui acquis & en fes dommages-intérêts foufferts & à fouffrir, aux offres que faifoit le Duc de Richelieu de tenir compte à ladite veuve Gallois de ce qni avoit pû être légitimement payé par elle ou par fes auteurs à la décharge de la fucceffion du Cardinal de Richelieu, provenant du prix du contrat de vente du vingt-neuf Mai 1655, & en outre procéder comme de raifon afin de dépens: Fins de non-recevoir & défenfes fournies le dix-huit Juin 1739 par la veuve Gallois, aux rifques de fes garants & du Duc de Richelieu contre la fufdite demande : Arrêt du vingt-fix Juin 1739, par lequel notredite Cour pour faire droit aux parties fur les demandes & défenfes ci-deffus, les a appointées en droit & joint à l'inftance d'entre le Duc de Richelieu & ledit de Chuberé & conforts, a joint les fins de non-recevoir, défenfes au contraire, dépens réfervés : Production du Duc de Richelieu en exécution du fufdit Arrêt, par fon inventaire fignifié les vingt-trois Novembre 1739, & vingt-huit Avril 1740 : Sommation à la veuve Gallois de fournir de contredits & produire en exécution du même Arrêt : Requête préfentée en notredite Cour le vingt-fept Août 1739 par François Bitault & conforts, tendante à ce qu'il plût à notredite Cour les recevoir parties intervenantes, aux rifques du Duc de Richelieu & de tous autres qu'il appartiendra dans la caufe d'entre le Duc de Richelieu & la veuve Gallois, leur ayeule maternelle, fur la demande formée contre elle par le Duc de Richelieu, par requête & exploit des quinze Janvier & neuf Févier 1739, qu'acte leur fût donné de ce qu'ils fe joignoient & adhéroient aux conclufions prifes par la veuve Gallois tant contre le Duc de Richelieu, que contre fes garants, le tout aux rifques du Duc de Richelieu, & condamner ceux du Duc de Richelieu ou de leurs garants qui fucomberoient en tous les dépens envers la veuve Gallois & ledit Bitault & conforts, le tout fans approbation de la demande du Duc de Richelieu, ni des qualités par lui prifes, & fous toutes réferves & proteftation de droit : Arrêt du quatre Septembre 1739, par lequel notredite Cour a reçû ledit Bitault & conforts parties intervenantes, a ordonné que fur ladite intervention les parties procéderoient en notredite Cour en la maniere accoutumée, a donné défaut contre la veuve Gallois; & pour le profit a déclaré le préfent Arrêt commun avec elle, dépens réfervés : Fins de non-recevoir fournies le cinq Septembre 1739 par ledit Bitault & conforts contre la demande du Duc de Richelieu, formée contre la veuve Gallois par requête & exploit du quinze Janvier & neuf Févier 1739 : Arrêt du fept Septembre 1739, par lequel notredite Cour pour faire droit fur l'intervention & demande dudit Bitault & conforts, reçûe par Arrêt du quatre Septembre 1739, & fur les défenfes contre la demande principale formée par le Duc de Richelieu contre la veuve Gallois, a appointé les parties en droit & joint à l'inftance d'entre le Duc de Richelieu & la veuve Gallois, & le tout joint à celle d'entre le Duc de Richelieu & ledit de Chuberé & conforts pour leur être fait droit, ainfi qu'il appartiendroit, a joint les fins de non-recevoir, défenfes réfervées au contraire; dépens réfervés : Production du Duc de Richelieu en exécution defdits Arrêts des vingt-fix Juin & fept Septembre 1739 par fon inventaire fignifié le vingt-trois Novembre audit an, & vingt-huit Avril 1740; Sommation faite à la veuve Gallolis & audit Bitault & confors de fournir de contredits contre la fufdite production : Production de la veuve Gallois & defdits Bitault en exécunion des Arrêts des vingt-fix Juin & fept Septembre 1739 par leur requête du vingt-fept Août 1740, employée pour avertiffement : Requête du Duc de Richelieu du fept Septembre 1740, employée pour contredits contre la fufdite production : Addition de production de la veuve Gallois & dudit Bitault & conforts en exécution des mêmes Arrêts, Requête du Duc de Richelieu du vingt-fept Novembre 1745, d'emploi pour contredits contre ladite Production : Requête de la veuve & héritiers Juillet du vingt-quatre Mars 1739, à ce qu'il leur fût donné acte de la dénonciation qu'ils faifoient à René Gaillard de la demande contre eux formée par le Duc de Richelieu, par requête & exploit des quinze Janvier & onze Février 1739, à ce que ledit Gaillard fût tenu de les garantir de ladite demande, d'intervenir, prendre leur fait & caufe, faire ceffer ladite demande & les pourfuttes contre eux faites par le Duc de Richelieu; finon que ledit Gaillard fût condamné à les acquitter, garantir & indemnifer des condamnations qui pourroient intervenir contre eux au profit du Duc de Richelieu, en principal, arrérages, intérêts, avec dommages-intérêts & dépens, tant en demandant, défendant, que de la fommation & dénonciation : Requête defdits Gaillard du dix-neuf Août 1739, à ce qu'il plût à notredite Cour les recevoir parties intervenantes dans la conteftation d'entre René Gaillard & la veuve & héritiers Juillet, fur la demande par elle formée contre René Gaillard le vingt-quatre Mars 1739, & dans la contuftation d'entre le Duc de Richelieu & la veuve Juillet, fur la demande qu'il a formée contre elle les quinze Janvier & onze Février 1739, leur donner acte du contenu en leur requête pour moyens d'intervention, & en tant que de befoin pour défenfes contre la demande en garantie formée contre eux par la veuve Juillet, leur donner pareillement acte de ce qu'ils prennent contre le Duc de Richelieu le fait & caufe de la vauve Juillet, fur la demande qu'il a formée contre elle le quinze Janvier & onze Février 1739, en conféquence ordonner que la veuve & héritiers Juillet feront mis hors de Cour à la charge de l'ordonnance, aux offres que faifoient lefdits Gaillard de payer à la veuve Juillet les frais par elle faits jufqu'à ce jour, fauf à les répéter en définitif contre le Duc de Richelieu, le tout aux rifques des garants defdits Gaillard & fans par eux entendre approuver en aucune maniere la demande du Duc de Richelieu, ni la qualité qu'il prenoit, & fans préjudice à toutes fes fins de non-recevoir defdits Gallois contre ladite demande & autres, ainfi qu'il apparriendroit : Arrêt du quatre Septembre 1739, par lequel notredite Cour a reçû lefdits Gaillard parties intervenantes dans les caufes dont eft queftion, leur a donné acte de leur prife de fait & caufe contre le Duc de Richelieu, pour la veuve & héritiers Juillet ès noms & qualités qu'ils procedent; ce faifant a ordonné que fur lefdites intervention & prife de fait & caufe les parties procéderoient en notredite Cour en la maniere accoutumée, a donné défaut contre la veuve & héritiers Juillet, & pour le profit a déclaré ledit Arrêt commun avec eux, dépens réfervés : Fins de non-recevoir fournies le cinq Septembre 1739 par lefdits Gaillard contre la demande formée par le Duc de Richelieu contre la veuve & héritiers Juillet, par requête, commiffion & exploit des quinze Janvier & onze Février 1739 : Arrêt du fept Septembre 1739, par lequel notredite Cour, pour faire droit sur l'intervention & prise de fait & cause desdits Gaillard pour la veuve & héritiers Juillet, reçues par Arrêt du quatre Septembre 1739, & sur les défenses contre la demande principale formée par le Duc de Richelieu contre la veuve & héritiers Juillet, a appointé les parties en droit & joint à l'instance d'entre le Duc de Richelieu & la Dame veuve & héritiers Juillet & le tout joint à l'instance d'entre le Duc de Richelieu & ledit de Chuberé & consorts, pour leur être fait droit, ainsi qu'il appartiendroit, a joint les fins de non-recevoir, défenses réservées au contraire, & dépens réservés : Production du Duc de Richelieu en exécution des Arrêts des onze Juillet & sept Septembre 1739 : sommation à la veuve Juillet & auxdits Gaillard de fournir leurs contredits contre la susdite production ; production desdits Gaillard, en exécution desdits Arrêts, par requête du vingt-sept Août mil sept cent quarante, employée pour avertissement ; requête du Duc de Richelieu du sept Septembre 1740, employée pour contredits contre la susdite production ; addition de production desdits Gaillard en exécution des mêmes Arrêts, par leur inventaire de production ; requête du Duc de Richelieu du vingt-sept Novembre 1745, d'emploi, pour contredits contre ladite addition de production ; requête présentée à notredite Cour le quatre Mai 1739 par ledit Regnier de Voisy, à ce qu'en conséquence de la contestation y pendante entre ledit Chupin & lui, sur la demande dudit Chupin portée par sa requête, & exploit du vingt-quatre Mars 1739, il fût permis d'y faire assigner tous les héritiers représentans Charles de Flacourt, Geneviéve Regnier, Simon Delespine & Jeanne Pouget son épouse, pour voir dire qu'il sera donné acte audit Regnier de Voisy de ce qu'il leur sommoit & dénonçoit ladite demande dudit Chupin, à ce qu'ils fussent tenus de prendre son fait & cause sur ladite demande, comme étant ses garants formels, & en faire débouter ledit Chupin, sinon & à faute de ce faire être solidairement condamnés à acquitter, garantir & indemniser ledit Regnier de Voisy de l'événement de ladite demande, & de toutes les condamnations qui pourroient intervenir contre lui, tant en principal, intérêts, que frais, mises d'exécution & dépens, & être en outre condamnés en tous les dépens envers ledit Regnier de Voisy, tant en demandant, défendant, que de la sommation & dénonciation ; exploit d'assignation donnée en notredite Cour le quinze Juillet 1739, à la requête dudit Regnier de Voisy à Joseph-Henri Chebron, en vertu & aux fins de la susdite requête ; défenses fournies le vingt-un Août 1739 par ledit Chebron contre la susdite demande ; Arrêt du sept Septembre 1739 par lequel notredite Cour, pour faire droit aux parties sur les demandes & défenses ci-dessus, a appointé lesdites parties en droit & joint à l'instance d'entre le Duc de Richelieu d'une part, ledit Regnier de Voisy d'autre, pour leur être sur le tout conjointement fait droit, dépens réservés ; production dudit Regnier de Voisy, en exécution du susdit Arrêt, par requête du vingt-un Novembre 1746 ; production dudit Chebron en exécution du même Arrêt, par requête du deux Juin 1747 ; requête dudit Regnier de Voisy du quinze Juin 1747, employée pour contredits contre ladite production ; sommation faite audit Chebron de fournir ses contredits contre la production dudit Regnier de Voisy ; exploit d'assignation donnée en notredite Cour le neuf Juillet 1739, à la requête du Duc de Richelieu à la veuve Regnier, en vertu des requête, ordonnance & commission des quinze & dix-sept Janvier audit an, pour se voir condamner à se désister & départir du fonds, propriété & jouissance de la rente fonciere de bail d'héritage dont la maison ci-après spécifiée est chargée, à raison de cinq liv. deux sols six den. par chaque toise de superficie ; suivant le contrat d'arrentement fait par le Cardinal de Richelieu en faveur de Louis Lebarbier, le dix-sept Mars 1636, de la place sur laquelle ladite maison est bâtie, & autres places autour du Palais-royal, laquelle rente s'est trouvée dans la succession du Cardinal de Richelieu, & a été vendue avec autres emplacemens & la maison de l'Ours, par le feu Duc de Richelieu à Charles Flacourt, par contrat passé devant Notaires le vingt-neuf Mai 1655, à cause de quoi la substitution du Cardinal de Richelieu faite en faveur de la branche de Richelieu s'est trouvée privée de ladite rente, ladite maison sise rue neuve des Bons-enfans, appartenante à la veuve Regnier, tenant d'un côté du nord à la maison appartenante audit Chupin, d'autre côté du midi à la maison appartenante audit Lamotte, pardevant à ladite rue neuve des Bons-enfans, & parderriere au couchant au jardin du Palais-royal, laquelle maison sera & demeurera chargée de ladite rente, pour la servir & payer, tant au Duc de Richelieu qu'à ceux qui seront appellés après lui à la substitution du Cardinal de Richelieu, ensemble se voir condamner à payer au Duc de Richelieu les arrérages de ladite rente, à compter du dix Mai 1715, jour du décés du Duc de Richelieu, auquel tems la substitution a été ouverte en faveur du Duc de Richelieu fils, & les fruits & revenus à lui acquis, & en ses intérêts soufferts & à souffrir, aux offres que faisoit le Duc de Richelieu de tenir compte à ladite veuve Regnier de ce qui avoit pû être légitimement payé par elle ou par ses auteurs à la décharge de la succession du Cardinal de Richelieu provenant du prix du Contrat de vente du vingt-neuf Mai 1655, & en outre procéder comme de raison afin de dépens ; fins de non-recevoir fournies le cinq Septembre 1739, par la veuve Regnier, contre la susdite demande ; Arrêt du sept Septembre 1739, pour lequel notredite Cour, pour faire droit sur les demandes & défenses ci-dessus, a appointé les parties en droit & joint à l'instance d'entre le Duc de Richelieu, ledit de Chuberé & consorts, a joint les fins de non-recevoir, défense au contraire, dépens réservés ; production du Duc de Richelieu en exécution du susdit Arrêt par son inventaire de production signifié le vingt-trois Novembre 1739, & vingt-huit Avril 1740 ; sommation faite à la requête du Duc de Richelieu, à la veuve Regnier de produire & contredire en exécution du susdit Arrêt ; production de la veuve Regnier en exécution du même Arrêt, par sa requête du quinze Janvier 1744, employée aux risques de ses garants, pour avertissemen ; contredits fournis le dix Novembre 1745 par le Duc de Richelieu contre la susdite production ; avertissement fourni le 7 Septembre 1742 par ledit de Chuberé, la veuve & héritiers Gobert & consorts, en exécution des Arrêts de notredite Cour du trois Mars 1739 ; la production dudit de Chuberé & consorts en exécution des mêmes Arrêts, par leur inventaire signifié, & ladite production contenant entr'autres piéces un Arrê de notredite Cour du vingt-huit Mars 1676, qui homologue une transaction du vingt-neuf Avril 1669, passée entre le Duc de Richelieu d'une part, & lesdits Delespine & Boilleau d'autre part, portant compte de payemens par eux faits du prix des ventes de 1655 & 1658 ; expédition d'une transaction passée le dix-sept Septembre 1738, entre le Duc de Richelieu, lesdits Payen, Urson & autres, au sujet de leur possessison des maisons & places mentionnées au Contrat du trente Janvier 1658 ; une liasse de copies d'exploits de saisies réelles de différens biens de la succession du Cardinal de Richelieu, en date des cinq Avril 1642, vingt-deux Avril 1650, dix-huit Décembre 1651, neuf Janvier 1653, quinze Juin 1657, trente-un Décembre 1660, & vingt-quatre Février 1665 ; requête du Duc de Richelieu du deux Août 1745, employée pour contredits contre la susdite production ; avertissement fourni le dix-neuf Août 1745 par le Président Dupuis contre

le Duc d'Orléans, le Duc de Richelieu, ledit de Chuberé, & héritiers Gobert & conforts, en exécution de l'Arrêt du fept Septembre 1739 ; production contenant entr'autres piéces copie d'une tranfaction paffée le vingt-huit Mai 1646, entre la premiere Ducheffe d'Aiguillon, en qualité d'adminiftratrice de la perfonne & biens du Cardinal de Richelieu d'une part, & la maifon de Sorbonne d'autre ; au fujet de l'exécution du Teftament du Cardinal, & par laquelle elle promettoit payer à la Sorbonne deux cent vingt-cinq mille livres, & de faire achever des bâtimens ; copie d'un Arrêt de notredite Cour du vingt-neuf Mai 1648 qui, fur les conclufions de nos Gens, & du confentement des parties, a homologué la fufdite tranfaction, contredits du vingt-deux Novembre 1745, fournis par le Duc de Richelieu contre la fufdite production ; requête donnée en notredite Cour le fix mai 1739, par la veuve Lebas de Girangis, à ce qu'en conféquence de l'inftance y pendante il lui fût permis d'y faire affigner aux rifques du Duc de Richelieu, François Rabouine, Louis Cornillier, Guillaume Defprez, Anne Cornillier fa femme, Louis de Serruville, au nom & comme tuteur onéraire de Louis-Michel Chamillard, de Marie-Elifabeth Chamillard, de Louis & Henri Chamillard, tous quatre freres & fœurs, enfans mineurs de Michel Chamillard, Marie Françoife de Rochechouard de Mortemart, tutrice honoraire defdits mineurs, les Prieure & Religieufes de Saint-Thomas, établies rue neuve Saint-Auguftin, à Paris, Charles de Monceau de Nolland, les veuve enfans & héritiers de ceux qui font décédés & tous autres qu'il appartiendra, pour voir dire que ladite Lebas de Girangis aura acte de ce qu'elle leur fommoit & dénonçoit la demande contre elle formée en notredite Cour aux fins des requête, commiffion & exploit des quinze, dix-fept Janvier & neuf Février 1739, par le Duc de Richelieu, à ce qu'ils euffent à la faire ceffer, & faire débouter le Duc de Richelieu, finon & où interviendroit quelque condamnation au profit du Duc de Richelieu contre ladite Lebas de Girangis, fe voir condamner à l'en acquitter, garantir & indemnifer en principal, intérêts, dommages-intérêts & dépens ; fe voir condamner aux dépens envers ladite Lebas de Girangis, tant en demandant, défendant, que de la fommation & contre-fommation, donner acte à ladite Lebas de ce qu'elle contre-fommoit la préfente demande au Duc de Richelieu, ce faifant le condamner d'acquitter ladite Lebas de tout événement à l'occafion de ladite demande, tant en principaux, intérêts que dommages-intérêts & dépens, & en tous les dépens, tant en demandant, défendant, que de la fommation & contre-fommation ; commiffion obtenue le neuf Mai 1739, par ladite Lebas fur la fufdite requête, & aux fins d'icelle ; fins de non-recevoir & défenfes fournies le trente Juin 1739 par ledit Defprez & fa femme contre la fufdite demande ; Arrêt du dix Décembre 1739, par lequel notredite Cour, pour faire droit aux parties fur les demandes & défenfes cideffus, les a appointé en droit & joint à l'inftance d'entre ladite le Bas de Girangis, le Duc de Richelieu & autres, pour être fur le tout fait droit ainfi que de raifon ; production de ladite le Bas de Girangis, en exécution du fufdit Arrêt par fa requête du dix-huit Janvier 1740, employée pour avertiffement ; requête du Duc de Richelieu des vingt-fept & vingt-neuf Novembre 1745, d'emploi pour écritures & production en exécution du même Arret, & contredits ; fommation faite à la requête de ladite veuve de Girangis, audit Defprez & fa femme, Chamillard & conforts de produire & contredire en exécution du même Arrêt ; requête d'Auguftin-Jerôme Dionis du huit Mai 1739, à ce qu'en conféquence des conteftations pendantes en notredite Cour il lui fût permis d'y faire affigner Angélique Dionis, fille majeure & héritiere de Pierre Dionis fon pere, la nommée Perrier, veuve Defplaces, fille & héritiere de Pierre Perrier & d'Anne Dionis fa femme, François Denis Dénen fils, & héritier de Marie Dionis, veuve de Chriftophe Dénen, pour voir dire qu'il auroit acte de la fommation & dénonciation qu'il leur faifoit, de la demande contre lui formée à la requête du Duc de Richelieu, par requête, commiffion & exploit des quinze, dix-fept janvier & 25 Avril mil fept cent trente-neuf ; ce faifant, voir dire qu'ils feroient tenus de faire ceffer ladite demande & prétention, même d'intervenir, & prendre fon fait & caufe, & de fes cohéritiers en la fucceffion de François Dionis fon pere, finon condamnés folidairement à l'acquitter des condamnations, fi aucunes inter venoient contre lui au profit du Duc de Richelieu, tant en principaux, qu'acceffoires, dommages-intérêts & dépens, tant en demandant, défendant, que de la fommation & contre fommation, & en ceux de la préfente demande ; exploit d'affignation donnée le 8 Mai 1739, à la requête dudit Auguftin-Jerôme Dionis, auxdits Angelique Dionis, veuve Defplaces & Dénen, en vertu & aux fins de la fufdite requête ; fins de non-recevoir & défenfes fournies le 19 Juin 1739 par ledit Dénen, contre la fufdite demande ; Arrêt du dix Décembre 1739, par lequel notredite Cour, pour faire droit aux Parties, fur la demande & défenfes ci-deffus, les a appointé en droit & joint à l'inftance d'entre ledit Auguftin-Jerôme Dionis & le Duc de Richelieu, pour être fur le tout conjointement fait droit, dépens réfervés ; production d'Auguftin-Jerôme Dionis, en exécution du fufdit Arrêt, par fa requête du premier Juillet 1744, employée pour avertiffement ; requête de ladite veuve Defplaces du onze Juillet 1744, employée pour contredits contre ladite production ; production d'Angelique Dionis & conforts, en exécution des arrêts des 27 Juillet & 10 Décembre 1739, par requête du 18 Juin 1746 ; requête du Duc de Richelieu du 28 Février 1747, employée pour contredits contre la fufdite production ; requête dudit Regnier de Voify, du 4 Mai 1739, à ce qu'en conféquence de la conteftation pendante en notredite Cour, entre le nommé Chupin de Germigny & ledit Voify, fur la demande dudit Chupin, portée par requête & exploit du 24 Mars 1739, il lui fût permis d'y faire affigner tous les héritiers & repréfentans Charles de Flacourt de la Touche, Génevieve Regnier fon époufe, Simon Delefpine & Jeanne Paquet fon époufe, pour voir dire qu'il feroit donné acte audit de Voify de ce qu'il leur fommoit & dénonçoit la demande dudit Chupin, à ce qu'il fuffent tenus de prendre le fait & caufe dudit de Voify, fur ladite demande, comme étant fes garants formels, & en faire débouter ledit Chupin, finon & à faute de ce faire, être folidairement condamnés à acquitter ledit de Voify de l'événement de ladite demande & de toutes les condamnations qui pourroient intervenir contre lui, tant en principal, intérêts que frais & mifes d'exécution & dépens, & être en outre condamnés en tous les dépens envers ledit de Voify, tant en demandant, défendant, que de la fommation & dénonciation ; requête dudit Regnier de Voify du treize Août 1739, à ce qu'en conféquence de la conteftation pendante en notredite Cour entre lui & le nommé Herbinot Deftouches, il lui fût permis d'y faire affigner tous les héritiers & repréfentans Charles Flacourt Delatouche, Génevieve Regnier fon époufe, Simon Delefpine, & Jeanne Paquet fon époufe, pour voir dire qu'il lui feroit donné acte de ce qu'il leur fommoit & dénonçoit la demande contre lui formée par ledit Herbinot Deftouches, par fes requête & exploit du 18 Juillet 1739 ; ce faifant qu'il feroient tenus de prendre fon fait & caufe fur ladite demande, comme étant fes garants formels, & en faire débouter ledit Deftouches, finon être folidairement condamnés à acquitter ledit de Voify de l'événement de ladite
demande

demande de toutes les condamnations qui pourroient intervenir contre lui, tant en principal, intérêts que frais, même d'exécution & dépens, & en outre se voir condamner en tous les dépens envers ledit de Voisy, tant en demandant, défendant, que de la sommation & dénonciation; exploit d'assignation donnée en notredite Cour le trente-un Août mil sept cent trente-neuf à la requête dudit de Voisy à Jeanne Bernier fille mineure, procédante sous l'autorité de la veuve Pierre-Gilles Bernier sa curatrice, en vertu & aux fins des susdites requêtes; défenses fournies le vingt-trois Novembre mil sept cent trente-neuf par lesdites Bernier contre les susdites demandes, Arrêt du neuf Janvier mil sept cent quarante, par lequel notredite Cour pour faire droit aux Parties sur les demandes & défenses ci-dessus les a appointées en droit & joint à l'Instance d'entre le Duc de Richelieu & la veuve Racle, pour être sur le tout conjointement fait droit, dépens réservés; production dudit Regnier de Voisy, en exécution du susdit Arrêt, par requête du treize Mai 1741, employée pour avertissement, contenant demande à ce qu'il plût à notredite Cour lui adjuger les conclusions par lui prises, & condamner lesdites Bernier en tous les dépens même en ceux réservés par l'Arrêt du neuf Janvier 1740, au bas de laquelle requête est l'Ordonnance de notredite Cour qui a donné acte de l'emploi y porté, & réservé d'y faire droit en jugeant; sommation auxdites Bernier de produire & contredire, en exécution dudit Arrêt du neuf Janvier 1740; requête donnée en notredite Cour le huit Mai 1739, par Augustin-Jérôme Dionis, ci-dessus visée; exploit d'assignation donnée le même jour à Denise Perrier veuve Desplaces, en vertu & aux fins de ladite requête; exceptions fournies par ladite veuve Desplaces, le treize Juillet 1739 contre la susdite demande; répliques fournies le vingt-trois Décembre 1739 par ledit Dionis; Arrêt du douze Janvier 1740, par lequel notredite Cour pour faire droit sur la demande dudit Augustin-Jérôme Dionis du huit Mai 1739, a appointé les Parties en droit & joint à l'Instance d'entre ledit Dionis & le Duc de Richelieu, pour être sur le tout conjointement fait droit, dépens réservés; production de ladite veuve Desplaces en exécution du susdit Arrêt, par requête du vingt-six Juin 1741, employée pour avertissement; production dudit Dionis, en exécution des Arrêts des dix Décembre 1739 & douze Janvier 1740, par requête du premier Juillet 1744, employée pour avertissement; requête de ladite veuve Desplaces du onze Juillet 1744, employée pour contredits contre la susdite production; sommation faite à la requête de ladite veuve Desplaces audit Dionis de fournir de contredits; requête de ladite veuve Desplaces du dix-sept Juillet 1744, à ce qu'il plût à notredite Cour, condamner ledit Augustin-Jérôme Dionis aux dépens réservés par l'Arrêt du douze Janvier 1740, au bas de laquelle requête est l'Ordonnance de notredite Cour, qui a réservé d'y faire droit en jugeant; requête de ladite veuve Desplaces du onze Mai 1746, contenant demande à ce qu'il plût à notredite Cour en déboutant ledit Dionis de sa demande, & en adjugeant à ladite veuve Desplaces les conclusions qu'elle a prises en l'Instance, condamner ledit Dionis en tous les dépens, même en ceux réservés par le susdit Arrêt du douze Janvier 1740; requête donnée en notredite Cour le six Mai 1739 par la veuve Lebas de Girangis ci-dessus visée, commission obtenue en notredite Cour le neuf Mai 1739 par ladite veuve Lebas sur la susdite requête; exploit d'assignation donnée en notredite Cour le quatorze Mai 1739 à la requête de ladite Lebas au Marquis d'Hecqueville, en vertu & aux fins desdites requête, & commission; fins de non-recevoir, & défenses fournies le vingt-neuf Décembre 1739 par le Marquis d'Hecqueville contre la susdite demande; Arrêt du douze Janvier 1740, par lequel notredite Cour pour faire droit aux parties sur les susdites demandes & défenses, les a appointées en droit & joint à l'Instance d'entre elles & autres & le Duc de Richelieu, pour leur être sur le tout conjointement fait droit, ainsi que raison, dépens réservés; production de ladite veuve Lebas de Girangis, en exécution du susdit Arrêt, par sa requête du dix-huit Janvier 1740, employée pour avertissement; requête du Marquis d'Hecqueville des cinq Janvier 1746 & six Juillet 1747 d'emploi pour avertissement, écritures; production & contredits en exécution du même Arrêt; sommation faite à ladite veuve de Girangis de fournir de contredits; requête dudit Chupin de Gorsaigny du seize Décembre 1739, à ce qu'en continuant les sommations & dénonciations par lui ci-devant faites audit Regnier de Voisy, des poursuites & prétentions du Duc de Richelieu, il lui fût donné acte de ce qu'il sommoit & dénonçoit audit Regnier de Voisy l'appointement intervenu contradictoirement avec ledit Chupin & le Duc de Richelieu le vingt-trois Juin 1739, ensemble la requête de production du Duc de Richelieu du douze Novembre audit an; ce faisant que ledit Regnier de Voisy comme garant formel dudit Chupin, fût condamné à faire cesser toutes les poursuites du Duc de Richelieu, en tout cas à garantir ledit Chupin de toutes les condamnations qui pourroient intervenir contre lui au profit du Duc de Richelieu, tant en principal, intérêts, que frais & dépens, tant en demandant, défendant, que de la sommation & dénonciation; & en ceux de la présente demande; Arrêt du dix-neuf Janvier 1740, par lequel notredite Cour pour faire droit aux Parties sur ladite demande, les a appointées en droit & joint à l'Instance d'entre ledit Chupin & ledit Regnier de Voisy, pour leur être fait droit, dépens réservés; production dudit Chupin en exécution du susdit Arrêt par sa requête du vingt-cinq Janvier 1740, d'emploi pour avertissement; plus ample avertissement dudit de Voisy du premier Décembre 1746, servant de contredits contre la susdite production; production dudit Regnier de Voisy en exécution du même Arrêt, par requête du vingt-cinq Novembre 1746 employée pour fins de non-recevoir & défenses à la demande dudit Chupin du seize Décembre 1739, en exécution dudit Arrêt du dix-neuf Janvier 1740; & contenant demande à ce qu'il plût à notredite Cour sans s'arrêter à ladite demande du seize Décembre 1739, dans laquelle ledit Chupin seroit déclaré purement & simplement non-recevable, adjuger audit Regnier de Voisy les conclusions par lui ci-devant prises, & condamner ledit Chupin aux dépens, au bas de laquelle requête est l'ordonnance de notredite Cour qui a donné acte de l'emploi y porté, & réservé à y faire droit en jugeant; requête dudit Chupin du vingt Janvier 1747 employée pour réponse à celle ci-dessus; requête dudit Chupin du quatre Janvier 1755, d'emploi pour contredits contre la susdite production; production nouvelle dudit Chupin par requête du dix-sept Mars 1748; plus ample avertissement dudit Regnier de Voisy du premier Décembre 1746, servant de contredits contre ladite production nouvelle; requête dudit Regnier de Voisy du deux Décembre 1746, à ce qu'il plût à notredite Cour en lui adjugeant les conclusions par lui prises, condamner ledit Chupin en tous les dépens, même en ceux réservés par ledit Arrêt du dix-neuf Janvier 1740, au bas de laquelle requête est l'ordonnance de notredite Cour, qui a réservé d'y faire droit en jugeant; requête dudit Chupin du vingt-quatre Janvier 1747, employée pour défenses contre la demande ci-dessus, à ce qu'il plût à notredite Cour en lui adjugeant les conclusions par lui prises, condamner soit le duc de Richelieu & le tuteur à la fubftitution, ou ledit Regnier de Voify qui fuccomberont, en tous les dépens faits envers & contre chacune des parties de l'Inftance, même en ceux réfervés par les différens Arrêts de notredite Cour, au bas de laquelle requête eft l'Ordonnance de notredite Cour qui a donné acte de l'emploi y porté, & réfervé d'y faire droit en jugeant; commiffion obtenue en Chancellerie le trente Mai 1739, à la requête de ladite veuve Lebas de Girangis, à l'effet d'affigner en notredite Cour aux rifques du duc de Richelieu, Me Corniller Supérieur de l'Oratoire de Soiffons & tous autres qu'il appartiendra, pour voir dire qu'elle auroit acte de ce qu'elle fommoit & dénonçoit audit Corniller la demnade contre elles formée en notredite Cour aux fins d'une requête, commiffion & exploit des quinze, dix-fept Janvier & neuf Février 1739 par le duc de Richelieu, & où il interviendroit quelque condamnation au profit du duc de Richelieu contre ladite Lebas de Girangis, fe voir condamner d'en acquitter ladite Lebas, tant en principal, intérêts, que dommages-intérêts & dépens, & fe voir condamner aux dépens tant en demandant, défendant, que de la fommation; exploit d'affignation donnée le huit Juin 1739 en notredite Cour, à la requête de ladite Lebas audit Corniller, en vertu & aux fins de ladite commiffion; fins de non-recevoir, & défenfes fournies le quatorze Janvier 1749, par ledit Corniller contre la fufdite demande; Arrêt du 21 Janvier 1740, par lequel notredite Cour pour faire droit aux Parties fur les demande & défenfes ci-deffus, les a appointées en droit & joint à l'Inftance d'entre ladite Lebas, le duc de Richelieu & autres, pour leur être fur le tout conjointement fait droit, ainfi que de raifon; production de ladite Lebas en exécution du fufdit Arrêt par fa requête du fix Février 1740, d'emploi pour avertiffement; fommation faite à la requête de ladite Lebas audit Corniller de produire & contredire en exécution du même Arrêt; exploit d'affignation donnée en notredite Cour le neuf Février 1739, à la requête du duc de Richelieu audit Dartaguette, en vertu des requête, ordonnance & commiffion des quinze & dix-fept Janvier audit an, pour fe voir condamcer à fe défifter & départir du fonds, propriété & jouiffance de la rente foncière de bail d'héritage dont les deux maifons à lui appartenantes ci-après fpécifiées, font chargées, à raifon de cinq livres deux fols fix deniers, par chaque toife de fuperficie, fuivant le contrat d'arrentement fait par le Cardinal de Richelieu, en faveur de Louis le Barbier le dix-fept Mars 1636, de la place fur laquelle lefdites deux maifons ci-après font bâties, & autres places autour du Palais royal, laquelle rente s'eft trouvée dans la fucceffion du Cardinal de Richelieu, & a été vendue avec autres emplacemens & la maifon de l'Ours par le feu duc de Richelieu à Charles Flacourt, par contrat du vingt-neuf Mai 1655, à caufe de quoi la fubftitution du cardinal de Richelieu, faite en faveur de la branche de Richelieu, s'eft trouvée privée de ladite rente, lefdites deux maifons, fifes l'une rue de Richelieu, appartenante audit Dartaguette, tenant d'un côté au midi à la maifon appartenante à ladite Brayer, d'autre côté au nord à la maifon appartenante audit Nouveau, pardevant à l'occident à ladite rue de Richelieu, & par derriere à l'orient au jardin du Palais Royal, l'autre maifon auffi appartenante audit Dartaguette fife rue neuve des Petits-Champs, du couchant à la maifon du nommé Pafferat, & par derriere au midi au jardin du Palais Royal, lefquelles maifons feront & demeureront chargées de ladite rente, pour la fervir & payer tant au duc de Richelieu audit nom, qu'à ceux qui feront appellés après lui à la fubftitution du Cardinal de Richelieu; enfemble fe voir condamner à payer au duc de Richelieu les arrérages de ladite rente, à compter du dix Mai 1715, jour du décès du duc de Richelieu, auquel tems la fubftitution a été ouverte en faveur de fon fils, & les fruits & les revenus à lui acquis & en fes dommages-intérêts foufferts & à fouffrir aux offres que faifoit le duc de Richelieu de tenir compte audit Dartaguette de ce qui avoit pû être légitimement payé par lui ou par fes auteurs, à la décharge de la fucceffion du Cardinal de Richelieu, procédant du prix du contrat de vente dudit jour vingt-neuf Mai 1655, & en outre procéder comme de raifon, afin de dépens; défenfes fournies le quatorze Janvier 1740 par ledit Dartaguette contre la fufdite demande; repliques fournies le feize dudit mois de Janvier par le duc de Richelieu aux fufdites défenfes; Arrêt du vingt-un dudit mois, par lequel notredite Cour, pour faire droit aux parties, fur les demandes & défenfes ci-deffus les a appointées en droit & joint à l'inftance d'entre le Duc de Richelieu & ledit de Chuberé & conforts, a joint les fins de non-recevoir, défenfes au contraire, dépens réfervés: Production du Duc de Richelieu en exécution du fufdit Arrêt, par fon inventaire fignifié les vingt-trois Novembre 1739, & vingt-huit Avril 1740: Sommation faite audit Dartaguette de produire & contredire en exécution du fufdit Arrêt: Exploit d'affignation donnée en notredite Cour le trois Septembre 1739 à la requête du Duc de Richelieu au Préfident Haynault en vertu des requête & commiffion des quinze & dix-fept Janvier 1739, pour fe voir condamner à fe défifter & départir du fonds, propriété & jouiffance de la rente foncière de bail d'héritage dont la maifon ci-après fpécifiée eft chargée, à raifon de cinq livres deux fols fix deniers par chaque toife de fuperficie, fuivant le contrat d'arrentement fait par le Cardinal de Richelieu en faveur de Louis le Barbier le dix-fept Mars 1636, de la place fur laquelle ladite maifon ci-après eft bâtie, & autres places autour du jardin du Palais Royal, laquelle rente s'eft trouvée dans la fucceffion du Cardinal de Richelieu, & a été vendue avec autres emplacemens & la maifon de l'Ours par le feu Duc de Richelieu à Charles Flacourt, par contrat du vingt-neuf Mai 1655, à caufe de quoi la fubftitution du Cardinal de Richelieu, faite en faveur de la branche de Richelieu, s'eft trouvée privée de ladite rente, ladite maifon fife rue de Richelieu appartenante audit Préfident Haynault, fuivant la déclaration faite par le nommé Defnoyers, par fon acte du deux Septembre 1739, tenant d'un côté du midi à la maifon appartenante audit l'Hotellier, pardevant à l'occident à ladite rue de Richelieu, & par derriere à l'orient au jardin du Palais Royal, laquelle maifon fera & demeurera chargée de ladite rente, pour la fervir & payer tant au Duc de Richelieu, qu'à ceux qui feront appellés après lui à la fubftitution du Cardinal de Richelieu, enfemble fe voir condamner à payer au Duc de Richelieu les arrérages de ladite rente, à compter du dix Mai 1715, jour du décès du Duc de Richelieu pere, auquel tems la fubftitution a été ouverte en faveur de fon fils, & les fruits & revenus à lui acquis & en fes dommages-intérêts foufferts & à fouffrir, aux offres que faifoit le Duc de Richelieu de tenir compte au Préfident Haynault de ce qui avoit pû être légitimement payé par lui ou par fes auteurs à la décharge de la fucceffion du Cardinal de Richelieu, provenant du prix du contrat de vente du vingt-neuf Mai 1655, & en outre procéder comme de raifon afin de dépens; Défenfes fournies le vingt-un Janvier 1740 par le Préfident Haynault contre la fufdite demande; Arrêt du vingt-fix Janvier 1740, par lequel notredite Cour pour faire droit aux parties fur les demandes & défenfes ci-deffus, les a appointées en droit & joint à l'inftance d'entre le Duc de Richelieu & ledit de Chuberé & conforts, a joint les fins de non-recevoir du Préfident Haynault, défenfes du Duc de Richelieu réfervées au contraire : Production du Duc de Richelieu en exécution du fufdit Arrêt, par fon inventaire fignifié le vingt-huit Avril 1740 : Sommations faites les douze, quatorze & vingt Octobre 1735 à la requête du Duc de Richelieu au Préfident Haynault de produire & contredire en exécution du fufdit Arrêt : Exploit d'affignation donnée en notredite Cour le neuf Février 1739 à la requête du Duc de Richelieu au nommé Bazin en vertu des fufdites requête, ordonnance & commiffion des quinze & dix-fept Janvier précédent, pour fe voir condamner à fe défifter & départir du fonds, propriété & jouiffance de la rente foncière de bail d'héritage dont la maifon ci-après fpécifiée eft chargée, à raifon de cinq livres deux fols fix deniers par chaque toife de fuperficie, fuivant le contrat d'arrentement fait par le Cardinal de Richelieu en faveur de Louis le Barbier le 17 Mars 1636, de la place fur laquelle ladite maifon ci-après eft bâtie, & autres places autour du jardin du Palais Royal, laquelle rente s'eft trouvée dans la fucceffion du Cardinal de Richelieu, & a été vendue avec autres emplacemens & la maifon de l'Ours par le feu Duc de Richelieu à Charles Flacourt par contrat du vingt-neuf Mai 1655, à caufe de quoi la fubftitution du Cardinal de Richelieu faite en faveur de la branche de Richelieu, s'eft trouvée privée de ladite rente, ladite maifon fife rue neuve des Bons-Enfans, tenant d'un côté au nord à la maifon appartenante au nommé le Boiffiere, d'autre côté au midi à la maifon appartenante à la veuve Racle, pardevant à ladite rue neuve des Bons-Enfans, & par derriere au couchant au jardin du Palais Royal, laquelle maifon fera & demeurera chargée de ladite rente, pour la fervir & payer tant au Duc de Richelieu, qu'à ceux qui feront appellés après lui à la fubftitution du Cardinal de Richelieu, enfemble fe voir condamner à payer au Duc de Richelieu les arrérages de ladite rente, à compter du dix Mai 1715, jour du décès du Duc de Richelieu pere, auquel tems la fubftitution a été ouverte en faveur du Duc de Richelieu fils, & les fruits & revenus à lui acquis & en fes dommages-intérêts foufferts & à foufrir, aux offres que faifoit le Duc de Richelieu de tenir compte audit Bazin de ce qui avoit pû être légitimement payé par lui ou par fes auteurs à la décharge de la fucceffion du Cardinal de Richelieu, provenant du prix du contrat de vente paffé devant Notaires le vingt-neuf Mai 1655, & en outre procéder comme de raifon afin de dépens : Fins de nom-recevoir & défenfes fournies le vingt-fix Janvier 1740, par ledit Bazin contre la fufdite demande : Arrêt du trente Janvier 1740, par lequel notredite Cour a reçu ledit Bazin oppofant à l'Arrêt par défaut au principal fur les demandes & défenfes ci-deffus, a appointé les parties en droit & joint à l'inftance d'entre le Duc de Richelieu & ledit de Chuberé & conforts pour leur être fait droit, a joint fes fins de non-recevoir dudit Bazin, défenfes réfervées au contraire, dépens réfervés : Acte de reprife faite au Greffe de notredite Cour le vingt-neuf Décembre 1745 par Louis-Mathurin Taboureau des Reaux & Catherine-Geneviéve Bazin, fon époufe, feule héritiere de Gerard Bazin, fon pere, de la demande formée par le Duc de Richelieu contre ledit Bazin, par exploit du neuf Février 1739 : Production du Duc de Richelieu en exécution du fufdit Arrêt du trenfe Janvier 1740, par fon inventaire de production fignifiée le vingt-huit Avril 1740 : Sommation faite à la requête du Duc de Richelieu audit Taboureau & fa femme, de produire & contredire, en exécution du même Arrêt : Avertiffement dudit Taboureau & fa femme du dix Mai 1747, & leur production en exécution du même Arrêt par un inventaire : Contredits du cinq Juin 1747, fournis par le Duc de Richelieu contre ladite production : Exploits d'affignations données en notredite Cour les vingt-cinq Mai, premier & dix-huit Juin 1739, à la requête de la veuve le Bas de Girangis à Louis-Michel de Chamillart, Marie-Elifabeth de Chamillart, François Rabouine & conforts en vertu & aux fins des requête & commiffion des fix & neuf Mai 1739, ci-deffus vifées : Défenfes fournies le quinze Février 1740 par lefdits de Chamilart contre la fufdite demande : Arrêt du dix-huit Février 1740, par lequel notredite Cour pour faire droit aux parties fur les demandes & défenfes ci-deffus, les a appointées en droit & joint à l'inftance d'entre ladite le Bas, le Duc de Richelieu & autres, pour leur être fur le tout conjointement fait droit, ainfi que de raifon : Production de ladite le Bas, en exécution du fufdit Arrêt par fa requête du vingt-fept Février 1740, employée pour avertiffement : Requête defdits Chamillart du huit Mai 1747, d'emploi pour contredits contre ladite production : Autre requête dudit Chamillart du dix Août 1755, employée pour plus amples fins de non-recevoir contre la demande du Duc de Richelieu, contre ladite veuve le Bas, & pour addition de contredits contre la production de ladite veuve le Bas en exécution du même Arrêt du dix-huit Février 1740, aux rifques du Duc de Richelieu : Production defdits de Chamillart & conforts en exécution du même Arrêt, par leur requête du huit Mai 1747, employée pour avertiffement, & contenant demande à ce qu'il plût à notredite Cour fans s'arrêter à la demande de ladite veuve le Bas, portée par fes requête, ordonnance, commiffion & exploit des fix, vingt-cinq Mai, premier & dix-huit Juin 1739, l'y déclarer non-recevable, ou en tout cas l'en débouter & la condamner aux dépens, au bas de laquelle requête eft l'ordonnance de notredite Cour qui a donné acte de l'emploi y porté, & réfervé d'y faire droit en jugeant : Sommation à ladite veuve le Bas de fournir de contredits contre la fufdite production : Requête de ladite Chamillart du trois Juin 1747, à ce qu'il plût à notredite Cour la recevoir partie intervenante dans les conteftations d'entre le Duc de Richelieu & ladite veuve le Bas, de Girangis & conforts, fur la demande formée contre elle par le Duc de Richelieu par requête, commiffion & exploit des quinze, dix-neuf Janvier & neuf Février 1739, qu'il lui fût donné acte du contenu en fa requête pour moyens d'intervention ; faifant droit fur icelle, qu'il lui fût donné acte de la fommation & dénonciation qu'elle faifoit au Duc de Richelieu, aux rifques de qui il appartiendroit, de la demande formée contre elle par la veuve le Bas de Girangis par fes requête, ordonnance & exploit des fix Mai & dix-huit Juin 1739, & de ce qu'elle fe joignoit & adhéroit aux conclufions prifes par ladite le Bas & conforts contre le Duc de Richelieu, en conféquence en déclarant le Duc de Richelieu purement & fimplement non-recevable en fa demande, le condamner en tous les dépens faits contre les uns & les autres, tant en demandant, défendant, que de la fommation & dénonciation, au bas de laquelle requête eft l'ordonnance de notredite Cour qui a réfervé d'y faire droit en jugent : Requête de ladite Chamillart du trois Juin 1747, d'emploi, aux rifques de qui il appartiendra, pour avertiffement, écritures & production en exécution du fufdit Arrêt du dix-huit Février 1740, contenant demande à ce qu'il plût à notredite Cour fans s'arrêter à la demande de la veuve le Bas, la déclarer non-recevable dans fa demande, ou en tout cas l'en débouter & la condamner aux dépens, au bas de laquelle requête eft l'ordonnance de notredite Cour qui a donné acte de l'emploi y porté, & réfervé d'y faire droit en jugeant : Exploit d'affignation donnée en notredite Cour le neuf Février 1739 à la requête du Duc de Richelieu au nommé Darcy, en vertu des requête, ordonnance & commiffion des quinze & dix-fept Janvier audit an, pour fe voir condamner à fe défifter & départir du fonds, propriété & jouiffance de la rente foncière de bail d'héritage dont la maifon ci-après fpécifiée eft chargée, raison de cinq livres deux sols six deniers par chaque toise de superficie, suivant le contrat d'arrentement fait par le Cardinal de Richelieu en faveur de Louis le Barbier le dix-sept Mars 1636, de la place sur laquelle ladite maison ci-après est bâtie, & autres places autour du Palais Royal, laquelle s'est trouvée dans la succession du Cardinal de Richelieu, & a été vendue avec autres emplacemens & la maison de l'Ours, par le feu Duc de Richelieu père à Charles Flacourt, par contrat du vingt-neuf Mai 1655, à cause de quoi la substitution du Cardinal de Richelieu faite en faveur de la branche de Richelieu, s'est trouvée privée de ladite rente, ladite maison sise rue neuve des Petits-Champs, tenant d'un côté à l'occident à la maison audit de Larivière, du côté du levant audit Tessard, pardevant au nord à la rue neuve des Petits-Champs, & du côté du côté du midi à la maison du nommé Hattier donnant sur le jardin du Palais royal, laquelle maison sera & demeurera chargée de ladite rente, pour la servir & payer tant au Duc de Richelieu, qu'à ceux qui seront appelés après lui à la substitution du Cardinal de Richelieu, ensemble se voir condamner à payer au Duc de Richelieu les arrérages de ladite rente, à compter du dix Mai 1715, jour du décès du Duc de Richelieu père, auquel tems la substitution a été ouverte en faveur de son fils, & les fruits & revenus à lui acquis & en ses dommages-intérêts soufferts & à souffrir, aux offres que faisoit le Duc de Richelieu de tenir compte audit Darcy de ce qui avoit pû être légitimement payé par lui ou par ses auteurs à la décharge de la succession du Cardinal de Richelieu; provenant du prix du contrat de vente du vingt-neuf Mai 1755, & en outre procéder, comme de raison, afin de dépens: Acte de réplise faite au Greffe de notredite Cour le dix Décembre 1739 par Laurent & Louise-Magdelaine Darcy, seuls enfans & héritiers d'André Darcy, leur père, de la susdite demande, offrant de procéder sur icelle suivant les derniers erremens: Fins de non-recevoir & défenses fournies le huit Mars 1740 par lesdits Darcy contre la susdite demande: Répliques fournies le neuf Mars 1740 par le Duc de Richelieu: Arrêt du dix-huit Mars 1740, par lequel notredite Cour a reçu lesdits Darcy opposans à l'Arrêt par défaut au principal, sur les demandes & défenses des parties, les a appointées en droit & joint à l'instance d'entre le Duc de Richelieu & ledit de Chuberé & Consorts, a joint les fins de non-recevoir, défenses au contraire, dépens réservés: Requête du Duc de Richelieu, du premier Août 1740, employée pour avertissement & sa production en exécution du susdit Arrêt, par son inventaire: Sommation faite à la requête du Duc de Richelieu auxdits Darcy de fournir de contredits contre la susdite production; la production desdits Darcy en exécution du même Arrêt, par leur requête du vingt-sept Août 1740, employée pour avertissement: Requête du Duc de Richelieu du sept Septembre 1740, employée pour contredits contre la susdite production: Addition de production desdits Darcy, suivant le même Arrêt par leur inventaire: Requête du Duc de Richelieu du vingt-sept Novembre 1745, d'emploi, pour contredits contre ladite production: Exploit d'assignation donnée en notredite Cour le onze Février 1739 à la requête du Duc de Richelieu audit Duchaufour en vertu des requête, ordonnance & commission des quinze & dix-sept Janvier audit an, pour se voir condamner à se désister & départir du fonds, propriété & jouissance de la rente foncière de bail d'héritage dont la maison ci-après spécifiée est chargée; à raison de cinq livres deux sols six deniers par chaque toise de superficie, suivant le contrat d'arrentement fait par le Cardinal de Richelieu en faveur de Louis le Barbier du dix-sept Mars 1636, de la place sur laquelle ladite maison ci-après est bâtie, & autres places autour du jardin du Palais Royal, laquelle rente s'est trouvée dans la succession du Cardinal de Richelieu, & a été vendue avec autres emplacemens & la maison de l'Ours par le feu Duc de Richelieu à Charles Flacourt par contrat passé devant Notaires le vingt-neuf Mai 1655, à cause de quoi la substitution du Cardinal de Richelieu faite en faveur de la branche de Richelieu, s'est trouvée privée de ladite rente; ladite maison sise rue neuve des Bons-Enfans appartenante audit Duchaufour, tenant du côté du nord à la maison du nommé Duveaux, du midi à la maison appartenante aux nommés Dupuis & Rapally, pardevant à l'orient à ladite rue neuve des Bons-Enfans, & par derrière à l'occident au jardin du Palais Royal, laquelle maison sera & demeurera chargée de ladite rente, pour la servir & payer tant au Duc de Richelieu, qu'à ceux qui seront appellés après lui à la substitution du Cardinal de Richelieu père, auquel tems la substitution a été ouverte en faveur de son fils, & les fruits & revenus par lui acquis, & en ses dommages-intérêts soufferts & à souffrir, aux offres que faisoit le Duc de Richelieu de tenir compte audit Duchauffour de ce qui avoit pû être légitimement payé par lui ou par ses auteurs à la décharge de la succession du Cardinal de Richelieu; provenant du prix du contrat de vente du vingt-neuf Mai 1655, & procéder en outre, comme de raison, afin de dépens: Requête présentée en notredite Cour le vingt-trois Novembre 1739 par Charles-Guillaume de Meaupou, Evêque de Lombès, tendante à ce qu'il plût le recevoir partie intervenante dans la cause d'entre le Duc de Richelieu & ledit Duchauffour, sur la demande formée par le Duc de Richelieu, par requête & exploit des quinze & onze Janvier 1739, qu'il lui fût donné Acte du contenu en sa requête pour moyens d'intervention, & de ce qu'il prenoit le fait & cause dudit Duchaufour sur ladite demande, en conséquence qu'il fût ordonné que ledit Duchaufour seroit mis hors de Cour à la charge de l'Ordonnance, qu'il lui fût pareillement donné Acte de ce que comme prenant le fait & cause dudit Duchaufour, il employoit le contenu en sa Requête pour fins de non-recevoir contre toutes les demandes formées par le Duc de Richelieu contre ledit Duchauffour les quinze Janvier & onze Février 1739, ce faisant que le Duc de Richelieu fût déclaré non-recevable dans ladite demande, & condamné en tous les dépens, même en ceux dudit Duchaufour, sans, par l'Evêque de Lombès, approuver en aucune manière les qualités prises par le Duc de Richelieu dans ladite demande, ni rien de préjudiciable à ses intérêts, & sous toutes réserves & protestations de droit; fins de non-recevoir fournies le vingt-trois Novembre 1739 par ledit Duchaufour, contre la demande du Duc de Richelieu portée par ses Requête, commission & exploit des quinze, dix-sept Janvier & onze Février 1739: répliques fournies le 25 Novembre 1739 par le Duc de Richelieu, aux susdites fins de non-recevoir; fins de non-recevoir & défenses fournies le 27 Novembre 1739 par le Duc de Richelieu, contre l'intervention de l'Evêque de Lombès, portée par la requête du 23 dudit mois; arrêt du sept Avril 1740, par lequel notredite Cour a reçu l'Evêque de Lombès partie intervenante, faisant droit sur l'intervention lui a donné acte de la prise de fait & cause pour ledit Duchaufour, en conséquence a mis ledit Duchaufour hors de Cour, à la charge de l'ordonnance; & pour faire droit sur le surplus de ladite intervention, & sur la prise de fait & cause & demande, ensemble sur la demande principale formée par le Duc de Richelieu contre ledit Duchaufour; & sur les défenses fournies contre ladite demande principale, par l'Evêque de Lombès, a appointé les Parties en droit & joint à l'instance d'entre le Duc de Richelieu, ledit de Chuberé & consorts, pour leur être fait droit ainsi qu'il appartiendroit; a joint les fins de non-recevoir de l'Evêque de Lombès contre la

demande

demande du Duc de Richelieu ; défenses réservées au contraire, tous dépens réservés ; production du Duc de Richelieu, en exécution du susdit Arrêt, par son inventaire ; sommation faite à la requête du Duc de Richelieu audit Duchaufour & à l'Evêque de Lombès de fournir leurs contredits ; requête présentée en notredite Cour le 27 Août 1740, par l'Evêque de Lombès, les Comte & Comtesse de Saint Florentin & de Maurepas, Claude Robert audit nom, ledit de Beaumont, le Président Dupuis, de Couftard & sa femme, lesdits Gaillard de Charentonneau, la Comtesse Desmarets, le Marquis de Livry, la veuve, enfans & héritiers de François Gallois, lesdits Dorcy, Foubet, Nouveau & autres, employée pour satisfaire à tous les susdits Arrêts, & notamment de la part de l'Evêque de Lombès, à celui ci-dessus, du sept Avril 1740 ; production de l'Evêque de Lombès en exécution du même arrêt ; requête du Duc de Richelieu du sept Septembre 1740, employée pour contredits contre ladite production ; production dudit Duchaufour en exécution du même arrêt ; contredits du onze Décembre 1745, fournis par le Duc de Richelieu contre la susdite production ; requête présentée en notredite Cour le quatorze Mars 1740, par le Duc de Richelieu, à ce qu'en conséquence de l'instance y pendante entre lui d'une part, & ledit de Chuberé & consorts d'autre, il lui fût permis de faire assigner Armand-Josse Garnier de Granvilliers, tuteur de ses enfans mineurs, pour se voir condamner en ladite qualité à se désister & départir de la propriété, possession & jouissance du sol, fond & superficie d'une maison, cour, bâtiment & dépendance, situés en la ville de Paris, rue de Richelieu, qui confronte d'un côté, au midi, à la maison appartenante à la veuve & héritiers d'Hariaques, d'autre côté au nord, à la maison du Président Dupuis, pardevant à l'occident, à la rue de Richelieu, & par derriere, à l'orient au jardin du Palais-royal, laquelle maison se trouvoit bâtie sur une place donnée à rente avec autres, par feu le Cardinal de Richelieu audit le Barbier, par contrat du dix-sept Mars 1636, & ensuite retirée par le Cardinal de Richelieu, par un contrat du vingt Mai 1641, laquelle place s'étoit trouvée dans la succession du Cardinal de Richelieu, & qui avoit été vendue avec autres places & la maison de l'ours par le Duc de Richelieu pere à Charles Flacourt, par contrat du 29 Mai 1755, laisser la libre propriété, possession & jouissance de ladite maison au Duc de Richelieu, ensemble se voir condamner à la restitution des loyers de ladite maison, à compter du 10 Mai 1715, jour du décès du Duc de Richelieu pere, auquel tems la substitution a été ouverte au profit du Duc de Richelieu, en ses dommages intérêts soufferts & à souffrir, aux offres qu'il faisoit de tenir compte audit de Grandvilliers de ce qui avoit pû être légitimement payé par lui ou par ses auteurs, à la décharge de la succession du Cardinal de Richelieu sur le prix provenant du contrat de vente du 29 Mai 1655, le tout sans préjudice au Duc de Richelieu de tous ses droits, actions & prétentions, lesquels seroient & demeureroient réservés, tant contre ledit de Grandvilliers que contre tous autres qu'il appartiendroit, sans approbation de tout ce qui s'étoit pû faire jusqu'alors contre lui, & tout ce qui pourroit être fait dans la suite à son préjudice ; exploit d'assignation donnée en notredite Cour le 14 Mars 1740, à la requête du Duc de Richelieu, audit de Grandvilliers, en vertu & aux fins desdites requête & ordonnance ; exceptions, fins de non-recevoir & défenses fournies le 28 Avril 1740 par ledit de Grandvilliers, contre la susdite demande ; répliques fournies le trois Mai 1740 par le Duc de Richelieu contre les susdites défenses ; arrêt du 5 Mai 1740, par lequel notredite Cour pour faire droit sur les demandes & défenses, a appointé les Parties en droit & joint à l'instance d'entre le Duc de Richelieu, ledit de Chuberé & consorts, joint les fins de non-recevoir, défenses réservées au contraire, dépens réservés ; production du Duc de Richelieu en exécution du susdit arrêt, par son inventaire ; requête dudit de Grandvilliers du 5 Juin 1744, d'emploi pour contredits contre ladite production ; sommation faite à la requête du Duc de Richelieu audit Garnier de Grandvilliers audit nom, de produire & contredire, en exécution du même arrêt ; requête du Duc de Richelieu du dix Mai 1740, à ce qu'en conséquence de l'instance pendante en notredite Cour, il lui fût permis d'y faire assigner Marie-Magdeleine Delamotte, épouse de François Poisson, & ledit Poisson, pour se voir à l'égard de ladite femme Poisson condamner à se désister & départir du fond, propriété & jouissance de la rente fonciere de bail d'héritage dont la maison ci-après spécifiée est chargée, à raison de cinq livres deux sols six deniers par chaque toise de superficie, suivant le contrat d'arrentement fait par le Cardinal de Richelieu en faveur de Louis le Barbier, le dix-sept Mars 1636, de la place sur laquelle ladite maison ci-après est bâtie, & autres places autour du Jardin du Palais-royal, laquelle rente s'est trouvée dans la succession du Cardinal de Richelieu, & a été vendue avec autres emplacemens, & la maison de l'ours, par le feu Duc de Richelieu à Charles Flacourt, par contrat du vingt-neuf Mai 1655, à cause de quoi la substitution du Cardinal de Richelieu, faite en faveur de la branche de Richelieu, s'est trouvée privée de ladite rente, ladite maison sise rue de Richelieu, tenant du côté du midi à la maison appartenante au Président Henault, d'autre côté, au nord, à la maison appartenante à la nommée Gallois, par devant, à l'occident, à ladite rue de Richelieu, & par derriere, à l'orient, au Jardin du Palais-royal, laquelle maison sera & demeurera chargée de ladite rente, pour le servir & payer, tant au Duc de Richelieu, qu'à ceux qui seront appellés après lui à la substitution du Cardinal de Richelieu ; ensemble se voir condamner à payer au Duc de Richelieu les arrérages de ladite rente, à compter du 10 Mai 1715, jour du décès du Duc de Richelieu pere, auquel tems la substitution a été ouverte en faveur de son fils, & les fruits & revenus à lui acquis, & en ses dommages-intérêts soufferts & à souffrir, aux offres que faisoit le Duc de Richelieu de tenir compte à la dame Poisson de ce qui avoit pû être légitimement payé par elle ou par ses auteurs, à la décharge de la succession du Cardinal de Richelieu, provenant du prix du contrat du 29 Mai 1655, le tout sans préjudice au Duc de Richelieu, de tous ses autres droits, actions, prétentions, & demandes, lesquels seroient & demeureroient réservés, tant contre ladite Poisson que contre tous autres qu'il appartiendroit, & sans approbation de la part du Duc de Richelieu, à tout ce qui s'étoit pû faire contre lui jusqu'alors, & à tout ce qui pourroit être fait dans la suite à son préjudice ; & à l'égard dudit Poisson, pour voir dire que tant que besoin seroit, pour la validité de la procédure, il seroit tenu d'autoriser son épouse, pour procéder sur ladite demande, circonstances & dépendances, sinon voir dire qu'à son refus, elle seroit & demeureroit autorisée par justice, & condamner ledit Poisson & sa femme aux dépens ; exploit d'assignation donnée en notredite Cour le dix Mai 1740, à la requête du Duc de Richelieu, audit Poisson & sa femme, en vertu & aux fins de ladite requête ; défenses fournies le vingt-un Juin 1740, par ladite Poisson, contre ladite demande ; arrêt du 27 Juin 1740, par lequel notredite Cour pour faire droit sur les demandes & défenses ci-dessus, a appointé les Parties en droit & joint à l'instance d'entre le Duc de Richelieu, ledit de Chuberé & consorts, a joint les fins de non-recevoir, défenses réservées au contraire, requête du Duc de Richelieu, du premier Août 1740, employée pour avertissement, en exécution de tous les susdits arrêts, des 11, 26, 30 Janvier, dix-huit Mars, sept Avril, cinq Mai & vingt-sept Juin 1740; production du Duc de Richelieu, en exécution dudit arrêt du 27 Juin 1740, par son inventaire de production; sommations faites les douze, quatorze & vingt Octobre 1745, à la requête du Duc de Richelieu, à ladite Poisson, de produire & contredire en exécution dudit Arrêt; requête dudit Mouffle de Champigny, du seize décembre 1739, à ce qu'il plût à notredite Cour le recevoir, aux risques de ses garans, partie intervenante dans l'instance d'entre le Duc de Richelieu & Sebastien Lhotellier, sur les demandes du Duc de Richelieu, des quinze Janvier & 9 Février 1739, qu'il lui fût donné acte de ce que pour moyens d'intervention & pour défenses contre la demande en dénonciation contre lui formée par Lhostellier le 26 Septembre 1739, il employoit le contenu en sa requête, faisant droit sur icelle lui donner acte de ce qu'il prenoit le fait & cause dudit Lhotellier contre le Duc de Richelieu, sur les demandes des 15 Janvier & 9 Février 1739, par rapport seulement au douziéme de la maison en question, lequel douziéme au total il a vendu audit Lhotellier par contrat du seize Janvier 1731, au principal déclarer le Duc de Richelieu non-recevable dans sa demande formée contre ledit Lhotellier, & toujours relativement audit douziéme, au total de ladite maison, & condamner le Duc de Richelieu en tous les dépens, le tout sans, par ledit Mouffle de Champigny, entendre en aucune maniere approuver les qualités prises par le Duc de Richelieu ni ses demandes; arrêt du treize Juillet 1740, par lequel notredite Cour a reçu ledit Mouffle Partie intervenante, lui a donné acte du contenu en sa requête, pour moyen d'intervention & pour faire droit sur ladite demande, a appointé les Parties en droit & joint à l'instance d'entre le Duc de Richelieu, ledit de Chuberé & consorts, pour leur être fait droit, a joint les fins de non-recevoir, défenses au contraire, dépens réservés; requête du Duc de Richelieu, des premiers août 1740, & 22 novembre 1745, employée pour avertissement, fins de non-recevoir & défenses, contre l'intervention dudit de Champigny, en exécution du susdit arrêt; production du Duc de Richelieu, en exécution du susdit arrêt, par son inventaire; production dudit Mouffle de Champigny, Lhotellier & consorts, en exécution des arrêts des seize Juillet, vingt-neuf Août 1739 & treize Juillet 1740; contredits fournis le dix Novembre 1745, par le Duc de Richelieu, contre la susdite production; sommation faite à la requête du Duc de Richelieu audit de Champigny, de fournir de contredits; exploit d'assignation donnée en notredite Cour le onze Mai 1739, à la requete de ladite Lebas de Girangis, aux Religieuses de Saint Dominique, dites de Saint Thomas, en vertu & aux fins des requête, ordonnance & commission des 6 & 9 dudit mois de Mai, ci-dessus visées; fins de non recevoir & défenses fournies le douze Juillet 1740, par lesdites Religieuses contre la susdite demande; arrêt du seize Juillet 1740, par lequel notredite Cour, pour faire droit sur les demandes & défenses ci-dessus, a appointé les Parties en droit & joint à l'instance d'entre ladite Lebas de Girangis, le Duc de Richelieu & autres, pour leur être sur le tout conjointement fait droit, ainsi que de raison, dépens réservés; production de ladite Lebas de Girangis, en exécution du susdit arrêt, par sa requête du quinze Février 1742, employée pour avertissement; sommation faite à la requête de ladite Lebas auxdites Religieuses, de fournir de contredits, en exécution du susdit arrêt; requête desdites Religieuses du trente Avril 1755, d'emploi pour avertissement en exécution du même arrêt; autre requête desdites Religieuses du premier Juillet 1755, d'emploi pour production en exécution du même arrêt, & contenant demande tendante à ce qu'il plût à notredite Cour déclarer ladite veuve Lebas purement & simplement non-recevable dans sa demande portée par requête, commission & exploit des six, neuf & onze Mai 1739, ou en tout cas l'en débouter & la condamner aux dépens; requête présentée en notredite Cour le huit Avril 1740 par ledit Garnier de Grandvilliers, à ce qu'il lui fût permis aux risques du duc de Richelieu d'y faire assigner le Président Dupuis & son épouse, pour voir dire qu'il auroit acte de la sommation & dénonciation qu'il leur faisoit de la demande formée contre lui par le duc de Richelieu, par sa requête & exploit du 14 Mars afin de desistement à son profit, de ladite maison sise rue de Richelieu & dépendances, vendue solidairement par le Président Dupuis & son épouse audit sieur de la Poire de la Roquette, par lesdits contrats de vente acte de ratification d'icelui des vingt-neuf Novembre mil sept cent dix-neuf & vingt-un Avril mil sept cent vingt-sept; ladite demande contenant aussi des conclusions contre ledit de Grandvilliers, afin de restitution des loyers de ladite maison, à compter du dix Mai mil sept cent quinze, à ce que le Président Dupuis & son épouse fussent tenus de faire cesser ladite demande, & d'y faire déclarer le Duc de Richelieu non-recevable, ou en tout cas mal fondé, & l'en faire débouter avec tous dommages-intérêts & dépens, sinon le voir le Président Dupuis & son épouse condamner à acquitter ledit de Grandvilliers de toutes les condamnations qui pourroient être prononcées contre lui en principal, intérêts, restitution de fruits & loyers, dommages, intérêts & dépens, & être en outre condamnés solidairement à rendre & restituer audit Grandvilliers la somme de cent quatre-vingt trois mille livres, prix payé par ledit feu de la Poire, pour le principal de ladite maison & pot-de-vin d'icelle, comme il paroissoit, tant par la quittance du Président Dupuis, de la somme de cinquante-trois mille livres énoncée audit contrat du vingt-neuf Novembre 1719, que par la quittance de cent trente mille livres donnée par le Président Dupuis le douze Mars 1720, dont l'expédition est en marge dudit contrat avec les intérêts, à compter dudit jour vingt-neuf Novembre 1719, à rendre audit de Grandvilliers audit nom le centiéme denier coût dudit contrat & autres loyaux-coûts, & toutes les impenses, refections, réparations & améliorations faites à ladite maison, & se voir en outre condamner solidairement aux dommages-intérêts résultans de l'exécution dudit contrat, & les condamner en tous les dépens que ledit de Grandvilliers a été & sera obligé de faire tant contre le Duc de Richelieu que contre eux, tant en demandant, défendant, que des Sommations. Exploit d'assignation donné en notredite Cour le 8 Avril 1740, à la requête dudit de Grandvilliers au Président Dupuis & à la Dame son épouse, en vertu & aux fins de la susdite Requête; fins de non-recevoir & défenses fournies le vingt Mai 1740 par le Président Dupuis & la Dame son épouse contre la susdite demande; Arrêt du sept Septembre 1740, par lequel notredite Cour, pour faire droit sur les demande & défenses dessus, a appointé les Parties en droit & joint à l'instance d'entre ledit Garnier & le Duc de Richelieu, pour leur être fait droit ainsi qu'il appartiendroit; Production dudit Garnier de Grandvilliers, en exécution des Arrêts des cinq mai & sept Septembre 1740, par sa Requête du vingt-un Mars 1741, employée pour avertissement; Contredits fournis par le Duc de Richelieu le vingt-sept Octobre 1745 contre la susdite production, & Sommation au Président Dupuis & à la Dame son épouse de fournir de contredits; Production du Président Dupuis, en exécution dudit Arrêt du sept Septembre 1740 par son inventaire; Acte de reptile fait au Greffe de notredite Conr le neuf Juillet 1746, par Melchior Corneau de Pont-de-vaux & Marie-Alphonsine de la Poire de la Roquette son épouse, au lieu & place dudit Garnier de Grandvilliers, qui étoit le Tuteur de ladite de la Roquette, de l'Inftance d'entre ledit de Grandvilliers d'une part, le Duc de Richelieu, le Préfident Dupuis & autres d'autre part, offrant de procéder fur le tout fuivant les derniers erremens; Requête dudit de Pont-de-vaux & fon épouse du feize Décembre 1746, employée aux rifques du Duc de Richelieu pour contredits contre la production ci-deffus du Préfident Dupuis en exécution dudit Arrêt du fept Septembre 1740, & employée pour avertiffement en exécution des Arrêts des quinze Mai, vingt, vingt-trois, vingt-fix & trente Juin, trois, fix, onze, feize & vingt-fept Juillet, quatre, douze, vingt-deux & vingt-neuf Août, quatre, cinq & fept Septembre mil fept cent trente-neuf; Requête de ladite veuve Lebas de Girangis des vingt-fix Janvier & trois Février mil fept cent quarante, à ce qu'il plût à notredite Cour, aux rifques de fes garants, la recevoir Partie intervenante tant dans l'inftance d'entre le Duc de Richelieu, ledit de Chuberé & conforts, appointés par Arrêt du huit Août mil fept cent trente-fept, & autres Arrêts de réglement qui avoient pû intervenir depuis, que dans toutes les nouvelles affignations & demandes qui avoient été données & formées à la requête du Duc de Richelieu le neuf Février 1739, & autres jours fuivans contre les Propriétaires des maifons près le Palais-royal, qu'il lui fut donné Acte du contenu en fa Requête pour moyens d'intervention, & de ce qu'elle fe joignoit aux Comtes & Comteffes de Saint Florentin & de Maurepas, & à toutes les autres Parties qui leurs étoient unies contre le Duc de Richelieu, faifant droit fur ladite intervention, déclarer le Duc de Richelieu non-recevable dans fa demande, formée contre ladite Lebas de Girangis, par Requête & Exploit des quinze Janvier & neuf Février 1739, & condamner le Duc de Richelieu en tous les dépens, tant en demandant, défendant, que de la Sommation & contre-Sommation, donner Acte à ladite Lebas de Girangis de ce qu'elle fommoit & dénonçoit à François Rabouine, aux Religieufes de Saint-Thomas, au Marquis d'Ecquevilly, audit Défprés & fa femme, audit Corniller, au Marquis de Courcelles, à l'Abbé de Chamillart & autres fes garants, la préfente demande comme formée à leurs rifques, périls & fortunes, & en tous les dépens actifs & paffifs, tant en demandant, défendant que de la Sommation & contre-Sommation, le tout fans entendre par ladite Lebas de Girangis rien approuver de préjudiciable à fes intérêts ni approuver les qualités prifes par le Duc de Richelieu; Arret du 9 Décembre mil fept cent quarante, par lequel notredite Cour a reçu ladite Lebas de Girangis Partie intervenante, & pour faire droit fur ladite intervention & demande, a appointé les Parties en droit & joint à l'Inftance d'entre le Duc de Richelieu & autres, pour lui être fur le tout conjointement fait droit ainfi que de raifon; Production de ladite Lebas de Girangis en exécution du fufdit Arrêt, par Requête du dix-neuf Décembre 1740, employée pour avertiffement; Requête du Duc de Richelieu du dix-fept Août 1741, employée pour écritures & production, même pour contredits, en exécution du même Arrêt; Requéte dudit Chupin de Germigny du dix-neuf Juillet 1743, employée pour avertiffement, écritures & production en exécution du même Arrêt, contenant demande à ce qu'il plût à notredite Cour lui donner Acte de ce qu'il adhéroit aux conclufions prifes contre le Duc de Richelieu par ladite Lebas de Girangis, par fa Requéte d'intervention du vingt-fix Janvier 1740, en conféquence déclarer le Duc de Richelieu non-recevable & mal fondé dans fa demande contre ledit Chupin, portée par Requête, Commiffion & Exploit des quinze, dix-fept Janvier & feize Février 1739, & le condamner en tous les dépens faits envers toutes les Parties, donner acte audit Chupin de ce qu'il fommoit & dénonçoit audit Regnier de Voify la préfente demande, comme n'étant formée qu'à fes rifques, & le condamner d'acquitter ledit Chupin de tous événemens à l'occafion de ladite demande & en tous les dépens, au bas de laquelle Requête eft l'Ordonnance de notredite Cour, qui a donné Acte de l'emploi y porté, & réfervé d'y faire droit en jugeant; Requête dudit Rapally du vingt-neuf Décembre 1741, d'emploi pour avertiffement, écritures & production en exécution du fufdit Arrêt du neuf Décembre 1740; Requête du 29 Novembre 1745, d'emploi pour avertiffement, écritures & production vis-à-vis ladite Lebas de Girangis, en exécution dudit Arrêt du neuf Décembre 1740; Requête du Duc de Richelieu du premier Décembre 1745, d'emploi pour contredits contre la production de ladite Lebas de Girangis en exécution du même Arrêt; Requête dudit Rapally du vingt-huit Juin mil fept cent quarante-fept, d'emploi pour contredits contre la même production; Requête dudit Regnier de Voify du vingt-huit Novembre 1746, d'emploi pour défenfes à la demande dudit Chupin du dix-neuf Juillet 1743; Requête dudit Chupin du dix-neuf Janvier 1747, d'emploi pour réponfes à celle ci-deffus; Requéte de Jean-Baptifte Bellard & conforts du quatre Juillet 1747, d'emploi pour contredits aux rifques du Duc de Richelieu contre la production de ladite Lebas de Girangis, en exécution dudit Arrêt du neuf Décembre 1740; Requête des mêmes & du même jour quatre Juillet 1747, d'emploi pour écritures & production en exécution dudit Arrêt; Requête du Marquis d'Ecquevilly du dix Juillet 1747, d'emploi pour avertiffement, écritures & production en exécution du même Arrêt; Requête du même, d'emploi pour contredits, en exécution du même Arrêt contre la production de ladite Lebas de Girangis; Requête defdits de Chamillart & conforts du premier Août 1755, d'emploi pour avertiffement, écritures & production, en exécution du même Arrêt du neuf Décembre 1740; Sommations faites à la requête de ladite Lebas de Girangis à la Marquife de Boutteville, la veuve d'Hariagues, le Préfident Dupuis & conforts, ladite Durocher, le Préfident Brayer, ledit d'Artaguette, ledit Dionis & conforts, Bazin, la veuve Racle, Rapally, Durey de Sauroy, la veuve Regnier, Mouffle de Champigny, Dionis & conforts, le Préfident de Saint Lubin, le Duc d'Orleans, ladite Hardouin & autres, ledit Lambert, Jacques de la Blanchotie, le Duc de Richelieu, de Chuberé & conforts, Défprés & conforts, le Marquis d'Ecquevilly, les Comtes de Saint Florentin & de Maurepas, Cornilier, le Marquis de Courcelles, le Comte de la Suze, l'Abbé de Chamillart, Rabouine & les Religieufes de Saint Thomas, de produire & contredire en exécution du fufdit Arrêt du neuf Décembre 1740; Requête dudit Chupin de Germigny du deux Janvier 1741, employée aux rifques dudit Regnier de Voify fon garant, pour contredire contre la production du Duc de Richelieu, en exécution de l'Arrêt du vingt-trois Juin 1739, & contenant demande à ce qu'en lui adjugeant fes conclufions, il plût à notredite Cour condamner, foit le Duc de Richelieu ou ledit de Voify, ou celui des deux qui fuccombera en tous les dépens, & en ceux réfervés par ledit Arrêt du vingt-trois Juin 1739, même en ceux faits par les uns à l'encontre des autres, au bas de laquelle Requête eft l'Ordonnance de notredite Cour, qui a donné acte de l'emploi y porté, & réfervé d'y faire droit en jugeant. Requête préfentée en notredite Cour le dix-huit Juillet mil fept cent trente-neuf par ledit Herbinot Deftouches, à ce qu'en conféquence de la conteftation y pendante, il lui fut permis d'y faire affigner tous les héritiers & repréfentans Jean Regnier & Louife Noblet fon époufe, pour voir dire qu'il lui feroit donné Acte de ce qu'en qualité & comme exerçant les droits de la fucceffion vacante du nommé Chupin fon garant formel, il leur fommoit & dénonsoit la demande contre lui formée par la veuve Racle, par Requête & Exploit du cinq Mai 1739, à ce qu'ils fussent tenus de se joindre audit Herbinot pour faire débouter ladite veuve Racle & le Duc de Richelieu de leurs prétentions & demandes avec dépens, sinon & à faute de ce faire, se voir condamner à acquitter, garantir & indemniser ledit Herbinot de l'évenement desdites demandes, & de toutes les condamnations qui pourroient intervenir contre lui, tant en principaux, intérêts que frais & dépens, jusqu'à concurrence néanmoins des sommes par eux reçûes ou leurs auteurs, du nommé Jambeville & sa femme, pour le remboursement & arrérages de la rente dont le Duc de Richelieu demande la continuation avec les arrérages échûs depuis mil sept cent quinze, ensemble les intérêts desdites sommes, à compter du jour des payemens qui leur sont été faits, ou à leurs auteurs, & être en outre condamné en tous les dépens, tant en demandant, défendant que des sommations & dénonciations; exploit d'assignation donnée le dix-huit Juillet mil sept cent trente-neuf à la requête dudit Herbinot Destouches audit Regnier de Voisy, en vertu & aux fins des susdites requête & ordonnance; défenses fournies le premier Décembre 1739 par ledit Regnier de Voisy contre la susdite demande; Arrêt du deux Juin 1741, par lequel notredite Cour, pour faire droit sur les demandes & défenses ci-dessus, a appointé les parties en droit & joint à l'instance d'entre le Duc de Richelieu & ledit Chaberé & consorts, pour être sur le tout conjointement fait droit, dépens réservés; acte de reprise faite au Greffe de notredite Cour le vingt-neuf Décembre 1745 par Me Pierre Ponce Bonvarlet, Avocat en notredite Cour, tant en son nom que comme fondé de procuration de Marin-Nicolas Herbinot Destouches, de Louis Herbinot Destouches, & de Marguerite Herbinot Destouches, épouse dudit Bonvarlet, en qualité d'enfans & héritiers de défunt Marin Herbinot Destouches, au lieu & place dudit défunt, des contestations pendantes en notredite Cour entre ledit défunt Destouches & la veuve Racle, & généralement de toutes les contestations dans lesquelles ledit défunt Destouches étoit partie; Acte de reprise fait au Greffe de notredite Cour le 11 Juin 1746, par Antoine-Joseph & Mathias-Hector Racle, seuls enfans & uniques héritiers d'Elisabeth-Marguerite Hannique, décédée veuve de Mathias Racle leur pere, au lieu & place de ladite veuve Racle, des contestations d'entr'elle & le Duc de Richelieu; autre acte de reprise fait au Greffe de notredite Cour le vingt-sept Avril 1747, en rectifiant les qualités énoncées dans celui ci-dessus, du vingt-neuf Septembre 1745, par Pierre-Ponce Bonvarlet, & Marguerite Herbinot Destouches sa femme, à cause d'elle, Marin, Nicolas & Louis Herbinot Destouches, en qualité d'héritiere bénéficiaire de défunt Marin Herbinot Destouches, au lieu & place dudit défunt Destouches; production dudit Bonvarlet & consorts, par inventaire signifié le cinq Décembre 1747, & leur avertissement du cinq Juillet précédent, en exécution des Arrêts des trois Juillet 1739, & deux Juin 1741; contredits fournis par le Duc de Richelieu le vingt-un Avril 1749 contre la susdite production; acte de reprise de ladite instance, faite au Greffe de notredite Cour le neuf Décembre mil sept cent quarante-sept, par Gabriel-François Regnier de Vaubepin, héritier par bénéfice d'inventaire dudit Regnier de Voisy, au lieu & place dudit Regnier de Voisy; sommations faites à la requête dudit Bonvarlet & consorts audit Regnier de Vaubepin, de produire & contredire en exécution dudit Arrêt du deux Juin 1741; requête dudit Bonvarlet & consorts du trois Juillet 1747, à ce qu'il plût à notredite Cour leur adjuger leurs conclusions & y augmentant & rectifiant en tant que de besoin, leur donner acte de ce qu'aux risques desdits Regnier de Vaubepin, ils contre-somment au Duc de Richelieu sa propre demande contre la veuve Racle, formée par requête & exploit des quinze Janvier & trente Avril 1739, comme étant fils & héritier, & par conséquent tenu des faits & promesses du Duc & de la Duchesse de Richelieu, qui ont vendu solidairement par contrat du vingt-neuf Mai 1695, les rentes foncieres dont est question, comme aussi de ce qu'ils sommoient & dénonçoient au Duc de Richelieu la demande en dénonciation formée contre eux par ladite défunte Racle, par requête & exploit du cinq Mai 1737, celle qui avoit été formée par le feu Destouches contre Regnier de Voisy, par requête & exploit du dix-huit Juillet 1739, & celles formées par Bonvarlet & consorts contre ledit regnier, en conséquence déclarer le Duc de Richelieu non-recevable dans sa demande contre la veuve Racle, & en tout cas l'en débouter, & le condamner aux dépens, tant ceux faits par la défunte Racle & ses enfans que par lesdits Bonvarlet & consorts, tant en demandant, défendant, que des sommations & contre-sommations, & où le Duc de Richelieu réussiroit dans sa demande, en ce cas donner acte audit Bonvarlet & consorts de ce qu'ils rectifioient & expliquoient les conclusions de la requête dudit Destouches du dix-huit Juillet 1739, & en conséquence, que tant de leur chef que comme exerçans les droits de la succession vacante dudit Chapin leur garant, ils sommoient & dénonçoient audit de Voisy, tant la demande du Duc de Richelieu contre la défunte veuve Racle, que celle de ladite veuve Racle contre ledit Destouches, faisant droit sur les demandes en sommations formées tant par le feu sieur Destouches que par ses représentans, condamner lesdits Regnier, d'acquitter, garantir & indemniser lesdits Bonvarlet & consorts, tant en principal, arrérages que frais & dépens, & généralement de toutes les sommes qu'ils seroient condamnés de payer au Duc de Richelieu, condamner lesdits Regnier en tous les dépens, tant en ceux faits entre la défunte veuve Racle ou ses enfans & le Duc de Richelieu, qu'entre eux & les intervenans, tant en demandant, défendant que des sommations, au bas de laquelle requête employée pour avertissement, écritures & production sur icelle est l'ordonnance de notredite Cour qui les regle en droit & joint, & donné acte de l'emploi y porté; requête desdits héritiers Racle du six Juillet 1747, d'emploi pour écritures & production en exécution de sadite ordonnance du trois Juillet 1747; exploits d'assignations données en notredite Cour le 16 Mai, 14, dix-sept & vingt-six Août 1739, à la requête dudit Regnier de Voisy, à Françoise Joly de Charigny, Joseph-Henri de Bonnegarde, Marie-Anne, Nicole & Elisabeth Chebron, Pierre Sylvais, Marie-Marguerite Chebron, Elisabeth Delbost, un nommé Charpentier, Marie-Therese Chebron sa femme, Charles-François Duvivier & Catherine-Henriette Chebron sa femme, en vertu & aux fins des Requête & ordonnance de notredite Cour, du quatre Mai 1739, ci-dessus visées; défenses fournies le vingt-huit Novembre 1739 par lesdits Chebron & consorts contre la susdite demande; Arrêt du trois Juin 1741, par lequel notredite Cour, pour faire droit sur les demandes & défenses ci-dessus, a appointé les parties en droit & joint à l'instance d'entre le Duc de Richelieu, ledit Chaberé & consorts, pour leur être sur le tout fait droit, dépens réservés; production dudit Regnier de Voisy en exécution du susdit Arrêt, par requête du vingt-deux Novembre 1746, employée pour avertissement; acte de reprise faite au Greffe de notredite Cour le deux Janvier 1747 par Charles Charpentier, au nom & comme tuteur desdits enfans mineurs lui & de défunte Marie-Therese Chebron sa femme, héritiers de leur mere, pour & au lieu de ladite défunte, des instances pendantes en notredite Cour, dans lesquelles elle étoit partie contre ledit Regnier de Voisy & autres; consentant

nant

nant le Duc de Richelieu ; production defdits Chebron & conforts en exécution de tous les Arrêts d'appointement, par requête du deux Juin 1742, employée pour avertiffement ; requête dudit Regnier du quinze
dudit mois, employée pour contredits contre ladite production ; fommation faite à la requête dudit Regnier aufdits Chebron & conforts de fournir de contredits ; requête préfentée en notredite Cour par la
veuve Charles Regnier le fept Septembre 1739, à ce qu'en conféquence des conteftations y pendantes,
il lui fût permis d'y faire affigner Jean Regnier de Voify, tant en fon nom que comme tuteur de Charles-François, Catherine, Edmée & Gabriel-François Regnier, enfans mineurs de Gabriel Regnier de
Vaubpin & de Magdelaine de Granville fon époufe, pour voir dire que ladite veuve Regnier ès noms,
auroit acte de ce qu'elle fommoit & dénonçoit audit Jean Regnier de Voify ès noms, la demande contre
elle formée en notredite Cour par le Duc de Richelieu, difant héritier fubftitué du Cardinal de Richelieu
fon grand oncle, par requête, commiffion & exploit dus quinze, dix-fept Janvier & neuf Juillet 1739, fans
néanmoins aucunement approuver par ladite veuve Regnier, lefdites requête & exploit à ce que ledit Regnier de Voify eût à prendre le fait & caufe de la veuve Regnier, faire ceffer ladite demande, & faire enforte qu'elle n'en foit aucunement inquiétée ni recherchée, & qu'où il arriveroit que le Duc de Richelieu
obtiendroit à fes fins, & quil interviendroit quelques condamnations contre ladite veuve Regnier, en ce cas
ledit Regnier de Voify, ès noms, fût folidairement condamné avec fefdits mineurs, à l'en acquitter,
garantir & indemnifer, tant en principal, intérêts, arrérages, que frais & dépens, & condamné en outre
aux dépens, tant en demandant, défendant, que de la fommation & dénonciation ; exploit d'affignation
donnée en notredite Cour le fept Septembre 1739, à la requête de ladite veuve Charles Regnier de Voify,
en vertu & aux fins de la fufdite requête ; exceptions, fins de non-recevoir & défenfes fournies le vingt-
cinq Janvier 1740, par ledit Regnier de Voify contre la fufdite demande ; Arrêt du trois Juin 1741, par
lequel notredite Cour, pour faire droit aux parties fur les demandes & défenfes ci-deffus, les a appointé en
droit & joint pour leur être fur le tout conjointement fait droit, dépens réfervés ; production de ladite veuve
Regnier en exécution des Arrêts des fept Septembre 1739, & trois Juin 1741, par requête du quinze Janvier 1744, employée aux rifques de fes garants pour avertiffement, & contenant demande à ce qu'il lui fût
donné acte de ce qu'elle contre-fommoit au Duc de Richelieu fa propre demande, comme fils & héritier,
& par conféquent tenu des faits & promeffes du Duc & de la Ducheffe de Richelieu fes pere & mere, qui
folidairement ont vendu par contrat du vingt-neuf Mai 1655, audit Flacourt, les rentes foncieres en queftion, qu'il lui fût pareillement donné acte de ce qu'elle fommoit & dénonçoit au Duc de Richelieu la demande
en fommation & garantie par elle formée contre ledit Regnier de Voify, par requête & exploit du fept
Septembre fuivant, en conféquence déclarer le Duc de Richelieu non-recevable dans fa demande, ou en
tout cas l'en débouter, & le condamner aux dépens, tant en demandant, défendant, que de la fommation
& contre-fommation, & où le Duc de Richelieu réuffiroit dans fa demande, en ce cas faifant droit fur la
demande en fommation formée par la veuve Regnier contre ledit Regnier de Voify par les fufdite requête
& exploit, condamner ledit Regnier de Voify à acquitter, garantir & indemnifer ladite veuve Regnier de
tout évenement, tant en principal, arrérages, que frais & dépens, & généralement de toutes les fommes
qu'elle feroit condamnée de payer au Duc de Richelieu, condamner pareillement ledit Regnier de Voify en
tous les dépens, tant en demandant, défendant, que de la fommation & contre-fommation, & condamner ceux du Duc de Richelieu ou dudit Regnier de Voify qui fuccomberont, en tous les dépens, tant en
demandant, défendant, que de la fommation, & en ceux de la préfente demande, au bas de laquelle requête employée pour avertiffement, écritures & production fur icelle, eft l'ordonnance de notredite Cour
qui l'a reglée en droit & joint, & donné acte de l'emploi y porté, contredits fournis le dix Novembre mil
fept cent quarante-cinq par le Duc de Richelieu contre la production de ladite veuve Regnier, en exécution
des Arrets des fept Septembre 1739, & trois Juin 1741 ; plus ample avertiffemeut fourni le premier Décembre 1746 par ledit Regnier de Voify, fervant de contredits contre la même production ; Production dudit
Regnier de Voify en exécution dudit Arrêt du trois Juin 1741, par fa requête du vingt-un Novembre
1746 ; fommation faite à la requête dudit Regnier de Voify à la veuve Regnier de fournir des contredits
contre fa production ; requête du onze Mai 1747, de la veuve Regnier d'emploi pour contredits contre la
production dudit Regnier de Voify, en exécution dudit Arrêt du trois Juin 1741 ; requête préfentée en
notredite Cour le trois Juin 1739 par ledit Rapally, à ce qu'en conféquence de l'inftance y pendante entre
le Duc de Richelieu & ledit Rapally, il lui fût permis d'y faire affigner aux rifques du Duc de Richelieu
François Nicolas Dupin & fa femme, pour voir dire que ledit Rapally auroit acte de la fommation & dénonciation qu'il leur faifoit de la requête & affignation que le Duc de Richelieu lui avoit fait donner en notredite Cour les dix-huit Janvier & trois Avril 1739, à ce qu'ils euffent à faire ceffer les demandes formées
par iceux contre ledit Rapally, finon & où il feroit prononcé quelques condamnations contre ledit Rapally
au profit du Duc de Richelieu, que ledit Dupin & fa femme feroient condamnés d'en acquitter ledit Rapally
en principal, intérêts & dépens, & qu'ils feroient condamnés aux dépens envers ledit Rapally, tant en demandant, défendant, que de la fommaion ; exploit d'affignation donnée en notredite Cour le trois Juin
1739, à la requête dudit Rapally audit Dupin & fa femme, en vertu & aux fins de la fufdite requête ;
exceptions, fins de non-recevoir & défenfes fournies le dix Juillet 1739 par ledit Dupin & fa femme contre
la fufdite demande ; repliques fournies par ledit Rapally le dix-neuf Août 1740 contre les fufdites défenfes ;
Arrêt du vingt-trois Juin 1741, par lequel notredite Cour pour faire droit aux Parties fur les demandes
& défenfes ci-deffus, les a appointé en droit & joint à l'Inftance d'entre le duc de Richelieu & autres
pour leur être fur le tout conjointement fair droit ; production dudit Rapally, en exécution dudit Arrêt,
par requête du vingt-trois Mai 1742, employée pour avertiffement ; fommation faite audit Dupin & fa
femme de fournir de contredits contre la fufdite production dudit Dupin & fa femme, en exécution du
même Arrêt du vingt-trois Juin 1741, par requête du premier Juillet 1747 ; reqnête dudit Rapally du
vingt-trois Novembre 1751 d'emploi pour contredits contre ladite production ; requête dudit Dartaguette
du onze Mars 1739, à ce qu'il plût à notredite Cour, en conféquence des conteftations y pendantes entre ledit Dartaguette & le duc de Richelieu, lui permettre d'y faire affigne aux rifques du duc de Richelieu,
fes héritiers, Marie Gilbert, veuve Louis Blin, pour voir dire que ledit Dartaguette auroit acte de la
dénonciation qu'il leur faifoit de la demande contre lui formée par le duc de Richelieu, portée par
requête & exploit des quinze Janvier & neuf Février 1739, ce faifant qu'ils feroient tenus de faire ceffer
ladite demande, finon & à faute de le faire, & où il interviendroit quelques condamnations contre ledit

Dartaguette au profit du duc de Richelieu, qu'ils seroient condamnés d'en acquitter, garantir & indemniser ledit Dartaguette tant en principaux, qu'intérêts, arrérages frais & dépens, tant en demandant défendant que de la sommation & dénonciation, & en outre condamnés en tous les dépens, même en ceux faits contre le duc de Richelieu; exploit d'assignation donnée en notredite Cour le treize Mars 1739, à la requête dudit Dartaguette au Marquis de Tonnerre & consors, en vertu & aux fins desdites requête & ordonnance; exceptions, fins de non-recevoir & défenses fournies le vingt-sept Janvier 1740 par Marie Gilbert contre la susdite demande; requête de ladite Gilbert du trente Janvier 1740, à ce qu'il plût à notredite Cour déclarer ledit Dartaguette non-recevable dans sa demande, ou en tous cas l'en débouter & le condamner aux dépens; requête dudit Dartaguette du treize Février 1741, à ce qu'il plût à notredite Cour lui donner acte de la dénonciation qu'il faisoit au duc de Richelieu de la demande en garantie formée à ses risques par ledit Dartaguette contre ladite Gilbert, par requête & exploit du onze Mars 1739 & des défenses & requêtes signifiées par ladite Gilbert les vingt-sept & trente Janvier 1740; ce faisant, déclarer le duc de Richelieu non-recevable dans sa demande formée par requête & exploit des quinze, dix-sept Janvier & neuf Février 1739, & le condamner en tous les dépens faits, tant contre lui que contre ladite Gilbert, même d'acquitter ledit Dartaguette de ceux qui pourroient être prononcés contre lui en faveur de ladite Gilbert; Arrêt du quatorze Mars 1742, par lequel notredite Cour pour faire droit aux Parties sur leurs demandes, les a appointées en droit & joint à l'Instance d'entre le duc de Richelieu & ledit Dartaguette, a joint les fins de non-recevoir & défenses au contraire; requête de ladite Gilbert du onze Juillet 1742, à ce qu'il plût à notredite Cour la recevoir en tant que de besoin opposante, à l'Arrêt par défaut du quinze Janvier 1740; faisant droit sur l'opposition, déclarer nulle la demande dudit Dartaguette du onze Mars 1739, & le condamner en tous les dépens, même en ceux faits sur l'incident; avertissement dudit Dartaguette du vingt-quatre Mars 1744, & sa production en exécution des Arrêts des vingt-un Janvier 1740 & quatorze Mars 1742, par son inventaire de production; contredits fournis les dix & vingt-six Novembre 1745 par le duc de Richelieu contre la susdite production; requête de ladite Marie Gilbert du trois Juillet 1743, employée pour avertissement & sa production en exécution dudit Arrêt du quatorze Mars 1742 par son inventaire; requête dudit Dartaguette du vingt-huit Mars 1744, employée pour contredits contre la susdite production, & contenant demande à ce qu'il plût à notredite Cour lui adjuger les conclusions par lui prises en l'Instance, & condamner celle des Parties qui succombera en tous les dépens, même en ceux réservés par l'Arrêt de notredite Cour du quatorze Mars 1742, au bas de laquelle requête est l'ordonnance de notredite Cour, qui a donné acte de l'emploi, & réservé d'y faire droit en jugeant; requête du duc de Richelieu du vingt-trois Novembre 1745 d'emploi, pour avertissement, écritures & production, en exécution de l'Arrêt du quatorze Mars 1742, & pour fins de non-recevoir & défenses contre la demande dudit Dartaguette portée par sa requête du treize Février 1741, & contenant demande à ce qu'il plût à notredite Cour, sans s'arrêter à ladite requête dudit Dartaguette, dans laquelle il sera déclaré non-recevable, ou dont en tout cas il sera débouté; adjuger au duc de Richelieu ses conclusions avec dépens, au bas de laquelle requête est l'ordonnance de notredite Cour qui a donné acte de l'emploi y porté & réservé, d'y faire droit en jugeant; requête dudit Coustard & sa femme du quatre Avril mil sept cens quarante-deux, à ce qu'il plût à notredite Cour leur permettre d'y faire assigner aux risques du duc de Richelieu les enfans, héritiers, représentans & biens-tenans de feu Nicolas de Lespine & d'Elisabeth Fleurette sa femme, pour voir dire que ledit Coustard & sa femme auroient Acte de la Sommation & dénonciation qu'ils leur faisoient; 1° des demandes du Duc de Richelieu portées par ses Commission & Exploit des dix-sept Janvier & neuf Février 1739 contre lesdits d'Hariagués & Cordier, Tuteurs de leurs enfans mineurs, afin de désistement à son profit d'une maison sise rue de Richelieu, avec restitution de fruits depuis le dix Mai mil sept cent quinze, dommages, intérêts & dépens, ladite maison vendue par ledit de Lespine & sa femme avec toutes promesses de garantie, à feu Jean-François Breteau pere de ladite Dame Coustard, par contrat passé pardevant Notaires le trois Juillet mil six cent quatre-vingt huit, qu'ils ont eux-mêmes vendu au feu sieur d'Hariagues, par contrat du treize Décembre mil six cent six, laquelle maison le Duc de Richelieu prétend lui appartenir à titre d'héritier substitué du feu Cardinal de Richelieu, par son testament du vingt-trois Mai 1642; 2° de la demande en garantie de ladite demande & prétention faite par ledit d'Hariagues, & ledit Cordier Tuteur des enfans mineurs, contre ledit Coustard & sa femme, par Requête & Exploit du vingt Mars mil sept cent trente-neuf; 3° de la demande en prise de fait & cause dudit Coustard & sa femme pour lesdits d'Hariagues & Cordier, par Requête du vingt-huit Août mil sept cent trente-neuf; enfin de l'Arrêt de notredite Cour du cinq Septembre audit an, qui a donné acte audit Coustard & sa femme de leur prise de fait & cause pour lesdits d'Hariagues & Cordier, & a ordonné qu'ils seroient mis hors de cause, à ce que lesdits enfans, héritiers, représentans & biens-tenans dudit défunt Nicolas de Lespine & sa femme seroient tenus de prendre le fait & cause desdits Coustard, tant sur la demande principale formée par le Duc de Richelieu contre lesdits d'Hariagues & Cordier, que sur celle en garantie formée contre lesdits Coustard par lesdites veuves d'Hariagués & Cordier audit nom, faire cesser l'effet desdites demandes, faire déclarer le Duc de Richelieu non-recevable dans celle par lui formée, sinon & où il interviendroit quelques condamnations au profit du Duc de Richelieu contre lesdits Coustard, tant en leurs noms que comme prenant le fait & cause de la veuve d'Hariagues & dudit Cordier, condamner lesdits enfans, héritiers & biens-tenans desdits de Lespine, personnellement pour les parts & portions dont ils sont héritiers, biens-tenans & représentans, hypothéquairement pour le tout, à acquitter, garantir & indemniser ledit Coustard & sa femme de toutes les condamnations qui pourroient être prononcées contr'eux, tant en principaux, arrérages, intérêts, loyers, fruits, dommages-intérêts personnels desdits Coustard, résultans de l'inexécution dudit contrat du trois Juillet mil six cent quatre-vingt-huit, tels qu'il plaira à notredite Cour les arbitrer & en tous les dépens, tant en demandant, défendant, que de la présente demande; Requête du Duc de Richelieu du vingt-cinq Mai mil sept cent quarante-deux, employée pour fins de non-recevoir & défenses contre la susdite demande, à ce qu'il plût à notredite Cour, sans s'arrêter à ladite demande desdits Coustard, les y déclarer non-recevables en ce qui concerne le duc de Richelieu, ou en tout cas les en débouter & les condamner aux dépens; Arrêt du vingt-neuf Mai 1742, par lequel notredite Cour pour faire droit aux Parties sur lesdites demandes, les a appointées en & joint à l'Instance d'entre le duc de Richelieu, ledit de Chuberé & Consorts, tous dépens réservés; production dudit de Coustard & sa femme, en exécution du susdit Arrêt, par leur requête du douze Août

1745, employée pour avertissement ; contredits fournis le vingt-sept Octobre 1745 par le Duc de Richelieu contre la susdite production ; production du Duc de Richelieu, en exécution du même Arrêt, par requête du quatorze Juin 1743, employée pour avertissement ; requête desdits Coustard du vingt-un Novembre 1746, d'emploi pour contredits contre la susdite production ; production nouvelle de François Dionis & de la veuve Desplaces, par requête du vingt-huit Juin 1742 ; requête du duc de Richelieu du vingt-trois Janvier 1743, employée pour contredits contre ladite production nouvelle ; production nouvelle de ladite Durocher, par requête du même jour vingt-huit Juin 1742 ; requête du duc de Richelieu du dix-neuf Janvier 1743, employée pour contredits ; requête présentée en notredite Cour le deux Mai 1739 par ladite Durocher, à ce qu'il lui fût permis d'y faire assigner dans les délais de l'Ordonnance ladite Perrot fille majeure, pour voir dire qu'elle auroit acte de la sommation & dénonciation qu'elle faisoit de ladite Perrot de la demande contre elle formée de la part du Duc de Richelieu, par requête, commission & exploit des quinze, dix-sept Janvier & neuf Février 1739, ce faisant que ladite Perrot seroit tenue de se joindre à ladite Durocher, même prendre son fait & cause ; faire cesser la demande du Duc de Richelieu & l'en faire débouter avec dépens, sinon & à faute de ce faire se voir condamner à acquitter, garantir & indemniser ladite Durocher de l'évenement de ladite demande telle qu'elle puisse être, & en ses dommages-intérêts à donner par déclaration, & en outre se voir ladite Perrot condamner aux dépens ; exploit d'assignation donnée en notredite Cour le 22 Mai 1739 à la requête de ladite Durocher, en vertu & aux fins de la susdite requête ; requête présentée en notredite Cour le six Juin 1739 par lesdites Perrot, employée pour moyens d'intervention & pour défenses contre la susdite demande, & tendante à ce qu'il plût à notredite Cour leur donner acte de qu'ils prenoient contre le Duc de Richelieu le fait & cause de ladite Durocher sur la demande formée contre elle, par requête & exploit des 15 Janvier & 9 Février 1739, en conséquence ordonner que ladite Durocher sera mise hors de cause, à la charge de l'Ordonnance, le tout aux risques des garants desdits Perrot, & sans par eux entendre approuver en aucune maniere la demande du Duc de Richelieu ni la qualité par lui prise, & sans préjudice de toutes les fins de non-recevoir, droits & actions au principal desdits Perrot contre ladite demande ; requête présentée en notredite Cour le vingt-six Juillet 1741 par ladite Durocher, à ce qu'il lui plût en recevant le Duc de Richelieu opposant à l'Arrêt par défaut du trente Juin 1739 au principal, donner acte à ladite Durocher de ce qu'aux risques tant desdits Perrot que dudit de Narbonne, elle contresomme & dénonce au Duc de Richelieu les deux demandes en sommation & garantie formées à la requête de ladite Durocher contre ladite Perrot & ledit de Narbonne, par requête & exploit des deux Mai & vingt Juillet 1739, en conséquence déclarer le Duc de Richelieu non-recevable dans sa demande formée contre ladite Durocher, par requête, ordonnance, commission & exploit des quinze, dix-sept Janvier & neuf Février 1739, ou en tout cas l'en débouter, condamner le Duc de Richelieu en tous les dépens envers ladite Durocher faits contre toutes les Parties, tant en demandant, défendant, que des sommations & contresommations, même de l'acquitter de ceux auxquels elle pourroit être condamnée envers lesdites Perrot & ledit de Narbonne ses garants, & où notredite Cour y feroit quelque difficulté, & adjugeroit au contraire les conclusions prises par le Duc de Richelieu en l'instance contre ladite Durocher, en ce cas faisant droit sur les demandes en sommation & garantie susdatées, en adjugeant le profit du défaut obtenu contre ledit de Narbonne, joint aux contestations dont il s'agit, par Arrêt du mois de Juin 1742, condamner lesdits Perrot & ledit de Narbonne solidairement à acquitter ladite Durocher des condamnations qui seront prononcées contre elle au profit du Duc de Richelieu en principaux, arrérages, intérêts, frais & dépens avec dommages, intérêts, à donner par déclaration, & en tous les dépens faits & à faire par ladite Durocher, tant en demandant, défendant, que des sommations & contresommations ; Arrêt du vingt-sept Juillet 1742, par lequel notredite Cour a reçu le Duc de Richelieu & ladite Durocher opposans à l'Arrêt par défaut, a reçu lesdits Perrot Parties intervenantes, tant dans la cause d'entre ladite Durocher & ladite Perrot que dans les contestations d'entre le Duc de Richelieu & ladite Durocher, a donné acte de l'emploi porté en leur requête, pour moyens d'intervention, a donné pareillement acte auxdits Perrot de ce qu'ils prennent le fait & cause de ladite Durocher au principal sur les demandes & intervention dont il s'agit, a appointé les Parties en droit & joint à l'Instance d'entre le Duc de Richelieu d'une part & ladite Durocher & autres, pour leur être sur le tout fait droit conjointement ; production de ladite Durocher, en exécution du susdit Arrêt par sa requête du six Août 1742, employée pour avertissement ; requête du Duc de Richelieu du vingt-six Novembre 1745 d'emploi pour contredits contre ladite production ; avertissement desdits Perrot du vingt-deux Novembre 1745, employé pour contredits contre ladite production ; production desdits Perrot, en exécution du même Arrêt par leur inventaire ; sommation faite à la requête desdits Perrot, à ladite Durocher & au Duc de Richelieu de fournir leurs contredits contre ladite production ; requête du Duc de Richelieu du vingt-trois Novembre 1745, d'emploi pour avertissement, écritures & production, en exécution dudit Arrêt du vingt-sept Juillet 1742 ; sommation faite à la requête du duc de Richelieu à ladite Durocher & auxdits Perrot, de fournir de contredits ; production desdits Perrot, en exécution du même Arrêt par leur inventaire & leur avertissement des vingt-deux Novembre & dix-huit Décembre 1745 ; avertissement fourni le quatorze Juin 1742 par le Comte de Saint Florentin & Consorts, servant de contredits, en exécution de tous les Arrêts d'appointement ; requête présentée en notredite Cour le quatre Avril 1742 par lesdits Coustard & sa femme, contenant demande ci-dessus, visée contre les héritiers représentans & biens tenans de feu Nicolas de Lespine & d'Elisabeth Fleurette sa femme ; exploits d'assignations données en notredite Cour les trois & treize Octobre 1742, à la requête dudit de Coustard & sa femme auxdits de Lespine, Soulas & Bazin, & à la veuve Hardouin en vertu & aux fins de la susdite requête ; défenses fournies par lesdits de Lespine, Soulas & Consorts le vingt-un Janvier 1743 contre la susdite demande ; repliques fournies le vingt-six Janvier 1743, par lesdits de Coustard & sa femme contre les susdites défenses ; requête dudit Coustard & sa femme du vingt-neuf Janvier 1743, à ce qu'il plût à notredite Cour leur donner acte de ce qu'aux risques desdits de Lespine, Bernier, Dufresne, Hardouin & Mazerets ci-après nommés, ils contresommoient au Duc de Richelieu ses propres demandes par lui formées contre la veuve d'Harriagues & ledit Cordier tuteur de leurs enfans, par requête, commission & exploit des dix-sept Janvier & neuf Février 1739, comme aussi de ce qu'ils sommoient & dénonçoient au Duc de Richelieu la demande en garantie formée par la veuve d'Haria-

gues & ledit Cordier contre ledit de Couftard & fa femme par requête & exploit du vingt Mars 1739,
& la demande de prife de fait & caufe defdits de Couftard pour ladite veuve d'Hariagues & ledit Cordier
audit nom, par requête du vingt-huit Août 1739, enfemble les demandes en garantie defdites demandes
& prétentions formées par ledit de Couftard & fa femme, par requête & exploit des quatre Avril, trois
& treize Octobre 1742 contre Elifabeth-Madeleine, & Marie-Anne Mezerets filles majeures, Nicolas de
Lefpine, Me Henri de Lefpine, Jeanne Soulas, veuve Pierre-Gilles Bernier, Pierre-Charles de Lefpine,
la veuve Hardouin, la veuve Dufrefne, Jean-François Bazin & fa femme tous cohéritiers, & repréfentans défunt Nicolas de Lefpine & Elifabeth Fleurotte fa femme & autres, & les défenfes fournies auf-
dites demandes en garantie par lefdits de Lefpine, Mezerets, Dufrefne, Hardouin & Bazin, en date des
vingt-un & vingt-cinq Janvier 1741, comme auffi de ce qu'en continuant les fommations par eux ci-
devant faites auxdits de Lefpine & Conforts par lefdites requête & exploit des quatre Avril, trois &
treize Octobre 1742, ils fommoient & dénonçoient aux rifques du Duc de Richelieu auxdits de Lefpine,
Mezerets, Dufrefne, Hardouin, contre lefdits Bernier & Bazin, la requête de demande du Duc de Richelieu Couftard & fa femme du vingt-cinq mai 1742, & l'Arrêt portant appointement en droit, tant fur
icelle que fur celle dudit de Couftard & fa femme du quatre Avril 1742, en ce qui concernoit le Duc
de Richelieu ; & faifant droit fur l'Inftance, déclarer le Duc de Richelieu non-recevable dans les demandes par lui formées contre la veuve d'Hariagues & ledit Cordier, es noms, par requête, continuées
& exploit des dix-fept Janvier & neuf Février 1739, & dans celle par lui formée contre ledit de Couftard
& fa femme, par requête du vingt-cinq Mai 1742, & le condamner en tous les dépens faits par ledit
Couftard & fa femme, tant contre lui que contre ladite veuve d'Hariagues, ledit Cordier, & lefdits de
Lefpine, Hardouin, Dufrefne & Mezerets, tant en demandant, défendant, que des fommations & contre-
fommations, & de les acquitter de ceux auxquels ledit de Couftard & fa femme pourroient être condamnés envers eux, & où il interviendroit quelque condamnation au profit du Duc de Richelieu, tant
contre ledit de Couftard & fa femme, que contre la veuve d'Hariagues & ledit Cordier tuteur de fes
enfans, & encore contre ledit de Couftard & fa femme, comme prenant le fait & caufe de la veuve
d'Hariagues & dudit Cordier, condamner lefdits de Lefpine, Bernier, Hardouin, Dufrefne, Bazin &
Mezerets héritiers & biens tenans defdits Nicolas de Lefpine & Fleurette fa femme perfonnellement
pour les parts & portions dont ils font héritiers, biens tenans & repréfentans & hipotequairement pour
le tout, à acquitter, garantir & indemnifer lefdits Couftard de toutes les autres condamnations qui pourroient être contr'eux prononcées tant en principaux, arrérages, intérêts, loyers, fruits, dommages-intérêts, que frais & dépens, & les condamner par les mêmes voyes aux dommages, intérêts perfonnels
dudit de Couftard & fa femme, réfultans de l'inexécution du contrat du 3 Juillet mil fix cens quatre-vingt-huit
tels qu'il plaira à notredite Cour les arbitrer, & en tous les dépens faits par ledit de Couftard & fa femme,
tant contre eux que contre le Duc de Richelieu, ladite veuve Dhariagues & ledit Cordier tuteur de fes enfans mineurs, tant en demandant, défendant, que des fommations & contre-fommations : Arrêt du trente
Janvier 1743, par lequel notredite Cour pour faire droit fur les demandes & défenfes ci-deffus fa appointé
les parties en droit & joint à l'inftance d'entre ledit Couftard & fa femme, le Duc de Richelieu & autres
pour leur être fait droit, ainfi qu'il appartiendra : Production dudit de Couftard & fa femme, en exécution
du fufdit Arrêt, par Requête du douze Août 1743, employée pour avertiffement : Contredits fournis le
vingt-fept Octobre 1745 par le Duc de Richelieu contre la fufdite Production : Requête du Duc de Richelieu
du vingt-trois Novembre 1745, employée pour avertiffement, écritures & production en exécution du
même Arrêt : Requête dudit de Couftard & fa femme du vingt-un Novembre 1746, d'emploi pour contredits contre l'emploi de production ci-deffus : Production defdits de Lefpine & conforts en exécution du
même Arrêt, par Requête du 30 Avril 1746, employée pour averiffement & contenant demande à ce qu'il
plût à notredite Cour les recevoir parties intervenantes en l'inftance d'entre le Duc de Richelieu, ledit de
Couftard & fa femme, comme ayant pris le fait & caufe de ladite Dhariagues, qu'il leur fût donné acte du
contenu en leur Requête pour moyens d'intervention ; faifant droit fur icelle, qu'il leur fût donné acte de
ce qu'ils contre-fommoient & dénonçoient au Duc de Richelieu fa propre demande qu'il avoit formée contre
ladite Dhariagues, tant en fon nom que comme tutrice de fes enfans mineurs, celle en fommation formée
contre ladite Dhariagues, contre ledit Couftard & fa femme, & celle en contte-fommation formée par ledit
Couftard & fa femme contre lefdits de Lefpine, & en conféquence débouter le Duc de Richelieu de la demande par lui formée contre ledit Couftard & fa femme, & defdits Dhariagues contre ladite de Lefpine ;
mettre les parties hors de Cour, condamner le Duc de Richelieu en tous les dépens faits tant par ladite Dhariagues, que ledit de Couftard & fa femme, & lefdits de Lefpine, même en ceux faits les uns à l'encontre
des autres, enfemble à acquitter, garantir & indemnifer lefdits de Lefpine de ceux auxquels ils pourroient
être condamnés envers ledit de Couftard & fa femme ; au bas de laquelle requête, auffi employée pour
avertiffement, écritures & production fur icelle, eft l'ordonnance de notredite Cour qui l'a réglée de foientre-
çûes parties intervenantes & en droit & joint, & donné acte de l'emploi : Avertiffement & requête du Duc
de Richelient des fept & vingt-trois Mai 1746, employés pour fins de non-recevoir, défenfes, écritures &
production en exécution de la fufdite ordonnance du trente Avril 1746 : Sommation faite à la requête dudit
de Couftard & fa femme auxdits de Mezerets, Bernier, Bazin & conforts de produire & contredire en exécution des fufdits Arrêt & Ordonnance de notredite Cour des trente Janvier 1743, & trente Avril 1746 : Exploit d'affignation donnée en notredite Cour le trois Octobre 1742 à la requête dudit de Couftard &
fa femme à Adrienne Soulas époufe de Jean de Leftang, en vertu & aux fins de la requête du quatre
Avril 1742 ci-deffus vifée ; fins de non-recevoir, & défenfes fournies le feize Février 1743 par ladite
Soulas contre la fufdite demande ; requête préfentée en notredite Cour le vingt Février 1743 par lefdit
Couftard & fa femme, à ce qu'il lui fût donné acte de ce qu'en continuant les fommations & dénonciations ci-devant faites au Duc de Richelieu, ils lui fommoient & lui dénonçoient aux rifques de ladite
Soulas époufe de Me Leftang Procureur en notredite Cour, autorifée par Juftice à fon refus la demande formée par lefdits de Couftard & fa femme contre ladite de Leftang, par requête & exploit des
quatre Avril & trois Octobre 1742 ; enfemble les défenfes qui ont été fournies par ladite de Leftang, le
feize Février 1742, comme auffi, de ce qu'en continuant les fommations & dénonciations par eux faites
à ladite de Leftang, par ladite requête & exploit ils fommoient & dénonçoient aux rifques du Duc de Richelieu

lieu comme ledit de Couſtard & ſa femme du vingt-cinq Mai 1743, & l'Arrêt d'appointement tant ſur icelle, que ſur celle dudit de Couſtard & ſa femme dudit jour cinq Avril 1741, en ce qui concernoit le Duc de Richelieu; & faiſant droit ſur l'Inſtance, déclarer le Duc de Richelieu non-recevable dans les demandes par lui formées contre la veuve d'Hariagues & ledit Cordier tuteur de leurs enfans, par requête & exploit des dix-ſept Janvier & neuf Février 1739, & dans celle par lui formée contre ledit de Couſtard & ſa femme, par ladite requête du vingt-cinq Mai 1741 & le condamner en tous les dépens faits par ledit de Couſtard & ſa femme, tant contr'eux, que contre ladite d'Hariagues, ledit Cordier & ladite de Leſtang, tant en demandant, défendant que des ſommations & de les acquitter de ceux auxquels ledit de Couſtard & ſa femme pourroient être condamnés envers eux, & où il interviendroit quelque condamnation au profit du Duc de Richelieu, tant contre ledit de Couſtard & ſa femme que contre la veuve d'Hariagues & ledit Cordier tuteur de leurs enfans, & encore contre ledit de Couſtard & ſa femme, comme prenant le fait & cauſe de la veuve d'Hariagues & dudit Cordier audit nom, condamner ladite de Leſtang perſonnellement pour la part & portion qu'elle eſt héritiere & biens tenante de Nicolas de Leſpine & d'Eliſabeth Fleurette ſa femme & hipotéquairement, pour le tout à acquitter, garantir & indemniſer ledit de Couſtard & ſa femme de toutes les condamnations qui pourront être contre eux prononcées ſoit en principaux, arrérages, intérêts, loyaux couſts, dommages-intérêts & dépens, & la condamner par les mêmes voyes aux dommages-intérêts perſonnels dudit Couſtard & ſa femme, réſultans de l'inexécution du contrat du trois Juillet 1688, tels qu'il plaira à notredite Cour de les arbitrer, & en tous les dépens faits par ledit de Couſtard & ſa femme, tant contr'elle que contre le Duc de Richelieu, la veuve d'Hariagues & ledit Cordier audit nom, tant en demandant, défendant, que des ſommations & contreſommations; Arrêt du vingt-deux Février 1743, par lequel notredite Cour pour faire droit aux Parties ſur les demandes & défenſes ci-deſſus, les a appointé en droit & joint à l'inſtance d'entre ledit Couſtard & ſa femme, le duc de Richelieu, Nicolas-Henry de Leſpine & autres pour leur être ſur le tout conjointement fait droit ainſi qu'il appartiendra; production dudit de Couſtard & ſa femme, en exécution du ſuſdit Arrêt, par requête du onze Août 1743, employée pour avertiſſement, contredits fournis le vingt-ſept Octobre 1745 par le Duc de Richelieu contre ladite production; requête du Duc de Richelieu du vingt-trois Novembre 1745 d'emploi pour avertiſſement, écritures & production, en exécution du même Arrêt contenant demande, à ce qu'il plût à notredite Cour déclarer ledit de Couſtard & ſa femme non-recevables dans leur demande en contreſommation, ou en tout cas les en débouter & les condamner aux dépens, au bas de laquelle requête eſt l'Ordonnance de notredite Cour qui a donné acte de l'emploi y porté, & réſervé d'y faire droit en jugeant; ſommations faites à la requête dudit Couſtard & ſa femme à ladite Soulas femme de Leſtang & au Duc de Richelieu, de ſatisfaire au ſuſdit Arrêt; requête dudit de Couſtard du vingt-deux Novembre 1736 d'emploi pour contredits contre la production du Duc de Richelieu, en exécution dudit Arrêt du vingt-deux Février 1743; inventaire de production du Comte de Saint-Florentin & Conſorts, en exécution de tous les Arrêts & Ordonnance de notredite Cour intervenus juſques alors, ledit inventaire ſignifié le onze Mars 1743; commiſſion obtenue en Chancellerie le dix-neuf Janvier 1743, à la requête dudit de Couſtard & ſa femme, par laquelle il lui étoit permis de faire aſſigner en notredite Cour aux riſques du Duc de Richelieu, Nicolas Chevrel fils unique de défunt Me Chevrel Procureur en notredite, Cour & de la nommée de Leſpine fille & héritiere de défunts Nicolas de Leſpine & Eliſabeth Fleurette ſon épouſe, pour voir dire que ledit de Couſtard & ſa femme auroient acte de la ſommation & dénonciation qu'ils lui faiſoient, des demandes formées par le Duc de Richelieu par ſes requête, commiſſion & exploit des dix-ſept Janvier & neuf Février 1739 contre la veuve d'Heriagues & ledit Cordier tuteur de leurs enfans mineurs, afin de déſiſtement à ſon profit de ladite maiſon ſiſe à Paris rue de Richelieu, avec reſtitution de fruits depuis le dix Mai 1715 dommages-intérêts & dépens, ladite maiſon vendue par Nicolas de Leſpine & ſa femme avec toute promeſſe de garantie audit feu Breteau pere de la femme de Couſtard, par Contrat du trois Juillet 1688, laquelle ledit de Couſtard & ſa femme ont eux-mêmes vendue audit d'Hariagues par contrat du treize Décembre 1706, laquelle maiſon le Duc de Richelieu prétend lui appartenir à titre d'héritier ſubſtitué du Cardinal de Richelieu par ſon teſtament du vingt-trois Mai 1642, 2°. de la demande en ſommation & garantie de ladite demande & prétention formée par ladite veuve d'Hariagues & ledit Cordier, tuteur de leurs enfans, par requête & exploit du vingt Mars 1739; 3°. De la demande de priſe de fait & cauſe dudit de Couſtard & ſa femme pour la veuve d'Hariagues & ledit Cordier, par requête du vingt-huit Août 1739, enfin de l'Arrêt de notredite Cour du quatre Septembre audit an, qu'en conſéquence de la priſe de fait & cauſe de la veuve d'Hariagues & dudit Cordier, a ordonné qu'ils ſeroient mis hors de cauſe, à ce que ledit Chevrel fût tenu de prendre le fait & cauſe dudit de Couſtard & ſa femme ſur toutes les demandes, & de faire ceſſer l'effet deſdites demandes, faire déclarer le Duc de Richelieu non-recevable dans celles par lui formées, ſinon & où il interviendroit quelque condamnation au profit du Duc de Richelieu contre ledit de Couſtard & ſa femme, tant en leur nom, que comme prenant le fait & cauſe de la veuve d'Hariagues & dudit Cordier, condamner ledit Chevrel audit nom d'héritier repréſentant & biens tenant deſdits défunts Nicolas de Leſpine & Eliſabeth Fleurette, d'acquitter, garantir & indemniſer ledit de Couſtard & ſa femme de toutes les condamnations qui pourroient être contr'eux prononcées, en principaux, arrérages, intérêts, loyers, dommages-intérêts, frais & dépens, & ſe voir en outre condamner aux dommages-intérêts dudit de Couſtard & ſa femme réſultans de l'inexécution dudit contrat du trois Juillet mil ſix cens quatre-vingt-huit tels qu'il plaira à notredite Cour les arbitrer, & en tous les dépens, tant en demandant, défendant, que des ſommations & dénonciations & de la préſente demande, & en outre procéder, comme de raiſon, afin de dépens : Paréatis obtenu le vingt-neuf Janvier 1743 par de Couſtard & ſa femme ſur ladite commiſſion : Exploit d'aſſignation donnée en notredite Cour le onze Février 1743 à la requête dudit de Couſtard & ſa femme audit de Chevrel en vertu & aux fins deſdites commiſſion & paréatis; défenſes fournies par ledit Chevrel le dix-ſept Mai 1743, contre la ſuſdite demande : Requête dudit de Couſtard & ſa femme du trente Mai 1743, à ce qu'il plût à notredite Cour leur donner acte de ce qu'en continuant les contre-ſommations ci-devant par eux faites au Duc de Richelieu, ils lui contre-ſommoient & dénonçoient aux riſques dudit Chevrel la demande formée par ledit de Couſtard & ſa femme par commiſſion, paréatis & exploit des dix-neuf, vingt-neuf Janvier & onze Février 1743 contre ledit Chevrel, ſeul & unique héritier de défunte de Leſpine, femme de Me Chevrel Procureur en notredite Cour, laquelle étoit fille & héritière de Nicolas de Lespine & Elisabeth Fleurette sa femme, ensemble les défenses dudit Chevrel à ladite demande du dix-sept Mai 1743: comme aussi qu'il fût donné acte audit de Coustard & sa femme, de ce qu'en continuant les sommations & dénonciations ci-devant faites audit Chevrel audit nom, ils lui sommoient & dénonçoient la présente requête, & y faisant droit, adjuger audit de Coustard & sa femme les conclusions par eux ci-devant prises contre le Duc de Richelieu & ledit de Chevrel; & en outre condamner celui des deux qui succombera, en tous les dépens faits & à faire contre l'un & l'autre, même à les acquitter de ceux auxquels ils pourroient être condamnés envers l'un & l'autre, ou qui pourroient être compensés: Arrêt du trente-un Mai 1743, par lequel notredite Cour pour faire droit sur les demandes & défenses ci-dessus, a appointé les parties en droit & joint à l'instance d'entre ledit de Coustard & sa femme, le Duc de Richelieu, ledit de Lespine & autres, pour leur être fait droit ainsi qu'il appartiendroit: Production dudit de Coustard & sa femme en exécution des Arrêts des vingt-neuf Mai 1741, trente Janvier, vingt-deux Février & trente-un Mai 1743, par requête du douze Août 1745, employé pour avertissement: Requête du Duc de Richelieu du vingt-trois Novembre 1745, d'emploi pour avertissement, écriture & production en exécution dudit Arrêt du trente-un Mai 1743, contenant demande à ce qu'il plût à notredite Cour déclarer lesdit de Coustard & sa femme non-recevables dans leur demande en continuation & les condamner aux dépens; au bas de laquelle requête est l'ordonnance de notredite Cour, qui a donné acte de l'emploi y porté & réservé d'y faire droit en jugeant: Requête dudit de Coustard & sa femme, d'emploi, pour contredits contre l'emploi de production porté par la susdite requête: Sommation faite audit Chevrel de satisfaire audit Arrêt: Requête dudit de la Blancherie audit nom de Tuteur à la substitution, en date du quatorze Juin 1743, à ce qu'il plût à notredite Cour le recevoir partie intervenante en l'instance, lui donner acte du coutenu en sa requête, pour moyens d'intervention, faisant droit sur icelle, qu'il lui fût donné acte de ce qu'il adhéroit aux conclusions prises par le Duc de Richelieu en ladite instance, en conséquence condamner Françoise-Charlotte de Senneterre, épouse séparée quant aux biens par son Contrat de mariage de François Malortie, Chevalier, Marquis de Bouteville, autorisée par Justice à son refus, à la poursuite de ses droits par Arrêt du dix-sept Août mil sept cent trente-neuf, & auparavant veuve dudit Thibault, Marquis de la Carre, à se désister & départir de la propriété, possession & jouissance du sol, fonds & superficie d'une maison, cour, bâtimens & dépendances situés en la ville de Paris rue de Richelieu, tenant d'un côté au midi à la maison du Marquis de Crecy, d'autre côté au nord à la maison de la veuve d'Hariagues, sur le devant à la rue de Richelieu, & sur le derriere au Jardin du Palais-royal, laquelle maison se trouve bâtie sur une place donnée à rente avec plusieurs autres places par feu le Cardinal de Richelieu à Louis le Barbier, par contrat du dix-sept Mars mil six cent trente-six, & ensuite retirée par le Cardinal de Richelieu, & qui a été vendue avec plusieurs autres places, & la maison de l'Ours par feu le Duc de Richelieu à Charles Flacourt, par contrat passé pardevant Notaires à Paris le vingt-neuf Mai mil six cent cinquante-cinq, condamner ladite de Boutteville à laisser audit de la Blancherie audit nom la libre propriété, possession & jouissance de ladite maison, & à la restitution des loyers, à compter du dix Mai mil sept cent quinze, jour du décès du Duc de Richelieu pere, tems auquel la substitution s'est trouvée ouverte en faveur du Duc de Richelieu fils, aux dommages-intérêts soufferts & à souffrir, aux offres que faisoit ledit de la Blancherie audit nom de tenir compte à ladite Marquise de Boutteville de ce qui auroit pû être légitimement payé par elle ou par ses auteurs, à la décharge de la succession du Cardinal de Richelieu, sur le prix du contrat de vente dudit jour vingt-neuf Mai mil six cent cinquante-cinq, & condamner la Marquise de Boutteville en tous les dépens, condamner pareillement ladite Durocher, fille majeure à se désister du fonds, propriété & jouissance de la rente fonciere de bail d'héritage dont la maison ci-après désignée est chargée à raison de cinq livres deux sols six deniers par chaque toise de superficie, suivant le contrat d'arrentement fait par le Cardinal de Richelieu en faveur de Louis le Barbier le dix-sept Mars mil six cent trente-six, tant de la place sur laquelle ladite maison est bâtie, que de plusieurs autres places qui sont autour du Palais du Cardinal, aujourd'hui Palais-royal, laquelle rente s'est trouvée dans la succession du Cardinal de Richelieu, & a été vendue avec autres emplacemens, & la maison de l'Ours par le feu Duc de Richelieu à Charles Flacourt, par contrat du vingt-neuf Mai mil six cent cinquante-cinq, au moyen de quoi la substitution faite par le Testament du Cardinal de Richelieu s'est trouvée privée de ladite rente, ladite maison appartenante à ladite Durocher, sise rue de Richelieu, tenante d'un côté au midi à la maison appartenante au Président Dupuy, pardevant à l'occident à la rue de Richelieu, & par derriere à l'orient au Jardin du Palais-royal; ordonner que ladite maison sera & demeurera chargée de ladite rente, pour la servir & payer tant au Duc de Richelieu qu'à ceux qui seront appellés après lui à la substitution du Cardinal de Richelieu; condamner pareillement ladite Durocher à payer les arrérages de ladite rente, à compter du dix Mai 1715 jour du décès du Duc de Richelieu pere, auquel tems la substitution a été ouverte au profit du Duc de Richelieu fils, aux dommages-intérêts soufferts & à souffrir, aux offres que faisoit ledit de la Blancherie audit nom de tenir compte à ladite Durocher de ce qui avoit pû être légitimement payé par elle ou par ses prédécesseurs, à la décharge de la succession du Cardinal de Richelieu, sur le prix du contrat de vente dudit jour vingt-neuf Mai mil six cent cinquante-cinq, & condamner ladite Durocher en tous les dépens; condamner pareillement lesdits Lhostellier, Perdrigeon & de Lespine à se désister & départir conjointement du fonds, propriété & jouissance de la rente fonciere de bail d'héritage dont la maison ci-après désignée est chargée à raison de cinq livres deux sols six deniers par chaque toise de superficie, suivant le contrat d'arrentement fait par le Cardinal de Richelieu en faveur de Louis le Barbier le 17 Mars mil sept cent trente-six, de la place où ladite maison a été bâtie & autres places qui sont autour du Palais-royal, laquelle maison s'est trouvée dans la succession du Cardinal de Richelieu & a été vendue avec autres emplacemens, & la maison de l'Ours par le feu Duc de Richelieu à Charles Flacourt, par contrat du vingt-neuf Mai mil six cent cinquante-cinq, au moyen de quoi la substitution faite par le Testament du Cardinal de Richelieu, en faveur de la branche de Richelieu, s'est trouvée privée de ladite rente, ladite maison appartenante auxdits Lhostellier, Perdrigeon & de Lespine, sise rue de Richelieu, tenante d'un côté au midi à la maison appartenante au nommé Demoyet, d'autre côté au nord à la maison appartenante à ladite Brayer, pardevant à l'occident à la rue de Richelieu, & parderriere à l'ouest au Jardin du Palais-royal, ordonner que ladite maison sera & demeurera chargée de ladite rente, pour la servir & la payer tant au Duc de Richelieu qu'à ceux qui seront appellés après lui à la substitution du Cardinal de Richelieu; condamner pareillement lesdits Lhostellier, Perdrigeon & de Lespine à payer les arrérages de ladite rente, à compter du dix Mai mil sept cent quinze, jour du décès du Duc de

Richelieu, aux dommages-intérêts soufferts & à souffrir, aux offres que faisoit ledit de la Blancherie de tenir compte auxdits Lhostellier, Perdrigeon & de Lespine de ce qui avoit pû être légitimement payé par eux ou par leurs auteurs, à la décharge de la succession du Cardinal de Richelieu, sur le prix du contrat de vente du vingt-neuf Mai mil six cent cinquante-cinq, & condamner lesdits Lhostellier, Perdrigeon & de Lespine en tous les dépens; condamner pareillement ledit Brayer à se désister & départir du fonds, propriété & jouissance de la rente fonciere de bail d'héritage dont la maison ci-après désignée est chargée à raison de cinq livres deux sols six deniers de rente par chaque toise de superficie, suivant le contrat d'arrentement fait par le Cardinal de Richelieu en faveur de Louis le Barbier le dix-sept Mars mil six cent trente-six, de la place sur laquelle ladite maison ci-après est bâtie, laquelle rente s'est trouvée dans la succession du Cardinal de Richelieu & a été vendue avec autres emplacemens, & la maison de l'Ours par le feu Duc de Richelieu pere à Charles Flacourt, par contrat du vingt-neuf Mai mil six cent cinquante-cinq, au moyen de quoi la substitution faite par le Testament du Cardinal de Richelieu, en faveur de la branche de Richelieu, s'est trouvée privée de ladite rente, ladite maison appartenante audit Brayer, sise rue de Richelieu, tenante d'un côté au midi à la maison appartenante audit Lhostellier, d'autre côté au nord à la maison appartenante audit d'Arta-guette, pardevant à l'occident à ladite rue de Richelieu, & parderriere à l'orient au Jardin du Palais-royal, ordonner que ladite maison sera & demeurera chargée de ladite rente pour la servir & payer tant au Duc de Richelieu qu'à ceux qui seront appellés après lui à la substitution du Cardinal de Richelieu; condamner pa-reillement lesdits Brayer à payer les arrérages de ladite rente, à compter du dix Mai mil sept cent quinze, jour du décès du Duc de Richelieu pere, tems auquel la substitution a été ouverte en faveur du Duc de Ri-chelieu, & aux dommages-intérêts soufferts & à souffrir, aux offres faites par ledit de la Blancherie de tenir compte auxdits Brayer de ce qui avoit pû être légitimement payé par eux ou par leurs auteurs, à la dé-charge de la succession du Cardinal de Richelieu, sur le prix du contrat de vente du vingt-neuf Mai 1655, & condamner lesdits Brayer en tous les dépens, condamner pareillement Barthelemi-Jean Nouveau à se désis-ter & départir de la propriété, possession & jouissance du sol, fonds & superficie d'une maison, Cour, bâti-mens & dépendances situés en la ville de Paris, rue de richelieu, tenant d'un côté au midi à la maison appar-tenante audit d'Artaguiette, d'autre côté au nord à la maison appartenante audit Dupuis, par-devant à l'occident à la rue de Richelieu, & par-derriere à l'orient au jardin du Palais-royal, laquelle maison se trouve bâtie sur une place reservée par feu le Cardinal de Richelieu pour former un passage de ladite rue richelieu dans le jardin du Balais-royal, suivant le contrat d'arrentement, qu'il fit d'autres places audit Louis le Barbier le dix-sept Mars 1636, laquelle place s'est trouvée dans la succession du Cardinal de Ri-chelieu, & a été vendue avec d'autres places & la maison de l'Ours, au préjudice de la substitution par ledit feu Duc de Richelieu pere à Charles Flacourt, par contrat passé devant Notaires à Paris le 29 Mai 1655, condamner ledit Nouveau à laisser audit de la Blancherie la libre propriété, possession & jouissance de ladite maison, & à restituer les loyers d'icelle, à compter du dix Mai 1715, jour du décès du Duc de Richelieu pere, tems auquel la substitution a été ouverte, aux dommages-intérêts soufferts & à souffrir, aux offres que faisoit ledit de la Blancherie de tenir compte audit Nouveau de ce qui avoit pû être légitimement payé, tant par lui que par ses auteurs, à la décharge de la succession du Cardinal de Richelieu, sur le prix du contrat de vente du vingt-neuf Mai 1655, condamner pareillement ledit Nouveau à se désister & départir du fonds, propriété & jouissance de la rente fonciere de cinq livres deux sols six deniers pour chaque toise de superficie, suivant le contrat d'arrentement fait par le Cardinal de Richelieu en faveur de Louis le Barbier, le dix-sept Mars 1636, de la place sur laquelle la maison ci-après a été bâtie, & autres places autour du jardin du Pa-lais-royal, laquelle rente s'est trouvée dans la succession du Cardinal de Richelieu, & a été vendue avec d'autres emplacemens & la maison de l'Ours, par le feu Duc de Richelieu pere à Charles Flacourt, par contrat passé devant Notaires à Paris, le vingt-neuf Mai 1655, au moyen de quoi la substitution faite par le Testament du Cardinal de Richelieu en faveur de la branche de Richelieu s'est trouvée privée de ladite rente, ladite maison appartenante audit Nouveau, sise rue neuve des Petits-Champs, tenant d'un côté de l'orient à la maison des héritiers Passerat, du côté de l'occident à la maison dudit Testard, du côté du nord à ladite rue neuve des Petits-Champs, & du côté du midi au jardin du Palais-royal, ordonner que ladite maison sera & demeurera chargée de ladite rente, pour la servir & payer, tant au Duc de Richelieu qu'à ceux qui seront appellés après lui à la substitution du Cardinal de Richelieu, condanmner pareillement ledit Nouveau à payer les arrérages de ladite rente, à compter du dix Mai 1715, jour du décès du Duc de Richelieu pere, au-quel tems la substitution a été ouverte en faveur du Duc de Richelieu, aux dommages-intérêts soufferts & à souffrir, aux offres que faisoit ledit de la Blancherie audit nom, de tenir compte audit Nouveau de ce qui avoit pû être payé par lui ou par ses auteurs, à la décharge de la succession du Cardinal de Richelieu, sur le contrat de vente dudit jour 29 Mai 1655, & condamner ledit Nouveau en tous les dépens; condamner François & Augustin-Jerôme Dionis à se désister & départir conjointement du fonds, propriété & jouissance de la rente fonciere de bail d'héritage dont la maison ci-après est chargée, à raison de cinq livres deux sols six deniers par chaque toise de superficie, suivant le contrat d'arrentement fait par le Cardinal de Richelieu de la place sur laquelle ladite maison est bâtie, & autres places autour du jardin du Palais-royal, à Louis le Barbier, le dix-sept Mars mil six cent trente-six, laquelle rente s'est trouvée dans la succession du Cardinal de Richelieu, & a été vendue avec autres emplacemens par le feu Duc de Richelieu pere, à Charles Flacourt, par contrat du vingt-neuf Mai mil six cent cinquante-cinq, au moyen de quoi la substitution faite par le Cardinal de Richelieu en faveur de la branche de Richelieu s'est trouvée privée de ladite rente, ladite maison appartenante audit Dionis, sise rue de richelieu; tenante d'un côté à la maison apartenante audit Nouveau, d'autre côté au nord à la maison appartenante à la veuve Desplaces, pardevant à l'occident à ladite rue de richelieu, & par-derriere à l'orrient au jardin du Palais-royal, ordonner que ladite maison sera & demeu-rera chargée de ladite rente, pour la servir & payer, tant au Duc de Richelieu qu'à ceux qui seront appel-lés après lui à la substitution du Cardinal de Richelieu; condamner en outre lesdits Dionis à payer les arrérages de ladite rente, à compter du dix Mai mil sept cent quinze, jour du décès du Duc de Ri-chelieu pere, auquel tems la substitution a été ouverte au profit du Duc de Richelieu, aux dommages-intérêts soufferts & à souffrir, aux offres que faisoit ledit de la Blancherie de tenir compte audit Dionis de ce qui avoit pû être légitimement payé par lui ou par ses auteurs, à la décharge de la succession du Cardinal de Richelieu, sur le prix du contrat de vente dudit jour vingt-neuf Mai mil sept cent cinquante-cinq, & condamner lesdits Dionis en tous les dépens; débouter Charles Dionis, Pierre-Charles Delespine, tant en son nom que comme curateur à l'interdiction de Pierre-Anne Dionis, Abbé de Beaulieu, Marie-Anne Delespine veuve Claude Dufranc, & Anne-Françoise-Therese Delespine, veuve Gilbert-Michel Haudoin; de leur demande, portée par requête du vingt-six Juin mil sept cent trente-neuf, & les condamner aux dépens; condamner pareillement Denise Perrier veuve Desplaces, à se désister & départir du fonds, propriété & jouissance de la rente fonciere de bail d'héritage dont la maison ci-après désignée est chargée, à raison de cinq livres deux sols six deniers par chaque toise de superficie, suivant le contrat d'arrentement fait par le Cardinal de Richelieu en faveur de Louis le Barbier, le dix-sept Mars mil six cent trente-six, de la place sur laquelle ladite maison ci-après est bâtie, & autres places autour du jardin du Palais-royal, laquelle rente s'est trouvée dans la succession du Cardinal de Richelieu, & a été vendue avec autres emplacemens, par le feu Duc de Richelieu pere, à Charles Flacourt, par contrat du vingt-neuf Mai mil six cent cinquante-cinq, au moyen de quoi la substitution du Cardinal de Richelieu faite en faveur de la branche de Richelieu s'est trouvée privée de ledite rente, ladite maison appartenante à la veuve Desplaces, sise rue de Richelieu, tenant d'un côté au midi à la maison appartenante auxdits Dionis, d'autre côté du nord à la maison appartenante à ladite Perrier & autres, pardevant sur ladite rue de richelieu, & parderriere à l'orient au jardin du Palais-royal, ordonner que ladite maison sera & demeurera chargée de ladite rente, pour la servir & payer tant au Duc de Richelieu qu'à ceux qui seront appellés après lui à la substitution du Cardinal de Richelieu; condamner pareillement ladite veuve Desplaces à payer les arrérages de ladite rente, à compter du 10 Mai 1715, jour du décès du Duc de Richelieu pere, auquel tems la substitution a été ouverte en faveur du Duc de Richelieu, en ses dommages-intérêts soufferts & à souffrir, aux offres que faisoit ledit de la Blancherie de tenir compte à la veuve Desplaces de ce qui avoit pû être légitimement payé par elle ou par ses auteurs, à la décharge de la succession du Cardinal de Richelieu, sur le prix du contrat de vente du 29 Mai 1655, & condamner ladite veuve Desplaces en tous les dépens; condamner pareillement ledit Charles Corneil à se désister & départir du fonds, propriété & jouissance de la rente fonciere de bail d'héritage, dont la maison ci-après désignée est chargée, à raison de cinq livres deux sols six deniers par chaque toise de superficie, suivant le contrat d'arrentement fait par le Cardinal de Richelieu en faveur de Louis le Barbier, le dix-sept Mars 1636, de la place sur laquelle ladite maison ci-après est bâtie, laquelle rente s'est trouvée dans la succession du Cardinal de Richelieu, & a été vendue avec plusieurs autres emplacemens à Charles Flacourt, par contrat du 29 Mai 1655, au moyen de laquelle aliénation la substitution faite par le testament du Cardinal de Richelieu, en faveur de la branche de Richelieu, s'est trouvée privée de ladite rente; ladite maison appartenante audit Corneille, sise rue de Richelieu, & tenante d'un côté, au midi, à la maison appartenante à la veuve Desplaces, d'autre côté, au nord, à la maison appartenante à la veuve Laisné, pardevant, à l'occident, à ladite rue de Richelieu, & par derriere, à l'orient, au Jardin du Palais royal; ordonner que ladite maison sera & demeurera chargée de ladite rente, pour la servir & payer, tant au Duc de Richelieu qu'à ceux qui seront appellés après lui à la substitution du Cardinal de Richelieu, condamner pareillement ledit Corneille à payer les arrérages de ladite rente, à compter du dix Mai 1715, jour du décès du Duc de Richelieu pere, auquel tems la substitution a été ouverte au profit du Duc de Richelieu fils, avec dommages-intérêts soufferts & à souffrir, aux offres que faisoit ledit de la Blancherie audit nom, de tenir compte audit Corneille de ce qui avoit pû être légitimement payé par lui ou par ses auteurs, à la décharge de la succession du Cardinal de Richelieu, sur le prix du contrat de vente du 29 Mai 1655, & condamner ledit Corneille en tous les dépens; condamner pareillement la veuve Laisné à se désister & départir du fond, propriété & jouissance de la rente fonciere du bail d'héritage dont la maison ci-après désignée est chargée, à raison de cinq livres deux sols six deniers par chaque toise de superficie, suivant le contrat d'arrentement fait par le Cardinal de Richelieu en faveur de Louis le Barbier, le 17 Mars 1636, de la place sur laquelle ladite maison est bâtie, laquelle rente s'est trouvée dans la succession du Cardinal de Richelieu, & a été vendue avec autres emplacemens, & la maison de l'Ours, par le feu Duc de Richelieu pere à Charles Flacourt, par contrat passé devant Notaires le vingt-neuf Mai 1655, au moyen de quoi la substitution faite par le testament du Cardinal de Richelieu en faveur de la branche de Richelieu, s'étoit trouvée privée de ladite rente; ladite maison appartenante à ladite veuve Laisné, sise rue de Richelieu, tenante d'un côté, au midi, à la maison appartenante audit Corneille, d'autre côté, au nord, à la maison appartenante audit Desmary, pardevant, à l'occident, à ladite rue de Richelieu, & par derriere, à l'orient, au jardin du Palais royal, ordonner que ladite maison sera & demeurera chargée de ladite rente, pour la servir & payer tant au Duc de Richelieu qu'à ceux qui seront appellés après lui à la substitution du Cardinal de Richelieu; condamner pareillement la veuve Laisné à payer les arrérages de ladite rente, à compter du dix Mai 1715, jour du décès du Duc de Richelieu pere, tems auquel la substitution a été ouverte au profit du Duc de Richelieu, aux dommages-intérêts soufferts & à souffrir, aux offres que faisoit ledit de la Blancherie de tenir compte à ladite veuve Laisné de ce qui avoit pû être légitimement payé par elle ou par ses auteurs, à la décharge de la succession du Cardinal de Richelieu, sur le prix du contrat de vente dudit jour vingt-neuf Mai 1655, & condamner ladite veuve Laisné en tous les dépens; condamner pareillement Jacques Desmary à se désister & départir du fonds, propriété & jouissance de la rente fonciere de bail d'héritage dont la maison ci-après désignée est chargée, à raison de cinq livres deux sols six deniers par chaque toise de superficie, suivant le contrat d'arrentement fait par le Cardinal de Richelieu en faveur de Louis le Barbier, le 17 Mars 1636, de la place sur laquelle ladite maison est bâtie, laquelle rente s'est trouvée dans la succession du Cardinal de Richelieu, & a été vendue avec autres emplacemens, par le feu Duc de Richelieu pere à Charles Flacourt, par contrat passé devant Notaires le 29 Mai 1655, au moyen de quoi la substitution faite par le testament du Cardinal de Richelieu en faveur de la branche de Richelieu, s'est trouvée privée de ladite rente; ladite maison sise rue de Richelieu, tenante d'un côté, au midi, à la maison appartenante à la veuve Laisné, d'autre côté, au nord, à la maison appartenante au Président Haynaut, pardevant, à l'occident, à la rue de Richelieu, & par derriere, à l'orient, au Jardin du Palais royal, ordonner que ladite maison sera & demeurera chargée de ladite rente, pour la servir & payer, tant au Duc de Richelieu qu'à ceux qui seront appellés après lui à la substitution du Cardinal de Richelieu, condamner pareillement ledit Desmary à payer les arrérages de ladite rente, à compter du dix Mai 1715, jour du décès du Duc de Richelieu pere, tems auquel la substitution a été ouverte au profit du Duc de Richelieu fils, aux dommages-intérêts soufferts & à souffrir, aux offres faites par ledit de la Blancherie audit nom, de tenir compte audit Desmary de ce qui avoit pû être légitimement payé par lui ou par ses auteurs, à la dé-

charge

chargé de la succession du Cardinal de Richelieu, sur le prix du contrat de vente dudit jour 29 Mai 1655, & condamner ledit Desmary en tous les dépens; condamner pareillement le Président Haynault à se désister & départir du fonds & propriété de la rente fonciere de bail d'héritages dont les maisons ci-après désignées sont chargées, à raison de cinq livres deux sols six deniers, par chaque toise de superficie, suivant le contrat d'arrentement fait par le Cardinal de Richelieu, en faveur de Louis le Barbier le dix-sept Mars 1636, des places sur lesquelles lesdites maisons ci-après sont bâties, laquelle rente s'est trouvée dans la succession du Cardinal de Richelieu, & a été vendue avec autres emplacemens par le duc de Richelieu pere à Charles Flacourt, par contrat passé devant Notaires le vingt-neuf Mai 1655, au moyen de quoi la substitution faite par le cardinal de Richelieu en faveur de la branche de Richelieu, s'est trouvée privée de lad. rente, l'une desdites maisons, sise rue de Richelieu, tenante du côté du midi aux héritiers Desmary, d'autre côté au nord à la maison appartenante à la veuve Fouhet, pardevant à l'occident à ladite rue de Richelieu, & par derriere à l'orient au jardin du Palais Royal, l'autre maison sise susdite rue de Richelieu, tenante d'un côté au midi à la maison appartenante à la veuve Fouhet, d'autre côté au nord à la maison appartenante audit Poisson, pardevant à l'occident à ladite rue de Richelieu, & par derriere à l'orient au jardin du Palais Royal; ordonner que lesdites maisons seront & demeureront chargées de ladite rente, pour la servir & payer au duc de Richelieu & à ceux qui seront appellés après lui à la substitution du Cardinal de Richelieu, condamner pareillement ledit Président Hénault à payer au duc de Richelieu les arrérages de ladite rente, à compter du dix Mai 1715, jour du décès du duc de Richelieu, auquel tems la substitution a été ouverte en faveur du Duc de Richelieu fils, & aux dommages-intérêts soufferts & à souffrir, aux offres faites par ledit de la Blancherie audit nom, de tenir compte au Président Haynault de ce qui avoit pû être légitimement payé par lui ou par ses auteurs, à la décharge de la succession du Cardinal de Richelieu, sur le prix du contrat de vente dudit jour vingt-neuf Mai 1655, & condamner le Président Haynault en tous les dépens; condamner pareillement la veuve Fouhet à se désister & départir du fonds, propriété & jouissance de la rente fonciere de bail d'héritage dont la maison ci-après spécifiée est chargée, à raison de cinq livres deux sols six deniers par chaque toise de superficie, suivant le contrat d'arrentement fait par le Cardinal de Richelieu en faveur de Louis le Barbier le dix-sept Mars 1636, de la place sur laquelle ladite maison ci-après est bâtie, & autres places autour du jardin du Palais Royal, laquelle rente s'est trouvée dans la succession du Cardinal de Richelieu, & a été vendue avec autres emplacemens & la maison de l'Ours par le feu Duc de Richelieu à Charles Flacourt, par contrat du vingt-neuf Mai 1655, à cause de quoi la substitution du Cardinal de Richelieu, faite en faveur de la branche de Richelieu, s'est trouvée privée de ladite rente, ladite maison sise rue de Richelieu appartenante audit Fouhet, tenante d'un côté du midi à la maison appartenante au Président Haynault, d'autre côté au nord à la maison dudit Poisson, pardevant à à l'occident à ladite rue de Richelieu, & par derriere à l'orient au jardin du Palais Royal; ordonner que ladite maison sera & demeurera chargée de ladite rente, pour la servir & payer tant au Duc de Richelieu, qu'à ceux qui seront appellés après lui à la substitution du Cardinal de Richelieu, condamner pareillement ledit Fouhet à payer les arrérages de ladite rente, à compter du 10 Mai 1715, jour du décès du Duc de Richelieu pere, auquel tems la substitution a été ouverte au profit du Duc de Richelieu, & aux dommages-intérêts soufferts & à souffrir, aux offres que faisoit ledit de la Blancherie de tenir compte audit Fouhet de ce qui avoit pû être légitimement payé par lui ou par ses auteurs à la décharge de la succession du Cardinal de Richelieu, provenant du prix du contrat de vente du vingt-neuf Mai 1655, & condamner ledit Fouhet en tous les dépens; condamner pareillement la veuve Gallois à se désister & départir du fonds, propriété & jouissance de la rente fonciere de bail d'héritage, dont la maison ci-après spécifiée est chargée, à raison de cinq livres deux sols six deniers par chaque toise de superficie, suivant le contrat d'arrentement fait par le Cardinal de Richelieu en faveur de Louis le Barbier, le dix-sept Mars 1636, de la place sur laquelle ladite maison ci-après est bâtie, & autres places autour du Jardin du Palais-Royal, laquelle rente s'est trouvée dans la succession du Cardinal de Richelieu, & a été vendue avec autres emplacemens, & la maison de l'Ours, par le feu Duc de Richelieu pere à Charles Flacourt, par contrat passé devant Notaires le 29 Mai 1655, à cause de quoi la substitution du Cardinal de Richelieu faite en faveur de la branche de Richelieu, s'est trouvée privée de ladite rente, ladite maison sise rue de Richelieu, appartenante à ladite veuve Gallois, tenante d'un côté, du midi, à la maison appartenante aux héritiers de la nommée Paris, d'autre côté, au nord, à la maison appartenante au nommé Hatier, pardevant, au couchant, à ladite rue de Richelieu, & par derriere, à l'orient, au Jardin du Palais-Royal; ordonner que ladite maison sera & demeurera chargée de ladite rente, pour la servir & payer, tant au Duc de Richelieu qu'à ceux qui seront appellés après lui à la substitution du Cardinal de Richelieu; condamner ladite veuve Gallois à payer les arrérages de ladite rente à compter du dix Mai 1715, jour du décès du Duc de Richelieu pere, auquel tems la substitution a été ouverte au profit du Duc de Richelieu, & aux dommages-intérêts soufferts & à souffrir, aux offres que faisoit ledit de la Blancherie de tenir compte à ladite veuve Gallois de ce qui avoit pû légitimement être payé par elle ou par ses auteurs, à la décharge de la succession du Cardinal de Richelieu, provenant du prix du contrat de vente du vingt-neuf Mai mil six cent dinquante-cinq, & condamner ladite veuve Gallois en tous les dépens; condamner pareillement ledit Hattier à se désister & départir du fonds, propriété & jouissance de la rente fonciere de bail d'héritage dont la maison ci-après spécifiée est chargée, à raison de cinq livres deux sols six deniers par chaque toise de superficie, suivant le contrat d'arrentement fait par le Cardinal de Richelieu en faveur de Louis le Barbier, le dix-sept Mars mil six cent trente-six, laquelle place sur laquelle ladite maison ci-après spécifiée est bâtie, & autres places autour du jardin du Palais-royal s'est trouvée dans la succession du Cardinal de Richelieu, & a été vendue avec d'autres emplacemens & la maison de l'Ours, par le feu Duc de Richelieu père à Charles Flacourt, par contrat passé devant Notaires le vingt-neuf Mai mil six cent cinquante-cinq, à cause de quoi la substitution du Cardinal de Richelieu faite en faveur de la branche de Richelieu s'est trouvée privée de ladite rente, ladite maison sise rue de Richelieu, appartenante audit Hattier, tenante d'un côté du midi à la maison appartenante à ladite Gallois, d'autre côté du nord à la maison appartenante audit de la Riviere, pardevant au couchant à ladite rue de Richelieu, & par derriere à l'orient au jardin du Palais-Royal, laquelle maison sera & demeurera chargée de ladite rente, pour la servir & payer, tant au Duc de Richelieu qu'à ceux qui seront appellés après lui à la substitution du Cardinal de Richelieu; condamner pareillement ledit Hattier à payer au Duc de Richelieu les arrérages de ladite rente, à compter du dix Mai mil sept cent quinze, jour du décès du Duc de Richelieu pere, au-

Q

quel tems la fubftitution a été ouverte au profit du Duc de Richelieu fils, aux dommages-intérêts foufferts & à fouffrir, aux offres que faifoit ledit de la Blancherie de tenir compte audit Hattier de ce qui avoit pû être légitimement payé par lui ou par fes auteurs, à la décharge de la fucceffion du Cardinal de Richelieu, provenant du prix du contrat de vente du vingt-neuf Mai mil fix cent cinquante-cinq, & condamner ledit Hattier en tous les dépens ; condamner pareillement ledit de la Riviere à fe défifter du fonds, propriété & jouiffance de la rente fonciere de bail d'héritages dont la maifon ci-après fpécifiée eft chargée, à raifon de cinq livres deux fols fix deniers par chaque toife de fuperficie, fuivant le contrat d'arrentement fait par le Cardinal de Richelieu en faveur de Louis le Barbier, le dix-fept Mars mil fix cent trente-fix, de la place fur laquelle ladite maifon ci-après eft bâtie, & autres places autour du jardin du Palais-royal, laquelle rente s'eft trouvée dans la fucceffion du Cardinal de Richelieu & a été vendue avec autres emplacemens & la maifon l'Ours, par le Duc de Ricehelieu pere à Charles Flacourt, par contrat du 29 Mai mil fix cent cinquante-cinq, à caufe de quoi la fubftitution du Cardinal de Richelieu faite en faveur de la branche de Richelieu s'eft trouvée privée de ladite rente, ladite maifon fife au coin des rues de Richelieu & rue neuve des Petits-Champs, apparenante audit de la Riviere, confrontant à l'occident & au nord les fufdites rues, parderriere au midi à la maifon appartenante audit Hattier, & d'autre côté à l'orient à la maifon dudit Durey ; ordonner que ladite maifon fera & demeurera chargée de ladite rente, pour la fervir & payer, tant au Duc de Richelieu qu'à ceux qui feront appellés après lui à la fubftitution du Cardinal de Richelieu ; condamner pareillement ledit de la Riviere, à payer au Duc de Richelieu les arrérages de ladite rente, à compter du dix Mai mil fept cent quinze, jour du décès du Duc de Richelieu pere, auquel tems la fubftitution a été ouverte en faveur de fon fils, & aux dommages-intérêts fouffcrts & à fouffrir, aux offres que faifoit ledit de la Blancherie, de tenir compte audit de la Riviere de ce qui avoit pû être légitimement payé par lui ou par fes auteurs, à la décharge de la fucceffion du Cardinal de Richelieu, provenant du prix du contrat de vente du vingt-neuf Mai mil fix cent cinquante-cinq, & condamner ledit de la Riviere en tous les dépens ; condamner pareillement ledit Pierre Teftard à fe défifter & départir du fonds, propriété & jouiffance de la rente de bail d'héritage dont la maifon ci-après fpécifiée eft chargée, à raifon de cinq livres deux fols fix deniers par chaque toife de fuperficie, fuivant le contrat d'arrentement fait par le feu Cardinal de Richelieu en faveur de Louis le Barbier, le dix-fept Mars mil fix cent trente-fix, de la place fur laquelle ladite maifon eft bâtie., & autres places autour du jardin du Palais-royal, laquelle rente s'eft trouvée dans la fucceffion du Cardinal de Richelieu & a été vendue avec autres emplacemens & la maifon de l'Ours par le feu Duc de Richelieu à Charles Flacourt, par contrat du 29 Mai mil fix cent cinquante-cinq, à caufe de quoi la fubftitution faite en faveur de la branche de Richelieu s'eft trouvée privée de ladite rente, ladite maifon fife rue neuve des Petits-Champs, tenant d'un côté au couchant à la maifon du nommé Durey, d'autre côté au levant à la maifon dudit Nouveau, du côté du nord à la rue neuve des Petits Champs, & du côté du midi au jardin du Palais-royal, ordonner que ladite maifon fera & demeurera chargée de ladite rente, pour la fervir & payer, tant au Duc de Richelieu qu'à ceux qui feront appellés après lui à la fubftitution du Cardinal de Richelieu ; condamner pareillement ledit Teftard à payer au Duc de Richelieu les arrérages de ladite rente, à compter du dix Mai mil fept cent quinze, jour du décès du Duc de Richelieu pere, auquel tems la fubftitution a été ouverte en faveur du Duc de Richelieu, & aux dommages-intérêts foufferts & à fouffrir, aux offres que faifoit ledit de la Blancherie de ténir compte audit Teftard de ce qui avoit pû être légitimement payé par lui ou par fes auteurs, à la décharge de la fucceffion du Cardinal de Richelieu, provenant du prix du contrat de vente dudit jour vingt-neuf Mai mil fix cent cinquante-cinq, & condamner ledit Teftard en tous les dépens ; condamner pareillement ledit Mofnier Duquefne, au nom & comme tuteur des enfans mineurs Pafferat, & ledit Guignard de Belleville à fe défifter conjointement du fonds, propriété & jouiffance de la rente fonciere de bail d'héritage dont la maifon ci-après fpécifiée eft chargée, à raifon de cinq livres deux fols fix deniers par chaque toife de fuperficie, fuivant le contrat d'arrentement fait par le Cardinal de Richelieu en faveur de Louis le Barbier, le dix-fept Mars mil fept cent trente-fix, de la place fur laquelle ladite maifon ci-après eft bâtie, & autres places autour du jardin du Palais-royal, laquelle rente s'eft trouvée dans la fucceffion du Cardinal de Richelieu, & a été vendue avec autres emplacemens & la maifon de l'Ours, par le feu Duc de Richelieu pere, à Charles Flacourt, par contrat du vingt-neuf Mai mil fix cent cinquante-cinq, à caufe de quoi la fubftitution du Cardinal de Richelieu faite en faveur de la branche de Richelieu s'eft trouvée privée de ladite rente, ladite maifon fife rue neuve des Petits-Champs, tenant d'un côté au couchant à la maifon appartenante audit Nouveau, d'autre côté du levant à la maifon du nommé d'Hartaguiette, pardevant au nord à ladite rue neuve des Petits-Champs, & parderriere au midi au jardin du Palais-royal, ordonner que ladite maifon fera & demeurera chargée de ladite rente, pour la fervir & payer, tant au Duc de Richelieu qu'à ceux qui feront appellés après lui à la fubftitution du Cardinal de Richelieu ; condamner pareillement ledit Lemofnier Duquefne audit nom, & ledit de Belleville à payer au Duc de Richelieu les arrérages de ladite rente, à compter du dix Mai mil fept cent quinze, jour du décès du Duc de Richelieu pere, auquel tems la fubftitution a été ouverte au profit du Duc de Richelieu fon fils, & aux dommages-intérêts fouffcrts & à fouffrir, aux offres faites par ledit de la Blancherie de tenir compte audit Lemofnier Duquefne & audit Belleville de ce qui auroit pû être légitimement payé par eux ou par leurs auteurs, à la décharge de la fucceffion du Cardinal de Richelieu, provenant du prix du contrat de vente dudit jour vingt-neuf Mai mil fix cent cinquante-cinq, & condamner ledit Lemonier Duquefne audit nom, & ledit de Belleville en tous les dépens ; condamner pareillement Pierre Pougin de Nomion à fe défifter & départir du fonds, propriété & jouiffance de la rente fonciere de bail d'héritage dont la maifon ci-après fpécifiée eft chargée, à raifon de cinq livres deux fols fix deniers par chaque toife de fuperficie, fuivant le contrat d'arrenfement fait par le Cardinal de Richelieu en faveur de Louis Lebarbier, le dix-fept Mars 1636, de la place fur laquelle ladite maifon eft bâtie, & autres places autour du Palais-royal, laquelle rente s'eft trouvée dans la fucceffion du Cardinal de Richelieu, & a été vendue avec autres emplacemens & la maifon de l'Ours, par le feu Duc de Richelieu à Charles Flacourt, par contrat paffé devant Notaires le vingt-neuf Mai 1655, à caufe de quoi la fubftitution du Cardinal de Richelieu faite en faveur de la branche de Richelieu s'eft trouvée privée de ladite rente, ladite maifon fife rue neuve des Petits-Champs, appartenante audit Nouveau, tenant d'un côté du couchant à la maifon appartenante audit d'Hartaguiette, d'autre côté au levant à la dame de Girangis, pardevant fur ladite rue neuve des Petits-Champs, & parderriere au midi au jardin du Palais-royal, ordonner que ladite maiſon ſera & demeurera chargée de ladite rente, pour la ſervir & payer, tant au Duc de Richelieu qu'à ceux qui ſeront appellés après lui à la ſubſtitution du Cardinal de Richelieu ; condamner pareillement ledit de Nomion à payer au Duc de Richelieu les arrérages de ladite rente, à compter du dix Mai 1715, jour du décès du Duc de Richelieu, auquel tems la ſubſtitution a été ouverte en faveur du Duc de Richelieu fils, & aux dommages-intérêts ſoufferts & à ſouffrir, aux offres que faiſoit ledit de la Blancherie de tenir compte audit Pougin de Nomion de ce qui avoit pû être légitimement payé par lui ou par ſes auteurs à la décharge de la ſucceſſion du Cardinal de Richelieu provenant du prix du Contrat de vente du vingt-neuf Mai 1655, condamner ledit Pougin de Nomion en tous les dépens ; condamner pareillement Catherine Quentin, veuve de Louis Lebas de Girangis à ſe déſiſter & départir du fonds, propriété & jouiſſance de la rente fonciere de bail d'héritage dont la maiſon ci-après ſpécifiée eſt chargée, à raiſon de cinq livres deux ſols ſix deniers par chaque toiſe de ſuperficie, ſuivant le contrat d'arrentement fait par le Cardinal de Richelieu en faveur de Louis le Barbier, le dix-ſept Mars mil ſix cent trente-ſix, de la place ſur laquelle ladite maiſon ci-après eſt bâtie, & autres places autour du jardin du Palais-royal, laquelle rente s'eſt trouvée dans la ſucceſſion du Cardinal de Richelieu, & a été vendue avec autres emplacemens, & la maiſon de l'Ours par le feu Duc de Richelieu pere, à Charles Flacourt, par contrat du vingt-neuf Mai mil ſix cent cinquante-cinq, à cauſe de quoi la ſubſtitution du Cardinal de Richelieu faite en faveur de la branche de Richelieu s'eſt trouvée privée de ladite rente, ladite maiſon ſiſe rue neuve des Petits-Champs, tenant du côté du couchant à la maiſon appartenante audit Pougin de Nomion, du côté de l'orient à la maiſon appartenante audit Perrier, pardevant à ladite rue neuve des Petits-Champs du nord, & parderriere au midi au jardin du Palais-royal, ordonner que ladite maiſon ſera & demeurera chargée de ladite rente, pour la ſervir & payer tant au Duc de Richelieu qu'à ceux qui ſeront appellés après lui à la ſubſtitution du Cardinal de Ricchelieu ; condamner pareillement ladite de Girangis à payer au Duc de Richelieu les arrérages de ladite rente, à compter du dix Mai 1715, jour du décès du Duc de Richelieu pere, tems auquel la ſubſtitution a été ouverte en faveur du Duc de Richelieu, aux dommages-intérêts ſoufferts & à ſouffrir, aux offres faites par ledit de la Blancherie audit nom de tenir compte à ladite de Girangis de ce qui avoit pû être légitimement payé par elle ou par ſes auteurs à la décharge de la ſucceſſion du Cardinal de Richelieu, provenant du prix du contrat de vente dudit jour vingt-neuf Mai 1655, & condamner ladite veuve le Bas de Girangis en tous les dépens ; condamner pareillement Pierre Conſtantin Perrier à ſe déſiſter & départir du fonds, propriété & jouiſſance de la rente fonciere de bail d'héritage dont la maiſon ci-après ſpécifiée eſt chargée, à raiſon de cinq liv. deux ſols ſix den. par chaque toiſe de ſuperficie, ſuivant le contrat d'arrentement fait par le Cardinal de Richelieu en faveur de Louis le Barbier le dix-ſept Mars 1636, de la place ſur laquelle ladite maiſon ci-après eſt bâtie, & autres places autour du Jardin du Palais-royal, laquelle rente s'eſt trouvée dans la ſucceſſion du Cardinal de Richelieu, & a été vendue avec autres emplacemens, & la maiſon de l'Ours par le feu Duc de Richelieu à Charles Flacourt, par contrat paſſé devant Notaires le vingt-neuf Mai 1655, à cauſe de quoi la ſubſtitution du Cardinal de Richelieu s'eſt trouvée privée de ladite rente, ladite maiſon ſiſe rue neuve des Petits-Champs appartenante audit Perrier, tenante d'un côté au couchant à la maiſon appartenante à ladite de Girangis, du côté du levant à la maiſon appartenante au Comte de Louvat, pardevant au nord à ladite rue des Petits-Champs, & par derriere au midi au Jardin du Palais-royal ; ordonner que ladite maiſon ſera & demeurera chargée de ladite rente, pour la ſervir & payer tant au Duc de Richelieu qu'à ceux qui ſeront appellés après lui à la ſubſtitution du Cardinal de Richelieu ; condamner pareillement ledit Perrier à payer au Duc de Richelieu les arrérages de ladite rente, à compter du dix Mai 1715, jour du décès du Duc de Richelieu pere, auquel tems la ſubſtitution a été ouverte en faveur du Duc de Richelieu, & aux dommages-intérêts ſoufferts & à ſouffrir, aux offres faites par ledit de la Blancherie de tenir compte audit Perrier de ce qui avoit pu être légitimement payé par lui ou par ſes auteurs à la décharge de la ſucceſſion du Cardinal de Richelieu, provenant du prix du contrat de vente dudit jour vingt-neuf Mai 1655, & condamner ledit Perrier en tous les dépens ; condamner pareillement Louis Sanguin, Marquis de Livry, Marie-Madelaine Robert ſon épouſe, & Marie Robert, veuve de François Dauvet, Comte Deſmarais, héritiers & biens-tenans de défunt François Comte de Louvat, & ayant repris en cette qualité par acte reçu au Greffe de notredite Cour le vingt-huit Mars 1743, à ſe déſiſter & départir de la propriété, poſſeſſion & jouiſſance du ſol, fonds & ſuperficie d'une maiſon, cour, bâtimens & dépendances ſitués en la ville de Paris rue neuve des Petits-Champs, confrontant d'un côté au couchant à la maiſon appartenante audit Perrier, d'autre côté au levant à la maiſon appartenante audit Belard & autres, pardevant du côté du nord à la rue des Petits-Champs & autres, parderriere au midi au Jardin du Palais-royal, laquelle maiſon ſe trouve bâtie ſur une place réſervée par feu le Cardinal de Richelieu, pour former un paſſage de ladite rue neuve des Petits-Champs dans ledit Jardin du Palais-royal, par le contrat d'arrentement qu'il fit d'autres places audit Louis le Barbier en date du dix-ſept Mars 1636, laquelle place s'eſt trouvée dans la ſucceſſion du Cardinal de Richelieu & a été vendue avec autres places, & la maiſon de l'Ours par le feu Duc de Richelieu à Charles Flacourt, par contrat paſſé devant Notaires le vingt-neuf Mai 1655 ; laiſſer la libre propriété, poſſeſſion & jouiſſance de ladite maiſon au Duc de Richelieu ; condamner pareillemen: le Comte de Louvat à la reſtitution des loyers de ladite maiſon en faveur du Duc de Richelieu, à compter du dix Mai 1715, jour du décès du Duc de Richelieu pere, auquel tems la ſubſtitution a été ouverte en faveur du Duc de Richelieu, & aux dommages-intérêts ſoufferts & à ſouffrir, aux offres faites par ledit de la Blancherie de tenir compte audit de Louvat de ce qui avoit pû être légitimement payé par lu oui par ſes auteurs à la décharge de la ſucceſſion du Cardinal de Richelieu, provenant du prix du contrat de vente dudit jour vingt-neuf Mai 1655, & condamner ledit Louvat en tous les dépens ; condamner pareillement Jean Belard, Lambert Deſnoeux, Suſanne Rouſſel ſa femme, Anne & Thereſe Rouſſel, filles majeures & Jean-Baptiſte Lavallée à ſe déſiſter & départir du fonds, propriété & jouiſſance de la rente fonciere dont la maiſon ci-après ſpécifiée eſt chargée, à raiſon de cinq livres deux ſols ſix deniers par chaque toiſe de ſuperficie, ſuivant le contrat d'arrentement fait par le Cardinal de Richelieu en faveur de Louis le Barbier le dix-ſept Mars 1636, de la place ſur laquelle ladite maiſon ci-après a été bâtie, & autres places autour du Jardin du Palais-royal, laquelle rente s'eſt trouvée dans la ſucceſſion du Cardinal de Richelieu, & a été vendue avec autres emplacemens, & la maiſon de l'Ours par le feu Duc de Richelieu à Charles Flaceurt, par contrat paſſé devant Notaires le vingt-neuf Mai 1655, à cauſe de quoi la ſubſtitution du Cardinal de Richelieu, faite en faveur de la branche de Richelieu, s'eſt trouvée privée de ladite rente, ladite maiſon ſiſe rue neuve des Petits-Champs, tenante d'un côté au couchant à la maiſon appartenante au Comte de Louvat, du côté du levant à la maison appartenante audit de Beaumont, pardevant sur ladite rue neuve des Petits-Champs, & parderriere au midi au Jardin du Palais-royal ; ordonner que ladite maison sera & demeurera chargée de ladite rente, pour la servir & payer, tant au Duc de Richelieu qu'à ceux qui seront appellés après lui à la substitution du Cardinal de Richelieu ; condamner pareillement ledit Bellard & consorts à payer au Duc de Richelieu les arrérages de ladite rente, à compter du dix Mai 1715, jour du décès du Duc de Richelieu pere, tems auquel la substitution a été ouverte en faveur du Duc de Richelieu, aux dommages-intérêts soufferts & à souffrir, aux offres que faisoit ledit de la Blancherie de tenir compte audit Bellard & consorts de ce qui avoit pû être légitimement payé par eux ou par leurs auteurs à la décharge de la Succession du Cardinal de Richelieu, provenant du prix du contrat de vente du vingt-neuf Mai 1655 ; & condamner ledit Bellard & consorts en tous les dépens ; condamner pareillement ledit Fançois de Beaumont à se désister & départir du fonds, propriété & superficie de la rente fonciere de bail d'héritage dont les maisons ci-après spécifiées sont chargées, à raison de cinq livres deux sols six deniers par chaque toise de superficie, suivant le contrat d'arrentement fait par feu le Cardinal de Richelieu en faveur de Louis le Barbier le dix-sept Mars 1636, des places sur lesquelles lesdites maisons sont bâties, & autres places autour du jardin du Palais Royal, laquelle rente s'est trouvée dans la succession du Cardinal de Richelieu, & a été vendue avec auttes emplacemens & la maison de l'Ours, par le feu Duc de Richelieu pere à Charles Flacourt, par contrat passé devant Notaires le vingt-neuf Mai 1655, à cause de quoi la substitution du Cardinal de Richelieu, faite en faveur de la branche de Richelieu, s'est trouvée privée de ladite rente, lesdites deux maisons sises rue neuve des Bons-Enfans, & une autre à côté n'en faisant qu'une, situées en l'encoignure desdites rues neuve des Petits-Champs & neuve des Bons-Enfans, tenant d'un côté au couchant à la maison appartenante audit Bellard, du côté du levant à la rue neuve des Bons-Enfans, pardevant au nord à la rue neuve des Petits-Champs, & par derriere au jardin du Palais Royal ; ordonner que lesdites maisons seront & demeureront chargées de ladite rente, pour la servir & payer tant au Duc de Richelieu, qu'à ceux qui seront appellés après lui à la substitution du Cardinal de Richelieu ; condamner pareillement ledit de Beaumont à payer au Duc de Richelieu les arrérages de ladite rente, à compter du dix Mai 1715, jour du décès du Duc de Richelieu pere, auquel tems la substitution a été ouverte en faveur du Duc de Richelieu, son fils, & aux dommages-intérêts soufferts & à souffrir, aux offres que faisoit ledit de la Blancherie de tenir compte audit de Beaumont de ce qui avoit pû être légitimement payé par lui ou par ses auteurs, à la décharge de la succession du Cardinal de Richelieu, provenant du prix du contrat de vente dudit jour vingt-neuf Mai 1655, & condamner ledit de Beaumont en tous les dépens ; condamner pareillement Elisabeth-Marguerite Hanique, veuve & commune en biens de défunt Mathias Racle, à se désister & départir du fonns, propriété & jouissance de la rente fonciere de bail d'héritage dont les maisons ci-après spécifiées sont chargées, à raison de cinq livres deux sols six deniers par chaque toise de superficie, suivant le contrat d'arrentement fait par le Cardinal de Richelieu en faveur de Louis le Barbier le dix-sept Mars 1636, de la place sur laquelle lesdites maisons ci-après sont bâties, & autres places autour du jardin du Palais Royal, laquelle rente s'est trouvée dans la succession du Cardinal de Richelieu, & a été vendue avec autres emplacemens & la maison de l'Ours par le feu Duc de Richelieu pere à Charles Flacourt, par contrat passé devant Notaires le vingt-neuf Mai 1655, à cause de quoi la substitution du Cardinal de Richelien, faite en faveur de la branche de Richelieu, s'est trouvée privée de ladite rente, lesdites maisons sises rue neuve des Bons-Enfans, appartenantes à la veuve Racle, l'une tenante du côté du nord à la maison dudit Bazin, d'autre côté au midi à une maison ci-après déclarée appartenante à la veuve Racle, pardevant du côté du levant à la rue neuve des Bons-Enfans, & par derriere du couchant au jardin du Palais Royal, une autre maison appartenante à ladite veuve Racle, tenante du côté du nord à celle ci-dessus, du côté du midi à la veuve & héritiers Juillet, pardevant au levant sur ladite rue neuve des Bons-Enfans, & par derriere au couchant sur le jardin du Palais Royal ; ordonner que lesdites maisons seront & demeureront chargées de ladite rente, pour la servir & payer tant au Duc de Richelieu, qu'à ceux qui seront appellés après lui à la substitution du Cardinal de Richelieu ; condamner pareillement ladite veuve Racle à payer au Duc de Richelieu les arrérages de ladite rente, à compter du dix Mai 1715, jour du décès du Duc de Richelieu pere, auquel tems la substitution a été ouverte en faveur du Duc de Richelieu, aux dommages-intérêts soufferts & à souffrir, aux offres que faisoit ledit de la Blancherie de tenir compte à ladite veuve Racle de ce qui avoit pû être légitimement payé par elle ou par ses auteurs à la décharge de la succession du Cardinal de Richelieu, provenant du prix du contrat de vente du vingt-neuf Mai 1655, & condamner ladite veuve Racle aux dépens ; condamner pareillement la veuve de Guillaume Juillet, tant en son nom de commune, qu'en qualité de mere & tutrice des enfans mineurs dudit défunt Juillet & d'elle, héritiers de leur pere, à se désister & départir du fonds, propriété & jouissance de la rente fonciere de bail d'héritage dont la maison ci-après spécifiée est chargée, à raison de cinq livres deux sols six deniers par chaque toise de superficie, suivant le contrat d'arrentement fait par feu le Cardinal de Richelieu en faveur de Louis le Barbier le dix-sept Mars 1636, de la place sur laquelle ladite maison est bâtie, & autres places autour du jardin du Palais Royal, laquelle rente s'est trouvée dans la succession du Cardinal de Richelieu, & a été vendue avec autres emplacemens & la maison de l'Ours par le feu Duc de Richelteu pere à Charles Flacourt, par contrat du vingt neuf Mai 1655, à cause dequoi la substitution du Cardinal de Richelieu, faite en faveur de la branche de Richelieu, s'est trouvée privée de ladite rente, ladite maison sise rue neuve des Bons-Enfans, appartenante à ladite veuve & héritiers Juillet, & tenante d'un côté au nord à la maison appartenante à ladite veuve Racle, d'autre côté au midi à la maison appartenante à . . . . pardevant du côté de l'orient à ladite rue neuve des Bons-Enfans, & par derriere au couchant au jardin du Palais Royal ; ordonner que ladite maison sera & demeurera chargée de ladite rente, pour la servir & payer tant au Duc de Richelieu, qu'à ceux qui seront appellés après lui à la substitution du Cardinal de Richelieu ; condamner pareillement la veuve & héritiers Juillet à payer au Duc de Richelieu les arrérages de ladite rente, à compter du dix Mai 1715, jour du décès du Duc de Richelieu pere, auquel tems la substitution a été ouverte en faveur du Duc de Richelieu fils, aux dommages-intérêts soufferts & à souffrir, aux offres que faisoit ledit de la Blancherie de tenir compte auxdits veuve, enfans & héritiers Juillet, de ce qui avoit pû être légitimement payé par eux ou par leurs auteurs, à la décharge de la succession du Cardinal de Richelieu, provenant du prix du contrat de vente dudit jour vingt-neuf Mai 1655, & condamner ladite veuve & héritiers Juillet en tous les dépens ; condamner pareillement Jean-Baptiste Rappally à se désister du fonds, propriété & jouissance de la rente fonciere de bail d'héritage dont a maison ci-après spécifiée est chargée ; à

raison

raison de cinq livres deux sols six deniers par toise de superficie, suivant le contrat d'arrentement fait par le Cardinal de Richelieu en faveur de Louis le Barbier le dix-sept Mars 1636, de la place sur laquelle ladite maison ci-après est batie, & autres places autour du jardin du Palais Royal, laquelle rente s'est trouvée dans la succession du Cardinal de Richelieu, & a été vendue avec d'autres emplacemens & la maison de l'Ours par le feu Duc de Richelieu à Charles Flacour, par contrat passé devant Notaires le vingt-neuf Mai 1655, à cause de quoi la substitution du Cardinal de Richelieu, faite en faveur de la branche de Richelieu, s'est trouvée privée de ladite rente, ladite maison sise rue neuve des Bons-Enfans, tenante d'un côté au nord à la maison appartenante à la veuve, enfans & héritiers Juillet, où demeure le nommé Taboureau, du midi à la maison appartenante à . . . . où demeure le nommé Dujardin ; pardevant au levant à ladite rue des Bons-Enfans, & par derriere ou couchant au jardin du Palais Royal ; ordonner que ladite maison sera & demeurera chargée de ladite rente, pour la servir & payer tant au Duc de Richelieu, qu'à ceux qui seront appellés après lui à la substitution du Cardinal de Richelieu ; condamner pareillement ledit Rappally à payer au Duc de Richelieu les arrérages de ladite rente, à compter du dix Mai 1715, jour du décès du Duc de Richelieu pere, auquel tems la substitution a été ouverte au profit du Duc de Richelieu, & aux dommages-intérêts soufferts & à souffrir, aux offres faites par ledit de la Blancherie de tenir compte audit Rappally de ce qui avoit pû être légitimement payé par lui ou par ses auteurs, à la décharge de la succession du Cardinal de Richelieu, provenant du prix du contrat de vente du vingt-neuf Mai 1655, & condamner ledit Rapally aux dépens ; condamner pareillement ledit Durey de Sauroy à se désister & départir du fonds, propriété & jouissance de la rente fonciere de bail d'héritage dont la maison ci-après spécifiée est chargée, à raison de cinq livres deux sols six deniers par chaque toise de superficie, suivant le contrat d'arrentement fait par le Cardinal de Richelieu, en faveur de Louis le Barbier, le dix-sept Mars 1636, de la place sur laquelle ladite maison ci-après est bâtie, & autres places autour du jardin du Palais Royal, laquelle rente s'est trouvée dans la succession du Cardinal de Richelieu, & a été vendue avec autres emplacemens, & la maison de l'Ours, par le feu Duc de Richelieu pere à Charles Flacourt, par contrat passé devant Notaires le 29 Mai 1655 ; à cause de quoi la substitution du Cardinal de Richelieu, faite on faveur de la branche de Richelieu, s'est trouvée privée de ladite rente, ladite maison appartenante audit de Sauroy, sise rue neuve des Bons-Enfans, tenante d'un côté au nord à la maison appartenante audit Duvaux, pardevant au levant à ladite rue neuve des Bons-Enfans, & par derriere au couchant au jardin du Palais Royal, ordonner que ladite maison sera & demeurera chargée de ladite rente, pour la servir & payer tant au Duc de Richelieu, qu'à ceux qui seront appellés après lui à la substitution du Cardinal de Rtchelieu ; condamner pareillement ledit Durey de Sauroy à payer les arrérages de ladite rente, à compter du dix Mai 1715, jour du décés du Duc de Richelieu pere, auquel tems la substitution a été ouverte en faveur du Duc de Richelieu, & aux dommages-intérets soufferts & à souffrir, aux offres faites par ledit de la Blancherie de tenir compte audit Durey de Sauroy de ce qui avoit pû être légitimement payé par lui ou par ses auteurs, à la décharge de la succession du Cardinal de Richelieu, provenant du contrat de vente dudit jour vingt-neuf Mai 1655, & condamner ledit Durey de Sauroy en tous les dépens ; condamner pareillement ledit Picard Duvaux à se désister & départir du fonds, propriété & jouissance de ladite rente fonciere de bail d'héritage dont la maison ci-après spécifiée est chargée, à raison de cinq livres deux sols six deniers par chaque toise de superficie, suivant le contrat d'arrentement fait par le feu Cardinal de Richelieu en faveur de Louis le Barbier le dix-sept Mars 1636, de la place sur laquelle ladite maison ci-après est bâtie, & autres places autour du jardin du Palais Royal, laquelle rente s'est trouvée dans la succession du Cardinal de Richelieu, & a été vendue avec autres emplacemens & la maison de l'Ours par le feu Duc de Richelieu à Charles Flacourt, par contrat passé devant Notaires le 29 Mai 1655, à cause de quoi la substitution du Cardinal de Richelieu faite en faveur de la branche de Richelieu, s'est trouvée privée de ladite rente, ladite maison située rue neuve des Bons-Enfans appartenante audit Duvaux, tenante d'un côté du septentrion à la maison appartenante à . . . . . du midi à la maison appartenante audit Duchauffour, pardevant au levant à ladite rue neuve des Bons-Enfans, & par derriere du couchant au jardin du Palais Royal ; ordonner que ladite maison sera & demeurera chargée de ladite rente, pour la servir & payer tant au Duc de Richelieu, qu'à ceux qui seront appellés après lui à la substitution du Cardinal de Richelieu ; condamner pareillement ledit Duvaux à payer au Duc de Richelieu les arrérages de ladite rente, à compter du 10 Mai 1715, jour du décés du Duc de Richelieu pere, auquel tems la substitution a été ouverte en faveur du Duc de Richelieu, & aux dommages intérêts soufferts & à souffrir, aux offres faites par ledit de la Blancherie de tenir compte audit Duvaux de ce qui avoit pû être légitimement payé par lui ou par ses auteurs, à la décharge de la succession du Cardinal de Richelieu, provenant du prix du contrat de vente dudit jour vingt-neuf Mai 1655, & condamner ledit Duvaux en tous les dépens ; condamner pareillement Pierre-Nicolas Chupin de Germigny, à se désister & départir du fonds, propriété & jouissance de la rente fonciere de Bail d'héritage dont la maison ci-après spécifiée est chargée à raison de cinq livres deux sols six deniers par chaque toise de superficie, suivant le contrat d'arrentement fait par feu le Cardinal de Richelieu en faveur de Louis le Barbier le dix-sept Mars 1636, de la place sur laquelle ladite maison est bâtie, & autres places autour du jardin du Palais Royal, laquelle rente s'est trouvée dans la succession du Cardinal de Richelieu, & a été vendue avec autres emplacemens & la maison de l'Ours par le feu Duc de Richelieu pere à Charles Flacourt, par contrat passé devant Notaires, le 29 Mai 1655, à cause de quoi la substitution dudit Cardinal de Richelieu faite en faveur de la branche de Richelieu s'est trouvée privée de ladite rente, ladite maison sise rue des Bons-Enfans appartenante audit Chupin de Germigny, tenante du côté du nord à la maison appartenante au nommé Cuirettte & autres, pardevant à ladite rue & du couchant au jardin du Palais-Royal, ordonner que ladite maison sera & demeurera chargée de ladite rente pour la servir & payer tant au Duc de Richelieu audit nom, qu'à ceux qui seront appellés après lui à la substitution du Cardinal de Richelieu ; condamner pareillement ledit Chupin de Germigny à payer au Duc de Richelieu les arrérages de ladite rente, à compter du dix Mai 1715 jour du décés du Duc de Richelieu, auquel tems la substitution du Cardinal de Richelieu a été ouverte en faveur du Duc de Richelieu, & les fruits & revenus à lui acquis, & aux dommages-intérêts soufferts & à souffrir, aux offres faites par ledit de la Blancherie, de tenir compte audit Chupin de Germigny de ce qui avoit pû être légitimement payé par lui ou par ses auteurs, à la décharge de la succession du Cardinal de Richelieu, provenant du prix du contrat de vente du vingt-neuf Mai 1655, & condamner ledit Chupin de Germigny en tous les dépens ; condamner pareillement ledit de Lamotte Maréchal Ferrand, à se désister &

R

départir de la propriété, possession & jouissance du sol, fonds & superficie d'une maison, cour, bâti-mens & dépendances situés en la ville de Paris, rue neuve des Bons-Enfans, & où demeure ledit de Lamotte, confrontant d'un côté au septentrion à la maison appartenante au nommé Cuirette & autres, d'autre côté au midi à la maison appartenante à la Comtesse Doily, pardevant à l'orient, à la rue neuve des Bons-Enfans, & par derriere à l'occident au jardin du Palais-Royal, laquelle maison se trouvoit bâtie sur une place réservée par le Cardinal de Richelieu, pour former un passage de ladite rue neuve des Bons-Enfans dans le jardin du Palais-Royal, par le contrat d'arrentement qu'il fit d'autres places audit Louis le Barbier du dix-sept Mars 1636, laquelle place s'est trouvée dans la succession du Cardinal de Richelieu, & a été vendue avec d'autres places & la maison de l'Ours par le feu Duc de Richelieu pere à Charles Flacourt, par contrat passé devant Notaires le vingt-neuf Mai 1655, laisser la libre propriété, possession & jouissance de ladite maison au Duc de Richelieu & à ceux qui seront appellés après lui à la substitution dudit Cardinal de Richelieu; condamner pareillement ledit de Lamotte à la restitution des loyers de ladite maison, à compter du dix Mai 1715 jour du décès du Duc de Richelieu pere, auquel tems la substitution a été ouverte en faveur du Duc de Richelieu, & aux dommages-intérêts soufferts & à souffrir, aux offres faites par ledit de la Blancherie de tenir compte de ce qui avoit pû être légitimement payé par lui ou par ses auteurs, à la décharge de la succession du Cardinal de Richelieu, provenant du prix du contrat de vente du vingt-neuf Mai 1655, & condamner ledit de Lamotte en tous les dépens; condamner pareillement le Président Dupuis à se désister & départir de la propriété & jouissance du sol, fonds & superficie d'une maison, cour, bâtimens & dépendances situées en la ville de Paris rue de Richelieu, confrontant d'un bout, pardevant à l'occident à la rue de Richelieu, d'autre bout à l'orient, par derriere au jardin du Palais Royal, d'un côté du midi à la maison appartenante audit de Grandvilliers, & d'autre côté au septentrion à la maison appartenante à ladite Durocher, laquelle maison se trouve bâtie sur une place donnée à rente avec autres par le Cardinal de Richelieu à Louis le Barbier par Contrat du dix-sept Mars 1636, & ensuite retirée par le Cardinal de Richelieu, par un contrat passé le vingt Mai 1641, laquelle place s'est trouvée dans la succession du Cardinal de Richelieu, & a été vendue avec autres places & la maison de l'Ours par le feu Duc de Richelieu pere à Charles Flacourt, par contrat passé devant Notaires le vingt-neuf Mai 1655, laisser la libre propriété, possession & jouissance de ladite maison au Duc de Richelieu & à ceux qui seront appellés après lui à la substitution du Cardinal de Richelieu, condamner pareillement le Président Dupuis à la restitution des Loyers de ladite maison, à compter du dix Mai 1715 jour du décès du Duc de Richelieu pere, auquel tems la substitution a été ouverte au profit du Duc de Richelieu fils, & aux dommages-intérêts soufferts & à souffrir, aux offres faites par ledit de la Blancherie de tenir compte au Président Dupuis, de ce qui avoit pû être légitimement payé par lui ou par ses auteurs, à la décharge du Cardinal de Richelieu, provenant du prix du contrat de vente du vingt-neuf Mai 1655, & condamner le Président Dupuis en tous les dépens; condamner pareillement la veuve Regnier tant en son nom, à cause de la communauté de biens qui étoit entre elle & ledit défunt, que comme mere & tutrice des enfans mineurs dudit défunt & d'elle, à se désister & départir du fonds, propriété & jouissance de la rente fonciere de bail d'héritage dont la maison ci-après spécifiée est chargée, à raison de cinq livres deux sols six deniers par chaque toise de superficie, suivant le contrat d'arrentement fait par le Cardinal de Richelieu, en faveur de Louis le Barbier le dix-sept Mars 1636, de la place sur laquelle la maison ci-après est bâtie, & autres places autour du jardin du Palais-royal, laquelle rente s'est trouvée dans la succession du Cardinal de Richelieu, & à été vendue avec autres emplacemens & la maison de l'Ours par le feu Duc de Richelieu Pere à Charles Flacourt par contrat passé devant Notaires le vingt-neuf Mai 1655, à cause de quoi la substitution du Cardinal de Richelieu, faite en faveur de la branche de Richelieu, s'est trouvée privée de ladite rente, ladite maison sise rue des Bons-Enfans appartenante à ladite veuve Regnier, tenante d'un côté au nord à la maison appartenante audit Chupin, d'autre côté au midi à la maison appartenante audit de Lamotte, pardevant à ladite rue neuve des Bons-Enfans, & parderriere au couchant au jardin du Palais Royal; ordonner que ladite maison sera & demeurera chargée de ladite rente pour la servir & payer tant au Duc de Richelieu, qu'à ceux qui seront appellés après lui à la substitution du Cardinal de Richelieu; condamner pareillement la veuve Regnier à payer au Duc de Richelieu les arrérages de ladite rente, à compter du dix Mai 1715 jour du décès du Duc de Richelieu pere, auquel tems la substitution a été ouverte en faveur de son fils, & aux dommages-intérêts soufferts & à souffrir, aux offres faites par ledit de la Blancherie de tenir compte à ladite veuve Regnier de ce qui avoit pû être légitimement payé par elle ou par ses auteurs, à la décharge de la succession du Cardinal de Richelieu provenant du prix du contrat de vente dudit jour vingt-neuf Mai 1655, & condamner ladite veuve Regnier en tous les dépens; condamner pareillement Jean-Jacques de Coustard Conseiller en notredite Cour & Jeanne Breteau son épouse, comme ayant pris le fait & cause de la veuve Dhariagues, tant en son nom à cause de la communauté de biens qui a été entre elle & ledit défunt Dhariagues, que comme tutrice honoraire de leurs enfans mineurs, & d'Antoine Cordier tuteur onéraire des enfans mineurs de ladite Dhariagues & dudit défunt son époux, héritiers de leur pere, à faire désister & départir ladite veuve Dhariagues & ledit Cordier ès noms de la propriété, possession & jouissance du sol, fonds & superficie d'une maison, cour, bâtimens & dépendances situés en la ville de Paris rue de Richelieu, qui confronte d'un côté au midi à la maison du Marquis de Bouteville, à cause de son épouse, d'autre côté du nord à la maison appartenante audit de Grandvilliers, pardevant à l'occident à ladite rue de Richelieu, & parderriere à l'orient au jardin du Palais-royal, laquelle maison se trouve bâtie sur une place donnée à rente avec autres places par le Cardinal de Richelieu à Louis le Barbier, par un contrat du dix-sept Mars 1636, & ensuite retiré par le Cardinal de Richelieu, par un contrat du vingt Mai 1641, laquelle place s'est trouvée dans la succession du Cardinal de Richelieu, & a été vendue avec autres places & la maison de l'Ours par le feu Duc de Richelieu pere à Charles Flacourt, par contrat passé devant Notaires le vingt-neuf Mai 1655, laisser libre la propriété, possession & jouissance de ladite maison au Duc de Richelieu & à ceux qui seront appellés après lui à la substitution du Cardinal de Richelieu, ensemble se voir condamner à la restitution des loyers, à compter du dix Mai 1715, jour du décès du Duc de Richelieu pere, auquel tems la substitution a été ouverte au profit du Duc de Richelieu fils, & aux dommages-intérêts soufferts & à souffrir, aux offres faites par ledit de la Blancherie de tenir compte soit auxdits de Coustard & sa femme, soit à la veuve Dhariagues & audit Cordier esdits noms, de ce qui a pû être légitimement payé par eux ou par leurs auteurs, à la décharge de la succession du Cardinal de Richelieu, provenant du prix du contrat de vente dudit jour vingt-neuf Mai 1655, & condamner ledit de Couftard & fa femme en tous les dépens, débouter les Comtes de Saint Florentin & de Maurepas, le tuteur Plelo, ledit Gaillard de Charantonneau, ledit Belard & fa femme, & les héritiers Gallois des demandes portées par requêtes des dix-sept, dix-neuf & vingt-sept Août 1739, & les condamner en tous les dépens, condamner pareillement ledit Garnier de Grandvilliers en qualité de tuteur des mineurs de la Poire de la Roquette à se défifter & départir de la propriété, poffeffion & jouiffance du fol, fonds & fuperficie d'une maifon, cour, bâtimens & dépendances fitués en la ville de Paris rue de Richelieu, qui confronte au midi à la maifon appartenante à la veuve & héritiers Dhariargues, d'autre à côté au nord à la maifon appartenante au Préfident Dupuis, pardevant à l'occident à la rue de Richelieu, & par derriere à l'orient au jardin du Palais royal, laquelle maifon fe trouve bâtie fur une place donnée à rente avec autres par le Cardinal de Richelieu à Louis le Barbier, par contrat du dix-fept Mars 1636, & enfuite retirée par le Cardinal de Richelieu, contrat du vingt Mai 1641, laquelle place s'eft trouvée dans la fucceffion du Cardinal de Richelieu, & a été vendue avec autres places & la maifon de l'Ours par le feu Duc de Richelieu pere audit Charles Flacourt par contrat du vingt-neuf Mai 1655, laiffer la libre propriété, poffeffion & jouiffance de ladite maifon au Duc de Richelieu, condamner pareillement ledit de Grandvilliers en fadite qualité à la reftitution des loyers de ladite maifon, à compter du dix Mai 1715 jour du décès du Duc de Richelieu pere, auquel tems la fubftitution a été ouverte au profit du Duc de Richelieu, & aux dommages-intérêts foufferts & à fouffrir, aux offres faites par ledit de la Blancherie de tenir compte audit de Granvilliers de ce qui avoit pû être légitimement payé par lui ou par fes auteurs, à la décharge de la fucceffion du Cardinal de Richelieu, provenant du prix du contrat de vente dudit jour vingt-neuf Mai 1655 & condamner ledit de Grandvilliers audit nom en tous les dépens, condamner pareillement ledit Jean-Baptifte Martin Dartaguette d'Iron, à fe défifter & départir du fonds, propriété & jouiffance de la rente fonciere de bail d'héritage dont les deux maifons à lui appartenantes ci-après fpecifiées font chargées, à raifon de cinq livres deux fols fix deniers par chaque toife de fuperficie, fuivant le contrat d'arrentement fait par le Cardinal de Richelieu, laquelle rente a été vendue avec autres emplacemens & la maifon de l'Ours par le feu Duc de Richelieu pere à Charles Flacourt par contrat du vingt-neuf Mai 1655, à caufe de quoi la fubftitution du Cardinal de Richelieu faite en faveur de la branche de Richelieu, s'eft trouvée privée de ladite rente, lefdites deux maifons, l'une rue de Richelieu appartenante audit Dartaguette tenante d'un côté au midi à la maifon appartenante à ladite Braier, d'autre au nord, à la maifon appartenante audit Nouveau, pardevant à l'occident à ladite rue de Richelieu, & par derriere à l'orient au jardin du Palais-royal, l'autre maifon appartenante audit Dartaguette, fife rue neuve des Petits-Champs, tenant d'un côté au levant à la maifon appartenante audit Pougin de Nomion, pardevant au nord à la rue neuve des Petits-Champs, & par derriere au midi au jardin du Palais-Royal, ordonner que lefdites maifons feront & demeureront chargées de ladite rente pour la fervir & payer tant au Duc de Richelieu qu'à ceux qui feront appellés après lui à la fubftitution du Cardinal de Richelieu, & le condamner pareillement à payer au Duc de Richelieu les arrérages de ladite rente, à compter du dix Mai 1715, jour du décès du Duc de Richelieu pere, auquel tems la fubftitution a été ouverte en faveur du Duc de Richelieu fils, & aux dommages-intérêts foufferts & à fouffrir, aux offres faites par ledit de la Blancherie, de tenir compte audit Dartaguette de ce qui avoit pû être légitimement payé par lui ou par fes auteurs, à la décharge de la fucceffion du Cardinal de Richelieu, provenant du prix du contrat de vente dudit jour vingt-neuf Mai 1655, & condamner ledit Dartaguette en tous les dépens; condamner pareillement Marie-Madeleine de Lamotte, femme fe difant féparée quant aux biens de François Poiffon, & ledit François Poiffon à fe défifter & départir du fonds, propriété & jouiffance de la rente fonciere de bail d'héritage, dont la maifon ci-après fpécifiée eft chargée, à raifon de cinq livres deux fols fix deniers par chaque toife de fuperficie fuivant le contrat d'arrentement fait par le Cardinal de Richelieu, en faveur de Louis le Barbier le dix-fept Mars 1636, de la place fur laquelle ladite maifon ci-après eft bâtie, & autres places autour du Palais-royal, laquelle rente s'eft trouvée dans la fucceffion du Cardinal de Richelieu, & a été vendue avec autres emplacemens & la maifon de l'Ours par le feu Duc de Richelieu pere, à Charles Flacourt, par contrat du vingt-neuf Mai 1655, à caufe de quoi la fubftitution du Cardinal de Richelieu faite en faveur de la branche de Richelieu s'eft trouvée privée de ladite rente, ladite maifon fife rue de Richelieu, tenante d'un côté du midi à la maifon appartenante au Préfident Henault, d'autre côté au nord à la maifon appartenante à ladite Gallois, pardevant à l'occident à ladite rue de Richelieu, & par derriere à l'orient au jardin du Palais Royal, ordonner que ladite maifon fera & demeurera chargée de ladite rente pour la fervir & payer tant au Duc de Richelieu, qu'à ceux qui feront appellés après lui à la fubftitution du Cardinal de Richelieu, les condamner pareillement à payer au Duc de Richelieu les arrérages de ladite rente, à compter du dix Mai mil fept cent quinze, jour du décès du Duc de Richelieu pere, auquel tems la fubftitution a été ouverte en faveur du Duc de Richelieu, fon fils, aux dommages-intérêts foufferts & à fouffrir, aux offres faites par ledit de la Blancherie audit nom de tenir compte à ladite Poiffon de ce qui avoit pû être légitimement payé par elle ou par fes auteurs, à la décharge de la fucceffion du Cardinal de Richelieu, provenant du prix du contrat de vente du vingt-neuf Mai 1655, & condamner ladite Poiffon en tous les dépens ; condamner pareillement Laurent Darcy & Louife-Magdelaine Darcy, fille majeure, ufante & jouiffante de fes droits, enfans & héritiers & biens-tenans de défunt André Darcy, à fe défifter & départir du fonds, propriété & jouiffance de la rente fonciere de bail d'héritage dont la maifon ci-après fpécifiée eft chargée, à raifon de cinq livres deux fols fix deniers par chaque toife de fuperficie, fuivant le contrat d'arrentement fait par feu le Cardinal de Richelieu en faveur de Louis le Barbier le dix-fept Mars 1636, de la place fur laquelle ladite maifon eft bâtie, & autres places autour du jardin du Palais Royal, laquelle rente s'eft trouvée dans la fucceffion du Cardinal de Richelieu, & a été vendue avec autres emplacemens & la maifon de l'Ours par le feu Duc de Richelieu pere à Charles Flacourt, par contrat du vingt-neuf Mai 1655, à caufe de quoi la fubftitution du Cardinal de Richelieu, faite en faveur de la branche de Richelieu, s'eft trouvée privée de ladite rente, ladite maifon fife rue neuve des Petits-Champs, tenant d'un côté à l'occident à la maifon appartenante audit de Lariviere, du levant à la maifon appartenante audit Teftard, pardevant au nord à ladite rue neuve des Petits-Champs, & du midi à la maison du nommé Hattier, donnant sur le jardin du Palais Royal ; ordonner que ladite maison sera & demeurera chargée de ladite rente, pour la servir & payer tant au Duc de Richelieu, qu'à ceux qui seront appellés après lui à la substitution du Cardinal de Richelieu, le condamner pareillement à payer au Duc de Richelieu les arrérages de ladite rente, à compter du dix Mai 1715, jour du décès du Duc de Richelieu pere, auquel tems la substitution a été ouverte en faveur du Duc de Richelieu, & aux dommages-intérêts soufferts & à souffrir, aux offres faites par ledit de la Blancherie de tenir compte auxdits Darcy de ce qui a pû être légitimement payé par eux ou par leurs auteurs, à la décharge de la succession du Cardinal de Richelieu, provenant du prix du contrat de vente dudit jour vingt - neuf Mai 1655, & condamner lesdits Darcy en tous les dépens ; condamner pareillement Gerard Bazin à se désister & départir du fonds, propriété & jouissance de la rente fonciere de bail d'héritage dont la maison ci-après spécifiée est chargée, à raison de cinq livres deux sols six deniers par chaque toise de superficie, suivant le contrat d'arrentement fait par le Cardinal de Richelieu en faveur de Louis le Barbier le dix-sept Mars 1636, de la place sur laquelle ladite maison se trouve bâtie, & autres places autour du jardin du Palais Royal, laquelle rente s'est trouvée dans la succession du Cardinal de Richelieu, & a été vendue avec autres emplacemens & la maison de l'Ours par le feu Duc de Richelieu à Charles Flacourt, par contrat du 29 Mai 1655, à cause de quoi la substitution du Cardinal de Richelieu, faite en faveur de la branche de Richelieu, s'est trouvée privée de ladite rente, ladite maison sise rue neuve des Bons-Enfans, tenante au nord à la maison appartenante audit Racle, pardevant au levant à ladite rue neuve des Bons-Enfans, & par derriere au couchant au jardin du Palais Royal, ordonner que ladite maison sera & demeurera chargée de ladite rente, pour la servir & payer tant au Duc de Richelieu, qu'à ceux qui seront appellés après lui à la substitution du Cardinal de Richelieu, le condamner pareillement à payer au Duc de Richelieu les arrérages de ladite rente, à compter de dix Mai 1715, jour du décès du Duc de Richelieu pere, auquel tems la substitution a été ouverte en faveur du Duc de Richelieu fils, & aux dommages - intérêts soufferts & à souffrir, aux offres que faisoit ledit de la Blancherie audit nom de tenir compte audit Bazin de ce qui avoit pû être légitimement payé par lui ou par ses auteurs, à la décharge de la succession du Cardinal de Richelieu, provenant du prix du contrat de vente dudit jour vingt-neuf Mai 1655, & condamner ledit Bazin aux dépens ; condamner pareillement l'Evêque de Lombès, comme ayant pris le fait & cause de Charles-Maurice Duchauffour, à faire désister & départir ledit Duchauffour du fonds, propriété & jouissance de la rente fonciere de bail d'héritage dont la maison ci-après spécifiée est chargée, à raison de cinq livres deux sols six deniers par chaque toise de superficie, suivant le contrat d'arrentement fait par le Cardinal de Richelieu en faveur de Louis le Barbier le dix-sept Mars 1636, de la place sur laquelle ladite maison ci-après est bâtie, & autres places autour du jardin du Palais-Royal, laquelle rente s'est trouvée dans la succession du Cardinal de Richelieu, & a été vendue avec autres places & la maison de l'Ours par le feu Duc de Richelieu pere à Charles Flacourt, par contrat passé devant Notaires le vingt-neuf Mai 1655, à cause de quoi la substitution du Cardinal de Richelieu, faite en faveur de la branche de Richelieu, s'est trouvée privée de ladite rente, ladite maison sise rue neuve des Bons-Enfans appartenante audit Duchauffour, tenante du côté du nord à la maison appartenante audit Duvaux, du côté du midi à la maison appartenante audit Chupin ou Rappally, pardevant à l'orient à ladite rue neuve des Bons-Enfans, par derriere à l'occident au jardin du Palais-Royal ; ordonner que ladite maison sera & demeurera chargée de ladite rente, pour la servir & payer tant au Duc de Richelieu, qu'à ceux qui seront appellés après lui à la substitution du Cardinal de Richelieu ; condamner pareillement l'Evêque de Lombès à payer au Duc de Richelieu les arrérages de ladite rente, à compter du dix Mai 1715, jour du décès du Duc de Richelieu pere, tems auquel la substitution a été ouverte en faveur du Duc de Richelieu, & aux dommages-intérêts soufferts & à souffrir, aux offres faites par ledit de la Blancherie de tenir compte, soit audit Duchauffour, soit à l'Evêque de Lombès de ce qui a pû être légitimement payé par eux ou par leurs auteurs, à la décharge de la succession du Cardinal de Richelieu, provenant du prix du contrat de vente dudit jour vingt-neuf Mai 1655, & condamner l'Evêque de Lombès en tous les dépens ; condamner pareillement le Président Haynault à se désister & départir du fonds, propriété & jouissance de la rente fonciere de bail d'héritage dont la maison ci-après spécifiée est chargée, à raison de cinq livres deux sols six deniers per chaque toise de superficie, suivant le contrat d'arrentement fat par le Cardinal de Richelieu, en faveur de Louis le Barbier, par contrat du dix-sept Mars 1636, de la place sur laquelle ladite maison ci-après est bâtie, & autres places autour du jardin du Palais-Royal, laquelle rente s'est trouvée dans la succession du Cardinal de Richelieu, & a été vendue, avec autres emplacemens & la maison de l'Ours, par le feu Duc de Richelieu pere à Charles Flacourt, par contrat passé devant Notaires le vingt-neuf Mai 1655, à cause de quoi la substitution du Cardinal de Richelieu, faite en faveur de la branche de Richelieu, s'est trouvée privée de ladite rente, ladite maison sise rue de Richelieu, appartenante au Président Haynault, suivant la déclaration faite par Desnoyers, par acte du deux Septembre 1739, tenante d'un côté au midi à la maison appartenante à ladite Durocher, d'autre côté au nord à la maison appartenante audit Lhotellier, pardevant à l'occident à ladite rue de Richelieu, & par derriere à l'orient, au jardin du Palais-Royal, ordonner que ladite maison sera & demeurera chargée de ladite rente, pour la servir & payer tant au Duc de Richelieu, qu'à ceux qui seront appellés après lui à la substitution du Cardinal de Richelieu ; condamner pareillement le Président Haynault à payer au Duc de Richelieu les arréreges de ladite rente, à compter du dix Mai 1715, jour du décès du Duc de Richelieu pere, auquel tems la substitution a été ouverte en faveur du Duc de Richelieu, & aux dommages-intérêts soufferts & à souffrir, aux offres faites par ledit de la Blancherie de tenir compte au Président Haynault de ce qui a pû être légitimement payé par lui ou par ses auteurs, à la décharge de la succession du Cardinal de Richelieu, provenant du prix du contrat de vente dudit jour vingt-neuf Mai 1655, & condamner le Président Haynault en tous les dépens : débouter ledit Mouffle de Champigny, Conseiller en notredite Cour, de sa demande & intervention portée par sa Requête du seize Décembre 1739, & le condamner en tous les dépens : Arrêt du vingt-un Juin 1743, par lequel notredite Cour a reçu ledit de la Blancherie partie intervenante ; & pour faire droit sur son intervention & demande, a appointé les parties en droit & joint à l'instance d'entre le Duc de Richelieu & Françoise-Charlotte de Sennectere de la Ferté, & autres, pour leur être fait droit, ainsi qu'il appartiendra : Production dudit de la Blancherie audit nom, en exécution du susdit Arrêt, par Requête du dix-neuf Juillet 1743, employée pour avertissement ; plus ample avertissement du quatorze Août 1743, fourni par le Président Dupuis, servant de contredits contre la susdite production : Requête dudit Durey

d2

de Sauroy du vingt-fix Juillet 1746, employée pour contredits contre la même production : Requête du Marquis de la Ferté de vingt-fept Août 1746, d'emploi pour contredits contre la même production : Requête dudit de Couftard du vingt-cinq Novembre audit an, d'emploi pour contredits contre la même production : Requête dudit de Pontdevaux & de ladite veuve Regnier des vingt-cinq Novembre 1746, & vingt-fept Avril 1747, d'emploi pour contredits contre la même production : Requête dudit Rapally du vingt-deux Juillet 1747, employée pour contredits contre la même production : Sommations faites à la requête dudit de la Blancherie audit nom auxdites Marquife de Bouteville, Durocher, Lhotellier & conforts, Brayer, Nouveau, Diomis, veuve Defplaces, Corneille, veuve Laifné, Defmgry, Haynault & Fouhet, veuve Gallois, Hallier, Delarivieré, Teftard, Duquefne, de Nomion, veuve de Girangis, Marquis de Livry & Defmarets, Defneux & Rouffel de Beaumont, veuve Racle, veuve Juillet, Rapally, Durey de Sauroy, Devaux Chupin de Germigny, de la Motte, Préfident Dupuis, veuve Regnier, de Coufterd, les Comtes de Saint Florentin & de Maurepas, Robert Gaillard de Charentonneau, Bitault, de Grandville, Dartaguette, Poiffon, Bazin, l'Evêque de Lombès, Duchauffour & Mouffle de Champigny, de fatisfaire au fufdit Arrêt : Requête dudit Chupin de Germigny du dix-huit Juillet 1743, à ce qu'il plût à notredite Cour lui donner acte de ce qu'il fommoit & dénonçoit à Jean Regnier de Voify la requête d'intervention donnée dans l'inftance d'entre ledit Chupin, le Duc de Richelieu & autres par ledit de la Blancherie, fe difant tuteur à la fubftitution en date du quatorze Juin 1743. Plus, copie d'une Sentence du Châtelet de Paris du vingt Février 1737, fignifiée audit Chupin le dix-huit du même mois, & l'Arrêt d'appointement du vingt-un Juin 1743 : ce faifant, ordonner que ledit Regnier de Voify feroit tenu de prendre le fait & caufe dudit Chupin de Germigny, faire ceffer les conclufions dudit de la Blancherie, portées par la fufdite Requête d'intervention, finon & où il arriveroit quelques condamnations contre ledit Chupin au profit de la fubftitution en queftion, condamner ledit Regnier de Voify à acquitter ledit Chupin de toutes les condamnations tant en pr ncipal, dommages-intérêts, que frais, mifes d'exécution & dépens, tant en défendant, que des fommations & dénonciations, au bas de laquelle Requête employée pour avertiffement, écritures & production fur icelles eft l'ordonnance de notredite Cour qui l'a réglé en droit & joint, & donné acte de l'emploi y porté : Sommation faite à la requête dudit Chupin audit Regnier de Voify, de défendre à la fufdite demande & fatisfaire à l'ordonnance étant au bas d'icelle : Requête dudit Chupin du dix-neuf Juillet 1743, employée aux rifqu es dudit Regnier de Voify pour moyens de nullité : Fins de non-recevoir & défenfes contre l'intervention & demande dudit de la Blancherie, portée par fa Requête du quatorze Juin 1743, enfemble pour avertiffement, écritures & production en exécution dudit Arrêt du vingt-un Juin 1743, & contenant demande à ce qu'il plût à notredite Cour déclarer nulle ladite Requête d'intervention dudit de la Blancherie du quatorze Juin 1743, enfemble toute la procédure qui l'a fuivie, en tout cas déclarer ledit de la Blancherie non-recevable dans fa demande y portée, & le condamner aux dépens ; donner acte audit Chupin de ce qu'il fommoit & dénonçoit audit Regnier de Voify la préfente demande comme n'étant formée qu'à fes rifques, le condamner à acquitter ledit Chupin de tous événemens à l'occafion de ladite demande, & en tous les dépens faits envers toutes les parties ; au bas de laquelle Requête eft l'ordonnance de notredite Cour qui a donné acte de l'emploi y porté, & réfervé d'y faire droit en jugeant. Plus ample avertiffement dudit Regnier de Voify du dix Décembre 1746, fervant de contredits contre les emplois de production dudit Chupin, portées par fes fufdites Requêtes des dix-huit & dix-neuf Juillet 1743 : Avertiffement fourni le vingt-quatre Mars 1744 par ledit Dartaguette & fa production en exécution dudit Arrêt du vingt-un Juin 1743 : Requête de ladite veuve Regnier du vingt-fept Janvier 1744, employée pour avertiffement, écritures & production en exécution de l'Arrêt du vingt un Juin 1743, & contenant demande à ce qu'il plût à notredite Cour déclarer ledit de la Blancherie non-recevable dans fa demande du quatorze Juin 1743, ou en tout cas l'en débouter & le condamner aux dépens, tant en demandanr, défendant, que de la fommation, & où ledit de la Blancherie audit nom réuffiroit dans fa demande, en ce cas donner acte à ladite veuve Regnier de ce qu'elle fomme & dénonce à Jean Regnier de Voify la demande & prétention dudit de la Blancherie contre e lle formée par fa Requête du quatorze Juin mil fept cent quarante trois, en conféquence condamner ledit Regnier de Voify à acquitter, garantir & indemnifer ladite veuve Regnier de tous évenemens, tant en principal, arrérages, que frais & dépens, & généralement de toutes les fommes qu'elle feroit condamnée de payer audit de la Blancherie audit nom, & tous les dépens, tant en, demandant, défendant, que de la fommation, & condamner celui dudit Regnier de Voify ou dudit de la Blancherie qui fuccombera, en tous les dépens, tant en demandant, défendant, que de la fommation, & en ceux de la préfente demande, au bas de laquelle requère, auffi employée pour avertiffement, écritures & production fur icelle, eft l'ordonnance de notredite Cour qui l'a reglée en droit & joint, & donné acte de l'emploi y porté ; requête dudit Regnier de Voify, du neuf Décembre mil fept cent quarante-fix, employée aux rifques du tuteur à la fubftitution, pour fins de non-recevoir, & défenfes à la demande ci-deffus, écritures & production fur icelle demande ; requête de la veuve Regnier du quinze Mai mil fept cent quarante-fept, d'emploi pour contredits contre l'emploi de production porté par la requête dudit Regnier de Voify, du neuf Décembre mil fept cent quarante-fix ; production d'Auguftin-Jerôme Dionis, en exécution du même Arrêt du vingt-un Juin 1743, par requête du deux Juillet mil fept cent quarante-quatre, employée aux rifques de fes garants pour avertiffement, & contenant demande à ce qu'il plût à notredite Cour, fans s'arrêter à l'intervention dudit de la Blancherie, le déclarer non-recevable dans fa demande portée par fa requête du quatorze Juin mil fept cent quarante-trois, ou en tout cas l'en débouter avec dépens, au bas de laquelle requête eft l'ordonnance de notredite Cour, qui a réfervé d'y faire droit en jugeant ; requête du dit de la Blancherie, audit nom, du deux Décembre mil fept cent quarante-cinq, employée pour contredits contre la fufdite production ; requête de Catherine-Françoife, Marie-Victoire, & Marie-Anne Dionis, du 11 Mai mii fept cent quarante-fix, d'emploi pour écritures & production, contredits & falvations à tout ce qui a été dit de la part des tuteurs à la fubftitution ; production de ladite du Rocher, en exécution du même Arrêt, du vingt-un Juin mil fept cent quarante-trois, par requête du vingt-trois Juillet audit an, employée aux rifques de ladite Perrot & dudit Narbonne fes vendeurs, pour fins de non-recevoir, & en tant que de befoin pour défenfes contre les interventions & demande dudit de la Blancherie, portée par fa requête du quatorze Juin mil fept cent quarante-trois ; requête de ladite Durocher, du vingt-quatre Juillet mil fept cent quarante-trois, à ce qu'il plût à notredite Cour, en continuant les fommations & dénonciations ci-devant faites par ladite Durocher audit Perrot, lui donner acte de ce qu'elle fommoit & dénonçoit auxdits Perrot la demande dudit de la Blancherie portée par sa requête du quatorze Juin mil sept cent quarante-trois; ensemble l'Arrêt de notredite Cour du vingt-un dudit mois de Juin, à ce qu'ils eussent à faire cesser ladite demande, & en faire débouter ledit de la Blancherie, sinon & à faute de ce faire les condamner à acquiter, garantir & indemniser ladite Durocher de l'évenement de ladite demande, tant en principal, intérêts, dommages-intérêts que dépens, & de toutes les condamnations qui pourroient intervenir contre elle; donner pareillement acte à ladite Durocher, de ce qu'elle contresommoit audit de la Blancherie la présente demande, & condamner ceux qui succomberont en tous les dépens, tant en demandant, défendant, que de la sommation, dénonciation & contresommation, au bas de laquelle requête aussi employée pour avertissement, écritures & production sur icelle, est l'ordonnance de notredite Cour qui l'a reglée en droit & joint, & donné acte de l'emploi y porté; sommation faite à la requête de ladite Durocher auxdits Perrot, Narbonne & de la Blancherie de fournir de défenses & satisfaire à ladite ordonnance; requête desdits Lebas, Duplessis & consorts, du six Février mil sept cent quarante-cinq, à ce qu'il plût à notredite Cour leur donner acte de ce qu'aux risques dudit de la Blancherie ès noms, ils sommoient & dénonçoient d'abondant à Louis Cornillier, Guillaume Desprez & sa femme, aux Religieuses de Saint-Thomas, au Marquis d'Hecquevilly ès noms & autres, la demande & intervention formée en notredite Cour contre ledit Lebas & consorts par ledit de la Blancherie, par la susdite requête du quatorze Juin mil sept cent quarante-trois, à ce qu'ils eussent à la faire cesser, en faire débouter ledit de la Blancherie ès noms, sinon & où il interviendroit quelques condamnations au profit dudit de la Blancherie contre ledit Lebas & consorts, condamner lesdits Corniller, Desprez, les Religieuses de Saint-Thomas, le Marquis d'Hecquevily ès noms, & autres, d'en acquitter, garantir & indemniser ledit Lebas & consorts en principal, intérêts, dommages-intérêts & dépens envers ledit Lebas & Consorts, tant en demandant, défendant, que de la sommation & contresommation; donner pareillement acte audit Lebas & Consorts de ce qu'ils contresommoient la présente demande audit de la Blancherie audit nom, ce faisant le condamner d'acquitter ledit Lebas & consorts de tous évenemens à l'occasion de ladite demande, tant en principal, intérêts que dommages-intérêts & dépens, & en tous les dépens, tant en demandant, défendant, que de la sommation & contresommation, au bas de laquelle requête employée pour avertissement, écritures & production sur icelle est l'ordonnance de notredite Cour qui l'a reglée en droit & joint, & donné acte de l'emploi y porté; sommation faite aux susnommés de fournir de défenses, & satisfaire à la susdite ordonnance; requête dudit Lebas & consorts du sept mai mil sept cent quarante-cinq, contenant demande à ce qu'il plût à notredite Cour, leur donner acte de ce qu'aux risques dudit de la Blancherie ès noms & qualités, ils sommoient & dénonçoient d'abondant auxdits Chamillart la demande & intervention formée en notredite Cour contre ledit Lebas & consorts par ledit de la Blancherie, ès noms, par requête du quatorze Juin mil sept cent quarante-troit, à ce qu'ils eussent à la faire cesser, & en débouter ledit de la Blancherie, sinon & où il interviendrois quelques condamnations au profit dudit de la Blancherie contre ledit Lebas & consorts, condamner lesdits Chamillart d'en acquitter, garantir & indemniser ledit Lebas & consorts, en principal, intérêts, dommages-intérêts & dépens, & les condamner en tous les dépens envers ledit Lebas & consorts, tant en demandant, défendant, que de la sommation & contre-sommation; donner pareillement acte audit Lebas & consorts de ce qu'ils contresommoient la présente demande audit de la Blancherie audit nom, ce faisant, le condamner d'acquitter ledit Lebas & consorts de tous évenemens à l'occasion de ladite demande, tant en principal, intérêts, que dommages-intérêts & dépens, & en tous les dépens, tant en demandant, défendant, que de la sommation & contresommation, au bas de laquelle requête aussi employée pour avertissement, écritures & production sur icelle est l'ordonnance de notredite Cour, qui l'a reglée en droit & joint, & donné acte de l'emploi y porté; sommation faite à la requête dudit Lebas & consorts auxdits de Chamillart & de la Blancherie de satisfaire à la susdite ordonnance; production dudit Rapally, en exécution de l'Arrêt du vingt-un Juin mil sept cent quarante-trois, par requête du premier Août mil sept cent quarante-quatre, employée pour fins de non-recevoir contre la demande dudit de la Blancherie portée par sa requête du quatorze Juin mil sept cent quarante-trois, & en tant que de besoin, pour défenses & avertissement en exécution dudit Arrêt, du vingt-un Juin audit an, & contenant demande à ce qu'il plût à notredite Cour déclarer ledit de la Blancherie non-recevable dans sa demande, en ce qui concerne ledit Rapally, ou en tout cas l'en débouter & le condamner aux dépens, au bas de laquelle requête est l'ordonnance de notredite Cour qui a donné acte de l'emploi y porté, & reservé d'y faire droit en jugeant; requête dudit Rapally du cinq Août mil sept cent quarante-quatre, à ce qu'il plût à notredite Cour lui donner acte de la dénonciation qu'il fait audit Dupin & sa femme de la demande dudit de la Blancherie, portée par sa requête du quatorze Juin mil sept cent quarante-trois, de l'acte de nomination faite de la personne dudit de la Blancherie peur tuteur à substitution dont il s'agit, de l'arrêt d'apointement du vingt-un Juin mil sept cent quarante-trois, de la requête d'emploi pour écritures & production dudit de la Blancherie, signifiée audit Rapally le dix-neuf Juillet suivant, & de tout ce qui a précédé, & suivi à ce que ledit Dupin & sa femme n'en ignorent, & ayent à faire cesser l'effet desdites demandes, en débouter ledit de la Blancherie avec dépens, & où il arriveroit que ledit de la Blancherie réussiroit dans cette demande, & parviendroit à faire déclarer la maison dont il s'agit sujette à ladite rente foncière de cinq livres deux sols six deniers, & feroit condamner ledit Rapally à la servir audit de la Blancherie, audit nom, & à lui payer les arrérages échûs, & obtiendroit en outre contre ledit Rapally quelque condamnation, en ce cas condamner ledit Dupin & sa femme à acquiter, garantir & indemniser ledit Rapally desdites demandes & condamnations, tant en principal qu'intérêts & frais, & aux dépens, tant en demandant, défendant, que de la sommation & dénonciation, au bas de laquelle requête, aussi employée pour avertissement, écritures & production sur icelle, est l'ordonnance de notredite Cour qui l'a reglée en droit & joint, & donné acte de l'emploi y porté; sommation faite à la requête dudit Rapally audit Dupin & sa femme de satisfaire à la susdite ordonnance; acte de reprise d'instance faite au Greffe de notredite Cour le vingt-sept Avril mil sept cent quarante-six par Louis-Charles Daman, Bourgeois de Paris, tuteur à la substitution portée par le testament du Crdinal de Richelieu, nommé par avis de parens, du premier Avril mil sept cent quarante-six, homologué par Sentence du Châtelet du même jour, au lieu & place de feu Jacques de la Blancherie, ci-devant tuteur à ladite substitution; avertissement fourni par le marquis de la Ferté le deux Juillet mil sept cent quarante-six, & sa production en exécution dudit Arrêt du vingt-un Juin mil sept cent quarante-trois, par requête du onze dudit mois de Juillet, contenant demande à ce quil plût à notredite Cour déclarer ledit Daman, comme ayant repris au lieu & place dudit de la Blancherie, non-recevable dans sa demande du quatorze Juin mil sept cent quarante-trois, en tout cas l'en débouter, & le condamner aux dépens, au bas de laquelle requête est l'ordonnance de notredite Cour, qui a donné acte de l'emploi y porté, & reservé d'y faire droit en jugeant ; avertissement fourni le vingt-sept Mai mil sept quarante-six par ledit Durey de Sauroy, & sa production par inventaire signifié le quatorze Juillet audit an, en exécution des Arrêts des cinq Septembre mil sept cent trente-neuf, & vingt-un Juin mil sept cent quarante-trois ; contredits fournis le neuf Décembre mil sept cent quarante-six par le Duc de Richelieu contre la susdite production ; requête desdits de Coustard du vingt-deux Novembre mil sept cent quarante-six, d'emploi pour avertissement, écritures & production en exécution de l'Arrêt du vingt-un Juin mil sept cent quarante-trois, & de fins de non-recevoir & défenses aux risques de leurs garants, contre la demande du tuteur à la substitution du quatorze dudit mois de Juin, & contenant demande à ce qu'il plût à notredite Cour déclarer ledit de la Blancherie non-recevable dans ladite demande, ou en tout cas l'en débouter, le condamner aux dépens, au bas de laquelle requête est l'ordonnance de notredite Cour qui a donné acte de l'emploi y porté, & reservé d'y faire droit en jugeant ; requête dudit de Coustard du deux Décembre mil sept cent quarante-six, à ce qu'il plût à notredite Cour lui donner acte de ce qu'aux risques du tuteur à la substitution du Cardinal de Richelieu il sommoit & dénonçoit la demande par lui formée contre ledit de Coustard, du quatorze Juin mil sept cent quarante-trois, appointée par Arrêt du vingt-un dudit mois à Pierre-Charles Delespine & consorts, héritiers représentans & biens-tenans de Nicolas Delespine & d'Elisabeth Fleurette sa femme, à ce qu'ils fussent tenus de prendre le fait & cause dudit de Coustard & de la veuve d'Hariagues, & à faire débouter ledit tuteur à la substitution, de sa demande, & où il parviendroit à ses fins, audit cas condamner lesdits héritiers & représentans Nicolas de Lespine & Elisabeth Fleurette, chacun personnellement pour les parts & portions dont ils sont héritiers, & hypotéquairement pour le tout à acquitter, garantir & indemniser ledit de Coustard & sa femme des condamnations qui pourroient être contre eux prononnées, tant au profit dudit Tuteur à la substitution, que de la veuve d'Hariagues & dudit Cordier, Tuteur de leurs enfans, tant en principaux qu'intérêts, & pour restitution de loyers & fruits, & désistement de ladite maison au payement du prix d'icelle, dommages-intérêts & dépens, & autres généralement quelconques, & les condamner audit cas, & par les mêmes voies aux dommages-intérêts particuliers dudit de Coustard, résultans de l'inexécution de la vente faite de la maison en question, par lesdits défunts Nicolas de Lespine & Elisabeth Fleurette sa femme au feu Jean-François Breteau, beau-pere dudit de Coustard, par le contrat du trois Juillet 1683, tels qu'il plaira à notredite Cour les arbitrer, & en tous les dépens dudit de Coustard faits & à faire, tant contr'eux que contre ledit Tuteur, la veuve d'Hariagues & ledit Cordier audit nom, & même en ceux qui pourroient être compensés, tant en demandant, défendant, que des sommations & dénonciations ; & où ledit Tuteur à la substitution viendroit à être déclaré non-recevable dans ladite demande, ou en tous cas à en être débouté, ainsi que ledit de Coustard y a conclu, le condamner en tous les dépens dudit de Coustard faits & à faire, tant en demandant, défendant, que des sommations, tant contre lui que contre ladite d'Hariagues & ledit Cordier, & lesdits héritiers & représentans Nicolas de Lespine & Elisabeth Fleurette, même à l'acquitter de ceux auxquels lesdits de Coustard pourroient être condamnés envers ladite veuve d'Hariagues & ledit Cordier esdits noms, & envers lesdits Nicolas & Henri de Lespine & consorts, & qui pourroient être compensés, au bas de laquelle requête, aussi employée pour avertissement, écritures & production sur icelle, est l'Ordonnance de notredite Cour, qui l'a réglée en droit & joint, & donné acte de l'emploi y porté ; Sommation faite à la requête dudit de Coustard aux héritiers de Lespine, au Duc de Richelieu & au Tuteur à la substitution, de satisfaire à la susdite ordonnance ; Requête de la veuve & héritiers Perrier, du vingt-cinq Mai mil sept cent cinquante, d'emploi aux risques, périls & fortunes de qui il appartiendra, pour avertissement, écritures & production en exécution de l'Arrêt du vingt-un Juin mil sept cent quarante-trois, ensemble pour défenses à l'intervention & demande du Tuteur à la substitution, portée par sa requête du 14 dudit mois de Juin ; Sommations faites audit Tuteur à la substitution, à la requête desdits Chupin, d'Artaguette, veuve Regnier, Dionis, Durocher, le Bas de Girangis & consorts, Rapally, le Marquis de la Ferté, Durey de Sauroy, de Coustard & consorts & veuve & héritiers Perrier, de fournir de contredits contre leurs susdites productions ; Requête de la veuve Regnier du quinze Janvier 1744, employée pour avertissement, & sa production en exécution des Arrêts des sept Septembre 1739 & trois Juin 1741, ladite requête contenant demande à ce qu'il plût à notredite Cour lui donner acte de ce qu'elle contre-sommoit au Duc de Richelieu sa propre demande comme fils & héritier, & par conséquent tenu des faits & promesses du Duc & de la Duchesse de Richelieu ses pere & mere, qui, solidairement, ont vendu par contrat du vingt-neuf Mai 1655 audit de Flacourt, les rentes foncieres en question ; qu'il lui fût pareillement donné acte de ce qu'elle sommoit & dénonçoit au Duc de Richelieu la demande en sommation & garantie par elle formée contre ledit Regnier de Voisy, par requête & exploit du sept Septembre suivant, en conséquence déclarer le Duc de Richelieu non-recevable dans sadite demande, ou en tous cas l'en débouter & le condamner aux dépens, tant en demandant, défendant, que de la sommation & contre-sommation ; & où le Duc de Richelieu réussiroit dans sa demande, en ce cas, faisant droit sur la demande en sommation formée par la veuve Regnier contre ledit Regnier de Voisy par les susdits requête & exploit, condamner ledit Regnier de Voisy à acquitter, garantir & indemniser ladite veuve Regnier de tous événemens, tant en principal, arrérages, que frais & dépens, & généralement de toutes les sommes qu'elle seroit condamnée de payer au Duc de Richelieu ; condamner pareillement ledit Regnier de Voisy en tous les dépens, tant en demandant, défendant, que de la sommation & contre-sommation, & condamner ceux du Duc de Richelieu ou dudit Regnier de Voisy qui succomberont en tous les dépens, tant en demandant, défendant, que de la sommation & en ceux de la présente demande, au bas de laquelle requête, aussi employée pour avertissement, écritures & production sur icelle, est l'Ordonnance de notredite Cour, qui l'a réglée en droit & joint, & donné acte de l'emploi y porté ; Sommations faites audit Regnier de Voisy & au Duc de Richelieu de satisfaire à la susdite Ordonnance ; Requête de la veuve Charles Regnier du quinze Mai 1747, d'emploi aux risques de ses garants, pour contredits contre l'emploi de production porté par la susdite requête ; les contredits fournis le dix Novembre 1745 par le Duc de Richelieu contre ladite production ; plus ample avertissement dudit Regnier de Voisy du premier Décembre 1746, servant de contredits contre la même production ; Requête dudit de Chubert & consorts du vingt-un Janvier 1744, contenant demande à ce qu'il plût à notredite Cour déclarer le Duc de Richelieu & le Tuteur à la substitution du Cardinal de Richelieu, non-recevables & mal fondés en leurs demandes ; & où notredite Cour y feroit difficulté, donner acte audit de Chuberé & conforts de leurs offres de contribuer fur le pied & à raifon de dix-fept mille livres, prix réel & véritable de la portion, ou refte de la maifon de l'Ours, qui a été vendue par le contrat du vingt-neuf Mai 1655, au payement & remboursement de la fomme de 34452 livres 15 fols, que le Duc de Richelieu & le Curateur à la fubftitution ont prétendu manquer fur le prix des deux ventes des 29 Mai 1655 & 30 Janvier 1658, montantes enfemble à 192000 livres, en conféquence audit cas, débouter le Duc de Richelieu & ledit Tuteur à la fubftitution du furplus de leurs demandes, fauf le recours dudit de Chuberé & conforts contre le Duc de Richelieu, pour les fommes payées par les auteurs dudit de Chuberé & conforts au feu fieur fon pere, ou à fes créanciers perfonnels en fon acquit, & condamner le Duc de Richelieu & le Tuteur à la fubftitution aux dépens, au bas de laquelle requéte, employée pour avertiffement, écritures & production fur icelle, eft l'Ordonnance de notredite Cour, qui l'a réglée en droit & joint & donné acte de l'emploi y porté ; Sommations au Duc de Richelieu & au Tuteur à la fubftitution de fatisfaire à la fufdite Ordonnance ; Requéte dudit Picard Duvaux du vingt-huit Avril 1739, à ce qu'en conféquence de ce que notredite Cour eft faifie de la demande formée contre lui par le Duc de Richelieu, il lui fut permis d'y faire affigner aux rifques du Duc de Richelieu Marie de la Mouche, veuve Jean-Baptifte de Breget, fille & unique héririere de Louis de la Mouche, & ledit de Mazieres fils, héritier & bien-tenant d'Elifabeth Flacourt, à fon décés veuve de Jacques Mazieres fes pere & mere, & ladite de Mazieres, héritiere de défunts Charles Flacourt & de Genevieve Regnier fon époufe, pour voir dire & ordonner, chacun à leur égard, que ledit Picard aura acte de la fommation & dénonciation qu'il leur fait de la demande formée contre lui par le Duc de Richelieu, par requéte, pareatis & exploit des 15, 17 Janvier & 9 Février 1739, à ce que ledit Picard fût tenu de fe défifter de la propriété d'une rente fonciere de cinq livres deux fols fix deniers par toife de fuperficie du terrein fur lequel eft bâtie la maifon acquife par ledit Picard du Duc de Noirmontier, par contrat du dix-huit Mars 1719, & à ce que ladite maifon fût & demeurât chargée de la rente, le tout ainfi qu'il étoit plus au long expliqué dans ladite demande du Duc de Richelieu, à ce que ladite de Breget & ledit de Mazieres n'en ignorent, ce faifant, voir, en tant que befoin feroit, déclarer exécutoire contre eux audit nom, la quittance de rembourfement donnée par ladite Mazieres mere, devant Delaleu & fon confrere, Notaires à Paris, le quinze Juillet 1720, de la fomme de 1807 liv. 1 f. 8 den. en conféquence fe voir condamner pour telle part & portion dont ils font héritiers & biens-tenans de ladite Mazieres, & folidairement & hypotéquairement pour le tout, & ladite de Breget, de prendre chacun à leur égard le fait & caufe dudit Picard, faire ceffer la demande du Duc de Richelieu, & faire décharger ledit Picard, finon à rendre & reftituer audit Picard la fomme de 1807 liv. 1 f. 8 den. reçue par chacune defdites de Breget & Mazieres, fuivant leurs quittances paffées pardevant Delaleu & fon confrere, Notaires à Paris le quinze Juillet 1720, fçavoir chacune 1714 liv. 6 f. 9 den. pour le rachat & rembourfement du fort principal des deux parties de rente de 71 liv. 8 f. 7 den. chacune au denier 24, que ledit Picard leur a payé à la décharge du Duc de Noirmontier, fur le prix de l'acquifition de la maifon à lui vendue par le Duc de Noirmontier, & fur laquelle lefdites deux parties de rente paroiffoient dûes auxdites de Breget & de Mazieres, à chacune 92 liv. 17 f. 2 den. pour arrérages de chacune defdites deux parties de rente, échues depuis le 18 Mars 1719. jour du contrat d'acquifition, par lequel ledit Picard avoit été chargé du payement defdites rentes jufqu'au 6 Juillet 1720, jour de la parole donnée pour le rembourfement defdites deux parties de rente, enfemble chacune defdites de Mazieres & de Breget, les intéréts de chacune defdites deux fommes de 1807 l. 1 f. 8 d. à compter dudit jour quinze Juillet 1720, jour que lefdits de Breget & de Mazieres les ont reçues, jufqu'au parfait payement & reftitution audit Picard defdites fommes, & fe voir encore condamner, chacun à leur égard, en tous les dépens, tant en demandant, défendant, que de la préfente fommation & dénonciation, fans néanmoins entendre par ledit Picard approuver ladite demande du Duc de Richelieu ni les qualités qu'il prend, & fans préjudice de toutes les fins de non-recevoir, droits & actions en général dudit Picard contre ladite demande, & autrement ainfi qu'il appartiendra, & auffi fans préjudice audit Picard de tous fes autres droits & actions en général, contre ladite de Breget & contre ledit de Mazieres efdits noms ; Exploit d'affignation donné en notredite Cour le vingt-huit Avril 1739 à la requéte dudit Picard à la veuve de Breget & audit de Mazieres, en vertu & aux fins des fufdites requéte & ordonnance ; défenfes fournies le trente Juin 1739 par ledit de Mazieres contre la fufdite demande ; requéte préfentée en notredite Cour le dix-neuf Mars 1740 par ledit Picard, à ce qu'il lui fût permis, aux rifques du Duc de Richelieu, d'y faire affigner le nommé le Duc, Architecte, & la nommée de Mazieres fa femme, fille & héritiere en partie d'Elifabeth Flacourt, au jour de fon décés veuve Jacques Mazieres, pour voir dire qu'acte fera donné audit Picard de ce qu'il fomme & dénonce la demande formée contre lui par le Duc de Richelieu ; par requéte & exploit des quinze Janvier & neuf Février 1739, ce faifant ordonner que ledit le Duc & fa femme feront tenus de prendre le fait & caufe dudit Picard fur ladite demande, la faire ceffer & en faire débouter le Duc de Richelieu, finon & où elle auroit lieu, condamner ledit le Duc & fa femme perfonnellement pour telles parts & portions qu'ils font hériters de ladite Flacourt, veuve Mazieres, & hypotéquairement pour le tout, comme biens-tenans, à en acquitter, garantir & indemnifer ledit Picard, ce faifant lui rendre & reftituer la fomme de 1714 livres 6 fols 9 deniers pour le rachat & rembourfement du fort principal de 71 livres 8 fols 7 den. payée à défunte Elifabeth Flacourt, par quittance du 11 Juillet 1720 d'une part, celle de 92 livres 17 fols 2 deniers d'autre, payée par ledit Picard à ladite Flacourt par la même quittance, pour les arrérages de ladite rente, échús depuis l'acquifition faite par ledit Picard de fa maifon jufqu'au jour de ladite quittance, ceux dûs avant ladite acquifition & que ledit Picard a payés, enfemble les intéréts defdites fommes, à compter depuis le premier Juillet 1720, jufqu'au parfait payement, & toutes les autres fommes principales, arrérages, frais & dépens auxquels ledit Picard pourroit être condamné envers le Duc de Richelieu ; condamner en outre ledit le Duc & fa femme aux dommages-intéréts dudit Picard, & en tous les dépens faits & à faire par ledit Picard, tant en demandant, défendant, que de la fommation ; Exploit d'affignation donnée en notredite Cour le dix-neuf Mars 1740, à la requéte dudit Picard audit le Duc & fa femme, en vertu & aux fins defdites requétes ; défenfes fournies le treize Juin 1741 par ledit le Duc & fa femme contre la fufdite demande ; défenfes fournies le dix-neuf Juin 1741 par la veuve de Mazieres contre la demande dudit Picard, portées par fes requéte, ordonnance & exploit des feize Mars 1740 ; Requéte préfentée en notredite Cour le vingt-deux Février 1744 par ledit Picard, à ce qu'il lui fût donné acte des confentemens, déclarations & offres faits par Jacques de Mazieres, le Duc & fa femme & la veuve de Mazieres, par leurs défenfes fournies contre les demandes dudit Picard les trente Juin 1739 ; trente & dix-neuf Juin 1741, d'acquitter & indemnife indemnifer ledit Picard de la demande & prétention du Duc de Richelieu, & en conféquence adjuger audit Picard les conclufions qu'il a prifes contre eux par fes requête & exploit; les condamner en outte aux dépens, tant en demandant, défendant, que de la fommation; Arrêt du 27 Février 1744, par lequel notredite Cour, pour faire droit aux Parties fur les demandes & défenfes ci-deffus, les a appointé en droit & joint à l'inftance d'entre le Duc de Richelieu, ledit Picard & autres; Productions dudit Picard en exécution des fufdits Arrêts des vingt-fix Juin 739 & vingt-fept Fevrier 1744, par requête du dix-huit Mars audit an, employée pour avertiffement; Sommation faite à la requête dudit Picard audit de Mazieres, à la veuve de Mazieres & audit le Duc & fa femme, de fatisfaire au fufdit Arrêt; Requête préfentée en notredite Cour le vingt-huit Mars 1744 par ledit d'Artaguette, à ce qu'il lui fut donné acte de la dénonciation qu'il faifoit au Duc de Richelieu & au Tuteur à là fubftitution, établie par le teftament du Cardinal de Richelieu, de la demande en garantie formée par ledit d'Artaguette contre notre Procureur Général, pour raifon du trouble qui lui eft apporté dans la propriété, poffeffion & jouiffance de la maifon fife rue neuve des Petits-Champs, comme ayant été adjugée par les Commiffaires de notre Majefté, & le prix de ladite maifon payé entre les mains du Prépofé par notre Majefté, pour le recouvrement des effets de feu Paporel, à qui cette raifon appartenoit, comme auffi de la dénonciation que faifoit led.t d'Artaguette à ladite Gilbert, ès noms & qualités qu'elle procéde, de l'intervention & demande du Tuteur à la fubftitution, formée par requête du 14 Juin 1743, en conféquence la condamner à acquitter, garantir & indemnifer ledit d'Artaguette de tout événement fur ladite demande; tant en principaux, qu'intérêts, frais & dépens, ce faifant déclarer le Duc de Richelieu & le Tuteu, à la fubftitution non-recevables dans leurs demandes; & où notredite Cour feroit difficulté de prononcer fur la fin de non-recevoir, les en débouter & les condamner folidairement aux dommages-intérêts réfultans du trouble fait audit d'Artaguette, à donner par déclaration, & en tous les dépens faits, tant contre lui que contre les défendeurs en garantie, & où, contre toute apparence, le Duc de Richelieu & le Tuteur à la fubftitution parviendroient à leurs fins, faifant droit fur la demande en garantie, condamner les garants dudit Dartaguette à l'indemnifer de toutes les condamnations qui pourroient intervenir, tant au profit du Duc de Riéhelieu que du Tuteur à la fubftitution, tant en principaux, qu'intérêts, dommages-intérêts, frais & dépens, en un mot de toutes les condamnations qu'ils pourroient obtenir contre ledit d'Artaguette en fes dommages-intérêts, pareillement à donner par déclaration, & généralement de tous les dépens, tant en demandant, défendant, que des fommations & dénonciations, au bas de laquelle requête, employée pour avertiffement, écritures & productions fur icelle, eft l'Ordonnance de notredite Cour, qui l'a réglée en droit & joint, & donné acte de l'emploi y porté; Sommation faite à la requête dudit d'Artaguette au Duc de Richelieu, au Tuteur à la fubftitution & à ladite Gilbert, de fournir de défenfes à la fufdite demande, produire, contredire & fatisfaire de leur part à l'ordonnance, étante au bas d'icelle; Requête dudit d'Artaguette du quinze Juin mil fept cent quarante, à ce qu'en conféquence des conteftations pendantes en notredite Cour entre lui & le Duc de Richelieu, il lui fût permis d'y faire affigner, aux rifques du Duc de Richelieu, le Procureur Général, pour voir dire que ledit d'Artaguette auroit acte de la dénonciation qu'il lui faifoit de la demande contre lui formée par requête & exploit des quinze Janvier & neuf Février mil fept cent trente-neuf, ce faifant que ledit Procureur Général fera tenu de faire ceffer ladite demande, finon & à faute de ce faire & où il interviendroit quelques condamnations contre ledit Dartaguette au profit du Duc de Richelieu, qu'il feroit condamné d'en acquitter, garantir & indemnifer ledit Dartaguette tant en principaux qu'intérêts, arrérages, frais & dépens, tant en demandant, défendant, que de la fommation & dénonciation; exploit d'affignation donnée le quinze Juin 1740, à la requête dudit Dartaguette au Procureur Général, en vertu & aux fins de la fufdite requête, & ordonnance; Arrêt du vingt Avril 1744, par lequel notredite Cour pour faire droit fur la fufdite demande a appointé les Parties en droit & joint à l'Inftance d'entre ledit Dartaguette', le Duc de Richelieu & autres, pour fur le tout leur être conjoinctement fait dorit, ainfi qu'il appartiendra; production dudit Dartaguette, en exécution du fufdit Arrêt, par Requête du trois Avril 1745, employée pour avertiffement & contenant demande, à ce qu'il plût à notredite Cour en lui adjugeant les conclufions par lui prifes par fa fufdite requête du quinze Juin 1740, il lui fût donné acte de ce qu'aux rifques du tuteur à la fubft.tution, il fommoit & dénonçoit à notre Procureur Général la demande formée contre ledit Dartaguette par le tuteur à la fubftitution le quatorze Juin 1743, enfemble l'Arrêt d'appointement du vingt-un du même mois, à ce que ledit Procureur Général eût à la faire ceffer, & à en faire débouter ledit tuteur à la fubftitution pour ce qui concerne la maifon de la rue neuve des Petits-Champs, finon à acquitter, garantir & indemnifer ledit Dartaguette de toutes les condamnations qui pourroient intervenir contre lui au profit dudit tuteur à la fubftitution, tant en principal, intérêts que frais & dépens, au bas de laquelle requête employée pour avertiffement, écritures & production fur icelle, eft l'Ordonnance de notredite Cour, qui l'a réglé en droit & joint, & donné acte de l'emploi y porté; fommations faites à la requête dudit Dartaguette à notre Procureur Général de fatisfaire aux fufdits Arrêt & Ordonnance de notredite Cour; Arrêt du fix Juin 1744 fur défaut faute de comparoir, obtenu au Greffe des préfentations de notredite Cour le neuf Mai 1739 par Claude Picard Duvaux demandeur aux fins des requête & exploit du vingt-huit Avril 1739 ci-deffus vifés contre Marie de la Mouche, veuve Jean-Baptifte Breget Défendereffe & Défaillante, par lequel Arrêt notredite Cour a déclaré ledit défaut bien & dûement obtenu, & pour en adjuger le profit, a joint la demande dudit Picard Duvaux à l'Iftance d'entre lui, le Duc de Richelieu & autres, pour y être fait droit ainfi qu'il appartiendra & condamné ladite veuve Breget aux dépens de l'Inftance dudit défaut, & de tout ce qui s'en eft enfuivi; exploit de fignification faite du fufdit Arrêt le feize Juin 1744, à la requête dudit Picard à ladite veuve de Breget, avec affignation en notredite Cour, pour voir taxer les dépens adjugés par icelui; acte de reprife faite au Greffe de notredite Cour le vingt Décembre 1745 par Me Philippes de Breget donataire & légataire univerfel de Marie de la Mouche fa mere de l'Inftance & conteftations qui étoient pendantes entr'elle & ledit Picard; expédition d'une tranfation paffée devant Notaires au Châtelet de Paris, le dix-fept Septembre 1738 & jours fuivans, entre le Duc de Richelieu d'une part, Charles-Paul Pa en propriétaire d'une maifon fife à Paris rue neuve des Bons-Enfans, bâtie en partie fur l'Hôtel appellé des Moufquetaires en qualité de donataire entre-vif de Marie-Helene Leferon fa mere veuve de Nicolas Payen, Claude de Bretel, Marquis de Languetot, propriétaire pour un quart d'une maifon fife à Paris rue neuve des Bons Enfans, ledit Marquis de Languetot tant en fon nom que comme fe faifant & portant fort de Charles, Claude-Therefe, Marie-Catherine & Louife-Catherine Groulard, Charles-Marin Hurfon, tant

T

en fon nom que comme fe portant fort d'Elifabeth-Angelique Hardouin fa coufine , propriétaire d'une maifon fife à Paris rue neuve des Bons-Enfans , comme repréfentans Elifabeth le Breton leur ayeule & Jacques de la Blancherie au nom & comme tuteur des ayant droits de la fubftitution, d'autre part, en préfence d'Henriette de Maupou , veuve de Charles-Louis Gilbert Préfident en la Chambre des Comptes, & Créanciere de fa fucceffion , Jofeph-Jean-Baptifte Gilbert de Saint Lubin , Marie Gilbert fille majeure , tant en fon nom que comme fe portant fort de Dame Gilbert époufe du Marquis de Tourouvre , au fujet de leur poffeffion des maifons & places mentionnées au contrat du trente Janvier 1658 ; Arrêt du vingt-Juillet 1744 contradictoirement rendu, en notredite Cour fur les conclufions de notre Procureur Général entre le Duc de Richelieu & le tuteur à la fubftitution d'une part , lefdits Payen , Hurfon & conforts d'autre, par lequel entr'autres difpofitions la fufdite tranfaction du dix-fept Septembre 1738 & jours fui-vans , a été homologuée, pour être exécutée felon fa forme & teneur, à la charge des radiations y por-tées, & a condamné lefdits Payen, Hurfon & Conforts à payer au Duc de Richelieu & au tuteur à la fubftitution , les fommes portées par ladite tranfaction ; Arrêt du deux Juillet 1744 rendu au profit du Duc de Richelieu par défaut contre le Préfident Dupuis, Chupin de Germigny & autres propriétaires des maifons fituées autour du Palais-royal, par lequel notredite Cour a ordonné qu'il feroit paffé ou-tre au Jugement de l'Inftance fur les demandes appointées par le premier Arrêt contradictoire du huit Août 1737, a ordonné pareillement que toutes les autres demandes formées , appointées & jointes à l'Inftance par les Arrêts rendus depuis ledit Arrêt & Réglement du huit Août 1737, feroient & demeure-roient disjointes dudit appointement pour furicelles être conjointement ou féparément fait droit, à mefure que les demandes feront en état d'être jugées, dépens réfervés ; autre Arrêt du vingt-fept Août 1744 con-tradictoirement rendu entre le Duc de Richelieu , & le tuteur à la fubftitution, le Préfident Dupuis , Chupin de Germigny, ledit de Chuberé & conforts & autres propriétaires defdites maifons , par lequel notredite Cour a donné acte au Duc de Richelieu de fon confentement, que les Arrêts qui intervien-dront fur les Inftances qui feront jugées, ne pourront nuire ni préjudicier à ceux contre lefquels lefdits Arrêts ne feront point rendus ; en conféquence, fans s'arrêter aux oppofitions du Préfident Dupuis & autres à l'Arrêt du deux Juillet 1744, a ordonné que ledit Arrêt fera exécuté felon fa forme & teneur, a donné défaut contre les défaillans, & pour le profit , a déclaré le préfent Arrêt commun avec eux, dépens réfervés ; autre Arrêt du vingt-trois Mars 1746 contradictoirement rendu entre le Duc de Riche-lieu & le tuteur à la fubftitution , ledit Hurfon & conforts, & fur les conclufions de notre Procureur Général par lequel notredite Cour a ftatué fur quelques articles interloqués par l'Arrêt du vingt - deux Juillet 1744, au fujet de la tranfaction du dix-fept Septembre 1738 ; Production nouvelle du Duc de Richelieu , par requête du fix Mars 1745 ; contredits fournis le fix Avril 1745, par ledit Lebas Dupleffis ès noms contre la fufdite production nouvelle ; requêtes des vingt-trois , vingt-cinq Novembre 1746, dix-huit Mars & quatorze Août 1755 préfentées par lefdits de Couftard , de Pont-Devaux, Rapally & le Marquis de la Ferté, d'emploi pour contredits contre la production nouvelle du fix Mars 1745 ; re-quête dudit Rapally du quinze Juillet 1747, employée pour contredits contre la même production nou-velle ; fommation faite à la requête du Duc de Richelieu auxdits de Chuberé & conforts & autres par-ties de l'Inftance de fournir de contredits contre la fufdite production nouvelle ; production nouvelle du Duc de Richelieu, par requête du feize Juillet 1745 ; requête du Préfident Dupuis, defdits Lambert, de Couftard, Pont-Devaux, veuve Regnier, Bellard & Conforts, Rapally & Marquis de la Ferté en date des vingt-un Août 1745 , fept & huit Janvier, vingt-trois, vingt-cinq Novembre 1746, trois Mai, cinq, fix Juillet 1747 & quatorze Août 1755 , d'emploi pour contredits contre ladite production nouvelle ; fom-mations faites à la requête du Duc de Richelieu, audit de Chuberé & conforts & autres parties de l'Inf-tance de fournir de contredits contre ladite production nouvelle ; requête du Duc de Richelieu du vingt Juillet 1745 , à ce qu'il plût à notredite Cour en procédant au jugement fur les demandes appointées par l'Arrêt contradictoire du huit Août 1747; ordonner que les Arrêts des deux Juillet & 27 Août 1744 , feront exécutés felon leur forme & teneur , en conféquence que les demandes réglées par ledit Arrêt du huit Août 1737 demeureront disjointes du furplus de l'Inftance ; ce faifant, ayant aucunement égard aux de-mandes formées par le Duc de Richelieu contre les propriétaires de la maifon de l'Ours ; déclarer le contrat du vingt-neuf 1655 nul & de nul effet, en ce qu'il contient l'aliénation faite par le feu Duc de Richelieu pere de la maifon de l'Ours, avec fes circonftances & dépendances, auxdits Flacourt, Lefpine & Boilleau au préjudice de la fubftitution à laquelle cette maifon appartenoit, en conféquence condam-ner ledit de Chuberé à fe départir & défifter de la propriété, poffeffion & jouiffance d'une maifon, cour & dépendances fife en la ville de Paris rue faint Honoré fur la façade de laquelle eft l'image faint Claude, tenant pardevant du côté du midi fur ladite rue faint Honoré, du côté du nord aux bâtimens du Palais royal, du côté du levant audit Gobert, & du côté du couchant audit Lambert, laquelle maifon fait par-tie de celle appellée la maifon de l'Ours provenante de la fucceffion du Cardinal de Richelieu , & fub-ftituée par fon teftament du vingt-trois Mai 1642 , & vendue par le Duc de Richelieu pere à Charles Flacourt par contrat paffé devant Notaires le vingt-neuf Mai 1655 ; condamner pareillement ledit de Chuberé à rendre au Duc de Richelieu ladite maifon, cour , circonftances & dépendances conformé-ment audit teftament, même à lui reftituer les fruits & revenus de ladite maifon depuis le dix Mai 1715 jour du décès du Duc de Richelieu pere , & que la fubftitution s'eft trouvée ouverte au profit du Duc de Richelieu, le tout à dire d'Experts dont les Parties conviendront devant le Confeiller Rapporteur ou qui feront par lui pris & nommés d'office, ou fur la repréfentation des baux ; condamner en outre ledit de Chuberé aux dommages-intérêts du Duc de Richelieu & aux dépens à fon égard, condamner pareil-lement la veuve, enfans & héritiers de Charles Gobert à fe défifter & départir de la propriété, poffef-fion & jouiffance d'une maifon, cour en dépendances, fife en la ville de Paris rue faint Honoré, fur la façade de laquelle eft l'image de faint Simon, tenant d'un côté du midi pardevant fur la rue faint Ho-noré , du côté du nord aux bâtimens faifant partie du Palais-royal, du côté du levant aux murs du Pa-lais-royal, & du côté du couchant à la maifon poffédée par ledit de Chuberé , laquelle maifon fait la feconde partie de celle appellée la maifon de l'Ours, & provenante des biens fubftitués par le Cardinal de Richelieu ; condamner en outre lefdits veuve & héritiers Gobert à rendre & reftituer au Duc de Ri-chelieu ladite maifon avec fes appartenances & dépendances, conformément audit teftament du Cardinal de Richelieu , comme auffi à payer au Duc de Richelieu le montant des fruits & revenus d'icelle à dire

d'Experts, à compter depuis l'ouverture de ladite fuftitution à fon profit, en fes dommages-intérêts &
aux dépens, condamner pareillement ledit Lambert & ledit Mefnil audit nom , à fe défifter & départir
de la propriété , poffeffion & jouiffance d'une maifon & dépendances fife en la ville de Paris rue faint
Honoré fur la façade de laquelle étoit l'image faint Charles Borromée , du côté du midi fur ladite
rue faint Honoré , du côté du nord aux bâtimens du Palais-royal , du côté du levant à la maifon poffedée
par ledit de Chuberé , & du couchant à . . . . . . laquelle maifon fait la troifiéme partie de la maifon de l'Ours fubftituée comme les autres par le teftament du Cardinal de Richelieu ; condamner ledit
Lambert & fon curateur à rendre au Duc de Richelieu ladite maifon , & fes dépendances , conformément
audit teftament du vingt-trois Mai 1642 , comme auffi à payer au Duc de Richelieu le montant des fruits
& revenus de ladite maifon à dire d'Experts , à compter du jour que la fubftitution a été ouverte à fon
profit , en fes dommages-intérêts & aux dépens , donner acte au Duc de Richelieu des offres qu'il a faites
de tenir compte auxdits de Chuberé, Gobert , Lambert & fon curateur fur les fruits & revenus defdites
maifous , des impenfes & améliorations ; fi aucunes ont été faites dans lefdites maifons depuis l'ouverture de
la fubftitution jufqu'à la dépoffeffion defdits de Chuberé, Gobert & Lambert , & ce fuivant l'eftimation
qui en fera faite par les memes Experts, convenus ou nommés d'office qui procéderont à la liquidation des fruits & revenus ; donner pareillement acte au Duc de Richelieu des offres qu'il fait de tenir
compte auxdits de Chuberé, Gobert & Lambert des fommes qu'ils juftifieroient avoir été employées légitimement fur le prix de l'acquifition faite par Flacourt, Lefpine & Boilleau par le contrat du vingt-
neuf Mai 1655 de la totalité de ladite maifon de l'Ours , au payement des dettes de la fucceffion du Cardinal de Richelieu ; déclarer le Duc d'Orléans purement & fimplement non-recevable dans fes interventions & demaedes , en tout cas l'en débouter & le condamner aux dépens ; déclarer pareillement le Préfident Dupuis & le nommé Lamotte Maréchal , non-recevables dans leurs interventions & demandes des
vingt-fix Janvier & fept Mars 1737 , en tout cas les en débouter & les condamner aux dépens , fauf à
faire droit dans la fuite fur les demandes formées contre eux , au bas de laquelle requête auffi employée
pour avertiffement , écritures & production fur icelle , eft l'Ordonnance de notredite Cour qui l'a réglée
en droit & joint , & donné acte de l'emploi y porté ; requêtes du Préfident Dupuis & dudit Lambert des
vingt - un Août 1745 & huit Janvier 1746 , d'emploi pour avertiffement , écritures & production , en
exécution de la fufdite Ordonnance du vingt Juillet 1745 ; requête du Duc d'Orléans du vingt-un Mars
1749 , employée pour défenfes à la demande du Duc de Richelieu du vingt Juillet 1745 ; écritures &
production fur icelle ; requête du Duc de Richelieu du dix-neuf Mai 1747 , employée pour contredits
contre l'emploi de production portée par la requête du Duc d'Orleans du vingt - un Mars 1747 ,
ci-deffus : Sommations faites à la requête du Duc de Richelieu auxdits de Chuberé, veuve & héritiers Gobert & la Motte , de fatisfaire à la fufdite ordonnance du vingt Juillet 1745 : Production nouvelle du Duc
de Richelieu , par requête du deux Août 1745 , employée en exécution de l'Arrêt du huit Août 1737 , pour
réponfes aux fins de non-recevoir énoncées dans l'avertiffement dudit de Chuberé & conforts du fept Septembre 1742 : Contredits fournis le vingt-huit Juillet 1749 par ledit de Chuberé & conforts contre la fufdite production : Salvations du Duc de Richelieu du vingt-neuf Octobre 1746 , aux fufdits contredits : Requête dudit de la Blancherie audit nom du deux Août 1745 , contenant demande à ce qu'il plût à notredite Cour lui donner acte de ce qu'il adhéroit aux conclufions prifes par le Duc de Richelieu ; ce faifant , ordonner que les Arrêts des deux Juillet & vingt-fept Août 1744 , feront exécutés felon leur forme & teneur ,
en conféquence ordonner que les demandes réglées par ledit Arrêt du huit Août 1737 feront & demeureront
disjointes du furplus de l'inftance ; ce faifant , ayant aucunement égard à la demande dudit de la Blancherie , portée par fa requête du huit Août 1737 , en ce qui concerne les propriétaires de la maifon de l'Ours ,
déclarer le contrat du vingt-neuf Mai 1655 nul & de nul effet , en ce qu'il conrient l'aliénation faite par le
feu Duc de Richelieu de la maifon de l'Ours , avec fes circonftances & dépendances aux fieurs Flacourt ,
Lefpine & Boilleau , au préjudice de la fubftitution à laquelle cette maifon appartenoit , en conféquence
condamner ledit de Chuberé à fe défifter & déporter de la propriété & jouiffance d'une maifon , cour &
dpendances fifes en la Ville de Paris rue Saint Honoré , fur la façade de laquelle eft l'image Saint Claude ,
tenant pardevant du côté du midi fur ladite rue Saint Honoré , du côté du nord aux bâtimens du Palais
Royal , du côté du levant au nommé Gobert , & du côté du couchant audit Lambert , laquelle maifon fait
partie de celle appellée la maifon de l'Ours , provenante de la fucceffion du Cardinal de Richelieu , & fubftituée par fon Teftament du vingt-trois Mai mil fix cent quarante-fix , & vendue par le feu Duc de Richelieu
pere à Charles Flacourt , par contrat paffé devant Pain & fon confrere Notraires au Châtelet de Paris le
vingt-neuf Mai 1655 ; condamner pareillement ledit de Chuberé à rendre ladite maifon de l'Ours , circonftances & dépendances , conformément audit Teftament , même à reftituer les fruits & revenus de ladite
maifon depuis l'ouverture de la fubftitution , jour du décès Duc de Richelieu , arrivé le dix Mai 1715 , le
tout à dire d'Experts , dont les parties conviendront devant le Confeiller Rapporteur , ou qui feront par
lui pris ou nommés d'office , ou fur la repréfentation des Baux de ladite maifon ; condamner en outre ledit
de Chuberé en fes dommages-intérêts & aux dépens ; condamner pareillement la veuve , enfans & héritiers Charles Gobert à fe départir & déporter de la propriété , poffeffion & jouiffance d'une maifon , cour &
dépendances , fifes en la Ville de Paris rue Saint Honoré , fur la façade de laquelle eft l'image de Saint Simon , tenante du côté du midi pardevant fur la rue Saint Honoré , du côté du nord aux bâtimens faifant
partie du Palais-Royal , & du côté du levant aux murs du Palais-Royal , & du côté du couchant à la maifon
poffédée par ledit de Chuberé , laquelle maifon fait la feconde partie de celle appellée la maifon de l'Ours , &
provenante des biens fubftitués par le Cardinal de Richelieu ; condamner en outre lefdits veuve & héritiers
Gobert à rendre & reftituer audit de la Blancherie audit nom ladite maifon avec fes appartenances & dépendances , conformément audit Teftament du Cardinal de Richelieu : comme auffi à payer les fruits & revenus d'icelle à dire d'experts , à compter depuis l'ouverture de la fubftituon , aux dommages-intérêts &
aux dépens ; condamner pareillement ledit Lamberr & ledit Mefny audit nom de curateur à fe défifter & départir de la propriété , poffeffion & jouiffance d'une maifon & dépendances fifes en la Ville de Paris rue
Saint Honoré , fur la façade de laquelle eft l'image de Saint Charles Borromée , tenant du côté du midi
fur ladite rue Saint Honoré , du côté du nord aux bâtimens du Palais-Royal , du côté du levant à la maifon
poffédée par ledit de Chuberé , & du couchant à . . . . laquelle maifon fait la troifiéme partie de
la maifon de l'Ours , fubftituée , comme les autres , par le Teftament du Cardinal de Richelieu ; condam

ner ledit Lambert & son curateur à rendre ladite maison & ses dépendances, conformément audit Testament du vingt-trois Mai 1642 : comme aussi payer les fruits & revenus de ladite maison à dire d'experts, à compter depuis l'ouverture de la substitution, & des dommages-intérêts & aux dépens, déclarer le Duc d'Orléans, le Président Dupuis, & le nommé de la Motte non-recevables dans leurs demandes, en tout cas les en débouter & les condamner aux dépens ; au bas de laquelle requête, employée pour avertissement, écritures & production sur icelle, est l'ordonnance de notredite Cour qui l'a réglé en droit & joint, & donné acte de l'emploi y porté : Requête dudit Lambert du onze Janvier 1746, d'emploi pour contredits contre l'emploi de production porté par la susdite requête : Requête du Duc d'Orleans du onze Avril 1747, d'emploi pour défenses à la susdite demande du tuteur à la substitution du deux Août 1745, écritures & production en exécution de l'ordonnance étant au bas d'icelle : Sommation faite à la requête dudit de la Blancherie audit nom audit de Chuberé, à la veuve & héritiers Gobert, ausdits Lambert & Meiny, au Duc d'Orleans, au Président Dupuis & au nommé la Motte, de satisfaire à ladite ordonnance de notredite Cour du deux Août 1745 : Acte de reprise d'instance fait au Greffe de notredite Cour le treize Août 1745 par Jean-Charles Gobert, Simon Gobert, Emmanuel-François Gobert, Pierre Thuyard & Marie-Anne Gobert, son épouse, Pierre Brisset & Marie-Catherine Gobert, son épouse, Jacques Judde & Marie-Marguerite-Gobert, son épouse, tous enfans & héritiers de défunt Charles Gobert & de Marie-Anne de Lorme, leurs pere & mere, beau-pere & belle-mere, au lieu & place de ladite défunte Marie-Anne de Lorme, veuve de Charles Gobert : Requête dudit de Chuberé & des héritiers Gobert du quatorze Août 1745, contenant demande à ce qu'il plût à notredite Cour faisant droit sur les demandes & défenses, déclarer le Duc de Richelieu, & ledit de la Blancherie audit nom de tuteur à la substitution du Cardinal Richelieu non-recevables & mal-fondés dans leurs demandes, en ce qu'elles concernent ledit de Chuberé & les héritiers Gobert, & où notredite Cour y seroit la moindre difficulté, en ce cas leur donner acte des offres par eux faites, & qu'ils réiterent de contribuer à raison de dix-sept mille livres, prix réel & véritable de la portion de la maison de l'Ours qui a été vendue par le contrat du vingt-neuf Mai 1655, au payement & remplacement de la somme de trente-quatre mille quatre cens cinquante-deux livres quinze sols, que le Duc de Richelieu, & le curateur à la substitution, ont prétendu n'avoir pas été utilement employés au profit de la substitution, sur le prix des deux ventes des vingt-neuf Mai 1655, & trente Janvier 16.., montant ensemble à cent quatre-vingt-douze mille livres, en conséquence & audit cas débouter le Duc de Richelieu & le tuteur à la substitution du surplus de leurs demandes, sauf le recours dudit de Chuberé & héritiers Gobert sur le Duc de Richelieu, pour les sommes payées par leurs auteurs au feu Duc de Richelieu, ou à ses créanciers personnels en son acquit, & condamner le Duc de Richelieu & ledit de la Blancherie aux dépens ; au bas de laquelle requête, employée pour avertissement, écritures & production sur icelle, est l'ordonnance de notredite Cour, qui l'a régiée en droit & joint, & donné acte de l'emploi y porté : Sommations faites à la requête dudit de Chuberé & consorts au Duc de Richelieu & audit tuteur à la substitution, de satisfaire à la susdite ordonnance : Production nouvelle du Président Dupuis & consorts, par requête du dix-huit Août 1745 : Contredits du Duc de Richelieu contre la susdite production nouvelle. Plus ample avertissement fourni le quatorze Août 1745 par le Président Dupuis & consorts, servant de plus amples contredits de production & de production nouvelle faite par le Duc de Richelieu, par requête du six Mars 1745, & de réponse à ladite requête : Requête du Président Dupuis du dix-neuf Août 1745, & contenant demande à ce qu'il pût à notredite Cour, où elle voudroit juger l'instance appointée en droit par Arrêt du dix-huit Août 1737, entre le Duc d'Orleans, le Duc de Richelieu, ledit de Chuberé & autres, par Arrêt séparé de l'instance générale appointée entre le Duc de Richelieu & ledit de la Blancherie, les Comtes de Saint Florentin & de Maurepas, le Président Dupuis & autres qui leur sont unis, & les propriétaires des maisons près le le Palais-Royal, & autres parties intéréressées dans ladite instance générale, en ce cas ordonner qu'il sera sursis au jugement de ladite instance appointée par ledit Arrêt du huit Août 1737, entre le Duc d'Orleans, le Duc de Richelieu, ledit de la Blancherie, le Président Dupuis & autres jusqu'à ce que notredite Cour ait vû & examiné toute ladite instance générale dans laquelle toute la défense du Président Dupuis, contre toutes les demandes du Duc de Richelieu & dudit de la Blancherie est renfermée, pour après l'examen de ladite instance générale être fait droit par notredite Cour sur l'une & sur l'autre desdites instances, ainsi qu'il appartiendra, en la maniere accoutumée ; déclarer l'Arrêt qui interviendra sur la présente demande, commun avec le Duc d'Orleans, ledit de Chuberé, la veuve Gobert & sa famille, ledit Lambert & ledit de la Motte, Maréchal ; condamner le Duc de Richelieu & ledit de la Blancherie solidairement aux dépens envers le Président Dupuis, même en ceux que le Président Dupuis a été & sera obligé de faire contre le Duc de Richelieu, le Duc d'Orleans, ledit de Chuberé, la veuve Gobert & autres ; au bas de laquelle Requête est l'ordonnance de notredite Cour, qui a donné acte de l'emploi y porté, & réservé d'y faire droit en jugeant : Production nouvelle du Duc de Richelieu, par requête du premier Décembre 1745 : Sommation au Président Dupuis & autres de fournir de contredits contre ladite production nouvelle : Production nouvelle du Duc de Richelieu contre ledit Dartaguette, par requête du Seize Décembre 1745 : Requête dudit Dartaguette, du sept Mai mil sept cent quarante-six, d'emploi pour contredits : Requête dudit de Coustard & sa femme du vingt-huit Juin 1747, d'emploi pour contredits contre la même production : Production nouvelle du Duc de Richelieu, par requête du dix-huit Décembre 1745 : Contredits fournis le vingt-huit Juillet 1746 par ledit de Chuberé & consorts contre ladite production : Salvations fournies le vingt-neuf Octobre 1746 par le Duc de Richelieu aux susdits contredits : Acte de reprise d'instance faite au Greffe de notredite Cour le trente-un Décembre 1745 par ledit Lambert en qualité de majeur : Acte de reprise d'instance faite le vingt-sept Avril 1746 par Louis-Charles Damas au lieu dudit de la Blancherie, tuteur à la substitution portée par le Testament du Cardinal de Richelieu, ci-dessus visé : Contredits du 28 Juillet 1746, fournis par ledit de Chuberé & consorts contre les productions nouvelles du Duc de Richelieu des six Mars, seize Juillet, deux Août & dix-huit Décembre 1745, servans de salvations à contredits de productions fournis par requête du deux Août 1745, & de défenses & avertissement sur la demande du Duc de Richelieu, faite par requête du vingt-un Juillet 1745 : Salvations du vingt-neuf Octobre 1746 aux susdits contredits : Requête dudit Lambert du onze Janvier 1746, de production nouvelle : Sommation faite à la requête dudit Lambert au Duc de Richelieu & au tuteur à la substitution de fournir de contredits : Arrêt de notredite Cour du onze Juin 1746, contradictoirement rendu entre le Duc de Richelieu & le tuteur à la substitution, d'une

part,

part, & le Président Brayer, d'autre, par lequel la Transaction paſſée devant Notaires ru Châtelet de Paris le vingt-ſix Mai 1746, entre les parties, portant déſiſtement pur & ſimple de la part du Duc de Richelieu & du tuteur à la ſubſtitution, de la demande par eux formée contre ledit Brayer, a été homologuée pour être exécutée ſelon ſa forme & teneur, en conſéquence il été ordonné que ledit Brayer ſeroit tiré des qualités des Arrêts d'appointemens qui pourroient être intervenus entre les parties, dépens compenſés : Arrêt de notredite Cour du premier Juillet 1746, rendu contradictoirement entre le Duc de Richelieu & le tuteur à la ſubſtitution, d'une part, le Duc & la Ducheſſe d'Agenois, le Comte de St Florentin, le Comte de Maurepas & la Dame ſon épouſe, d'autre part, par lequel en conſéquence de l'acte de déſiſtement fait par le Duc de Richelieu & le tuteur à la ſubſtitution devant le Chanteur Notaire le vingt-ſept Avril 1746, il a été ordonné que le Duc & la Ducheſſe d'Agenois, le Comte de Saint Florentin & le Comte de Maurepas, & ſon épouſe, ſeroient tirés des qualités des différens appointemens où ils ont été compris, & les parties ont été miſes hors de Cour ſur leurs demandes : Requête du Duc de Richelieu du premier Juillet 1746 de Production nouvelle, ſommation faite à la requête du Duc de Richelieu au Préſident Dupuis & autres propriétaires des maiſons du Palais-royal, de fournir de contredits contre la ſuſdite production nouvelle : Production nouvelle du Duc de Richelieu, par requête du cinq Décembre 1746 : Sommation faite à la requête du Duc de Richelieu audit de Chuberé & conſorts de fournir de contredits contre ladite production nouvelle : Production nouvelle du Duc d'Orléans, par requête du quatorze Avril 1747, contenant entr'autres pieces un Arrêt de notredite Cour du quatorze Février 1660, rendu ſur les concluſions de notre Procureur Général au ſujet de la translation de la Bibliotheque du Cardinal de Richelieu en la Maiſon & Collège de Sorbonne : Contredits fournis le quatre Mai 1747 par le Duc de Richelieu contre la ſuſdite production nouvelle : Sommation faite à la requête du Duc d'Orléans audit Damas, tuteur à la ſubſtitution, & auxdits de Chuberé & conſorts, de fournir de contredits contre ladite production nouvelle du Duc d'Orléans, requête dudit de Chuberé & conſorts des 29 & 30 Mai 1747, employées pour contredits : Requête du Duc de Richelieu du 3 Juin 1747, d'emploi pour contredits : Production nouvelle dudit de Chuberé & conſorts, par requête des cinq & ſix Juillet 1747, contenant demande à ce qu'il plût à notredite Cour leur donner acte de ce qu'ils dénonçoient & contreſommoient au Duc de Richelieu en qualité d'héritier bénéficiaire du Duc de Richelieu, ſon pere, ſes propres de-demandes & celles du tuteur à la ſubſtitution, à ce que le Duc de Richelieu fût tenu de les faire ceſſer, en garantir & indemniſer ledit de Chuberé & conſorts, tant en principaux, intérêts, dommages, intérêts que dépens, ce faiſant, déclarer tant le Duc de Richelieu que ledit de la Blancherie non-recevables, ſoit par la qualité du Duc de Richelieu, d'héritier bénéficiaire de ſon pere, juſqu'à ce qu'il ait renoncé & rendu compte de ladite ſucceſſion, ſoit en conſéquence des droits de la maiſon de l'Ours depuis la ſubſtitution, ſoit par les autres moyens expliqués par ledit de Chuberé & conſorts au Procès, déclarer pareillement le tuteur à la ſubſtitution non-recevable & ſans action, juſqu'à ce que le fideicommis ſoit ouvert au profit du Duc de Fronſac, en tout cas les débouter de leurs demandes, & adjuger audit de Chuberé & conſorts les concluſions qu'ils ont priſes en l'Inſtance, & condamner le Duc de Richelieu & ledit de la Blancherie en tous les dépens, au bas de laquelle requête eſt l'Ordonnance de notredite Cour qui a réſervé d'y faire droit en jugeant, ladite production nouvelle contenant entr'autres piéces expédition en parchemin d'un Arrêt du Grand-Conſeil rendu le vingt-huit Septembre 1733 entre le Duc de Richelieu, l'Abbé de Gouvernay & le Duc de Mazarin, qui ſur la demande du Duc de Richelieu en éviction pour cauſe de ſubſtitution, de la terre de Bois-le-Vicomte, met les Parties hors de Cour, & condamne le Duc de Richelieu aux dépens ; requête du Duc de Richelieu du dix Juillet 1747, employée pour contredits contre la ſuſdite production nouvelle, & défenſes à la demande en jugeant y portée ; ſommation faite à la requête dudit de Chuberé & conſorts audit Damas tuteur à la ſubſtitution de fournir des contredits contre la ſuſdite production nouvelle ; production nouvelle du Duc de Richelieu, par requête du dix-huit Juillet 1749 ; requête dudit Rapally du vingt-ſix Avril 1751, employée pour contredits ; requête dudit Chupin du dix-neuf Mars 1753, auſſi employée pour contredits & contenant demande en jugeant, à ce qu'il lui fût donné acte de ce qu'il ſommoit & dénonçoit audit Regnier de Vaubepin ladite requête de production nouvelle du dix-huit Juillet 1749, à ce qu'il fût tenu d'acquitter, garantir & indemniſer ledit Chupin de toutes condamnations tant en principal qu'intérêts & frais, miſes d'exécution ſi aucunes intervenoient contre lui, au profit du Maréchal du Duc de Richelieu, & ce en qualité d'héritier pur & ſimple dudit Regnier de Voiſy juſqu'à ce qu'il ait juſtifié avoir fait faire bon & fidele inventaire, en tout cas condamner le Duc de Richelieu ou ledit de Vaubepin en tous leſdits dépens tant en demandant, défendant que des ſommations & dénonciations, au bas de laquelle requête eſt l'Ordonnance de notredite Cour qui a donné acte de l'emploi y porté & réſervé d'y faire droit en jugeant ; ſommation faite à la requête du Duc de Richelieu au Duc d'Orléans, audit de Chuberé & conſorts & au Préſident Dupuis & conſorts de fournir de contredits contre la ſuſdite production nouvelle du dix-huit Juillet 1749 ; production nouvelle du Duc de Richelieu par requête du cinq Septembre 1749, contenant entr'autres piéces, groſſe de l'inventaire fait après le décès du Cardinal de Richelieu en date du vingt-neuf Janvier 1643, deux états ou dépouillemens préſentés par le Maréchal Duc de Richelieu d'après l'inventaire du Cardinal, contenant l'état du mobilier de ſa ſucceſſion, un troiſiéme état ou dépouillement préſenté par le Maréchal de Richelieu au ſujet des dettes de ladite ſucceſſion ; un compte rendu par la Ducheſſe d'Aiguillon le dix-neuf Décembre 1672 au Duc de Richelieu ſon neveu & à François de Rochechouard ſon ſubrogé tuteur de la tutelle dudit Duc de Richelieu, ledit compte préſenté & affir-mé par devant M. le Nain Conſeiller, en notredite Cour, un premier Arrêt de liquidation du compte de ladite Ducheſſe d'Aiguillon en date du cinq Septembre 1673 ; un ſecond Arrêt de liquidation dudit compte en date du trois Décembre 1674 ; un troiſiéme Arrêt de liquidation définitive dudit compte en date du vingt Février 1675 ; contredits fournis par la veuve & heritiers Deſneux contre la ſuſdite production nouvelle ; ſommation faite à la requête du Duc de Richelieu audit de Chuberé & conſorts, au Préſident Dupuis & autres propriétaires des maiſons du Palais-royal, de fournir de contredits contre la ſuſdite production nouvelle ; Arrêt du neuf Juin 1750 rendu au profit du tuteur à la ſubſtitution & du Duc de Richelieu par défaut, contre Taboureau & ſa femme, & ledit de Chuberé & conſorts, par lequel il a été ordonné que les Arrêts des deux Juillet & vingt-ſept Août 1744 ſeroient exécutés ſelon leur forme & teneur, en conſéquence que les demandes & contreſommations en garantie formées par leſdits Taboureau & de Chuberé & conſorts, par requêtes des treize Mai & ſix Juillet 1747, contre le Duc de Richelieu,

V

& toutes les demandes de même nature qui pourroient être formées contre lui ; seroient & demeureroient disjointes des demandes principales formées tant par ledit tuteur à la substitution que par le Duc de Richelieu & appointées ; il a été ordonné en conséquence qu'il seroit passé outre au Jugement de l'Instance sur les demandes qui se trouveroient en état d'être jugées, conformément auxdits Arrêts des deux Juillet & vingt-sept Août 1744 ; Arrêt du vingt-deux Juillet 1750 contradictoirement rendu entre ledit Damas audit nom & le Duc de Richelieu d'une part, & ledit Taboureau & sa femme, ledit de Chuberé & consorts d'autre part, par lequel l'Audience a été continuée au lendemain de saint Martin sur la demande en disjonction pendant lequel tems le Duc de Richelieu seroit tenu suivant ses offres de communiquer audit de Chuberé & consorts sous le récipissé du plus ancien de leur Procureur, les pièces dont étoient question pour en tirer par ledit de Chuberé & consorts telles inductions qu'ils aviseroient, le tout sans préjudice aux droits & actions du Duc de Richelieu, défenses réservées au contraire ; autre Arrêt du six Février 1751 contradictoirement rendu entre les mêmes parties, qui a reçu ledit de Chuberé & consorts & ledit Taboureau & sa femme opposans à l'exécution de l'Arrêt par défaut au principal ; faisant droit sur les demandes en disjonction formées par le Duc de Richelieu, & le tuteur à la substitution, a ordonné que les demandes & contresommation en garantie formées par lesdits de Chuberé & Taboureau suivant leurs requêtes des treize Mai & six Juillet 1747 seroient & demeureroient disjointes des demandes formées contre lesdits de Chuberé par le Duc de Richelieu & le tuteur à la substitution, en conséquence a ordonné qu'il seroit procédé au Jugement de l'Instance principale, a donné acte audit de Chuberé & consorts & audit Taboureau, du consentement donné par le Duc de Richelieu, de ne pouvoir mettre à exécution aucune des condamnations qu'il pourroit obtenir contre lesdits de Chuberé & consorts & ledit Taboureau, qu'après le Jugement de leurs demandes en garantie contre le Duc de Richelieu, & l'entiere exécution du Jugement, s'il y a lieu à ladite garantie, dépens réservés ; production nouvelle du Duc de Richelieu par requête du vingt-six Mars 1751 ; sommation faite auxdits Taboureau & de Chuberé & consorts de fournir de contredits, grosse d'un procès-verbal d'apposition de scellés fait par le Commissaire Bezoton, commencé le dix Mai 1715 jour du décès du Duc de Richelieu, à la requête de Marguerite-Therese Boullard son épouse de lui séparée quant aux biens pour la conservation des biens par lui délaissés tant dans l'Hôtel où il étoit décédé, situé rue de l'Université, que dans l'Hôtel de Richelieu situé à la place Royale, ensuite duquel Procès-verbal se trouvent différentes oppositions formées aux scellés, ensemble le Procès-verbal de levée desdits scellés & lesdites réquisitions des Parties intéressées qui ont assisté ; grosse de l'inventaire fait le vingt-sept Mai 1715 & jours suivans après le décès du Duc de Richelieu par Hurel & son confrere Notaires au Châtelet de Paris, à la requête de Hilaire Rouillé au nom & comme exécuteur du testament & codicile du feu Duc de Richelieu, comme aussi à la requête de Pierre Banard Avocat en notredite Cour, au nom & comme fondé de procuration du Duc de Richelieu, habile à se dire & porter seul & unique héritier du feu Duc de Richelieu son pere, au moyen de la rénonciation à sa succession par Marie-Armand-Gabrielle Duplessis de Richelieu sa fille, épouse de Bernardin-François Duchâtelet Comte de Clermont par leur contrat de mariage du vingt-quatre Avril 1714, & encore ledit Duc de Richelieu créancier de la succession du feu Duc de Richelieu son pere & héritier substitué des biens du feu Cardinal de Richelieu son grand-oncle, & en la présence de Jacques Prevôt Intendant des maison & affaires de la Duchesse de Richelieu, au nom & comme Procureur de Marguerite-Therese Rouillé veuve du feu Duc de Richelieu, duquel elle étoit séparée quant aux biens par Sentence du Châtelet du 13 Juillet 1702 & créanciere de sa succession, ledit inventaire clos le huit Novembre 1717 ; lettres de bénéfice d'inventaire obtenues le premier Juillet 1716 en la Chancellerie par Louis-François-Armand Duplessis Duc de Richelieu & de Fronsac, Pair de France, pour la succession du feu Duc de Richelieu son pere, pourvû qu'il n'ait fait aucun acte d'héritier pur & simple à la charge de faire faire bon & fidele inventaire, si fait n'a été, de la valeur duquel il baillera caution ; Sentence du Châtelet du quatre Juillet 1716 d'entérinement des susdites Lettres de bénéfice d'inventaire sous le cautionnement de Jean-François Carpentier Bourgeois de Paris, pour le contenu audit inventaire ; extrait délivré d'un compte rendu par le Duc de Richelieu, héritier substitué du Cardinal de Richelieu, son grand oncle, & encore seul héritier sous bénéfice d'inventaire du Duc de Richelieu, son pere, en présence de Louis-Charles Damas, au nom & comme tuteur à la substitution faite & portée au Testament du Cardinal de Richelieu, aux Prieure & Religieuses de l'Abbaye Royale de Saint Remy des Landes, créancieres de la succession bénéficiaire du feu Duc de Richelieu pere, aux termes & suivant les Sentences par elles obtenues au Châtelet les vingt-neuf Mai & trois Juillet 1748, qui ordonnent ledit compte, lesdites Religieuses représentées par Me. Jacques Pottier, leur Procureur au Châtelet, comme fondé de leur procuration spéciale, de la succession bénéficiaire du feu Duc de Richelieu pere, par lequel compte il paroît qu'il a été procédé à la vacation du vingt-cinq Janvier 1749, au calcul & à une premiere clôture dudit compte, qu'en conséquence la recette dudit compte s'est trouvée monter à une somme de seize cens vingt-six mille cinq cens quatre-vingt-onze livres trieze sols ; & la dépense à la somme de deux millions sept cens soixante-six mille huit cens cinquante-cinq livres dix-sept sols neuf deniers, au moyen de quoi la dépense excede la recette de onze cens quarante mille deux cens soixante-quatre livres deux sols neuf deniers ; & par la réformation faite par ledit Commissaire à la vacation du vingt-neuf Mai 1749, en exécution de la Sentence contradictoire du Châtelet, rendue entre toutes les parties, sur les conclusions de nos Gens le vingt-trois Avril 1749, la recette générale dudit compte s'est trouvée monter à la somme de seize cens trente-sept mille six cens soixante-quatorze livres trois sols huit deniers, & la dépense générale à la somme de deux millions cinq cens cinquante-trois mille trois cens dix-neuf livres un sol trois deniers, partant la dépense générale dudit compte, en laquelle sont compris les frais de ladite réformation, excede la recette de la somme de neuf cens quinze mille six cens quarante-quatre livres dix-sept sols sept deniers qui est dû au Maréchal Duc de Richelieu, rendant compte par la succession bénéficiaire du feu sieur son pere, en conséquence de laquelle réformation & du nouveau calcul & clôture dudit compte, il ne subsiste plus aucun débat sur icelui : Sentence du Châtelet de Paris, contradictoirement rendue le vingt-trois Avril 1749 entre le Duc de Richelieu, d'une part, & les Prieure & Religieuses de l'Abbaye de Saint Remy des Landes, d'autre, & Louis-Charles Damas, tuteur à la substitution, encore d'autre, sur les conclusions de nos Gens ; laquelle Sentence après avoir jugé les débats fournis contre le susdit compte, a ordonné que les parties seroient tenues de se trouver chez le Commissaire Glou, pour être procédé à la réformation & radiation des articles dont est question, conformément à ladite Sentence, & à nouveau calcul & clôture dudit compte, sinon qu'il y seroit procédé tant en absence que présence à la requête de la partie la plus diligente : Acte passé devant le Chanteur & son Confrere, Notaires au Châtelet de Paris le trois Juin 1749, insinué le dix-neuf dudit mois, par lequel le Duc de Richelieu a renoncé à la succession du Duc de Richelieu son pere, qu'il avoit ci-devant accepté sous bénéfice d'inventaire, pour s'en tenir aux créances qu'il avoit à exercer contre ladite succession, en résultement du compte de bénéfice d'inventaire par lui rendu ; copie d'une Sentence du Châtelet du dix-neuf Juin mil sept cent quarante-neuf, portant création & nomination de Vincent Bruneau pour curateur à la succession vacante du feu Duc de Richelieu pere ; Lettres de relief d'appel & commission obtenues en Chancellerie le seize Juin mil sept cent cinquante-un par le Président Dupuis & autres, à l'effet d'assigner en notredite Cour le Duc de Richelieu, pour procéder & aller en avant sur l'appel que le Président Dupuis & consorts interjettoient d'abondant en tant que besoin seroit aux risques de leurs garans ; & incidemment aux demandes qui formoient l'instance pendante entre les Parties & autres de l'appellation & levée de scellés apposés à Paris après le décès de Jean-Armand Duplessis Duc de Richelieu, & de France, le dix Mai & jours suivans mil sept cent quinze, de la Sentence obtenue au Châtelet par le Maréchal Duc de Richelieu le quatre Juillet mil sept cent seize, portant enterrinement des Lettres de bénéfice d'inventaire par lui obtenues en la Chancellerie du Palais à Paris le premier dudit mois de Juillet, pour la succession du Duc de Richelieu son pere ; de la Sentence rendue au Châtelet de Paris le dix-neuf Juin mil sept cent quarante-neuf, portant création de la personne de Vincent Bruneau pour curateur à ladite succession comme prétendue vacante ; plus de la clôture du compte rendu par le Maréchal Duc de Richelieu aux Religieuses & Couvent de l'Abbaye de saint Remi des Landes, en présence de Charles Damas, tuteur à la substitution prétendue faite par le feu Cardinal de Richelieu ; ledit compte présenté par le Maréchal Duc de Richelieu devant Maître Glou, Commissaire au Châtelet le 15. Juillet 1748 & jours suivans, de la Sentence d'appurement dudit compte rendue au Châtelet, le vingt-trois Avril suivans, & de tout ce qui a précédé & suivi ce faisant ; voir, dire & ordonner qu'en infirmant le tout, & sans s'arreter ni avoir égard aux inventaires qui ont été faits à Paris, à Versailles & à Ruelle, ni à celui fait par les Officiers du Duché Pairie de Richelieu le vingt-sept Mai & jours suivans 1715, & 1716, & vingt-quatre Novembre & jours suivans, de ladite année 1716, lequel Procès-verbal d'apposition & levée de scellés, sera déclaré nul, lesdits inventaires aussi nuls, & aussi sans s'arreter à la renonciation faite par le Maréchal Duc de Richelieu à la succession de son pere, par acte du trois Juin 1749, laquelle renonciation sera aussi déclarée nulle, le Maréchal Duc de Richelieu sera déclaré héritier pur & simple du Duc de Richelieu son pere ; ce faisant voir, dire & ordonner que le Président Dupuis & autre, auront acte de la contresommation qu'ils lui font aussi en tant que besoin seroit en ladite qualité d'héritier pur & simple de son pere, de toutes les demandes en général par lui formée contre le Président Dupuis & autre & contre ceux qu'ils représentent & formant ladite instance principale & de ce qu'il lui somment & dénoncent toujours dans la même qualité d'héritier pur & simple de son pere, toutes les demandes aussi formées contre eux & contre ceux qu'ils représentent, par défunt Jacques de la Blancherie tuteur à la prétendue substitution, & par ledit Damas qui a succédé à ladite qualité après le décès dudit de la Blancherie & qui forment aussi ladite instance principale ; le tout sans approbation desdites demandes & encore toutes lesdites demandes en garantie que le Président Dupuis & ceux qu'ils représentent, ont formé contre leurs garands aux risques du Maréchal de Richelieu, & desdits de la Blancherie & Damas, ce faisant, se voir par le Maréchal Duc de Richelieu, déclaré à son égard non recevable dans toutes ses demandes en général, & où ledit Damas réussiroit dans celle formée tant par lui que par ledit défunt de la Blancherie, ès noms & qualités, contre le Président Dupuis & autres & contre ceux qu'ils représentent, se voir par le Maréchal Duc de Richelieu condamner en la même qualité d'héritier pur & simple de son pere d'acquitter, garantir & indemniser le Président Dupuis & autres de toutes les condamnations si aucune intervient contre eux au profit dudit Damas audit nom tant eu principal qu'intérêts, frais, & dépens, voir aussi dire, à l'égard dudit Damas, que l'Arrêt qui interviendra sur le présent appel, & sur la presente demande sera déclaré commun avec lui & avec toutes les autres parties, pour se voir par le Maréchal Duc de Richelieu condamner en cent mille livres de dommages intérêts, ou en telle autre somme qu'il plaira à notredite Cour ordonner, à repartir entre le Président Dupuis & autres & en tous les dépens en général, faits par le Président Dupuis & autres & ceux qu'ils représentent, & à faire par le Président Dupuis & autres dans ladite instance, contre lui & ledit défunt de la Blancherie, contre ledit Damas, contre ceux que le Président Dupuis & consorts, & ceux qu'ils représentent ont appellés en garanties, & contre toutes les autres parties de l'instance, tant en demandant, défendant que des sommation, dénonciation, contresommation, cause d'appel, & demande en général ; le tout sans entendre par le Président Dupuis & autres, abandonner leur fin de non recevoir, ni aucun moyen de fait, ni de droit, expliqués jusqu'à présent par eux ou par ceux qu'ils représentent & à expliquer par la suite dans ladite instance, & sous les reserves du Président Dupuis & autres de prendre encore dans la suite tant contre le Duc de Richelieu, que contre ledit Damas & autres sur le présent appel, & en ladite instance, telle conclusion qu'ils jugeront à propos dire & faire ce qu'ils aviseront bon être, requête du Duc de Richelieu du vingt-six Juin 1751, à ce qu'il plut à notre dite Cour, déclarer le Président Dupuis & les autres parties dénommées au relief d'appel, non recevables dans leurs appellations, en tous cas mettre lesdites appellations au néant, ordonner que ce dont on appelle sortira son plein & entier effet, les condamner en l'amende, les déclarer pareillement non recevables dans leurs demandes & en tous cas les en débouter, & les condamner aux dépens, & où notredite Cour pour statuer sur lesdites appellations & demandes, jugeroit à propos d'appointer les parties au Conseil sur les appellations & sur les demandes en droit, les fins de non recevoir du Duc de Richelieu joints, défense au contraire & de joindre le tout à l'instance pendante en notredite Cour, sauf à disjoindre en jugeant, en ce cas appointer lesdites parties sur lesdites appellations, demandes, fins de non recevoir & défenses & néanmoins débouter dès-à-present le Président Dupuis & autres parties qui procedent avec lui du chef de demande inserée dans ladite commission du seize Juin 1751, tendant à ce que l'Arrêt qui interviendra sur lesdites appellations, soit déclaré commun avec toutes les autres parties de l'instance, & en cas de contestations condamner les contestans aux dépens de l'incident ; le tout sans aucunement approuver de la part du Duc de Richelieu, les appellations & demande interjetées & for-

mées par le Président Dupuis, & les autres parties, comme aussi sans préjudice aux fins de non-recevoir,
qui s'élevent contre lesdites appellations & demande, & sous la réserve expresse que fait le Duc de
Richelieu de demander en tems & lieu la disjonction de celle desdites appellations & demandes qui
sont étrangeres à la substitution portée par le testament du Cardinal de Richelieu : Arrêt du trente Juin
1751, par défaut contre le Président Dupuis & autres, qui a débouté le Président Dupuis & autres des
à présent de leur demande, à ce que l'Arrêt qui interviendra sur les appellations par eux interjettées &
sur les demandes par eux formées aux fins du relief d'appel & commission obtenue en Chancellerie le
seize Juin 1751, soient déclarés communs avec toutes les autres parties de l'instance ; & pour faire droit
sur lesdites appellations appointe les parties au Conseil, sur les demandes en droit, a joint les fins de
non recevoir du Duc de Richelieu & dudit Damas, tuteur à la substitution défenses au contraire, le
tout joint à l'instance pendante en lnotredite Cour entre le Duc de Richelieu & ledit Damas d'une
part, le Président Dupuis & autres, sauf néanmoins à disjoindre s'il y a lieu en jugeant ladite instance,
dépens reservés. Requête du Président Dupuis & autres du dix Juillet 1751, afin d'opposition au susdit
Arrêt, nullité de la procedure, au principal, ordonner que les parties en viendront au premier jour, &
condamner le Maréchal Duc de Richelieu aux dépens ; Arrêt du trois Juillet 1751, obtenu par le Président Dupuis & autres par défaut contre le Duc de Richelieu, le tuteur à la substitution, qui sur l'appel
appointe les parties au Conseil & sur leur demande en droit & joint, & le tout joint à l'instance principale pendante en notredite Cour, entre les parties & autres pour leur être sur le tout fait droit. Arrêt du vingt-un Juillet 1751, contradictoirement rendu entre le Duc de Richelieu d'une part, le tuteur
à la substitution d'autre ; le Président Dupuis & autres, encore d'autre, ledit de Chuberé, les héritiers
Gobert & autres, encore d'autre, par lequel notredite Cour a reçu le Maréchal Duc de Richelieu, &
le tuteur à la substitution, opposant à l'exécution de l'Arrêt, par défaut obtenu par le Président Dupuis
& autres le trois Juillet au principal, sans s'arreter à l'opposition formée par le Président Dupuis &
autres, à l'Arrêt obtenu par le Duc de Richelieu, le trente Juin 1751, ni aux autres requêtes, tant du
Président Dupuis que dudit de Chuberé & des héritiers Gobert, dont il sont deboutés ; notredite Cour
a ordonné que ledit Arrêt du trente Juin 1751, seroit exécuté selon sa forme & teneur, a condamné le
Président Dupuis & autres aux dépens, sauf néanmoins auxdits de Chuberé, Gobert & autres partie de
l'instance pendante en notredite Cour, à former telle demande qu'elles jugeront à propos, lesdites fins
de non-recevoir, & défenses du Duc de Richelieu & du Tuteur à la substitution, réservées au contraire. Requête du Maréchal Duc de Richelieu du dix-sept Août 1751, employée pour fins de non-recevoir, défenses
& avertissement en exécution des susdits Arrêts des trente Juin & vingt-un Juillet 1751, & sa production en exécution des mêmes Arrêts, par son inventaire signifié le six Septembre 1751 ; Requête dudit Damas du six Avril 1753, employée en exécution des mêmes Arrêts pour fins de non-recevoir, & défenses
contre la demande qui peut regarder ledit Damas, & pour avertissement contenant demande à ce qu'il plût
à notredite Cour, sans s'arrêter à la demande desdits Dupuis & Consors, portée par la Commission du seize
Juin 1751, dans laquelle ils seront déclarés non-recevables, ou dont en tout cas ils seront déboutés, adjuger audit Damas les Conclusions qu'il a prises contre les Président Dupuis & ses Consors, & les condamner en tous les dépens, adjuger pareillement audit Damas les Conclusions qu'il a prises, tant contre
ledit de Chuberé & les héritiers Gobert, que contre ledit Taboureau & sa femme, & les condamner chacun à leur égard aux dépens, même en ceux reservés par l'Arrêt contradictoire du six Février 1751,
au bas de laquelle Requête est l'Ordonnance de notredite Cour, qui a donné acte de l'emploi y porté, &
reservé d'y faire droit en jugeant ; production dudit Damas audit nom en exécution des Arrêts des 30 Juin
& vingt-un Juillet 1751, par son inventaire signifié le dix Avril 1753 : sommation faite à la Requête du
Duc de Rihelieu & dudit Damas audit nom, au Président Dupuis & autres Propriétaires des maisons autour
du Palais Royal, de satisfaire aux susdits Arrêts des trente Juin & vingt-un Juillet 1751 : Production nouvelle du Président Dupuis & Consors, par requête du dix-huit Décembre 1751. Requête du Duc de Richelieu du onze Janvier 1752, employée pour contredits contre la susdite production nouvelle : Requête
du tuteur à la substitution du trois Juillet 1755, employée pour contredits contre la même production
nouvelle : Production nouvelle du Président Dupuis, par requête du sept Septembre 1752 : Requête du
Maréchal Duc de Richelieu du dix-huit Janvier 1753, employée pour contredits contre ladite production
nouvelle ; requête dudit Damas du quatorze Juillet 1755, employée pour contredits contre la même production nouvelle : Production nouvelle du Duc de Richelieu, par requête du 20 Décembre 1752, & 9 Janvier 1753 : Requête desdits Belard, pesnoeux & Consors du 30 Janvier 1753, employée pour contredits
contre ladite production nouvelle : Sommation faite à la Requête du Maréchal Duc de Richelieu au Président Dupuis & Consors, à ladite du Rocher & autres, de fournir de contredits contre la susdite production nouvelle ; Production nouuvelle du Duc de Richelieu, par requête du dix-neuf Janvier 1753 : sommation
faite à la Requête du Duc de Richelieu au Président Dupuis, de fournir de contredits contre ladite production nouvelle : Production nouvelle des héritiers Gobert, par Requête du vingt Mars 1753, contenant demande à ce qu'il plût à notredite Cour leur adjuger les conclusions par eux prises en l'Instance, &
où notredite Cour y feroit la moindre difficulté, en ce cas déclarer le Maréchal Duc de Richelieu non-recevable dans la demande par lui formée contre lesdits Gobert & consors, afin de restitution des fruits & jouissance de ladite maison depuis le décès du Duc de Richelieu son pere, jour que la substitution a été ouverte à son
profit, & attendu que lesdits Gobert ont acquis contre le Maréchal Duc de Richelieu la prescription de la
jouissance des fruits & revenus de ladite maison, au moyen du décret d'icelle du six Septembre mil sept cent
dix-neuf poursuivi & adjugé depuis l'ouverture de ladite substitution, ou en tous cas en débouter le Maréchal Duc de Richelieu ; & le condamner aux dépens, au bas de laquelle requête est l'Ordonnance de notredite Cour qui a reservé d'y faire droit en jugeant, & a donné acte de l'emploi y porté ; sommation faite à
la requête desdits héritiers Gobert au Maréchal Duc de Richelieu, & au tuteur à la substitution de fournir de
contredits contre la susdite production nouvelle : Production nouvelle du Maréchal Duc de Richelieu par requête du vingt-huit Mars mil sept cent cinquante-trois, contenant entre autres pieces une transaction passée le trois Mars mil six cens soixante-quinze, entre la premiere Duchesse d'Aiguillon & le Duc de Richelieu son neveu, portant cession de la part du Duc de Richelieu à la tante, de différens meubles & terres de la
succession du Cardinal, pour la payer de ce qui lui étoit dû pour le reliquat de son compte de tutelle : Requête du Président Dupuis & autres du neuf Avril mil sept cent cinquante-trois, employée pour contredits

contre

contre la fufdite production nouvelle : Requête defdits Belard, Defnœux & conforts du trois Mai mil fept cent cinquante-cinq, employée pour contredits contre la même production nouvelle du vingt-huit Mars mil fept cent cinquante-trois ; production nouvelle du Préfident Dupuis, par requête du neuf Avril mil fept cent cinquante-trois ; fommation faite à la requête du Préfident Dupuis au Duc de Richelieu & au tuteur à ladite fubftitution, de fournir de contredits contre la fufdite production nouvelle : production nouvelle du Maréchal Duc de Richelieu, par requête du trois Mai mil fept cent cinquante-trois : Requête du Préfident Dupuis & autres du trois Mai mil fept cent cinquante-cinq, employée pour contredits contre les fufdites productions nouvelles du Duc de Richelieu des vingt-huit Mars & trois Mai mil fept cent cinquante-trois : requête defdits Belard, Defnœux & conforts du fept Juin mil fept cent cinquante-cinq, employée aux rifques de leurs garans, pour contredits contre la production nouvelle du Maréchal Duc de Richelieu du trois Mai mil fept cent cinquante-trois ; production nouvelle du Maréchal Duc de Richelieu par requête du fix Mars mil fept cent cinquante-cinq : requêtes des Syndics & Directeurs des créanciers du Marquis de Creil, de Nicolas Chabouillé, de Chupin de Germigny & du Préfident Dupuis & conforts des vingt-cinq Mars & quinze Mai mil fept cent cinquante-cinq, employées pour contredits contre la fufdite production nouvelle, celle dudit Chupin du vingt-cinq Mars, contenant demande à ce qu'il lui fût donné acte de ce qu'il fommoit & dénonçoit ladite requête de production nouvelle du fix Mars mil fept cent cinquante-cinq audit Regnier de Vaubepin, héritier dudit Regnier de Voify fon garant, à ce qu'il eut à faire décharger ledit Chupin des inductions qui en pouvoient être tirées contre lui, & condamner, foit le Maréchal Duc de Richelieu, foit ledit Regnier de Vaubepin aux dépens : au bas de laquelle requête eft l'Ordonnance de notredite Cour, qui a donné acte de l'emploi y porté & réfervé d'y faire droit en jugeant ; fommations faites à la requête du Duc de Richelieu à la Marquife de Bouteville, à la veuve d'Hariague & autres propriétaires de fournir de contredits contre ladite production nouvelle du 6. Mars 1755. production nouvelle du Maréchal Duc de Richelieu, par requête fignifiée les 7 & 16 Mai mil fept cent cinquante-cinq, contenant entr'autres pieces expédition du Teftament du Cardinal de Richelieu, du 23 Mai mil fix cent quarante-deux, avec la mention des publications & infinuations ;] expédition de l'inventaire fait au Château de Richelieu, le vingt Novembre mil fix cent quarante-trois, des meubles délaiffés par le Cardinal ; expédition d'un inventaire du vingt-quatre Novembre mil fept cent feize, par forme de recollement des meubles trouvés au Château de Richelieu, après le décès du Duc de Richelieu pere ; requête dudit Belard & conforts, & dudit Rappally, des vingt-fix Mai & dix-neuf Août mil fept cent cinquante-cinq, d'emploi pour contredits contre ladite production nouvelle ; fommations faites à la requête du Maréchal Duc de Richelieu au Préfident Dupuis & autres propriétaires, de fournir de contredits contre la même production nouvelle ; requête du Préfident Dupuis & autres, du Marquis de la Ferté, dudit de Pontdevaux & fa femme, & de Claude Anceau & conforts des vingt-deux Juillet & dix-neuf & vingt-un Août mil fept cent cinquante-cinq, d'emploi pour contredits contre la même production nouvelle du feize Mai mil fept cent cinquante-cinq ; requête du Maréchal Duc de Richelieu, du douze Mai mil fept cent cinquante-cinq, contenant demande à ce qu'il plût à notredite Cour déclarer, en tant que befoin eft ou feroit, nul & de nul effet le contrat paffé devant Pain & fon confrere, Notaires à Paris, le trente Janvier mil fix cent cinquante-huit, entre le feu Duc de Richelieu d'une part, & lefdits Flacourt, Delefpine & Boileau d'autre, feulement en ce que l'on voudroit en induire une approbation ou une confirmation du contrat paffé devant Pain & d'Aubenton, Notaire à Paris, le 29 Mai mil fix cent cinquante-cinq, adjuger au Maréchal Duc de Richelieu les conclufions qu'il a prifes contre ledit Lambert, & le condamner aux dépens, au bas de laquelle requête eft l'ordonnance de notredite Cour qui a réfervé d'y faire droit en jugeadt ; requête du Maréchal Duc de Richelieu, du douze Mai mil fept cent cinquante-cinq, contenant demande à ce qu'il plût à notredite Cour déclarer, en tant que befoin eft ou feroit, nul & de nul effet le contrat paffé devant Pain & fon confere, Notaires à Paris, le trente Janvier mil fix cent cinquante-huit, entre le feu Duc de Richelieu d'une part, & lefdits Flacourt, Lefpine & Boileau d'autre part, feulement en ce que l'on voudroit en induire une approbation & confirmation du contrat paffé devant Pain & d'Aubenton, Notaires à Paris, le vingt-neuf Mai mil fix cent cinquante-cinq, adjuger au Maréchal Duc de Richelieu les conclufions qu'il a prifes dans l'inftance contre ledit de Chuberé & les héritiers Gobert, & les condamner aux dépens, au bas de laquelle requête eft l'ordonnance de notredite Cour qui a réfervé d'y faire droit en jugeant ; requête dudit Damas, tuteur à la fubftitution, du trois Juin mil fept cent cinquante-cinq, contenant demande à ce qu'il plût à notredite Cour déclarer, en tant que de befoin eft ou feroit, nul & de nul effet, le contrat paffé devant Pain & fon confrere, Notaires à Paris, le trente Janvier mil fix cent cinquante-huit, entre le feu Duc de Richelieu d'une part, & lefdits Flacourt, Lefpine & Boileau d'autre part, feulement en ce qu'on voudroit induire dudit contrat une approbation ou une confirmation de celui du vingt-neuf Mai mil fix cent cinquante-cinq, au furplus adjuger audit Damas les conclufions qu'il a prifes contre ledit Lambert, & le condamner aux dépens, au bas de laquelle requête eft l'ordonnance de notredite Cour qui a réfervé d'y faire droit en jugeant ; requête dudit Damas du trois Juin mil fept cent cinquante-cinq, contenant demande à à ce qu'il plût à notredite Cour déclarer, en tant que befoin eft ou feroit, nul & de nul effet le contrat paffé devant Pain & fon confrere Notaires à Paris, le trente Janvier mil fix cent cinquante-cinq, entre le Duc de Richelieu d'une part, & lefdits Flacourt, Lefpine & Boileau d'autre part, feulement en ce que l'on voudroit induire dudit contrat une approbation ou une confirmation de celui paffé devant Pain & d'Aubenton, Notaires à Paris, le vingt-neuf Mai mil fix cent cinquante-cinq, au furplus adjuger audit Damas, audit nom, les conclufions qu'il a prifes en l'inftance contre ledit de Chuberé & conforts, & les condamner aux dépens, au bas de laquelle requête eft l'ordonnance de notredite Cour qui a réfervé d'y faire droit en jugeant ; production nouvelle du Maréchal Duc de Richelieu, par requête du vingt-fix Juin mil fept cent cinquante-cinq, contenant entr'autres pieces expédition d'une tranfaction paffée devant Notaires le trente-un Mars mil fix cent quarante-trois, entre tous les prétendans droits à la fucceffion du Cardinal de Richelieu en exécution de fon Teftament ; requête defdits Tailligoury & conforts, & de M. de Seve, de Flecheres & conforts, du vingt-fept Juin mil fept cent cinquante-cinq, d'emploi pour contredits contre la fufdite production nouvelle ; requête dudit Bellard, Defnœux & conforts du quatre Juillet mil fept cent cinquante-cinq, employée aux rifques du Maréchal de Richelieu, comme étant leur garant, en qualité d'héririer de la Ducheffe de Richelieu fa mere, pour contredits contre ladite production nouvelle du vingt-fix Juin mil fept cent cinquante-cinq, contenant demande à ce qu'il plût à notredite Cour leur donner acte de ce qu'en con-

X

tinuant leurs précédentes sommations ils sommoient & dénonçoient au Maréchal Duc de Richelieu audit nom d'héritier de la Duchesse de Richelieu sa mere, sa propre requête de production nouvelle, leur donner pareillement acte de ce que dans aucune de ses écritures il n'a pas contesté audit Bellard, Desnœux & consorts la demande en garantie qu'ils ont formée contre lui, en qualité d'héritier de la Duchesse sa mere, étant en cette qualité obligé de les indemniser de l'événement de ses propres demandes, & de celles du tuteur à la substitution, & de les faire jouir des biens par eux acquis, en conséquence sans s'arrêter à ladite production nouvelle, ni aux inductions qui ont pû en être tirées, non plus qu'à ce qui a pû être dit, écrit & produit de sa part, adjuger audit Bellard, Desnœux & consorts les conclusions qu'ils ont prises dans l'instance avec dépens, au bas de laquelle requête est l'ordonnance de notredite Cour qui a donné acte de l'emploi y porté, & réservé d'y faire droit en jugeant; requête dudit Rapally, du vingt-six Août mil sept cent cinquante-cinq, employée pour contredits contre ladite production nouvelle du Maréchal Duc de Richelieu; sommation faite au Président Dupuis & consorts & autres propriétaires des maisons bâties autour du jardin du Palais-royal, de fournir de contredits contre la production nouvelle du 26 Juin mil sept cent cinquante-cinq; requête du Président Dupuis, du douze Juillet mil sept cent cinquante-cinq, employée pour contredits contre la même production nouvelle, du vingt-six Juin mil sept cent cinquante-cinq; production nouvelle du Président Dupuis & Consorts, par requête du onze Juillet mil sept cent cinquante-cinq, contenant entr'autres pieces un relevé des deux tiers des réparations & charges des terres, déductions accordées aux Fermiers & frais de régies, pendant les trois premieres années depuis la mort du Cardinal, suivant le compte de la Duchesse d'Aiguillon, montant à la somme de soixante-dix mille soixante seize livres trois sols quatre deniers; autre relevé comprenant les deux tiers de la dépense faite par la Duchesse d'Aiguillon, tant pour les frais de son administration, que pour la pension viagere dûe au Marquis de Pontcourlay, & les intérêts des sommes dûes par le Cardinal, pendant les trois années qui ont suivi son décès, montant à la somme de cent quarante mille neuf cens seize livres quinze sols quatre deniers; un autre relevé des dettes de la succession du Cardinal, dont parties ont été payées par la Duchesse d'Aiguillon, suivant son compte, & le surplus par le Duc de Richelieu, divisé en deux parties montantes ensemble à la somme de deux millions trois cens dix-huit mille six cens soixante-huit livres treize sols quatre deniers; un autre relevé de la dépense de la Dame Duchesse d'Aiguillon, pour frais funéraires, deuil, aumônes, œuvres de piété, frais d'inventaire, montant à cent soixante-sept mille deux cens vingt-une livres quatorze sols six deniers, enfin un relevé des sommes qui ont été payées à la Sorbonne, tant par la Duchesse d'Aiguillon que par le Duc de Richelieu, & qui étoient à la charge de la succession du Cardinal, divisé en cinq parties, montantes en total à six cens quarante-quatre mille cinq cens quatre-vingt-quinze livres cinq sols neuf deniers; sommations faites à la requête du Président Dupuis & consorts au Maréchal Duc de Richelieu & au tuteur à la substitution, de fournir de contredits contre la susdite production nouvelle; production nouvelle du Maréchal Duc de Richelieu, par requête du dix-sept Juillet mil sept cent cinquante-cinq; requête du Président Dupuis, du vingt-quatre du mois de Juillet, employée pour contredits contre la susdite production nouvelle; requête dudit Rapally du vingt-huit Août audit an, employée pour contredits contre la même production nouvelle; production nouvelle du Président Dupuis, par requête du vingt-deux Juillet mil sept cent cinquante-cinq, contenant entr'autres pieces une addition au relevé des dettes de la succession du Cardinal de Richelieu, montant en quatre articles à cent six mille soixante-cinq livres dix sols; requête du Maréchal Duc de Richelieu du vingt-huit Juillet mil sept cent cinquante-cinq, employée pour contredits contre la susdite production nouvelle: sommation faite à la requête du Président Dupuis audit Damas, audit nom, de fournir de contredits contre la susdite production nouvelle; production nouvelle du Maréchal Duc de Richelieu, par requête du vingt-six Juillet mil sept cent cinquante-cinq; requête du Président Dupuis & consorts du vingt-neuf Juillet mil sept cent cinquante-cinq, employée pour contredits contre la susdite production nouvelle; requête du Président Dupuis & consorts du trente-un Juillet mil sept cent cinquante-cinq, employée pour additions de contredits contre la même production nouvelle; requete du Maréchal Duc de Richelieu du deux Août mil sept cent cinquante-cinq, employée pour salvations; requête dudit Bellard, Desnœux & consorts du six Août mil sept cent cinquante-cinq, employée pour contredits contre la même production nouvelle du vingt-six Juillet mil sept cent cinquante-cinq; production nouvelle du Maréchal Duc de Richelieu, par requête du vingt-neuf Juillet mil sept cent cinquante-cinq; requête desdits Bellard & Desnœux, des premier & sept Août mil sept cent cinquante-cinq, employées pour contredits contre la susdite production nouvelle; sommation faite à la requête du Maréchal Duc de Richelieu au Président Dupuis & consorts, de fournir de contredits contre la susdite production nouvelle; production nouvelle du Maréchal Duc de Richelieu, par requête du douze Août mil sept cent cinquante-cinq; requête du Président Dupuis & consorts, employée pour contredits contre la susdite production nouvelle, ladite requête en date du quatorze Août mil sept cent cinquante-cinq; requête du Président Dupuis & consorts, du douze Août mil sept cent cinquante-cinq, employée pour réponses au quatriéme mémoire imprimé, signifié par le Maréchal Duc de Richelieu, le quatre Août mil sept cent cinquante-cinq; requête du Maréchal Duc de Richelieu, employée pour réponses à celle ci-dessus; autre requête du Maréchal Duc de Richelieu, du vingt-un Août mil sept cent cinquante-cinq, en réponse à celle du Président Dupuis & autres, du douze dudit mois; requête du Président Dupuis & autres, du vingt-deux Août mil sept cent cinquante-cinq, en réponse à celles ci-dessus du Maréchal Duc de Richelieu, des dix-huit & vingt-un Août mil sept cent cinquante-cinq; requête du Président Dupuis & autres, du vingt-trois Août mil sept cent cinquante-cinq, contenant demande à ce qu'en leur adjugeant les conclusions par eux prises, il plût à notredite Cour condamner le Maréchal Duc de Richelieu en tous les dépens que le Président Dupuis & consorts ont été & seront obligés de faire, tant sur les demandes principales que sur celles contr'eux formées en garantie, & sur les demandes par eux formées contre leurs garants, comme aussi condamner le Maréchal Duc de Richelieu en tous les dépens faits par le Président Dupuis & autres contre les différens tuteurs créés à la substitution portée au Testament du Cardinal de Richelieu sur les demandes formées par les tuteurs contre le Président Dupuis & autres, & enfin en tous les dépens faits par le Président Dupuis & autres, tant en demandant, défendant, que des sommations, dénonciations & contresommations, en ceux faits les uns à l'encontre des autres, & en ceux réservés, au bas de laquelle requête est l'ordonnance de notredite Cour, qui a réservé d'y faire droit en jugeant; requête du Maréchal Duc de Richelieu, du vingt-six Août mil sept cent cinquante-cinq, en réponse à celle du Président Dupuis & autres, du vingt-deux Août mil sept cent cinquante-cinq; requête du Maréchal Duc de Richelieu du vingt-six

Août mil sept cent cinquante-cinq, employée pour salvations & réponses à la requête du Président Dupuis & autres, du douze Août mil sept cent cinquante-cinq; requête présentée en notredite Cour le deux Juillet mil sept cent trente-neuf, par la Marquise de Bouteville à ce qu'en conséquence des contestations y pendantes, il lui fût permis d'y faire assigner les Héritiers & représentans Claude Longueil, ceux représentans Marie-Charlotte de de Varengeville son épouse, pour voir dire & ordonner qu'il sera donné acte à ladite Marquise de Bouteville de la sommation & dénonciation qu'elle leur fait de la demande formée contre elle, aux fins des requête & exploit du premier Juin mil sept cent trente-neuf, ce faisant, qu'ils seront tenus de faire cesser l'effet de ladite demande, & de faire jouir ladite Marquise de Bouteville tranquillement de la maison rue de Richelieu, vendue par ledit Longueil & sa femme, par contrat du sept Août mil six cent quatre-vingt-dix-neuf, à Marie Elisabeth-Gabrielle de la Mothe Houdancourt, Duchesse de la Ferté, mere de la Marquise de Bouteville, & de la faire décharger de la substitution que le Duc de Richelieu prétend avoir droit d'exercer sur ladite maison, sinon & à faute de ce, qu'ils seront condamnés à acquiter & indemniser ladite Marquise de Bouteville, avec dommages-intérêts, de toutes les condamnations qui pourroient intervenir contre elle, tant en principal, intérêts que dépens; & les condamner en outre en tous les dépens, tant en demandant, défendant, que de la sommation, même de ceux faits contre le Marquis de Bouteville son mari; exploit d'assignation donné le 2 Juillet 1739, à la requête de la Marquise de Bouteville à Me Villaume, au nom & comme tuteur des sieurs de Seigliere de Belleforiere, petits-enfans & héritiers par représentation du Marquis de Soyecourt, leur pere, de Marie-Renée de Belleforiere de Soyecourt, veuve de Thimoléon Gilbert de Seigliere de Belleforiere, leur ayeule, qui étoit héritiere de feu de Longueil, décédé mineur, héritier & détempteur des biens de Claude de Longueile, & de Marie-Charlotte-Roch de Varengeville, son épouse, ayeule desdits mineurs, & à la Maréchal de Villars, héritiere des propres de sa ligne, dudit feu de Longueil de Maisons, son petit-neveu, décédé mineur, lequel en qualité d'héritier de ses pere & mere, étoit possesseur & détempteur des biens de Claude de Longueil, & de Marie Charlotte-Roch de Varengeville, son épouse, & au Président de Nicolay, & ses freres & sœurs, tous héritiers de Jean Aymard de Nicolay, leur pere, qui étoit héritier des propres de sa ligne dudit feu de Longueil de Maisons, décédé mineur, lequel en qualité d'héritier du Président de Longueil, son pere, étoit détempteur & possesseur des biens de Claude de Longueil, Président à Mortier, & de Marie - Charlotte-Roch de Varengeville, son épouse: Défenses fournies le dix-huit Juillet 1743, par les tuteurs des Comte, Marquis & Chevalier de Soyecourt: Acte de reprise d'instance faite au Greffe de notredite Cour le quinze Janvier 1743 par Louis Villeaume, Procureur au Châtelet, tuteur aux actions immobiliaites de Louis-Armand de Seigliere de Belleforiere, Comte de Soyecourt, donataire entre-vifs, légataire & héritier de Dame-Marie-Renée de Belleforiere de Soyecourt, veuve de Thimoleon Gilbert de Seigliere, son ayeule paternelle, & Pierre Morte, Bourgeois de Paris, tuteur onéraire d'Antoine-Adolphe de Seigliere de Belleforiere, Marquis de Longueil, & de Joachim-Charles de Seigliere de Belleforiere de Soyecourt, Légataires universels de Marie-Renée de Belleforiere, de la demande formée en notredite Court par Françoise-Charlotte de Sennectere de la Ferté, se disant épouse non commune en biens du Marquis de Bouteville, par Requête & Exploit du deux Juillet 1739, contre ledit Villeaume comme tuteur indéfiniement desdits Louis Armand, Antoine-Adolphe, & Joachim-Charles de Segliere: Acte de reprise faite de la même instance le vingt-neuf Janvier 1744 par Jean Huguet, Bourgeois de Paris, tuteur onéraire d'Antoine-Adolphe de Seigliere de Belleforiere, Marquis de Longueil, & de Joachim-Charles de Seigliere de Belleforiere de Soyecourt, Légataires universels de Marie-Renée de Belleforiere de Soyecourt, à son décès veuve de Thimoleon Gilbert de Seigliere, ledit Huguet nommé à ladite qualité de tuteur au lieu & place de Pierre Morte, ci-devant tuteur onéraire desdits mineurs, par sentence du Châtelet de Paris du dix-huit Juillet 1743: Arrêt du dix-huit Mars 1746, par lequel notredite Cour pour faire droit aux parties sur les demandes & défenses ci-dessus, les a appointé en droit & joint à l'instance d'entre le Marquis de la Ferté & de Duc de Richelieu, pour leur être fait droit, ainsi qu'il appatiendra: Acte de reprise du sept Mars 1746, par Philippes-Louis Thibault, Marquis de la Ferté, au lieu & place de la Marquise de Bouteville; sa mere: Avertissement fourni le neuf Juillet 1746 par le Marquis de la Ferté, & sa production par inventaire du treize dudit mois de Juillet, en exécution du susdit Arrêt: Sommation faite à la requête du Marquis de la Ferté au Président de Nicolay, aux Comte, Marquis & Chevalier de Soyecourt, & à la Maréchale de Villars, de satisfaire au susdit Arrêt: Acte de reprise d'instance faite au Greffe de notredite Cour le premier Septembre 1746 par Louis Armand de Seigliere de Belleforiere de Soyecourt, Marquis de Soyecourt; Maisons & Poissy, émancipé par mariage, par Antoine - Adolphe de Seigliere de Soyecourt, Chevalier, Marquis de Feuquieres, par Charles - Joachim de Seigliere de Belleforiere, Chevalier de Soyecourt, ledit Marquis de Feuquieres & le Chevalier de Soyecourt, mineurs emancipés d'âges, procédans sous l'autorité de Louis Villeaume, tant au nom & comme tuteur aux actions immobiliaires du Marquis de Soyecourt, qu'audit nom de curateur aux causes des Marquis de Feuquieres & Chevalier de Soyecourt, & comme tuteur à leurs actions immobiliaires en rectifiant & augmentant aux actes de reprises ci-devant faittes, des contestations pendantes en notredite Cour sur la demande formée contre les tuteurs onéraires dudit de Soyecourt par la Marquise de Bouteville, par Requête & exploit du deux Juillet 1739, & reprise par le Marquis de la Ferté : Acte de reprise d'instance faite au Greffe de notredite Cour le dix Mars 1747 par Louis Armand de Seigliere de Belleforiere, Marquis de Soyecourt, & par Jacques-Adrien Boulnois, curateur onéraire aux causes & tuteur onéraire aux actions immobiliaires d'Antoine-Adolphe de Seigliere de Belleforiere, Chevalier, Marquis de Feuquieres, & Joachim-Charles de Belleforiere, Chevalier de Soyecourt, ledit Boulnois élû esdites charges par avis de parens & amis, homologué par sentence du Châtelet du premier Mars 1747, au lieu & place de Soyecourt majeur, & de Louis Villeaume, son tuteur aux actions immobiliaires; & pour ledit Boulnois ès noms, au lieu & place dudit défunt Me. Villeaume, curateur & tuteur onéraire desdits Marquis de Feuquiere & Chevalier de Soyecourt: Requête présentée en notredite Cour par la Marquise de Bouteville le deux Juillet 1739, & exploit d'assignation donnée en conséquence à la Duchesse de Villars, ci-dessus visé: Défenses fournies le 18 Avril 1746 par la Duchesse de Villars contre la susdite demande: Arrêt du 22 Avril 1746, par lequel notredite Cour pour faire droit sur les demandes & défenses ci-dessus a appointé les parties en droit & joint à l'instance d'entre le Marquis de la Ferté, d'une part, le Duc de Richelieu & autres, d'autre part, pour leur être fait droit, ainsi qu'il appartiendra: Avertissement du Marquis de la Ferté du neuf Juillet 1746, & sa production en exécution du susdit Arrêt, par son inventaire signifié le onze dudit mois de Juillet: Sommations faites à la requête du Marquis de la

Ferté à la Duchesse de Villars, de satisfaire au susdit Arrét; Requéte présentée en notredite Cour par la Marquise de Boutteville le deux Juillet 1739, & exploit d'assignation donnée en conséquence au Président de Nicolay, ci-dessus visés: Défenses fournies le dix Mai 1746 par le Président de Nicolay, contre la susdite demande: Arrét du vingt-sept Mai 1746, par lequel notredite Cour pour faire droit sur les demandes & défenses ci-dessus a appointé les parties en droit & joint à l'instance d'entre le Marquis de la Ferté, d'une part, & le Duc de Richelieu & autres, d'autre, pour leur être fait droit, ainsi qu'il appartiendra: Avertissement du Marquis de la Ferté du neuf Juillet 1746; sa production en exécution des susdits Arréts des dix-huit Mars, vingt-deux Avril & vingt-sept Mai 1746, par son inventaire signifié le onze Juillet audit an: Requéte du Président de Nicolay du sept Juin 1747, d'emploi pour contredits contre la susdite production: Sommation faite à la requéte du Marquis de la Ferté au Président de Nicolay, de satisfaire au susdit Arrét: Production nouvelle du Duc de Richelieu, par Requéte du trois Mai 1746, contenant demande à ce qu'il plût à notredite Cour lui donner acte de ce qu'en ajoutant aux conclusions par lui ci-devant prises contre le Marquis de Boutteville, par exploit du neuf Février 1739, il concluoit à ce qu'il plût à notredite Cour déclarer à l'égard du Marquis de la Ferté le contrat du vingt-neuf Mai 1655, nul & de nul effet, comme contenant l'aliénation d'un terrein réservé par le Cardinal de Richelieu, suivant le contrat de 1641, & appartenant à la substitution, en conséquence condamner le Marquis de la Ferté à se désister & départir de la propriété, possession & jouissance d'une maison appellée l'hôtel de la Ferté, avec ses dépendances sises en la Ville de Paris rue de Richelieu, tenant du côté du midi à l'hôtel du Marquis de Crecy, du côté du nord à la maison de ladite d'Hariagues, du côté de l'orient au jardin du Palais Royal, & du côté de l'occident à ladite rue de Richelieu, ladite maison construite sur une des places réservées en 1641 par le Cardinal de Richelieu, & faisant partie des biens qui se sont trouvés dans sa succession, substitués par son testament du vingt-trois Mai 1642, & vendus par le feu Duc de Richelieu pere à Charles Flacourt, par le susdit contrat du vingt-neuf Mai 1655; condamner pareillement ledit Marquis de la Ferté à rendre au Duc de Richelieu ladite maison, circonstances & conformément audit Testament, même à lui restituer les fruits & revenus de ladite maison depuis le dix Mai 1715, jour du décès du Duc de Richelieu pere, & que la substitution s'est trouvée ouverte au profit du Duc de Richelieu, son fils, le tout à dire d'experts, dont les parties conviendront devant le Conseiller Rapporteur, ou qui seront par lui pris & nommés d'office, ou sur la représentation des Baux de ladite maison; condamner en outre le Marquis de la Ferté aux dommages-intérêts du Duc de Richelieu & aux dépens à son égard, donner acte au Maréchal Duc de Richelieu des offres qu'il fait de tenir compte au Marquis de la Ferté sur les fruits & revenus de ladite maison, des impenses & améliorations qui peuvent avoir été faites dans ladite maison depuis l'ouverture de la substitution suivant l'estimation qui en sera faite par les mêmes experts qui procéderont à la liquidation des fruits & revenus; donner pareillement acte au Maréchal Duc de Richelieu des offres qu'il fait de tenir compte au Marquis de la Ferté des sommes qu'il justifiera avoir été valablement employées par ses auteurs sur le prix du contrat de 1655, au payement des dettes de la succession du Cardinal de Richelieu; au bas de laquelle est l'ordonnance de notredite Cour, qui l'a réglée en droit & joint, & donné acte de l'emploi y porté: Requéte du Marquis de la Ferté du premier Septembre 1746, d'emploi pour défenses, avertissement, écritures, production & contredits en exécution de la susdite ordonnance: Requéte du Marquis de la Ferté du sept Septembre 1746, d'emploi pour contredits contre la production nouvelle du Maréchal Duc de Richelieu, portée par sa Requéte du trois Mai 1746: Contredits fournis les vingt-trois & trente Juin 1755 par le Marquis de la Ferté contre la même production: Requéte du Marquis de la Ferté du six Février 1755, d'emploi pour contredits en exécution des Arréts des huit Mars, vingt-deux Avril & vingt-sept Mai 1746; Requéte du Président de Nicolay, de la Duchesse de Villars, du Marquis de Feuquieres, du Chevalier de Soyecourt & dudit Boulnois ès noms du vingt-huit Septembre 1746, à ce qu'en conséquence des contestations y pendantes, il leur fût permis, aux risques de qui il appartiendra d'y faire assigner, dans les délais de l'ordonnance, la veuve de Mazieres, le nommé le Duc & la Demoiselle de Mazieres, son épouse, les héritiers & représentans Simon de Lespine & les héritiers & représentans Claude-Gauldré Boileau, pour voir dire que le Président de Nicolay & consorts auront acte de la sommation & dénonciation qu'ils leur font, 1. de la demande en garantie formée contre le Président de Nicolay, la Maréchale de Villars & Me. Villeaume, comme tuteur desdits de Soyecourt, par Requéte & exploit du deux Juillet 1739; ladite demande reprise par le Marquis de la Ferté, au lieu & place de la Marquise de Bouteville, par acte reçu au Greffe de notredite Cour le sept Mars 1746, & par, lesdits de Soyecour & Villeaume ès noms. 2°. Les défenses fournies par le Président de Nicolay & consorts contre ladite demande. 3. Les Arréts de Réglemens de notredite Cour intervenus sur lesdites demandes & défenses le dix-huit Mars, vingt-deux Avril 1746, 4°. L'Acte de reprise du Marquis de la Ferté & toutes les poursuites & procédures faites en exécution desdits Arréts, tant par feue la Marquise de Boutteville, que par le Marquis de la Ferté; & enfin la reprise faite par lesdits de Soyecourt & ledit Villaume ès noms, à ce qu'ils n'en ignorent, ayent à intervenir, prendre le fait & cause du Président de Nicolay & consorts, faire cesser lesdites demandes, & faire ensorte qu'ils ne soient tenus d'aucunes condamnations, & qu'ils soient entièrement indemnités de ladite contestation; & où il arriveroit qu'il y eût contre leur attente quelques condamnations prononcées contre eux au profit de qui que ce soit, en ce cas, se voir lesdits héritiers & représentans de Flacourt, de Lespine & Boilleau, condamnés à acquitter, garantir & indemniser le Président de Nicolay & consors de toutes condamnations tant en principaux, intérêts, dommages-intérêts, que dépens, tant en demandant, défendant, que des sommations, dénonciations & contre-sommations, & se voir en outre condamner aux dommages-intérêts du Président de Nicolay & consorts, à donner par déclaration, & en tous les dépens, tant en demandant, défendant, que des sommations, dénonciations & contre-sommations faites & à faire par le Président de Nicolay & consorts envers toutes les parties: L'exploit d'assignation donnée en notredite Cour le trente Septembre 1746 à la requête du Président de Nicolay & consorts audit le Duc & sa femme, en vertu & aux fins de la susdite Requéte: Arrêt de notredite Cour du dix-neuf Janvier 1747, obtenu sur défaut faute de comparoir par le Président de Nicolay & consorts, demandeurs aux fins des susdite Requéte & Exploit des vingt-huit & trente Septembre 1746, contre le Duc & ladite Mazieres, sa femme, par lequel notredite Cour a déclaré ledit défaut avoir été bien & dûement obtenu; & pour en adjuger le profit l'a joint à l'instance d'entre le Président de Nicolay & consorts, d'une part, le Marquis de la Ferté & autres, d'autre part; & ledit le Duc & sa femme ont été condamnés aux dépens dudit défaut; & de ce qui a précédé & fuivi : Exploit de fignification faite le vingt-cinq Janvier 1747, du fufdit Arrêt audit le Duc & fa femme, avec affignation en notredite Cour, pour voir taxer les dépens : Requête du Marquis de la Ferté du vingt-trois Mars 1747, contenant demande, à ce qu'il plûtà notredite Cour lui donner acte de ce qu'aux rifques du Maréchal Duc de Richelieu, & du tuteur à la fubftitution, il fommoit & dénonçoit audit de Soye-court & conforts, fes garants, la demande formée contre le Marquis de Boutteville, par Jacques de la Blan-cherie, tuteur à la fubftitution, par fa Requête du quatorze Juin 1743, laquelle demande a été reprife par Charles Damas, nouveau tuteur à la fubftitution, par acte reçu au Greffe de notredite Cour le vingt-fept Avril mil fept cent quarante-fix ; qu'il lui fût pareillement donné acte de ce qu'aux rifques dudit de Soye-court & conforts, fes garants, il contre-fommoit & dénonçoit au Maréchal Duc de Richelieu la demande en garantie, formée par la Marquife de Boutteville, par Requête & Exploit du premier Juillet 1739, contre lefdits de Soyecourt & conforts, fes garants & audit Damas, la dénonciation de fa demande, faite auxdits de Soyecourt & conforts, par le Marquis de la Ferté par la préfente requête, ce faifant en prononçant fur toutes les demandes, déclarer le Marechal Duc de Richelieu & ledit Damas tuteur à la fubftitution, non-recevables dans leurs demandes, ou en tous cas les en débouter & les condamner aux dépens ; comme auffi condamner le Marechal Duc de Richelieu à acquitter, garantir & indemnifer le Marquis de la Ferté de toutes les condamnations qui pourroient intervenir contre lui au profit du Marechal Duc de Richelieu & dudit Damas, tant en principaux, intérêts, que frais & dépens, comme auffi en tous fes dommages-intérêts, à donner par déclaration ; les condamner en outre en tous les dépens, tant en demandant, défendant, que des fommations & contre-fommations, au bas de laquelle requête, auffi employée pour avertiffement, écritures & production fur icelle, eft l'Ordonnance de notredite Cour, qui l'a réglée en droit & joint, & donné acte de l'emploi y porté ; Requête du Marechal Duc de Richelieu, employée pour fins de non-recevoir, défenfes, avertiffement, écritures & production, en exécution de la fufdite Ordonnance, ladite requête en date du vingt-neuf Mai 1747 ; Requête dudit Damas du trente-un Mai 1747, d'emploi pour fins de non-re-cevoir, défenfes, avertiffement, écritures, production & contredits, en exécution de la même Ordonnance ; Requête du Préfident de Nicolaï & conforts, du vingt-deux Juin 1747, d'emploi aux rifques de leurs ga-rants, pour avertiffement, écritures, production & contredits, en exécution de la même Ordonnance ; Requête du Préfident de Nicolaï & conforts, du vingt-huit Septembre 1746, ci-deffus vifée ; Exploits d'affi-gnations données les vingt-huit Septembre & douze Octobre 1746, à la requête du Préfident de Nicolaï & conforts à la veuve de Mazieres & auxdits de Lefpine, en vertu & aux fins de la fufdite requête ; défenfes fournies le trois Décembre 1746 par ledit de Lefpine, Greffier des Requêtes du Palais, contre la fufdite de-mande ; défenfes fournies le même jour trois Décembre 1746 par la veuve de Mazieres contre la même de-mande ; défenfes fournies le vingt-trois dudit mois de Décembre par Pierre-Charles de Lefpine, Architecte, contre la même demande ; Requête préfentée en notredite Cour le treize Avril 1747, par les Duc & Du-cheffe de Ruffec, la Marquife de la Chaftre & le Marquis de Chenelay ès noms, à ce qu'il lui plût, aux rif-ques de qui il appartiendroit les recevoir Parties intervenantes en l'inftance pendante en notredite Cour entre le Préfident de Nicolaï & autres d'une part, & le Marquis de la Ferté d'autre, la veuve de Mazieres & lefdits de Lefpine encore d'autre ; qu'il leur fût donné acte du contenu en leur requête pour moyens d'inter-vention, qu'il leur fût pareillement donné acte de ce qu'ils fe joignoient & adheroient aux conclufions prifes par le Préfident de Nicolaï & conforts contre la veuve de Mazieres, lefdits de Lefpine & ledit le Duc & fa femme, par requete & exploits des vint-huit, trente Septembre & douze Octobre mil fept cent quarante-fix, comme auffi les recevoir, ainfi que lefdits de Nicolaï, de Soyecour & conforts, Parties intervenantes en l'inftance pendante en notredite Cour entre le Marechal Duc de Richelieu d'une part, & le Marquis de la Ferté d'autre ; qu'il leur fût donné acte du contenu en leur requête pour moyens d'intervention, qu'il leur fût pareillement donné acte de ce qu'aux rifques de qui il appartiendroit, ils fe joignoient & adheroient aux con-clufions prifes par le Marquis de la Ferté contre le Marechal Duc de Richelieu ; comme auffi, de ce qu'aux rifques de qui il appartiendra, ils contre-fomment & dénoncent au Marechal Duc de Richelieu, 1°. fa pro-pre demande, formée par requête & exploit du premier Juin 1739 contre la feue Marquife de Boutteville, & reprife par le Marquis de la Ferté fon fils & fon héritier ; 2°. la demande en garantie de ladite feue Marquife de Boutteville, formée contre le Préfident de Nicolaï, la Marechale de Villars & lefdits de Soyecourt, par requête & exploit du deux Juillet 1739 ; 3°. les défenfes fournies à icelle par le Préfident de Nicolaï & autres les dix-huit Juillet 1743, dix-huit Avril & dix Mai 1746 ; 4°. les Arrêts d'appointement intervenus fur lef-dites demandes & défenfes les dix-huit Mars, vingt-deux Avril & fept Mai 1746 ; 5°. l'acte de reprife fait au Greffe de notredite Cour le fept Mars 1746, par le Marquis de la Ferté, au lieu & place de la Marquife de Boutteville fa mere ; 6°. la demande en garantie formée par le Préfident de Nicolaï & autres, à fes rifques, périls & fortunes, contre lefdits de Lefpine, Greffier & Architecte, la veuve de Mazieres, ledit le Duc & fa femme, par requête & exploit des vingt-huit, trente Septembre & douze Octobre 1746 ; 7°. les défenfes fournies à ladite demande par lefdits de Lefpine & la veuve de Mazieres les trois & vingt-trois Décembre 1746. Enfin l'Arrêt de notredite Cour faute de comparoir, obtenu par le Préfident de Nicolaï & conforts contre ledit le Duc & fa femme, & l'exploit de fignification en date des dix-neuf & vingt-fept Janvier 1747 ; en conféquence déclarer le Marechal Duc de Richelieu non-recevable dans la demande qu'il a formée contre la feue Dame Marquife de Boutteville par fes requête & exploit du premier Juin 1739, ou en tout cas l'en débouter & le condamner en tous les dépens envers le Préfident de Nicolaï & conforts, & par eux faits contre la feue Dame Marquife de Boutteville & leurs garants, tant en demandant, défendant, que des fommations, dénonciations & contre-fommations, même en ceux, fi aucuns étoient, compenfés entre le Marquis de la Ferté & le Préfident de Nicolaï & conforts, ou entre le Préfident de Nicolaï & conforts, & lefdits de Lefpine & la veuve de Mazieres, & ledit le Duc & fa femme, & à acquitter, garantir & indemnifer ledit de Nicolaï & conforts, de ceux, fi aucuns étoient, adjugés contre eux au profit du Marquis de la Ferté, & aux dépens de la préfente demande ; donner pareillement acte au Préfident de Nicolaï & conforts, de ce qu'aux rifques du Marechal Duc de Richelieu, ils fommoient & dénonçoient la préfente demande auxdits de Lefpine & à la veuve de Mazieres ; en conféquence, & où il interviendroit quelques condamnations contre le Préfident de Nicolaï & conforts, les condamner folidairement à les en acquitter, garantir & indemnifer ; & au furplus leur adjuger les conclufions qu'ils ont prifes contr'eux par les requête & exploit des vingt-huit Septembre & douze Octobre 1746 avec dépens, tant en demandant, défendant, que des fommations, dénonciations & contre-fommations, & en ceux de la préfente demande ; Arrêt du quatorze Avril 1747, par lequel notredite

Y

Cour a reçu ledit de Ruffec & son épouse, la Marquise de la Chastre & le Marquis de la Chesnelaye, parties intervenantes, leur donne acte de ce qu'ils se joignent & adhérent aux conclusions prises par le Président de Nicolaï & autres contre la veuve de Mazieres & consorts ; a reçu pareillement le Duc de Ruffec & autres, le Président de Nicolaï & autres, parties intervenantes, leur a donné acte de l'emploi par eux fait du contenu en leur requête pour moyens d'intervention, leur a pareillement donné acte de ce qu'ils se joignoient & adhéroient aux conclusions prises par le Marquis de la Ferté contre le Maréchal Duc de Richelieu, & pour faire droit sur le surplus de ladite requête, ensemble sur les demandes & défenses, a appointé les parties en droit à écrire, produire & contredire dans le tems de l'Ordonnance, & joint à l'instance pendante en notredite Cour entre le Maréchal Duc de Richelieu le Marquis de la Ferté & autres, dépens réservés ; Production du Duc de Ruffec & consorts, en exécution des Arrêts des dix-huit Mars, vingt-deux Avril, sept Mai 1746 & quatorze Avril 1747, par leur requête du vingt-huit dudit mois d'Avril, employée pour avertissement ; contredits fournis par le Marechal Duc de Richelieu le 19 Mai 1747 contre la susdite production ; Requête du Marechal Duc de Richelieu du seize Mai mil sept cent quarante-sept, d'emploi en exécution du même Arrêt, aux risques du Marquis de la Ferté, pour écritures & production ; Avertissement fourni par le Maréchal Duc de Richelieu le 13 Mai 1747, aux risques du Marquis de la Ferté en exécution dudit Arrêt ; Requête du Président de Nicolaï du 9 Juin 1747, d'emploi pour contredits contre la production du Maréchal Duc de Richelieu en exécution du même Arrêt ; Requêtes du Marquis de la Ferté des 5 & 6 Février 1755, d'emploi pour avertissemens, écritures, production & contredits en exécution du même Arrêt : Production desdits de Lespine & consorts & de la veuve de Mazieres, en exécution des Arrêts des 22 Avril, 27 Mai 1746 & 14 Avril 1747 ; par requête employée pour avertissement en exécution desdits Arrêts, & contenant demande à ce qu'il plût à notredite Cour les recevoir Parties intervenantes dans l'instance d'entre le Maréchal Duc de Richelieu, le Marquis de la Ferté, ayant repris au lieu & place de la Marquise de Bouteville sa mere, le Président de Nicolaï & autres, qu'il leur soit donné acte du contenu en leur requête pour moyens d'intervention : faisant droit sur icelle, qu'il leur fût donné acte de ce qu'ils contre-sommoient & dénonçoient au Marechal Duc de Richelieu les demandes en sommations formées contre eux par le Président de Nicolaï & autres, par requêtes & exploits des 28 Septembre & 12 Octobre 1746, & par autre requête du 13 Avril 1747, les défenses par eux fournies contre lesdites demandes, & toute la procédure faite en conséquence ; ce faisant, déclarer le Maréchal Duc de Richelieu non-recevable dans la demande par lui formée contre la Marquise de Boutteville, par requête & exploit du 1 Juin 1739, ou en tous cas les en débouter ; en conséquence débouter le Président de Nicolaï & autres, le Marquis de Ruffec & autres, de leurs demandes des 28 Septembre, 12 Octobre 1746 & 13 Avril 1747, condamner le Marechal Duc de Richelieu en tous les dépens, tant en demandant, défendant, que de la sommation & contre-sommation faits & à faire par lesdits de Lespine & la veuve de Mazieres, tant contre lui que contre la Marquise de Boutteville & le Marquis de la Ferté son fils, que contre le Président de Nicolaï, le Duc de Ruffec & autres, même à acquitter, garantir & indemniser lesdits de Lespine & la veuve de Mazieres des condamnations, si aucunes étoient prononcées contre eux, au profit de quelques-unes des parties ci-dessus ou de toutes autres, & en outre aux dépens de la présente demande, au bas de laquelle requête, employée pour avertissement, écritures & production sur icelle, est l'Ordonnance de notredite Cour, qui l'a réglée en droit & joint, & donné acte de l'emploi y porté ; Requête du Président de Nicolaï & consorts, du douze Juin 1747, d'emploi pour défenses, avertissement, écritures & production en exécution de la susdite Ordonnance ; Requête du Marechal Duc de Richelieu du 16 Juin 1747, d'emploi pour contredits en exécution de la même Ordonnance ; Requête du Marquis de la Ferté du 1 Février 1755, d'emploi aux risques du Président de Nicolaï & du Marechal Duc de Richelieu, pour défenses à la susdite demande du 30 Mai 1747 ; Requête du Maréchal Duc de Richelieu du 12 Juin 1747, d'emploi pour avertissement, écritures & production en exécution de la même Ordonnance ; Fins de non-recevoir & défenses contre l'intervention desdits de Lespine & consorts, & contenant demande à ce qu'il plût à notredite Cour déclarer lesdits de Lespine & consorts non-recevables dans leursdite intervention & demande du 30 Mai 1737, ou en tous cas les en débouter & les condamner aux dépens, & au surplus adjuger au Marechal Duc de Richelieu les conclusions par lui ci-devant prises avec dépens, au bas de laquelle requête est l'Ordonnance de notredite Cour, qui a donné acte de l'emploi y porté, & réservé d'y faire droit en jugeant ; Requête du Marquis de Ruffec & consorts, à ce qu'il plût à notredite Cour les recevoir, aux risques de qui il appartiendra, parties intervenantes en l'instance d'entre Charles Damas, Tuteur à la substitution d'une part, & le Marquis de la Ferté d'autre part, sur l'intervention & demande formées par ledit de la Blancherie, ci-devant Tuteur à la substitution, en l'instance pendante en notredite Cour entre le Marechal Duc de Richelieu & le Marquis de la Ferté, par requête du 14 Mai 1743 ; Reprise par ledit Damas audit nom par acte reçu au Greffe de notredite Cour le 27 Avril 1746, donner acte audit Marquis de Ruffec & consorts du contenu en leur requête pour moyens d'intervention ; faisant droit sur icelle, leur donner acte de ce qu'aux risques de qui il appartiendra, ils se joignent & adhérent aux conclusions prises par le Marquis de la Ferté contre ledit Damas audit nom, comme aussi qu'il fût donné acte audit Marquis de Ruffec & consorts de ce qu'aux risques dudit de Lespine & autres, ils contre-sommoient & dénonçoient audit nom l'intervention & demande dudit de la Blancherie contre le Marquis de la Ferté, portée par la requête du 14 Juin 1743 ; l'Acte de reprise de ladite demande fait par ledit Damas audit nom le 27 Avril 1746 ; la demande en garantie formée par le Marquis de la Ferté contre le Marquis de Soyecourt, le Marquis de Feuquieres, le Chevalier de Soyecourt, ledit Boulenois, le Président de Nicolaï & la Marechale de Villars, par requête du 23 Mai 1747, la présente requête ; en conséquence déclarer ledit Damas audit nom non-recevable dans ladite demande, ou en tous cas l'en débouter & le condamner en tous les dépens envers ledit Marquis de Ruffec & consorts, même en ceux faits par la défunte Marquise de Boutteville, par le Marquis de la Ferté, son fils & son héritier, & par leurs garants, & en ceux par eux faits contre ladite défunte Marquise de Boutteville, le Marquis de la Ferté & leurs garants, tant en demandant, défendant, que des sommations, dénonciations & contre-sommations, même à les acquitter de ceux, si aucuns étoient, adjugés contr'eux ou compensés entr'eux & ledit Marquis de la Ferté ou leurs garants ; qu'il fut en outre donné acte audit Marquis de Ruffec & consorts de ce qu'aux risques dudit Damas audit nom, en continuant les sommations & dénonciations par eux ci-devant faites, ils sommoient & dénonçoient d'abondant à Marie-Madelaine Lepoupet, veuve Jacques de Mazieres, à Henri & Pierre-Charles de Lespine ès noms, qu'ils procédoient, l'intervention & demande formée par Jacques de la Blancherie, ci-devant Tuteur à la substitution contre la feue Marquise de Boutteville ; l'acte de reprise de ladite

du ande fait par ledit Damas, au lieu dudit de la Blancherie le vingt-sept Avril mil sept cent quarante-fix; l'Acte de reprife fait par le Marquis de la Ferté au lieu & place de la Marquife de Bouteville fa mere le fept Mars mil fept cent quarante-fept, la requête & demande en garantie du Marquis de la Ferté du vingt-trois Mars mil sept cent quarante-fept, comme auffi qu'il fût permis audit Marquis de Ruffet & conforts de faire affigner en notredite Cour dans les délais de l'Ordonnance, Elifabeth, Magdelaine & Marie-Anne de Mezerets, toutes trois filles majeures de défunte Elifabeth de Lefpine leur mere, femme du nommé de Mezerets, Juré-Expert à Paris, laquelle étoit fille & héritiére de défunt Nicolas de Lefpine, lequel Nicolas de Lefpine étoit fils & héritier de Simon de Lefpine & de Jeanne Pafquet fa femme; Nicolas de Lefpine, la nommée de Lefpine, veuve Claude Dufrefné, la veuve Hardouin, enfans & héritiers de défunt Pierre-Nicolas de Lefpine, lequel étoit fils & héritier de Nicolas de Lefpine & fa femme, icelui fils & héritier defdits Simon de Lefpine & fa femme; Jeanne Soulas, veuve Pierre-Gilles Bernier, François Bazin & Angelique-Antoinette Soulas fa femme, lefdites Soulas filles héritières de Jeanne de Lefpine morte, femme Soulas, laquelle étoit fille de Pierre-Nicolas de Lefpine, fils & héritier de défunt Nicolas de Lefpine, lequel étoit auffi fils & héritier defdits Simon de Lefpine & & de ladite Jeanne Pafquet; Elifabeth-Adrienne Soulas, époufe de Jean de Leftang, fille & héritière de Jeanne de Lefpine, morte, femme de Maître Soulas, laquelle étoit fille de Pierre-Nicolas de Lefpine, fils & héritier de défunt Nicolas de Lefpine, & celui-ci fils & héritier dudit Simon de Lefpine & de Jeanne Pafquer fa femme, pour voir à l'égard de Maître de Leftang qu'il fera tenu d'autorifer Elifabeth-Adrienne Soulas fon époufe, finon qu'à fon refus elle fera & demeurera autorifée par Juftice, & Elifabeth-Adrienne Soulas, époufe de Maître de Leftang, & les autres fufnommés, pour voir dire que ledit Marquis de Ruffec & conforts auront acte de la fommation & dénonciation qu'ils leur font par la préfente requête: 1°. de la demande formée par le Maréchal Duc de Richelieu, contre la Marquife de Bouteville, par requête & exploit du premier Juin mil fept cent trente-neuf, en déffêtement de la propriété de la maison & hôtel de la Ferté dont il s'agit. 2°. La demande en garantie formée par la Marquife de Bouteville contre le Marquis de Soyecourt & Marquis de Feuquierts & Chevalier de Soyecourt, Villeaume, ci-devant leur tuteur & curateur, le Préfident de Nicolai & la Maréchalle de Villars, par requête & exploit du deux Juillet mil fept cent trente-neuf. 3°. L'intervention & demande de Jacques de la Blancherie contre la Marquife de Bouteville par requête du quatorze Juin mil fept cent quarante-trois, contenant adhéfion aux conclufions contre elle prifes par le Maréchal Duc de Richelieu. 4°. Les défenfes fournies par lefdits de Soyecourt & autres contre les demandes de la Marquife de Bouteville. 5°. Les Arrêts de réglement de notredite Cour intervenus fur lefdites demandes & défenfes les dix-huit Mars, vingt-un Avril & fept Mai mil fept cent quarante-fix. 6°. La reprife faite ppr ledit Damas audit nom, au lieu & place dudit de la Blancherie le vingt-sept Avril mil fept cent quarante-fix. 7°. La reprife faite par le Marquis de la Ferté, au lieu & place de la Marquife de Bouteville fa mere, le fept Mars mil fept cent quarante-fept; 8°. de la requête du Marquis de la Ferté du vingt-trois dudit mois de Mars en dénonciation de la demande dudit de la Blancherie, & de l'acte de reprife dudit Damas contre lefdits de Soyecourt, ledit Boulenois leur curateur, au lieu de défunt Maître Willeaume, le Préfident de Nicolai & la Maréchalle de Villars; 9°. l'intervention & demande du Marquis de Ruffec & conforts, vis-à-vis du Maréchal Duc de Richelieu & de la Marquife de Bouteville, portée par requête du quinze Avril mil fept cent quarante-fept; 10°. l'Arrêt de réglement de notredite Cour intervenu fur ladite intervention le quatorze Avril mil fept cent quarante-fept; 11°, la reprife faite par ledit Boulenois, au lieu & place dudit défunt Maître Villeaumé; 12°. la requête de production du Marquis de Ruffec & conforts en exécution des différens Arrêts de réglemens, ladite requête en date du vingt-huit Avril mil fept cent quarante-fept, & autres pourfuites & procédures faites de la part des différentes parties à ce qu'ils n'en ignorent, & euffent à intervenir, prendre le fait & caufe du Marquis de Ruffec & conforts, faire ceffer, fçavoir lefdits de Lefpine & de Mazieres, la demande dudit tuteur & celle du Marquis de la Ferté & lefdits Mezerets & autres, tant la demande du Maréchal Duc de Richelieu que celle dudit tuteur & celle de la Marquife de Bouteville & du Marquis de la Ferté, fuivant que le tout eft ci-deffus dénoncé, & faire enforte que le Marquis de Ruffec & conforts ne foient tenus d'aucune condamnation, & qu'ils fortent entiérement indemnes defdites demandes & conteftations; finon, & ou il arriveroit contre leur attente, qu'il y ait quelques condamnations de prononcées contre eux au profit du Maréchal Duc de Richelieu & dudit Damas audit nom, ou du Marquis de la Ferté, en ce cas & attendu la garantie ftipulée au profit des auteurs du Marquis de Ruffec & conforts par lefdits de Flacourt, de Lefpine & leurs femmes, par le contrat de vente de la maison du vingt-neuf Avril mil fix cens cinquante-neuf, fe voir lefdits de Lefpine, Mezerets & autres, condamner chacun pour les parts & portions dont ils peuvent être tenus & folidairement & hypotéquairement pour le tout, comme repréfentans lefdits de Flacourt & de Lefpine, à acquitter, garantir & indemnifer le Marquis de Ruffec & conforts de toutes condamnations, tant en principaux, intérêts, dommages-intérêts que dépens, tant en demandant, défendant, que des fommations, dénonciations & contre-fommations, & fe voir condamner aux dommages-intérêts du Marquis de Ruffec & conforts, à donner par déclaration, & en tous les dépens faits & à faire par le Marquis de Ruffec & conforts envers toutes les Parties, & contre eux faits par toutes les Parties, même en ceux réfervés, tant en demandant, défendant, que des fommations, dénonciations & contre-fommations, même ladite Elifabeth-Adrienne Soulas, époufe dudit de Leftang, aux dépens, que ledit Marquis de Ruffec & conforts, pourront & feront obligés de faire contre fon mari, & au furplus adjuger au Marquis de Ruffec & conforts, les autres conclufions pour eux prifes contre lefdits de Lefpine & de Mezerets; donner acte au Marquis de Ruffec & conforts, de ce qu'aux rifques defdits Mezetets & autres, ils fomment & dénoncent au Maréchal Duc de Richelieu & audit Damas la préfente requête, à ce qu'ils n'en ignorent, en conféquence en adjugeant au Marquis de Ruffec & conforts, les conclufions contre eux ci-devant prifes, les condamner aux dépens de ladite demande faites par le Marquis de Ruffec & conforts envers lefdits Mezerets & conforts en ce qui peut les concerner, tant actifs que paffifs; Exploits d'affignations données en notredite Cour, les vingt-un & vingt-fept Juin mil fept cent quarante-fept, à la requête du Marquis de Ruffec & conforts, auxdits de Mezerets, de Lefpine, Bazin, Soulas & conforts, envertu & aux fins de la fufdite requête; Arrêt du vingt-huit Juin mil fept cent quarante-fept, par lequel notredite Cour a reçu le Marquis de Ruffec & conforts Parties intervenantes; leur a donné acte de 'emploi du contenu en leur requête pour moyens d'intervention ; & pour faire droit sur le surplus de ladite requête & demande, a appointé les Parties en droit à écrire, produire & contredire dans le temps de l'Ordonnance, & le tout joint à l'instance d'entre le Marquis de Ruffec & consorts d'une part, lesdits de Mezerets, de Lespine & autre d'autres part, dépens réservés ; Production du Marquis de Ruffec & consorts, en exécution du susdit Arrêt par requête du quatre Juillet mil sept cent quarante-sept, d'emploi pour avertissement, & contenant demande à ce qu'il plût à notredite Cour leur adjuger les conclusions par eux prises, & condamner ceux qui succomberont en tous les dépens, même en ceux réservés, au bas de laquelle requête est l'Ordonnance de notredite Cour, qui a donné acte de l'emploi y porté & réservé d'y faire droit en jugeant ; Requêtes du Marquis de la Ferté des sept & huit Février mil sept cent cinquante-cinq d'emploi pour contredits contre l'emploi de production ci-dessus ; Sommation faite à la requête du Marquis de Ruffec & consorts auxdits de Lespine, à la veuve de Mazieres, au Marquis de la Ferté & au Maréchal Duc de Richelieu, de satisfaire au susdit Arrêt ; Requête du Marquis de Ruffec & consorts du seize Juin mil sept cent quarante-sept ci-dessus visée ; Exploit d'assignations données les vingt-un & vingt-sept Juin mil sept cent quarante-sept, à Elisabeth, Magdelaine & Marie-Jeanne de Mezerets, Nicolas de Lespine, la veuve Hardouin, & à Jeanne Soulas, veuve Gilles-Bernier, en vertu & aux fins de la susdite requête ; défenses desdits de Mezerets & dudit de Lespine du dix-sept Juillet 1747 ; arrêt du vingt-six Juillet 1747, qui a autorisé Elisabeth Soulas femme de Lestang, à l'effet de procéder sur la demande contre elle formée par le Marquis de Ruffec & consorts ; fins de non recevoir fournies par ladite Elisabeth Soulas le vingt-trois Août 1747 contre la susdite demande ; requête du Marquis de Ruffec & consorts du sept Août 1749, à ce qu'il plût à notredite Cour en continuant les sommations, dénonciations & contresommations ci-devant faites par ledit Marquis de Ruffec & consors, leur donner acte de ce qu'aux risques de qui il appartiendra, ils somment & dénoncent au Maréchal Duc de Richelieu & audit Damas audit nom, les exploits d'assignation des vingt-un & vingt-sept Juin 1747 donnée aux fins de la requête, en vertu de l'Ordonnance étant au bas d'icelle du seize dudit mois de Juin à Nicolas de Lespine, à Elisabeth Madeleine & Marie-Anne de Mezerets filles majeures, à de Lespine veuve de Claude Dufresne & Consorts, tous héritiers & représentans, sinon de Lespine & Jeanne-Pasquer sa femme, & en cette qualité garants formels du Marquis de Ruffec & consorts ; en second lieu les défenses founies à la demande portée par lesdits requête & exploit, fournis par ledit de Lespine, lesdits de Mezerets, ladite Dufresne, ladite Hardouin & ladite Bernier le dix Juillet 1747 ; en troisième lieu, l'Arrêt de notredite Cour, obtenu par le Marquis de Ruffec & consorts le vingt-six Juillet 1747, qui autorise ladite de Lestang à la poursuite de ses droits, au refus de Me de Lestang son mari ; en quatrième lieu, les défenses fournies par ladite de Lestang à ladite demande dn Marquis de Ruffec & consorts, le vingt-cinq Août mil sept cens quarante-sept ; & en cinquième lieu, enfin le défaut faute de comparoir obtenu par le Marquis de Ruffec & consorts le trois Juillet 1747 contre Me Bazin & sa femme, à ce qu'ils n'en ignorent, comme aussi qu'il fût pareillement donné acte au Marquis de Ruffec & consorts, de ce qu'aux risques, périls & fortunes du Maréchal Duc de Richelieu & dudit Damas audit nom, ils contresomment & dénoncent la présente demande auxdits de Lespine, de Mezerets, Dufresne, Hardouin, Bernier & de l estang, déclarer l'Arrêt qui interviendra sur la présente demande commun avec le Marquis de la Ferté, pour être exécuté avec lui selon sa forme & teneur ; & en conséquence desdites dénonciations, sommations & contresommations ci-dessus, en adjugeant audit Marquis de Ruffec & consorts les conclusions par lui prises en l'Instance d'entre les Parties & autres, condamner soit le Maréchal Duc de Richelieu, ledit Damas audit nom, soit ledit de Lespine & autres garants du Marquis de Ruffec & consorts ci-dessus nommés qui succomberont, en tous les dépens envers le Marquis de Ruffec & consorts ci-dessus nommés, & par eux faits envers & contre toutes les Parties, & ce tant en demandant, défendant, que des sommations, dénonciations & contresommations, même à acquitter, garantir & indemniser le Marquis de Ruffec & consorts des condamnations de dépens si aucuns interviennent contre eux, & les dépens si aucuns étoient, compensés entre eux & aucunes des Parties & en ceux de la présente demande ; Arrêt du vingt Mars 1753 par lequel notredite Cour pour faire droit sur les susdites demandes, a appointé les Parties en droit & joint à l'Instance d'entre les Parties pendante en notredite Cour pour être sur le tout conjoinctement fait droit, dépens réservés ; production du Marquis de Ruffec & consorts, en exécution du susdit Arrêt du vingt Mars 1753, par requête du quatre Avril audit an, employée pour avertissement, & contenant demande à ce qu'en leur adjugeant les conclusions par eux ci-devant prises & leur donnant acte des sommations & dénonciations ci-devant faites, & qu'ils réiteroient par leurdite requête à toutes les Parties de toutes les demandes par elles respectivement formées contre le Marquis de Ruffec & consorts, il plût à notredite Cour condamner ceux qui succomberont en tous les dépens, tant en demandant, défendant, que des sommations, dénonciations & contresommations, même en ceux réservés par les différens Arrêts de notredite Cour, au bas de laquelle requête est l'Ordonnance de notredite Cour, qui a donné acte de l'emploi y porté, & réservé d'y faire droit en jugeant ; requêtes du Marquis de la Ferté des cinq & dix-huit Août 1755, d'emploi pour contredits, avertissement, écrisures & production en exécution dudit Arrêt du vingt Mars 1753 ; sommation faite à la requête du Marquis de Ruffec & consorts au Maréchal Duc de Richelieu audit Damas, au Marquis de la Ferté & auxdits de Mezerets, de Lespine, Soulas & autres de satisfaire au susdit Arrêt du vingt Mars 1753 ; requête du Marquis de la Ferté du 27 Février mil sept cens cinquant-cinq, contenant demande à ce qu'il plût à notredite Cour lui donner acte de qu'il sommoit & dénonçoit au Maréchal Duc de Richelieu les interventions & demandes du Marquis de Ruffec & consorts ; ce faisant, condamner le Maréchal Duc de Richelieu & ledit Damas tuteur à la substitution à garantir le Marquis de la Ferté de l'événement desdites demandes, & de tous les frais que le Marquis de la Ferté est obligé de faire sur icelles contre toutes les Parties y dénommées & incidentes en dépendantes ; & où le Maréchal Duc de Richelieu & le tuteur à la substitution obtiendroient le tout, ou partie de leurs conclusions, audit cas donner acte au Marquis de la Ferté des déclarations faites par le Marquis de Ruffec & consorts par leurs requêtes des treize Avril & vingt-un Juin 1747, qu'ils adhérent aux conclusions prises par le Marquis de la Ferté contre le Maréchal Duc de Richelieu & contre le tuteur ; ce faisant en adjugeant au Marquis de la Ferté les conclusions par lui prises contre le Président de Nicolai, la Maréchale de Villars, les Marquis, Comte & Chevalier de Soyecourt ; condamner pareillement la Marquise de la Chastre, le Marquis de la Chesnelaye & autres héritiers & biens tenans du Marquis de Maisons, lequel l'étoit de Claude de Longuevil & de Marie-Rocque

de

de Varangeville son épouse ses ayeul & ayeule, personnellement pour telles parts & portions qu'ils sont héritiers & hipotéquairement pour le tout, à garantir le Marquis de la Ferté de toutes les condamnations qui pourroient intervenir contre lui au profit du maréchal duc de Richelieu, & dudit Damas audit nom, tant en principaux, qu'intérêts, frais & dépens, comme aussi en ses dommages-intérêts à donner par déclaration, & les condamner & leurs cohéritiers, en tous les dépens faits tant en demandant, défendant que des sommations & contresommations faites contre les parties de l'Instance & incidens en dépendans même en tous ceux réservés par les différens Arrêts de notredite Cour; au bas de laquelle requête employée pour avertissement, écritures & production sur icelle, est l'Ordonnance de notredite Cour, qui l'a réglée en droit & jointe, & donné acte de l'emploi y porté; sommation faite à la requête du marquis de la Ferté au maréchal Duc de Richelieu; audit Damas audit nom; aux Président de Nicolai, Marquis de Ruffec & consorts de satisfaire à la susdite Ordonnance; production nouvelle du Président de Nicolai & consorts, par requête du vingt-quatre Avril mil sept cens cinquante-cinq; Requête du Maréchal Duc de Richelieu du quatre Juillet mil sept cent quarante-cinq, employée pour contredits contre la susdite production nouvelle; Requête dudit Damas audit nom du 9 Juillet 1757, employée pour contredits contre la même production nouvelle; Requête du Marquis de la Ferté & consorts du dix-neuf Août 1755, d'emploi pour contredits contre la même production nouvelle; Sommation faite à la requête du Président de Nicolay & consorts ausdites de Mazieres, de Lespine & consorts, de fournir de contredits contre la susdite production nouvelle; Requête du Maréchal Duc de Richelieu du dix Mars 1755, contenant demande à ce qu'il plût à notredite Cour déclarer en tant que besoin est ou seroit nul & de nul effet le contrat passé devant Pain & son confrere Notaires à Paris le trente Janvier 1658 entre le feu Duc de Richelieu, d'une part, & lesdits Flacourt, de Lespine & Boilleau, d'autre part, en ce que l'on voudroit en induire une approbation ou une confirmation du contrat passé devant Pain & Daubanton Notaires à Paris le vingt-neuf Mai 1655; au surplus adjuger au Maréchal Duc de Richelieu les conclusions qu'il a prises en l'instance contre le Marquis de la Ferté, & le condamner aux dépens; au bas de laquelle Requête est l'Ordonnance de notredite Cour qui a réservé d'y faire droit en jugeant; Requête dudit Damas du deux Juin 1747, contenant demande à ce qu'il plût à notredite Cour déclarer en tant que besoin est ou seroit nul & de nul effet le contrat passé devant pain & son confrere Notaires à Paris le trente Janvier 1658, entre le feu Duc de Richelieu, d'une part & lesdits Flacourt, de Lespine & Boilleau, d'autre part, seulement en ce que l'on voudroit induire dudit contrat une approbation ou une confirmation de celui du vingt neuf Mai 1655; au surplus adjuger audit Damas audit nom les conclusions qu'il a prises contre le Marquis de la Ferté, & le condamner aux dépens; au bas de laquelle Requête est l'ordonnance de notredite Cour qui a réservé d'y faire droit en jugeant; Production nouvelle du Maréchal Duc de Richelieu, par Requête du seize Décembre 1745; Sommation faite à la requête du Maréchal Duc de Richelieu auxdits de Couftard & sa femme, de fournir de contredits contre la susdite production nouvelle; Requête dudit de Couftard & sa femme du 3 Juillet 1747, contenant demande à ce qu'il plût à notredite Cour en leur adjugeant les conclusions qu'ils ont prises en l'instance, leur donner acte de la sommation & dénonciation qu'ils faisoient au Maréchal Duc de Richelieu de la demande formée par requête & Exploit du vingt-deux Août 1739, de toutes les autres demandes & poursuites faites contre eux à la requête de la veuve d'Hariagues, tant en son nom comme commune que comme tutrice honoraire de Dominique d'Hariagues, son fils mineur, & Antoine Cordier, tuteur onéraire de Dominique d'Hariagues, mineur, & condamner le Duc de Richelieu en tous les dépens faits en l'instance par ledit de Couftard & sa femme contre le Maréchal Duc de Richelieu & le tuteur à la substitution, ladite d'Hariagues & ledit Cordier ès noms & autres, tant en demandant, défendant, que des sommations & dénonciations, même à acquitter ledit de Couftard & sa femme, des dépens auxquels ils pourroient être condamnés envers aucunes des parties de l'instance, ou qui pourroient être compensés; au bas de laquelle Requête est l'ordonnance de notredite Cour qui a réservé d'y faire droit en jugeant: Requête du Maréchal Duc de Richelieu du treize Mai 1755, contenant demande à ce qu'il plût à notredite Cour déclarer en tant que besoin est ou seroit nul & de nul effet le contrat passé devant Pain & son confrere, Notaires au Châtelet de Paris, le trente Janvier 1658 entre le feu Duc de Richelieu, d'une part, & lesdits Flacourt, de Lespine & Boilleau, d'autre part, seulement en ce que l'on voudroit en induire une approbation ou une confrontation du contrat passé devant Pain & Daubanton, Notaires à Paris, le 29 Mai 1655; au surplus adjuger au Maréchal Duc de Richelieu les conclusions qu'il a prises dans l'instance contre ledit de Couftard & sa femme & les condamner aux dépens; au bas de laquelle Requête est l'ordonnance de notredite Cour qui a réservé d'y faire droit en jugeant: Requête dudit Damas audit nom du trois Juin 1755, contenant demande à ce qu'il plût à notredite Cour déclarer en tant que besoin est ou seroit, nul & de nul effet le contrat passé devant Pain & son confrere, Notaires à Paris, le trente Janvier 1658, entre le feu Duc de Richelieu, d'une part, & lesdits Flacourt, de Lespine & Boilleau, d'autre, en ce que l'on voudroit induire dudit contrat une approbation ou une confirmation de celui du vingt-neuf Mai 1655; au surplus adjuger audit Damas audit nom les conclusions qu'il a prises contre ledit de Couftard & sa femme, & les condamner aux dépens; au bas de laquelle Requête est l'ordonnance de notredite Cour qui a réservé d'y faire droit en jugeant: Production nouvelle du Maréchal Duc de Richelieu, par Requête du vingt-deux Décembre 1745, contre les héritiers de la Poire: Sommation faite à la requête du Maréchal Duc de Richelieu auxdits héritiers de la Poire de fournir de contredits contre la susdite production nouvelle; Requête du Chevalier de Pontdevaux, & de Marie-Alphonsine de la Poire de la Roquette, son épouse, du vingt-trois Novembre 1746, employée aux risques du Président Dupuis & de son épouse, leurs garants formels, pour fins de non-recevoir & défenses contre la demande du tuteur à la substitution du 14 Juin 1743, ensemble pour avertissement, écritures & production en exécution de l'Arrêt du 21 dudit mois, & contenant demande à ce qu'il plût à notredite Cour déclarer ledit tuteur à la substitution non-recevable dans sadite demande, ou en tout cas l'en débouter & le condamner aux dépens; au bas de laquelle Requête est l'ordonnance de notredite Cour qui a réservé d'y faire droit en jugeant: Requête dudit de Pontdevaux & sa femme du sept Décembre 1746, à ce qu'il plût à notredite Cour leur donner acte de ce qu'aux risques du tuteur à la substitution du Cardinal de Richelieu, ils somment & dénoncent la demande par lui formée contre le nommé Garnier de Grandvillier, par requête du quatorze Juin 1743, appointée par Arrêt du vingt-un dudit mois audit Président & à la Présidente Dupuis, à ce qu'ils fussent tenus de prendre le fait & cause dudit de Pontdevaux & sa femme audit nom, d'ayant repris au lieu dudit Garnier de Grandvilliers, & à faire débouter ledit tuteur à la substitution de sa demande, & où il parviendroit à ses fins, audit cas condamner le Président Dupuis & son épouse solidairement, d'acquitter, garantir & indemniser ledit de Pontdeveaux & sa femme de toutes les condamnations qui pourroient être contre eux prononcées au profit dudit tuteur à la substitution tant en principaux qu'intérêts, des loyers, fruits & déguerpissement de ladite maison, au payement du prix, dommages-intérêts, frais & dépens, & autres généralement quelconques, & les condamner audit cas aux dommages-intérêts particuliers dudit de Pontdeveaux & sa femme, résultans de l'inexécution de la vente faite de la maison en question par le Président Dupuis & sa femme audit feu sieur de la Pointe de la Roquette, pere de ladite de Pontdeveaux, par ledit contrat du vingt-neuf Novembre 1719, tels qu'il plaira à notredite Cour les arbitrer, & en tous les dépens, tant en demandant, défendant, que des Sommation faites & à faire tant contre eux, que contre ledit tuteur, & même en ceux qui pourroient être compensés, & où ledit tuteur à la substitution viendroit à être déclaré non-recevable dans ladite demande, ou en tout cas à en être débouté, ainsi que ledit de Pontdeveaux & sa femme y ont conclu, les condamner en tous les dépens dudit de Pontdeveaux & sa femme, & en tous les dépens faits tant en demandant, défendant, que des sommations & dénonciations tant contre le Président Dupuis & sa femme, même à l'acquitter de ceux esquels ledit de Pontdeveaux & sa femme pourront être condamnés envers le Président Dupuis & sa femme, ou qui pourroient être compensés, sans préjudice auxdits de Pontdeveaux & sa femme de tous leurs droits, dont ils faisoient exprès réserve; au bas de laquelle requête, employée pour avertissement, écritures & production sur icelle, est l'ordonnance de notredite Cour qui l'a réglé en droit & joint & donné acte de l'emploi y porté; Sommation faite à la requête desdits de Pontdeveaux & sa femme au Président Dupuis & au tuteur à la substitution, de satisfaire à la susdite ordonnance: Requête dudit de Pontdeveaux & sa femme du 5 Janvier 1747, à ce qu'il plût à notredite Cour en leur adjugeant les conclusions qu'ils ont prises en l'instance, ordonner que le Président Dupuis & son épouse seront tenus de remettre dans huitaine, à compter du jour de la signification de l'Arrêt qui interviendra, une expédition en bonne forme du contrat d'acquisition qu'ils ont dû faire, ainsi qu'ils s'y étoient obligés tant par celui du vingt-neuf Novembre 1719, que par l'acte du vingt-un Avril 1727, d'une maison sise en cette Ville de Paris, contenant déclaration que le prix d'icelle est provenu des cent quatre-vingt-trois mille livres portés en celui dudit jour vingt-neuf Novembre 1719, à eux payés par ledit défunt Jacques de la Poire de la Roquéte, ensemble les quittances aussi en bonne forme, & passées devant Notaires, du prix de la maison qu'ils ont dû acquérir, contenant pareille déclaration, & les condamner aux dépens, au bas de laquelle requête, employée pour avertissement, écritures & production sur icelle, est l'ordonnance de notredite Cour qui l'a réglée en droit & joint, & donné acte de l'emploi y porté: Sommation faite à la requête dudit de Pontdeveaux & sa femme, au Président Dupuis, de satisfaire à la susdite ordonnance: Requête du Maréchal Duc de Richelieu du douze Mai 1751, contenant demande à ce qu'il plût à notredite Cour déclarer en tant que besoin est ou seroit, nul & de nul effet le contrat passé devant Pain & son confrere Notaires à Paris le trente Janvier 1658 entre le feu Duc de Richelieu, d'une part, & lesdits Flacourt, Lespine & Boilleau, d'autre part, seulement en ce que l'on voudroit en induire une approbation ou une confirmation du contrat passé devant Pain & Daubanton Notaires à Paris le vingt-neuf Mai 1655; au surplus adjuger au Maréchal Duc de Richelieu les conclusions qu'il a prises dans l'instance, avec dépens; au bas de laquelle requête est l'ordonnance de notredite Cour qui a réservé d'y faire droit en jugeant: Requête dudit Damas audit nom du deux Juin 1755, contenant demande à ce qu'il plût à notredite Cour déclarer en tant que besoin est ou seroit, nul & de nul effet le contrat passé devant Pain & son confrere Notaires le trente Janvier 1658 entre le feu Duc de Richelieu, d'une part, & lesdits Flacourt, de Lespine & Boilleau, d'autre part, seulement en ce que l'on voudroit induire dudit contrat une approbation ou une confirmation de celui du vingt-neuf Mai 1655; au surplus adjuger audit Damas audit nom les conclusions qu'il a prises contre ledit de Pontdeveaux & son épouse, & les condamner aux dépens; au bas de laquelle requête est l'ordonnance de notredite Cour qui a réservé d'y faire droit en jugeant: Production nouvelle du Maréchal Duc de Richelieu contre le Président Dupuis, par requête du dix-huit Décembre 1745: Sommation faite à la requête du Maréchal Duc de Richelieu au Président Dupuis, de fournir de contredits contre la susdite production nouvelle: Requête du Président Dupuis & de son épouse du vingt-six Janvier 1746, contenant demande à qu'il plût à notredite Cour leur donner acte en tant que besoin seroit du désistement fait par le Maréchal Duc de Richelieu, par ses Requête & Exploit du six Août 1739, de la demande qu'il avoit formée contre eux le neuf Février précédent; ce faisant déclarer le Maréchal Duc de Richelieu non-recevable dans ladite demande du 9 Février 1730; le déclarer, & ledit de la Blancherie, tuteur à la substitution, pareillement non-recevables dans toutes leurs autres demandes formées contre le Président Dupuis & son épouse, & contre ledit de Grandvilliers audit nom; donner acte au Président Dupuis & son épouse, de la sommation & dénonciation qu'ils font au Maréchal Duc de Richelieu & audit tuteur à la substitution, des demandes en garantie formées contre eux par ledit de Grandvilliers audit nom les deux & huit Avril 1740, de celles formées contre lui par le Maréchal Duc de Richelieu & par ledit tuteur sans aucune approbation desdites demandes; ce faisant en déclarant le Maréchal Duc de Richelieu & ledit tuteur non-recevables dans toutes leurs demandes, mettre les parties hors de Cour sur celles en garantie formées par ledit de Grandvilliers, contre le Président Dupuis & son épouse, & condamner le Maréchal Duc de Richelieu & ledit tuteur solidairement aux dommages-intérêts envers le Président Dupuis & son épouse, à donner par déclaration, & en tous les dépens tant envers le Président Dupuis & son épouse, qu'envers ledit de Grandvilliers, tant en défendant, demandant, que des sommations & dénonciations, & en ceux faits par le Président Dupuis & son épouse, contre ledit de Grandvilliers, même en ceux réservés par tous les Arrêts intervenus entre les parties; & où le Maréchal de Richelieu obtiendroit quelque condamnation à son profit personnel contre ladite de la Poire, en ce cas déclarer ledit de Grandvilliers audit nom de tuteur de ladite de la Poire non-recevable dans ses demandes en recours de garantie contre le Président Dupuis & son épouse, pour tout de qui seroit adjugé contre elle au Maréchal Duc de Richelieu personnellement, & dans ce même cas condamner ledit de Grandvilliers audit nom aux dépens envers le Président Dupuis & son épouse, sans préjudice de tous ses autres droits & actions; au bas de laquelle requête, employée pour écritures & Production sur icelle, est l'ordonnance de notredite Cour qui l'a réglé en droit & joint, & donné acte de l'emploi y porté: Requête dudit de Pontdeveaux & sa femme du 19 Novembre 1746, d'emploi pour défenses, avertissement, écritures & production, en exécution de la susdite ordonnance: Sommation faite à la requête du

Préſident Dupuis & ſon épouſe au Maréchal Duc de Richelieu, & au tuteur à la ſubſtitution, de ſatisfaire à la ſuſdite ordonnance; requête du Maréchal Duc de Richelieu du treize Mai 1755, contenant demande à ce qu'il plût à notredite Cour déclarer, en tant que beſoin eſt ou ſeroit, nul & de nul effet le contrat paſſé devant Pain & ſon Confrere, Notaires à Paris, le trente Janvier 1658, entre le Duc de Richelieu d'une part, & leſdits Flacourt, Leſpine & Boileau d'autre part, ſeulement en ce qu'on voudroit en induire une approbation ou une confirmation du contrat paſſé devant Pain & Daubenton, Notaires à Paris, le vingt-neuf Mai 1655; au ſurplus adjuger au Maréchal Duc de Richelieu les concluſions qu'il a priſes dans l'inſtance contre le Préſident Dupuis, & le condamner aux dépens, au bas de laquelle requête eſt l'ordonnance de notredite Cour qui a reſervé d'y faire droit en jugeant; requête du Préſident Dupuis du ſeize Mai 1755, d'emploi pour fins de non-recevoir & défenſes contre la ſuſdite demande; requête dudit Damas, audit nom, du dix Juin 1755, contenant demande à ce qu'il plût à notredite Cour déclarer, en tant que beſoin ſeroit, nul & de nul effet le contrat paſſé devant Pain & ſon Confrere, Notaires à Paris, le trente Janvier 1658, entre le feu Duc de Richelieu d'une part, & leſdits Flacourt, Leſpine & Boileau d'autre part, ſeulement en ce que l'on voudroit induire dudit contrat une approbation ou une confirmation de celui paſſé devant Pain & d'Aubenton, Notaires à Paris, le vingt-neuf Mai 1655; au ſurplus adjuger audit Damas, audit nom, les concluſions qu'il a priſes en l'inſtance contre le Préſident Dupuis, & le condamner aux dépens, au bas de laſdite requête eſt l'ordonnance de notredite Cour qui a reſervé d'y faire droit en jugeant; requête du Préſident Dupuis, du onze Juin 1755, d'emploi pour fins de non-recevoir & défenſes à la ſuſdite demande; production nouvelle du Maréchal Duc de Richelieu contre ladite Durocher, par requête du dix-huit Décembre 1745; ſommation faite à la requête du Maréchal Duc de Richelieu à ladite Durocher de fournir de contredits contre la ſuſdite production nouvelle; requête de Thomas Perrot & d'Opportune-Marie Perrot ſa ſœur, contenant demande du quatre Mai 1746, à ce qu'il plût à notredite Cour leur donner acte de ce qu'ils contreſommoient au Maréchal Duc de Richelieu la demande formée par ladite Durocher contre Opportune-Marie Perrot, par requête & exploit du même jour deux Mai 1739, en dénonciation & garantie de celle contr'elle formée par le Maréchal Duc de Richelieu, par requête & exploit des quinze Janvier & neuf Février 1739, qu'il leur fût pareillement donné acte de leur priſe de fait & cauſe pour ladite Durocher, ce faiſant, déclarer le Maréchal Duc de Richelieu & le tuteur à la ſubſtitution non-recevables dans leurs demandes formées contre ladite Durocher, en conſéquence ſur toutes les demandes intentées par ladite Durocher contre leſdits Perrot, mettre les parties hors de Cour; condamner le Maréchal Duc de Richelieu & le tuteur à la ſubſtitution ſolidairement en tous les dépens, tant envers ladite Durocher qu'envers leſdits Perrot, même en ceux faits & à faire, les uns à l'encontre des autres, tant en demandant, défendant, que des ſommations, dénonciations & contre-ſommations, au bas de laquelle requête, employée pour avertiſſement, écritures & production ſur icelle, eſt l'ordonnance de notredite Cour, qui l'a reglé en droit & joint, & donné acte de l'emploi y porté; ſommation faite à la requête deſdits Perrot au Maréchal Duc de Richelieu, au tuteur à la ſubſtitution, & à ladite Durocher de ſatisfaire à la ſuſdite ordonnance: requête du Maréchal Duc de Richelieu du vingt-trois Mai 1746, contenant demande à ce qu'il plût à notredite Cour déclarer le contrat du vingt-neuf Mai 1655 nul & de nul effet, ce faiſant, condamner ladite Durocher à ſe déſiſter & départir du fonds, propriété & jouiſſance de la rente foncière dont la maiſon à elle appartenante eſt chargée, à raiſon de trente-trois livres dix ſols un denier par chaque toiſe de face ſur ſept toiſes de profondeur ſeulement, conformément au contrat d'arrentement fait par le Cardinal de Richelieu à Louis le Barbier, le dix-ſept Mars 1636, de la place ſur laquelle ladite maiſon eſt bâtie, laquelle rente fait partie de la rente de huit mille deux cens huit livres ſix ſols huit deniers, qui appartenoit à la ſubſtitution au jour du décès du Cardinal de Richelieu, & vendue avec d'autres biens auxdits de Flacourt, Deleſpine & Boileau par le feu Duc de Richelieu pere, par le ſuſdit contrat du vingt-neuf Mai 1655; ordonner que la maiſon ſera & demeurera chargée à l'avenir de ladite rente, à raiſon de trente-trois livres dix ſols par chaque toiſe de face ſur ladite rue de Richelieu, rembourſable ſur le pied du denier vingt-quatre; ordonner que dans huitaine, à compter du jour de la ſignification de l'Arrêt qui interviendra à domicile, ladite Durocher ſera tenue de paſſer titre nouvel; condamner en outre ladite Durocher à payer au Maréchal Duc de Richelieu les arrérages de ladite rente, à compter du dix Mai 1715, jour du décès du Duc de Richelieu pere, tems auquel la ſubſtitution s'eſt trouvée ouverte au profit du Maréchal Duc de Richelieu, en ſes dommages-intérêts ſoufferts & à ſouffrir, & en tous les dépens, aux offres ci-devant faites par le Maréchal Duc de Richelieu, & qu'il réitere de tenir compte à ladite Durocher de ce qui a pû être légitimement payé par elle ou par ſes auteurs, à la décharge de la ſucceſſion du Cardinal de Richelieu ſur le prix du contrat de mil ſix cent cinquante-cinq, au bas de laquelle requête, employée pour avertiſſement, écritures & production ſur icelle, eſt l'ordonnance de notredite Cour, qui l'a reglée en droit & joint, & donné acte de l'emploi y porté; ſommation faite à la requête du Maréchal Duc de Richelieu à ladite Durocher de ſatisfaire à la ſuſdite ordonnance; requête dudit Damas audit nom, du ſix Juin 1746, contenant demande à ce qu'il plût à notredite Cour lui donner acte de ce qu'en reformant & augmentant les concluſions par lui priſes contre ladite Durocher, il concluoit à ce qu'il plût déclarer le contrat du vingt-neuf Mai 1655 nul & de nul effet, ce faiſant, condamner ladite Durocher à ſe déſiſter du fonds, propriété & jouiſſance de la rente foncière dont la maiſon à elle appartenante eſt chargée, à raiſon de trente-trois livres dix ſols un denier chaque toiſe de face ſur ſept toiſes de profondeur ſeulement, faiſant ladite rente partie de celle de huit mille deux cens huit livres ſix ſols huit deniers, qui appartenoit à la ſubſtitution au jour du décès du Cardinal de Richelieu; ordonner que la maiſon de ladite Durocher ſera & demeurera chargée de ladite rente, à raiſon de trente-trois livres dix ſols un denier par chaque toiſe de face ſur la rue de Richelieu, rembourſable ſur le pied du denier vingt-quatre; ordonner que dans huitaine, à compter du jour de la ſignification de l'Arrêt qui interviendra à domicile, ladite Durocher ſera tenue de paſſer titre nouvel & reconnoiſſance, ſinon que l'Arrêt vaudra titre nouvel; condamner en outre ladite Durocher à payer les arrérages de ladite rente, depuis l'ouverture de la ſubſtitution au profit du Maréchal Duc de Richelieu; & où notredite Cour jugeroit que le fonds des huit places non bâties en 1655, & ſur partie deſquelles eſt conſtruite la maiſon de ladite Durocher, appartenoit à ladite ſubſtitution, en ce cas condamner ladite Durocher à ſe déſiſter du fonds, propriété & jouiſſance de ladite maiſon, à rembourſer les jouiſſances depuis le 19 Mai 1715, & la condamner en tous les dépens, aux offres qui ont toujours été faites de tenir compte de ce qui a pû être légitimement payé à la décharge de la ſucceſſion du Maréchal Duc de Richelieu par requête du 14 Avril 1747, contenant demande à ce qu'il plût à notredite Cour leur donner acte de ce qu'ils sommoient & dénonçoient au Maréchal Duc de Richelieu les demandes en garantie que lesdits Perrot ont formées à ses risques, périls & fortunes, par requête, commission & exploit des trente Octobre 1741, trente Janvier, trois Février, & neuf Mars 1743, contre Antoine Ferrari, Nicolas Perrot, Pierre-Thomas Perrot, & les nommés de Beaulieu & Choppin ; ce faisant, procédant au jugement de ladite instance, adjuger auxdits Perrot les conclusions prises en l'instance, & y augmentant, & déclarant le Maréchal Duc de Richelieu non-recevable dans ses demandes principales, en ce qu'elles concernent la maison dont ladite Durocher est propriétaire, & dans toutes ses autres demandes, desquelles il sera en tout cas débouté ; condamner le Maréchal Duc de Richelieu en quinze mille livres de dommages-intérêts envers ledit Jacques-Thomas Perrot Duvernay, l'un des demandeurs, résultans des préjudices que lesdites demandes & prétentions du Maréchal Duc de Richelieu lui ont causées, & qui sont expliquées dans ladite requête, ou en telle autre somme qu'il plaira à notredite Cour arbitrer ; condamner en outre le Maréchal Duc de Richelieu en tous les dépens envers lesdits Perrot, & par eux faits contre toutes les parties en l'instance, tant en demandant qu'en défendant, sommation & dénonciation, même en ceux qu'ils ont été & seront obligés de faire sur les demandes en garantie par eux formées par les requête, commission & exploit susdates, & à les acquiter de ceux auxquels ils pourroient être condamnés envers aucunes desdites Parties de l'instance, au bas de laquelle requête, aussi employée pour avertissement, écritures & production sur icelle, est l'ordonnance de notredite Cour, qui l'a réglée en droit & joint, & donné acte de l'emploi y porté ; sommations faites à la requête desdits Perrot au Maréchal Duc de Richelieu, de satisfaire à la susdite ordonnance ; contredits fournis par le Maréchal Duc de Richelieu le vingt-huit Avril 1747 contre la susdite production nouvelle du quatorze dudit mois ; requête du Maréchal Duc de Richelieu des quatre & six Mai 1747, l'une employée pour fins de non-recevoir, défenses, avertissement, écritures & production, en exécution de l'ordonnance du quatorze Avril 1747, & l'autre d'emploi pour contredits en exécution de la même ordonnance ; requête desdits Perrot du trois Juin 1747, employée pour réponses aux contredits du Maréchal Duc de Richelieu, du vingt-huit Avril audit an, & pour contredits contre l'emploi de production porté par la requête dudit Maréchal, du quatre Mai suivant ; requête de ladite Durocher, du vingt Mai 1748, contenante demande à ce qu'il plût à notredite Cour, en ajoutant aux conclusions par elle prises, lui donner acte de ce qu'aux risques de ses garants elle sommoit & dénonçoit au Maréchal Duc de Richelieu, en qualité d'héritier de la Duchesse de Richelieu sa mere, la demande qu'il avoit formée contre elle, comme héritier substitué du Cardinal de Richelieu son grand oncle, par requête & exploit des quinze Janvier & neuf Février 1739, & de ce qu'aux risques du Maréchal Duc de Richelieu elle contre-sommoit & dénonçoit au Président Dupuis, & auxdits Perrot la demande énoncée en la présente requête ; en conséquence déclarer le Maréchal Duc de Richelieu purement & simplement non-recevable dans sa demande & prétention ; & où notredite Cour y feroit quelque difficulté, en ce cas condamner le Maréchal Duc de Richelieu, en ladite qualité d'héritier de la Duchesse de Richelieu sa mere, le Président Dupuis & lesdits Perrot, à acquitter, garantir & indemniser ladite Durocher des condamnations qui pourroient être prononcées contre elle au profit du Maréchal Duc de Richelieu, tant en principaux, qu'accessoires, intérêts & frais, même aux dommages-intérêts de ladite Durocher, à donner par déclaration & à dire d'experts, dont les parties conviendroient, sinon pris & nommés d'office en la maniere accoutumée ; les condamner en outre en tous les dépens faits par ladite Durocher contre toutes les parties, au bas de laquelle requête, employée pour avertissement, écritures & production sur icelle, est l'Ordonnance de notredite Cour, qui l'a réglée en droit & joint, & donné acte de l'emploi y porté : Sommation faite à la requête de ladite Durocher au Maréchal Duc de Richelieu, au Président Dupuis & auxdits Perrot, de satisfaire à la susdite ordonnance ; acte de reprise fait au Greffe de notredite Cour le onze Avril 1750, par Opportune-Marie Perrot, fille majeure, héritiere par bénéfice d'inventaire de défunt Jacques-Thomas Perrot, au lieu & place dudit Perrot ; requête du Maréchal Duc de Richelieu du sept Septembre 1752, contenant demande à ce qu'il plût à notredite Cour lui donner acte de ce qu'en rectifiant & réformant, en tant que besoin est ou seroit, les conclusions par lui prises contre ladite Durocher, il concluoit à ce que faisant droit sur ses demandes, & sans s'arrêter aux requêtes de ladite Durocher, dont elle sera déboutée, il plût à notredite Cour déclarer le Contrat du vingt-neuf Mai 1655 nul & de nul effet ; en conséquence condamner purement & simplement ladite Durocher à se désister & départir au profit du Maréchal Duc de Richelieu, comme appellé à la substitution portée par le testament du Cardinal de Richelieu de la propriété, possession & jouissance d'une maison sise en cette ville de Paris, rue de Richelieu, circonstances & dépendances, tenant ladite maison du côté du midi à celle du Président Dupuis, du côté du nord à celle du Président Haynault ; du côté de l'orient au jardin du Palais royal, & du côté du couchant à la rue de Richelieu, laquelle maison se trouve construite sur une des parties du premier emplacement à bâtir, désigné dans la rue de Richelieu, & vendue par le contrat du vingt-neuf Mai mil six cent cinquante-cinq ; condamner pareillement ladite Durocher à rendre au Maréchal Duc de Richelieu ladite maison & emplacement, circonstances & dépendances, même à lui restituer les fruits & revenus de ladite maison depuis le dix Mai 1715 jour du décès du Duc de Richelieu pere, tems auquel la substitution s'est trouvée ouverte au profit du Maréchal Duc de Richelieu, le tout à dire d'Experts dont les Parties conviendront devant le Conseiller-Rapporteur ou qui seront par lui pris & nommés d'office, ou sur la représentation des baux que ladite Durocher sera tenue d'en faire ; donner acte au Maréchal Duc de Richelieu des offres qu'il fait de tenir compte à ladite Durocher sur les fruits & revenus de ladite maison, des imposes & améliorations si aucunes ont été faites dans ladite maison depuis l'ouverture de la substitution, jusqu'à la dépossession de ladite Durocher, & ce suivant l'estimation qui en sera pareillement faite par les mêmes Experts convenus ou nommés d'office, & qui procéderont à la liquidation des fruits & revenus de ladite maison ; donner en outre acte au Maréchal Duc de Richelieu des offres qu'il a toujours faites & qu'il réitere par la présente requête, de tenir compte à ladite Durocher des sommes qu'elle justifiera avoir été employées tant par elle que par ceux qu'elle représente, sur le prix de l'acquisition primitive faite par Flacourt, de Lespine & Boilleau, par le contrat du vingt-neuf Mai 1715 au payement des dettes de la succession du Cardinal de Richelieu ; condamner ladite Durocher aux dommages-intérêts envers le Maréchal Duc de Richelieu, & en tous les dépens, au bas de laquelle requête employée pour avertissement, écritures & production sur icelle, est l'Ordonnance de notredite Cour qui l'a réglée en droit & joint, & donné acte de l'emploi y porté ; sommation faite à la requête du Maréchal Duc de Richelieu à ladite

dite Durocher de satisfaire à la susdite Ordonnance; requête dudit Damas audit nom du douze Mars 1753; contenant demande à ce qu'en rectifiant & réformant en tant que besoin seroit les conclusions par lui prises contre ladite Durocher, & faisant droit sur les demandes dudit Damas & sans s'arrêter aux requêtes de ladite Durocher dont elle sera déboutée, déclarer le contrat du vingt-neuf Mai 1755 nul & de nul effet; en conséquence condamner purement & simplement ladite Durocher à se désister & départir au profit dudit Damas, comme tuteur à la substitution portée par le testament du Cardinal de Richelieu de la propriété, possession & jouissance d'une maison sise en cette ville de Paris rue de Richelieu, circonstances & dépendances, tenant ladite maison du côté du midi à celle du Président Hainault, du côté de l'orient au jardin du Palais Royal, & du côté du couchant à la rue de Richelieu, & vendue par le Contrat du vingt-neuf Mai 1655; condamner pareillement ladite Durocher à rendre & laisser audit Damas audit nom, ladite maison & emplacement, circonstances & dépendances; donner acte audit Damas audit nom de ce qu'en tant que besoin est ou seroit, il adhère aux conclusions prises par le Maréchal Duc de Richelieu contre ladite Durocher pour la restitution des fruits & revenus de la maison depuis le dix Mai 1715 jour du décès du Duc de Richelieu pere, comme aussi de ce qu'il adhère aux offres faites par le Maréchal Duc de Richelieu de tenir compte des impenses & améliorations qui auront été valablement faites dans ladite maison, & des sommes que ladite Durocher justifiera avoir été employées, soit par elle, soit par ceux qu'elle représente, sur le prix de l'acquisition primitive faite par Flacourt, Lespine & Boilleau, par le contrat du vingt-neuf Mai 1655, au payement des dettes de la succession du Cardinal de Richelieu, condamner ladite Durocher en ses dommages-intérêts & en tous les dépens, au bas de laquelle requête employée pour avertissement, écritures & production sur icelle, est l'Ordonnance de notredite Cour qui l'a réglée en droit & joint, & donné acte de l'emploi y porté; sommation faite à la requête dudit Damas à ladite Durocher de satisfaire à la susdite Ordonnance; requête du Maréchal Duc de Richelieu du treize Mai 1755, contenant demande à ce qu'il plût à notredite Cour, déclarer en tant que besoin est ou seroit nul & de nul effet, le contrat passé devant Pain & son confrere Notaires à Paris le trente Janvier 1658 entre le feu Duc de Richelieu d'une part & lesdits Flacourt, Lespine & Boilleau d'autre part, seulement en ce que l'on voudroit induire une approbation ou une confirmation du contrat passé devant Pain & Daubanton Notaires à Paris le vingt-neuf Mai 1655; au surplus adjuger au Maréchal Duc de Richelieu les conclusions qu'il a prises en l'Instance contre ladite Durocher & lesdits Perrot, & les condamner aux dépens, au bas de laquelle requête est l'Ordonnance de notredite Cour qui a réservé d'y faire droit en jugeant; requête du tuteur à la substitution du dix Juin 1755, contenant demande à ce qu'il plût à notredite Cour déclarer nul en tant que besoin est ou seroit, le contrat passé devant Pain & son confrere Notaires à Paris le trente Janvier 1658, entre le feu Duc de Richelieu d'une part & lesdits Flacourt, Lespine & Boilleau d'autre part, seulement en ce que l'on voudroit induire dudit contrat une approbation ou une confirmation de celui du vingt-neuf Mai 1655; au surplus adjuger audit tuteur à la substitution les conclusions qu'il a prises en l'instance contre ladite Durocher & lesdits Perrot, & les condamner aux dépens, au bas de laquelle requête est l'Ordonnance de notredite Cour, qui a réservé à faire droit en jugeant; requête de ladite Perrot du vingt-trois Juillet 1755 employée avec le contenu au mémoire imprimé desdits Gobert, Judde & consorts, pour défenses aux demandes & prétentions du Maréchal Duc de Richelieu, & contenant demande à ce qu'il plût à notredite Cour declarer purement & simplement le Maréchal Duc de Richelieu non-recevable dans toutes ses demandes & prétentions, ou en tout cas l'en débouter; au surplus adjuger à ladite Perrot les conclusions par elle prises en l'instance, & condamner le Maréchal Duc de Richelieu en tous les dépens; au bas de laquelle requête est l'Ordonnance de notredite Cour qui a réservé d'y faire droit en jugeant; mémoire imprimé & signifié le vingt-un Novembre 1749 pour lesdits Perrot contre le Maréchal Duc de Richelieu & le tuteur à la substitution; production nouvelle du Maréchal Duc de Richelieu, par requête du seize Décembre 1745 contre le Président Haynault; sommation faite à la requête du Maréchal Duc de Richelieu au Président Haynault de fournir de contredits contre la susdite production nouvelle; autre production nouvelle du Maréchal Duc de Richelieu contre le Président Haynault, par requête du vingt-deux Décembre 1745, & sommation faite à la requête du Maréchal Duc de Richelieu au Président Haynault de fournir de contredits contre la susdite production nouvelle; requête du Maréchal Duc de Richelieu du vingt-quatre Mai 1746, contenant demande à ce qu'en réformant & augmentant les conclusions par lui prises contre le Président Haynault, il plût à notredite Cour déclarer le contrat du vingt-neuf Mai 1655 nul & de nul effet; ce faisant, condamner le Président Haynault à se désister & départir du fonds, propriété & jouissance de la rente fonciere dont les trois maisons à lui appartenantes sont chargées, à raison de trente-trois livres dix sols six deniers par chaque toise de face sur sept toises de profondeur seulement, conformément au contrat d'arrentement fait par le feu le Cardinal de Richelieu à Louis le Barbier le dix-sept Mars 1636 de la place sur laquelle lesdites trois maisons sont bâties, laquelle rente fait partie de celle de huit mille deux cens huit livres six sols huit deniers qui appartenoit à la substitution au décès du Cardinal de Richelieu, & a été vendue avec d'autres biens auxdits Flacourt, de Lespine & Boilleau par le feu Duc de Richelieu pere, par le susdit contrat du vingt-neuf Mai 1655; ordonner que lesdites trois maisons seront & demeureront chargées à l'avenir de ladite rente de trente-trois livres dix sols six deniers par chaque toise de face sur la rue de Richelieu, remboursable sur le pied du denier vingt quatre; ordonner que dans huitaine à compter du jour de la signification de l'Arrêt qui interviendra à domicile, le Président Haynault sera tenu de passer titre nouvel & reconnoissance de ladite rente, sinon & ledit tems passé, que l'Arrêt vaudra titre nouvel; condamner en outre le Président Haynault à payer au Maréchal Duc de Richelieu les arrérages de ladite rente, à compter du dix Mai 1715, jour du décès du Duc de Richelieu pere, tems duquel la substitution s'est trouvée ouverte au profit du Maréchal Duc de Richelieu, & en tous ses dommages-intérêts soufferts & à souffrir, & en tous les dépens, aux offres ci-devant faites par le Maréchal Duc de Richelieu, & qu'il réitère, de tenir compte au Président Haynault de ce qui a pû être légitimement payé par lui ou par ses auteurs à la décharge de la succession du Cardinal de Richelieu sur le prix du contrat de 1655, au bas de laquelle requête, employée pour avertissement, écritures & production sur icelle, est l'Ordonnance de notredite Cour, qui l'a réglée en droit & joint, & donné acte de l'emploi y porté; sommation faite à la requête du Maréchal Duc de Richelieu au Président Haynault, de satisfaire à la susdite Ordonnance; requête du tuteur à la substitution du six Juin 1746, contenant demandé à ce qu'en réformant & augmentant les conclusions par lui prises contre le Président Haynault, il plût à notredite Cour déclarer le contrat du vingt-neuf Mai 1655 nul & de nul effet ; ce faisant condamner le Président Haynault à se désister du fonds, propriété & jouissance de la rente fonciere dont les maisons à lui appartenantes sont chargées, à raison de trente-trois livres dix sols un denier par chaque toise de face sur sept toises de profondeur seulement, faisant ladite rente partie de celle de huit mille deux cens huit livres six sols huit deniers qui appartenoit à la substitution au jour du décès du Cardinal de Richelieu, ordonner que les maisons du Président Haynault seront & demeureront chargées de ladite rente à raison de trente-trois livres dix sols un denier par chaque toise de face sur la rue de Richelieu, remboursable sur le pied du denier vingt-quatre ; ordonner que dans huitaine à compter du jour de la signification de l'Arrêt à domicile, le Président Haynault sera tenu de passer titre nouvel & reconnoissance, sinon que l'Arrêt vaudra titre nouvel ; condamner en outre le Président Haynault, à payer les arrérages de la rente depuis l'ouverture de la substitution au profit du Maréchal Duc de Richelieu ; & où notredite Cour jugeroit que le fonds des dix-huit places non bâties, en mil six cens cinquante-cinq & sur partie desquelles est construite la maison du Président Haynault, appartenoit à la substitution, en ce cas condamner le Président Haynault à se désister du fonds, propriété & jouissance de ladite rente, à en restituer les jouissances depuis le dix Mai 1715, le condamner en tous les dépens, aux offres qui ont été toujours faites de tenir compte de ce qui en avoit pû être légitimement payé à la décharge de la succession du Cardinal de Richelieu, au bas de laquelle requête employée pour avertissement, écritures & production sur icelle, est l'Ordonnance de notredite Cour qui l'a réglée en droit & joint, & donné acte de l'emploi y porté ; sommation faite à la requête du tuteur à la substitution, au Président Haynault, de satisfaire à la susdite Ordonnance ; requête du Maréchal Duc de Richelieu du quatre Décembre 1752, contenant demande à ce qu'en rectifiant, augmentant & réformant en tant que besoin est ou seroit, les conclusions par lui ci-devant prises contre le Président Haynault, il plût à notredite Cour, faisant droit sur ses demandes, & sans s'arrêter aux Requêtes du Président Haynault dont il sera débouté, déclarer le contrat du 29 Mai 1655 nul & de nul effet ; en conséquence condamner purement & simplement le Président Haynault à se désister & départir au profit du Maréchal Duc de Richelieu, comme appellé à la substitution portée par le testament du Cardinal de Richelieu, de la propriété, possession & jouissance d'une maison sise en la Ville de Paris rue de Richelieu, circonstances & dépendances, tenant ladite maison du côté du midi à celle de ladite Durocher, du côté du nord à celle de Perdrigeon & consorts, du côté de l'orient au jardin du Palais Royal, & du côté du couchant à la rue de Richelieu, laquelle maison se trouve construite sur une partie du premier emplacement à bâtir désigné dans la rue de Richelieu, & vendu par le contrat dudit jour vingt-neuf Mai 1655 ; condamner pareillement le Président Haynault à rendre au Maréchal Duc de Richelieu ladite maison & emplacement, circonstances & dépendances, même à lui restituer les fruits & revenus de ladite maison depuis le dix Mai 1715, jour du décès du Duc de Richelieu pere, & tems auquel la substitution s'est trouvée ouverte au profit du Maréchal Duc de Richelieu, le tout à dire d'experts, dont les parties conviendroient devant le Conseiller-Rapporteur, ou qui seroient par lui pris & nommés d'office, soit sur la représentation des baux que le Président Haynault sera tenu d'en faite ; donner acte au Maréchal Duc de Richelieu des offres qu'il fait de tenir compte au Président Haynault sur les fruits & revenus de ladite maison des impenses & améliorations si aucunes ont été faites dans ladite maison depuis l'ouverture de la substitution jusqu'à la dépossession du Président Haynault, & ce suivant l'estimation qui en sera pareillement faite par les mêmes Experts, convenus ou nommés d'office, qui procéderont à la liquidation des fruits & revenus de ladite maison ; donner en outre acte au Maréchal Duc de Richelieu des offres qu'il a toujours faites, & qu'il réitere par la présente requête, de tenir compte au Président Haynault des sommes qu'il justifiera avoir été employées tant par lui que par ceux qu'il représente, sur le prix de l'acquisition primitive faite par Flacourt, Lespine & Boilleau par le contrat du vingt-neuf Mai mil six cens cinquante-cinq, au payement des dettes de la succession du Cardinal de Richelieu, condamner le Président Haynault en des dommages-intérêts envers le Maréchal Duc de Richelieu & en tous les dépens ; au bas de laquelle requête employée pour avertissement, écritures & production sur icelle, est l'Ordonnance de notredite Cour qui la réglée en droit & joint, & donne acte de l'emploi y porté ; Requête du Président Haynault des treize Mars mil sept cent cinquante-cinq, d'emploi aux risques de ses garans, pour avertissement, écritures & production, même pour contredits en exécution de la susdite Ordonnance ; Requête du Maréchal Duc de Richelieu du douze Janvier mil sept cent cinquante-trois, contenant demande à ce qu'en rectifiant, réformant & augmentant en tant que besoin est ou seroit, les conclusions par lui ci-devant prises contre le Président Haynault, il plût à notredite Cour, faisant droit sur les demandes du Maréchal Duc de Richelieu, & sans s'arrêter aux requêtes du Président Haynault, dans lesquelles il sera déclaré non-recevable ou dont il sera débouté, déclarer le contrat passé devant Maître Parque & son confrere, Notaires à Paris le vingt-neuf Mai mil six cent cinquante-cinq, nul & de nul effet ; en conséquence condamner purement & simplement le Président Haynault à se désister & départir au profit du Maréchal Duc de Richelieu, comme appellé à la substitution portée par le testament du Cardinal de Richelieu, de la propriété, possession & jouissance de deux maisons, sises en la ville de Paris rue de Richelieu, desquelles deux maisons, la premiere désignée dans le plan par le Numero 33, tient du côté du midi à la maison qui appartient aux héritiers de la veuve Laisné du côté du nord à la maison appartenante à Toussaint Fouhet, du côté de l'orient au Jardin du Palais Royal, & du côté du couchant à la rue de Richelieu : & la seconde, désignée par le Numero 35 du même plan, tenante du côté du midi, à la maison dudit Toussaint Fouhet, du côté du nord à celle qui appartient aux héritiers de la nommée Poisson, du côté de l'orient audit Jardin du Palais Royal, & du côté du couchant à ladite rue de Richelieu, lesquelles deux maisons se trouvent construites sur une partie des emplacemens qui appartenoient à la substitution, & qui ont été vendues & aliénées par le contrat du vingt-neuf Mai 1655 ; condamner pareillement le Président Haynault à rendre au Maréchal Duc de Richelieu lesdites deux maisons & emplacemens, circonstances & dépendances, même à lui restituer les fruits & revenus desdites deux maisons, depuis le dix Mai 1715, jour du décès du Duc de Richelieu pere, & temps auquel la substitution s'est trouvée ouverte au profit du Maréchal Duc de Richelieu, le tout à dire d'Experts, dont les Parties conviendront devant le Conseiller-Rapporteur, ou qui seront par lui pris & nommés d'office, soit sur la représentation des Baux que le Président Haynault sera tenu d'en faire ; donner acte au Maréchal Duc de Richelieu des

offres qu'il fait de tenir compte au Préfident Haynault fur les fruits & revenus defdites maifons, des impenfes & améliorations, fi aucunes ont été faites dans lefdites maifons depuis l'ouverture de la fubftitution jufqu'à la dépoffeffion du Préfident Haynault, & ce fuivant l'eftimation qui en fera faite par les
mêmes Experts convenus ou nommés d'office, qui procéderont à la liquidation des fruits & revenus defdites maifons ; donner pareillement acte au Maréchal Duc de Richelieu des offres qu'il a toujours faites
& qu'il réitere d'abondant de tenir compte au Préfident Haynault des fommes qu'il juftifiera avoir été
employées, foit par lui, foit par ceux qu'il repréfente, fur le prix de l'acquifition faite par Flacourt,
Lefpine & Boileau, par le contrat de 1655, au payement des dettes de la fucceffion du Cardinal de Richelieu ; condamner en outre le Préfident Haynault en des dommages-intérêts envers le Maréchal Duc de
Richelieu & en tous les dépens ; au bas de laquelle requête employée pour avertiffement, écriture & production fur icelle, eft l'Ordonnance de notredite Cour, qui l'a réglé en droit & joint, & donné acte de l'emploi y porté ; [Requête du Préfident Haynault du treize Mars 1755, d'emploi pour avertiffement, écritures & production, même pour contredits en exécution de la fufdite Ordonnance ; Requête dudit Damas tuteur à la fubftitution du douze Mars 1753, contenant demande à ce qu'en rectifiant & réformant en tant
que befoin eft ou feroit les conclufions par lui prifes contre le Préfident Haynault, il plût à notredite Cour
faifant droit fur les demandes dudit Damas audit nom, & fans s'arrêter aux requêtes du Préfident Haynault,
dont il fera débouté, déclarer le contrat du vingt-neuf Mai 1655, nul & de nul effet ; en conféquence condamner purement & fimplement le Préfident Haynault à fe défifter & départir au profit dudit tuteur à la
fubftitution, de la propriété, poffeffion & jouiffance d'une maifon fife en la ville de Paris rue de Richelieu,
circonftances & dépendances, tenant ladite maifon du côté du midi à celle de ladite Durocher, du côté du
nord à celle dudit Perdrigeon & conforts, du côté de l'Orient au Jardin du Palais Royal, & du côté du couchant à la rue de Richelieu, laquelle maifon fe trouvoit conftruite fur une partie du premier emplacement à bâtir, défigné dans la rue de Richelieu & vendu par le contrat du vingt-neuf Mai 1655 ; condamner
pareillement le Préfident Haynault à rendre & laiffer audit Damas audit nom lefdites maifons & emplacement, circonftances & dépendances ; donner acte audit Damas de ce qu'en tant que de befoin eft ou feroit,
il adhéroit aux conclufions prifes par le Maréchal Duc de Richelieu contre le Préfident Haynault, pour
la reftitution des fruits & revenus de la maifon depuis le dix Mai 1715, jour du décès du Duc de Richelieu pere, comme auffi de ce qu'il adhéroit aux offres faites par le Maréchal Duc de Richelieu de tenir compte
des impenfes & améliorations qui auront été valablement faites dans ladite maifon, & des fommes que le
Préfident Haynault juftifiera avoir été employées, foit par lui, foit par ceux qu'il repréfente, fur le prix
de l'acquifition primitive faite par Flacourt, Lefpine & Boileau, par le contrat du vingt-neuf Mai 1655,
au payement des dettes de la fucceffion du Cardinal de Richelieu, condamner le Préfident Haynault en des
dommages-intérêts & en tous les dépens ; au bas de laquelle requête employée pour avertiffement, écritures
& production fur icelle, eft l'Ordonnance de notredite Cour qui l'a réglé en droit & joint, & donné acte
de l'emploi y porté ; Requête du Préfident Haynault du treize Mars 1755, d'emploi pour avertiffement,
écritures & production, même pour contredits en exécution de la fufdite Ordonnance ; Requête dudit Damas tuteur à la fubftitution du quatorze Mars 1743, contenant demande à ce qu'en rectifiant & reformant en tant que befoin eft ou feroit, les conclufions par lui prifes contre le Préfident Haynault, il plût
à notredite Cour, faifant droit fur les demandes dudit Damas, & fans s'arrêter aux requêtes du Préfident
Haynault, dont il fera débouté, déclarer le contrat du vingt-neuf Mai 1655, nul & de nul effet ; en conféquence condamner purement & fimplement le Préfident Haynault à fe défifter & départir au profit dudit
Damas, tuteur à la fubftitution portée par le teftament du Cardinal de Richelieu, de la propriété, poffeffion & jouiffance de deux maifons fifes en la ville de Paris, rue de Richelieu, defquelles deux maifons
la première défignée dans le plan par le Numero 35, tient du côté du midi à la maifon qui appartient aux
héritiers de la veuve Laifné, du côté du nord à la maifon appartenante à Touffaint Fouhet, du côté de
l'Orient au Jardin du Palais Royal, & du côté du couchant à la rue de Richelieu ; & la feconde, défignée
par le Numero 35 du même plan, tenante du côté du midi à la maifon de Touffaint Fouhet, du côté du
nord à celle qui appartient aux héritiers de ladite Poiffon, du côté de l'orient au Jardin du Palais Royal,
& du côté du couchant à ladite rue de Richelieu, lefquelles deux maifons fe trouvent conftruites fur une
partie des emplacemens qui appartenoient à la fubftitution, & qui ont été vendus & aliénés par le contrat
du vingt-neuf Mai 1655 ; condamner pareillement le Préfident Haynault à rendre & laiffer audit Damas
lefdites maifons & emplacemens, circonftances & dépendances ; donner acte audit Damas audit nom de ce
qu'en tant que befoin eft ou feroit, il adhere aux conclufions prifes par le Maréchal Duc de Richelieu,
contre le Préfident Haynault, pour la reftitution des fruits & revenus defdites deux maifons depuis le
dix Mai 1715, jour du décès du Duc de Richelieu pere, comme auffi de ce qu'il adhere aux offres faites par
le Maréchal Duc de Richelieu, de tenir compte des impenfes & améliorations qui auront été valablement
faites dans lefdites deux maifons, & des fommes que le Préfident Haynault juftifiera avoir été employées,
foit par lui, foit par ceux qu'il repréfente, fur le prix de l'acquifition primitive faite par Flacourt, Lefpine
& Boileau, par le contrat du vingt-neuf Mai 1655, au payement des dettes de la fucceffion du Cardinal
de Richelieu ; condamner le Préfident Haynault en des dommages-intérêts & en tous les dépens ; au bas
de laquelle requête employée pour avertiffement, écritures & production fur icelle, eft l'Ordonnance de
notredite Cour qui l'a réglée en droit & joint, & donné acte de l'emploi y porté ; requête du Préfident
Haynault du treize Mars 1755, d'emploi pour avertiffement, écritures & production, & même pour contredits en exécution de la fufdite Ordonnance ; requête du Préfident Haynault du dix-neuf Février 1737,
à ce qu'en conféquence des contestations pendantes en notredite Cour, il lui fût permis d'y faire affigner
les Adminiftrateurs de l'Hôpital Général de Paris, & les Adminiftrateurs de l'Hôtel-Dieu, pour voir dire &
ordonner que le Préfident Haynault aura acte de la fommation en dénonciation qu'il fait auxdits Adminiftrateurs des pourfuites faites contre lui par ledit de Chubert & conforts, par requête & exploit des dix-
fept & vingt Décembre 1736, & fix Février 1737 ; en conféquence voir pareillement dire & ordonner qu'ils
feront tenus de faire ceffer lefdites pourfuites, prendre fon fait & caufe, enforte que le Préfident Haynault
ne puiffe être à l'avenir inquiété, recherché ni troublé dans la propriété, poffeffion & jouiffance de la
maifon fife rue de Richelieu, par lui acquife des Adminiftrateurs de l'Hôpital Général & Hôtel-Dieu de
Paris, au nom d'Elifabeth Richer, par contrat & adjudication des dix-fept Novembre 1710, & dix-fept
Janvier 1711, & dont ladite Richer a fait fa déclaration au profit du Préfident Haynault, par acte des dix-

fept Novembre 1710, quatorze & vingt Février 1711, & en outre pour répondre fur toutes les autres
conclufions que le Préfident Haynault jugera à propos de prendre fur la garantie à lui dûe par lefdits Adminiftrateurs de l'Hôpital Général & de l'Hôtel-Dien ; & en cas de conteftations, condamner les conteftans aux dépens ; Exploit d'affignation donnée en notredite Cour le dix-neuf Février 1737, à la requête
du Préfident Haynault auxd ts Adminiftrateurs ; défenfes fournies le vingt-neuf Août 1739 par lefdits Adminiftrateurs de paris contre la fufdite demande ; replique du Préfident Haynault du vingt-trois Avril 1755,
Arrêt du vingt-neuf Avril 1755, par lequel notredite Cour, pour faire droit aux Parties fur les demandes
& défenfes ci-deffus les a appointées en droit & joint à l'inftance d'entre le Maréchal Duc de Richelieu, le
Préfident Haynault, & autres ; production du Préfident Haynault en exécution du fufdit Arrêt par fa requête du dix Mai 1755, employée pour avertiffement ; Requête des Directeurs & Adminiftrateurs de
l'Hôpital Général du neuf Juillet 1755, d'emploi pour avertiffement, écritures & production en exécution du même Arrêt, & contenant demande à ce qu'il plût à notredite Cout adjuger les conclufions prifes à
ce fujet par les Adminiftrateurs de l'Hôtel-Dieu de Paris, & en cas de conteftations, les conteftans fuffent condamnés aux dépens ; au bas de laquelle requête eft l'Ordonnance de notredite Cour, qui a
donné acte de l'emploi y porté, & réfervé d'y faire droit en jugeant ; Sommation faite à la requête du Préfident Haynault auxdits Adminiftrateurs, de fournir de contredits contre la fufdite production ; Requête
du Maréchal Duc de Richelieu du treize Mai 1755, contenant demande à ce qu'il plût à notredite Cout
déclarer en tant que de befoin eft ou feroit, nul & de nul effet le contrat paffé devant Pain & fon confrere Notaires à Paris le trente Janvier 1658, entre le feu Duc de Richelieu d'une part, & lefdits Flacourt, Lefpine & Boileau d'autre part, feulement en ce que l'on voudroit en induire une approbation
ou une confirmation du contrat paffé devant Pain & Daubanton, Notaires à Paris, le vingt-neuf Mai
1655 ; au furplus adjuger au Maréchal Duc de Richelieu les conclufions qu'il a prifes en l'inftance contre le
Préfident Haynault, & le condamner aux dépens ; au bas de laquelle requête eft l'Ordonnance de notredite Cour, qui a réfervé y faire droit en jugeant ; Requête du Préfident Haynault du quatorze Mai 1755,
d'emploi pour défenfes à la demande ci-deffus ; requete du Préfident Haynault du vingt-fix Mai 1755,
contenant demande à ce qu'il plût à notredite Cour lui donner acte de ce qu'aux rifques de qui il appartiendra, il contrefommoit & dénonçoit au Maréchal Duc de Richelieu, les demandes en fommation &
dénonciation qu'il a formées, fçavoir par requête & exploit des quinze Avril 1759, & cinq Avril 1745,
contre Charles-Paul Payen, Jean-Baptifte-Mathieu Payen, héritiers de Mathieu Payen de Montmort,
par requêtes & exploits des douze Mars 1745, & neuf Avril audit an, contre les Adminiftrateurs de l'Hôtel-Dieu de Paris, & par requête & exploit du cinq Décembre 1747, contre Marc Genet de Quincy ; comme auffi donner acte au Préfident Haynault de ce qu'il contre-fommoit & dénonçoit pareillement au Maréchal Duc de Richelieu tout ce qui s'eft enfuivi defdites demandes en fommation & dénonciation de
la demande qu'il a formée contre le Préfident Haynault le neuf Février 1739, & notamment la demande
en reprife que le Préfident Hayault a formée contre les repréfentans Charles-Paul Payen, & contre ladite
Florimond, légataire univerfelle de Marc Geneft de Quincy : ce faifant, condamner le Maréchal Duc de
Richelieu en tous les dépens, même en ceux que le Préfident Haynault a été & fera obligé de faire contre
fes garants, fur lefdites demandes en fommation & dénonciation, & encore en ceux efquels il pourroit
fuccomber envers fes garants ; lui adjuger pareillement les conclufions qu'il a précédemment prifes contre
eux, le tout aux rifques, périls & fortunes de fes garants ; au bas de laquelle requête, auffi employée
pour avertiffement, écritures & production fur icelle, eft l'Ordonnance de notredite Cour qui l'a réglée
en droit & joint, & donné acte de l'emploi y porté ; requete du Maréchal Duc de Richelieu du 23 Août 1755,
d'emploi pour avertiffement, écritures & production en exécution de la fufdite ordonnance : Requête du
Préfident Haynault du vingt-fix Août 1755, d'emploi pour contredits contre l'emploi de production porté
par la fufdite Requête : Requête du Préfident Haynault du trente-un Mai 1755, contenant demande à ce
qu'il plût à notredite Cour lui donner acte de ce qu'en continuant les fommations & dénonciations qu'il a
ci-devant faites aux Adminiftrateurs de l'Hôpital Général de Paris, & y augmentant, il fommoit & dénonçoit
auxdits Adminiftrateurs la demande que le Maréchal Duc de Richelieu a formée contre le Préfident Haynault en éviction de la moitié de la miafon fife rue de Richelieu, qu'il a acquife defdits Adminiftrateurs,
fous le nom d'Elifabeth Richer le dix-fept Novembre 1710, & dont il lui a été paffé le même jour déclaration par ladite Richer, par Requête & Exploit du neuf Février 1739, & dont a été donné ci-devant
Copie auxdits Admniiftrateurs à ce qu'ils n'en ignorent & ayent à prendre le fait & caufe du Préfident Haynault, faire ceffer ladite demande & le trouble qui eft fait au Préfident Haynault dans la propriété, poffeffion & jouiffance de ladite moitié de maifon, finon & où il interviendroit quelque condamnation contre
lui, en ce cas condamner les Adminiftrateurs de l'Hôpital Général à acquitter, garantir & indemnifer le
Préfident Haynault de toutes lefdites condamnations qui pourroient intervenir contre lui tant en principal,
arrérages, intérêts, que dommages-intérêts, frais & dépens : comme auffi donner acte au Préfident Haynault de ce qu'aux rifques de qui il appartiendra il contre-fomme & dénonce ladite demande en fommation
& dénonciation, enfemble celle portée pat la Requête du dix-neuf Février 1737, & tout ce qui s'en eft enfuivi, au Maréchal Duc de Richelieu ; en conféquence condamner foit le Maréchal Duc de Richelieu, foit
lefdits Adminiftrateurs de l'Hôpital Général, ou celui ou ceux qui fuccomberont en tous les dépens faits
tant en demandant, défendant, que des fommations & contre-fommations ; au bas de laquelle requête,
employée pour avertiffement, écritures & production fur icelle, eft l'ordonnance de notredite Cour qui l'a
réglée en droit & joint, & donné acte de l'emploi y porté : Sommation faite à la requête du Préfident Haynault au Maréchal Duc de Richelieu, & auxdits Adminiftrateurs de l'Hôpital Général de Paris, de fatisfaire
à la fufdite ordonnance : Requête du Préfident Haynault du trente Mai 1755, contenant demande à ce qu'il
plût à notredite Cour lui donner acte de ce qu'en augmentant aux précédentes fommations & dénonciations qu'il a ci-devant faites auxdits Adminiftrateurs de l'Hôpital Général, il leur fommoit & dénonçoit
de nouveau aux rifques du tuteur à la fubftitution prétendue portée au teftament du Cardinal de Richelieu,
& de qui il appartiendra, les demandes qui ont été formées contre lui par Requêtes des quatorze Juin, fix
Mai 1746, douze & quatorze Mars 1753, à la requête tant dudit Damas, tuteur à la fubftitution, que
dudit de la Blancherie, précédent tuteur, à ce qu'ils n'en ignorent & ayent à prendre le fait & caufe du Préfident Haynauit fur icelles, comme fes garants formels, & faire ceffer le trouble qui lui eft fait dans la propriété, poffeffion & jouiffance de la moitié de la maifon rue de Richelieu, qu'il a acquife des Adminiftrateurs,

teurs, par contrat du 17 Mai 1710, sous le nom de ladite Richer, qui en a passé déclaration à son profit, sinon & à faute de ce faire, & où il interviendroit quelque condamnation contre le Président Haynault, en ce cas condamner lesdits Administrateurs à acquitter le Président Haynault desdites condamnations qui pourroient intervenir contre lui, tant en principal & accessoires, que dommages-intérêts, frais & dépens : comme aussi donner acte au Président Haynault de ce qu'aux risques de qui il appartiendra, il somme & dénonce audit Damas audit nom ladite demande en sommation & dénonciation ci-dessus ; en conséquence condamner soit ledit Damas audit nom, soit lesdits Administrateurs qui succomberont en tous les dépens tant en demandant, défendant, que sommation, dénonciation & contresommation : Arrêt du trente-un Mai 1755, par lequel notredite Cour pour faire droit sur la susdite requête, a appointé les parties en droit & joint à l'instance d'entre le Maréchal Duc de Richelieu & les propriétaires des maisons situées sur le Palais Royal : Production du Président Haynault, en exécution du susdit Arrêt, par Requête du seize Juin 1755, employée pour avertissement : Sommation faite à la requête du Président Haynault audit Damas audit nom & auxdits Administrateurs de l'Hôpital Général de Paris, de satisfaire au susdit Arrêt : Requête du Président Haynault du neuf Juin 1755, contenant demande à ce qu'il plût à notredite Cour lui donner acte de ce qu'en ajoutant & augmentant aux sommations & dénonciations qu'il a ci-devant faites aux Administrateurs de l'Hôpital Général, il leur somme & dénonce pareillement aux risques, périls & fortunes du Maréchal Duc de Richelieu les demandes qui ont été formées contre lui de la part du Maréchal Duc de Richelieu, par Requête des douze Novembre 1739, vingt-un Janvier 1740, vingt-quatre Mai 1746, quatre Décembre 1752, douze Janvier 1755, & treize Mai 1755, en ce qui peut dans les demandes conerner la moitié de maison rue de Richelieu, que le Président Haynault a acquise sous le nom de ladite Richer, desdits Administrateurs de l'Hôpital Général, par contrat du dix-sept Novembre 1710, aux termes duquel ils sont tenus de garantir & indemniser le Président Haynault de tout trouble & empêchement quelconques, ensemble de ce qu'il leur somme & dénonce l'Arrêt du vingt-sept Août 1744, portant que les Arrêts qui interviendront ne pourront nuire ni préjudicier à ceux qui n'y auront été parties & les différentes Requêtes qui ont été signifiées au Président Haynault dans l'instance de la part du Maréchal Duc de Richelieu, notamment celles des seize Juillet 1745, seize, vingt-deux Décembre 1745, dix-huit Juillet, cinq Septembre 1753, six Mas, dix Avril & seize Mai 1755, pareillement en ce qui peut regarder la moitié de ladite maison dont il s'agit, à ce que du tout lesdits Administrateurs n'en ignorent & ayent à prendre le fait & cause du Président Haynault, & à faire cesser le trouble qui lui est fait dans la propriété, possession & jouissance de ladite moitié de maison, sinon & où il interviendroit quelque condamnation contre lui, soit au profit du Maréchal Duc de Richelieu, ou autre à cause de la prétendue substitution du Cardinal de Richelieu, en ce cas condamner lesdits Administrateurs à en acquitter le Président Haynault tant en principal, dommages-intérêts, frais & dépens, de même & ainsi que le Président Haynault y a déja conclu : comme aussi donner acte au Président Haynault de ce qu'il contresomme aux risques de qui il appartiendra, ladite Requête & demande au Maréchal Duc de Richelieu, en conséquence le condamner, ou lesdits Administrateurs, ou celui ou ceux qui d'entre eux qui succomberont en tous les dépens faits tant en demandant, défendant, que des sommations, dénonciations & contresommations ; au bas de laquelle Requête, employée pour avertissement, écritures & production sur icelle, est l'Ordonnance de notredite Cour, qui l'a réglée en droit, & joint & donné acte de l'emploi y porté ; Requête du Maréchal Duc de Richelieu du vingt-trois Août 1755, d'emploi pour avertissement, écritures & production en exécution de la susdite ordonnance : Requête du Président Haynault du vingt-six Août 1755, d'emploi pour contredits contre l'emploi de production porté par la susdite Requête : Sommation faite à la requête du Président Haynault aux Administrateurs de l'Hôpital Général de Paris, de satisfaire à la susdite Ordonnance : Requête dudit Damas, tuteur à la substitution du dix Juin 1755, contenant demande à ce qu'il plût à notredite Cour déclarer autant que besoin est ou seroit, nul & de nul effet le contrat du trente Janvier 1658 entre le feu Duc de Richelieu, d'une part, lesdits Flacourt, de Lespine & Boilleau, d'autre part, seulement en ce que l'on voudroit induire dudit Contrat une approbation ou une confirmation de celui du vingt-neuf Mars 1655 ; au surplus, adjuger audit Damas audit nom les conclusions qu'il a prises en l'instance contre le Président Haynault, & le condamner aux dépens ; au bas de laquelle Requête est l'Ordonnance de notredite Cour qui a réservé d'y faire droit en jugeant : Requête du Président Haynault du treize Juin 1755, d'emploi pour défenses à la demande ci-dessus : Requête du Président Haynault du douze Juillet 1755, contenant demande à ce qu'en lui adjugeant ses précédentes conclusions, y ajoutant & augmentant, il plût à notredite Cour lui donner acte de ce qu'il contresommoit au Maréchal Duc de Richelieu la demande en sommation & dénonciation qu'il a formée par Requête du neuf Juillet 1755, contre les Administrateurts de l'Hôtel-Dieu de Paris, de toutes les demandes & prétentions du Maréchal Duc de Richelieu, portées dans les différentes Requêtes qu'il a signifiées au Président Haynault dans l'instance, qu'il lui soit pareillement donné acte de ce qu'il sommoit & dénonçoit au Maréchal Duc de Richelieu les différentes poursuites qu'il avoit été obligé de faire sur sa demande en garantie contre lesdits Administrateurs de l'Hôtel-Dieu de Paris, & notamment l'Arrêt par défaut qu'il a obtenu contre eux le neuf Juillet 1755, le tout néanmoins aux risques des garants du Président Haynault ; ce faisant condamner le Maréchal Duc de Richelieu dans le cas où il viendroit à succomber en tous les dépens ; au bas de laquelle Requête est l'Ordonnance de notredite Cour qui a réservé d'y faire droit en jugeant : Requête du Président Haynault du 15 Avril 1739, tendante à ce qu'en conséquence des contestations pendantes en notredite Cour, il lui fût permis d'y faire assigner, aux risques du Maréchal Duc de Richelieu, ledit Payen héritier de Mathieu Payen de Montmort, son oncle, pour lui rendre qu'il auroit acte de ce qu'il lui sommoit & dénonçoit la demande contre lui formée par ses requêtes : Exploit des quinze Janvier & neuf Février 1739, en désistement de la maison sise rue de Richelieu acquise par le Président Haynault dudit de Montmort, par contrat passé devant Notaires le douze Juillet 1710, avec restitution des fruits, loyers & revenus de ladite maison, dommages-intérêts, à compter du dix Mai 1755, jour du décès du Duc de Richelieu père ; en conséquence voir pareillement dire & ordonner qu'il sera tenu de prendre le fait & cause du Président Haynault sur ladite demande, comme son garant, formée & de la faire cesser, en telle sorte que le Président Haynault ne puisse être aucunement recherché ni troublé dans la propriété, possession & jouissance de ladite maison, sinon & à faute de ce faire le voir condamner à acquitter, garantir & indemniser le Président Haynault tant en principal, intérêts, restitution de fruits, dommages-intérêts, frais & dépens, & en outre répondre sur telles autres conclusions que le Président Haynault jugera à propos de prendre par la suite, & se voir condamner en tous les dépens, tant en demandant, défendant, que de la sommation & dénonciation : Exploit d'assignation donné en notredite Cour le quinze Avril 1739, à la requête du Président Haynault audit Payen, en vertu & aux fins de la sufdite requête : Acte de reprise fait au Greffe de notredite Cour le neuf Mai 1755 par Claude-Mathurin Portail, & Edmée Payen son épouse, héritiere pour moitié de Messire Charles-Paul Payen, son pere, Claude-Jean-Nicolas le Roy de Sanguin de Rercillé, fils & héritier pour moitié de Dame Anne-Charlotte Payen, sa mere, au jour de son décès épouse de Claude le Roy de Sanguin, & Pierre-Louis-Anne Drouin de Vaudreuil, & Anne-Marie-Charlotte le Roi de Sanguin, son épouse, aussi fille & héritiere pour moitié d'Anne-Marie-Charlotte le Roy, laquelle étoit aussi héritiere pour moitié de Charles-Paul Payan, son pere, lequel étoit héritier pour un septiéme de Matthieu Payen de Montmort, son frere, aussi héritier en partie de Jean-Baptiste-Mathieu Payen de Montmort, de la demande formée contre feu Charles-Paul Payen, à la requête du Président Haynault, par Requête & Exploit du quinze Avril mil sept cent trente-neuf offrant lesdits Payen & consorts de procéder sur ladite demande, suivant les derniers erremens : Requête du Président Haynault du vingt-trois Juillet mil sept cent cinquante-cinq, à ce qu'il plût à notredite Cour lui donner acte de ce qu'en augmentant aux précédentes sommations & dénonciations ci-devant faites, il sommoit pareillement aux risques du tuteur à la substitution, & de qui il appartiendra, aux héritiers & représentans Charles-Paul Payen, les demandes qui ont été formée contre le Président Haynault, par requêtes des quatorze Juin 1743, six Mai 1746 douze & quatorze Mars 1755, à la requête tant de Louis-Charles Damas, tuteur à la substitution, que dudit de la Blancherie, précédent tuteur, à ce qu'ils n'en ignorent & ayent à prendre le fait & cause du Président Hayault sur icelle, comme ses garants formels, & faire cesser le trouble qui lui est fait dans la propriété, possession & jouissance de la maison rue de Richelieu, qu'il a acquise dudit Payen de Montmort en 1702, sinon & à faute de ce faire, & où il interviendroit quelque condamnation contre le Président Haynault, en ce condamner les représentans & héritiers Charles-Paul Payen, qui étoit héritier dudit Payen de Montmort, à acquitter le Président Haynault desdites condamnations qui pourroient intervenir contre lui tant en principal, accessoires, que dommages-intérêts, frais & dépens ; comme aussi donner acte au Président Haynault, de ce qu'aux risques de qui il appartiendra, il contresomme & dénonce au tuteur à la substitution ladite demande en sommation & dénonciation ci-dessus ; en conséquence condamner soit le tuteur à la substitution, soit les héritiers Payen qui succomberont, en tous les dépens, tant en demandant, défendant, que sommation, dénonciation & contresommation : Requête des héritiers Payen du vingt-six Juillet 1755 à ce qu'il plût à notredite Cour en les recevant opposans à l'Arrêt par défaut du huit Juillet mil sept cent cinquante-cinq, & à l'Ordonnance de notredite Cour du 17 dudit mois, & en déclarant le tout nul, les recevoir parties intervenantes dans ladite instance, leur donner acte du contenu en leur requête pour moyens d'intervention ; faisant droit sur icelle, leur donner acte de ce que sur toutes les demandes formées par le Marechal Duc de Richelieu & le Tuteur à la substitution, concernant la maison acquise par le Président Haynault dudit feu Payen de Montmort, ils prenoient le fait & cause du Président Haynault, comme aussi leur donner acte de ce qu'ils contre-sommoient & dénonçoient au Marechal Duc de Richelieu & au Tuteur à la substitution la demande en sommation formée par le Président Haynault contre ledit Payen, par requête & exploit du 15 Avril 1739, & demande en reprise formée par le Président Haynault contre les héritiers Payen le 14 Mars 1755, ce faisant, déclarer le Marechal Duc de Richelieu & le Tuteur à la substitution non-recevables dans toutes leurs demandes contre le Président Haynault, ou en tous cas les en débouter & les condamner chacun à leur égard en tous les dépens, tant en demandant, défendant, que de la sommation & contre-sommation ; même à acquitter les héritiers Payen de ceux auxquels ils pourroient être condamnés envers le Président Haynault & en ceux de la présente demande : Requête du Président Haynault du vingt-deux Juillet 1755, à ce qu'il plût à notredite Cour lui donner acte de la prise de son fait & cause par les héritiers Payen, portée par leur requête du vingt-six Juillet mil sept cent cinquante-cinq ; en conséquence, en adjugeant au Président Haynault les conclusions par lui ci-devant prises, condamner les héritiers Payen à l'acquitter envers le Marechal Duc de Richelieu & le Tuteur à la substitution de toutes les condamnations qui pourroient être prononcées contre lui à leur profit, tant en principal, qu'arrerages échus & à échoir, intérêts, frais & dépens faits sur leurs demandes ; condamner en outre les héritiers Payen en tous les dépens faits par le Président Haynault, tant en demandant, défendant, qu'en ceux des demandes en sommation & dénonciation, & en ceux de la présente demande ; & au cas que le Marechal Duc de Richelieu & le tuteur à la substitution viennent à succomber, & qu'il soit jugé qu'ils sont seuls tenus des dépens, nonobstant la prise de fait & cause, les condamner en tous les dépens aussi faits, tant en demandant, défendant, qu'en ceux des sommations, dénonciations & contre-sommations, même en ceux auxquels le Président Haynault pourroit succomber envers les uns & les autres : Arrêt du trente Juillet 1755, par lequel notredite Cour a reçu les héritiers Payen opposans à l'Arrêt par défaut du trois Juillet 1755, au principal a reçu pareillement lesdits héritiers Payen parties intervenantes, leur a donné acte du contenu en leur requête pour moyens d'intervention ; leur a pareillement donné acte de ce qu'ils prenoient le fait & cause du Président Haynault sur toutes les demandes contre lui formées par le Marechal Duc de Richelieu & le tuteur à la substitution ; & pour faire droit sur ladite intervention & prise de fait & cause, ensemble sur les demandes en garantie formées par le Président Haynault, a appointé les Parties en droit & joint à l'instance principale, d'entre le Marechal Duc de Richelieu, le Président Haynault, & le tuteur à la substitution, sauf à disjoindre s'il y écheoit ; production du Président Haynault en exécution du sufdit Arrêt, par sa requête du six Août mil sept cent cinquante-cinq, employée pour avertissement & défenses ; requête des héritiers Payen, du 11 dudit mois d'Août, employée pour avertissement, écritures & production en exécution du même Arrêt ; sommation à la requête du Président Haynault au Marechal Duc de Richelieu & au tuteur à la substitution de satisfaire au sufdit Arrêt ; requête du Président Haynault du 9 Avril 1755, à ce qu'en conséquence des contestations pendantes en notredite Cour il lui fût permis d'y faire assigner aux risques du Marechal Duc de Richelieu les Administrateurs de l'Hôtel-Dieu de Paris, pour voir dire qu'il aura acte de ce qu'il leur somme & dénonce la demande contre lui formée par le Marechal Duc de Richelieu, par requête & exploit des quinze Janvier & trois Septembre 1739, au délaissement de la maison acquise par le Président Haynault sous le nom de ladite Richer ; par deux contrats du même jour dix-sept Novembre 1701, en conséquence voir dire qu'ils seront tenus de prendre le fait & cause du Président Haynault, tant sur ladite demande en délaissement, que sur les autres conclusions portées par les requête & exploit des quinze Janvier & trois Septembre 1739, comme étant garants formels, & à cet effet lesdites demandes, en telle sorte que le Président Haynault ne puisse être aucunement recherché ni troublé dans la propriété, possession & jouissance de ladite maison, & qu'il ne lui soit imposé aucune charge, telle qu'elle puisse être, & à faute de ce faire, & où il arriveroit que le Maréchal Duc de Richelieu parviendroit à ses fins, le voir condamner à acquiter le Président Haynault, tant en principaux qu'intérêts, restitution de fruits, dommages-intérêts, frais & dépens, & en outre répondre sur telles autres conclusions que le Président Haynault jugeroit à propos de prendre par la suite; se voir pareillement condamner en tous les dépens, tant en demandant, défendant, que de la sommation & dénonciation; assignation donnée en nôtredite Cour le Avril 1755, à la requête du Président Haynault auxdits Administrateurs, en vertu & aux fins de ladite requête; requête du Président Haynault du onze Août 1755, à ce qu'il plût à nôtredite Cour lui donner acte de ce qu'en continuant les sommations & dénonciations par lui faites auxdits Administrateurs de l'Hôtel-Dieu de Paris par ses requête & demande du 9 Avril 1755, il leur sommoit & dénonçoit pareillement aux risques du Maréchal Duc de Richelieu & du tuteur à la substitution les demandes formées contre lui, tant par le Maréchal Duc de Richelieu, que par le tuteur à la substitution, par leurs requêtes des 12 Novembre 1735, 14, 19 Juillet 1743, 18, 21 Juillet, 12 & 23 Décembre 1745, 6 & 24 Mai 1746, 18 Juillet & 5 Septembre 1749, 4 Décembre 1752, 9, 12 Janvier, 14 & 24 Mars 1753, 6, vingt-trois Mars, 10 Avril, treize & vingt-six Mai, six & dix Juin mil sept cent cinquante-cinq, à ce que lesdits Administrateurs de l'Hôtel-Dieu de Paris eussent à les faire cesser en telle sorte que le Président Haynault n'en pût être inquiété ni recherché, sinon & à faute de ce faire, lui adjuger les conclusions par lui prises par sa requête du neuf Avril mil sept cent cinquante-cinq, lui donner pareillement acte de ce qu'aux risques desdits Administrateurs, il sommoit & dénonçoit au Maréchal Duc de Richelieu & audit tuteur à la substitution, la demande en garantie formée contre l'Hôtel-Dieu par requête & Exploit du neuf Avril 1755, & de ce qu'il leur contresommoit en tant que de besoin leurs propres demandes formées par les susdites requêtes, & en conséquence les déclarer non-recevables, ou en tout cas mal fondés en icelles à l'égard du Président Haynault, & condamner ceux desdits Administrateurs, ou du Maréchal Duc de Richelieu & du tuteur à la substitution qui succomberont, en tous les dépens, tant en demandant, défendant; que des sommations & dénonciations faits depuis le quinze Janvier & trois Septembre 1759, jour des premieres demandes du Maréchal Duc de Richelieu, & même en ceux faits en contresommation, & même en ceux esquels le Président Haynault pourroit succomber envers les uns & les autres: Arrêt de nôtredite Cour du douze Août 1755, qui sur les demandes ci-dessus, a appointé les parties en droit & joint à l'instance principale d'entre le Maréchal Duc de Richelieu & le Président Haynault, sauf à disjoindre s'il y échéoit: Production du Président Haynault en exécution du susdit Arrêt, par requête du vingt-trois Août 1755, employée pour avertissement: Sommation faite à la requête du Président Haynault aux Administrateurs de l'Hôtel-Dieu de Paris au Maréchal Duc de Richelieu & au tuteur à la substitution de satisfaire au susdit Arrêt: Requête du Président Haynault du 12 Août 1755, contenant demande à ce qu'en lui adjugeant les conclusions par lui prises il plût à nôtredite Cour condamner les héritiers Payen personnellement & hypothéquairement pour le tout, en leurs qualités d'héritiers, tant de feu Payen de Montmort, que de Charles-Paul Payen, Maître des Comptes, & de l'Abbé Payen, Chanoine de Notre-Dame; à acquiter le Président Haynault, tant en principal qu'arrérages échus & à écheoir, intérêts, frais & dépens de toutes les demandes formée contre lui, tant par le Maréchal Duc de Richelieu que par les tuteurs à la substitution, & généralement de toutes les autres condamnations qui pourroient être prononcées à leur profit contre le Président Haynault; condamner le Maréchal Duc de Richelieu & le tuteur à la substitution, en cas que l'un ou l'autre vienne à succomber, & à être déboutés de leur demande, même le Maréchal Duc de Richelieu seul en tous les depens faits par le Président Haynault, au bas de laquelle requête, employée pour avertissement, écritures & production sur icelle, est l'ordonnance de nôtredite Cour qui l'a reglée en droit & joint, & donné acte de l'emploi y porté; sommation faite à la requête du Président Haynault aux héritiers Payen, au Maréchal Duc de Richelieu, & au tuteur à la substitution de satisfaire à ladite ordonnance; production nouvelle du Maréchal Duc de Richelieu, par requête du seize Décembre 1745, sommation faite à la requête du Maréchal Duc de Richelieu aux nommés Perdrigeon, Lhostellier & Lespine de fournir de contredits contre la susdite Production nouvelle; requête du Maréchal Duc de Richelieu du cinq Mai 1746, contenant demande à ce qu'en réformant & augmentant les conclusions par lui prises contre Mouffle de Champigny, il plût à nôtredite Cour déclarer le contrat du vingt-neuf Mai 1655 nul & de nul effet; ce faisant, condamner ledit Mouffle à se désister & départir du fonds, propriété & jouissance de la rente fonciere dont ladite maison est chargée, à raison de trente-trois livres dix sols un denier pour chaque toise de face sur sept de profondeur, seulement & conformément au contrat d'arrentement fait par le feu Cardinal de Richelieu à Louis le Barbier, le dix-sept Mars 1636, de la place sur laquelle ladite maison est bâtie, laquelle rente fait partie de celle de huit mille deux cens huit livres six sols huit deniers, qui appartenoit à la substitution, au jour du décès du Cardinal de Richelieu, & qui a été vendue avec d'autres biens auxdits Flavacourt, Delespine & Boileau par le feu Duc de Richelieu pere, par le susdit contrat du vingt-neuf Mai 1655; ordonner que ladite maison sera & demeurera chargée à l'avenir, à raison de trente-trois livres dix sols un denier pour chaque toise de face sur la rue de Richelieu, remboursable sur le pied du denier vingt-quatre; ordonner que dans huitaine, à compter du jour de la signification de l'Arrêt qui interviendra à domicile, ledit Mouffle de Champigny sera tenu de passer autre nouvelle reconnoissance de ladite rente, sinon & ledit tems passé, que ledit Arrêt vaudra titre nouvel; condamner en outre ledit Mouffle de Champigny à payer au Maréchal Duc de Richelieu les arrérages de ladite rente, à compter du dix Mai 1715, jour du décès du Duc de Richelieu pere, tems auquel la substitution s'est trouvée ouverte au profit du Maréchal Duc de Richelieu son fils, & en ses dommages-intérêts soufferts, & à souffrir, & en tous les dépens, aux offres que faisoit le Duc de Richelieu, & qu'il réitere de tenir compte audit Mouffle de Champigny de ce qui auroit pû être légitimement payé par lui ou par ses auteurs, à la décharge de la succession du Cardinal de Richelieu sur le prix du contrat de 1655, au bas de laquelle requête, employée pour avertissement, écritures & production sur icelle, est l'ordonnance de nôtredite Cour qui l'a reglée en droit & joint, & donné acte de l'emploi y porté; sommation faite à la requête du Maréchal Duc de Richelieu audit Mouffle de Champigny de satisfaire à la susdite ordonnance; requête dudit Dame, tuteur à la substitution, du six Juin 1756, contenant demande à ce qu'en réformant & augmentant les conclusions qu'il a prises contre Mouffle de Champigny, il plût à nôtredite Cour déclarer le contrat de 1655 nul & de nul effet; ce faisant, condamner ledit Mouffle de Champigny à se désister & départir du fonds, propriété & jouissance de la rente fonciere dont la maison à lui appartenante en chargée, à raison de trente-trois livres dix sols un denier par chaque toise de face, sur sept de profondeur seulement, faisant ladite rente partie de huit mille deux cens huit livres six sols huit deniers, qui appartenoit à la substitution au jour du décès du Cardinal de Richelieu; ordonner que la maison dudit Mouffle de Champigny sera & demeurera chargée de ladite rente, à raison de trente-trois livres dix sols un denier par chaque toise de face sur la rue de Richelieu, remboursable sur le pied du denier vingt-quatre; ordonner que dans huitaine, à compter du jour de la signification de l'Arrêt à domicile, ledit Mouffle de Champigny sera tenu de passer titre nouvel & reconnoissance, sinon que l'Arrêt vaudra titre nouvel; condamner en outre ledit Mouffle de Champigny à payer les arrérages de ladite rente, depuis l'ouverture de la substitution au profit du Maréchal Duc de Richelieu; & où notredite Cour jugeroit que le fonds des dix-huit places non bâties en 1655, sur partie desquelles est construite la maison dudit Mouffle de Champigny appartenoit à la substitution, en ce cas condamner ledit Mouffle de Champigny a se désister du fonds, propriété & jouissance de ladite maison, à en restituer la jouissance depuis le dix Mai 1715, & le condamner en tous les dépens, aux offres qui ont toujours été faites de tenir compte de ce qui a pû être légitimement payé à la décharge de la substitution, au bas de laquelle requête, employée pour avertissement, écritures & production sur icelle, est l'ordonnance de notredite Cour qui l'a reglée en droit & joint, & donné acte de l'emploi y porté; sommation faite à la requête dudit Damas, audit nom, audit Mouffle de Champigny de satisfaire à la susdite ordonnance; requête dudit Damas, audit nom, du six Juin 1746, contenant demande à ce qu'en réformant & augmentant les conclusions par lui prises contre lesditis Perdrigeon & Delespine, il plût à notredite Cour déclarer le contrat de 1655 nul & de nul effet; ce faisant, condamner ledit Delespine à se désister du fonds, propriété & jouissance de la rente fonciere dont la maison à lui appartenante est chargée, à raison de 33 liv. dix sols un denier par chaque toise de face sur sept toises de profondeur seulement, faisant ladite rente partie de celle de 8208 l. 6 s. 8 d. qui appartenoit à la substitution au jour du décès du Cardinal de Richelieu, ordonner que la maison desdits Perdrigeon & de Lespine sera & demeurera chargée de ladite rente, à raison de trente-trois livres dix sols un denier par chaque toise de face sur la rue de Richelieu remboursable sur le pied du denier vingt-quatre, ordonner que dans huitaine à compter du jour de la signification de l'Arrêt à domicile, lesdits Perdrigeon & de Lespine seront tenus de passer titre nouvel & reconnoissance, sinon que l'Arrêt vaudra titre nouvel, condamner en outre lesdits Perdrigeon & de Lespine à payer les arrérages de ladite rente depuis l'ouverture de la substitution au profit du Machéchal Duc de Richelieu, & où notredite Cour jugeroit que le fonds des dix-huit places bâties en mil six cens cinquante-cinq, & sur partie desquelles est bâtie, la maison desdits Perdrigeon & de Lespine appartenoit à la substitution, en ce cas condamner lesdits Perdrigeon & de Lespine à se désister du fonds, propriété & jouissance, & en restituer les jouissances depuis le dix Mai 1715, & les condamner en tous les dépens, aux offres qui ont toujours été faites de tenir compte de ce qui a pû être légitimement payé à la décharge de la succession du Cardinal de Richelieu, au bas de laquelle requête employée pour avertissement, écritures & production sur icelle, est l'Ordonnance de notredite Cour qui l'a réglé en droit & joint, & donné acte de l'emploi y porté; sommation faite à la requête dudit Damas audit nom auxdits Perdrigeon & de Lespine de satisfaire à la susdite Ordonnance; acte de reprise faite le quatre Août 1751, au Greffe de notredite Cour par Madeleine Verdue épouse, non commune en biens de Jean-Baptiste Angélique Comte Duquesnoy, ancien Lieutenant Ayde-Major au Regiment des Gardes Françoises, Chevalier de l'Ordre Royal & Militaire de Saint Louis & auparavant veuve & commune en biens de Sébastien Lhostellier, & par ledit Comte Duquesnoy au lieu & place du feu Lhostellier de ladite Instance & des demandes en garantie y formées, offrant de procéder sur le tout suivant les derniers erremens; requête du Maréchal Duc de Richelieu du cinq Décembre 1752, contenant demande à ce qu'en rectifiant, augmentant & réformant en tant que besoin est ou seroit les conclusions par lui ci-devant prises contre la veuve Lhotellier, les veuve Perdrigeon & consorts, il plût à notredite Cour faisant droit sur les demandes du Maréchal Duc de Richelieu, & sans s'arrêter aux requêtes desdits Lhotellier & Perdrigeon & de leurs consorts dont ils seront déboutés, le contrat passé devant Me Parque & son confrère Notaires à Paris le 29 Mai 1655 fût déclaré nul & de nul effet, en conséquence condamner purement & simplement ladite veuve Perdrigeon & ses Consorts, à se désister & départir au profit du Maréchal Duc de Richelieu, comme appellé à la substitution portée par le testament du Cardinal de Richelieu, de la propriété, possession & jouissance d'une maison sise en la ville de Paris rue de Richelieu, circonstances & dépendances, tenant ladite maison du côté du midi à celle qui appartient au Président Haynault du côté du nord à celle de M. Brayer Conseiller en notredite Cour, du côté de l'orient au jardin du Palais Royal, & du côté du couchant à la rue de Richelieu, laquelle maison se trouve construite sur une partie des emplacemens vendus & aliénés par le contrat du vingt-neuf Mai 1655, condamner pareillement ladite veuve Perdrigeon, ladite veuve Lhostellier, ledit de Lespine & ledit Mouffle de Champigny, à rendre au Maréchal Duc de Richelieu ladite maison & emplacemens, circonstances & dépendances, même à lui restituer les fruits & revenus de ladite maison depuis le dix Mai 1715, jour du décès du Duc de Richelieu pere, tems auquel la substitution s'est trouvée ouverte au profit du Maréchal Duc de Richelieu, le tout à dire d'Experts, dont les parties conviendront devant le Conseiller Rapporteur ou qui seront par lui pris & nommés d'office, soit sur la représentation des baux que ladite veuve Perdrigeon & ses consorts seront tenus d'en faire donner acte au Maréchal Duc de Richelieu, des offres qu'il fait de tenir compte à ladite veuve Perdrigeon & à ses consorts sur les fruits & revenus de ladite maison des impenses & améliorations, si aucunes ont été faites dans ladite maison, depuis l'ouverture de la substitution, jusqu'à la déposition desdites Perdrigeon, Lhotellier & consorts, & ce suivant l'estimation qui en sera faite par les mêmes Experts, convenus ou nommés d'office, qui procéderont à la liquidation des fruits & revenus de ladite maison, donner pareillement acte au Maréchal Duc de Richelieu des offres qu'il a toujours faites & qu'il réitere de tenir compte auxdits veuve Perdrigeon, Lhostellier & leurs consorts des sommes qu'ils justifieront avoir été employées soit par eux, soit par ceux qu'ils représentent sur le prix de l'acquisition faite par Flacourt, de Lespine & Boilleau par le contrat de 1655, au payement des dettes de la succession du Cardinal de Richelieu; condamner en outre ladite veuve Lhotellier aujourd'hui femme autorisée dudit Duquesnoy, la veuve Perdrigeon, ledit de Lespine & ledit Mouffle de Champigny en des dommages-intérêts envers le Maréchal Duc de Richelieu & en tous les dépens, au bas de laquelle requête employée pour avertissement, écritures & production sur icelle, est l'Ordonnance de notredite Cour qui l'a reglée en droit & joint, & donné acte de l'emploi y porté; sommation faite à la requête du Ma-

réchal

réchal Duc de Richelieu auxdits Lhotellier, Perdrigeon & de Lespine de satisfaire à la susdite Ordonnance; requête dudit Damas audit nom de tuteur à la substitution du quatorze Mars 1755, contenant demande, à ce qu'en rectifiant & reformant en tant que besoin seroit les conclusions par lui prises contre la veuve Lhotellier & consorts, il plût à notredite Cour faisant droit sur les demandes dudit Damas audit nom, & sans s'arrêter aux requêtes de la veuve Lhotellier & ses consorts dont ils seront déboutés, déclarer le contrat du vingt-neuf Mai 1655 nul & de nul effet; en conséquence condamner purement & simplement la veuve Lhotellier & consorts à se désister & départir au profit dudit Damas de la propriété, possession & jouissance d'une maison sise en la ville de Paris rue de Richelieu; circonstances & dépendances, tenant ladite maison du côté du midi à celle qui appartient au Président Haynault, du côté du nord à celle de M. de Brayer, du côté de l'orient au jardin du Palais-Royal, & du côté du couchant à la rue de Richelieu, laquelle maison se trouve construite sur une partie du second emplacement à bâtir désigné dans la rue de Richelieu, & vendue par le contrat du vingt-neuf Mai 1655; condamner pareillement ladite veuve Lhotellier & ses consorts à rendre & délaisser audit Damas audit nom lesdits maison & emplacemens, circonstances & dépendances, donner acte audit Damas de ce qu'en tant que besoin est ou seroit, il adhere aux offres faites par le Maréchal Duc de Richelieu de tenir compte des impenses & améliorations qui auront été valablement faites dans ladite maison, & des sommes que ladite veuve Lhotellier & ses consorts justifieront avoir été employées soit par eux soit par ceux qu'ils représentent, sur le prix de l'acquisition primitive par Flacourt, Lespine & Boilleau, par le contrat du vingt-neuf Mai 1655, au payement des dettes de la succession du Cardinal de Richelieu, & de ce qu'il adhere aux conclusions prises par le Maréchal Duc de Richelieu contre ladite veuve Lhostellier & ses consorts pour la restitution des fruits & revenus de la maison, depuis le dix Juin 1715 jour du décès du feu Duc de Richelieu; condamner ladite veuve Lhotellier & consorts en des dommages, intérêts & en tous les dépens, au bas de laquelle requête employée pour avertissement, écritures & production sur icelle, est l'Ordonnance de notredite Cour qui l'a réglée en droit & joint & donné acte de l'emploi y porté; requête de ladite veuve Lhotellier & consorts du seize Mars 1753 d'emploi pour défenses, avertissement, écritures & production, & même pour contredits en exécution de la susdite Ordonnance; requête du Maréchal Duc de Richelieu du quinze Mai 1655, contenant demande à ce qu'il plût à notredite Cour déclarer en tant que besoin est ou seroit nul & de nul effet; le contrat passé devant Pain & son confrere Notaires à Paris le trente Janvier 1755, entre le feu Duc de Richelieu d'une part & lesdits Flacourt, Lespine & Boilleau d'autre part, seulement en ce que l'on voudroit en induire une approbation ou une confirmation du contrat passé devant Pain & Daubanton Notaires à Paris le vingt-neuf Mai 1655; au surplus adjuger au Maréchal Duc de Richelieu les conclusions qu'il a prises en l'Instance contre ladite veuve Lhotellier & consorts & ledit Mousse de Champigny, & les condamner aux dépens, au bas de laquelle requête est l'Ordonnance de notredite Cour, qui a réservé d'y faire droit en jugeant; requête de ladite veuve Lhotellier du seize Mai 1755 d'emploi pour fins de non-recevoir & défenses à la susdite demande; requête dudit Damas audit nom du dix Juin 1755, contenant demande à ce qu'il plût à notredite Cour déclarer en tant que besoin est ou seroit, nul & de nul effet le contrat passé devant Pain & son Confrere Notaires à Paris le trente Janvier 1658 entre le feu Duc de Richelieu d'une part, lesdits Flacourt, Lespine & Boilleau d'autre part, seulement en ce que l'on voudroit en induire une approbation ou une confirmation du contrat du vingt-neuf Mai 1655; au surplus adjuger audit Damas audit nom les conclusions qu'il a prises en l'Instance contre ladite veuve Lhotellier & consorts, & les condamner aux dépens, au bas de laquelle requête est l'Ordonnance de notredite Cour qui a donné acte de l'emploi y porté, & réservé d'y faire droit en jugeant; requête de ladite veuve Lhotellier du onze Juin 1755 d'emploi pour fins de non-recevoir, & défenses à la demande ci-dessus: production nouvelle du Maréchal Duc de Richelieu contre Jean-Baptiste-Martin Dartaguette par requête du vingt-deux Décembre 1745; requête dudit Dartaguette du sept Mai 1746 d'emploi pour contredits contre la production nouvelle ci-dessus; production nouvelle dudit Dartaguette par requête du sept Mai 1746; contredits fournis le dix-huit Mai 1746 par le Maréchal Duc de Richelieu contre la susdite production nouvelle; requête du Maréchal Duc de Richelieu du vingt-trois Mai 1746, contenant demande à ce qu'en réformant & augmentant les conclusions par lui prises ci-devant contre ledit Dartaguette, il plût à notredite Cour déclarer le contrat du vingt-neuf Mai mil sept cens cinquante-cinq, nul & de nul effet; ce faisant condamner ledit Dartaguette à se désister & départir du fonds, propriété & jouissance de la rente foncière dont la maison à lui appartenante est chargée, à raison de trente-trois livres dix sols un denier par chaque toise de face sur sept toises de profondeur seulement, conformément au contrat d'arrentement fait par le Cardinal de Richelieu à Louis le Barbier le dix-sept Mars 1636 de la place sur laquelle ladite maison est bâtie; laquelle rente fait partie de celle de huit mille deux cens huit livres six sols huit deniers qu'appartenoit à la substitution au jour du décès du Cardinal de Richelieu, & a été vendue avec autres biens auxdits de Flacourt, de Lespine & Boilleau par le feu Duc de Richelieu pere, par le susdit contrat du vingt-neuf Mai 1655; ordonner que ladite maison sera & demeurera chargée à l'avenir de ladite rente, à la raison de trente-trois livres dix sols un denier, par chaque toise de face sur la rue neuve des Petits-Champs remboursable sur le pied du denier vingt-quatre, ordonner que dans huitaine à compter du jour de la signification de l'Arrêt qui interviendra à domicile ledit Dartaguette sera tenu de passer titre nouvel & reconnoissance de ladite rente, sinon & ledit tems passé, que l'Arrêt vaudra titre nouvel, condamner ledit Dartaguette à payer au Maréchal Duc de Richelieu les arrérages de ladite rente, à compter du dix Mai 1715 jour du décès du Duc de Richelieu pere, tems auquel la substitution s'est trouvée ouverte au profit du Maréchal Duc de Richelieu, en ses dommages-intérêts, soufferts & à souffrir en tous les dépens aux offres ci-devant faites par le Maréchal Duc de Richelieu, & qu'il réitere, de tenir compte audit Dartaguette de ce qui a pû être légitimement payé par lui ou par ses auteurs, à la décharge de la succession du Cardinal de Richelieu sur le prix du contrat de 1655, au bas de laquelle requête employée pour avertissement, écritures & production sur icelle, est l'Ordonnance de notredite Cour qui l'a réglée en droit & joint, & donné acte de l'emploi y porté; requête dudit Dartaguette du dix Juin 1746, d'emploi pour contredits contre l'emploi de production porté par la susdite requête; requête dudit Dartaguette du dix Juin 1745 employée pour défenses, écritures & production en exécution de la susdite Ordonnance; requête dudit Dartaguette du dix Juin 1746, employée pour défenses, écritures & production en exécution de la susdite Ordonnance, & contenant demande à ce qu'il plût à notredite Cour, sans s'arrêter à la demande du Maréchal du Duc de Richelieu du vingt-trois Mai 1746, adjuger audit Dartaguette les conclusions par lui prises, & condamner le Maréchal Duc de Richelieu, en tous les dépens, même en ceux réservés, au bas de laquelle requête est l'Ordonnance de notredite Cour qui a donné acte de l'emploi y porté & réservé d'y faire droit en jugeant; requête du Maréchal duc de Richelieu du vingt-cinq Mai 1646 conteuant demande à ce qu'en réformant & augmentant les conclusions par lui prises contre ledit Dartaguette, il plût à notredite Cour déclarer le contrat du vingt-neuf Mai 1655 nul & de nul effet; ce faisant condamner ledit Dartaguette à se désister & départir du fonds, propriété & jouissance de la rente fonciere dont la maison à lui appartenante est chargée à raison de trente-trois livres dix sols un denier par chaque toise de face sur sept toises de profondeur seulement, & conformément au contrat d'arrentement fait par feu le Cardinal de Richelieu à Louis le Barbier le dix-sept Mars 1636 de la place sur laquelle ladite maison est bâtie, laquelle rente fait partie de celle de huit mile 208 liv. 6 s. 8 den. qui appartenoit à la substitution au jour du décés du Cardinal de Richelieu, & a été vendue avec autres biens ausdits Flacourt, Lespine & Boilleau, par le feu Duc de Richelieu pere, par le susdit contrat du vingt-neuf Mai 1655, ordonner que ladite maison sera & demeurera chargée à l'avenir de ladite rente à raison de trente-trois livres dix sols un denier par chaque toise de face sur la rue de Richelieu, remboursable sur le pied du denier vingt-quatre; ordonner que dans huitaine, à compter du jour de la signification de l'Arrêt qui interviendra à domicile, ledit Dartaguette sera tenu de passer titre nouvel & réconnoissance de ladite rente, sinon & ledit temps passé, que l'Arrêt vaudra titre nouvel; condamner en outre ledit Dartaguette à payer au Maréchal Duc de Richelieu les arrérages de ladite rente, à compter du dix Mai mil sept cent quinze, jour du décès du Duc de Richelieu pere, en ses dommages-intérêts, soufferts & à souffrir, & en tous les dépens, aux offres ci-devant faites par le Maréchal Duc de Richelieu, & qu'il réitere de tenir compte audit Dartaguette de ce qui a pû être légitimement payé par lui ou par ses auteurs, à la décharge de la succession du Cardinal de Richelieu, sur le prix du contrat de mil six cent cinquante-cinq; au bas de laquelle requéte employée pour avertissement, écritures & production sur icelle est l'Ordonnance de notredite Cour, qui l'a réglée en droit & joint, & donné acte de l'emploi y porté; Requête dudit Dartaguette du dix Juin mil sept cent quarante-six, d'emploi pour défenses, écritures & production en exécution de la susdite Ordonnance; Requête dudit Damas, tuteur à la substitution du six Juin mil sept cent quarante-six, contenant demande à ce qu'en reformant & augmentant les conclusions par lui prises contre ledit Dartaguette, il plût à notredite Cour déclarer le contrat du vingt-neuf Mai mil six cent cinquante cinq nul & de nul effet; ce faisant, condamner ledit Dartaguette à se désister du fonds, propriété & jouissance de la rente fonciere, dont la maison à lui appartenante est chargée, à raison de trente-trois livres dix sols un denier par chaque toise de face sur sept toises de profondeur seulement, faisant ladite rente partie de celle de huit mille deux cent huit livres six sols huit deniers, qui appartenoit à la substitution au jour du décès du Cardinal de Richelieu, ordonner que la maison dudit Dartaguette sera & demeurera chargée de la rente à raison de trente-trois livres dix sols un denier par chaque toise de face sur la rue de Richelieu, remboursable sur le pied du denier vingt-quatre, ordonner que dans huitaine, à compter du jour de la signification de l'Arrêt à domicile, ledit Dartaguette sera tenu de passer titre nouvel & reconnoissance, sinon que l'Arrêt vaudra titre; condamner en outre ledit Dartaguette à payer les arrérages de la rente depuis l'ouverture de la substitution, au profit du Maréchal Duc de Richelieu, & le condamner en tous les dépens; au bas de laquelle requête, employée pour avertissement, écritures & production sur icelle, est l'Ordonnance de notredite Cour, qui l'a réglé en droit & joint, & donné acte de l'emploi y porté; Requête dudit Dartaguette du dix Juin mil sept cent quarante-six d'emploi pour écritures, production & contredits en exécution de la susdite Ordonnance; commission obtenue en Chancellerie par ledit Dartaguette le huit Juin mil sept cent quarante-six, à l'effet d'assigner en notredite Cour les héritiers, biens tenans & représentans Marie Gilbert, fille majeure, légataire universelle de défunte Margueritte Gilbert, veuve Louis Blin notre Secrétaire, pour procéder en l'instance suivant les derniers erremens, sinon voir dire que ladite instance demeurera pour reprise, qu'il sera procédé au Jugement sur ce qui se trouvera pardevers notredite Cour; ce faisant, que les conclusions prises par ledit Dartaguette contre ladite Gilbert dans ladite instance lui seront adjugées, & procéder, comme de raison à fin de dépens; exploits d'assignation donnée en notredite Cour le onze Juin mil sept cent quarante-six, à la réquête dudit Dartaguette, à Jean-Baptiste Gilbert de Saint Lubin, au Marquis de Tourouvre & à son épouse, héritiers de Marie Gilbert; Arrêt du quatre Juillet mil sept cent quarante-sept, rendu en notredite Cour au profit dudit Dartaguette, par défaut faute de comparoir, contre Antoine-Joseph de la Noué, Comte de Tourouvre, & Anne-Henriette Gilbert son épouse de lui séparée quant aux biens, héritiers bénéficiaires de défunte Gilbert, par lequel Arrêt notredite Cour a déclaré ledit défaut bien & dûement obtenu, & pour en adjuger le profit, l'a joint à l'instance d'entre le Maréchal Duc de Richelieu & autres, & a condamné le Comte de Tourouvre & son épouse aux dépens dudit défaut; exploit de signification faite le vingt-deux Août mil sept cent quarante-sept du susdit Arrêt, à la requête dudit Dartaguette au Comte de Tourouvre & à son épouse, avec assignation en notredite Cour, pour voir taxer les dépens; acte de reprise fait au Greffe de notredite Cour le vingt-six Novembre mil sept cent cinquante-quatre, par Joseph Jean-Baptiste Gilbert de Saint Lubin, au lieu & place de feue Marie Gilbert, & en qualité de son héritier bénéficiaire; Requête des héritiers & représentans ledit Dartaguette du trente-un Décembre mil sept cent cinquante-quatre à ce qu'il plût à notredite Cour, en leur adjugeant le profit du susdit défaut faute de comparoir, leur adjuger contre ledit Gilbert de Saint Lubin & contre lesdits Tourouvre, les conclusions prises par ledit Dartaguette contre ladite Gilbert avec dépens; au bas de laquelle requête est l'Ordonnance de notredite Cour, qui a réservé d'y faire droit en jugeant; Requête du Maréchal Duc de Richelieu du quinze Mai mil sept cent cinquante-cinq, contenant demande à ce qu'il lui plût déclarer en tant que besoin est ou seroit, nul & de nul effet le contrat passé devant Pain & son confrere, Notaire à Paris, le trente Janvier mil six cent cinquante-huit, entre le feu Duc de Richelieu d'une part, & lesdits Flacourt, Lespine & Boilleau d'autre part, seulement en ce qu'on voudroit en induire une approbation ou une confirmation du contrat passé devant Pain & Daubanton, Notaires à Paris, le vingt-neuf Mai mil six cent cinquante-cinq, au surplus adjuger au Maréchal Duc de Richelieu les conclusions qu'il a prises en l'instance contre les héritiers Dartaguette, & les condamner aux dépens; au bas de laquelle requête est l'Ordonnance de notredite Cour qui a réservé d'y faire droit; Requête dudit Damas audit nom, du dix

Juin mil sept cent cinquante-cinq, contenant demande à ce qu'il plût à notredite Cour déclarer, en tant que besoin est ou seroit, nul & de nul effet, le contrat du trente Janvier mil six cent cinquante-huit, entre le Duc de Richelieu d'une part, & lesdits Flacourt, Lespine & Boileau d'autre part seulement, en ce que l'on voudroit induire dudit contrat une approbation ou une confirmation du contrat du vingt-neuf Mai mil six cent cinquante-cinq; au surplus adjuger audit Damas, audit nom, les conclusions qu'il a prises en l'instance, contre lesdits héritiers Dartaguette, & les condamner aux dépens, au bas de laquelle requête est l'Ordonnance de notredite Cour, qui a réservé d'y faire droit en jugeant; Production nouvelle du Maréchal Duc de Richelieu, contre Barthelemi-Jean Nouveau, par requête du seize Décembre mil sept cent quarante-cinq; Requête de la veuve Barthelemi Nouveau du trois Juillet mil sept cent quarante-sept, d'emploi pour contredit contre la susdite production nouvelle; acte de reprise d'instance faite au Greffe de notredite Cour le vingt Décembre mil sept cent quarante-six, par Claude-Madelaine Saintard, veuve de Barthelemi Nouveau, au nom & comme tutrice & gardienne Noble de Barthelemi-Antoine Nouveau son fils mineur, seul & unique héritier pur & simple de Barthelemi-Jean Nouveau son ayeul, au lieu & place dudit défunt Barthelemi-Jean Nouveau; Requête dudit Damas tuteur à la substitution du trente Juin mil sept cent quarante-sept, contenant demande à ce qu'en augmentant les conclusions par lui ci-devant prises, il plût à notredite Cour, déclarer à l'égard de ladite Nouveau ès noms & qualités qu'elle procède le contrat du vingt-neuf Mai mil six cent cinquante-cinq, nul & de nul effet, comme contenant l'aliénation d'une place reservée qui appartenoit à la substitution; en conséquence condamner ladite Nouveau esdits noms, à se désister & départir de la possession & jouissance du fonds & superficie d'une maison, cour, bâtimens & dépendances, sise en la ville de Paris rue de Richelieu, tenante du côté du midi à la maison des nommés Dionis, du côté de l'orient au Jardin du Palais Royal, & du côté du couchant à ladite rue de Richelieu; ladite maison construite sur la première place reservée par le Cardinal de Richelieu dans l'arrentement qu'il a fait à Louis le Barbier par le contrat du dix-sept Mars mil six cent trente-six, & faisant partie des biens qui se sont trouvés dans la succession du Cardinal de Richelieu, substitués par son testament du vingt-trois Mai mil six cent quarante-deux, & vendus par le feu Duc de Richelieu pere à Charles Flacourt, par le susdit contrat passé devant Pain & son confrere, Notaires à Paris, le 29 Mai 1655; condamner pareillement ladite Nouveau esdits noms, à laisser audit Damas la libre propriété, possession & jouissance de ladite maison, sauf au Maréchal Duc de Richelieu, à prendre des conclusions, si fait n'a été, pour la restitution des fruits & revenus; donner acte audit Damas audit nom, des offres qu'il faisoit en ce qui pourroit le concerner de tenir compte des impenses & améliorations, si aucunes sont justifiées avoir été faites dans ladite maison, comme aussi de tenir compte à ladite Nouveau des sommes qu'elle justifiera avoir été employées par ses Auteurs sur le prix du contrat de mil six cent cinquante-cinq, au payement des dettes de la succession du Cardinal de Richelieu; condamner ladite Nouveau en tous les dépens; au bas de laquelle requête, employée pour avertissement, écritures & production sur icelle, est l'Ordonnance de notredite Cour, qui l'a réglée en droit & joint, & donne acte de l'emploi y porté; Requête de la veuve Nouveau des trois & huit Juillet mil sept cent quarante-sept, d'emploi pour défenses, écritures, production, même pour contredits en exécution de la susdite Ordonnance; production nouvelle de ladite veuve Nouveau ès noms, par requête du douze Juillet mil sept cent quarante-sept, contenant demande à ce qu'il plût à notredite Cour, en lui adjugeant les conclusions prises en l'instance par ledit Nouveau, donner acte à ladite veuve Nouveau de ce qu'elle sommoit & dénonçoit au Maréchal Duc de Richelieu la demande en garantie formée par ledit feu Nouveau, contre le nommé Moriceau son garant, & les autres procédures & poursuites faites contre ce même garant, & condamner le Maréchal Duc de Richelieu, en tous les dépens faits en ladite instance contre lui, le tuteur à la substitution, le garant de ladite Nouveau & autres, tant en défendant, demandant, que des sommations, au bas de laquelle requête est l'Ordonnance de notredite Cour, qui a réservé d'y faire droit en jugeant; Requête du Maréchal Duc de Richelieu du treize Juillet mil sept cent quarante-sept, employée pour contredits contre la susdite production nouvelle, & défenses à la susdite demande; requête du Maréchal Duc de Richelieu du quinze Mai mil sept cens cinquante-cinq, contenant demande à ce qu'il plût à notredite Cour déclarer, en tant que besoin est, ou seroit, nul & de nul effet, le contrat passé devant Pain & son confrere, Notaires à Paris le trente Janvier mil six cent cinquante-huit, entre le feu Duc de Richelieu d'une part, & lesdits Flacourt, Lespine & Boileau d'autre part, seulement en ce que l'on voudroit en induire une approbation ou une confirmation du contrat passé devant Pain & Daubanton, Notaires à Paris, le 29 Mai mil six cent cinquante-cinq; au surplus adjuger au Maréchal Duc de Richelieu, les conclusions qu'il a prises en l'instance contre ladite veuve Nouveau, & la condamner aux dépens; au bas de laquelle requête est l'Ordonnance de notredite Cour, qui a réservé d'y faire droit en jugeant; Requête de ladite veuve Nouveau du seize Mai mil sept cent cinquante-cinq, d'emploi pour fins de non-recevoir & défenses contre la susdite demande; Requête dudit Damas audit nom du dix Juin mil sept cent cinquante-cinq, contenant demande à ce qu'il plût à notredite Cour déclarer, en tant que besoin est ou seroit, nul & de nul effet, le contrat passé devant Pain & son confrere, Notaires à Paris, le trente Janvier mil six cent cinquante-huit, entre le feu Duc de Richelieu d'une part, & lesdits Flacourt, Lespine & Boileau d'autre part, seulement en ce que l'on voudroit induire dudit contrat une approbation ou une confirmation de celui du vingt-neuf Mai mil six cent cinquante-cinq; au surplus adjuger audit Damas audit nom les conclusions qu'il a prises en l'instance contre ladite veuve Nouveau, & la condamner aux dépens; au bas de laquelle requête est l'Ordonnance de notredite Cour, qui a réservé d'y faire droit en jugeant; Requête de ladite Nouveau du onze Juin mil sept cent cinquante-cinq, d'emploi pour fins de non-recevoir, & défenses contre la susdite demande; Requête de ladite veuve Nouveau & son fils du vingt-trois Juillet mil sept cent cinquante-cinq, employée pour plus amples fins de non-recevoir, & défenses contre les demandes du Maréchal Duc de Richelieu, & contenant demande à ce qu'il plût à notredite Cour déclarer le Maréchal Duc de Richelieu purement & simplement non-recevable en toutes ses demandes & prétentions, où en tous cas l'en débouter; au surplus adjuger à ladite veuve Nouveau & son fils les conclusions par eux prises en l'instance, & condamner le Maréchal Duc de Richelieu en tous les dépens; au bas de laquelle requête est l'Ordonnance de notredite Cour, qui a réservé de faire droit sur la susdite requête en jugeant; Production nouvelle du Maréchal Duc de Richelieu, contre les nommés Dionis &

veuve Desplaces, par requête du dix-huit Décembre mil sept cent quarante-cinq ; Sommation faite à la requête du Maréchal Duc de Richelieu auxdits Dionis & veuve Desplaces, de fournir de contredits contre la susdite production nouvelle ; acte de reprise d'instance faite au Greffe de notredite Cour le trente Avril mil sept cent quarante-six, par Catherine-Françoise, Marie-Victoire, & Marie-Anne Dionis, toutes trois filles majeures, héritieres par bénéfice d'inventaire, chacune pour un tiers, de défunt François Dionis, Notaire au Châtelet de Paris, leur pere, au lieu & place dudit feu leur pere ; Production nouvelle desdites Dionis, filles majeures, par requête du neuf Mai mil sept cent quarante-six ; contredits fournis par le Maréchal Duc de Richelieu, le premier Mars mil sept cent quarante-sept contre la susdite production nouvelle ; Requête du Maréchal Duc de Richelieu du six Juin mil sept cent quarante-six, contenant demande à ce qu'il plût à notredite Cour en réformant & augmentant aux conclusions par lui prises contre la veuve Desplaces, il plût à notredite Cour déclarer le contrat du vingt-neuf Mai mil six cens cinquante cinq, nul & de nul effet : ce faisant, condamner ladite veuve Desplaces à se désister & départir du fonds, propriété & jouissance de la rente fonciere dont la maison, à elle appartenante est chargée, à raison de trente-trois livres dix sols par chaque toise de face, sur sept toises de profondeur seulement, conformément au contrat d'arrentement fait par feu le Cardinal de Richelieu à Louis le Barbier le dix-sept Mars mil six cent trente-six, de la place sur laquelle ladite maison est bâtie ; laquelle rente fait partie de celle de huit mille deux cent huit livres six sols huit deniers, qui appartenoit à la substitution au jour du décès du Cardinal de Richelieu ; & a été vendue avec d'autres biens auxdits Flacourt, Lespine & Boileau, par le feu Duc de Richelieu pere par le susdit contrat du 29 Mai 1655 ; ordonner que ladite maison sera & demeurera chargée à l'avenir de ladite rente à raison de trente-trois livres dix sols un denier par chaque toise de face sur la rue de Richelieu, remboursable sur le pied du denier vingt-quatre ; ordonner que dans huitaine, à compter du jour de la signification de l'Arrêt qui interviendra à domicile, ladite veuve Desplaces sera tenue de passer titre nouvel & reconnoissance de ladite rente, sinon & ledit tems passé, que l'Arrêt vaudra titre nouvel & reconnoissance ; condamner en outre ladite veuve Desplaces à payer au Marechal Duc de Richelieu les arrérages de ladite rente, à compter du dix Mai 1715 ; jour du décès du Duc de Richelieu pere, tems auquel la substitution s'est trouvée ouverte à son profit, en ses dommages - intérêts soufferts & à souffrir & en tous les dépens, aux offres ci - devant faites par le Maréchal Duc de Richelieu, & qu'il réitere de tenir compte à ladite veuve Desplaces de ce qui a pû être légitimement payé par elle ou par ses auteurs à la décharge de la succession du Cardinal de Richelieu ; sur le prix du contrat de 1615 ; au bas de laquelle Requête, employée pour avertissement, écritures & production sur icelle, est l'ordonnance de notredite Cour qui l'a réglée en droit & joint, & donné acte de l'emploi y porté : Sommation faite à la requête du Maréchal Duc de Richelieu à ladite veuve Desplaces, de satisfaire à la susdite ordonnance : Requête dudit Damas tuteur à la substitution du six Juin 1746, contenant demande à ce qu'en réformant & augmentant les conclusions par lui prises contre lesdits Dionis & veuve Desplaces, il plût à notredite Cour déclarer le contrat du vingt-neuf Mai 1655, nul & de nul effet ; ce faisant ; condamner la veuve Desplaces & ledit Dionis à se désister du fonds ; propriété & jouissance de la rente fonciere dont la maison à eux appartenante est chargée, à raison de trente-trois livres dix sols un denier par chaque toise de face, sur sept toises de profondeur seulement, faisant ladite rente partie de celle de huit mille deux cens huit livres six sols huit deniers, qui appartenoit à la substitution au jour du décès du Cardinal de Richelieu ; ordonner que la maison de ladite veuve Desplaces & desdits Dionis, sera & demeurera chargée à l'avenir de ladite rente à raison de trente-trois livres dix sols un denier par chaque toise de face sur la rue de Richelieu, remboursable sur le pied du denier vingt-quatre ; ordonner que dans huitaine, à compter du jour de la signification de l'Arrêt à domicile, ladite veuve Desplaces & lesdits Dionis, seront tenus de passer titre nouvel & reconnoissance, sinon que l'Arrêt vaudra titre ; condamner en outre ladite veuve Desplaces & lesdits Dionis à payer les arrérages de ladite rente depuis l'ouverture de la substitution au profit du Marechal Duc de Richelieu, & où notredite Cour jugeroit que le fonds des dix-huit places non bâties en 1655, & sur partie desquelles est construite la maison de ladite veuve Desplaces & autres appartenoit à la substitution, en ce cas condamner ladite veuve Desplaces & autres à se désister du fond, propriété & jouissance de ladite maison, à en restituer les jouissances depuis le dix Mai mil sept cent quinze, & les condamner en tous les dépens, aux offres qui ont toujours été faites de tenir compte de ce qui a pû être légitimement payé à la décharge de la succession du Cardinal de Richelieu ; au bas de laquelle Requête, employée pour avertissement, écritures & production sur icelle, est l'Ordonnance de notredite Cour qui l'a réglée en droit & joint, & donné acte de l'emploi y porté : Sommation faite à la requête dudit Damas audit nom auxdits Dionis & veuve Desplaces, de satisfaire à la susdite Ordonnance : Requête du Maréchal Duc de Richelieu du dix Juin 1746, contenant demande à ce qu'en réformant & augmentant les conclusions par lui prises contre Augustin-Jerôme Dionis & consorts propriétaires d'une maison sise rue de Richelieu ; tenant à celle de la nommée Nouveau, il plût à notredite Cour déclarer le contrat du vingt-neuf Mai 1655 ; nul & de nul effet ; ce faisant, condamner ledit Augustin - Jerôme Dionis & ses consorts à se désister de la propriété & jouissance du sol, fond & superficie de trois toises de face sur sept toises de profondeur ; faisant partie de la maison à lui appartenante, sise rue de Richelieu, tenant du côté du midi à ladite Nouveau, du côté du nord à ladite Desplaces, lesquelles trois toises de face sur sept de profondeur, composoient avec la maison de ladite Nouveau, la premiere place réservée par le contrat de 1636 ; à laisser au Maréchal Duc de Richelieu la propriété & jouissance de ladite maison jusqu'à concurrence desdites trois toises de face sur sept de profondeur, & à en restituer les revenus & jouissances audit Maréchal Duc de Richelieu depuis le dix Mai 1715, jour de l'ouverture de la substitution à son profit, & ce suivant l'estimation qui en sera faite par experts convenus ou nommés d'office ; & à l'égard du surplus de la maison desdits Dionis, les condamner à se désister du fonds, propriété & jouissance de ladite rente fonciere, dont le surplus de ladite maison est chargé, à raison de trente-trois livres dix sols un denier par chaque toise de face sur sept toises de profondeur seulement, conformément au contrat d'arrentement fait par le Cardinal de Richelieu à Louis le Barbier le dix-sept Mars 1636, de la place sur laquelle, partie de ladite maison est bâtie ; laquelle rente fait partie de celle de huit mille deux cens huit livres six sols huit deniers qui appartenoit à la substitution au jour du décès du Cardinal de Richelieu, a été vendue avec d'autres biens auxdits Flacourt, Lespine & Boileau, par feu le Duc de Richelieu pere suivant le susdit contrat du vingt-neuf Mai 1655, ordonner que ladite maison, pour ce qui en est sujet à la rente, sera & demeurera chargée de ladite rente, à raison de

trente-huit

trente-trois livres dix sols un denier par chaque toise de face sur la rue de Richelieu, remboursable sur le pied du denier vingt-quatre ; ordonner que dans huitaine, à compter du jour de la signification de l'Arrêt qui interviendra à domicile, ledit Dionis & consorts seront tenus de passer titre nouvel & reconnoissance de ladite rente au profit du Maréchal Duc de Richelieu, sinon & ledit tems passé, que ledit Arrêt vaudra titre nouvel & reconnoissance ; condamner en outre ledit Dionis & consorts à payer au Maréchal Duc de Richelieu les arrérages de ladite rente, à compter du dix Mai 1716, 1715, jour du décès du Duc de Richelieu pere, & de l'ouverture de la substitution au profit du Maréchal Duc de Richelieu, en ses dommages-intérêts soufferts & à souffrir & en tous les dépens, aux offres ci-devant faites par le Maréchal Duc de Richelieu, & qu'il réitere de tenir compte auxdits Dionis & consorts, de ce qui a pû être légitimement payé par eux ou par leurs auteurs à la décharge de la succession du Cardinal de Richelieu, sur le prix du contrat de 1655 ; au bas de laquelle requête, employée pour avertissement, écritures & production sur icelle, est l'Ordonnance de notredite Cour qui l'a réglée en droit & joint, & donné acte de l'emploi y porté : Sommation faite à la requête du Maréchal Duc de Richelieu auxdits Dionis & consorts de satisfaire à la susdite Ordonnance : Requête dudit Damas, tuteur à la substitution du onze Juin 1746, contenant demande à ce qu'en réformant & augmentant les conclusions par lui prises contre les héritiers dudit Dionis Notaire, & contre Augustin-Jerôme Dionis & consorts, il plût à notredite Cour déclarer le contrat du vingt-neuf Mai 1655, nul & de nul effet ; ce faisant, condamner lesdits Dionis à se désister & départir de la propriété, possession & jouissance du sol, fond & superficie de la maison à eux appartenante rue de Richelieu, tenante du côté du midi à ladite Nouveau, & du nord à la veuve Desplaces, jusqu'à concurrence de trois toises de face sur sept toises de profondeur seulement, lesquelles trois toises de face, sur sept de profondeur, font partie de la place réservée par le Cardinal de Richelieu, par le contrat passé entre Louis le Barbier le dix-sept Mars 1636 ; condamner en outre lesdits Dionis à laisser audit Damas audit nom, la libre propriété de ladite maison pour ce qui concerne lesdites trois toises de face sur sept de profondeur, & à en restituer les loyers & jouissance depuis l'ouverture de la substitution, suivant l'estimation qui en sera faite, & pour ce qui concerne le surplus de ladite maison, condamner lesdits Dionis à se désister du fond, propriété & jouissance de la rente fonciere, dont le surplus de ladite maison est chargée, à raison de trente-trois livres dix sols un denier par chaque toise de face, sur sept toises de profondeur seulement, faisant ladite rente partie de celle de huit mille deux cens huit livres six sols huit deniers, qui appartenoit à la substitution au jour du décès du Cardinal de Richelieu ; ordonner que ladite maison desdits Dionis, pour ce qui est sujet à ladite rente, sera & demeurera chargée à l'avenir de ladite rente, à raison de trente-trois livres dix sols un denier par chaque toise de face sur la rue de Richelieu, remboursable sur le pied du denier vingt-quatre ; ordonner que dans huitaine, à compter du jour de la signification de l'Arrêt qui interviendra à domicile, lesdits Dionis & consorts seront tenus de passer titre nouvel & reconnoissance de ladite rente au profit dudit Damas audit nom ; sinon que l'Arrêt qui interviendra vaudra titre nouvel & reconnoissance : condamner en outre lesdits Dionis à payer les arrérages de ladite rente depuis l'ouverture de la substitution au profit du Maréchal Duc de Richelieu, & où notredite Cour jugeroit que la substitution étoit propriétaire des dix-huit places non bâties en 1655, & sur partie desquelles est bâtie & construite la maison desdits Dionis & consorts, en ce cas les condamner à se désister & départir du fonds, propriété & jouissance du sol, fonds & superficie de la maison, à en rembourser les jouissances, ainsi que ledit Damas audit nom y a ci-devant conclu, & les condamner en tous les dépens, aux offres qui ont toujours été faites de tenir compte audit Dionis & consorts, de ce qui a pû être légitimement payé par eux ou leurs auteurs, à la décharge de la succession du Cardinal de Richelieu, au bas de laquelle requête, employée pour avertissement, écritures & production sur icelle, est l'Ordonnance de notredite Cour, qui l'a réglée en droit & joint, & donné acte de l'emploi y porté ; Requête des héritiers Dionis du sept Juillet 1746, employée pour défenses aux demandes portées par les requêtes du Maréchal Duc de Richelieu, des six & dix Juin 1746, & dudit Damas audit nom, des six & onze dudit mois, ensemble pour avertissement, écritures & production en exécution desdites Ordonnances : Requête du Maréchal Duc de Richelieu du vingt-un Février 1747, d'emploi pour contredits contre les emplois de production portés par la susdite Requête des héritiers Dionis du sept Juillet 1746 : Production nouvelle desdits héritiers Dionis, par Requête du neuf Juillet 1746 : Contredits fournis par le Maréchal Duc de Richelieu le deux Mars 1747, contre la susdite production nouvelle : Requête de ladite veuve Desplaces du cinq Juin mil sept cent quarante-sept, contenant demande à ce qu'il plût à notredite Cour lui donner acte de ce qu'en qualité d'héritiere de ses pere & mere, elle détemptrice d'une maison sise rue de Richelieu, échue à sesdits pere & mere par le premier lot de partage des successions de Pierre Dionis & Anne Baudin, ayeux communs, elle contresommoit & dénonçoit audit Augustin-Jerôme Dionis fils, & héritier en partie de Me. François Dionis Notaire, & en cette qualité détempteur de portion d'autre maison sise rue de Richelieu, joignant celle de ladite veuve Desplaces, & échûe audit François Dionis au deuxiéme lot du même partage, à ce qu'il eût la faire cesser comme garant, aux termes dudit partage, des effets compris au premier lot, & par conséquent de l'action formée par le Maréchal Duc de Richelieu, contre ladite veuve Desplaces, sinon & à faute de ce faire, condamner ledit Augustin-Jerôme Dionis aux dommages-intérêts de ladite veuve Desplaces à donner par déclaration, & en tous les dépens ; au bas de laquelle requête est l'ordonnance de notredite Cour qui a réservé d'y faire droit en jugeant : Requête du Maréchal Duc de Richelieu du neuf Décembre 1712, contenant demande à ce qu'en rectifiant, reformant & augmentant en tant que besoin est ou seroit les conclusions par lui ci-devant prises contre les héritiers Dionis, & contre ladite veuve Desplaces, il plût à notredite Cour faisant droit sur ses demandes, & sans s'arrêter aux Requêtes desdits Dionis & Desplaces, dont ils seront déboutés, déclarer le contrat passé devant Me Parque & son Confrere, Notaires à Paris, le vingt-neuf Mai 1655, nul & de nul effet ; en conséquence condamner purement & simplement ladite veuve Desplaces & lesdits héritiers Dionis à se désister & départir au profit du Maréchal Duc de Richelieu, comme appellé à la substitution portée par le testament du Cardinal de Richelieu, de la propriété, possession & jouissance d'une maison sise en cette ville de Paris rue de Richelieu, circonstances & dépendances, ladite maison faisant actuellement deux maisons & contenant douze toises de face, tenant du côté du midi à la maison dudit Nouveau, du côté du nord à la maison qui appartient aux héritiers Corneille, du côté de l'orient au jardin du Palais Royal, & du côté du couchant à la rue de Richelieu, laquelle maison divisée en deux, se trouve construite ; sçavoir pour trois toises de face sur une partie de la premiere des trois places réservées par le contrat du dix-sept Mars 1636, & pour les neuf autres toises de face sur une partie du second emplacement vendu par le contrat du vingt-neuf Mai 1755 ; condamner pareillement lesdits Dionis & ladite veuve Desplaces à rendre au Maréchal Duc de Richelieu ladite maison, circonstances & dépendances, même à lui restituer les fruits & revenus de ladite maison depuis le 10 Mai 1715, jour du décès du Duc de Richelieu pere, & tems auquel la substitution s'est trouvée ouverte au profit du Maréchal Duc de Richelieu, & ce à dire d'experts dont les parties conviendront devant le Conseiller Rapporteur, ou qui seront par lui pris & nommés d'office, ou sur la représentation des baux que lesdits Dionis seront tenus d'en faire ; donner acte au Marechal Duc de Richelieu des offres qu'il fait de tenir compte auxdits héritiers Dionis & à ladite veuve Desplaces sur les fruits & revenus de ladite maison des impenses & améliorations, si aucunes ont été faites dans icelles depuis l'ouverture de la substitution jusqu'à la dépossession desdits héritiers Dionis & de ladite veuve Desplaces, & ce suivant l'estimation qui en sera faite par les mêmes experts convenus ou nommés d'office qui procéderont à la liquidation des fruits & revenus de ladite maison ; donner pareillement acte au Marechal Duc de Richelieu des offres qu'il a toujours faites & qu'il réitere de tenir compte auxdits héritiers Dionis & à la veuve Desplaces des sommes qu'ils justifieront avoir été employées soit par eux soit par ceux qu'ils représentent sur le prix de l'acquisition faite par Flacourt, de Lespine & Boileau, par le contrat de 1655, au payement des dettes de la succession du Cardinal de Richelieu ; condamner en outre ladite veuve Desplaces & lesdits héritiers Dionis en des dommages-intérêts envers le Maréchal Duc de Richelieu, & en tous les dépens, au bas de laquelle requête employée pour avertissement, écritures & production sur icelle, est l'Ordonnance de notredite Cour qui l'a réglée en droit & joint, & donne acte de l'emploi porté ; sommation faite à la requête du maréchal duc de Richelieu, aux héritiers Dionis & à la veuve Desplaces de satisfaire à la susdite Ordonnance ; requête dudit Damas audit nom du quinze Mars 1753, contenant demande à ce qu'en rectifiant & réformant en tant que besoin est ou seroit, les conclusions par lui prises contre les héritiers Dionis, il plût à notredite Cour faisant droit sur les demandes dudit Damas audit nom & sans s'arrêter aux requêtes desdits héritiers Dionis, dont ils seront déboutés, déclarer le contrat du vingt-neuf Mai 1655, nul & de nul effet ; en conséquence condamner purement & simplement lesdits Dionis à se désister & départir au profit dudit Damas audit nom, comme tuteur à la substitution portée par le testament du Cardinal de Richelieu de la propriété, possession & jouissance d'une maison sise en la ville de Paris rue de Richelieu, circonstances & dépendances, tenant ladite maison du côté du midi à celle dudit Nouveau, du côté du nord à celle des héritiers de la veuve Desplaces, du côté de l'orient au jardin du Palais-Royal, & du côté du couchant à la rue de Richelieu, laquelle maison se trouve construite sur une partie des cinq emplacemens à bâtir dans la rue de Richelieu & vendus par le contrat du vingt-neuf Mai 1655, condamner pareillement lesdits héritiers Dionis, rendre & laisser audit Damas audit nom lesdites maisons & emplacemens, circonstances & dépendances ; donner acte audit Damas audit nom, de ce qu'en tant que besoin est ou seroit, il adhere aux conclusions prises par le Maréchal Duc de Richelieu contre lesdits héritiers Dionis pour la restitution des fruits & revenus de ladite maison depuis le dix Mai 1715 jour du décès du Duc de Richelieu pere, comme aussi de ce qu'il adhere aux offres faite par le Maréchal Duc de Richelieu de tenir compte des impenses & améliorations qui auront été pareillement faites dans ladite maison & des sommes que lesdits héritiers Dionis justifieront avoir été employées soit par eux soit par ceux qu'ils représentent sur le prix de l'acquisition primitive faite par Flacourt, Lespine & Boilleau, par le contrat du vingt-neuf Mai 1655, au payement des dettes de la succession du Cardinal de Richelieu ; condamner lesdits héritiers Dionis, en des dommages-intérêts & en tous les dépens, au bas de laquelle requête employée pour avertissement, écritures & production sur icelle est l'Ordonnance de notredite Cour qui l'a réglée en droit & joint, & donné acte de l'emploi y porté ; sommation faite à la requête dudit Damas audit nom aux héritiers Dionis de satisfaire à la susdite Ordonnance ; requête du Maréchal Duc de Richelieu du quinze Mai 1755, contenant demande à ce qu'il plût à notredite Cour déclarer en tant que besoin est ou seroit, nul & de nul effet, le contrat passé devant Pain & son confrere, Notaires à Paris, le trente Janvier 1658 entre le feu Duc de Richelieu d'une part, & lesdits Flacourt, Lespine & Boilleau d'autre part seulement, en ce que l'on voudroit en induire une approbation ou une confirmation du contrat passé devant Pain & Daubanton, Notaires à Paris, le vingt-neuf Mai mil six cens cinquante-cinq, au surplus adjuger au Maréchal Duc de Richelieu les conclusions qu'il a prises en l'instance contre lesdits Dionis & consorts, & les condamner aux dépens ; au bas de laquelle requête est l'Ordonnance de notredite Cour, qui a réservé d'y faire droit en jugeant ; Requête dudit Damas audit nom, du dix Juin 1755, contenant demande à ce qu'il plût à notredite Cour déclarer en tant que besoin est ou seroit, nul & de nul effet le contrat passé devant Pain & son confrere, Notaires à Paris, le trente Janvier 1658, entre le feu Duc de Richelieu d'une part, & lesdits Flacourt, Lespine & Boileau d'autre part, seulement en ce que l'on voudroit induire dudit contrat une approbation ou une confirmation du contrat du vingt-neuf Mai 1655 ; au surplus adjuger audit Dumas audit nom, les conclusions qu'il a prises en l'instance contre lesdits héritiers Dionis, & les condamner aux dépens ; au bas de laquelle requête est l'Ordonnance de notredite Cour, qui a réservé d'y faire droit en jugeant ; Production nouvelle du Maréchal Duc de Richelieu, contre Jean-Charles Corneille, par requête du seize Décembre 1745 ; acte de reprise fait au Greffe de notredite Cour le trente Janvier 1747, par Agard Destureaux, comme héritier bénéficaire dudit Corneille ; Requête dudit Destureaux du trois Juillet 1747, d'emploi pour contredits contre la production nouvelle du Maréchal Duc de Richelieu, faite par requête du seize Décembre 1745 ; Requête du Maréchchal Duc de Richelieu du vingt-cinq Mai 1746 contenant demande à ce qu'en reformant les conclusions par lui prises contre ledit Corneille, il plût à notredite Cour déclarer le contrat du vingt-neuf Mai 1655, nul & de nul effet : ce faisant, condamner ledit Corneille à se désister & départir du fond de propriété & jouissance de la rente fonciere dont la maison, à lui appartenante, est chargée à raison de trente-trois livres dix sols un denier par chaque toises de face sur sept toises de profondeur, seulement conformément au contrat d'arrantement fait par feu le Cardinal de Richelieu à Louis le Barbier, le dix-sept Mars 1636, de la place sur laquelle ladite maison est bâtie, laquelle rente fait partie de celle de huit mille deux cens huit livres six sols huit deniers, qui appartenoit à la substitution au jour du décès du Cardinal de Richelieu, & qui a été vendue avec d'autres biens auxdits Flacour, Lespine & Boileau, par feu le Duc de Richelieu pere, par le susdit contrat du 29 Mai 1755 ; ordonner que ladite maison sera & demeurera chargée à l'avenir de ladite rente, à raison de 33 liv. dix sols un den. par chaque toise de face sur la rue de Richelieu, remboursable sur le pied du denier vingt-quatre ; ordonner que dans huitenu, y à compter du jour de la fignification de l'Arrêt qui interviendra à domicile, ledit Corneille fera tenu de paffer titre nouvel & reconnoiffance dé ladite rente, finon, & ledit temps paffé, que l'Arrêt vaudra titre nouvel; condamner en outre ledit Corneille à payer audit Maréchal Duc de Richelieu, les arrérages de ladite rente, à compter du dix Mai 1715, jour du décès du Duc de Richelieu pere, temps auquel la fubftitution s'eft trouvée ouverte au profit du Maréchal Duc de Richelieu, en fes dommages-intérêts, foufforts & à fouffrir, & en tous les dépens, aux offres ci-devant faites par le Maréchal Duc de Richelieu, & qu'il réitere de tenir compte audit Corneille, de ce qui a pû être légitimement payé par lui ou par fes auteurs, à la décharge de la fucceffion du Cardinal de Richelieu fur le prix du con-trat de 1655; au bas de laquelle requéte, employée pour avertiffement, écritures & production fur icelle, eft l'Ordonnance de notredite Cour, qui l'a réglée en droit & joint, & donné acte de l'emploi y porté; Sommation faite à la requête du Maréchal Duc de Richelieu audit Corneille, de fatisfaire à la fufdite Ordonnance; requête dudit Damas, tuteur à la fubftitution du fix Juin 1746, contenant demande à ce qu'en reformant & augmentant les conclufions par lui prifes, il plût à notredite Cour déclarer le contrat de 1655, nul & de nul effet : ce faifant, condamner ledit Corneille à fe défifter du fonds, pro-priété & jouiffance de la rente fonciere dont la maifon, à lui appartenante, eft chargée à raifon de trente-trois-livres-dix fols un denier, par chaque toife de face, fur fept de profondeur feulement, faifant ladite rente partie de celle de huit mille deux cent huit livres fix fols huit deniers, qui appartenoit à la fubftitution au jour du décès du Cardinal de Richelieu, ordonner que ladite maifon dudit Corneille fera & demeurera chargée de ladite rente, à raifon de trente-trois livres dix fols un denier par chaque toife de face fur la rue de Richelieu, rembourfable fur le pied du denier 14; ordonner que dans huaine, à compter du jour de la fignification de l'Arrêt à domicile, ledit Corneille fera tenu de paffer titre nouvel & recon-noiffance de ladite rente, finon que l'Arrêt vaudra titre nouvel; condamner en outre ledit Corneille à payer les arrérages de ladite rente depuis l'ouverture de la fubftitution au profit du Maréchal Duc de Ri-chelieu, & où notred. Cour jugeroit que le fonds des 18 places bâties en 1655, & partie defquelles eft construi-te la maifon dedit Corneille, appartenoit à la fubftitution; en ce cas condamner ledit Corheille à fe défift-er du fond, propriété & jouiffance de ladite maifon, à en reftituer les jouiffances depuis le dix Mai 1715, & le condamner en tous les dépens aux offres qui ont toujours été faites de tenir compte de ce qui a pû être légitimement payé à la décharge de la fucceffion du Cardinal de Richelieu ; au bas de laquelle requête employée pour avertiffement, écritures & production fur icelle, eft l'Ordonnance de notrédite Cour qui l'a réglée en droit & joint, & donné acte de l'emploi y porté; fommation faite à la requête dudit Damas audit nom, audit Corneille de fatisfaire à la fufdite Ordonnance; requéte du Maréchal Duc de Richelieu du neuf Décembre 1751 contenant demande, à ce qu'en rectifiant, augmentant & réformant en tant que befoin eft ou feroit, les conclufions par lui ci-devant prifes contre ledit Corneille, il plût à notredite Cour faifant droit fur les demandes du Maréchal Duc de Richelieu, & fans s'arrêter aux re-quêtes du nommé Agard Deftureaux, qui a repris par acte du trente Janvier 1747 au lieu & place & comme héritier bénéficiaire dudit Corneille, defquelles requêtes ils feront déboutés, déclarer le contrat paffé devant Me Parque & fon Confrere, Notaires à Paris, le vingt-neuf Mai 1755, nul & de nul effet; en conféquence condamner purement & fimplement ledit Agard Deftureaux ès noms, à fe défifter au profit du Maréchal Duc de Richelieu, appellé à la fubftitution portée par le teftament du Cardinal de Richelieu de la propriété, poffeffion & jouiffance d'une maifon fife en la ville de Paris rue de Richelieu, circonftances & dépendances, tenant ladite maifon du côté du midi à la maifon qui appartient aux hé-ritiers Dionis, du nord à celle qui appartient aux héritiers de la veuve Laifné, du côté de l'orient au jardin du Palais-Royal, & du côté du couchant à la rue de Richelieu, laquelle maifon fe trouve conftruite fur une partie du fecond emplacement vendu & aliéné par le contrat du vingt-neuf Mai 1655, condam-ner pareillement ledit Deftureaux à rendre au Maréchal Duc de Richelieu ladite maifon & dépendances, même à lui reftituer les fruits & revenus de ladite maifon depuis le dix Mai 1715 jour du décès du Duc de Richelieu pere, & tems auquel la fubftitution s'eft trouvée ouverte au profit du Marechal Duc de Richelieu, & ce à dire d'Experts dont les parties conviendront devant le Confeiller-Rapporteur ou qui feront par lui nommés d'office, foit fur la repréfentation des baux que ledit Deftureaux fera tenu d'en faire; donner acte au Maréchal Duc de Richelieu des offres qu'il fait de tenir compte audit Deftureaux fur les fruits & revenus de ladite maifon des impenfes & améliorations fi aucunes ont été faites dans ladite maifon depuis l'ouverture de la fubftitution jufqu'à la dépoffeffion dudit Deftureaux, & ce fuivant l'efti-mation qui en fera pareillement faite par les mêmes Experts convenus ou nommés d'office, qui pro-céderont à la liquidation des fruits & revenus de ladite maifon; donner pareillement acte au Maréchal duc de Richelieu, des offres qu'il a toujours faites & qu'il réitere de tenir compte audit Deftureaux des fom-mes qu'il juftifiera avoir été employées, foit par lui foit par ceux qu'il repréfente fur le prix de l'acqui-fition faite par de Lefpine, Flacourt & Boilleau par le contrat de 1655, au payement des dettes de la fuc-ceffion du Cardinal de Richelieu; condamner en outre ledit Deftureaux en des dommages-intérêts en-vers le Maréchal duc de Richelieu & en tous les dépens, au bas de laquelle requête employée pour aver-tiffement, écritures & production fur icelle, eft l'Ordonnance de notredite Cour qui l'a réglée en droit & joint & donné acte de l'emploi y porté; requêtes dudit Deftureaux du vingt Décembre 1752 d'em-ploi pour défenfes, écritures & production, même pour contredits en exécution de la fufdite Ordonnance; requête dudit Damas audit nom du quatorze Mars 1753, contenant demande à ce qu'en rectifiant & ré-formant en tant que befoin eft ou feroit les conclufions par lui prifes contre ledit Agard Deftureaux, il plût à notredite Cour faifant droit fur les demandes dudit Damas, & fans s'arrêter aux requêtes dudit Deftureaux dont il fera débouté, déclarer le contrat du vingt-neuf Mai 1655, nul & de nul effet; en conféquence condamner purement & fimplement ledit Deftureaux à fe défifter & départir au profit du-dit Damas audit nom de la propriété, poffeffion & jouiffance d'une maifon fife en la ville de Paris rue de Richelieu, circonftances & dépendances, tenant ladite maifon du côté du midi à celle qui appartient à la nommée Defplaces du côté du nord à celle dudit Defmary, du côté de l'orient au jardin du Palais-royal, & du côté du couchant à la rue de Richelieu, laquelle maifon fe trouve conftruite fur une partie des cinq emplacemens à bâtir défignés dans la rue de Richelieu & vendus par le contrat du vingt-neuf Mai 1655; condamner pareillement ledit Deftureaux à rendre & laiffer audit Damas audit nom lefdites mai-fons & emplacemens, circonftances & dépendances; donner acte audit Damas de ce qu'en tant que be-

foin eft ou feroit, il adhere aux conclufions prifes par le Maréchal duc de Richelieu contre ledit Deftureaux pour la reftitution des fruits & revenus de la maifon depuis le dix mai mil fept cens quinze, jour du décès du Duc de Richelieu pere, comme auffi de ce qu'il adhere aux offres faites par le Maréchal Duc de Richelieu de tenir compte des impenfes & améliorations qui auront été valablement faites dans ladite maifon, & des fommes que ledit Deftureaux juftifiera avoir été employées, foit par lui, foit par ceux qu'il repréfente, fur le prix de l'acquifition primitive faite par Flacourt, Lefpine & Boilleau, par le contrat du vingt-neuf Mai mil fept cent cinquante-cinq, au payement des dettes de la fucceffion du Cardinal de Richelieu; condamner ledit Deftureaux en des dommages-intérêts, & en tous les dépens, au bas de laquelle requête, employée pour avertiffement, écritures & production fur icelle, eft l'ordonnance de notredite Cour qui l'a regléen endroit & joint, & donné acte de l'emploi y porté; requête dudit Deftureaux du quinze Mars 1753, d'emploi pour défenfes, écritures & production, même pour contredits en exécution de la fufdite ordonnance; requête du Maréchal Duc de Richelieu du dix-huit Mai 1755, contenant demande à ce qu'il plût à notredite Cour déclarer, en tant que befoin eft ou feroit, nul & de nul effet le contrat paffé devant Pain & fon Confrere, Notaires à Paris, le trente Janvier 1658, entre le Duc de Richelieu d'une part, & lefdits Flacourt, Delefpine & Boileau d'autre, feulement en ce que l'on voudroit en induire une approbation ou une confirmation du contrat paffé devant Pain & Daubanton, Notaires à Paris, le vingt-neuf Mai 1655, au furplus adjuger au Maréchal Duc de Richelieu les conclufions qu'il a prifes en l'inftance contre ledit Deftureaux, & le condamner aux dépens, au bas de laquelle requête eft l'ordonnance de notredite Cour, qui a refervé d'y faire droit en jugeant; requête dudit Deftureaux, du vingt-fix Mai 1755, d'emploi pour fins de non-recevoir & defenfes à la fufdite demande; requête dudit Damas, audit nom, du dix Juin 1755, contenant demande à ce qu'il plût à notredite Cour déclarer, en tant que befoin eft ou feroit, le contrat paffé devant Pain & fon confrere, Notaires à Paris, le trente Janvier 1658, entre le feu Duc de Richelieu d'une part, & lefdits Flacourt, Delefpine & Boileau d'autre part, nul & de nul effet, feulement en ce que l'on voudroit induire dudit contrat un approbation ou une confirmation du contrat du vingt-neuf Mai 1655; au furplus adjuger audit Damas, audit nom, les conclufions qu'il a prifes en l'inftance contre ledit Deftureaux, & le condamner aux dépens, au bas de laquelle requête eft l'ordonnance de notredite Cour qui a refervé d'y faire droit en jugeant; requête dudit Deftureaux du onze Juin 1755, d'emploi pour fins de non-recevoir & défenfes à la fufdite demande; requête préfentée en notredite Cour par la veuve Laifné le fix Août 1740, à ce qu'en conféquence de ce qu'elle eft faifie de la demande formée contre ladite veuve Laifné par le Maréchal Duc de Richelieu, il lui fût permis d'y faire affigner aux rifques du Maréchal Duc de Richelieu, Me de Seves de Flecheres, Confeiller en notredite Cour, & Marie-Magdelaine de Marfy fon époufe, & Antoine-Claude de Marfy, Capitaine au Régiment Lyonnois, pour voir dire & ordonner que ladite veuve Laifné auroit acte de la fommation & dénonciation qu'elle leur fait par la préfente requête de ladite demande en défiftement contr'elle formée par le Maréchal Duc de Richelieu, par requête & exploit des quinze, dix-fept Janvier, & neuf Février 1739, du fonds, propriété & jouiffance d'une rente de bail d'héritage de cinq livres deux fols par chaque toife de fuperficie du terrein où a été bâtie la maifon vendue à ladite veuve Laifné par eux & leurs co-héritiers, dans la fucceffion de défunt Baltazard de Marfy leur pere, par contrat du feize Juin 1731, à ce que ladite maifon foit & demeure chargée de ladite rente, le tout ainfi qu'il eft plus au long expliqué dans ladite demande, à ce que lefdits de Seves & lefdits de Marfy n'en ignorent; ce faifant, fe voir folidairement condamner de prendre le fait & caufe de ladite veuve Laifné, faire ceffer la demande du Maréchal Duc de Richelieu, & en faire décharger ladite veuve Laifné, finon de l'acquiter, garantir & indemnifer de toutes les condamnations, fi aucunes inrervenoient contre elle au profit du Maréchal Duc de Richelieu ou autrement, en principaux, arrérages, intérêts, frais & dépens : & fe voir auffi folidairement condamner envers ladite veuve Laifné en tous les dépens, tant en demandant, défendant, que de la fommation & dénonciation, fans néanmoins entendre par ladite veuve Laifné approuver ladite demande du Maréchal Duc de Richelieu; exploit d'affignation donnée en notredite Cour le fix Août 1740, à la requête de ladite veuve Laifné auxdits de Seves & de Marfy, en vertu & aux fins de la fufdite requête; fins de non-recevoir & défenfes fournies le 23 Mars 1751, par lefdits de Flecheres & de Marfy contre la fufdite demande; Arrêt du 27 Mars 1753, par lequel notredite Cour, pour faire droit fur lefdites demandes & défenfes ci-deffus, a appointé les parties en droit & joint à l'inftance, dépens réfervés; production de ladite veuve Laifné en exécution du fufdit arrêt, par requête du 3 Mai 1753, employée pour avertiffement, & contenant demande à ce qu'il plût à notredite Cour lui adjuger les conclufions par elle prifes par fa requête, & exploit du fix Août 1740; & condamner lefdits de Flecheres & de Marfy aux dépens; requête defdits de Flecheres & de Marfy du fix Septembre 1754, employée aux rifques des héritiers Boileau, Delefpine & Flacourt, pour avertiffement, écritures & production, en exécution du fufdit Arrêt; fins de non-recevoir & défenfes à la demande de la veuve Laifné, du fix Août 1740, & contenant demande à ce qu'il plût à notredite Cour débouter ladite veuve Laifné & conforts de toutes leurs demandes, & les condamner aux dépens, même en ceux réfervés par l'Arrêt du 27 Mars 1753, au bas de laquelle requête eft l'ordonnance de notredite Cour qui a donné acte de l'emploi y porté, & réfervé d'y faire droit en jugeant; fommation faite à la requête de ladite veuve Laifné auxdits de Flecheres & de Marfy de fournir de contredits en exécution du fufdit Arrêt; requête du Maréchal Duc de Richelieu du vingt quatre Mai 1746, contenant demande à ce qu'il plût à notredite Cour lui donner acte de ce qu'en réformant & augmentant les conclufions par lui prifes contre ladite veuve Laifné, il concluoit à ce qu'il plût à notredite Cour déclarer le contrat du vingt-neuf Mai 1655 nul & de nul effet; ce faifant, condamner ladite dame à fe départir du fonds, propriété & jouiffance de la rente fonciere dont la maifon à elle appartenante eft chargée, à raifon de trente-trois livres dix fols un denier par chaque toife de face fur fept toifes de profondeur, feulement conformément au contrat d'arrentement fait par le feu Cardinal de Richelieu à Louis le Barbier, le dix-fept Mars 1656, de la place fur laquelle lad te maifon eft bâtie, laquelle rente fait parrie de celle de huit mille deux cens huit livres fix fols huit deniers, qui appartenoit à la fubftitution au jour du décès du Cardinal de Richelieu, & a été vendue avec d'autres biens auxdits Flacourt, Lefpine & Boileau par le feu Duc de Richelieu pere, par le fufdit contrat du vingt-neuf Mai 1655; ordonner que ladite maifon fera & demeurera chargée à l'avenir de ladite rente, à raifon de trente-trois livres dix fols un denier par chaque toife de face fur la rue de Richelieu, rembourfable fur le pied du denier vingt-quatre; ordonner que dans huitaine, à compter du jour de la fignification de l'Arrêt qui interviendra à domicile, ladite veuve Laifné, fera tenue de paffer titre nouvel &
reconnoiffance

reconnoissance de ladite rente, sinon & ledit tems passé, que l'Arrêt vaudra titre nouvel; condamner en
outre ladite veuve Baisné à payer au Maréchal Duc de Richelieu les arrérages de ladite rente, à compter
du dix Mai 1715, jour du décès du Duc de Richelieu pere, tems auquel la substitution s'est trouvée ouverte
au profit du Maréchal Duc de Richelieu, & en ses dommages-intérêts soufferts & à souffrir, en tous les
dépens, aux offres ci-devant faites par le Maréchal Duc de Richelieu, qu'il réitere de tenir compte à ladite
veuve Baisné de ce qui auroit pû être légitimement payé par elle ou par ses auteurs, à la décharge de la succession du Cardinal de Richelieu, sur le prix du contrat du vingt-neuf Mai 1655, au bas de laquelle requête
employée pour avertissement, écritures & production sur icelle, est l'ordonnance de nôtredite Cour qui
l'a reglée en droit & joint, & donné acte de l'emploi y porté; sommation faite à la requête du Maréchal
Duc de Richelieu à ladite veuve Baisné de satisfaire à la susdite ordonnance; requête dudit Damas, audit
nom, tuteur à la substitution du six Juin 1746, contenant demande à ce qu'en rectifiant, réformant &
augmentant les conclusions par lui prises contre la veuve Laisné, il plût à notredite Cour déclarer le contrat de 1655 nul & de nul effet; ce faisant, condamner ladite veuve Laisné à se désister du fonds, propriété & jouissance de la rente fonciere dont la maison à elle appartenante est chargée, à raison de trente-
trois livres dix sols un denier par chaque toise de face sur sept toises de profondeur seulement, faisant ladite
veuve partie de celle de huit mille deux cens huit livres six sols huit deniers, qui appartenoit à la substitution au jour du décès du Cardinal de Richelieu; ordonner que la maison de ladite Laisné sera & demeurera
chargée de ladite rente, à raison de trente-trois livres dix sols un denier par chaque toise de face sur la rue
de Richelieu, remboursable sur le pied du denier vingt-quatre; ordonner que dans la huitaine, à compter
du jour de la signification de l'Arrêt qui interviendra à domicile, ladite veuve Laisné sera tenue de passer
titre nouvel & reconnoissance, sinon que l'Arrêt vaudra titre nouvel; condamner en outre ladite veuve
Baisné à payer les arrérages de ladite rente depuis l'ouverture de la substitution au profit du Maréchal Duc de
Richelieu; & où notredite Cour jugeroit que le fonds des 18 places non bâties en mil six cent cinquante-cinq,
sur partie desquelles est construite la maison de ladite veuve Laisné, appartenoit à la substitution, en ce cas
condamner ladite veuve Laisné à se désister du fonds, propriété & jouissance de ladite maison & en restituer les
jouissances depuis le dix Mai 1715, & la condamner en tous les dépens, aux offres qui ont toujours été faites
de tenir compte de ce qui avoit pû être légitimement payé à la décharge de la substitution, au bas de laquelle
requête, employée pour avertissement, écritures & production sur icelle, est l'Ordonnance de notredite
Cour, qui l'a reglée en droit & joint, & donné acte de l'emploi y porté : Sommation faite à la requête
dudit Damas audit nom à ladite veuve Laisné, de satisfaire à la susdite Ordonnance : Acte de reprise d'instance fait au Greffe de notredite Cour le 28 Juin 1747, par Antoine Laisné, sieur de Parvilly, & Marie-
Anne Laisné, épouse séparée quant aux biens de Louis-Jacques Waubert, & autorisée par Justice à la poursuite de ses droits, ledit Laisné & ladite Waubert, tous deux héritiers par égale portion de Marie-Anne
Boyer leur mere, au jour de son décès veuve de Mathurin Laisné, au lieu & place de ladite Laisné leur
mere : Production nouvelle du Marechal Duc de Richelieu contre les héritiers & représentans la veuve
Laisné & ledit Desmary, par requête du seize Décembre 1745; Requête dudit Desmary du 28 Juin 1747,
d'emploi pour contredits contre ladite production nouvelle : Sommation faite à la requête du Marechal
Duc de Richelieu aux héritiers & représentans ladite veuve Laisné de fournir de contredits contre la meme
production nouvelle; Production nouvelle des héritiers & représentans la veuve Laisné, par requête du 5
Juillet 1747, contenant demande à ce qu'il plût à notredite Cour, en déclarant le Maréchal Duc de Richelieu non-recevable en sa demande portée par requête & exploit des quinze Janvier & neuf Février
1739, ou en tous cas l'en déboutant, donner acte auxdits héritiers & représentans la veuve Laisné de ce
qu'aux risques desdits de Seve, de Flecheres & de Marsy, & de tous autres autres garants desdits de
Seve, de Flecheres & de Marsy, & tous les autres garants desdits héritiers Laisné, ils somment & dénoncent au Maréchal Duc de Richelieu, la demande en garantie formée par la veuve Laisné leur mere,
par requête & exploit du six Août 1740, contre lesdits de Seve, de Flecheres & de Marsy, & condamner le Maréchal Duc de Richelieu en trois mille livres de dommages-intérêts, ou en telle autre somme qu'il plaira à notredite Cour fixer, & en tous les dépens faits en l'instance contre le Maréchal Duc
de Richelieu & le tuteur à la substitution, & en ceux faits contre lesdits de Flecheres & de Marsy, tant
en demandant, défendant, que de la sommation & dénonciation, & en outre aux dépens de ladite demande; au bas de laquelle requête est l'Ordonnance de notredite Cour, qui a reservé d'y faire droit en
jugeant : Sommation faite à la requête desdits héritiers & représentans la veuve Laisné, audit Maréchal
Duc de Richelieu, de fournir de contredits contre la susdite production nouvelle; Requête du Maréchal Duc de Richelieu du onze Décembre 1752, contenant demande à ce qu'en rectifiant, augmentant
& reformant, en tant que besoin est ou seroit, les conclusions par lui ci-devant prises contre la veuve
Laisné, il plût à notredite Cour, faisant droit sur les demandes du Maréchal Duc de Richelieu, & sans
s'arrêter aux requêtes desdits veuve & héritiers Laisné, dont ils seront déboutés, déclarer le contrat passé
devant Me. Parque & son confrere, Notaires à Paris, le vingt-neuf Mai 1655, nul & de nul effet; en
conséquence condamner purement & simplement lesdits héritiers Laisné à se désister & départir au profit du Maréchal Duc de Richelieu, comme appellé à la substitution portée par le testament du Cardinal
de Richelieu, de la propriété, possession & jouissance d'une maison sise en la ville de Paris, rue de Richelieu, circonstances & dépendances, tenant ladite maison du côté du midi à celle qui appartient aux
nommés Destureaux, comme héritiers du nommé Corneille; du côté du nord à celle qui appartient au
dit Desmary; du côté de l'Orient au Jardin du Palais Royal, & du côté du couchant à la rue de Richelieu; laquelle maison se trouve construite sur une partie du second emplacement, vendu & aliéné
par le contrat du vingt-neuf Mai 1655; condamner pareillement les héritiers & représentans ladite
veuve Laisné, audit nom, à rendre au Maréchal Duc de Richelieu ladite maison, ses circonstances &
dépendances, même à lui restituer les fruits & revenus de ladite maison depuis le dix Mai 1715,
jour du décès du Duc de Richelieu pere, temps auquel la substitution s'est trouvée ouverte, au profit du
Maréchal Duc de Richelieu, & ce, à dire d'Experts, dont les parties conviendront devant les Conseil-
lers-Rapporteurs, ou qui seront par lui pris & nommés d'office, soit sur la représentation des baux que
les héritiers & représentans la veuve Laisné, seront tenus d'en faire; donner acte au Maréchal Duc de
Richelieu des offres qu'il fait de tenir compte auxdits héritiers la veuve Laisné, sur les fruits & revenus de ladite maison, des impenses & améliorations, si aucunes ont été faites dans ladite maison, de-

E e

puis l'ouverture de la fubftitution jufqu'à la dépoffeffion des héritiers en repréfentant ladite veuve Laifné, & ce fuivant l'eftimation qui en fera pareillement faite par les mêmes Experts convenus ou nommés d'office, qui procéderont à la liquidation des fruits & revenus de ladite maifon ; donner pareillement acte au Maréchal Duc de Richelieu des offres qu'il a toujours faites, & qu'il réitere de tenir compte auxdits héritiers & repréfentans la veuve Laifné, des fommes qu'ils juftifieront avoir été employées, foit par eux, foit par ceux qu'ils repréfentent fur le prix de l'acquifition faite par Flacourt, Lefpine & Boileau, par le contrat de 1655, au payement des dettes de la fucceffion du Cardinal de Richelieu ; condamner en outre lefdits héritiers & repréfentans la veuve Laifné en des dommages-intérêts envers le Maréchal Duc de Richelieu & en tous les dépens ; au bas de laquelle requête, employée pour avertiffement, écritures & production fur icelle, eft l'Ordonnance de notredite Cour, qui l'a réglé en droit & joint, & donné acte de l'emploi y porté ; Sommation faite à la requête du Maréchal Duc de Richelieu aux héritiers & repréfentans ladite veuve Laifné, de fatisfaire à la fufdite Ordonnance ; Requête de Jacques Defmarys du vingt Décembre 1752, d'emploi pour contredits, en exécution de la fufdite Ordonnance ; Requête dudit Damas audit nom, du quatorze Mars 1753, contenant demande à ce qu'en rectifiant & reformant en tant qne befoin feroit, les conclufions par lui prifes contre les héritiers & repréfentans la veuve Laifné, faifant droit fur les demandes dudit Damas audit nom, fans s'arreter aux requetes defdits héritiers Laifné, dont ils feront déboutés ; déclarer le contrat du vingt-neuf Mai 1655, nul & de nul effet ; en conféquence condamner purement & fimplement les héritiers & repréfentans ladite veuve Laifné à fe défifter & départir au profit dudit Damas, comme tuteur à la fubftitution portée par le teftament du Cardinal de Richelieu, de la propriété, poffeffion & jouiffance d'une maifon fife en la ville de Paris rue de Richelieu, circonftances & dépendances, tenant ladite maifon du côté du midi à celle qui appartient audit Defmary ; du côté du nord, à celle du Préfident Haynault ; du côté de l'Orient au Jardin du Palais Royal, & du côté du couchant, à la rue de Richelieu, laquelle maifon fe trouve conftruite fur une partie des cinq emplacemens à bâtir, défignés dans la rue de Richelieu, & vendus par le contrat du vingt-neuf Mai 1655 ; condamner pareillement les héritiers & repréfentans la veuve Laifné à rendre & laiffer audit Damas audit nom, lefdits maifon & emplacement, circonftances & dépendances ; donner acte audit Damas, de ce qu'en tant que befoin eft ou feroit, il adhere aux conclufions prifes par le Maréchal Duc de Richelieu, contre lefdits héritiers & repréfentans la veuve Laifné, pour la reftitution des fruits & revenus de la maifon en queftion, depuis le dix Mai 1715, jour du décès du feu Duc de Richelieu pere, comme auffi de ce qu'il adhere aux offres faites par le Maréchal Duc de Richelieu, de tenir compte des impenfes & améliorations qui auront valablement été faites dans ladite maifon, & des fommes que les héritiers & repréfentans ladite veuve Laifné, juftifieront avoir été employées, foit par eux, foit par ceux qu'ils repréfentent fur le prix de l'acquifition primitive faite par Flacourt, Lefpine & Boileau, par le contrat du vingt-neuf Mai 1655, au payement des dettes de la fucceffion du Cardinal de Richelieu ; condamner les héritiers & repréfentans la veuve Laifné en des dommages-intérêts & en tous les dépens ; au bas de laquelle requête, employée pour avertiffement, écritures & production fur icelle, eft l'Ordonnance de notredite Cour, qui l'a réglé en droit & joint, & donné acte de l'emploi y porté ; Sommation faite à la requête dudit Damas, audit nom, auxdits héritiers & repréfentans la veuve Laifné, de fatisfaire à la fufdite Ordonnance ; Requête de Jacques Defmary, d'emploi pour contredits en exécution de la fufdite Ordonnance ; Requête des héritiers & repréfentans la veuve Laifné, du trente Mai 1753, contenant demande à ce qu'il plût à notredite Cour leur donner acte, de ce qu'aux rifques du Maréchal Duc de Richelieu & du tuteur à la fubftitution, ils fomment & dénoncent auxdits de Flecheres & de Marfy leurs garants, la demande du Maréchal Duc de Richelieu, porté par requête du onze Décembre 1752, & celle du tuteur à la fubftitution, à ce qu'ils n'en ignorent, & ayent à faire ceffer lefdites demandes, & y faire déclarer non-recevable le Maréchal Duc de Richelieu, & ledit tuteur à la fubftitution, ou en tous cas les en faire débouter avec tous dépens, dommages-intérêts ; & où le Maréchal Duc de Richelieu, & ledit tuteur à la fubftitution, parviendroient à leurs fins ; en ce cas, condamner lefdits de Flecheres & de Marfy à acquitter les héritiers & repréfentans la veuve Laifné, de toutes les condamnations qui pourroient intervenir au profit du Maréchal Duc de Richelieu, & dudit tuteur à la fubftitution, tant en principaux, intérêts, dommages-intérêts & dépens, même en ceux que lefdits héritiers & repréfentans la veuve Laifné ont fait, tant en demandant, défendant, que des fommations & dénonciations contre le Maréchal Duc de Richelieu & le tuteur à la fubftitution, comme auffi aux dépens réfervés par les différens Arrêts intervenus entre les Parties ; & où au contraire le Maréchal Duc de Richelieu, & ledit tuteur à la fubftitution, ne réuffiroient point dans toutes leurs demandes & prétentions, en ce cas, donnant acte auxdits héritiers & repréfentans la veuve Laifné des précedentes dénontiaiions faites aux rifques de leurs garants au Maréchal Duc de Richelieu & audit tuteur à la fubftitution, de la demande formée par les héritiers & repréfentans la veuve Laifné, contre lefdits Flecheres & autres leurs garants, par requête & exploit du fix Août 1740, de celle qu'ils leur font de ladite requête, & de toutes les autres demandes, pourfuites & procédures faites contre ledit de Flecheres & autres leurs garants, & de ce qu'ils contre-fomment & dénoncent au Maréchal Duc de Richelieu & audit tuteur à la fubftitution leurs propres demandes ; condamner le Maréchal Duc de Richelieu aux dommages-intérêts des héritiers & repréfentans la veuve Laifné, & en tous les dépens faits les uns à l'encontre des autres, tant en demandant que défendant ; Sommation, contre-fommation & dénonciation, même en ceux faits par les héritiers & repréfentans la veuve Laifné, contre les différens tuteurs à ladite fubftitution, comme auffi aux dépens réfervés par les différens Arrêts intervenus entre les Parties en l'inftance d'entr'elles ; au bas de laquelle requête, employée pour avertiffement, écritures & production fur icelle, eft l'Ordonnance de notredite Cour, qui l'a réglée en droit & joint, & donné acte de l'emploi y porté ; Sommation faite à la requête des héritiers & repréfentans la veuve Laifné auxdits de Flecheres & de Marfy, au Maréchal Duc de Richelieu & au tuteur à la fubftitution, de fatisfaire à la fufdite Ordonnance ; Requête defdits de Flecheres & de Marfy du fix Septembre 1753, contenant demande à ce qu'il plût à notredite Cour, aux rifques de qui il appartiendra les recevoir Parties intervenantes dans les conteftations d'entre le Maréchal Duc de Richelieu, le tuteur à la fubftitution, les héritiers & repréfentans la veuve Laifné, & les héritiers & repréfentans Flacourt, de Lefpine & Boileau, qu'il leur fût donné acte du contenu en leur requête pour moyens d'intervention ; en conféquence déclarer le Maréchal Duc de Richelieu & le tuteur à la substitution, non - recevables dans toutes leurs demandes, ou en tous cas les en débouter, & les condamner en tous les dépens; & où notredite Cour y seroit difficulté, en ce cas donner acte audit de Flecheres & de Marsy, de ce qu'aux risques de qui il appartiendra, ils somment & dénoncent à Pierre-Charles de Lespine & consorts, tous héritiers représentans & biens tenans des défunts Charles Flacourt, Simon de Lespine, & Claude Boileau, les demandes en désistement formées par le Maréchal Duc de Richelieu & le tuteur à la substitution contre la veuve Laisné, qui a acquis desdits de Flecheres & de Marsy, la maison bâtie sur le terrein, que lesdits de Marsy ont acquis desdit de Flacourt, Lespine & Boileau, par le contrat du neuf Février 1658, & contre les héritiers & représentans ladite veuve Laisné, portées par requête, ordonnance, commission & exploit des quinze, dix-sept Janvier, & neuf Février 1739, & par requête du onze Décembre 1752; comme aussi les demandes & dénonciations en garantie, formées par les héritiers & représentans la veuve Laisné, par requête, ordonnance & exploit des six Août 1740, & trois Mai 1753, à ce que lesdits de Lespine & consorts n'en ignorent, & ayent à intervenir, prendre le fait & cause desdits de Flecheres & de Marsy, & les faire mettre hors de cause, défendre aux demandes & prétentions du Maréchal Duc de Richelieu, du tuteur, & desdits héritiers & représentans la veuve Laisné, sinon & à faute de ce faire, & où il arriveroit que le Maréchal Duc de Richelieu & ledit tuteur, réussiroient dans leurs demandes, & qu'ils obtiendroient quelques condamnations contre lesdits héritiers Laisné, & que ceux-ci en obtiendroient sur leurs demandes en dénonciation & garantie par eux formées contre lesdits de Flecheres & de Marsy, en ce cas, & attendu que par le contrat du neuf Février 1658, lesdits de Flacourt, de Lespine & Boileau, ont vendu solidairement, avec promesse de garantie auxdits Balthazard & Gaspard de Marsy, le terrein sur lequel la maison, possédée par les héritiers Laisné, a été bâtie par lesdits de Marsy, condamner solidairement lesdits héritiers représentans & biens-tenants desdits Flacourt, de Lespine & Boileau, à acquitter lesdits de Flecheres & de Marsy, de toutes les condamnations qui pourroient être contre eux prononcées au profit des héritiers & représentans la veuve Laisné, ou de leurs héritiers & représentans, tant en principaux, intérêts, dommages-intérêts que dépens; les condamner pareillement, solidairement, aux dommages-intérêts desdits de Flecheres & de Marsy, à donner par déclaration & en tous les dépens faits & à faire, par lesdits de Flecheres & de Marsy, tant en demandant que défendant, sommation, dénonciation & contre-sommation; donner pareillement acte auxdits de Flecheres & de Marsy, de ce qu'ils contre-somment & dénoncent aux héritiers & représentans la veuve Laisné, ladite intervention & demande, & dans tous les cas condamner ceux qui succomberont en tous les dépens envers toutes les Parties, tant en demandant, défendant, sommation & dénonciation, même à acquitter lesdits de Flecheres & de Marsy, des dépens faits & à faire, qui pourroient être compensés vis-à-vis l'une & l'autre des Parties; au bas de laquelle requête, employée pour avertissement, écritures & production sur icelle, est l'Ordonnance de notredite Cour, qui l'a réglée en droit & joint, & donné acte de l'emploi y porté; Sommation faite à la requête desdits de Flecheres & de Marsy aux héritiers & représentans la veuve Laisné, aux héritiers Flacourt, de Lespine & Boileau, au Maréchal Duc de Richelieu, & audit Damas audit noms, de satisfaire à la susdite Ordonnance; Requête du Maréchal Duc de Richelieu, du quatorze Juin 1755, contenant demande à ce qu'il plût à notredite Cour, déclarer, en tant que besoin est ou seroit, nul & de nul effet le contrat passé devant Pain & son confrere, Notaires à Paris, le trente Janvier 1658, entre le feu Duc de Richelieu d'une part, & lesdits Flacourt, Lespine & Boileau d'autre part seulement, en ce que l'on voudroit en induire une approbation ou une confirmation du contrat passé devant Pain & Daubenton, Notaires à Paris, le vingt-neuf Mai 1655; au surplus adjuger au Maréchal Duc de Richelieu, les conclusions qu'il a prises en l'instance contre les héritiers & représentans la veuve Laisné, & les condamner aux dépens; au bas de laquelle requête est l'Ordonnance de notredite Cour, qui a réservé d'y faire droit en jugeant; Requête dudit Damas, audit nom, du quatorze Juin 1755, contenant demande, à ce qu'il plût à notredite Cour déclarer, en tant que besoin est ou seroit, nul & de nul effet le contrat passé devant Pain & son confrere, Notaires à Paris, le trente Janvier 1658, entre le feu Duc de Richelieu d'une part, & lesdits Flacourt, Lespine & Boileau d'autre part seulement, en ce que l'on voudroit induire dudit contrat une approbation & une confirmation de celui passé devant Pain & Daubenton, Notaires à Paris, le vingt-neuf Mai 1655; au surplus adjuger audit Damas, audit nom, les conclusions qu'il a prises en l'instance d'entre ladite veuve Laisné & ses héritiers, & les condamner aux dépens; au bas de laquelle requête est l'Ordonnance de notredite Cour, qui a réservé d'y faire droit en jugeant; Requête du Maréchal Duc de Richelieu, du vingt-quatre Mai 1746, contenant demande à ce qu'en reformant & augmentant les conclusions par lui prises contre Jacques Desmary, il plût à notredite Cour déclarer le contrat du vingt-neuf Mai 1655, nul & de nul effet; ce faisant, condamner ledit Desmary à se désister & départir du fonds, propriété & jouissance de la rente fonciere, dont la maison à lui appartenante, est chargée à raison de trente-trois livres dix sols un denier, pour chaque toise de face sur sept toises de profondeur seulement, conformément au contrat d'arrentement fait par feu le Cardinal de Richelieu à Louis le Barbier, le dix-sept Mars 1636, de la place sur laquelle ladite maison est bâtie, laquelle rente fait partie de celle de huit mille deux cens huit livres six sols six deniers qui appartenoit à la substitution au jour du décès du Duc de Richelieu, & a été vendue avec d'autres biens auxdits de Flacourt, de Lespine & Boileau, par le Duc de Richelieu pere, par le susdit contrat du vingt-neuf Mai 1655; ordonner que la maison sera & demeurera chargée à l'avenir de ladite rente à raison de trente-trois livres dix sols par chaque toise de face sur la rue de Richelieu, remboursable sur le pied du denier vingt-quatre; ordonner que dans huitaine, à compter du jour de la signification de l'Arrêt qui interviendra à domicile, ledit Desmarys sera tenu de passer titre nouvel & reconnoissance de ladite rente, sinon & ledit tems passé, l'Arrêt vaudra titre nouvel; condamner en outre ledit Desmarys à payer au Maréchal Duc de Richelieu, les arrérages de ladite rente, à compter du 10 Mai 1715, jour du décès du duc de Richelieu, tems auquel la substitution s'est trouvée ouverte au profit du Maréchal duc de Richelieu, en ses dommages intérêts soufferts & à souffrir, & en tous les dépens, aux offres ci-devant faites par le duc de Richelieu & qu'il réitere de tenir compte audit Desmarys de ce qui a pû être légitimement payé par lui ou par ses auteurs, à la décharge du Cardinal de Richelieu sur le prix du

contrat de 1655, au bas de laquelle requête employée pour avertissemens, écritures & production de
icelle, est l'Ordonnance de notredite Cour qui l'a réglée en droit & joint, & donné acte de l'emploi y
porté; sommation faite à la requête du Maréchal duc de Richelieu audit Desmarys de satisfaire à ladite Ordonnance; requête dudit Damas audit nom du six Juin 1746, contenant demande à ce qu'on réformant & augmentant les conclusions par lui prises contre ledit Desmarys, il plût à notredite Cour
déclarer le contrat de 1655 nul & de nul effet; se faisant condamner ledit Desmarys à se désister du fonds,
propriété & jouissance de la rente foncière dont la maison à lui appartenante est chargée, à raison de trente-
trois livres dix sols un denier par chaque toise de face sur sept toises de profondeur seulement; faisant
ladite rente partie de celle de huit mille deux cens huit livres six sols huit deniers, qui appartenoit à
la substitution au jour du décès du Cardinal de Richelieu; ordonner que la maison dudit Desmarys sera chargée
de la rente, à raison de trente-trois livres dix sols un denier par chaque toise de face sur la rue de Richelieu, remboursable sur le pied du denier vingt-quatre; ordonner que dans huitaine, à compter du jour
de la signification de l'Arrêt qui interviendra à domicile, ledit Desmarys sera tenu de passer titre nouvel
& reconnoissance; sinon que l'Arrêt vaudra titre nouvel & reconnoissance; condamner en outre ledit Desmarys à payer les arrérages de la rente depuis l'ouverture de la substitution au profit du Maréchal duc de
Richelieu; & où notredite Cour jugeroit que le fonds desdites dix-huit places non vendues & bâties en 1655,
& sur partie desquelles est construite la maison dudit Desmarys, appartenoit à la substitution, en ce cas
condamner ledit Desmarys à se désister du fonds, propriété & jouissance de ladite maison, & à en restituer les jouissances depuis le dix Mai 1715 & le condamner en tous les dépens, aux offres qui ont toujours été faites de tenir compte de ce qui a pû être légitimement payé à la décharge de la substitution,
au bas de laquelle requête employée pour avertissement, écriture & production sur icelle, est l'Ordonnance de notredite Cour qui l'a réglée en droit & joint, & donné acte de l'emploi y porté; requêtes dudit
Desmarys des vingt-huit Juin & cinq Juillet 1747, d'emploi pour production & même pour contredits ou
exécution de la susdite Ordonnance; requête du Maréchal duc de Richelieu du onze Décembre 1752, contenant demande à ce qu'en rectifiant, augmentant & réformant en tant que besoin est ou seroit, les conclusions par lui ci-devant prises contre ledit Desmarys, il plût à notredite Cour faisant droit sur ses
demandes & sans s'arrêter aux requêtes dudit Desmarys dont il sera débouté, déclarer le contrat passé devant Me Parque & son confrere Notaires à Paris le vingt-neuf mai 1655 nul & de nul effet; en conséquence condamner purement & simplement ledit Desmarys à se désister & départir au profit du Maréchal
duc de Richelieu comme appellé à la substitution portée par le testament du Cardinal de Richelieu, de
la propriété, possession & jouissance d'une maison sise en la ville de Paris rue de Richelieu, circonstances
& dépendances, tenant ladite maison du côté du midi à la maison qui appartient aux héritiers de la veuve
Laisné; du côté du nord à celle qui appartient au Président Haynault: du côté de l'orient au jardin du
Palais-royal, & du côté du couchant à la rue de Richelieu, laquelle maison se trouve construite sur une
partie du second emplacement vendu & aliéné par le contrat du vingt-neuf mai 1655; condamner pareillement ledit Desmarys à rendre au Maréchal duc de Richelieu ladite maison, ses circonstances & dépendances, même à lui restituer les fruits & revenus de ladite maison depuis le dix mai 1715 jour du décès
du duc de Richelieu pere, tems auquel la substitution s'est trouvée ouverte au profit du Maréchal duc
de Richelieu, & ce à dire d'Experts dont les Parties conviendront devant le Conseiller-Rapporteur, ou
seront par lui pris & nommés d'office, soit sur la représentation des baux que ledit Desmarys sera tenu
d'en faire; donner acte au Maréchal duc de Richelieu des offres qu'il fait par sadite requête de tenir
compte audit Desmarys sur les fruits & revenus de ladite maison des impenses & améliorations si aucunes
ont été faites dans ladite maison, depuis l'ouverture de la substitution jusqu'à la dépossession dudit Desmarys, & ce suivant l'estimation qui en sera pareillement faite par les mêmes Experts convenus ou nommés d'office, qui procéderont à la liquidation des fruits & revenus de ladite maison; donner pareillement
acte au Maréchal duc de Richelieu des offres qu'il a toujours faites, & qu'il réitere de tenir compte audit Desmarys, des sommes qu'il justifiera avoir été employées soit par lui soit par ceux qu'il représente,
sur le prix de l'acquisition faite par Flacourt, de Lespine & Boilleau par le contrat de 1655, au payement
des dettes de la succession du Cardinal de Richelieu; condamner en outre ledit Desmarys en des dommages-
intérêts envers le Maréchal duc de Richelieu & en tous les dépens, au bas de laquelle requête employée
pour avertissement, écritures & production sur icelle, est l'Ordonnance de notredite Cour qui l'a réglée
en droit & joint, & donné acte de l'emploi y porté; requête dudit Desmarys du vingt Décembre 1752
d'emploi pour défenses, écritures & production en exécution de la susdite Ordonnance; sommation faite
à la requête du Maréchal duc de Richelieu audit Desmarys de fournir de contredits en exécution de la même
Ordonnance; Requête dudit Damas audit nom du quatorze Mars 1753, contenant demande à ce qu'en
rectifiant & réformant en tant que besoin seroit, les conclusions par lui prises contre ledit Desmarys, il
plût à notredite Cour faisant droit sur les demandes dudit Damas & sans s'arrêter aux requêtes dudit Desmarys dont il sera débouté, déclarer le contrat du vingt-neuf mai 1655 nul & de nul effet; en conséquence condamner purement & simplement ledit Desmarys à se désister & départir au profit dudit Damas
audit nom, comme tuteur à la substitution portée par le testament du Cardinal de Richelieu, de la propriété, possession & jouissance d'une maison sise en la ville de Paris rue de Richelieu, circonstances & dépendances, tenant ladite maison du côté du midi à celle qui appartient aux héritiers Corneille; du côté du
nord à celle des héritiers de la veuve Laisné, du côté de l'orient au jardin du Palais-royal; du côté du
couchant à la rue de Richelieu, laquelle maison se trouve construite sur une partie des cinq emplacemens à bâtir désignés par le contrat du 29 Mai 1655; condamner pareillement ledit Desmarys à rendre
& laisser audit Damas audit nom, lesdits maison, emplacemens, circonstances & dépendances, donner
acte audit Damas de ce qu'en tant que besoin est ou seroit, il adhere aux conclusions prises par le Maréchal duc de Richelieu contre ledit Desmarys pour la restitution des fruits & revenus de ladite maison
depuis le dix Mai 1715 jour du décès du duc de Richelieu pere, comme aussi de ce qu'il adhere aux offres
faites par le Maréchal duc de Richelieu de tenir compte des impenses & améliorations qui auront été
valablement faites dans ladite maison; & des sommes que ledit Desmarys justifiera avoir été employées
soit par lui soit par ceux qu'il représente sur le prix de l'acquisition primitive faite par Flacourt, Lespine
& Boilleau par le contrat du vingt-neuf Mai 1655 aux payemens des dettes de la succession du Cardinal
de Richelieu; condamner ledit Desmarys en des dommages-intérêts & en tous les dépens, au bas laquelle

requête

requête employée pour avertissement, écritures & production sur icelle, est l'ordonnance de notredite Cour qui l'a réglée en droit & joint, & donner acte de l'emploi y porté; requête dudit Desmarys du quinze Mars 1755 d'emploi pour défenses, écritures & production en exécution de la susdite Ordonnance; sommation faite à la requête dudit Damas audit nom, audit Desmarys de fournir de contredits en exécution de la susdite Ordonnance; requête du duc de Richelieu du seize Mai 1755, contenant demande à ce qu'il plût à notredite Cour, déclarer en tant que besoin est ou seroit nul & de nul effet, le contrat passé devant Pain & son confrere Notaires à Paris le trente Janvier 1658, entre le feu duc de Richelieu d'une part, & lesdits Flacourt, Lespine & Boilleau d'autre part seulement, en ce que l'on voudroit en induire une apprabation ou une confirmation du contrat passé devant Pain & Daubanton Notaires à Paris le vingt-neuf Mai 1655; au surplus adjuger au maréchal duc de Richelieu les conclusions qu'il a prises dans l'Instance contre ledit Desmarys & le condamner aux dépens, au bas de laquelle requête est l'Ordonnance de notredite Cour qui a réservé d'y faire droit en jugeant: Requête dudit Damas audit nom du dix Juin mil sept cens cinquante-cinq contenant demande, à ce qu'il plût à notredite Cour déclarer en tant que besoin est ou seroit, nul & de nul effet, le contrat passé devant Pain & son confrere Notaires à Paris le trente Janvier 1658, entre le feu duc de Richelieu d'une part, & lesdits Flacourt, de Lespine & Boilleau d'autre part seulement, en ce que l'on voudroit induire dudit contrat une approbation ou une confirmation de celui du vingt-neuf Mai 1655; au surplus adjuger audit Damas les conclusions qu'il a prises en l'Instance contre ledit Desmarys & le condamner aux dépens, au bas de laquelle requête est l'Ordonnance de notredite Cour qui a réservé d'y faire droit an jugeant: requête du maréchal duc de Richelieu du six Juin 1746, contenant demande à ce qu'en réformant & augmentant les conclusions par lui prises contre la veuve Fouhet & consorts, il plût à notredite Cour declarer le contrat du vingt-neuf mai 1655 nul & de nul effet, ce faisant condamner ladite veuve Fouhet & consorts à se désister & départir du fonds, propriété & jouissance de la rente fonciere dont la maison à lui appartenante est chargée, à raison de trente-trois livres dix sols par chaque toise de face sur sept toises de profondeur seulement, conformément au contrat d'arrentement fait par feu le Cardinal de Richelieu à Louis le Barbier le dix-sept Mars 1636 de la place sur laquelle ladite maison est bâtie, laquelle rente fait partie de celle de huit mille deux cens huit livres six sols huit deniers qui appartenoit à la substitution au jour du décès du Cardinal de Richelieu & a été vendue avec d'autres biens auxdits Flacourt, Lespine & Boilleau par le feu duc de Richelieu pere, par le susdit contrat du vingt-neuf mai 1655, ordonner que la maison sera & demeurera chargée à l'avenir de ladite rente, à raison de trente-trois livres dix sols un denier par chaque toise de face sur la rue de Richelieu remboursable sur le pied du denier vingt-quatre, ordonner que dans huitaine à compter du jour de la signification de l'Arrêt qui interviendra à domicile, ladite veuve Fouhet & consorts seroient tenus de passer titre nouvel & reconnoissance de ladite rente, sinon ledit tems passé, que ledit Arrêt vaudroit titre nouvel: condamner en outre ladite veuve Fouhet & consorts à payer au maréchal duc de Richelieu les arrérages de ladite rente à compter du dix mai 1715, jour du décès du duc de Richelieu pere, tems auquel la substitution s'est trouvée ouverte à son profit en ses dommages-intérêts soufferts & à souffrir, & en tous les dépens aux offres ci-devant faites par le Maréchal de Richelieu & qu'il réitéroit de tenir compte à ladite veuve Fouhet & consorts de ce qui a pu être légitimement payé par eux ou par leurs auteurs à la décharge de la succession du Cardinal de Richelieu sur le prix du contrat de 1655, au bas de laquelle requête employée pour avertissement, écritutes & production sur icelle, est l'Ordonnance de notredite Cour qui l'a réglée en droit & joint, & donné acte de l'emploi y porté; requêtes desdits Fouhet des premier & cinq Juillet 1747 d'emploi pour défenses, écritures, production même pour contredits en exécution de la susdite Ordonnance: requête dudit Damas audit nom du six Juin 1746, contenant demande à ce qu'en réformant & augmentant les conclusions par lui prises contre ladite veuve Fouhet, il plût à notredite Cour déclarer le contrat de 1655 nul & de nul effet: Ce faisant condamner ladite veuve Fouhet à se désister du fonds, propriété & jouissance de la rente fonciere dont la maison à elle appartenante est chargée, à raison de trente-trois livres dix sols un denier par chaque toise de face sur sept toises de profondeur seulement, faisant ladite rente partie de celle de huit mille deux cens huit livres six sols huit deniers qui appartenoit à la substitution au jour du décès du Cardinal de Richelieu, ordonner que la maison de ladite veuve Fouhet, sera & demeurera chargée de ladite rente à raison de trente-trois livres dix sols un denier par chaque toise de face sur la rue de Richelieu, remboursable sur le pied du denier vingt-quatre: ordonner que dans huitaine à compter du jour de la signification de l'Arrêt qui interviendra à domicile ladite veuve Fouhet sera tenue de passer titre nouvel & reconnoisseance, sinon que l'Arrêt vaudra titre, condamner en outre ladite Fouhet à payer les arrérages de ladite rente depuis l'ouverture de la substitution au profit du Maréchal duc de Richelieu; & où notredite Cour jugeroit que le fonds desdites dix-huit places non bâties en 1655, & sur partie desquelles est construite la maison de ladite veuve Fouhet appartenoit à la substitution, en ce cas condamner ladite veuve Fouhet à se désister du fonds, propriété & jouissance de ladite maison, à en restituer les jouissances depuis le dix mai mil sept cens quinze, la condamner en tous les dépens, aux offres qui ont toujors été faites de tenir compte de ce qui a pu être légitimement payé à la décharge de la substitution; au bas de laquelle requête, employée pour avertissement, écritures & production sur icelle, est l'Ordonnance de notredite Cour qui l'a réglée en droit & joint, & donné acte de l'emploi y porté; Requêtes dudit Fouhet des premier & cinq Juillet 1755, d'emploi pour défenses, écritures, production & contredits en exécution de la susdite Ordonnance: Requête du Maréchal Duc de Richelieu du quatorze Décembre 1752, contenant demande à ce qu'en rectifiant & réformant en tant que besoin est ou seroit, les conclusions par lui ci-devant prises contre ledit Fouhet, il plût à notredite Cour faisant droit sur ses demandes, & sans s'arrêter aux Reqêtes dudit Fouhet, dont il sera débouté, déclarer le contrat passé devant Parque & son Confrere, Notaires à Paris, le vingt-neuf Mai 1655, nul & de nul effet; en conséquence condamner purement & simplement ledit Fouhet à se désister & départir au profit du Maréchal Duc de Richelieu, comme appellé à la substitution portée par le testament du Cardinal de Richelieu, de la propriété, possession & jouissance d'une maison sise en la Ville de Paris rue de Richelieu, circonstances & dépendances, tenant ladite maison, du côté du midi à celle qui appartient au Président Haynault; du côté de l'orient au jardin du Palais Royal; & du côté du couchant à la rue de Richelieu, laquelle maison se trouve construite sur une partie du second emplacement vendu & aliéné par le contrat du vingt-neuf Mai 1655; condamner pareillement ledit Fouhet à rendre au Maréchal Duc de Richelieu ladite

F f

maifon & emplacement, circonftances & dépendances, même à lui reftituer les fruits & revenus de ladite maifon depuis le dix Mai 1715, jour du décès du Duc de Richelieu pere, tems auquel la fubftitution s'eft trouvée ouverte au profit du Maréchal Duc de Richelieu, le tout à dire d'experts, dont les parties conviendront devant le Confeiller-Rapporteur, ou qui feront par lui pris & nommés d'office, foit fur la repréfentation des Baux que ledit Fouhet fera tenu d'en faire; donner acte au Maréchal Duc de Richelieu des offres qu'il fait de tenir compte audit Fouhet fur les fruits & revenus de ladite maifon, des impenfes & améliorations fi aucunes ont été faites dans ladite maifon, depuis l'ouverture de la fubftitution, jufqu'à la dépofeffion dudit Fouhet, & ce fuivant l'eftimation qui en fera faite par les mêmes experts convenus ou nommés d'office qui procéderont à la liquidation des fruits & revenus de ladite maifon; donner acte au Maréchal Duc de Richelieu des offres qu'il a toujours faites & qu'il réitere, de tenir compte audit Fouhet des fommes qu'il juftifiera avoir été employées, foit par lui, foit par ceux qu'il repréfente, fur le prix de l'acquifition faite par Flacourt, Lefpine & Boilleau, par le contrat du vingt-neuf Mai 1655, au payement des dettes de la fucceffion du Cardinal de Richelieu; condamner en outre ledit Fouhet en des dommages-intérêts envers le Maréchal Duc de Richelieu, & en tous les dépens; au bas de laquelle Requête, employée pour avertiffement, écritures & production fur icelle, eft l'Ordonnrnce de notredite Cour qui l'a réglée en droit & joint, & donné acte de l'emploi y porté: Requête dudit Souhet du vingt Décembre 1732, d'emploi pour défenfes, écritures, production même pour contredits en exécution de la fufdite Ordonnance; Requête dudit Damas audit nom, du quinze Mars 1753, contenant demande à ce qu'en rectifiant & réformant en tant que befoin eft ou feroit lee conclufions par lui prifes contre ledit Fouhet, il plût à notredite Cour faifant droit fur les demandes dudit Damas audit nom, & fans s'arrêter aux Requêtes dudit Fouhet, dont il fera débouté, déclarer le contrat du vingt-neuf Mai 1655 nul & de nul effet; en conféquence condamner purement & fimplement ledit Fouhet à fe défifter & départir au profit dudit Damas audit nom, de la propriété, poffeffion & jouiffance d'une maifon fife en la Ville de Paris rue de Richelieu, circonftances & dépendances, tenant ladite maifon du côté du midi à celle qui appartient au Préfident Haynaut; du côté du nord à celle du Préfident Haynault, du côté de l'orient au jardin du Palais Royal; & du côté du couchant à la rue de Richelieu, laquelle maifon fe trouve conftruite fur une partie des cinq emplacemens à bâtir défignés dans la rue de Richelieu, & vendus par le contrat du vingt-neuf Mai 1655; condamner pareillement ledit Fouhet à rendre & laiffer audit Damas audit nom lefdite maifon & emplacemens, circonftances & dépendances; donner acte audit Damas de ce qu'en tant que befoin eft ou feroit, il adhere aux conclufions prifes par le Maréchal Duc de Richelieu, contre ledit Fouhet, pour la reftitution des fruits & revenus de la maifon depuis le dix Mai 1715, jour du décès du Duc de Richelieu pere: comme auffi de ce qu'il adhere aux offres faites par le Maréchal Duc de Richelieu, de tenir compte des impenfes & améliorations qui auront été valablement faites dans ladite maifon, & des fommes que ledit Fouhet juftifiera avoir été employées, foit par lui, foit par ceux qu'il repréfente, fur le prix de l'acquifition primitive faite par Flacourt, Lefpine & Boilleau, par le contrat du vingt-neuf Mai 1655, au payement des dettes de la fucceffion du Cardinal de Richelieu; condamner ledit Fouhet en des dommages-intérêts & en tous les dépens; au bas de laquelle Requête, employée pour avertiffement, écritures & production fur icelle, eft l'Ordonnance de notredite Cour qui l'a réglée en droit & joint, & donné acte de l'emploi y porté: Requête dudit Fouhet du dix-fept Mars 1753, d'emploi pour défenfes, écritures, production & contredits en exécution de la fufdite Ordonnance: Requête du Maréchal Duc de Richelieu du feize Mai 1755, contenant demande à ce qu'il plût à notredite Cour déclarer en tant que befoi eft ou feroit, nul & de nul effet le contrat paffé devant Pain & fon Confrere, Notaires à Paris, le trente Janvier 1658, entre le feu Duc de Richelieu, d'une part, & lefdits Flacourt, de Lefpine & Boilleau d'autre part feulement, en ce que l'on voudroit en induire une approbation ou une confirmation du contrat paffé devant Pain & fon Confrere, Notaires à Paris, le vingt-neuf Mai 1655; au furplus adjuger au Maréchal Duc de Richelieu les conclufions qu'il a prifes en l'inftance contre ledit Fouhet, & le condamner aux dépens; au bas de laquelle Requête eft l'Ordonnance de notredite Cour qui a réfervé d'y faire droit en jugeant: Requête dudit Damas audit nom du dix Juin 1755, contenant demande à ce qu'il plût à notredite Cour déclarer en tant que befoin eft ou feroit, nul & de nul effet le contrat paffé devant Pain & fon Confrere, Notaires à Paris, le trente Janvier 1658, entre le feu Duc de Richelieu, d'une part, & lefdits Flacourt, de Lefpine & Boilleau, d'autre part feulement, en ce que l'on voudroit induire dudit contrat une approbation ou une confirmation de celui du vingt-neuf Mai 1655; au furplus adjuger audit Damas audit nom les conclufions qu'il a prifes en l'inftance contre ledit Fouhet, & le condamner aux dépens de l'inftance; au bas de laquelle Requête eft l'Ordonnance de notredite Cour qui a réfervé d'y faire droit en jugeant: Production nouvelle du Maréchal Duc de Richelieu, contre la veuve Poiffon, par Requête du feize Décembre 1741: Sommation faite à la requête du Maréchal Duc de Richelieu, à la veuve Poiffon, de fournir de contredits contre la fufdite production nouvelle: Acte de reprife faite au Greffe de notredite Cour le deux Avril 1753 par Abel-François Poiffon de Vandieres, au lieu & place & comme héritier de la veuve Poiffon, fa mere: Requête du Maréchal Duc de Richelieu du treize Avril 1753, contenant demande à ce qu'en rectifiant, augmentant & réformant en tant que befoin eft ou feroit les conclufions par lui ci-devant prifes contre la veuve Poiffon, il plût à notredite Cour faifant droit fur les demandes du Maréchal Duc de Richelieu, & s'ans s'arrêter aux demandes dudit Poiffon de Vandieres, dont il fera débouté; déclarer le contrat paffé devant Me. Parque & fon Confrere, Notaires au Châtelet de Paris, le vingt-neuf Mai mil fix cent cinquante-cinq nul & de nul effet; en conféquence condamner purement & fimplement ledit Poiffon de Vandieres efdits noms, à fe défifter & départir au profit du Marechal Duc de Richelieu, comme appellé à la fubftitution portée par le Teftament du Cardinal de Richelieu, de la propriété, poffeffion & jouiffance d'une maifon fife en la Ville de Paris rue Richelieu, circonftances & dépendances, tenant ladite maifon du côté du midi à celle qui appartient au Préfident Haynault; du côté du nord à celle des nommés Bitault; du côté de l'orient au jardin du Palais Royal; & du couchant à la rue de Richelieu, laquelle maifon fe trouve conftruite fur une partie des emplacemens aliénés par le contrat du vingt-neuf Mai 1655; condamner pareillement ledit Poiffon de Vandieres à rendre au Marechal Duc de Richelieu ladite maifon & emplacemens, circonftances & dépendances, même à lui reftituer les fruits & revenus de ladite maifon depuis le dix Mai 1715, jour du décès du Duc de Richelieu pere, tems auquel la fubftitution s'eft trouvée ouverte au profit du Maréchal Duc de Richelieu, le tout à dire d'experts, dont les parties conviendront devant le Confeille-Rapporteur, ou qui feront par lui pris & nommés d'office, ou fur la repréfentation des Baux que ledit Poiffon de Vandieres fera tenu d'en faire ; donner acte au Maréchal Duc de Richelieu des offres qu'il fait de tenir compte audit Poiffon de Vandieres fur les fruits & revenus de ladite maifon , des impenfes & améliorations fi aucunes ont été faites dans ladite maifon , depuis l'ouverture de la fubftitution , jufqu'à la dépoffeffion dudit Poiffon de Vandieres , & ce fuivant l'eftimation qui en fera faite par les mêmes experts convenus ou nom-més d'office qui procéderont à la liquidation des fruits & revenus de ladite maifon ; donner pareillement acte au Maréchal Duc de Richelieu des offres qu'il a toujours faites , & qu'il réitere par la préfedte Requête de tenir compte audit Poiffon de Vandieres des fommes qu'il juftifiera avoir été employées , foit par lui , foit par ceux qu'il repréfente , fur le prix de l'acquifition faite par Flacourt, de Lefpine & Boilleau , par le con-trat de 1655 , au payement des dettes de la fucceffion du Cardinal de Richelieu ; condamner en outre ledit Poiffon de Vandieres en des dommages-intérêts envers le Maréchal Duc de Richelieu , & en tous les dé-pens , même en ceux faits fur la demande en reprife ; au bas de laquelle Requête , employée pour avertiffe-ment , écritures & production fur icelle , eft l'Ordonnance de notredite Cour qui l'a réglée en droit & joint , & donné acte de l'emploi y porté : Sommation fatie à la requête du Maréchal Duc de Richelieu audit Poiffon de fatisfaire à la fufdite Ordonnance : Requête dudit Damas audit nom du quatorze Avril 1753 , contenant demande à ce qu'en rectifiant & réformant en tant que befoin feroit les conclufions par lui prifes contre ledit de Vandieres , il plût à notredite Cour faifant droit fur les demandes dudit Damas aedit nom , & fans s'ar-rêter aux Requêtes dudit de Vandieres , dont il fera débouté , déclarer le contrat du vingt-neuf Mai 1655 , nul & de nul effet ; en conféquence condamner purement & fimplement ledit de Vandieres à fe défifter & dé-partir au profit dudit Damas , comme tuteur à la fubftitution portée au Teftament du Cardinal de Richelieu , de la propriété , poffeffion & jouiffance d'une maifon fife en la Vile de Paris rue de Richelieu , circonftances & dépendances , tenant ladite maifon du côté du midi à celle qui appartient au Préfident Haynault ; du côté du nord à celle defdits Bitault ; du côté de l'orient au jardin du Palais Royal ; & du côté du couchant à ladite rue de Richelieu , laquelle maifon fe trouve conftruite fur une partie des emplacemens aliénés par le con-trat du vingt-neuf Mai 1655 ; condamner pareillement ledit de Vandieres à rendre & laiffer audit Damas audit nom lefdits maifon & emplacemens , circonftances & dépendances ; donner acte audit Damas audit nom , de ce qu'il adhere en tant que befoin eft ou feroit aux conclufions prifes par le Maréchal Duc de Ri-chelieu , contre ledit de Vaudieres , pour la reftitution des fruits & revenus de la maifon depuis le dix Mai 1715 , jour du décès du Duc de Richelieu pere ; comme auffi de ce qu'il adhere aux offres faites par le Ma-réchal de Richelieu , de tenir compte des impenfes & améliorations qui auront été valablement faites dans ladite maifon , & des fommes que ledit de Vandieres juftifiera avoir été employées , foit par lui , foit par ceux qu'il repréfente , fur le prix de l'acquifition primitive faite par Flacourt , de Lefpiue & Boilleau , par le con-trat du vingt-neuf Mai 1655 , au payement des dettes de la fucceffion du Cardinal de Richelieu ; condamner ledit de Vandieres en des dommages-intérêts , & en tous les dépens ; au bas de laquelle Requête , employée pour avertiffement , écritures & production fur icelle , eft l'Ordonnance de notredite Cour qui l'a réglée en droit & joint , & donné acte de l'emploi y porté : Sommation faite à la requête dudit Damas audit nom , audit de Vandieres de fatisfaire à la fufdite Ordonnance : Requête du Maréchal Duc de Richelieu du quinze Mai 1755 , contenant demande à ce qu'il plût à notredite Cour déclarer en tant que befoin eft ou feroit , nul & de nul effet le contrat paffé devant Pain & fon confrere , Notaires à Paris , le trente Janvier 1658 , entre le feu Duc de Richelieu , d'une part , & lefdits Flacourt, de Lefpine & Boilleau ; d'autre part feule-ment , en ce que l'on voudroit en induire une approbation ou une confirmation du contrat paffé devant Pain & Daubanton , Notaires à Paris , le vingt-neuf Mai 1655 ; au furplus adjuger au Maréchal Duc de Riche-lieu les conclufions qu'il a prifes en l'inftance contre ledit de Vandieres , & le condamner aux dépens ; au bas de laquelle Requête eft l'Ordonnance de notredite Cour , qui a réfervé d'y faire droit en jugeant : Requête dudit Damas audit nom , du quinze Juin mil fept cent cinquante - cinq , contenant de-mande ; & à ce qu'il plût à notredite Cour déclarer en tant que befoin eft ou feroit nul & de nul effet le con-ttar du 30 Janvier mil fix cent cinquante-huit , paffé devant Pain & fon confrere , Notaires à Paris , entre le feu Duc de Richelieu d'une part , & lefdits Flacourt, Lefpine & Boileau d'autre part , feulement en ce que l'on voudroit induire dudit contrat une approbation ou une confirmation du contrat du vingt-neuf Mai 1655 ; au furplus adjuger audit Damas , audit nom , les conclufions qu'il a prifes contre ledit Poiffon de Vandieres , & le condamner aux dépens ; au bas de laquelle Requête eft l'Ordonnance de notredite Cour qui a réfervé d'y faire droit en jugeant ; Production nouvelle du Maréchal Duc de Richelieu contre la veuve Gallois & lefdits Bitault , par requête du vingt-deux Décembre 1745 ; Requête de la veuve Galois & defdits Bitault du quatorze Décembre 1752 , d'emploi pour contredits contre la fufdite production nou-velle ; Requête du Maréchal Duc de Richelieu du vingt-quatre Mai 1746 contenant demande , à ce qu'il plût à notredite Cour lui donner acte de ce qu'en réformant & augmentant les conclufions qu'il a ci-devant prifes contre ladite veuve Gallois , il plût déclarer le contrat de 1655 nul & de nul effet ; ce faifant , con-damner ladite veuve Gallois & lefdits Bitault folidairement à fe défifter & départir du fonds , propriété & jouif-fance de la rente fonciere dont la maifon fife rue de Richelieu , à eux appartenante , eft chargée , à raifon de trente-trois livres dix fols un denier par chaque toife de face , fur fept toifes de profondeur , con formément au contrat d'arrentement fait par feu le Cardinal Duc de Richelieu le dix-fept mai 1636 , de la place fur la-quelle ladite maifon eft bâtie , laquelle rente fait partie de celle de huit mille deux cens huit livres fix fols huit deniers qui appartenoit à la fubftitution au jour du décès du Cardinal de Richelieu , & a été vendue avec d'autres biens aufdits Deflacourt, de Lefpine & Boileau , par le feu Duc de Richelieu , par le fufdit contrat du vingt-neuf mai 1655 ; ordonner que ladite maifon fera & demeurera chargée à l'avenir de ladite rente à raifon de trente-trois livres dix fols un denier par chaque toife de face fur la rue de Richelieu , rembourfable fur le pied du denier vingt-quatre ; ordonner que dans huitaine , à compter du jour de la fignification de l'Ar-rêt qui interviendra , ladite veuve Gallois & lefdits Bitault feront tenus de paffer conjointement au Maréchal Duc de Richelieu titre nouvel & reconnoiffance de ladite rente , finon , & ledit tems paffé , que l'Arrêt vau-dra titre nouvel , & condamner en outre ladite veuve Gallois & lefdits Bitault à payer au Maréchal Duc de Richelieu les arrérages de ladite rente , à compter du dix Mai 1715 , jour du décès du Duc de Richelieu pere , tems auquel la fubftitution s'eft trouvée ouverte au profit du Duc de Richelieu en fes dommages-intérêts foufferts & à fouffrir , & en tous les dépens , aux offres ci-devant faites par le Maréchal Duc de Richelieu , & qu'il réitere de tenir compte à ladite veuve Gallois & aufdits Bitault de ce qu'ils juftifieroient avoir été légiti-mement payé par eux ou par leurs auteurs , à la décharge de la fucceffion du Cardinal de Richelieu fur le prix du contrat de 1655, au bas de laquelle requête employée pour avertissement, écritures & production sur icelle, est l'Ordonnance de notredite Cour qui l'a réglée en droit & joint, & donné acte de l'emploi y porté; Sommation faite à la requête du Maréchal Duc de Richelieu à ladite veuve Gallois & ausdits Bitault, de satisfaire à la susdite Ordonnance; Requête dudit Damas, audit nom, du six Juin 1746, contenant demande, à ce qu'en réformant & augmentant les conclusions par lui prises contre ladite veuve Gallois & lesdits Bitault, il plût à notredite Cour déclarer le contrat de 1655 nul & de nul effet; ce faisant, condamner ladite veuve Gallois & lesdits Bitault solidairement à se désister du fonds, propriété & jouissance de la rente fonciere dont la maison à eux appartenante est chargée, à raison de trente-trois livres dix sols un denier par chaque toise de face sur sept toises de profondeur seulement, faisant ladite rente partie de celle de huit mille deux cens huit livres six sols huit deniers, qui appartenoit à la substitution au jour du décès du Cardinal de Richelieu; ordonner que la maison de ladite veuve Gallois sera & demeurera chargée de ladite rente, à raison de trente-trois livres dix sols un denier par chaque toise de face sur la rue de Richelieu, remboursable sur le pied du denier vingt-quatre; ordonner que dans huitaine, à compter du jour de la signification de l'Arrêt qui interviendra à domicile, ladite veuve Gallois & lesdits Bitault seront tenus de passer titre noûvel & reconnoissance, sinon que l'Arrêt vaudra titre nouvel; condamner en outre ladite veuve Gallois & lesdits Bitault solidairement à payer les arrérages de ladite rente, à compter du jour de l'ouverture de la substitution au profit du Maréchal Duc de Richelieu; & où notredite Cour jugeroit que le fonds des dix-huit places non bâties en 1655, & sur partie desquelles est construite la maison de ladite veuve Gallois & desdits Bitault, appartenoit à la substitution; en ce cas condamner ladite veuve Gallois & lesdits Bitault à se désister du fonds, propriété & jouissance de ladite maison, à en restituer les jouissances depuis le dix Mai 1715, & les condamner en tous les dépens aux offres qui ont toujours été faites, de tenir compte de ce qui a pû être légitimement payé à la décharge de la substitution, au bas de laquelle requête employée pour avertissement, écritures & production sur icelle, est l'Ordonnance de notredite Cour, qui l'a réglée en droit & joint, & donné acte de l'emploi y porté; Requêtes de ladite veuve Gallois & desdits Bitault des quatorze & seize décembre 1752, d'emploi pour défenses, écritures & production, & même pour conrredits en exécution de la susdite Ordonnance; Requête du Maréchal Duc de Richelieu du quatorze décembre 1752 contenant demande, à ce qu'en rectifiant, augmentant & réformant en tant que besoin est ou seroit, les conclusions par lui ci-devant prises contre la veuve Gallois & consors, il plût à notredite Cour, faisant droit sur ses demandes, & sans s'arrêter aux requêtes de ladite veuve Gallois & consorts, dont ils seront déboutés, déclarer le contrat passé devant Me. Parque & son Confrere, Notaires à Paris, le vingt-neuf mai 1655 nul & de nul effet; en conséquence condamner purement & simplement ladite veuve Gallois & lesdits Bitault à se désister & départir au profit du Maréchal Duc de Richelieu, comme appellé à la substitution portée par le testament du Cardinal de Richelieu, de la propriété, possession & jouissance d'une maison sise en la Ville de Paris, rue de Richelieu, circonstances & dépendances, tenant ladite maison, du côté du midi, à celle qui appartient aux héritiers du nommé Pichon; du côté du nord, à celle du nommé Hallier; du côté de l'orient, au Jardin du Palais Royal; & du côté du couchant, à la rue de Richelieu, laquelle maison se trouve construite sur une partie du second emplacement vendu & aliené par le contrat du vingt-neuf mai 1655; condamner pareillement ladite veuve Gallois & lesdits Bitault à rendre au Maréchal Duc de Richelieu ladite maison & emplacement, circonstances & dépendances, même à lui restituer les fruits & revenus de ladite mai on depuis le dix mai 1715, jour du décès du Duc de Richelieu pere, tems auquel la substitution s'est trouvée ouverte au profit du Maréchal Duc de Richelieu, le tout à dire d'Experts dont les Parties conviendront devant le Conseiller Rapporteur, ou qui seront par lui pris & nommés d'office, soit sur la représentation des baux que ladite veuve Gallois & lesdits Bitault seront tenus d'en faire; donner acte au Maréchal Duc de Richelieu des offres qu'il fait par sadite requête, de tenir compte à ladite veuve Gallois & consorts sur les fruits & revenus de ladite maison, des impenses & améliorations, si aucunes ont été faites dans ladite maison, depuis l'ouverture de la substitution jusqu'à la dépossession de ladite veuve Gallois & desdits Bitault, & ce suivant l'estimation qui en sera faite par les mêmes Experts convenus ou nommés d'office, qui procéderont à la liquidation des fruits & revenus de ladite maison; donner pareillement acte au Maréchal Duc de Richelieu des offres qu'il a toujours faites & qu'il réitere de tenir compte à ladite veuve Gallois & auxdits Bitault, des sommes qu'ils justifieront avoir été employées, soit par eux, soit par ceux qu'ils représentent sur le prix de l'acquisition faite par Flacourt, de Lespine & Boilleau, par le contrat de 1655, au payement des dettes de la succession du Cardinal de Richelieu; condamner en outre ladite veuve Gallois & lesdits Bitault en des dommages-intérêts envers le Maréchal Duc de Richelieu, & en tous les dépens, au bas de laquelle requête employée pour avertissement, écritures & production sur icelle, est l'Ordonnance de notredite Cour qui l'a réglée en droit & joint, & donné acte de l'emploi y porté; Requête de ladite veuve Gallots & desdits Bitault du vingt décembre 1752, d'emploi pour défenses, écritures & production, & même pour contredits, en exécution de la susdite Ordonnance; Requête dudit Damas, audit nom, du seize mars mil sept cens cinquante trois, contenant demande, à ce qu'en rectifiant & réformant en tant que besoin est ou seroit, les conclusions par lui prises contre la veuve Gallois & lesdits Bitault, il plût à notredite Cour, faisant droit sur les demandes dudit Damas, & sans s'arrêter aux requêtes de la veuve Gallois & desdits Bitault, dont ils seront déboutés, déclarer le contrat du vingt-neuf mai 1655 nul & de nul effet; en conséquence condamner purement & simplement la veuve Gallois & lesdits Bitault à se désister & départir au profit dudit Damas audit nom, comme tuteur à la substitution portée par le testament du Cardinal de Richelieu, de la propriété, possession & jouissance d'une maison sise en la Ville de Paris, rue de Richelieu, circonstances & dépendances; tenant ladite maison, du côté du midi, à celle qui appartient au nommé de Vandiere; du côté du nord, à celle du nommé Hattier; du côté de l'orient, au jardin du Palais Royal; & du côté du couchant, à la rue de Richelieu, laquelle maison se trouve construite sur une partie des cinq emplacemens à bâtir, désignés dans la rue de Richelieu, & vendus par le contrat du vingt-neuf mai 1655; condamner pareillement la veuve Gallois & lesdits Bitault à rendre & laisser audit Damas lesdites maison & emplacement, circonstances & dépendances; donner acte audit Damas, audit nom, de ce qu'en tant que besoin est ou seroit, il adheroit aux conclusions prises par le Maréchal Duc de Richelieu contre la veuve Gallois & lesdits Bitault, pour la restitution des fruits & revenus de la maison, depuis le dix mai 1715, jour du décès du Duc de Richelieu pere; comme aussi de ce qu'il adheroit aux offres faites par le Maréchal Duc de Richelieu, de tenir compte des impenses & améliorations qui auroient été valablement faites dans ladite maison, & des sommes que ladite veuve Gallois & lesdits Bitault justifieroient avoir été em-

ployées

playées soit par eux, soit par ceux qu'ils repréfentent, fur le prix de l'acquifition primitive faite par Fla-court, Lefpine & Boileau, par le contrat du vingt-neuf Mai 1655, au payement des dettes de la fucceffion du Cardinal de Richelieu; condamner la veuve Gallois & lefdits Bitault en des dommages-intérêts, & en tous les dépens, au bas de laquelle requête employée pour avertiffement, écritures & production fur icelle, eft l'Ordonnance de notredite Cour qui l'a reglée en droit & joint, & donné acte de l'emploi y porté; Requête de la veuve Gallois & conforts du dix-fept Mars 1753, d'emploi pour défenfes, écritures & production, mê-me pour contredits, en exécution de la fufdite Ordonnance: Requête du Maréchal Duc de Richelieu du feize Mai 1755, contenant demande, à ce qu'il plût à notredite Cour déclarer en tant que befoin eft ou fe-roit, nul & de nul effet le contrat paffé devant Pain & fon Confrere, Notaires à Paris, le trente Janvier 1658, entre le feu Duc de Richelieu d'une part, & lefdits Flacourt, Lefpine & Boileau d'autre part, feulement en ce que l'on voudroit en induire une approbation ou une confirmation du contrat paffé devant Pain & Dau-banton, Notaires à Paris, le vingt-neuf Mai 1655; au furplus adjuger au Maréchal Duc de Richelieu les conclufions qu'il a prifes en l'inftance contre la veuve Gallois & lefdits Bitault, & les condamner aux dé-pens, au bas de laquelle requête eft l'Ordonnance de notredite Cour qui a refervé d'y faire droit en jugeant: Requête de ladite veuve Gallois & conforts du vingt-fix mai 1755, d'emploi pour défenfes à la fufdite de-mande: Requête dudit Damas, audit nom, du onze Juin 1755, contenant demande, à ce qu'il plût à notre-dite Cour déclarer en tant que befoin eft ou feroit, nul & de nul effet, le contrat paffé devant Pain & fon Con-frere, Notaires à Paris, le trente Janvier 1658, entre le feu Duc de Richelieu d'une part, & lefdits Fla-court, Lefpine & Boileau d'autre part, feulement en ce que l'on voudroit induire dudit contrat une appro-bation ou une confirmation de celui du vingt-neuf Mai 1655; au furplus adjuger audit Damas, audit nom, les conclufions qu'il a prifes en l'inftance contre ladite veuve Gallois & lefdits Bitault, & les condamner aux dépens, au bas de laquelle requête eft l'Ordonnance de notredite Cour, qui a refervé d'y faire droit en ju-geant: Requête de ladite veuve Gallois & defdits Bitault du douze Juin 1755, d'emploi pour défenfes à la fufdite demande; Production nouvelle du Maréchal Duc de Richelieu contre Jean-Baptifte Hattier, par re-quête du feize Décembre 1745: Requête de Mathurin Goudin, ayant repris au lieu & place dudit Hattier, du trois Juillet 1747, d'emploi pour contredits contre la fufdite production nouvelle: Requête du Maré-chal Duc de Richelieu du vingt-cinq Mai 1746, contenant demande, à ce qu'en réformant & augmentant les conclufions prifes contre ledit Hattier, il plût à notredite Cour déclarer le contrat du vingt-neuf Mai 1655, nul & de nul effet: ce faifant, condamner ledit Hattier à fe défifter & départir du fonds, propriété & jouiffance de la rente fonciere dont la maifon à lui appartenante eft chargée, à raifon de trente-trois livres dix-fept fols un denier par chaque toife de face, fur fept toifes de profondeur feulement, conformément au contrat d'arrentement fait par feu le Cardinal de Richelieu à Louis le Barbier, le dix-fept Mars 1636, de la place fur laquelle ladite maifon eft bâtie, laquelle rente fait partie de celle de huit mille deux cens huit livres fix fols huit deniers, qui appartenoit à la fubftitution au jour du décès du Cardinal de Richelieu, & a été vendue avec d'autres biens auxdits Flacourt, Lefpine & Boileau, par le feu Duc de Richelieu pere, par le fufdit contrat du vingt-neuf Mai 1655; ordonner que ladite maifon fera & demeurera chargée de ladite rente, à raifon de trente-trois livres dix fols un denier par chaque toife de face fur la rue de Richelieu, rembourfable fur le pied du denier vingt quatre; ordonner que dans huitaine, à compter du jour de la fignification de l'Arrêt qui interviendra à domicile, ledit Hattier fera tenu de paffer titre nouvel & reconnoiffance de ladite rente, finon & ledit tems paffé l'Arrêt vaudra titre nouvel; condamner en outre ledit Hattier à payer au Maréchal Duc de Richelieu les arrérages de ladite rente, à compter du dix Mai 1715, jour du décès du Duc de Richelieu pere, tems auquel la fubftitution a été ouverte au profit du Maréchal Duc de Richelieu, en tous fes dommages-intérêts foufferts à fouffrir, & en tous les dépens, aux offres ci-devant faites par le Maréchal Duc de Richelieu, & qu'il réitéroit de tenir compte audit Hattier de ce qui a pû être légitimement payé par lui ou par fes auteurs, à la décharge de la fucceffion du Cardinal de Richelieu, fur le prix du contrat de 1655, au bas de laquelle requête employée pour avertiffement, écritures & production fut icelle, eft l'ordonnance de notredite Cour qui l'a reglée en droit & joint, & donné acte de l'emploi y porté; fommation faite à la requête du Maréchal Duc de Richelieu audit Hattier de fatisfaire à la fufdite ordonnance; requête dudit Damas, audit nom, du fix Juin 1740, contenant demande à ce qu'en réformant & augmentant les conclu-fions par lui prifes contre ledit Hattier, il plût à notredite Cour déclarer le contrat du vingt-neuf Mai 1655 nul & de nul effet; ce faifant, condamner ledit Hattier à fe défifter du fonds, propriété & jouiffance de la rente fonciere dont la maifon à lui appartenante eft chargée, à raifon de trente-trois livres dix fols un denier par chaque toife de face fur fept de profondeur feulement, faifant ladite rente partie de celle de huit mille deux cens huit livres fix fols huit deniers, qui appartenoit à la fubftitution au jour du décès du Cardinal de Richelieu; ordonner que la maifon dudit Hattier fera & demeura chargée de ladite rente de trente-trois livres dix fols un denier par chaque toife de face fur la rue de Richelieu; rachetable fur le pied du denier vingt-quatre; ordonner que dans huitaine, à compter du jour de la fignification de l'Arrêt qui interviendra à domicile, ledit Hattier fera tenu de paffer titre nouvel & reconnoiffance, finon que l'Arrêt vaudra titre nouvel & reconnoiffance; condamner en outre ledit Hattier à payer les arrérages de ladite rente depuis l'ouverture de la fubftitution au profit du Maréchal Duc de Richelieu; & où notredite Cour jugeroit que le fonds des dix-huit places non bâties en 1655, & fur partie defquelles eft conftruite la maifon dudit Hattier, appartenoit à la fubftitution, en ce cas condamner ledit Hattier à fe défifter du fonds, propriété & jouiffance de ladite maifon, & à en reftituer les jouiffances depuis le dix Mai 1715, le condamner en tous les dépens; aux offres qui ont toujours été faites de tenir compte de ce qui a pû être payé légitimement à la décharge de la fubftitution, au bas de laquelle requête, employée pour avertiffement, écritures & production fur icelle, eft l'ordonnance de notredite Cour qui l'a reglée en droit & joint, & donné acte de l'emploi y porté; requêtes des 30 Juin & cinq Juillet 1747, de Mathieu Goudin, ayant repris au lieu dudit Hattier d'employ pour dé-fenfes, écritures & production, même pour contredits en exécution de ladite ordonnance; requête dudit Goudin du fept Février 1744, à ce qu'il plût à notredite Cour le recevoir partie intervenante dans l'inftance d'entre le Maréchal Duc de Richelieu d'une part, ledit de Chuberé & Conforts d'autre, le recevoir pareille-ment Partie intervenante dans l'inftance d'entre le Maréchal Duc de Richelieu, le tuteur à la fubftitution, les Comtes de Saint-Florentin & de Maurepas, & dans toutes les autres inftances, qu'il lui fût donné acte du contenu en fa requête pour moyens d'intervention, qu'il lui fût pareillement donné acte de ce qu'en tant

G g

que de besoin, il reprenoit au lieu & place de feu Jean-Baptiste Hattier, & en conséquence de ce qu'il s'unissoit aux Comtes de Saint-Florentin & de Maurepas, & à toutes les parties qui étoient unies contre le Maréchal Duc de Richelieu & ledit tuteur à la substitution; faisant droit sur ladite intervention, déclarer le Maréchal Duc de Richelieu & le tuteur à la substitution non recevables dans les demandes qu'ils ont formées contre ledit feu Hattier, pour & par rapport à la maison rue de Richelieu, qu'ils ont vendue audit Goudin & à sa femme par contrat du quatorze Septembre 1731, & condamner le Maréchal Duc de Richelieu & ledit tuteur à la substitution solidairement en tous les dépens faits par ledit Hattier en défendant, & aussi en ceux faits par ledit Goudin & qu'il sera obligé de faire, même en ceux de ladite demande, le tout aux risques, périls & fortunes des garants dudit Goudin, & sous toutes les reserves qu'il faisoit expressément de tous ses droits & actions, & de se pourvoir comme il aviseroit bon être contre lesdits héritiers dudit feu Hattier; Arrêt du trente-un Mai 1747, par lequel notredite Cour a reçu ledit Goudin partie intervenante, lui a donné acte de ce qu'il reprenoit les demandes formées contre ledit Hattier; & pour faire droit sur l'intervention & demande dudit Goudin a appointé les Parties en droit & joint aux demandes appointées entre le Maréchal Duc de Richelieu, le tuteur à la substitution, & ledit défunt Hattier, dépens réservés; production du Maréchal Duc de Richelieu en exécution du susdit arrêt, par requête du trente Juin 1747, employée pour fins de non-recevoir & défenses contre l'intervention dudit Goudin, ensemble pour avertissement, en exécution dudit Arrêt, & contenant demande à ce qu'il plût à notredite Cour, sans s'arrêter à la requête & intervention dudit Goudin, dans laquelle il seroit déclaré non-recevable, ou dont en tout cas il seroit débouté, lui adjuger les conclusions qu'il a prises contre ledit Hattier, condamner ledit Goudin en tous les dépens faits, tant contre lui personnellement que contre ledit Hattier, au bas de laquelle requête est l'ordonnance de notredite Cour qui a donné acte de l'emploi y porté, & reservé d'y faire droit en jugeant; production dudit Damas audit nom, en exécution du même Arrêt du trente-un Mai mil sept cent quarante-sept, par requête du trente-un Juin audit an, employée pour fins de non-recevoir, & défenses à l'intervention dudit Goudin, portée par sa requête du sept Février 1744, ensemble pour avertissement, & contenant demande à ce qu'il plût à notredite Cour, sans s'arrêter à l'intervention dudit Goudin, dans laquelle il sera déclaré non-recevable, ou dont en tout cas il sera débouté, adjuger audit Damas, audit nom, les conclusions qu'il a prises contre ledit Hattier, & condamner ledit Goudin aux dépens faits, tant contre lui personnellement que contre ledit Hattier, au bas de laquelle requête est l'ordonnance de notredite Cour qui a donné acte de l'emploi y porté, & reservé d'y faire droit en jugeant; requête dudit Goudin du huit Juillet 1747, d'emploi pour contredits contre les productions faites par le Maréchal Duc de Richelieu, & ledit Damas audit nom, en exécution du susdit Arrêt du trente-un Mai 1747, & défenses aux demandes en jugeant portées par requête du trente Juin 1747; production dudit Goudin en exécution du susdit Arrêt du trente-un Mai mil sept cent quarante-sept, par requête du huit Juillet audit an; sommations faites à la requête dudit Goudin au Maréchal Duc de Richelieu & audit Damas audit nom, de fournir de contredits en exécution du susdit Arrêt; requête du Maréchal Duc de Richelieu du quatorze Décembre 1752, contenant demande à ce qu'en rectifiant, augmentant, & réformant, en tant que besoin est ou seroit, les conclusions par lui ci-devant prises contre ledit Hattier, il plût à notredite Cour, faisant droit sur les demandes du Maréchal Duc de Richelieu, & sans s'arrêter aux requêtes dudit Goudin dont il sera débouté, declarer le contrat passé devant Me Parque & son confrere, Notaires à Paris, le vingt-neuf Mai 165[5] nul & de nul effet; en conséquence condamner purement & simplement ledit Goudin à se désister & départir au profit du Maréchal Duc de Richelieu, comme appellé à la substitution portée par le testament du Cardinal de Richelieu, de la propriété, possession & jouissance d'une maison sise en la ville de Paris, rue de Richelieu, circonstances & dépendances, tenant ladite maison, du côté du midi à celle qui appartient à Elisabeth Bruneau, veuve de François Gallois, & aux nommés Bitault; du côté du nord à celle desdits de la Rivière; du côté de l'orient au jardin du Palais-royal; & du côté du couchant à la rue de Richelieu, laquelle maison se trouve construite sur une partie du second emplacement vendu & alliéné par le contrat du 29 Mai mil six cent cinquante-cinq; condamner pareillement ledit Goudin à rendre au Maréchal Duc de Richelieu ladite maison & emplacemens, circonstances & dépendances, même à lui restituer les fruits & revenus de ladite maison, depuis le dix Mai mil sept cent quinze, jour du décès du Duc de Richelieu pere, tems auquel la substitution s'est trouvée ouverte au profit du Maréchal Duc de Richelieu, le tout à dire d'Experts dont les Parties conviendront devant le Conseiller Rapporteur, ou qui seront par lui pris & nommés d'office, soit sur la représentation des baux que ledit Goudin sera tenu d'en faire; donner acte au Maréchal Duc de Richelieu des offres qu'il fait de tenir compte audit Goudin sur les fruits & revenus de ladite maison, des impenses & améliorations, si aucunes ont été faites dans ladite maison, depuis l'ouverture de la substitution jusqu'à la dépossession dudit Goudin, & ce suivant l'estimation qui en sera faite par les mêmes Experts convenus ou nommés d'office, qui procéderont à la liquidation des fruits & revenus de ladite maison; donner pareillement acte au Maréchal Duc de Richelieu des offres qu'il a toujours faites, & qu'il réitere de tenir compte audit Goudin des sommes qu'il justifieroit avoir été employées, soit par lui, soit par ceux qu'il represente, sur le prix de l'acquisition faite par Flacourt, de Lespine & Boileau, par le contrat de 1655, au payement des dettes de la succession du Cardinal de Richelieu; condamner en outre ledit Goudin en des dommages-intérêts envers le Maréchal Duc de Richelieu, & en tous les dépens, au bas de laquelle requête employée pour avertissement, écritures & productions sur icelle, est l'Ordonnance de notredite Cour qui l'a réglée en droit & joint, & donné acte de l'emploi y porté: Requête dudit Goudin du 20 Décemb. 1752, d'emploi pour défenses, écritures, productions, même pour contredits, en exécution de la susdite Ordonnance; requête dudit Damas, audit nom, du quinze mars 1762, contenant demande, à ce qu'en rectifiant & réformant en tant que besoin est ou seroit, les conclusions par lui prises contre ledit Goudin, il plût à notredite Cour, faisant droit sur les demandes dudit Damas, & sans s'arrêter aux requêtes dudit Goudin dont il seroit débouté, declarer le contrat du vingt-neuf Mai 1655 nul & de nul effet; en conséquence condamner purement & simplement ledit Goudin à se désister & départir au profit dudit Damas comme tuteur à la substitution portée par le testament du Cardinal de Richelieu, de la propriété, possession & jouissance d'une maison sise en la Ville de Paris, rue de Richelieu, circonstances & dépendances, tenant ladite maison, du côté du midi, à celle qui appartient auxdits Bitault; du côté du nord, à celle des de la Rivière & Davcy; du côté de l'orient, au nommé Testard; & du côté du couchant, à la rue de Richelieu; laquelle maison se trouve construite sur une partie des cinq emplacemens à bâtir désignés dans la rue de Richelieu, & vendus par le conrat du vingt-neuf Mai 1655 ; condamner pareillement ledit Goudin à rendre & laisser audit Damas, audit nom, ladite maison & emplacemens, circonstances & dépendances ; donner acte audit Damas de ce qu'en tant que besoin est ou seroit, il adhere aux conclusions prises par le Maréchal Duc de Richelieu contre ledit Goudin pour la restitution des fruits & revenus de la maison depuis le dix Mai 1715, jour du décès du Duc de Richelieu pere, comme aussi de ce qu'il adhere aux offres faites par le Maréchal Duc de Richelieu, de tenir compte des impenses & améliorations qui auront été valablement faites dans ladite maison, & des sommes que ledit Goudin justifiera avoir été employées, soit par lui, soit par ceux qu'il represente, sur le prix de l'acquisition primitive faite par Flacourt, Lespine & Boilleau par le contrat du vingt-neuf Mai 1655, au payement des dettes de la succession du Cardinal de Richelieu ; condamner ledit Goudin en des dommages-intérêts & en tous les dépens ; au bas de laquelle requête employée pour avertissement, écritures & production sur icelle, est l'Ordonnance de notredite Cour qui l'a réglée en droit & joint, & donné acte de l'emploi y porté : Requête audit Goudin du dix-sept Mars 1753, d'emploi pour défenses, écritures, production & contredit, en exécution de la susdite Ordonnance ; acte de reprise fait au Greffe de notredite Cour le cinq Avril 1754 par Marie-Anne Malingré, veuve de Mathieu Goudin, à cause de la communauté qui étoit entr'elle & ledit feu Goudin, & par Mathieu Goudin, seul & unique enfant & héritier dudit feu Mathieu Goudin ; Requête du Maréchal Duc de Richelieu du seze Mai 1755 contenant demande, à ce qu'il plût à notredite Cour déclarer en tant que besoin est ou seroit, nul & de nul effet, le contrat passé devant Pain & son Confrere, Notaires à Paris, le trente Janvier 1658, entre le feu Duc de Richelieu d'une part, & lesdits Flacourt, Lespine & Boilleau d'autre, seulement en ce que l'on voudroit en induire une approbation ou une confirmation du contrat passé devant Pain & Daubanton, Notaires à Paris, le vingt-neuf Mai 1655 ; au surplus adjuger au Maréchal Duc de Richelieu les conclusions qu'il a prises en l'instance contre ledit Goudin, & le condamner aux dépens ; au bas de laquelle requête est l'Ordonnance de notredite Cour, qui a réservé d'y faire droit en jugeant : Requête de la veuve Goudin & son fils du vingt-six Mai 1755, d'emploi pour fins de non-recevoir & défenses à la demande ci-dessus : Requête dudit Damas, audit nom, du douze Juin 1755, contenant demande à ce qu'il plût à notredite Cour déclarer en tant que besoin est ou seroit, nul & de nul effet le contrat passé devant Pain & son Confrere, Notaires à Paris, le trente Janvier 1658, entre le feu Duc de Richelieu d'une part, & lesdits Flacourt, Lespine & Boileau d'autre part, seulement en ce que l'on voudroit induire dudit contrat une approbation ou une confirmation de celui passé devant Pain & Daubanton, Notaires à Paris, le vingt-neuf Mai 1655 ; au surplus adjuger audit Damas, audit nom, les conclusions qu'il a prises en l'instance contre le feu Goudin, & condamner la veuve Goudin & son fils aux dépens ; au bas de laquelle requête est l'Ordonnance de notredite Cour, qui a réservé d'y faire droit en jugeant : Requête de ladite veuve Goudin & son fils du treize Juin 1755, d'emploi pour fins de non-recevoir & défenses à la susdite demande ; production nouvelle du Maréchal Duc de Richelieu du vingt-deux décembre 1746 : Requête desdits héritiers de la Riviere du quatre Juillet 1747, d'emploi pour contredit contre la susdite production nouvelle : Requête du Maréchal Duc de Richelieu du vingt-quatre Mai 1746 contenant demande, à ce qu'en réformant & augmentant les conclusions par lui prises contre François de la Riviere, il plût à notredite Cour, déclarer le contrat du vingt-neuf Mai 1655 nul & de nul effet ; ce faisant, condamner ledit de la Riviere à se désister & départir du fonds, propriété & jouissance de la rente fonciere de bail d'héritage dont la maison à lui appartenante est chargée, à raison de trente-trois livres dix sols un denier par chaque toise de face, sur sept toises de profondeur seulement, conformément au contrat d'arrentement fait par feu le Cardinal de Richelieu à Louis le Barbier, le dix-sept Mars 1636, de la place sur laquelle ladite maison est bâtie ; laquelle rente fait partie de celle de huit mille deux cens huit livres six sols huit deniers qui appartenoit à la substitution au jour du décès du Cardinal de Richelieu, & a été vendue avec d'autres biens auxdits Flacourt, Lespine & Boilleau par le Duc de Richelieu Pere, par le susdit contrat du vingt-neuf Mai 1655 ; ordonner que ladite maison sera & demeurera chargée à l'avenir de la susdite rente à raison de 33 livres dix sols un denier par chaque toise de face sur la rue de Richelieu, remboursable sur le pied du denier vingt-quatre ; ordonner que dans huitaine, à compter du jour de la signification de l'Arrêt qui interviendra à domicile, ledit de la Riviere sera tenu de passer titre nouvel & reconnoissance de ladite rente, sinon, & telle tems passé, que l'Arrêt vaudra ledit titre nouvel ; condamner en outre ledit de la Riviere à payer au Maréchal Duc de Richelieu les arrérages de ladite rente, à compter du dix Mai 1715, jour du décès du Duc de Richelieu pere, tems auquel la substitution s'est trouvée ouverte au profit du Maréchal Duc de Richelieu, en ses dommages-intérêts soufferts & à souffrir, & en tous les dépens, aux offres ci-devant faites par le Maréchal Duc de Richelieu, & qu'il réitere de tenir compte audit de la Riviere de ce qui a pû être légitimement payé par lui ou par ses auteurs à la décharge de la succession du Cardinal de Richelieu sur le prix du contrat de 1655 ; au bas de laquelle requête employée pour avertissement, écritures & production sur icelle, est l'Ordonnance de notredite Cour, qui l'a réglée en droit & joint, & donné acte de l'emploi y porté : Sommation faite à la requête du Maréchal Duc de Richelieu audit de la Riviere, de satisfaire à la susdite Ordonnance : Requête dudit Damas, audit nom, du six Juin 1746, contenant demande, à ce qu'en réformant & augmentant les Conclusions par lui prises contre ledit de la Riviere, il plût à notredite Cour déclarer le contrat de 1655 nul & de nul effet ; condamner ledit de la Riviere à se désister du fonds, propriété & jouissance de la rente fonciere dont la maison à lui appartenante est chargée, à raison de trente-trois livres dix sols un denier par chaque toise de face, sur sept de profondeur seulement ; faisant ladite rente partie de celle de huit mille deux cens huit livres six sols huit deniers, qui appartenoit à la substitution au jour du décès du Cardinal de Richelieu ; ordonner que la maison dudit de la Riviere sera & demeurera chargée de ladite rente à raison de trente-trois livres dix sols un denier par chaque toise de face sur la rue de Richelieu, remboursable sur le pied du denier vingt-quatre ; ordonner que dans huitaine, à compter du jour de la signification de l'Arrêt à domicile, ledit de la Riviere sera tenu de passer titre nouvel & reconnoissance, sinon que l'Arrêt vaudra titre ; condamner en outre ledit de la Riviere à payer les arrérages de la rente, depuis l'ouverture de la substitution, au Maréchal Duc de Richelieu ; & où notredite Cour jugeroit que le fonds des dix-huit places non bâties en 1655 & sur partie desquelles est construite la maison dudit de la Riviere, appartenoit à la substitution ; en ce cas condamner ledit de la Riviere à se désister du fonds, propriété & jouissance de ladite maison, à en restituer les jouissances depuis le dix Mai 1715, & le condamner en tous les dépens, aux offres qu'il a toujours faites, de tenir compte de ce qui a pû être légitimement payé à la substitution ; au bas de laquelle requête employée pour avertissement, écritures & production sur icelle, est l'Ordonnance de notredite Cour qui l'a réglée en droit & joint, & donné acte de l'emploi y porté: Requête des enfans & héritiers de la Riviere des 30 Juin & 5 Juillet 1747, d'emploi pour défenses, écritures & production, même pour contredit, en exécution de la susdite Ordonnance; acte de reprise d'instance faite au Greffe de notredite Cour le dix-sept Juin 1747 par Jean-Baptiste-Charles, Louis-François de la Riviere, enfans mineurs & héritiers de François de la Riviere, émancipés d'âge, procédans sous l'autorité de Jean-Louis Lambert leur curateur aux causes, & par ledit Lambert, audit nom, par Louis-Raymond de la Riviere, aussi fils & héritier dudit défunt de la Riviere, au lieu & place de feu François de la Riviere: Requête du Maréchal Duc de Richelieu du quinze Décembre 1752 contenant demande, à ce qu'en rectifiant, augmentant & réformant en tant que besoin est ou seroit, les conclusions par lui ci-devant prises contre lesdits de la Riviere & Lambert ès noms, il plût à notredite Cour, faisant droit sur les demandes du Maréchal Duc de Richelieu, & sans s'arrêter aux requêtes desdits de la Riviere, dont ils seront déboutés, déclarer le contrat passé devant Parque & son Confrere, Notaires à Paris, le vingt-neuf Mai 1655, nul & de nul effet; en conséquence condamner purement & simplement lesdits de la Riviere à se désister & départir au profit du Maréchal Duc de Richelieu, comme appellé à la substitution portée par le testament du Cardinal de Richelieu, de la propriété, possession & jouissance d'une maison sise en la Ville de Paris, rue neuve des Petits-Champs, circonstances & dépendances; tenant ladite maison, du côté du midi, à celle qui appartient auxdits Hattier; du côté du nord, à la rue neuve des Petits-Champs; du côté de l'orient, à la maison qui appartient audit Darcy; & du côté du couchant, à la rue de Richelieu; laquelle maison se trouve construite sur une partie du second emplacement, vendu & aliéné par le contrat du vingt-neuf Mai 1655: condamner pareillement lesdits de la Riviere & Lambert ès noms, à rendre au Maréchal Duc de Richelieu ladite maison & emplacement, circonstances & dépendances, même à lui restituer les fruits & revenus de ladite maison depuis le dix Mai 1715, jour du décès du Duc de Richelieu pere, & tems auquel la substitution s'est trouvée ouverte au profit du Maréchal Duc de Richelieu, le tout à dire d'Experts dont les Parties conviendroient devant le Conseiller Rapporteur, ou qui seront par lui pris & nommés d'office, soit sur la représentation des baux que lesdits de la Riviere seront tenus d'en faire: donner acte au Maréchal Duc de Richelieu des offres qu'il fait de tenir compte auxdits de la Riviere sur les fruits & revenus de ladite maison, des impenses & améliorations, si aucunes ont été faites dans ladite maison, depuis l'ouverture de la substitution jusqu'à la dépossession desdits de la Riviere, & ce suivant l'estimation qui en sera faite par les mêmes Experts convenus ou nommés d'office, qui procéderont à la liquidation des fruits & revenus de ladite maison; donner pareillement acte au Maréchal Duc de Richelieu des offres qu'il a toujours faites, & qu'il réiteroit de tenir compte auxdits de la Riviere des sommes qu'ils justifieront avoir été employées soit par eux, soit par ceux qu'ils représentent, sur le prix de l'acquisition faite par Flacourt, Lespine & Boilleau par le contrat de 1655, au payement des dettes de la succession du Cardinal de Richelieu: condamner en outre lesdits de la Riviere & Lambert esdits noms, en des dommages-intérêts envers le Maréchal Duc de Richelieu & en tous les dépens; au bas de laquelle requête employée pour avertissement, écritures & production sur icelle, est l'Ordonnance de notredite Cour qui l'a réglée en droit & joint, & donné acte de l'emploi y porté: Requête desdits héritiers de la Riviere du vingt Décembre 1752, d'emploi pour défenses, écritures & production, même pour contredits, en exécution de la susdite Ordonnance: Acte de reprise d'instance faite au Greffe de notredite Cour le trois mai 1753 par Louis-Raymond de la Riviere, Jean-Baptiste-François de la Riviere, & Charles-Louis-François de la Riviere, tous majeurs, enfans & héritiers de défunt François de la Riviere & de Louise-Françoise-Ursule Lambert sa femme, & encore héritiers de Louise-Claire de la Riviere & d'Antoine-Jean-Baptiste de la Riviere leurs frere & sœur, qui étoient aussi héritiers desdits défunts François de la Riviere, & de Louise-Françoise-Ursule Lambert: Commission obtenue en Chancellerie le seize Juin 1753 par Louis-Raymond de la Riviere à l'effet d'assigner en notredite Cour Alexandre Anceau fils, héritier & biens-tenant de Jean-Louis Anceau, pour voir dire que ledit de la Riviere auroit acte de ce qu'il sommoit & dénonçoit audit Anceau & consorts la demande formée en notredite Cour à la requête du Maréchal Duc de Richelieu, légataire substitué du Cardinal de Richelieu, contre François de la Riviere & sa femme, par requête, paréatis & exploit des 15, 17 Janvier, & 9 Février 1739; comme aussi de ce qu'il dénonçoit comme dessus la nouvelle demande formée par le Maréchal Duc de Richelieu contre ledit de la Riviere, par requête du quinze Décembre 1752, à ce que ledit Anceau & autres héritiers & biens-tenans dudit feu Jean-Louis Anceau, soient tenus d'intervenir dans ladite instance, prendre le fait & cause dudit de la Riviere & de ses cohéritiers, & de faire déclarer le Maréchal Duc de Richelieu non-recevable dans lesdites demandes, voir dire & ordonner que ledit Anceau & autres héritiers & biens-tenans dudit feu Jean-Louis Anceau, seroient condamnés personnellement pour telles parts & portions qu'ils sont héritiers dudit feu Jean-Louis Anceau, & solidairement & hypotéquairement pour le tout, à garantir & indemniser ledit de la Riviere & ses cohéritiers en la succession dudit de la Riviere & sa femme, des condamnations qui pourroient intervenir contre eux au profit du Maréchal Duc de Richelieu, & du tuteur à la substitution, en principal, intérêts, dommages-intérêts, frais & dépens, & qu'ils seroient condamnés aux dépens envers ledit de la Riviere & ses cohéritiers, même en ceux qu'ils ont été & seroient obligés de faire contre le Maréchal Duc de Richelieu, & ledit tuteur, & procéder en outre comme de raison afin de dépens: Paréatis obtenu le dix-huit Juin 1753 par ledit de la Riviere, sur la susdite Commission: Exploit d'assignation donnée en notredite Cour le vingt-six Mars 1754 à la requête dudit de la Riviere à Claude-Alexandre Anceau, en vertu & aux fins desdits Commission & Paréatis: Défenses fournies le quatre Décembre 1754 par ledit Claude Anceau contre ladite demande; Requête dudit Claude Anceau du onze Décembre 1754, tendante à ce qu'il plût à notredite Cour le recevoir partie intervenante, lui donner acte du contenu en sa Requête pour moyens d'intervention, & de sa prise de fait & cause pour ledit de la Riviere, sur les demandes contre lui formées par le Maréchal Duc de Richelieu, par Requête, Commission & Exploit des 15 Janvier, 17 Février 1749, & 15 Décembre 1752; y faisant droit sur ladite intervention, déclarer le Maréchal Duc de Richelieu non-recevable dans lesdites demandes, ou en tout cas l'en débouter, avec dépens, faits contre lui & ledit de la Riviere: comme aussi le condamner à acquitter ledit Anceau de ceux auxquels il pourroit être condamné envers ledit de la Riviere; & où le Maréchal Duc de Richelieu, en sa qualité de Légataire du Cardinal de Richelieu, obtiendroit quelque condamnation contre ledit de la Riviere, ou contre ledit Anceau, son garant, pour raison de la maison en question, audit cas le condamner en qualité d'héritier bénéficiaire du Duc de Richelieu, son pere, à acquitter ledit Anceau de

toutes

toutes les condamnations tant en principaux, intérêts, dommages-intérêts, frais & dépens, & le condamner en outre en tels dommages - intérêts qu'il plaira à notredite Cour : Requête de Jean - Baptiste François, & de Charles-Louis-François de la Riviere, du onze Décembre mil sept cent cinquante-quatre ; tendante à ce qu'il plût à notredite Cour les recevoir parties intervenantes, leur donner acte du contenu en leur Requête pour moyens d'intervention, & de ce qu'ils se joignoient & adhéroient aux conclusions prises par Louis Raymond de la Riviere, par ses commission & exploit des seize Juin 1753 & vingt-six Mars 1754 ; en conséquence qu'il leur fût donné acte de ce qu'ils sommoient & dénonçoient à Claude Anceau ès noms les demandes du Maréchal Duc de Richelieu, & du tuteur à la substitution des quinze, dix-sept Juin 1746, & quinze Décembre 1752 ; ce faisant ordonner que ledit Anceau sera tenu d'intervenir dans les contestations pendantes en notredite Cour entre lesdits de la Riviere, d'une part, & le Maréchal Duc de Richelieu, & le tuteur à la substitution, d'autre ; prendre leur fait & cause, faire déclarer le Maréchal Duc de Richelieu & le tuteur à la substitution non-recevables en toutes leurs demandes, sinon & à faute de ce faire, condamner ledit Anceau pour telle part & portion dont il est héritier & bien-tenant dudit feu Jean-Louis Anceau, & solidairement & hypotéquairement pour le tout à garantir lesdis de la Riviere de toutes les condamnations qui pourroient intervenir contre eux au profit du Maréchal Duc de Richelieu, & du tuteur à la substitution, en principaux, intérêts, frais & dépens, & condamner en outre ledit Anceau en tous les dépens envers lesdits de la Riviere, même ceux que lesdits de la Riviere ont été & seront obligés de faire, tant contre le Maréchal Duc de Richelieu, que ledit tuteur à la substitution : Requête dudit Louis Anceau du seize Décembre 1754, à ce qu'il plût à notredite Cour le recevoir partie intervenante, lui donner acte du contenu en la Requête, pour moyens d'intervention, & de ce qu'il se joignoit & adhéroit aux conclusions prises par Claude Anceau, par sa Requête du seize Décembre 1754, & offroit de l'acquitter pour les portions dont ils se trouveront légitimement, tenus à proportion de ce que Claude Anceau, pere dudit Jean-Louis Anceau, a amendé en la succession de Jean Anceau, leur ayeul commun ; & en conséquence donner acte audit Louis Anceau de sa prise de fait & cause pour ledit de la Riviere, sur les demandes contre lui formées par le Maréchal Duc de Richelieu, par Commission, Exploit & Requête des quinze Janvier, 17 Février 1749, & quinze Décembre 1752 ; & y faisant droit, déclarer le Maréchal Duc de Richelieu non - recevable dans lesdites demandes, ou en tout cas l'en débouter, avec dépens, tant ceux qui seront faits contre lui, que contre ledit de la Riviere ; comme aussi condamner le Maréchal Duc de Richelieu à acquitter ledit Anceau de ceux auxquels il pourroit être condamné envers ledit de la Riviere ; & où le Maréchal Duc de Richelieu, en sa qualité de Légataire substitué du feu Cardinal de Richelieu, obtiendroit quelque condamnation contre ledit de la Riviere, ou contre ledit Anceau, son garant, pour raison de la place en question, audit cas le condamner en qualité d'héritier bénéficiaire du feu Duc de Richelieu, son pere, à acquitter ledit Anceau de toutes lesdites condamnations, tant en principaux, intérêts, dommages-intérêts & dépens, le condamner en tels dommages - intérêts qu'il plaira à notredite Cour : Requête de Jeanne - Marie-Constance Anceau, épouse du nommé Pujol, du dix-huit Décembre 1754, tendante à ce qu'il plût à notredite Cour la recevoir partie intervenante en l'instance d'entre le Maréchal Duc de Richelieu, ledit Damas audit nom, lesdits de la Riviere & autres propriétaires des maisons situées autour du Palais-Royal, qu'il lui fût donné acte du contenu en sa Requête pour moyens d'intervention, qu'il lui fût pareillement donné acte de ce qu'elle se joignoit & adhéroit aux conclusions prises par ledit Claude Anceau, par sa Requête du onze Décembre 1754, & offroit de l'acquitter pour les portions dont elle se trouveroit légitimement tenue à proportion de ce que Claude Anceau pere de ladite femme Pujol a amendé en la succession de Jean Anceau, ayeul commun ; & en conséquence donner acte à ladite femme Pujol de sa prise de fait & cause pour ledit de la Riviere ; sur les demandes contre lui formées par le Maréchal Duc de Richelieu, par les Commission, Exploit & Requête des quinze Janvier, dix-sept Février 1749, & quinze Décembre 1752, dénoncées audit Claude Anceau par ledit de la Riviere, par Commission & Exploit des seize Juin 1753, & vingt-six Mars 1754, & y faisant droit, déclarer le Maréchal Duc de Richelieu non-recevable dans lesdites demandes, ou en tous cas l'en débouter, avec dépens faits contre lui & ledit de la Riviere ; comme aussi le condamner à acquitter ladite femme Pujol de ceux auxquels elle pourroit être condamnée envers ledit de la Riviere ; & où le Maréchal Duc de Richelieu, en sadite qualité de Légataire substitué du Cardinal de Richelieu obtiendroit quelque condamnation contre ledit de la Riviere, ou contre ladite femme Pujol, sa garante, pour raison de la place où est bâtie la maison dudit de la Riviere au coin de la rue de Richelieu & de la rue neuve des Bons-Enfans, ladite place à bâtir acquise par Catherine & Marguerite Cagnier des nommés Flacourt, de Lespine & Boilleau moyennant deux mille cent livres par le contrat du vingt-deux Février 1659, audit cas le condamner en qualité d'héritier bénéficiaire du feu Duc de Richelieu, son pere, à acquitter, garantir & indemniser ladite femme Pujol de toutes lesdites condamnations, tant en principaux, intérêts, dommages-intérêts, frais & dépens, & le condamner en tels dommages-intérêts qu'il plaira à notredite Cour : Arrêt du trente-un Décembre 1754, par lequel notredite Cour a reçu lesdits Anceau & lesdits de la Riviere parties intervenantes, & pour faire droit sur les interventions & demandes des parties, les a appointées en droit & joint à l'instance d'entre le Maréchal Duc de Richelieu & autres, & ledit de la Riviere & autres : Production de la Riviere, en exécution du susdit Arrêt, par Requête du quatre Janvier 1755, employée pour défenses aux interventions & demandes desdits Anceau & portées par leurs Requêtes des onze, seize & dix-huit Décembre 1754, & contenant demande à ce qu'il plût à notredite Cour leur adjugeant les conclusions par eux prises contre le Maréchal Duc de Richelieu & le tuteur à la substitution, il leur fût donné acte de ce qu'ils leur sommoient & dénonçoient les interventions & demandes de Claude Anceau & consorts, & condamner le Maréchal Duc de Richelieu, & le tuteur à la substitution, en tous les dépens, même en ceux réservés, & que lesdits de la Riviere ont été & serons obligés de faire tant en demandant qu'en défendant, sommation & dénonciation ; & où il arriveroit que le Maréchal Duc de Richelieu & le tuteur à la substitution parviendroient à leur fins, en ce cas, adjuger auxdits de la Riviere les conclusions prises contre lesdits Anceau, & les condamner envers lesdits de la Riviere en tous les dépens, même en ceux réservés & qu'ils avoient été & seroient obligés de faire par la suite contre le Maréchal Duc de Richelieu & ledit tuteur : au bas de laquelle Requête est l'Ordonnance de notredite Cour qui a donné acte de l'emploi y porté, & réservé d'y faire droit en jugeant : Production desdits Anceau en exécution du même Arrêt du trente-un Décembre 1754, par Requête du vingt-un Janvier 1755 : Requête desdits de la Riviere, du vingt-deux Janvier 1755 ; d'emploi pour contredits contre la susdite production : Sommations faites à la Requête desdits de la Riviere au Maréchal Duc

H h

de Richelieu & au tuteur à la fubftitution, de fatisfaire audit Arrêt & auxdits Anceau de fournir de contredits : Commiffion obtenue en Chancellerie le fept Septembre 1754, par Claude Anceau, à l'effet d'affigner en notredite Cour les enfans, héritiers, donataires & biens-tenans de défunt Claude Anceau, Grand Maître des Eaux & Forêts, pour voir dire qu'il auroit acte de la fommation & dénonciation qu'il leur faifoit des demandes contre lui formées par Louis Raymond de la Riviere, par Commiffion, Paréatis & Exploit des feize, dix-huit Juin 1753, & vingt-fix Mars 1754, à ce qu'ils fuffent tenus de fe joindre à lui pour l'en faire débouter, finon condamnés à acquitter, garantir & indemnifer ledit Claude Anceau de leur portion en qualité d'héritiers biens-tenans & repréfentans ledit défunt Claude Anceau dans lefdites condamnations qui pourroient être prononcées contre lui au profit dudit de la Riviere, tant en principal, intérêts, fruits, loyers, dommages-intérêts, que frais & dépens, & en outre en tous les dépens faits & à faire tant en demandant, défendant, que des fommations, & voir en outre prendre par ledit Anceau telles autres conclufions qu'il aviferoit & procéder comme de raifon : Exploit d'affignation donnée en notredite Cour le vingt-trois Novembre 1754, à la requête dudit Claude Anceau, à la nommée Anceau, époufe féparée de biens du nommé de Commihaut, en vertu & aux fins de la fufdite Commiffion : Défenfes fournies le dix Mai 1755, par ladite de Commiheaut contre la fufdite demande : Arrêt du treize Mai 1755, par lequel notredite Cour pour faire droit aux parties fur les demandes & défenfes ci-deffus, les a appointées en droit & joint à l'inftance d'entre ledit Anceau, Louis Raymond de la Riviere, le Maréchal Duc de Richelieu & autres ; Production dudit Claude Anceau en exécution du fufdit Arrêt, par Requete du vingt-fept Mai 1755, employée pour avertiffement, & contenant demande à ce qu'il lui fût donné acte de la fommation & dénonciation par lui faite, & qu'il réiteroit à ladite femme de Commihaut au nom & comme héritiere & biens-tenant de défunt Claude Anceau, des demandes & prétentions de Louis Raymond de la Riviere ; & où ledit de la Riviere obtiendroit à fes fins, audit cas, que ladite Commihaut fût condamnée perfonnellement pour la part & portion dont elle eft héritiere & biens-tenante de Claude Anceau, & hypotéquairement pour le tout à acquitter, garantir & indemnier ledit Anceau de toutes les condamnations qui pourroient être contre lui prononcées au profit dudit de la Riviere, tant en principaux, intérêts, reftitutions de fruits, que dommages-intérêts & en tous les dépens, tant en demandant, défendant, que des fommations ; au bas de laquelle Requête eft l'Ordonnance de notredite Cour qui a donné acte de l'emploi y porté, & réfervé d'y faire droit en jugeant : Sommation faite à la requête dudit Claude Anceau à ladite Commihaut de fatisfaire au fufdit Arrêt : Requete du Maréchal Duc de Richelieu du dix-fept Juin 1755, contenant demande à ce que le contrat paffé devant Pain & fon Confrere, Notaires à Paris, le trente Janvier 1658 entre le feu Duc de Richelieu, d'une part ; & lefdits Flacourt, de Lefpine & Boilleau, d'autre part, fût déclaré en tant que befoin eft ou feroit, nul & de nul effet, feulement en ce que l'on voudroit en induire une approbation ou une confirmation du contrat paffé devant Pain & Daubanton, Notaires à Paris, le vingt-neuf Mai 1655 ; au furplus, que les conclufions prifes par le Maréchal Duc de Richelieu, contre ledit de la Riviere, lui fuffent adjugées, avec dépens ; au bas de laquelle Requête eft l'Ordonnance de notredite Cour qui a réfervé d'y faire droit en jugeant : Requête dudit de la Riviere du dix-huit Juin 1755, d'emploi pour fins de non-recevoir & défenfes à la fufdite demande : Requête dudit Damas audit nom du 17 Juin 1755, contenant demande à ce que le contrat paffé devant Pain & fon Confrere, Notaires à Paris, le 30 Janvier 1658 entre le feu Duc de Richelieu, d'une part, & lefdits Flacourt, de Lefpine & Boilleau, d'autre part, fût déclaré en tant que befoin eft ou feroit, nul & de nul effet, feulement en ce que l'on voudroit en induire une approbation ou une confirmation de celui du 29 Mai 1655 ; au furplus, que les conclufions prifes en l'inftance par ledit Damas audit nom contre ledit de la Riviere & Conforts lui fuffent adjugées : Requête dudit de la Riviere du 18 Juin 1755, d'emploi pour fins de non-recevoir & défenfes à la fufdite demande : Requête defdits de la Riviere du 18 Juin 1775, contenant demande à ce qu'il leur fût donné acte de ce qu'aux rifques du Maréchal Duc de Richelieu, & du tuteur à la fubftitution, ils fommoient & dénonçoient auxdits Anceau, leurs garants, les Requêtes & demandes du Maréchal Duc de Richelieu, & du tuteur à la fubftitution deudix-fept Juin 1755, à ce qu'ils n'en ignorent & euffent à les faire ceffer ; & où il arriveroit que le Maréchal Duc de Richelieu & le tuteur à la fubftitution réuffiroient dans leur prétention & demande, en ce cas adjugeant auxdits de la Riviere les conclufions par eux prifes contre ledit Claude Anceau & autres, ils fuffent condamnés à acquitter lefdits de la Riviere de toutes les condamnations qui pourroient intervenir contre lefdits de la Riviere au profit du Maréchal Duc de Richelieu, & du tuteur à la fubftitution, en principaux, intérêts, frais & dépens ; comme auffi ils fuffent condamnés en tous les dépens faits & à faire par lefdits de la Riviere, en demandant, défendant, fommation & dénonciation ; même en ceux faits les uns à l'encontre des autres ; & au contraire où il arriveroit que le Maréchal Duc de Richelieu & le tuteur à la fubftitution fuccomberoient dans leurs prétentions & demandes, en ce cas, qu'il fût donné acte auxdits de la Riviere de ce qu'aux rifques dudit Claude Anceau & autres, ils contrefommoient & dénonçoient au Maréchal Duc de Richelieu, & audit Tuteur à la fubftitution, leurs propres Requêtes & Demande du même jour dix-fept Juin mil fept cent cinquante-cinq ; ce faifant, adjugeant auxdits de la Riviere les conclufions par eux prifes contre le Maréchal Duc de Richelieu & le tuteur à la fubftitution, & en les déclarant non-recevables en leurfdites requêtes & demandes, ou en tout cas les en déboutant, que le Maréchal Duc de Richelieu fût condamné en tous les dépens faits & à faire par lefdits de la Riviere contre toutes les Parties tant en demandant, défendant, que des fommations & dénonciations, même en ceux faits les uns à l'encontre des autres, & en ceux réfervés ; au bas de laquelle requête employée pour avertiffement, écritures & production fur icelle, eft l'Ordonnance de notredite Cour qui l'a réglée en droit & joint, & donné acte de l'emploi y porté ; Requête defdits Anceau du vingt-un Août mil fept cent cinquante-cinq, d'emploi pour production, en exécution de la fufdite Ordonnance, requete defdits de la Riviere du vingt-deux dudit mois, d'emploi pour contredits contre l'emploi de production porté par la fufdite requête ; fommation à la requête defdits de la Riviere au Maréchal Duc de Richelieu & au tuteur à la fubftitution de fatisfaire à la fufdite Ordonnance ; requête de ladite Commihaut du vingt-trois Août 1755, à ce qu'il plût à notredite Cour la recevoir Partie intervenante dans les conteftations particulieres d'entre ledit Claude Anceau, le Maréchal Duc de Richelieu & le tuteur à la fubftitution & ledit de la riviere ; qu'il lui fût donné acte du contenu en fa requête pour moyen d'intervention, qu'il lui fût pareillement donné acte de ce qu'elle fommoit & dénonçoit, & contrefommoit au Maréchal Duc de Richelieu & au tuteur à la fubftitution, même audit de la Riviere, la demande formée contre elle pa-

commiffion & exploit des fept Septembre & vingt-trois Novembre 1754, les défenses que ledit Anceau y avoit fournies le dix Mai 1755, l'Arrêt d'appointement du treize dudit mois de Mai ; la requête de production dudit Anceau du vingt-fept dudit mois, à ce qu'ils n'en ignoraffent ; en conféquence que ceux qui fuccomberoient fuffent condamnés en tous les dépens envers ladite Anceau, faits & à faire, tant en demandant, défendant, que des fommations, dénonciations & contrefommations, au bas de laquelle requête eft l'Ordonnance de notredite Cour qui a reçu ladite de Commihaut Partie intervenante, & a réfervé de faire droit fur ladite demande en jugeant ; requête defdits de La Riviere du vingt-fept Août 1755, d'emploi pour défenfes à l'intervention & demande ci-deffus : requête de ladite de Commihaut du vingt-trois Août 1755, employée en exécution de l'Arrêt du treize Mai 1755, pour fins de non-recevoir, défenfes, avertiffement, écritures & production & contenant demande, à ce qu'en la recevant oppofante à l'exécution de l'Arrêt faute de comparoir du trois Février 1755, il lui fût donné acte de ce qu'elle fe joignoit à Claude Anceau, & adhéroit aux conclufions par lui prifes en l'Inftance, tant contre ledit de la Riviere que contre le Maréchal Duc de Richelieu & autres, le tout feulement au prorata & pour telle part & portion dont elle pouvoit être tenue comme héritiere & bien tenante par bénéfice d'inventaire dudit Claude Anceau fon pere, qui l'étoit en partie de feu Louis Anceau, ayeul, & en cas de conteftations que les conteftans fuffent condamnés aux dépens ; au bas de laquelle requête eft l'Ordonnance de notredite Cour qui a donné acte de l'emploi y porté, & réfervé d'y faire droit en jugeant ; requête dudit Anceau, employée pour contredits contre la production faite par ladite Commuhaut, par fa fufdite requête & défenfes, à la demande y portée, & contenant demande à ce qu'il lui fut donné acte de la déclaration dudit Anceau portée par les conclufions de fa requête, qu'elle fe joignoit audit Anceau, & adhéroit aux conclufions par lui prifes, tant contre le Maréchal Duc de Richelieu, & autres, pour les parts & portions dont elle étoit héritiere de défunt Claude Anceau fon pere, qui étoit héritier en partie de défunt Louis Anceau ayeul commun ; & où lefdites conclufions prifes par ledit Claude Anceau, contre ledit de la Riviere, le Maréchal Duc de Richelieu & ledit Damas, audit nom, ne réuffiroient pas, & où il interviendroit à leur profit, quelque condamnation contre lui ; & adjugeant audit Anceau celles par lui ci-devant prifes contre ladite de Commuhaut, qu'elle fût condamnée de l'en acquitter, garantir & indemnifer pour la part & portion dont elle étoit héritiere & biens tenant defdits défunt Claude & Jean-Louis Anceau fon pere & ayeul, tant en principaux, intérêts, loyers, reftitution de fruits, que dommages-intérêts & dépens, & que ladite de Commihaut fût dans tous les événemens pareillement condamnée en tous les dépens faits contre elle par ledit Anceau ; au bas de laquelle requête eft l'Ordonnance de notredite Cour, qui a donné acte de l'emploi y porté, & refervé d'y faire droit en jugeant ; Production nouvelle du Maréchal Duc de Richelieu, contre lefdits Darcy par requête du vingt-deux Décembre mil fept cent quarante-cinq ; Requête defdits Darcy du quatre Juillet mil fept cent quarante-fept, d'emploi pour contredits contre la fufdite production nouvelle ; Requête du Maréchal Duc de Richelieu du vingt-trois May mil fept cent quarante-fix, contenant demande à ce qu'il lui fut donné acte de ce qu'en réformant & augmentant les conclufions par lui prifes contre lefdits Darcy, il concluoit à ce que le contrat de mil fix cent cinquante-cinq, fût déclaré nul & de nul effet ; ce faifant, lefdits Darcy, condamnés à fe défifter & départir du fond, propriété & jouiffance de la rente fonciere, dont la maifon à eux appartenante, étoit chargée à raifon de trente-trois livres dix fols un denier par chaque toife de face, fur fept toifes de profondeur feulement, conformément au contrat d'arrentement fait par feu le Cardinal de Richelieu à Louis le Barbier, le dix-fept Mars mil fix cent trente-fix, de la place fur laquelle ladite maifon étoit bâtie ; laquelle rente faifoit partie de celle de huit mille deux cent huit livres fix fols huit deniers, qui apparteroit à la fubftitution au jour du décès du Cardinal de Richelieu, & avoit été vendue avec d'autres biens aufdits Placourt, Lefpine & Boileau, par le feu Duc de Richelieu pere par le fufdit contrat du vingt-neuf Mai mil fix cens cinquante-cinq ; qu'il fût ordonné que ladite maifon feroit & demeureroit chargée à l'avenir de ladite rente, à raifon de trente-trois livres dix fols un denier pour chaque toife de face fur la rue neuve des Petits-Champs, rembourfable fur le pied du denier vingt-quatre, qu'il fût ordonné que dans huitaine à compter du jour de la fignification de l'Arrêt qui interviendra à domicile, lefdits Darcy feroient tenus de paffer titre nouvel & reconnoiffance de ladite rente, finon & ledit tems paffé, que l'Arrêt qui interviendroit vaudroit titre nouvel ; que lefdits Darcy fuffent en outre condamnés à payer au Maréchal Duc de Richelieu, les arrérages de ladite rente, à compter du dix Mai mil fept cent quinze, jour du décès du Duc de Richelieu pere, temps auquel la fubftitution s'eft trouvée ouverte au profit du Duc de Richelieu en fes dommages-intérêts, foufferts & à fouffrir, & en tous les dépens, aux offres que faifoit le Maréchal Duc de Richelieu, & qu'il réiteroit de tenir compte auxdits Darcy de ce qui avoit pu être légitimement payé par eux ou par leurs auteurs à la décharge de la fucceffion du Cardinal de Richelieu fur le prix du contrat de mil fix cent cinquante-cinq ; au bas de laquelle requête, employée pour avertiffement, écritures & production fur icelle, eft l'Ordonnance de notredite Cour qui l'a réglée en droit & joint, & donné acte de l'emploi y porté ; Sommation faite à la requête du Maréchal Duc de Richelieu auxdits Darcy, de fatisfaire à la fufdite Ordonnance ; Requête dudit Damas, audit nom, du ... Juin mil fept cent quarante-fix, contenant demande à ce qu'en réformant & augmentant les conclufions par lui prifes contre lefdits Darcy, le contrat de mil fix cent cinquante-cinq, fût déclarée nul & de nul effet ; ce faifant, lefdits Darcy condamnés à fe défifter du fonds, propriété & jouiffance de la rente fonciere dont la maifon à eux appartenante étoit chargée, à raifon de trente-trois livres dix fols un denier par chaque toife de face fur fept toifes de profondeur feulement, faifant ladite rente partie de celle de huit mille deux cens huit livres fix fols huit deniers, qui appartenoit à la fubftitution au jour du décès du Cardinal de Richelieu, qu'il fût ordonné que la maifon defdits Darcy feroit & demeureroit chargée de ladite rente, à raifon de trente-trois livres dix fols un denier par chaque toife de face fur la rue neuve des Petits-Champs, rembourfable fur le pied du denier vingt-quatre, qu'il fût ordonné que dans huitaine à compter du jour de la fignification de l'Arrêt à domicile ; lefdits Darcy feroient tenus de paffer titre nouvel & reconnoiffance, finon que l'Arrêt vaudroit titre ; que lefdits Darcy fuffent en outre condamnés à payer les arrérages de la rente depuis l'ouverture de la fubftitution au profit du Maréchal Duc de Richelieu, & fi notredite Cour jugeoit que le fond des dix-huit places non bâties en mil fix cent cinquante-cinq, & fur partie defquelles étoit conftruite la maifon defdits Darcy, appartenoit à la fubftitution, en ce cas lefdits Darcy fuffent condamnés à fe défifter du fonds, propriété & jouiff sance de ladite maison, & en restituer les jouissances depuis le dix Mai mil sept cent quinze, jour de l'ouverture de la substitution au profit du Maréchal Duc de Richelieu, & qu'ils fussent condamnés en tous les dépens, aux offres que ledit Damas audit nom, avoit toujours faites de tenir compte de ce qui avoit été légitimement payé, à la décharge de la substitution ; au bas de laquelle requête, employée pour avertissement, écritures & production sur icelle, est l'Ordonnance de notredite Cour qui l'a réglée en droit & joint, & donné acte de l'emploi y porté ; Requêtes desdits Darcy des vingt-huit Juin & cinq Juillet mil sept cent quarante-sept, d'emploi pour défenses, écritures & production, même pour contredits en exécution de la susdite Ordonnance ; Requête du Maréchal Duc de Richelieu du seize Décembre mil sept cent cinquante-deux, contenant demande à ce qu'en rectifiant, augmentant & reformant, en tant que besoin étoit ou seroit, les conclusions par lui ci-devant prises contre lesdits Darcy, faisant droit sur les demandes du Maréchal Duc de Richelieu, & sans s'arrêter aux requêtes desdits Darcy, dont ils seroient déboutés, le contrat passé devant Me. Parque & son confrere, Notaires à Paris, le vingt-neuf Mai mil six cent cinquante-cinq, fût déclaré nul & de nul effet ; en conséquence lesdits Darcy condamnés purement & simplement à se désister & départir au profit du Maréchal Duc de Richelieu, comme appellé à la substitution portée par le testament du Cardinal de Richelieu, de la propriété, possession & jouissance d'une maison sise en la ville de Paris, rue neuve des Petits-Champs, circonstances & dépendances, tenant ladite maison du côté du midi à celle appartenante au nommé Hastier ; du côté du nord à la rue neuve des Petits Champs ; du côté de l'Orient à la maison appartenante au nommé Testard ; & du côté du couchant à celle du nommé de la Rivière, laquelle maison se trouvoit construite sur une partie du second emplacement, vendu & aliéné par le contrat du vingt-neuf Mai mil six cent cinquante-cinq, que lesdits Darcy fussent pareillement condamnés à rendre au Maréchal Duc de Richelieu, ladite maison & emplacement, circonstances & dépendances, même à lui restituer les fruits & revenus de ladite maison depuis le dix Mai 1715, jour du décès du duc de Richelieu pere, tems auquel la substitution s'est trouvée ouverte au profit du Maréchal duc de Richelieu, le tout à dire d'Experts dont les Parties conviendroient devant le Conseiller-Rapporteur, ou qui seroient par lui pris & nommés d'office, soit sur la représentation des baux que lesdits Durey seroient tenus d'en faire, qu'il fût donné acte au Maréchal duc de Richelieu des offres qu'il faisoit de tenir compte auxdits Darcy sur les fruits & revenus de ladite maison, des impenses & améliorations si aucunes avoient été faites dans ladite maison, depuis l'ouverture de la substitution jusqu'à la dépossession desdits Durey, & ce suivant l'estimation qui en seroit faite par les mêmes Experts convenus ou nommés d'office qui procéderoient à la liquidation des fruits & revenus de ladite maison ; qu'il fût donné acte au Maréchal duc de Richelieu des offres qu'il avoit toujours faites, & qu'il réitéroit de tenir compte auxdits Darcy des sommes qu'ils justifieroient avoir été employées, soit par eux, soit par ceux qu'ils représentent sur le prix de l'acquisition faite par Flacourt, de Lespine & Boilleau par le Contrat du 1655, au payement des dettes de la succession du Cardinal de Richelieu, que lesdits Darcy fussent en outre condamnés en des dommages-intérêts envers le Maréchal Duc de Richelieu & en tous les dépens, au bas de laquelle requête employée pour avertissement, écritures & production sur icelle, est l'Ordonnance de notredite Cour qui l'a réglée en droit & joint, & donné acte de l'emploi y porté ; requêtes desdits Darcy du vingt Décembre 1752, d'emploi pour défenses, écritures & production, même pour contredits en exécution de la susdite Ordonnance ; requête du Maréchal Duc de Richelieu du dix-sept Juin 1755, contenant demande à ce que le contrat du trente Janvier 1658, passé devant Pain & son confrere, Notaires à Paris, entre le feu Duc de Richelieu d'une part, & lesdits Flacourt, Lespine & Boilleau d'autre part, fût déclaré en tant que besoin étoit ou seroit, nul & de nul effet, seulement en ce que l'on voudroit en induire une approbation ou une confirmation du contrat passé devant Pain & Daubanton, Notaires à Paris, le vingt-neuf Mai 1655 ; au surplus que les conclusions prises en l'instance par le Maréchal duc de Richelieu contre lesdits Darcy lui fussent adjugées avec dépens, au bas de laquelle requête est l'Ordonnance de notredite Cour, qui a réservé d'y faire droit en jugeant ; requête dudit Damas audit nom, du dix-sept Juin 1755, contenant demande à ce que le contrat du trente Janvier 1658 passé devant Pain & son confrere, Notaires à Paris, entre le feu duc de Richelieu d'une part, & lesdits Flacourt, Lespine & Boilleau d'autre part, fût déclaré en tant que besoin étoit ou seroit, nul & de nul effet, seulement en ce que l'on voudroit en induire une approbation ou une confirmation du contrat passé devant Pain & Daubanton, Notaires à Paris, le vingt-neuf Mai 1655 ; au surplus que les conclusions prises en l'instance par ledit Damas audit nom de tuteur à la substitution contre lesdits Darcy, lui fussent adjugées avec dépens, au bas de laquelle requête est l'Ordonnance de notredite Cour, qui a réservé d'y faire droit en jugeant ; production nouvelle du Maréchal duc de Richelieu, par requête du vingt-deux Décembre 1741, contre Pierre Testard ; requête dudit Pierre Testard du 4 Juillet 1747, d'emploi pour contredits contre la susdite production nouvelle ; requête du Maréchal duc de Richelieu du 24 Mai mil sept cens cinquante-quatre, contenant demande, à ce qu'en réformant & augmentant les conclusions par lui ci-devant prises contre ledit Testard, le contrat du vingt-neuf Mai 1655 fût déclaré nul & de nul effet : ce faisant, ledit Testard fût condamné à se désister & départir du fonds, proprieté & jouissance de la rente foncière dont la maison à lui appartenante étoit chargée, à raison de trente-trois livres dix sols un denier par chaque toise de face sur sept toises de profondeur seulement, conformément au contrat d'arrentement fait par feu le Cardinal de Richelieu à Louis le Barbier le 17 Mars 1636, de la place sur laquelle ladite maison étoit bâtie ; laquelle rente faisoit partie de celle de huit mille deux cens huit livres six sols huit deniers, qui appartenoit à la substitution au jour du décès du Cardinal de Richelieu, & avoit été vendue avec autres biens auxdits Flacourt, Lespine & Boilleau par le feu Duc de Richelieu pere, par le susdit contrat du vingt-neuf Mai 1655 ; qu'il fût ordonné que ladite maison seroit & demeureroit chargée, à l'avenir de ladite rente à raison de trente-trois livres dix sols un denier par chaque toise de face sur la rue des Petits-Champs, remboursable sur le pied du denier vingt-quatre ; qu'il fût ordonné que dans huitaine, à compter du jour de la signification de l'Arrêt qui interviendroit à domicile, ledit Testard seroit tenu de passer titre nouvel & reconnoissance de ladite rente, sinon & à ledit tems passé, que l'Arrêt qui interviendroit vaudroit titre nouvel, & que ledit Testard fût condamné en outre à payer au Maréchal Duc de Richelieu les arrérages de ladite rente, à compter du dix mai 1715, jour du décès du Duc de Richelieu pere, tems auquel la substitution s'est trouvée ouverte au profit du Maréchal Duc de Richelieu en les dommages-intérêts soufferts & à souffrir, & en tous les dépens, aux offres faites ci-devant par le Maréchal Duc de Richelieu, & qu'il réitéroit de tenir compte audit Testard de ce qui avoit pu être

être

être légitimement payé par lui ou par ses auteurs à la décharge de la succession du Cardinal de Richelieu, sur le prix du contrat de 1655 ; au bas de laquelle requête employée pour avertissement, écritures & production sur icelle, est l'Ordonnance de notredite Cour qui l'a réglée en droit & joint, & donné acte de l'emploi y porté : Sommation faite à la requête du Maréchal Duc de Richelieu audit Testard, de satisfaire à la susdite Ordonnance : Requête dudit Damas audit nom de tuteur à la substitution du six Juin 1746 contenant demande, à ce qu'en réformant & augmentant les conclusions par lui prises contre ledit Testard, ledit contrat de 1655 fût déclaré nul & de nul effet ; en conséquence ledit Testard condamné à se désister du fonds, propriété & jouissance de la rente foncière dont la maison à lui appartenante étoit chargée, à raison de trente-trois livres dix sols un denier par chaque toise de face, sur sept toises de profondeur seulement, faisant ladite rente partie de celle de huit mille deux cens huit livres, qui appartenoit à la substitution au jour du décès du Cardinal de Richelieu ; qu'il fût ordonné que la maison dudit Testard seroit & demeureroit chargée de la rente, à raison de trente-trois livres dix sols un denier par chaque toise de face sur la rue neuve des Petits-Champs, remboursable sur le pied du denier vingt-quatre ; qu'il fût ordonné que dans huitaine, à compter du jour de la signification de l'Arrêt à domicile, ledit Testard seroit tenu de passer titre nouvel & reconnoissance, sinon que l'Arrêt vaudroit titre ; que ledit Testard fût condamné en outre à payer les arrérages de la rente depuis l'ouverture de la substitution au profit du Duc de Richelieu ; & où notredite Cour jugeroit que le fonds des dix-huit places non bâties en 1655, & sur partie desquelles étoit construite la maison dudit Testard, appartenoit à la substitution ; en ce cas ledit Testard fût condamné à se désister du fonds, propriété & jouissance de ladite maison, à en restituer les jouissances depuis le dix Mai 1715 ; & qu'il fût condamné en tous les dépens aux offres qui avoient toujours été faites de la part dudit Damas audit nom, & du Maréchal Duc de Richelieu ; de tenir compte de ce qui avoit pû être légitimement payé à la décharge de la substitution ; au bas de laquelle requête employée pour avertissement, écritures & production sur icelle, est l'Ordonnance de notredite Cour qui l'a réglée en droit & joint, & donné acte de l'emploi y porté : Requêtes dudit Testard des 28 Juin & cinq Juillet mil sept cent quarante-sept, d'emploi pour défenses, écritures & production, même pour contredits, en exécution de la susdite Ordonnance : Requête du Maréchal Duc de Richelieu du vingt-deux Décembre 1752, contenant demande, à ce qu'en rectifiant, augmentant & réformant, en tant que besoin est ou seroit, les conclusions par lui ci-devant prises contre ledit Testard, faisant droit sur les demandes du Maréchal Duc de Richelieu, & sans s'arrêter aux requêtes dudit Testard, dont il seroit débouté, le contrat passé devant Me. Parque & son Confrere, Notaires à Paris, le vingt-neuf mai 1655, fût déclaré nul & de nul effet ; en conséquence ledit Testard fût condamné purement & simplement à se désister & départir au profit du Maréchal Duc de Richelieu, comme appellé à la substitution portée au testament du Cardinal de Richelieu, de la propriété & jouissance d'une maison sise en la ville de Paris, rue neuve des Petits-Champs, circonstances & dépendances ; tenant ladite maison, du côté du midi, au Jardin du Palais Royal ; du côté du nord, à la rue neuve des Petits-Champs ; du côté de l'orient, à la maison qui appartenoit audit Nouveau ; & du côté du couchant, à celle qui appartenoit audit Darcy, laquelle maison se trouvoit construite sur une partie du troisième emplacement, vendu & aliéné par le contrat du vingt-neuf Mai mil six cent cinquante-cinq ; que ledit Testard fût pareillement condamné à rendre au Maréchal Duc de Richelieu ladite maison & emplacement, circonstances & dépendances, même à lui restituer les fruits & revenus de ladite maison, depuis le dix mai 1715, jour du décès du Duc de Richelieu pere, tems auquel la substitution s'est trouvée ouverte au profit du Maréchal Duc de Richelieu, le tout à dire d'Experts dont les Parties conviendroient devant le Conseiller Rapporteur, ou qui seroient par lui pris & nommés d'office, soit sur la représentation des baux que ledit Testard seroit tenu d'en faire ; qu'il fût donné acte au Maréchal Duc de Richelieu des offres qu'il faisoit de tenir compte audit Testard sur les fruits & revenus de ladite maison, des impenses & améliorations, si aucunes avoient été faites dans ladite maison depuis l'ouverture de la substitution jusqu'à la dépossession dudit Testard, & ce suivant l'estimation qui en seroit faite par les mêmes Experts convenus ou nommés d'office, qui procéderoient à la liquidation des fruits & revenus de ladite maison ; qu'il fût pareillement donné acte au Maréchal Duc de Richelieu des offres qu'il avoit toujours faites, & qu'il réiteroit de tenir compte audit Testard des sommes qu'il justifieroit avoir été employées, soit par lui, soit par ceux qu'il représente, sur le prix de l'acquisition faite par Flacourt, de Lespine & Boilleau, par le contrat de mil six cent cinquante-cinq, au payement des dettes de la succession du Cardinal de Richelieu, & que ledit Testard fût condamné en des dommages-intérêts envers le Maréchal Duc de Richelieu, & en tous les dépens ; au bas de laquelle requête employée pour avertissement, écritures & production sur icelle, est l'Ordonnance de notredite Cour qui l'a réglée en droit & joint, & donné acte de l'emploi y porté : Requêtes dudit Testard du dix-sept Mars 1753, d'emploi aux risques de qui il appartiendra, pour défenses, écritures & production, même pour contredits, en exécution de la susdite Ordonnance : Requête du Maréchal Duc de Richelieu du quatorze Juin mil sept cent cinquante-cinq, contenant demande, à ce que le contrat passé devant Pain & son Confrere, Notaires à Paris, le trente Janvier 1658, entre le feu Duc de Richelieu d'une part, & lesdits Flacourt, Lespine & Boilleau d'autre part, fût, en tant que besoin est ou seroit, déclaré nul & de nul effet, seulement en ce que l'on voudroit en induire une approbation ou une confirmation du contrat passé devant Pain & Daubanton, Notaires à Paris, le vingt-neuf Mai 1655 ; au surplus que les conclusions par lui prises en l'instance contre ledit Testard, lui fussent adjugées avec dépens ; au bas de laquelle requête est l'Ordonnance de notredite Cour, qui a réservé d'y faire droit en jugeant : Requête dudit Damas audit nom, du quatorze Juin mil sept cent cinquante-cinq, contenant demande, à ce que le contrat passé devant Pain & son Confrere, Notaires à Paris, le trente Janvier 1658, entre le feu Duc de Richelieu d'une part, & lesdits Flacourt, Lespine & Boilleau, fût, en tant que besoin étoit ou seroit, déclaré nul & de nul effet, seulement en ce que l'on voudroit induire dudit contrat une approbation ou une confirmation de celui passé devant Pain & Daubanton, Notaires à Paris, le vingt neuf Mai 1655 ; au surplus que les conclusions prises par ledit Damas audit nom, contre ledit Testard, lui fussent adjugées avec dépens ; au bas de laquelle requête est l'Ordonnance de notredite Cour, qui a réservé d'y faire droit en jugeant : Production nouvelle du Maréchal Duc de Richelieu contre Claude-Magdeleine Saintard, veuve Barthelemi Nouveau, par requête du vingt-deux Décembre 1745 : Requêtes de ladite Nouveau des quatre Juillet 1747, & seize Mars 1753, d'emploi pour contredits contre ladite production nouvelle : Requête du Maréchal Duc de Richelieu du vingt-quatre Mai 1746, contenant demande, à ce qu'en réformant & augmentant les conclusions par lui prises contre ladite Saintard, veuve de Jean-Barthelemi Nouveau, le contrat du vingt-neuf Mai 1655, fût déclaré nul & de nul effet ; ce faifant, ladite veuve Nouveau condamnée à se défifter & départir du fonds, propriété & jouiffance de la rente fonciere dont la maifon à elle apparte-nante étoit chargée, à raifon de trente-trois livres dix fols un denier par chaque toife de face, fur fept toi-fes de profondeur feulement, conformément au contrat d'arrentement fait par feu le Cardinal de Richelieu à Louis le Barbier, le dix-fept mars 1636, de la place fur laquelle ladite maifon étoit bâtie, laquelle rente faifoit partie de celle de huit mille deux cens huit livres fix fols huit deniers, qui appartenoit à la fubftitu-tion au jour du décès du Cardinal de Richelieu, & avoit été vendue avec autres biens auxdits Flacourt, Lefpine & Boileau, par le feu Duc de Richelieu pere, par le fufdit contrat du vingt-neuf Mai 1655 ; qu'il fût ordonné que ladite maifon feroit & demeureroit chargée à l'avenir de ladite rente, à raifon de trente-trois livres dix fols un denier par chaque toife de face, fur la rue des Petits-Champs, rembourfable fur le pied du denier vingt-quatre ; qu'il fût ordonné que dans huitaine, à compter du jour de la fignification de l'Arrêt qui interviendroit à domicile, ladite veuve Nouveau feroit tenue de paffer titre nouvel & recon-noiffance de ladite rente, finon, & ledit tems paffé, que l'Arrêt vaudroit titre nouvel, & que ladite veuve Nouveau fût en outre condamnée à payer au Maréchal Duc de Richelieu les arrérages de ladite rente, à compter du dix Mai 1715, jour du décès du Duc de Richelieu pere, tems auquel la fubftitution s'étoit trou-vée ouverte au profit du Maréchal Duc de Richelieu, aux offres ci-devant faites par le Maréchal Duc de Richelieu, & qu'il réiteroit de tenir compte à ladite veuve Nouveau de ce qui avoit pû être légitimement payé par elle ou par fes auteurs à la décharge de la fucceffion du Cardinal de Richelieu, fur le prix du contrat de 1655, au bas de laquelle Requête employée pour avertiffement, écritures & production fur icelle, eft l'Ordonnance de notredite Cour, qui l'a réglée en droit & joint, & donné acte de l'emploi y porté : Sommation faite à la requête du Maréchal Duc de Richelieu à ladite veuve Nouveau, de fatisfaire à la fufdite Ordonnance : Requête du Maréchal Duc de Richelieu du vingt-quatre Mai 1746, contenant demande, à ce qu'en réformant & augmentant les conclufions par lui ci-devant prifes contre Lemofnier Duquefne, au nom & comme tuteur des enfans mineurs Pafferat, le contrat du vingt-neuf Mai 1655 fût déclaré nul & de nul effet ; ce faifant, ledit Duquefne ès noms, & Jean-Baptifte Guignard de Belleville, copropriétaire de ladite maifon, fife rue neuve des Petits-Champs, folidairement condamnés à fe défifter & départir du fonds, propriété & jouiffance de la rente fonciere dont ladite maifon étoit chargée, à raifon de trente-trois livres dix fols un denier par chaque toife de face, fur fept toifes de profondeur, conformément au contrat d'arrentement fait par feu le Cardinal de Richelieu, le dix-fept Mars 1636, de la place fur la-quelle ladite maifon étoit bâtie, laquelle rente faifoit partie de celle de huit mille deux cens huit livres fix fols huit deniers, qui appartenoit à la fubftitution au jour du décès du Cardinal de Richelieu, & avoit été vendue avec autres biens auxdits Flacourt, de Lefpine & Boilleau par le feu Duc de Richelieu pere, par le fufdit contrat du vingt-neuf Mai 1655 ; qu'il fût ordonné que ladite maifon feroit & demeureroit char-gée à l'avenir de ladite rente à raifon de trente-trois livres dix fols un denier par chaque toife de face fur la rue neuve des Petits-Champs, rembourfable fur le pied du denier vingt-quatre ; qu'il fût ordonné que dans huitaine, à compter de la fignification de l'Arrêt qui interviendroit à domicile, ledit le Mofnier Duquefne ès noms, & ledit Guignard de Belleville, feroient conjointement tenus de paffer au Maréchal Duc de Ri-chelieu titre nouvel de ladite rente, finon, & ledit tems paffé, que l'Arrêt vaudroit titre nouvel ; & que ledit le Mofnier Duquefne & ledit Guignard fuffent condamnés en outre à payer au Maréchal Duc de Ri-chelieu les arrérages de ladite rente, à compter du dix Mai mil fept cent quinze, jour du décès du Duc de Richelieu pere, tems auquel la fubftitution s'étoit trouvée ouverte au profit du Maréchal Duc de Ri-chelieu, en fes dommages-intérêts foufferts & à fouffrir, & en tous les dépens, aux offres ci-devant faites par le Maréchal Duc de Richelieu, & qu'il réiteroit de tenir compte auxdits le Mofnier & Guignard, de ce qu'ils juftifieroient avoir été légitimement payé par eux ou leurs auteurs à la décharge de la fucceffion du Cardinal de Richelieu, fur le prix du contrat de 1655, au bas de laquelle requête employée pour aver-tiffement, écritures & production fur icelle, eft l'Ordonnance de notredite Cour qui l'a réglée en droit & joint, & donné acte de l'emploi y porté : Sommation faite à la requête du Maréchal Duc de Richelieu aux-dits Duquefne & de Belleville, de fatisfaire à la fufdite Ordonnance : Requête dudit Damas audit nom, du fix Juin 1746, contenant demande, à ce qu'en réformant & augmentant les conclufions par lui prifes contre la veuve Nouveau ès noms, le contrat de mil fix cent cinquante-cinq fût déclaré nul & de nul effet ; ce faifant, ladite veuve Nouveau condamnée à fe défifter du fonds, propriété & jouiffance de la rente fonciere, dont la maifon à elle appartenante, étoit chargée à raifon de trente-trois livres dix fols un de-nier par chaque toife de face fur fept toifes de profondeur faifant ladite rente partie de celle de huit mille deux cent livres fix fols huit deniers, qui appartenoit à la fubftitution au jour du décès du Cardi-nal de Richelieu, qu'il fut ordonné que la maifon de ladite veuve Nouveau feroit & demeureroit char-gée de ladite rente à raifon de trente-trois livres dix fols un denier, & que dans huitaine du jour de la fignification de l'Arrêt qui interviendroit à domicile, ladite veuve Nouveau feroit tenue de paffer titre nouvel & reconnoiffance, finon que l'Arrêt vaudroit titre nouvel & reconnoiffance, que ladite veuve Nouveau fût condamnée en outre à payer les arrérages de ladite rente, à compter du jour de l'ouver-ture de la fubftitution au profit du Maréchal Duc de Richelieu, & où notredite Cour jugeroit que le fonds des dix-huit places non bâties en mil fix cens cinquante-cinq, & fur parties defquelles étoit conftruite la maifon de ladite Nouveau appartenoit à ladite fubftitution ; en ce cas, ladite veuve Nouveau fût con-damnée à fe défifter du fonds, propriété & jouiffance de ladite maifon, à en reftituer les jouiffances, de-puis le dix Mai mil fept cent quinze, & qu'elle fût condamnée en tous les dépens, aux offres qui avoient toujours été faites de tenir compte de ce qui avoit pû être légitimement payé, à la décharge de la fub-ftitution ; au bas de laquelle requête, employée pour avertiffement, écritures & production fur icelle eft l'Ordonnance de notredite Cour, qui l'a réglée en droit & joint, & donné acte de l'emploi y porté ; Re-quête de ladite Nouveau ès noms des premier & cinq Juillet mil fept cent quarante-fept, d'emploi pour défenfes, écritures & production, même pour contredits, en exécution de la fufdite Ordonnance ; Re-quête du Maréchal Duc de Richelieu, du vingt-deux Décembre mil fept cent cinquante-deux, conte-nant demande à ce qu'en rectifiant, augmentant & reformant en tant que befoin étoit ou feroit, les con-clufions par lui ci-devant prifes contre ladite Nouveau, faifant droit fur fes demandes, & fans s'arrêter aux Requêtes de ladite Nouveau, dont elle feroit déboutée, le contrat paffé devant Me. Parque & fon confrere, Notaires à Paris ; le vingt-neuf Mai mil fix cens cinquante-cinq, fût déclaré nul & de nul effet, en conséquence ladite veuve Nouveau, audit nom, fût condamnée purement & simplement à se désister & départir au profit du Maréchal Duc de Richelieu, de la propriété, possession & jouissance d'une maison, sise en la ville de Paris, rue neuve des Petits-Champs, circonstances & dépendances, tenant ladite maison, du côté du midi au Jardin du Palais royal; du côté du nord à la rue neuve des Petits-Champs; du côté de l'orient à la maison qui appartient aux héritiers Passerat, & du côté du couchant à celle du nommé Testard, laquelle maison se trouvoit construite sur une partie des emplacemens vendus & aliénés par le contrat du 29 Mai 1655; que lad. veuve Nouveau fût pareillement condamnée à rendre au Maréchal Duc de Richelieu lad. maison & emplacement, circonstances & dépendances, même à lui restituer les fruits & revenus de ladite maison, depuis le dix Mai mil sept cent quinze, jour du décès du Duc de Richelieu pere, & tems auquel la substitution s'étoit trouvée ouverte au profit du Maréchal Duc de Richelieu; le tout à dire d'Experts, dont les Parties conviendroient devant le Conseiller-Rapporteur, ou qui seroient par lui pris & nommés d'office, soit sur la représentation des baux; que ladite Nouveau seroit tenue d'en faire, qu'il fut donné acte au Maréchal Duc de Richelieu, des offres qu'il faisoit de tenir compte à ladite Nouveau sur les fruits & revenus de ladite maison, des impenses & améliorations si aucunes avoient été faites dans ladite maison, depuis l'ouverture de la substitution jusqu'à la dépossession de ladite Nouveau audit nom, & ce suivant l'estimation qui en seroient faite par les mêmes Experts convenus ou nommés d'office, qui procéderoient à la liquidation des fruits & revenus de ladite maison; qu'il fût pareillement donné acte au Maréchal Duc de Richelieu des offres qu'il avoit toujours faites, & qu'il réitéroit de tenir compte à ladite veuve Nouveau des sommes qu'elles justifieroit avoir été legitimement employée, soit par elle, soit par ses auteurs, sur le prix de l'acquisition faite par Flacourt, de Lespine & Boileau, par le contrat de mil six cent cinquante-cinq, au payement des dettes de la succession du Cardinal de Richelieu; que ladite veuve Nouveau fût en outre condamnée en des dommages-intérêts envers le Maréchal Duc de Richelieu & en tous les dépens; au bas de laquelle requête, employée pour avertissement, écritures & production sur icelle, est l'Ordonnance de notredite Cour qui l'a réglée en droit & joint, & donné acte de l'emploi y porté; Sommation faite à la requête du Maréchal Duc de Richelieu à ladite Nouveau, de satisfaire à la susdite Ordonnance; Requête de Maréchal Duc de Richelieu du vingt-deux Décembre mil sept cent cinquante-deux, contenant demande à ce qu'en rectifiant, augmentant & reformant, en tant que besoin étoit ou seroit, les conclusions par lui ci-devant prises contre les nommés Duquesne & de Belleville, faisant droit sur ses demandes, & sans s'arrêter aux requêtes desdits Duquesne & de Belleville, dont ils seroient déboutés, le contrat & passé devant Me. Parque & son confrere, Notaires à Paris, le vingt-neuf Mai mil six cent cinquante-cinq, fût déclaré nul & de nul effet, en conséquence lesdits Duquesne & de Belleville ès noms, condamnés purement & simplement à se désister & départir au profit du Maréchal Duc de Richelieu, comme appellé à la substitution portée par le testament du Cardinal de Richelieu, de la propriété, possession & jouissance d'une maison sise en la ville de Paris, rue neuve des Petits-Champs, circonstances & dépendances, tenant ladite maison du côté du midi au Jardin du Palais-Royal; du côté du Nord à la rue neuve des Petits-Champs; du côté de l'orient à la maison appartenante au nommé Dartaguette, & du côté du couchant à celle du nommé Nouveau; laquelle maison se trouvoit construite sur une partie des emplacemens vendus & aliénés par le contrat du vingt-neuf Mai mil six cent cinquante-cinq, que lesdits Duquesne & de Belleville fussent pareillement condamnés à rendre au Maréchal Duc de Richelieu ladite maison & emplacement, circonstances & dépendances, même à lui restituer les fruits & revenus de ladite maison, depuis le dix Mai mil sept cent quinze, jour du décès du Duc de Richelieu pere, & tems auquel la substitution s'est trouvée ouverte au profit du Maréchal Duc de Richelieu, le tout à dire d'Experts; dont les Parties conviendroient devant le Conseiller-Rapporteur, ou qui seroient par lui pris & nommés d'office; soit sur la représentation des baux que ledit Duquesne & de Belleville seroient tenus d'en faire, qu'il fût donné acte au Maréchal Duc de Richelieu des offres qu'il faisoit de tenir compte auxdits Duquesne & de Belleville; sur les fruits & revenus de ladite maison des impenses & ameliorations, si aucunes avoient été faites dans ladite maison depuis l'ouverture de la substitution jusqu'à la dépossession desdits Duquesne & de Belleville, & ce suivant l'estimation qui en seroit faite par les mêmes Experts convenus ou nommés d'office, qui procéderoient à la liquidation des fruits & revenus de ladite maison; qu'il fût pareillement donné acte au Maréchal Duc de Richelieu, des offres qu'il avoit toujours faites, & qu'il réitéroit de tenir compte auxdits Duquesne & de Belleville des sommes qu'ils justifieroient avoir été employées, soit par eux, soit par ceux qu'ils représentoient sur le prix de l'acquisition faite par Flacourt, de Lespine & Boileau, par le contrat de mil six cent cinquante-cinq, au payement des dettes de la succession du Cardinal de Richelieu; que lesdits Duquesne & de Belleville fussent en outre condamnés en des dommages-intérêts envers le Maréchal Duc de Richelieu & en tous les dépens; au bas de laquelle requête employée pour avertissement, écritures & production sur icelle est l'Ordonnance de notredite Cour, qui l'a réglée en droit & joint, & donné acte de l'emploi y porté; Requête dudit Damas audit nom, du quinze Mars mil sept cent cinquante-trois, coutenant demande à ce qu'en rectifiant & reformant en tant que besoin étoit ou seroit, les conclusions par lui prises contre lesdits Duquesne & Belleville, faisant droit sur les demandes dudit Damas audit nom, & sans s'arrêter aux requêtes desdits Duquesne & Belleville, dont ils seroient déboutés, le contrat du vingt-neuf Mai mil six cens cinquante-cinq; fût déclaré nul & de nul effet, en conséquence lesdits Duquesne & de Belleville, condamnés purement & simplement à se désister & départir au profit dudit Damas, comme tuteur à la substitution portée par le testament du Cardinal de Richelieu, de la propriété, possession & jouissance d'une maison sise en la ville de Paris, rue neuve des Petits-Champs, circonstances & dépendances, tenant ladite maison du côté du midi au Jardin du Palais Royal; du côté du nord à la rue neuve des Petit-Champs; du côté de l'orient à la maison du nommé Dartaguette, & du côté du couchant à celle dudit Nouveau; laquelle maison se trouvoit construite sur une partie des cinq emplacemens à bâtir, vendus par le contrat du vingt-neuf Mai mil six cent cinquante-cinq, que lesdits Duquesne & Belleville fussent pareillement condamnés à rendre & laisser audit Damas ladite maison & emplacement, circonstances & dépendances, qu'il fût donné acte audit Damas de ce qu'en tant que besoin étoit ou seroit, il adhéroit aux conclusions prises par le Maréchal Duc de Richelieu, contre lesdits Duquesne & de Belleville, pour la restitution des fruits & revenus de ladite maison, depuis le dix-neuf Mai mil sept cent quinze, jour du décès du feu Duc de Richelieu pere, comme aussi de ce qu'il adhéroit aux offres faites par le Maréchal Duc de Richelieu, de tenir compte des impenses & améliorations qui avoient été valablement faites dans ladite maison, & des sommes que lesdits Duquesne & de Belleville justifioient avoir été employés, soit par eux, soit par ceux qu'ils représentent sur le prix de l'acquisition primitive faite par Flacourt, Lespine & Boileau, par le contrat du vingt-neuf Mai mil six cent cinquante-cinq, au payement des dettes de la succession du Cardinal de Richelieu, & que lesdits Duquesne & de Belleville fussent condamnés en des dommages-intérêts & en tous les dépens; au bas de laquelle requête, employée pour avertissement, écritures & production sur icelle est l'Ordonnance de notredite Cour qui l'a réglée en droit & joint, & donné acte de l'emploi y porté; Sommation faite à la requête dudit Damas, audit nom, auxdits Duquesne & de Belleville, de satisfaire à la susdite Ordonnance; Requête dudit Damas audit nom, du seize Mars mil sept cent cinquante-trois, contenant demande à ce qu'en rectifiant & reformant, en tant que besoin étoit ou seroit, les conclusions par lui prises contre ladite veuve Nouveau, faisant droit sur les demandes dudit Damas, & sans s'arrêter aux requêtes de ladite Nouveau, dont elle seroit déboutée, le contrat du vingt-neuf Mai mil six cent cinquante-cinq, fut déclarée nul & de nul effet; en conséquence ladite veuve Nouveau condamnée purement & simplement à se désister & départir au profit dudit Damas, audit nom, de la propriété, possession & jouissance de deux maisons, sises en la ville de Paris; l'une rue de Richelieu, & l'autre rue des Petits-Champs, circonstances & dépendances tenantes lesdites maisons, sçavoir celle située rue de Richelieu, du côté du midi à celle qui appartient audit Dartaguette; du côté du nord à celle des nommés Dionis; du côté de l'orient au Jardin du Palais Royal, & du côté du couchant à la rue de Richelieu, & celle sise rue neuve des Petits-Champs, du côté du midi au Jardin du Palais Royal, du côté du nord à la rue neuve des Petits-Champs; du côté de l'orient aux héritiers Passerat, & du côté du couchant à la maison appartenante aux héritiers Testard, lesquelles maisons se trouvoient construites sur une partie des cinq emplacemens à bâtir, désignés dans lesdites rues, & vendues par le contrat du vingt-neuf Mai mil six cent cinquante-cinq; que ladite veuve Nouveau fût pareillement condamnée à rendre & laisser audit Damas, audit nom, lesdites maisons & emplacemens, circonstances & dépendances; qu'il fût donné acte audit Damas, audit nom, de ce qu'en tant que besoin étoit ou seroit, il adhéroit aux conclusions prises par le Maréchal Duc de Richelieu, contre ladite veuve Nouveau pour la restitution des fruits & revenus desdites maisons, depuis le dix Mai mil sept cent quinze, jour du décès du Duc de Richelieu pere, comme aussi de ce qu'il adhéroit aux offres faites par le Maréchal Duc de Richelieu, de tenir compte des impenses & améliorations qui auroient été valablement faites dans lesdites maisons, & des sommes que ladite Nouveau justifieroit avoir été employées, soit par elle, soit par ceux qu'elle représentoit sur le prix de l'acquisition primitive faite par Flacourt, de Lespine & Boileau, par le contrat du vingt-neuf Mai mil six cent cinquante-cinq, au payement des dettes de la succession du Cardinal de Richelieu, & que ladite veuve Nouveau fut condamnée en des dommages-intérêts & en tous les dépens; au bas de laquelle requête, employée pour avertissement, écritures & production sur icelle est l'Ordonnance de notredite Cour, qui l'a réglée en droit & joint, & donné acte de l'emploi y porté; Requête de ladite veuve Nouveau ès noms, du dix-sept Mars mil sept cent cinquante-trois, d'emploi pour défenses, écritures, production & contredits, en exécution de la susdite Ordonnance; Requête du Maréchal Duc de Richelieu du trente Mai mil sept cent cinquante-cinq, contenant demande à ce que le contrat passé devant Pain & son Confrere, Notaires à Paris, le trente Janvier mil six cens cinquante-huit, entre le feu Duc de Richelieu d'une part, & lesdits Flacourt, Lespine & Boileau d'autre part, fût en tant que besoin étoit ou seroit, déclaré nul & de nul effet, seulement en ce que l'on voudroit en induire une approbation ou une confirmation du contrat du vingt-neuf Mai mil six cent cinquante-cinq; au surplus que les conclusions prises en l'instance par le Maréchal Duc de Richelieu, contre lesdits Duquesne & de Belleville, lui fussent adjugées avec dépens; au bas est l'Ordonnance de notredite Cour, qni a réservé de faire droit sur ladite requête en jugeant; Requête dudit Damas, audit nom, du douze Juin 1755, contenant demande à ce que le contrat passé devant Pain & son confrere Notaires à Paris, le trente Janvier mil six cent cinquante-huit, entre le feu duc de Richelieu d'une part, & lesdits Flacourt, Lespine & Boilleau d'autre part, déclaré en tant que besoin étoit ou seroit, nul & de nul effet, seulement en ce que l'on voudroit induire dudit contrat une approbation ou une confirmation de celui du vingt-neuf Mai 1655, au surplus que les conclusions prises en l'instance par ledit Damas audit nom, contre lesdits Duquesne & de Belleville lui fussent adjngées avec dépens; requête présentée en notredite Cour le treize Novembre 1739 par Pierre Pougin de Nomion, à ce qu'en conséquence de ce que notredite Cour étoit saisie de la demande formée contre lui par le Maréchal duc de Richelieu, il lui fût permis d'y faire assigner le Me. Auget de Monthion, fils, héritier & bien tenant de Jean Auget de Boissy & de Louise-Genevieve Cousinet son épouse, pour voir dire & ordonner que ledit Pougin de Nomion auroit acte de la sommation & dénonciation qu'il lui faisoit de la demande formée contre lui par le Maréchal duc de Richelieu par lesdits requête, paréatis & exploits des 15, 17 Janvier & neuf Février 1739, à ce que ledit de Monthion n'en ignorât; ce faisant que le contrat de vente faite le vingt-sept Mars 1709, par les défunts Auget de la maison aujourd'hui appartenante audit Pougin de Nomion à Marie-Elisabeth Ferreau, épouse dudit de Limé, seroit en tant que de besoin, déclaré exécutoire contre ledit de Monthion comme héritier & bien tenant desdits Auget ses pere & mere, comme il l'étoit contre lesdits Auget; ce faisant, condamné de prendre le fait & cause dudit Pougin de Nomion, faire cesser la demande du Maréchal duc de Richelieu, l'en faire décharger, sinon l'acquitter, garantir & indemniser des condamnations, si aucunes intervenoient contre lui, au profit du Maréchal duc de Richelieu jusqu'à concurrence du fort principal au denier vingt-quatre & des arrérages, à compter du jour qu'ils seroient adjugés au Maréchal duc de Richelieu de quatre-vingt-quinze livrs quatre sols neuf deniers de rente, faisant partie de deux cens quatre-vingt-cinq livres quatorze sols trois deniers de rente qu'il demandoit audit Pougin de Nomion sur sa maison, échus & à échoir jusqu'au remboursement, sans aucun retour de ladite rente, & se voir aussi condamner en tous les dépens envers ledit Pougin de Nomion, tant en défendant, demandant que de ladite sommation & dénonciation, sans néanmoins entendre par ledit Pougin de Nomion, approuver ladite demande du Maréchal duc de Richelieu, ni les qualités par lui prises, & sans préjudice de toutes ses fins de non-recevoir, droits & actions, en général contre ladite

dite demande; exploit d'affignation donnée en notredite Cour le treize Novembre 1739 , à la requête dudit Pougin de Nomion audit Auget de Monthion, en vertu & aux fins de la fufdite requête & ordonnance; acte de reprife fait au Greffe de notredite Cour le feize Mars 1743 par ladite veuve de Monthion ayant renoncé à la communauté de biens qui étoit entre elle & ledit feu de Monthion fon mari, & par Guillaume Wolfe Bourgeois de Paris, ladite de Monthion tutrice honoraire, & ledit wolfe tuteur onéraire de Jean Baptifte-Antoine Robert Auget de Monthion fils mineur dudit défunt de Monthion; fins de non-recevoir & défenfes fournies le dix-neuf Juin 1744 par la veuve de Monthion & ledit wolfe ès noms, contre la fufdite demande; Arrêt du cinq Janvier 1745 , par lequel notredite Cour a reçu ladite veuve de Monthion & ledit Wolfe oppofans à l'exécution de l'Arrêt par défaut au principal ; pour faire droit fur la fufdite demande, a appointé les Parties en droit & joint, dépens réfervés : requête dudit Pougin de Nomion du douze Mai 1744, employée pour avertiffement, & fa production en exécution du fudit Arrêt par inventaire ; requête de ladite veuve de Monthion & dudit Wolfe du vingt-fept Juin 1747, employée pour fins de non-recevoir, & fa production, en exécution du même Arrêt; requête dudit Pougin de Nomion du quatre Juillet 1747, employée pour contredits contre la fufdite production, fommation faite à la requête dudit Pougin de Nomion à ladite veuve de Monthion & audit Volfe de fournir de contredits en exécution du même Arrêt ; production nouvelle du Maréchal duc de Richelieu par requête du vingt-deux Décembre 1745; requête dudit Pougin de Nomion du quatre Juillet 1747 d'emploi pour contredits contre ladite production nouvelle; requête du Maréchal duc de Richelieu du vingt-trois Mai 1746, contenant demande à ce qu'en réformant & augmentant les conclufions par lui prifes contre ledit Pougin de Nomion, le contrat du vingt-neuf Mai 1655, fût déclaré nul & de nul effet; ce faifant ledit Pougin de Nomion, condamné à fe défifter & départir du fonds, propriété & jouiffance de la rente fonciere dont la maifon à lui appartenante étoit chargée, à raifon de trente-trois livres dix fols un denier par chaque toife de face fur fept toifes de profondeur feulement, conformément au contrat d'arrentement fait par le feu Cardinal de Richelieu, à Louis le Barbier le dix-fept Mai 1636, de la place fur laquelle ladite maifon eft bâtie, laquelle rente faifoit partie de celle de huit mille deux cens huit livres fix fols huit deniers, qui appartenoit à la fubftitution au jour du décès du Cardinal de Richelieu, & avoit été vendue avec autres biens auxdits Flacourt, Lefpine & Boilleau par feu le Duc de Richelieu pere par le fufdit contrat du vingt-neuf Mai 1655, qu'il fût ordonné que ladite maifon feroit & demeureroit chargée à l'avenir de ladite rente, à raifon de trente-trois livres dix fols un denier par chaque toife de face fur la rue neuve des Petits-Champs, rembourfable fur le pied du denier vingt-quatre, qu'il fût ordonné que dans huitaine, à compter du jour de la fignification de l'Arrêt qui interviendra à domicile, ledit de Nomion feroit tenu de paffer titre nouvel & reconnoiffance de ladite rente, finon & ledit tems paffé, que l'Arrêt vaudroit titre nouvel, que ledit de Nomion fût en outre condamné à payer au Maréchal duc de Richelieu, les arrérages de ladite rente, à compter du dix Mai 1715 jour du décès du Duc de Richelieu, pere, tems auquel la fubftituiion s'eft trouvée ouverte au profit du Maréchal duc de Richelieu, en fes dommages-intérêts foufferts & à fouffrir & en tous les dépens, aux offres ci-devant faites par le Maréchal duc de Richelieu, de tenir compte audit de Nomion de ce qui avoit pû être légitimement payé par lui ou par fes auteurs, à la décharge de la fucceffion du Cardinal de Richelieu, fur le prix du contrat de 1655 au bas de laquelle requête, employée pour avertiffement, écritures & production fur icelle, eft l'Ordonnance de notredite Cour qui l'a réglée en droit & joint, & donné acte de l'emploi y pofé; fommation faite à la requête du Maréchal duc de Richelieu, audit Pougin de Nomion, de fatisfaire à la fufdite Ordonnance; requête de ladite veuve de Monthion & conforts du dix-huit Août 1747, contenant demande à ce qu'en conféquence des conteftations y pendantes fur la demande formée par ledit Pougin de Nomion contre feu Jean-Baptifte Robert Auget de Monthion, il lui fût permis d'y faire affigner les héritiers, repréfentans ou étant aux droits de Simon de Lefpine notre Expert-Juré, ès œuvres de maçonnerie & Jeanne Pacqué fa femme & tous autres qu'il appartiendra, pour voir, dire que ladite veuve de Monthion & conforts auroient acte de la fommation & dénonciation qu'ils leur faifoient de la demande formée par ledit Pougin de Nomion, contre Jean-Baptifte-Robert Auget, par requête & exploit du treize Novembre 1739, à ce qu'ils n'en ignoraffent; ce faifant être condamnés de prendre le fait & caufe de ladite veuve de Monthion & conforts, faire ceffer la demande dudit Pougin de Nomion ; & faire enforte que ladite veuve de Monthion & conforts n'en fuffent recherchés ni inquiétés, tant de la part dudit Pougin de Nomion, que de tous autres, pour raifon de la rente de quatre-vingt-quinze livres quatre fols neuf deniers, faifant partie des deux cens quatre-vingt-cinq livres quatorze fols trois deniers dont ladite maifon rue des Petits-Champs, maintenant acquife par feu Paul Auget étoit chargée, finon qu'ils feroient tenus & condamnés d'acquitter, garantir & indemnifer ladite veuve de Monthion & conforts, des condamnations fi aucunes intervenoient contr'eux au profit dudit Pougin de Nomion, à l'occafion tant du principal que des arrérages de ladite rente de quatre-vingt-quinze livres quatre fols neuf deniers, tant en principal, arrérages, que frais, & ce à compter du jour qu'ils feroient adjugés audit Pougin de Nomion; que lefdits héritiers de Lefpine fuffent condamnés en tous les dépens envers ladite veuve de Monthion & conforts, tant en demandant, défendant, que de la fommation & dénonciation ; exploit d'affignation donné en notredite Cour le dix-huit Août 1747, à la requête de ladite veuve de Monthion & conforts à Henriette Lefpine, Jeanne Soulas, veuve Pierre Gilles Bernier, Jean-François Bazin & Angelique-Antoinette Soulas fon époufe, & à Brouillet de Leftang & fon époufe; Arrêt de notredite Cour du fept Août 1748 tiré fur le réquifitoire de ladite veuve de Monthion & conforts, qui a ordonné que ladite Elifabeth-Adrienne Soulas demeureroit autorifée au refus de Jean de Leftang Procureur en notredite Cour, fon mari, à la pourfuite de fes droits, à défendre à la demande formée contre elle en notredite Cour par ladite veuve de Monthion & conforts, par requête & exploit du 18 Août mil fept cens quarante-fpet; fins de non-recevoir fournies le dix-neuf Avril 1751 par ladite Soulas époufe de Me de Leftang contre la fufdite demande; Arrêt du vingt-deux Avril 1751 , par lequel notredite Cour pour faire droit fur ladite demande, a appointé les Parties en droit & joint à l'inftance d'entre ladite de Monthion & conforts d'une part, Jean-Baptifte de Bellémont & autres d'autre part, pour être fur le tout fait droit ainfi qu'il appartiendroit; fommation faite à la requête de ladite veuve de Monthion & conforts à ladite Soulas de fatisfaire au fufdit Arrêt; acte de reprife de l'Inftance faite au Greffe de notreditedite Cour le trois Avril

1751, par Jean-Baptiste Halma de Belmont & Genevieve-Catherine Pougin de Nomion son épouse, seul enfant & héritiere de défunt Pierre Pougin de Nomion, au lieu & place dudit Pierre Pougin; requête de ladite veuve de Monthion & consorts du vingt-deux Mai. 1751, contenant demande à ce qu'il leur fût donné acte de ce qu'aux risques de ladite Soulas veuve Bernier, d'Elisabeth-Catherine Soulas femme de Lestang, & d'Anne Dorothée Pioger veuve Henri de Lespine, au nom & comme tutrice d'Henriette-Dorothée de Lespine, fille mineure de défunt de Lespine, héritiers & représentans Simon de Lespine, ils dénonçoient audit de Bellemont & sa femme; la demande en garantie qu'ils avoient formée contre lesdits héritiers de Lespine par requête & exploit du dix-huit Août 1747, de celle dudit défunt Pougin de Nomion portée par requête & exploit du treize Novembre 1739; ce faisant que ledit de Bellemont & sa femme représentans ledit Pougin de Nomion fussent déboutés de la demande formée par ledit Pougin par sa requête & exploit dudit jour treize Novembre 1739 contre ledit feu Auget de Monthion avec dépens; & où il arriveroit que ledit Halma de Bellemont & sa femme réussiroient en leur demande, en ce cas que lesdits représentans & héritiers de Lespine, fussent condamnés à acquitter, garantir & indemniser ladite veuve de Monthion & consorts de toutes les condamnations qui pourroient intervenir contre eux au profit dudit Halma de Bellemont & sa femme, tant en principal, intérêts que frais & dépens, tant en demandant, défendant, que des sommations & dénonciations, ou en tout cas que ledit de Bellemont & sa femme, lesdits Soulas, veuve de Lespine & consorts fussent condamnés en tous les dépens faits par la veuve de Monthion & consorts à l'encontre des uns & des autres, soit activement soit passivement; au bas de laquelle requête employée pour avertissement, écritures & production sur icelle, est l'Ordonnance de notredite Cour qui l'a réglée en droit, & joint & donné acte de l'emploi y porté; requêtes desdits de Bellemont & de ladite Pougin de Nomion des vingt-six & vingt-sept Mai 1751, d'emploi pour défenses, écritures & production, même pour contredits en exécution de la susdite Ordonnance; sommation faite à la requête de ladite veuve de Monthion & consorts, aux héritiers & représentans de Lespine de satisfaire à la susdite Ordonnance; requête présentée en notredite Cour le dix-huit Août 1747, par la veuve de Monthion & consorts, & assignation en conséquence aux veuves Henri de Lespine & Bernier, le tout ci-dessus visé; défenses fournies le sept Juin 1751 par lesdites veuves Henri de Lespine & Bernier contre la susdite demande; Arrêt du douze Juin 1751, par lequel notredite Cour pour faire droit aux parties sur les susdites demande & défenses, les a appointées en droit & joint à l'instance d'entre lesdits mineurs de Monthion & consorts d'une part, Jean-Baptiste de Bellemont, & Genevieve-Catherine Pougin de Nomion sa femme, ayant repris au lieu de Pierre Pougin de Nomion, pour leur être sur le tout fait droit, ainsi qu'il appartiendroit; production de la veuve de Monthion & consorts en exécution des Arrêts des vingt-deux Avril & douze Juin 1751, par requête du vingt-deux dudit mois de Juin employée pour avertissement; sommation faite à la requête de la veuve de Monthion & consorts auxdits héritiers Simon de Lespine de satisfaire au susdit Arrêt; production nouvelle dudit de Bellemont & sa femme, par requête du trente-un Mars 1753; requête du Maréchal Duc de Richelieu du vingt-six Août 1755, d'emploi pour contredits contre ladite production nouvelle; requête dudit de Bellemont & sa femme du 27 dudit mois d'Août d'emploi pour reponses à celle ci-dessus; requête dudit de Bellemont & sa femme du 9 Avril 1755, contenant demande, à ce qu'en corrigeant & augmentant les conclusions prises par ledit Pougin de Nomion contre ledit Auget de Monthion, la veuve de Monthion & ledit Volfe ès noms, ils fussent tenus de prendre leur fait & cause & dudit feu de Nomion, sur les demandes formées tant par le Maréchal Duc de Richelieu que par le tuteur à la substitution, & de faire déclarer le Maréchal Duc de Richelieu & ledit tuteur non-recevables & mal fondés dans leursdites demandes, en tout cas les en faire débouter, & en faire décharger lesdits de Bellemont, avec dommages-intérêts & dépens, sinon & faute de ce faire, & où le Maréchal Duc de Richelieu, & le tuteur à la substitution obtiendroient à leurs fins, au sujet de la rente de deux cens quatre-vingt-cinq livres quatorze sols trois deniers, par eux demandée sur ladite maison, que ladite de Monthion & ledit Wolf ès noms, fussent condamnés à acquitter lesdits de Bellemont des condamnations qui pourroient être prononcées contre eux pour raison de ce au profit du Maréchal Duc de Richelieu, & du tuteur à la substitution, en principal, arrérages, frais & dépens, & en outre aux dommages-intérêts & en tous les dépens envers lesdits de Bellemont & sa femme, tant en demandant, défendant, que des sommations & dénonciations faits & à faire envers toutes les parties; au bas de laquelle Requête, employée pour avertissement, écritures & production sur icelle, est l'Ordonnance de notredite Cour, qui l'a réglé en droit & joint, & donné acte de l'emploi y porté; Sommation faite à la requête de Bellemont & sa femme à ladite de Monthion & Consorts de satisfaire à la susdite Ordonnance; Requête dudit de Bellemont & sa femme du onze Avril 1753, contenant demande à ce qu'il leur fût donné acte de ce qu'aux risques de leurs garants, ils sommoient & dénonçoient au Maréchal Duc de Richelieu les demandes en garantie formée par Requête & Exploit des treize Novembre 1753, & neuf Avril 1753, tant par le feu Pougin de Nomion, que par lesdits de Bellemont contre ladite de Monthion & ledit Wolf ès noms; ce faisant dans le cas où le Maréchal Duc de Richelieu, & le tuteur à la substitution ne réussiroient point dans leurs demandes & prétentions, les declarer non-recevables dans leurs demandes des quinze, 17 Janvier & neuf Février 1739, & dans toutes leurs autres demandes; ou en tout cas les en déboutant, condamner le Maréchal Duc de Richelieu en tous les dépens envers ledit de Bellemont & sa femme, même en ceux par eux faits contre leurs garants & les tuteurs à la substitution, tant en demandant, défendant, que des sommations & dénonciations, & encore en ceux réservés par tous les différens, Arrêts de notredite Cour; & au surplus que les autres conclusions prises par ledit de Bellemont & sa femme leur fussent adjugées, avec dépens; au bas de laquelle requête est l'Ordonnance de notredite Cour qui a réservé d'y faire droit en jugeant: Requête du Maréchal Duc de Richelieu du trente Mars 1755, contenant demande à ce que le contrat passé devant Pain & son Confrere, Notaires à Paris, le trente Janvier 1658, entre le feu Duc de Richelieu, d'une part, & lesdits Flacour, de Lespine & Boilleau, d'autre, fût déclaré nul & de nul effet, seulement en ce que l'on voudroit en induire une approbation ou une confirmation du contrat du vingt-neuf Mai 1655; au surplus, que les conclusions par lui prises en substance contre ledit Pougin de Nomion lui fussent adjugées, avec dépens; au bas de laquelle requête est l'Ordonnance de notredite Cour, qui a réservé d'y faire droit en jugeant: Requête dudit de Bellemont & sa femme du trente-un Mai 1755, d'emploi pour fins de non-recevoir & défenses à la susdite demande: Requête dudit de Bellemont & sa femme du trente-un Mai 1751, à ce qu'il leur fût donné acte de ce qu'aux risques du Maréchal Duc de Richelieu, ils sommoient & dénonçoient à ladite de Monthion & audit Wolf ès noms, la requête du Maréchal Duc de Richelieu du trente Mai 1755; & où ledit Maréchal Duc de Richelieu réussiroit dans ladite demande, en ce cas adjugeant auxdits de Bellemont les conclusions par eux prises contre ladite de Monthion & ledit Wolf ès noms, qu'ils fussent condamnés à acquitter lesdits de Bellemont des condamnations qui interviendroient contre eux au profit du Maréchal Duc de Richelieu, en principaux, arrérages, intérêts, frais & dépens, & qu'ils fussent en outre condamnés en tous les dépens, tant en demandant, défendant, que des sommations & dénonciations; & où au contraire le Maréchal Duc de Richelieu viendroit à succomber en sadite requête & demande, en ce cas, qu'il fût donné acte auxdits de Bellemont & sa femme, de ce qu'aux risques de ladite de Monthion & dudit Wolf ès noms, ils contresommoient & dénonçoient au Maréchal Duc de Richelieu sa propre demande dudit jour trente Mai 1755, & leur adjugeant les conclusions par eux prises contre le Maréchal Duc de Richelieu, qu'il fût condamné en tous les dépens faits par ledit de Bellemont & sa femme contre lui & ladite de Monthion, ledit Wolf ès noms, les différens tuteurs à la substitution portée au Testament du Cardinal de Richelieu & autres parties en l'instance, tant en demandant, défendant, que des sommations & dénonciations, même en ceux réservés; au bas de laquelle requête, employée pour avertissement, écritures & production sur icelle, est l'Ordonnance de notredite Cour, qui l'a réglée en droit & joint & donné acte de l'emploi y porté: Sommation faite à la requête dudit de Bellemont & sa femme au Maréchal Duc de Richelieu & à la Dame de Monthion, de satisfaire à la susdite Ordonnance: Requête dudit Damas audit nom de tuteur à la substitution, du douze Juin 1755, contenant demande à ce que le contrat passé devant Pain & son Confrere, Notaires à Paris, le trente Janvier 1658, entre le feu Duc de Richelieu, d'une part, & lesdits Flacourt, de Lespine & Boilleau, d'autre part, fût en tant que besoin étoit ou seroit, déclaré nul & de nul effet, seulement en ce que l'on voudroit induire dudit contrat une approbation ou une confirmation de celui du vingt-neuf Mai 1655; au surplus, que les conclusions par lui prises en l'instance contre ledit de Nonvion, lui fussent adjugées, avec dépens; au bas de laquelle requête est l'Ordonnance de notredite Cour, qui a réservé d'y faire droit en jugeant: Requête dudit de Bellemont & sa femme du treize Juin 1755, d'emploi pour fins de non-recevoir & défenses à la susdite demande: Requête dudit de Bellemont & sa femme du seize Juin 1755, contenant demande à ce qu'il leur fût donné acte de ce qu'aux risques dudit Damas audit nom & du Maréchal Duc de Richelieu, ils sommoient & dénonçoient à la veuve de Monthion & audit Wolf, la requête & demande dudit Damas du douze Juin 1755, à ce qu'ils n'en ignorent & eussent à la faire cesser; & où ledit Damas ès noms réussiroit dans ses prétentions & demandes, en ce cas adjugeant audit de Bellemont & sa femme les conclusions par eux prises contre ladite de Monthion & ledit Wolf ès noms, qu'ils fussent condamnés à acquitter, garantir & indemniser ledit Dame de Bellemont & sa femme de toutes les condamnations qui interviendroient contre eux au profit dudit ès noms, en principaux, intérêts, frais & dépens, & en tous les dépens faits & à faire par ledit de Bellemont & sa femme, tant en demandant, défendant, que des sommations & dénonciations, même en ceux faits les uns à l'encontre des autres; & où ledit Damas ès noms ne réussiroit pas dans ses prétentions, en ce cas, qu'il fût donné acte auxdits de Bellemont & sa femme, de ce qu'aux risques de la veuve de Monthion & dudit Wolf ès noms, ils contresommoient & dénonçoient auxdits Damas ès noms, & au Maréchal Duc de Richelieu, la propre requête & demande dudit Damas ès noms, du douze Juin 1755; ce faisant, déclarant ledit Damas ès noms, non-recevable en sadite requête & demande, ou en tous cas l'en débouter; comme aussi adjugeant auxdits de Bellemont & sa femme, les conclusions par eux prises contre le Maréchal Duc de Richelieu & ledit Damas, que le Maréchal Duc de Richelieu fût condamné en tous les dépens faits & à faire par ledit de Bellemont & sa femme, tant en demandant, défendant, que des sommations & dénonciations, même en ceux faits les uns à l'encontre des autres; au bas de laquelle requête, employée pour avertissement, écritures & production sur icelle, est l'Ordonnance de notredite Cour, qui l'a réglée en droit & joint, & donné acte de l'emploi y porté: Requête du Maréchal Duc de Richelieu du vingt-six Août 1755, d'emploi pour contredits contre l'emploi de production ci-dessus: Requête dudit de Bellemont & sa femme du vingt-sept Août 1755, d'emploi pour réponses à celle ci-dessus: Sommation faite à la requête dudit de Bellemont & sa femme au Maréchal Duc de Richelieu & au Tuteur à la substitution, & la veuve de Monthion & audit Wolf ès noms, de satisfaire à la susdite Ordonnance: Production nouvelle dudit de Bellemont & sa femme, faite par requête du sept Juillet 1755, contenant demande à ce qu'il fût à notredite Cour déclaré le Maréchal Duc de Richelieu & le Tuteur à la substitution non-recevables, & mal fondés dans toutes leurs demandes & prétentions, ou en tous cas les en débouter, sauf à eux à se pourvoir, si bon leur sembloit, contre la succession du feu Duc de Richelieu, & condamner le Maréchal Duc de Richelieu en tous les dépens faits par ledit de Bellemont & sa femme, tant en demandant, défendant, que des sommations & dénonciations, même en ceux faits contre les différens Tuteurs à la substitution, & les uns à l'encontre des autres, comme aussi en ceux réservés; au bas de laquelle requête est l'Ordonnance de notredite Cour qui a réservé d'y faire droit en jugeant: Sommation faite à la requête dudit de Bellemont & sa femme au Maréchal Duc de Richelieu & au Tuteur à la substitution, de satisfaire à ladite Ordonnance & de fournir de contredits contre la susdite production nouvelle: Requête de Charles le Bas du Plessis & consorts du douze Avril 1745, contenant demande à ce que le Maréchal Duc de Richelieu & le Tuteur à la substitution, dans le cas où il viendroient à succomber dans les demandes principales qu'ils avoient formées contre ledit le Bas & Consorts & autres, fussent condamnés en tous les dépens faits par ledit le Bas & Consorts en l'instance contre les uns & les autres, en défendant & demandant, sommations, dénonciations & contresommations, même en ceux réservés par les Arrêts des deux Juillet & vingt-sept Août 1742, & en ceux de la demande; au bas de laquelle requête, employée pour avertissement, écritures & production sur icelle, est l'Ordonnance de notredite Cour, qui l'a réglée en droit & joint & donné acte de l'emploi y porté: Requête du Marquis d'Hecqueville & du Comte de la Suze & consorts, des 6 Juillet 1746, & deux Avril 1745, d'emploi aux risques de qui il appartiendra, pour avertissement, écritures & production, même pour contredits à l'exécution de la susdite Ordonnance: Sommation faite à la requête dudit le Bas du Plessis & Consorts au Maréchal Duc de Richelieu, & au Tuteur à la substitution, de satisfaire à la susdite Ordonnance: Production nouvelle du Maréchal Duc de Richelieu, par requête du vingt-deux Décembre 1745: Contredits fournis le quatre Janvier 1746 par ledit le Bas du Plessis & Consorts, contre la susdite production nouvelle: Requête du Maréchal Duc de Richelieu du vingt-trois Mai 1746, contenant demande à ce qu'en réformant & augmentant les conclusions par lui ci-devant prises contre les héritiers le Bas de Girangis, le contrat du ving-neuf Mai 1655, fût déclaré nul & de nul effet; ce faisant, lesdits héritiers Girangis condamnés à se défister & départir du fonds, propriété & jouissance de la rente foncière dont la maison à eux appartenante étoit chargée, à raison de trente-trois livres dix sols un denier par chaque toise de face sur sept toises de profondeur seulement & conformément au contrat d'arrentement fait par le Cardinal de Richelieu à Louis le Barbier, le dix-sept Mars 1636, de la place sur laquelle ladite maison étoit bâtie, laquelle rente faisoit partie de celle de huit mille deux cens huit livres qui appartenoit à la substitution au jour du décès du Cardinal de Richelieu, & avoit été vendue, avec autres biens, auxdits Flacourt, de Lespine & Boileau, par le feu Duc de Richelieu pere, par le susdit contrat du vingt-neuf Mai 1655, qu'il fût ordonné que ladite maison seroit & demeureroit chargée à l'avenir de ladite rente, à raison de trente-trois livres dix sols un denier pour chaque toise de face sur la rue neuve des Petits-Champs, remboursable sur le pied du denier vingt-quatre, qu'il fût ordonné que dans huitaine, à compter du jour de la signification de l'Arrêt qui interviendroit à domicile, lesdits héritiers Girangis seroient tenus de passer titre nouvel & reconnoissance de ladite rente, sinon & ledit tems passé, l'Arrêt vaudroit titre nouvel, & qu'en outre lesdits héritiers Girangis fussent condamnés à payer au Maréchal Duc de Richelieu les arrérages de ladite rente, à compter du dix Mai 1715, jour du décès du Duc de Richelieu pere, tems auquel la substitution s'est trouvée ouverte au profit du Maréchal Duc de Richelieu, en ses dommage-intérêts soufferts & à souffrir, & en tous les dépens, aux offres ci-devant faites par le Maréchal Duc de Richelieu, & qu'il rétéroit de tenir compte auxdits héritiers Girangis de ce qui avoit pû être légitimement payé par eux ou par leurs auteurs, à la décharge de la succession du Cardinal de Richelieu, sur le prix du contrat de 1655; au bas de laquelle requête, employée pour avertissement, écritures & production sur icelle, est l'Ordonnance de notredite Cour qui l'a réglée en droit & joint, & donné acte l'emploi y porté; Sommation faite à la requête du Maréchal Duc de Richelieu, aux héritiers de la Dame de Girangis, de satisfaire à la susdite Ordonnance: Requête dudit Damas audit nom de tuteur à la substitution, du six Juin 1746, contenant demande à ce qu'en réformant & augmentant les conclusions par lui prises contre lesdits de Girangis, les condamner à se défister & départir du fonds, propriété & jouissance de la rente foncière dont la maison à eux appartenante étoit chargée, à raison de 33 liv. 10 s. 1 den. par chaque toise de face sur sept toises de profondeur seulement, faisant ladite rente partie de celle de huit mille deux cens huit livres six sols huit deniers qui appartenoit à la substitution au jour du décès du Cardinal de Richelieu, qu'il fût ordonné que la maison dudit Girangis seroit & demeureroit chargée à l'avenir de ladite rente, à raison de trente-trois livres dix sols un denier par chaque toise sur la rue neuve des Petits-Champs remboursable sur le pied du denier 24, qu'il fût ordonné que dans huitaine, à compter du jour de la signification de l'Arrêt à domicile lesdits de Girangis seroient tenus de passer titre nouvel & reconnoissance, sinon que l'Arrêt vaudroit titre, que lesdits de Girangis fussent en outre condamnés à payer les arrérages de la rente depuis l'ouverture de la substitution, au profit du Maréchal Duc de Richelieu & en tous les dépens; au bas de laquelle requête employée pour avertissement, écritures & production sur icelle, est l'Ordonnance de notredite Cour qui l'a réglée en droit & joint, & donné acte de l'emploi y porté; sommation faite à la requête dudit Damas audit nom, auxdits de Girangis de satisfaire à la susdite Ordonnance; requête dudit Lebas Duplessis audit nom & consorts du quinze Juin 1746, contenant demande à ce qu'il leur fût donné acte de ce qu'aux risques du Maréchal Duc de Richelieu, ils sommoient & dénonçoient d'abondant à Louis-Michel Chamillart, Comte de la Suze, à l'Abbé Chamillart au comte de Talegrande, à Marie-Elisabeth Chamillart son épouse, à Louis Cornillier, à Guillaume Desprez, & à Marie-Anne Cornillier sa femme, aux Religieuses de Saint Thomas, au Marquis d'Hecquevilly audit nom, & autres qui avoient reçu aux Consignations le prix de ladite maison, la demande formée en notredite Cour contre ledit Lebas & consorts par le Maréchal duc de Richelieu, par requête du vingt trois Mai 1746, à ce qu'ils eussent à la faire cesser, & faire débouter le Maréchal duc de Richelieu; sinon & où il interviendroit quelques condamnations au profit du Maréchal duc de Richelieu contre ledit Lebas & consorts, que lesdits de Chamillart & autres fussent condamnés d'en acquitter, garantir & indemniser ledit Lebas & consorts en principal, intérêts, dommages, intérêts & dépens, & qu'ils fussent condamnés en tous les dépens, tant en demandant, défendant, que de la sommation & contresommation, qu'il fût pareillement donné acte audit Lebas & consorts de ce qu'ils contresommoient leur susdite requête au Maréchal duc de Richelieu; ce faisant qu'il fût condamné à acquitter lesdits Lebas & consorts de tous événemens à l'occasion de laditedemande, tant en principal, intérêts que dommages, intérêts & dépens, & en tous les dépens, tant en demandant, défendant, que de la sommation & contresommation, au bas de laquelle requête employée pour avertissement, écritures & production sur icelle, est l'Ordonnance de notredite Cour qui l'a réglée en droit & joint, & donné acte de l'emploi y porté; requêtes du Maréchal duc de Richelieu, du Marquis d'Hecquevilly & des Religieuses de saint Thomas des quinze, seize Juin, sept Juillet 1747, & deux Juillet 1755, d'emploi pour défenses, écritures & production, même pour contredits, en exécution de la susdite Ordonnance; sommation faite à la requête dudit Lebas Duplessis & consorts auxdits Chamillart, Cornillier & consorts de satisfaire à la susdite Ordonnance; requête dudit Lebas Duplessis & consorts du dix-huit Juin 1746, contenant demande à ce qu'il leur fût donné acte, de ce qu'aux risques dudit Damas audit nom, ils sommoient & dénonçoient d'abondant à Louis Michel Chamillart, à l'Abbé de Chamillart, au Marquis de Courcelles, au Comte de Taleyrand & Marie-Elisabeth de Chamillart son épouse, à Louis Cornillier, à Guillaume Desprez & sa femme, aux Religieuses de saint Thomas, au Marquis d'Hecquevilly & autres qui avoient reçu aux consignations le prix de ladite maison, la demande formée en notredite Cour par ledit Damas contre ledit Lebas & consorts, par requête du six Juin 1746, à ce qu'ils eussent à la faire cesser, & faire débouter ledit Damas ès noms; sinon & où il interviendroit quelques condamnations au profit dudit Damas contre ledit Lebas & consorts, que lesdits de Chamillart & consorts fussent condamnés d'en acquitter, garantir & indemniser ledit Lebas & consorts en principal, intérêts & dépens & en tous les dépens, envers ledit Lebas & consorts tant en demandant, défendant, que de la sommation & contresommation, qu'il fût pareillement donné acte audit Lebas & consorts de ce qu'ils contresommoient leurdite requête & demande audit Damas ès noms, ce faisant qu'il fût condamné d'acquitter ledit Lebas & consorts de tous événemens, à l'occasion de ladite demande tant en principal, intérêts que dommages-intérêts & dépens, & condamné en toutes les dépens, tant en demandant, défendant

que

que de la fommation & contrefommation; au bas de laquelle requête employée pour avertiffement, écritures & production fur icelle, eft l'Ordonnance de notredite Cour qui l'a réglée en droit & joint , &
donné acte de l'emploi y porté; requêtes du Marquis d'Hecquevilly & des Religieufes de faint Thomas ,
des huit Juillet 1747 & premier Juillet 1755 , d'emploi pour défenfes, écritures & production, même
pour contredits en exécution de la fufdite Ordonnance ; fommation faite à la requete dudit Lebas & conforts auxdits de Chamillart, Cornillier, Defprez & fa femme, aux Marquis de Courcelles & de Taleyrand & audit Damas, audit nom, de fatisfaire à la fufdite Ordonnance ; requête defdits Chamillart &
conforts du dix Mai 1747, contenant demande à ce qu'il plût à notredite Cour les recevoir Parties intervenantes dans les conteftations pendantes entre le Maréchal Duc de Richelieu , Charles Lebas fieur
Dupleffis & conforts , héritiers de Marie-Marguerite Quentin veuve dudit Lebas de Girangis fur la demande
formée contre ladite Lebas par le Maréchal Duc de Richelieu, par requete, commiffion & exploit des
quinze, dix-neuf Janvier & neuf Février 1739 , qu'il fût donné acte du contenu en leur requête
pour moyens d'intervention, faifant droit fur icelle, qu'il leur fût donné acte de la fommation & dénonciation qu'ils faifoient au Maréchal Duc de Richelieu aux rifques de qui il appartiendroit de la demande formée contre lefdits de Chamillart, par la veuve Lebas par fes requête, ordonnance, commiffion & exploit des fix, neuf, vingt-cinq Mai, premier & dix-huit Juin 1739, & de ce qu'ils fe joignoient & adhéroient aux conclufions prifes par lefdits Lebas & conforts contre le Maréchal duc de Richelieu, en conféquence en déclarant le Maréchal duc de Richelieu purement & fimplement non-recevable dans fa fufdite demande, le condamner en tous les dépens faits contre les uns & les autres, tant en demandant,
défendant, que de la fommation & dénonciation : au bas de laquelle requête eft l'Ordonnance de notredite Cour , qui a reçu lefdits Chamillart Parties intervenantes, a donné acte de l'emploi y porté , &
a réfervé d'y faire droit en jugeant ; fommation faite à la requête defdits Chamillart au Maréchal Duc
de Richelieu, de fatisfaire à la fufdite Ordonnance ; acte de reprife d'Inftance fait au Greffe de notredite Cour, le vingt-neuf Mai 1747, par Marie-Elifabeth Chamillart , veuve de Daniel-Marie-Anne Talleyrand, au lieu & place dudit feu fon mari ; acte de reprife d'inftance fait au Greffe de notredite Cour le
vingt Juin 1747 par Auguftin-Louis Hennequin, Chevalier, Marquis d'Hecquevilly, feul & unique héritier de Magdelaine Dumonceau de Nolland, fa mere, à fon décès époufe d'Auguftin-Vincent Hennequin
d'Hecquevilly, Chevalier, Marquis d'Hecquevilly, icelle feule & unique héritière fous bénéfice d'inventaire de Charles Dumonceau de Nollant, fon pere, au lieu & place du Marquis d'Hecquevilly, fon pere,
& fon tuteur; requête de ladite veuve de Talleyrand du trois Juin 1747, contenant demande à ce qu'il plût
à notredite Cour la recevoir partie intervenante dans les conteftations d'entre le Maréchal Duc de Richelieu,
d'une part , & ledit le Bas, d'autre ; fur la demande formée contre ladite feu le Bas par le Maréchal Duc de
Richelieu, par commiffion & exploit des 15, 19 Janvier & Février 1739, qu'il lui fût donné acte du contenu
en fa requête pour moyens d'intervention, & de la fommation & dénonciation qu'elle faifoit au Maréchal
Duc de Richelieu, aux rifques de qui il appartiendroit, de la demande formée contre la veuve de Talleyrand par ladite le Bas , par fes requête, ordonnance & exploit des fix Mai & dix-huit Juin 1739, & de ce
qu'il fe joignoit & adhéroit aux conclufions prifes par ledit le Bas & conforts contre le Maréchal Duc de Richelieu; en conféquence en déclarant le Maréchal Duc de Richelieu purement & fimplement non-recevable
en fa demande, qu'il fût condamné en tous les dépens faits contre les uns & les autres, tant en demandant,
défendant, que de la fommation & dénonciation; au bas de laquelle requête eft l'Ordonnance de notredite
Cour, qui a réfervé d'y faire droit en jugeant ; requête dudit Marquis d'Hecquevilly du vingt-deux Juin
1747, à ce qu'il plût à notredite Cour le recevoir partie intervenante en l'iuftance d'entre ledit le Bas du
Pleffis & conforts , d'une part ; le Maréchal Duc de Richelieu & ledit Damas, d'autre part ; qu'il lui fût
donné acte du contenu en fa requete pour moyens d'intervention ; fur laquelle faifant droit , il lui fût donné
acte de ce qu'il fe joignoit & adhéroit aux conclufions prifes par ledit le Bas du Pleffis & conforts es noms ,
tant contre le Maréchal Duc de Richelieu, que contre ledit Damas ; comme auffi qu'il lui fût pareillement
donné acte de ce qu'il contrefommoit & dénonçoit au Maréchal Duc de Richelieu & audit Damas audit nom,
1°. la propre demande du Maréchal Duc de Richelieu, formée contre la feue Dame de Girangis, par les requête, ordonnance, commiffion & exploit des quinze, dix-fept Janvier & neuf Février 1739, en défiftement & en reftitution de la rente & des arrérages prétendus fur la maifon dont eft queftion ; 2°. la demande en garantie formée contre le Marquis d'Hecquevilly pere par ladite de Girangis, par requête, ordonnance & exploit du quatorze Mai 1739 ; 3°. l'intervention & demande d'Auguftin-François Mouffle de
Champigny, portée par fa requête du dix-huit Décembre 1739 ; 4°. les défenfes fournies par le Marquis
d'Hecquevilly, pere, & ci-devant Tuteur du Marquis d'Hecquevilly, fon fils, à la demande de ladite de
Girangis le dix-neuf Décembre 1739 ; 5°. l'Arrêt de notredite Cour du douze Janvier 1740, qui fur lefdites demandes & défenfes, a appointé les parties en droit & joint à l'inftance ; 6°. la requête de ladite
de Girangis du dix-huit dudit mois de Janvier, employée pour avertiffement, écritures & production
en exécution dudit arrêt ; 7°. la requête d'intervention de ladite de Girangis & demande du 26 Janvier 1740 ;
L'acte de reprife fait au Greffe de notredite Cour par ledit le Bas du Pleffis & conforts , le dix-fept Décembre
1742, au lieu & place de ladite feu de Girangis, 9°. la propre demande de Jacques de la Blancherie tuteur,
nommé par avis de parens , homologué par fentence du Châtelet de Paris , du vingt-huit Février
1730 à la fubftitution portée par le teftament du Cardinal de Richelieu, portée par fa requête d'intervention du quatorze Juin 1743 , 10°. la demande en dénonciation d'icelle dudit le Bas du Pleffis &
conforts , portée par leur requete du fix Février 1745 , 11°. la propre demande du Maréchal Duc de Richelieu portée par fa requête du vingt-trois Mai 1746 , douziémement celle en dénonciation dudit le
Bas du Pleffis & conforts du quinze Juin 1746, treiziémement la propre demande dudit Damas audit
nom, portée par fa requête du fix Juin 1746 , quatorziémement celle en dénonciation dudit le Bas du
Pleffis & conforts , portée par fa requête du dix-huit dudit mois de Juin, & autres pourfuites & procédures faites contre le Marquis d'Hecquevilly, à ce que le Maréchal Duc de Richelieu & ledit Damas
audit nom n'en ignoraffent; en conféquence que le Maréchal Duc de Richelieu & ledit Damas audit
nom, fuffent déclarés non recevables dans leurfdites demandes & prétentions, ou en tout cas déboutés
& condamnés chacun à leur égard, en tous les dépens envers ledit Marquis d'Hecquevilly, & ledit le
Bas du Pleffis & conforts, même en ceux faits les uns à l'encontre des autres, & en ceux faits envers
toutes les parties, & ce tant en demandant, défendant, que des fommations , dénonciations & contre-

L l

fommations, & en ceux qui pourroient être compenfés entre aucune des parties & en ceux de la demande ; arrêt du vingt-trois Juin 1747, par lequel notredite Cour a reçu le Marquis d'Hecquevilly partie
intervenante, lui a donné acte de l'emploi porté par fa requête, pour moyens d'intervention ; & pour
faire droit fur le furplus de la demande, a appointé les parties en droit à écrire, produire & contredire dans le temps de l'Ordonnance, & joint à l'inftance d'entre les parties, dépens réfervés ; produc-
ction du Marquis d'Hecquevilly, en exécution du fufdit arrêt par requête du quatre Juillet 1747, employée pour avertiffement, en exécution du même arrêt & pour plus ample avertiffement, en exécution de celui du douze Janvier 1740 ; fommation faite à la requête du Marquis d'Hecquevilly audit
le Bas du Pleffis ès noms, au Maréchal Duc de Richelieu, au tuteur à la fubftitution & audit Mouffle de
Champigny, de fatisfaire au fufdit arrêt ; requête du Marquis d'Hecquevilly, du huit Juillet 1747,
contenant demande à ce qu'il plût à notredite Cour lui adjuger fes précédentes conclufions & condamner le Maréchal Duc de Richelieu & ledit Damas audit nom, aux dépens faits par ledit Marquis
d'Hecquevilly, envers toutes les parties, même en ceux réfervés par les arrêts de notredite Cour,
des douze Janvier 1740, & vingt-trois Juin 1747 ; requête du Maréchal Duc de Richelieu, du trente
Mai 1755, contenant demande, à ce que le contrat paffé devant Pain & fon confrere, Notaires à
Paris, le trente Janvier 1658, entre le feu Duc de Richelieu d'une part, & lefdits Flacourt, Lefpine
& Boilleau d'autre part, fût en tems que befoin étoit ou feroit, déclaré nul & de nul effet, feulement
en ce que l'on voudroit en induire une approbation ou une confirmation du contrat du 2 Mai 1655 ;
au furplus que les conclufions par lui prifes contre les héritiers Girangis, lui fuffent adjugées avec dépens ; au bas de laquelle requête eft l'Ordonnance de notredite Cour, qui a réfervé d'y faire droit en
jugeant ; Requête dudit Damas du onze Juin 1755, contenant demande à ce que le contrat paffé devant Pain & fon Confrere, Notaires à Paris, le trente Janvier 1658, entre le feu Duc de Richelieu d'une
part, & lefdits Flacourt, Lefpine & Boilleau d'autre part, fût en tant que befoin étoit ou feroit, déclaré nul & de nul effet, feulement en ce que l'on voudroit en induire une approbation ou une confirmation du contrat du vingt-neuf Mai 1655 ; au furplus que les conclufions prifes par ledit Damas, audit nom, contre les héritiers Girangis, lui fuffent adjugées avec dépens ; au bas de laquelle requête eft
l'Ordonnance de notredite Cour, qui a réfervé d'y faire droit en jugeant ; Requête des Religieufes de
faint Thomas du trois Juillet 1755, contenant demande à ce qu'elles fuffent reçues Parties intervenantes
dans les conteftations pendantes en notredite Cour entre le Maréchal Duc de Richelieu d'une part, & le
Bas Dupleffis & conforts, héritiers & repréfentans Marie - Marguerite Quentin, veuve le Bas de Girangis, fur la demande formée contre ladite défunte veuve le Bas de Girangis, par le Maréchal Duc de
Richelieu, par requête, commiffion & exploit des quinze Janvier & neuf Février 1739, qu'il leur fût
donné acte du contenu en leur requête pour moyen d'intervention, faifant droit fur icelle, qu'il leur fût
donné acte de ce qu'aux rifques dudit le Bas & conforts & de qui il appartiendroit, elles fommoient & dénonçoient au Maréchal Duc de Richelieu la demande contre elles formée par la veuve le Bas par fes requête & exploit des fix & treize Mai 1739, & de ce qu'elles adhéroient aux conclufions prifes contre le
Maréchal Duc de Richelieu par ledit le Bas & conforts, en déclarant le Maréchal Duc de Richelieu non-
recevable dans fa demande contre ledit le Bas & conforts, ou en tous cas l'en déboutant, qu'il fût condamné en tous les dépens envers toutes les Parties par elles faits, tant contre lui que les unes à l'en-
contre des autres, tant en demandant, défendant, que des fommations, dénonciations & contre-fommations ; qu'il fût pareillement donné acte auxdites Religieufes, de ce qu'aux rifques du Maréchal Duc de
Richelieu, elles fommoient & dénonçoient leur fufdite demande audit le Bas & conforts, & leur contre-
fommoient leur propre demande ; ce faifant dans le cas où le Maréchal Duc de Richelieu réuffiroit dans
fes demandes contre elles, en adjugeant auxdites Religieufes les conclufions par elles prifes contre eux
dans l'inftance, qu'ils fuffent condamnés à acquitter lefdites Religieufes des condamnations qui pourroient intervenir contre elles au profit du Maréchal Duc de Richelieu, tant en principal, qu'intérêts &
frais, & que celle des Parties qui fuccombera fût condamnée en tous les dépens envers lefdites Religieufes, par elles faits contre toutes les Parties, tant en demandant, défendant, que des fommations, dénonciations & contrefommations ; au bas de laquelle requête employée pour avertiffement, écritures & production fur icelle eft l'Ordonnance de notredite Cour, qui l'a réglée en droit & joint, & donné acte de
l'emploi y porté ; Sommation faite à la requête des Religieufes de faint Thomas au Maréchal Duc de
Richelieu, audit le Bas, Dupleffis & conforts, de fatisfaire à ladite Ordonnance ; Requête des Religieufes
de faint Thomas du fept Juillet 1755, contenant demande à ce que ladite de Girangis ou fes héritiers &
repréfentans fuffent déclarés purement & fimplement non-recevables dans toutes leurs demandes, portées par requête & exploits des fix & onze Mai 1739, fix Février 1755, quinze & dix-huit Juin 1746,
ou en tout cas, qu'ils en fuffent déboutés, faifant droit fur l'intervention defdites Religieufes portée par
leur requête du trois Juillet 1755, qu'il leur fut donné acte des dénonciations par elles faites par leurdite requête, aux rifques des héritiers & repréfentans ladite de Girangis au Maréchal Duc de Richelieu, de
la demande contre elles formées par ladite le Bas par requête & exploit des onze & fix Mai 1739 ; & de
leur adhéfion aux conclufions prifes par ladite le Bas & fes repréfentans, contre le Maréchal Duc de Richelieu, qu'il leur fût pareillement donné acte de ce qu'aux mêmes rifques defdits repréfentans ladite le
Bas, elles fommoient & dénonçoient au Maréchal Duc de Richelieu les demandes defdits repréfentans
ladite le Bas, portées par leurfdites requêtes des fix Février 1745, quinze & dix-huit Juin 1746, faifant
droit fur lefdites dénonciations en déclarant le Maréchal Duc de Richelieu non-recevable dans fes demandes contre ledit le Bas & conforts, ou en tout cas l'en déboutant, qu'il fût condamné en tous les
dépens, envers toutes les Parties par elles faits, tant contre lui qu'entre elles, les unes à l'encontre des
autres, tant en défendant, demandant, que des fommations, dénonciations & contre-fommations ; qu'il
fut pareillement donné acte auxdites Religieufes des fommations par elles faites aux rifques du Maréchal
Duc de Richelieu auxdits le Bas & conforts de leurs propres demandes ; ce faifant dans le cas où le Maréchal Duc de Richelieu réuffiroit dans fes demandes contre lefdits repréfentans ladite le Bas de Girangis, en adjugeant auxdites Religieufes les conclufions par elles contre eux ci-devant prifes, qu'ils fuffent condamnés à acquitter lefdites Religieufes des condamnations qui pourroient intervenir contre elles
au profit du Maréchal Duc de Richelieu, tant en principal qu'intérêts & frais, & que celles des Parties
qui fuccomberoient fuffent condamnées en tous les dépens envers lefdites Religieufes, faits contre toutes

les Parties, tant en demandant, défendant, que des fommations, dénonciations & contre-fommations, au bas de laquelle requête employée pour avertiffement, écritures & production fur icelle, eft l'Ordonnance de notredite Cour, qui l'a réglé en droit & joint, & donné acte de l'emploi y porté; Requête dudit le Bas & conforts, des vingt-neuf & trente Juillet 1755, d'emploi pour fins de non-recevoir, & défenfes contre l'intervention defdites Religieufes de faint Thomas, du trois Juillet 1755, enfemble pour écritures & production, en exécution de la fufdite Ordonnance; Requête defdites Religieufes de S. Thomas, du cinq Août 1755, d'emploi pour contredits contre l'emploi de production ci-deffus; Sommation faite à la requête defdites Religieufes au Maréchal Duc de Richelieu, de fatisfaire à la fufdite Ordonnance; Requête defdites Religieufes de faint Thomas du fept Août 1755, contenant demande à ce qu'il leur fût donné acte de ce qu'aux requêtes dudit le Bas & conforts, elles fommoient & dénonçoient au Maréchal Duc de Richelieu, la requête dudit le Bas & conforts du vingt-neuf Juillet 1755, contenant leurs fins de non-recevoir & défenfes contre les interventions & demandes defdites Religieufes du trois Juillet 1755, enfemble leurdite requête, & de ce qu'aux rifques du Maréchal Duc de Richelieu, elles contre-fommoient le tout audit le Bas & conforts, qu'il leur fût pareillement donné acte de ce qu'aux rifques de qui il appartiendroit, elles employoient le contenu en leur requête, pour réponfes aux fins de non-recevoir, & défenfes portées en la réquête dudit le Bas du vingt-neuf Juillet 1755; ce faifant, que les conclufions par elles précédemment prifes leur fuffent adjugées, & que celles des Parties qui fuccomberoient fuffent condamnées en tous les depens faits & à faire par lefdites Religieufes en l'inftance, tant en demandant, défendant, que des fommmations, dénonciations & contre-fommations, même à les acquitter, garantir & indemnifer de toutes les condamnations qui pourroient être prononcées contre elles, au bas de laquelle requête, employée pour avertiffement, écritures & production fur icelle, eft l'Ordonnance de notredite Cour qui l'a réglée en droit & joint, & donné acte de l'emploi y porté; Sommation faite à la requête defdites Religieufes, au Maréchal Duc de Richelieu & audit le Bas & conforts, de fatisfaire à la fufdite Ordonnance; Production nouvelle du Maréchal Duc de Richelieu contre Conftantin Perrier, par requête du vingt-deux Décémbre 1746; Sommation faite à la requête du Maréchal Duc de Richelieu audit Pierrier, de fournir de contredits contre la fufdite production nouvelle; Requête du Maréchal Duc de Richelieu du vingt-deux Avril 1746, contenant demande à ce qu'en rectifiant, reformant & augmentant les conclufions par lui prifes, il lui fût donné acte de ce qu'il n'infiftoit plus dans fa demande, à ce que la maifon dudit Perrier fût chargée d'une rente à raifon de cinq livres deux fols fix deniers par toife de fuperficie, avec reftitution des arrérages depuis l'ouverture de la fubftitution, & de ce qu'il concluoit au contraire, à ce qu'à l'égard dudit Perrier le contrat du vingt-neuf Mai 1655, fût déclaré nul & de nul effet, comme contenant l'aliénation d'une place refervée qui appartenoit à la fubftitution; en conféquence que ledit Perrier fût condamné à fe départir & déporter de la propriété, poffeffion & jouiffance d'une maifon avec fes dépendances, fife en ladite ville de Paris, rue neuve des Petits-Champs; tenant du côté de l'orient audit Defnœuds; du côté de l'occident aux héritiers le Bas de Girangis, du côté du nord à la rue neuve des Petits-Champs; & du côté du midi au Jardin du Palais Royal; ladite maifon conftruite fur la feconde place refervée par le Cardinal de Richelieu dans l'arrentement fait à Louis le Barbier, par le contrat de 1636, faifant partie des biens qui fe font trouvés dans la fucceffion du Cardinal de Richelieu, fubftitués par fon teftament du 23 Mai 1642, & vendus par le feu Duc de Richelieu à Charles Flacourt, par le fufdit contrat du vingt-neuf Mai 1655; que ledit Perrier fût pareillement condamné à rendre au Maréchal Duc de Richelieu ladite maifon, circonftances & dépendances, conformément audit teftament, même à lui reftituer les fruits & revenus de ladite maifon, depuis le dix Mai 1715, jour du décès du Duc de Richelieu pere, & que la fubftitution s'eft trouvée ouverte au profit du Maréchal Duc de Richelieu, le tout à dire d'Experts, dont les Parties conviendroient devant le Confeiller-Rapporteur, ou qui feroient par lui pris & nommés d'office, ou fur la repréfentation des baux de ladite maifon, que ledit Perrier fût en outre condamné aux dommages-intérêts du Maréchal Duc de Richelieu, & aux dépens à fon égard; qu'il fût donné acte au Maréchal Duc de Richelieu des offres qu'il faifoit de tenir compte audit Perrier fur les fruits & revenus de ladite maifon des impenfes & améliorations qui pourroient avoir été faites dans ladite maifon, depuis l'ouverture de la fubftitution en les juftifiant, & fuivant l'eftimation qui en feroit faite par les mêmes Experts qui procéderoient à la liquidation des fruits & revenus; qu'il fût pareillement donné acte au Maréchal Duc de Richelieu des offres qu'il faifoit de tenir compte audit Perrier des fommes qu'il juftifieroit avoir été employées par fes auteurs fur le prix du contrat de 1655, au payement des dettes de la fucceffion du Cardinal de Richelieu; au bas de laquelle requête, employée pour avertiffement, écritures & production fur icelle eft l'Ordonnance de notredite Cour qui l'a réglée en droit & joint, & donné acte de l'emploi y porté; acte de reprife d'inftance fait au Greffe de notredite Cour le dix-fept Février 1747, par Barrois, veuve de Pierre-Conftantin Perrier, par Conftantin-Jofeph Perrier; Pierre-François Gayon, Marie-Anne Perrier fa femme, François Beuzelin & Marie-Louife Perrier fa femme, tous héritiers chacun en partie de Pierre-Conftantin Perrier, au lieu & place dudit défunt Perrier; avertiffement fourni le vingt-deux Juillet 1747, par ladite veuve & héritiers Perrier, & leur production en exécution de la fufdite Ordonnance du vingt-deux Avril 1746, par leur inventaire fignifié le fept Décembre 1747; contredits fournis le quatorze Avril 1749, par le Maréchal Duc de Richelieu, contre la fufdite production; falvations fournies le douze Novembre 1749, par ladite veuve & héritiers Perrier, contre les fufdits contredits; Requête dudit Damas tuteur à la fubftitution, du trente Juin 1747, contenant demande à ce qu'en réformant & augmentant fes conclufions, il lui fût donné acte de ce qu'il n'infiftoit plus dans fa demande, à ce que la maifon appartenante à la veuve & héritiers Perrier, fût chargée d'une rente à raifon de cinq livres dix fols fix deniers par chaque toife de fuperficie, & de ce qu'il concluoit au contraire à l'égard defdites veuve & héritiers Perrier, à ce que le contrat du vingt-neuf Mai 1655, fût déclaré nul & de nul effet, comme contenant l'aliénation d'une place refervée qui appartenoit à la fubftitution; en conféquence que ladite veuve & héritiers Perrier fuffent condamnés à fe défifter & départir de la propriété, poffeffion & jouiffance d'une maifon avec fes dépendances, fife en la Ville de Paris, rue neuve des Petits-Champs, tenant du côté de l'orient, aux nommés Defnœuds; du côté de l'occident, aux enfans & héritiers le Bas de Girangis, du côté du nord à la rue neuve des Petits-Champs; & du côté du midi au jardin du Palais Royal; ladite maifon conftruite fur la feconde place réfervée par le Cardinal de Richelieu, dans l'arrentement fait à Louis le Barbier, par le contrat du dix-fept Mars 1636, & faifant partie des biens qui s'étoient trouvés dans la fucceffion du Cardinal de Richelieu, fubftitués par fon teftament du vingt-trois Mai 1642, & vendue par le feu Duc de Richelieu fon pere à Charles Flacourt par le contrat du vingt-neuf Mai 1655, que ladite veuve & héritiers Perrier fuffent pareillement condamnés à laiffer audit Damas la libre propriété, poffeffion & jouiffance de ladite maifon, fauf au Maréchal Duc de Richelieu à prendre des conclufions, fi fait n'avoit été, pour la reftitution des fruits & revenus, qu'il fût donné acte audit Damas audit nom des offres qu'il faifoit en ce qui pourroit le concerner, de tenir compte des impenfes & améliorations, fi aucunes étoient juftifiées avoir été faites, comme auffi de tenir compte à ladite veuve & héritiers Perrier, des fommes qu'ils juftifieroient avoir été employées par leurs auteurs fur le prix du contrat de 1655, au payement des dettes de la fucceffion du Cardinal de Richelieu, & que ladite veuve & héritiers Perrier, fuffent en outre condamnés en tous les dépens, au bas de laquelle requête employée pour avertiffement, écritures & production fur icelle, eft l'Ordonnance de notredite Cour, qui l'a réglée en droit & joint, & donné acte de l'emploi y porté; Requête de la veuve & heritiers Perrier, du vingt-neuf Mai 1750, d'emploi pour défenfes, avertiffement, écritures & production en exécution de la fufdite Ordonnance; fommation faite à la requête dudit Damas audit nom à ladite veuve & héritiers Perrier de fournir de contredits en exécution de ladite Ordonnance; acte de reprife d'inftance fait au Greffe de notredite Cour le quatorze Octobre mil fept cent quarante-neuf par Conftantin-Jofeph Perrier, Marie-Anne Perrier époufe féparée quant aux biens de François-Pierre Gayon, autorifée par Juftice à la pourfuite de fes droits, François Dagelin & Marie-Louife Perrier fon époufe de lui autorifée, tous héritiers chacun en partie de feue Marie-Anne Barrois veuve Conftantin Perrier; requête defdits Perrier du vingt-quatre Novembre 1749, contenant demande à ce qu'il leur fût donné acte de ce que le Maréchal Duc de Richelieu par fa requête du vingt deux Avril 1746 abandonnoit les conclufions par lui ci-devant prifes, aux fins de faire déclarer la maifon dont il s'agiffoit chargée d'une rente fonciere, & autres conclufions rélatives à cette prétention, ce faifant que le Maréchal Duc de Richelieu fût débouté de toutes fes conclufions antérieures à ladite requête du vingt-deux Avril 1746, qu'il fût déclaré non recevable dans les nouvelles conclufions prifes par ladite requête, ou en tous cas débouté & condamné en tous les dépens, au bas de laquelle requête employée pour avertiffement, écritures & production fur icelle, eft l'Ordonnance de notredite Cour, qui l'a reglée en droit & joint, & donné acte de l'emploi y porté; fommation faite à la requête defdits héritiers Perrier au Maréchal Duc de Richelieu de fatisfaire à la fufdite Ordonnance; production nouvelle defdits héritiers Perrier par requête du vingt-fix Novembre 1749; fommation faite au Maréchal Duc de Richelieu de fournir de contredits contre la fufdite production nouvelle; requête du Maréchal Duc de Richelieu du trente May 1755, contenant demande à ce que le contrat paffé devant Pain & fon confrére, Notaires à Paris, le trente Janvier 1658, entre le feu Duc de Richelieu d'une part, & lefdits Flacourt, Lefpine & Boilleau d'autre part, fût en tant que befoin étoit ou feroit, déclaré nul & de nul effet, feulement en ce que l'on voudroit en induire une approbation ou une confirmation du contrat du vingt-neuf May 1655; au furplus que les conclufions par lui prifes en l'inftance contre les heritiers Perrier lui fuffent adjugées avec dépens, au bas de laquelle requête eft l'Ordonnance de notredite Cour, qui a réfervé d'y faire droit en jugeant. Requête dudit Damas audit nom du douze Juin 1755, contenant demande à ce que le contrat paffé devant Pain & fon confrere, Notaires à Paris, le trente Janvier 1658, entre le feu Duc de Richelieu d'une part, & lefdits Flacourt, Lefpine & Boilleau d'autre part, fût en tant que befoin étoit ou feroit déclaré nul & de nul effet, feulement en ce que l'on voudroit induire dudit contrat une approbation ou une confirmation de celui du vingt-neuf May 1755; au furplus que les conclufions par lui prifes en l'inftance contre les héritiers Perrier lui fuffent adjugées avec dépens, au bas de laquelle requête eft l'Ordonnance de notredite Cour qui a réfervé d'y faire droit en jugeant; requête du Maréchal Duc de Richelieu du fept Décembre 1745, à ce qu'en conféquence des conteftations pendantes en notredite Cour, entre le Maréchal Duc de Richelieu & les propriétaires actuels des maifons étant autour du Palais Royal, il lui fut permis d'y faire affigner dans les délais de l'Ordonnance, Nicolas Defnœuds & fa femme pour fe voir condamner à fe défifter & départir du fonds, propriété & jouiffance de la rente fonciere du bail d'hériage dont la maifon à lui appartenante fife rue neuve des Petits-Champs étoit chargée; à raifon de cinq livres deux fols fix deniers par chaque toife de furperficie, tenante ladite maifon du côté de l'orient à la maifon qui appartenoit auxdites Demarets & de Livry; du côté du couchant à la maifon qui appartenoit à Conftantin Perrier; du côté du nord à la rue neuve des Petits-Champs; & du côté du midi au jardin du Palais Royal; le tout fuivant le contrat d'arrentement fait par le Cardinal de Richelieu en faveur de Louis le Barbier, le dix-fept Mars 1636; laquelle rente faifoit partie des biens fubftitués, & avoit été vendue par feu le Duc de Richelieu pere, à Charles Flacourt, par Contrat du vingt-neuf May 1655, qu'il fût ordonné que ladite maifon feroit & demeureroit chargée defdites rentes pour les fervir & payer tant au Maréchal Duc de Richelieu, qu'à ceux qui feroient appellés après lui à la fubftitution, que ledit Defnœuds & fa femme feroient pareillement condamnés à reftituer au Maréchal Duc de Richelieu les arrérages defdites rentes échues depuis le dix May mil fept cent quinze, jour du décès du Duc de Richelieu pere, & aux dommages-intérêts du Maréchal Duc de Richelieu, foufferts & à fouffrir, aux offres qu'il faifoit de tenir compte audit Defnœuds de ce qui avoit pû être légitimement payé tant par lui que par fes auteurs à la décharge de la fucceffion du Cardinal de Richelieu, provenant du prix du contrat de vente dudit jour vingt-neuf May 1655; exploit d'affignation donnée en notredite Cour le fept Décembre 1745, à la requête du Maréchal Duc de Richelieu audit Defnœuds en vertu & aux fins de la fufdite requête; fins de non recevoir fournies par ledit Defnœuds & fa femme le dix-huit Janvier 1746, aux rifques de leurs garants contre la fufdite demande; requête dudit Defnœuds & fa femme du cinq Février 1746, à ce qu'il leur fût donné acte de ce qu'aux rifques du nommé de la Giraudiere & fa femme ils contrefommoient & dénonçoient au Maréchal Duc de Richelieu la demande par eux formée contre lefdits de la Giraudiere par commiffion & exploit des dix-huit & trente Décembre 1745; ce faifant, & où il arriveroit que lefdits de la Giraudiere parviendroient à leurs fins & conclufions, & qu'il feroit prononcé quelques condamnations à leur profit à l'encontre defdits Defnœuds, attendu que c'étoit le Maréchal Duc de Richelieu qui avoit donné lieu à la demande en fommation par fa demande & prétention formée contre ledit Defnœuds, par

requête

requête & exploit du sept Décembre 1745 , que le Maréchal Duc de Richelieu fût condamné à acquitter garantir & indemniser lesdits Desnœuds des condamnations qui pourroient être contre eux prononcées envers ledit de la Giraudiere & sa femme , & en outre en tous les dépens tant en demandant , sommation , contre sommation que dénonciation , comme aussi qu'il fût donné acte audit Desnœuds & sa femme de ce qu'aux risques du Maréchal Duc de Richelieu , ils sommoient & dénonçoient audit de la Giraudiere & sa femme la susdite requête , ce faisant , en adjugeant auxdits Desnœuds les conclusions prises contre ledit de la Giraudiere & sa femme par leurdite commission & exploit desdits jours dix huit & trente un Décembre 1745 , que celui ou dudit Maréchal Duc de Richelieu , ou dudit de la Giraudiere & sa femme qui succomberoient , fussent condamnés à acquitter , garantir & indemniser ledit Desnœuds & sa femme de toutes les condamnations qui pourroient être prononcées contre eux , & en tous les dépens tant en demandant , sommation contresommation & dénonciation qu'autrement , même en ceux faits les uns à l'encontre des autres ; arrêt du sept Février 1746 , par lequel notredite Cour sur lesdites demandes a appointé les parties en droit & joint , à joint les fins de non recevoir dudit Desnœuds & sa femme , défenses au contraire , pour être sur le tout fait droit séparément ou conjointement avec les autres demandes , dépens réservés ; avertissement fourni le vingt-un Mars 1746 par le Maréchal Duc de Richelieu , & sa production en exécution du susdit arrêt par inventaire non signifié ; Requête de la veuve & héritiers Desnœuds & dudit de la Giraudiere & sa femme du deux Septembre 1746 , d'emploi pour contredits contre la susdite production ; fins de non recevoir fournies le vingt-huit Avril 1746 par ledit Desnœuds servant d'Avertissement , & sa production en exécution du même arrêt , par inventaire signifié le dix Mai 1746 ; contredits fournis le vingt-trois Mai 1746 , par le Maréchal Duc de Richelieu , contre la susdite production ; les salvations fournies le deux Septembre 1746 , par la veuve & héritiers Desnœuds contre les susdits contredits ; commission obtenue en Chancellerie le dix-huit Décembre 1745 , à la requête dudit Desnœuds & sa femme , à l'effet d'assigner en notredite Cour ledit de la Giraudiere & sa femme , pour voir dire que sans préjudice à leurs droits & actions , ils auroient acte de la sommation & dénonciation qu'ils faisoient audit de la Giraudiere & sa femme , aux risques du Maréchal Duc de Richelieu , de la demande par lui formée en notredite Cour , contre ledit Desnœuds & sa femme le sept Décembre 1745 ; en conséquence qu'ils seroient tenus de prendre le fait & cause desdits Desnœuds & sa femme , les faire mettre hors d'icelle , & faire cesser l'effet de ladite demande avec dépens , sinon & à faute de ce faire , où le Maréchal Duc de Richelieu obtiendroit quelques condamnations contre eux , en ce cas ledit de la Giraudiere & sa femme fussent condamnés d'en acquitter , garantir & indemniser ledit Desnœuds & sa femme tant en principal , intérêts , dommages-intérêts , que frais & dépens tant en demandant , défendant , sommation , dénonciation , qu'autrement , & procéder en outre ainsi que de raison ; exploit d'assignation donnée en notredite Cour le trente-un Décembre 1745 , à la requête dudit Desnœuds & sa femme audit de la Giraudiere & sa femme , en vertu & aux fins de la susdite commission ; défenses fournies le sept Février 1746 , par ledit de la Giraudiere & sa femme contre la susdite demande ; arrêt du neuf Mars 1746 , par lequel notredite Cour pour faire droit sur les demandes & défenses ci-dessus a appointé les parties en droit & joint à l'instance d'entre ledit Desnœuds & sa femme , & le Maréchal Duc de Richelieu , pour en jugeant être sur le tout fait droit conjointement ainsi qu'il appartiendroit ; production dudit de la Giraudiere & sa femme en exécution du susdit arrêt par requête du neuf May mil sept cent quarante six , d'emploi pour avertissement : Requête de la veuve & héritiers Desnœuds du deux Septembre audit an , d'emploi pour contredits contre la susdite production : Production dudit Desnœuds & sa femme , en exécution du même Arrêt , par requête du quatorze Mai mil sept cent quarante six , employée pour avertissement , aux risques de qui il appartiendra , & contenant demande à ce qu'il plût à notredite Cour leur adjuger les conclusions prises contre ledit de la Giraudiere & sa femme , tant par leur commission & exploit , que par leur requête , le tout en date des dix-huit , trente-un Décembre 1745 , & 5 Février 1744 ; Requêtes desdits de la Giraudiere & sa femme , des seize Mai & deux Septembre 1746 , d'emploi pour contredits contre la susdite production & défenses à la demande dudit Desnœuds & sa femme du quatorze Mai 1746 : Requête desdits de la Giraudiere & sa femme du quatorze Mai 1746 , à ce qu'il plût à notredite Cour les recevoir en tant que besoin étoit ou seroit , parties intervenantes en l'instance d'entre le Maréchal Duc de Richelieu , d'une part , & lesdits Desnœuds , d'autre part , qu'il leur fût donné acte du contenu en leur requête pour moyens d'intervention ; comme aussi de ce qu'aux risques du Maréchal Duc de Richelieu , ils se joignoient & prenoient le fait & cause dudit Desnœuds & sa femme , pour faire déclarer le Maréchal Duc de Richelieu non-recevable dans ses demandes & prétentions contre ledit Desnœuds & sa femme ; en conséquence de ce qu'ils adhéroient aux conclusions prises par ledit Desnœuds & sa femme contre le Maréchal Duc de Richelieu , qu'il fût pareillement donné acte audit de la Giraudiere & sa femme , de ce qu'ils sommoient & dénonçoient au Maréchal Duc de Richelieu sa propre demande qu'il avoit formée contre ledit Desnœuds & sa femme , par requête , ordonnance & exploit du sept Septembre 1745 , ensemble la demande en dénonciation d'icelle formée par ledit Desnœuds & sa femme contre lesdits de la Giraudiere , par commission & exploit des dix-huit & trente-un Décembre 1745 ; ce faisant , où il arriveroit que le Maréchal Duc de Richelieu parviendroit à ses fins & conclusions par lui prises contre lesdits Desnœuds , & qu'il fût prononcé quelques condamnations contre eux au profit du Maréchal Duc de Richelieu & contre lesdits de la Giraudiere , au profit desdits Desnœuds , en ce cas , attendu que le Maréchal Duc de Richelieu étoit garant formel desdits de la Giraudiere , ainsi qu'il en résultoit du contrat de vente du vingt-neuf Mai mil six cent cinquante-cinq , que le Maréchal Duc de Richelieu fût condamné à acquitter , garantir & indemniser lesdits de la Giraudiere , en principaux , intérêts & dépens , tant en défendant , demandant , sommations , que contresommations , même de les acquitter de ceux auxquels ils pourroient être condamnés ; au bas de laquelle requête , employée pour avertissement , écritures & production sur icelle , est l'Ordonnance de notredite Cour qui l'a réglée en droit & joint , & donné acte de l'emploi y porté : Requête dudit Desnœuds & sa femme du seize Mai 1746 , d'emploi pour défenses , écritures & production en exécution de la susdite Ordonnance : Sommation faite à la requête dudit de la Giraudiere & sa femme , de satisfaire à la susdite Ordonnance ; acte de reprise d'instance faite au Greffe de notredite Cour le trente-un Août 1746 par Eleonore Lamant , veuve de Nicolas Desnœuds , tant en son nom , à cause de la communauté qui a été entre elle & ledit défunt son mari , qu'elle a acceptée , que comme sa donataire universelle , Pierre Desnœuds , Simon Goudan , Michelle Desnœuds , sa femme ,

M m

Marie - Magdelaine Defnœuds, veuve d'André Bardon, & François Defnœuds, lefdits Pierre Defnœuds, Michel Defnœuds, Simon Goudan, Marie-Magdelaine Defnœuds, héritiers chacun pour un quart dudit défunt Nicolas Defnœuds, leur frere & beau-frere : Acte de reprife d'inftance fait au Greffe de notredite Cour le feize Septembre 1747 par Bertrand de Tailligoury, Maître en fait d'Armes, comme ayant époufé la veuve de Nicolas Defnœuds ; Requête du Maréchal Duc de Richelieu du dix Janvier 1753, contenant demande à ce qu'en rectifiant, augmentant & réformant en tant que befoin étoit ou feroit, les conclufions par lui ci-devant prifes contre la veuve & héritiers Defnœuds, faifant droit fur les demandes du Maréchal Duc de Richelieu, & fans s'arrêter aux requêtes des veuve & héritiers Defnœuds, dont ils feroient déboutés, le contrat paffé devant Me. Parque & fon Confrere, Notaires à Paris, le vingt-neuf Mai 1655 ; fût déclaré nul & de nul effet, en conféquence lefdits veuve & héritiers Defnœuds fuffent condamnés purement & fimplement à fe défifter & départir au profit du Maréchal Duc de Richelieu, comme appellé à la fubftitution portée par le teftament du Cardinal de Richelieu, de la propriété, poffeffion & jouiffance d'une maifon fife en la Ville de Paris, rue neuve des Petits-Champs, circonftances & dépendances, tenant ladite maifon du côté du midi au jardin du palais Royal ; du côté du nord à la rue neuve des Petits-Champs ; du côté de l'orient à la maifon appartenante auxdits Defmarets & de Livry ; du côté du couchant à celle appartenante audit Perrier, laquelle maifon fe trouvoit conftruite fur une partie du quatriéme emplacement vendu & aliéné par le contrat du vingt - neuf Mai 1655, que lefdits veuve & héritiers Defnœuds fuffent pareillement condamnés à rendre au Maréchal Duc de Richelieu ladite maifon & emplacement, circonftances & dépendances, même à lui reftituer les fruits & revenus de ladite maifon depuis le dix Mai 1715, jour du décès du Duc de Richelieu pere, tems auquel la fubftitution s'étoit trouvée ouverte au profit du Maréchal Duc de Richelieu, le tout à dire d'experts, dont les parties conviendront devant le Confeiller - Rapporteur, ou qui feront par lui pris & nommés d'office, foit fur la repréfentation des baux que lefdits héritiers Defnœuds feroient tenus d'en faire ; qu'il fût donné acte au Maréchal Duc de Richelieu des offres qu'il faifoit de tenir compte à ladite veuve & héritiers Defnœuds fur les fruits & revenus de ladite maifon, des impenfes & améliorations, fi aucunes avoient été faites dans ladite maifon depuis l'ouverture de la fubftitution, jufqu'à la dépoffeffion defdits veuve & héritiers Defnœuds, & ce fuivant l'eftimation qui en feroit faite par les mêmes Experts convenus ou nommés d'office, qui procéderoient à la liquidation des fruits & revenus de ladite maifon ; qu'il fût pareillement donné acte au Maréchal Duc de Richelieu des offres qu'il avoit toujours faites, & qu'il réitéroit par la préfente Requête, de tenir compte auxdits veuve & héritiers Defnœuds des fommes qu'ils juftifieroient avoir été employées, foit par eux, foit par ceux qu'ils repréfentoient, fur le prix de l'acquifition faite par Flacourt, Lefpine & Boileau, par le contrat de 1655, au payement des dettes de la fucceffion du Cardinal de Richelieu, que lefdits veuve & héritiers Defnœuds fuffent en outre condamnés aux dommages-intérêts envers le Maréchal Duc de Richelieu, & en tous les dépens ; au bas de laquelle Requête, employée pour avertiffement, écritures & production fur icelle, eft l'Ordonnance de notredite Cour qui l'a réglée en droit & joint, & donné acte de l'emploi y porté : Requêtes des héritiers Defnœuds du dix-fept Janvier 1753, d'emploi pour défenfes, écritures & production en exécution de la fufdite Ordonnance, & contenant demande à ce que le Maréchal Duc de Richelieu fût déclaré non-recevable en fadite demande du dix-fept Janvier 1753, avec dépens ; au bas de laquelle requête eft l'Ordonnance de notredite Cour, qui a réfervé d'y faire droit en jugeant : Requête dudit de la Giraudiere & fa femme, du vingt - cinq dudit mois de Janvier, d'emploi pour contredits contre l'emploi de production porté par la fufdite requête ; Requête dudit Bertrand Tailligoury & fa femme du feize Janvier 1753, à ce qu'il leur fût donné acte de ce qu'en continuant leurs précédentes dénonciations, ils fommoient & dénonçoient aux rifques du Maréchal Duc de Richelieu fa propre demande portée par requête du dix Janvier 1753, auxdits de la Giraudiere & fa femme, à ce qu'ils fuffent tenus de fournir titres & piéces auxdits héritiers Defnœuds pour les faire renvoyer de la demande & prétention du Maréchal Duc de Richelieu, finon & à faute de ce faire, où il arriveroit que le Maréchal Duc de Richelieu parviendroit à fes fins, en ce cas, que ledit de la Giraudiere & fa femme, leurs vendeurs, & comme tels, ayant pris leur fait & caufe, fuffent condamnés folidairement à acquitter, garantir & indemnifer lefdits héritiers Defnœuds de toutes les condamnations qui pourroient être prononcées contre eux, tant en principal, intérêts, reftitution de fruits, dommages & dépens, & ce par les mêmes voyes èfquelles lefdits héritiers Defnœuds pourroient y être condamnés ; comme auffi folidairement aux dommages-intérêts defdits héritiers Defnœuds, & en tous les dépens, tant en demandant, défendant, fommation, que contrefommation, & en ceux faits les uns à l'encontre des autres ; qu'il fût pareillement donné acte audit Tailligoury & fa femme, de ce qu'aux rifques dudit de la Giraudiere & fa femme, ils contrefommoient & dénonçoient au Maréchal Duc de Richelieu la fufdite requête ; & où il arriveroit qu'il fût déclaré non-recevable en fes demandes & prétentions, & que lefdits de la Giraudiere parviendroient à eurs fins & conclufions, & qu'il fût prononcé quelques condamnations contre ledit Tailligoury & fa femme au profit defdits de la Giraudiere, attendu que c'étoit le Maréchal Duc de Richelieu qui donnoit lieu par fes demandes & prétentions aux demandes en fommation formées par ledit Tailligoury & fa femme contre lefdits de la Giraudiere, que le Maréchal Duc de Richelieu fût condamné à acquitter ledit Tailligoury & la veuve & héritiers Defnœuds des condamnations qui pourroient intervenir contre eux au profit dudit de la Giraudiere & fa femme, & en tous les dépens, tant des fommations, que contrefommations, même en ceux faits les uns à l'encontre des autres, & que celui du Maréchal Duc de Richelieu ou dudit de la Giraudiere & fa femme, qui fuccomberoient, fuffent condamnés en en tous les dépens faits par ledit Tailligoury & les héritiers Defnœuds les uns à l'encontre des autres, tant en défendant, fommation, que contrefommation, même les acquitter de ceux auxquels ils pourroient être condamnés envers quelques - uns d'eux ; & qu'au furplus les précédentes conclufions prifes par lefdits héritiers Defnœuds, leur fuffent adjugées, avec dépens ; au bas de laquelle requête, employée pour avertiffement, écritures & production fur icelle, eft l'Ordonnance de notredite Cour, qui l'a réglée en droit & joint, & donné acte de l'emploi y porté : Requête dudit de la Giraudiere, du vingt-cinq Janvier mil fept cent cinquante-trois, d'emploi pour écritures & production, même pour contredire, en exécution de la fufdite Ordonnance ; fommation faite à la requête dudit Tailligoury au Maréchal Duc de Richelieu, de fatisfaire à la fufdite Ordonnance ; Requête dudit de la Giraudiere & fa femme, du vingt-cinq Janvier 1753, d'emploi pour fins de non recevoir, & défenfes à la demande en jugeant, portée par la requête des héritiers Defnœuds, du dix-fept Janvier 1753 ; Requête dudit de la Giraudiere & fa femme, du vingt-cinq Janvier

1753, contenant demande à ce qu'il leur fût donné acte de ce qu'ils sommoient & dénonçoient au Maréchal Duc de Richelieu, sa propre demande qu'il avoit formée contre les veuve & héritiers Desnœuds, par requête du dix Janvier 1753, ensemble la demande en dénonciation d'icelle, formée par lesdits héritiers Desnœuds, par requête du seize Janvier 1753; ce faisant, où il arriveroit que le Maréchal Duc de Richelieu parviendroit à ses fins, & qu'il fût prononcé quelques condamnations contre lesdits héritiers Desnœuds, ou au profit du Maréchal Duc de Richelieu, contre lesdits de la Giraudiere, au profit desdits héritiers Desnœuds, en ce cas attendu que le Maréchal Duc de Richelieu est garant formel dudit de la Giraudiere & sa femme, ainsi qu'il résultoit du contrat de vente du vingt-neuf Mai 1655, le condamner à en acquitter ledit de la Giraudiere & sa femme, tant en principaux, intérêts, frais & dépens, & aux dommages-intérêts envers ledit de la Giraudiere & sa femme, & en tous les dépens, tant en défendant, demandant, sommation, que contresommation, même en ceux faits les uns à l'encontre des autres, & même d'acquitter, garantir & indemniser lesdits de la Giraudiere & sa femme, de ceux auxquels ils pourroient être condamnés, & que les différentes conclusions prises par ledit de la Giraudiere & sa femme, leur fussent adjugées avec dépens; au bas de laquelle Requête employée pour avertissement, écritures & production sur icelle, est l'Ordonnance de notredite Cour qui l'a reglée en droit & joint, & donné acte de l'emploi y porté; Requête des veuve & héritiers Desnœuds, & dudit de la Giraudiere & sa femme, des vingt-sept & trente Janvier 1753, d'emploi pour écritures, production & contredits, en exécution de la susdite Ordonnance; sommation faite à la requête dudit de la Giraudiere & sa femme, au Maréchal Duc de Richelieu, de satisfaire à la susdite Ordonnance; Requête dudit Damas, audit nom, du dix-neuf Mars 1753, contenant demande à ce que faisant droit sur ses demandes, & sans s'arrêter aux requêtes desdits veuve & héritiers Desnœuds, dont ils seroient déboutés, le contrat du vingt-neuf Mai 1655 fût déclaré nul & de nul effet; en conséquence, que lesdits veuve & héritiers Desnœuds fussent condamnés purement & simplement à se désister & départir au profit dudit Damas, comme tuteur, à la substitution portée au testament du Cardinal de Richelieu, de la propriété, possession & jouissance d'une maison sise rue neuve des Petits-Champs, circonstances & dépendances, tenant ladite maison du côté de l'orient à la maison desdits Desmarets & de Livry; & du côté du couchant, à celle dudit Perrier, laquelle maison se trouvoit construite sur une partie des cinq emplacemens à bâtir, désignés dans ladite rue neuve des Petits-Champs, & vendus par le contrat du vingt-neuf Mai 1655; que ladite veuve & héritiers Desnœuds fussent pareillement condamnés à rendre & laisser audit Damas, audit nom, lesdits maison & emplacemens, circonstances & dépendances, qu'il fût donné acte audit Damas de ce qu'en tant que besoin étoit, ou seroit, il adhéroit aux conclusions prises par le Maréchal Duc de Richelieu, contre lesdits veuve & héritiers Desnœuds, pour la restitution des fruits & revenus de ladite maison, depuis le dix Mai 1715, jour du décès du Duc de Richelieu pere, comme aussi de ce qu'il adhéroit aux offres faites par le Maréchal Duc de Richelieu, de tenir compte des impenses & améliorations qui avoient été valablement faites dans ladite maison, & des sommes que lesdits veuve & héritiers Desnœuds justifieroient avoir été employées, soit par eux, soit par ceux qu'ils représentoient sur le prix de l'acquisition primitive faite par Flacourt, Lespine & Boilleau, par le contrat de 1655, au payement des dettes de la succession du Cardinal de Richelieu, & que lesdits veuve & héritiers Desnœuds fussent condamnés en des dommages-intérêts envers ledit Damas, audit nom, & en tous les dépens; au bas de laquelle requête employée pour avertissement, écritures & production sur icelle, est l'Ordonnance de notredite Cour qui l'a reglée en droit & joint, & donné acte de l'emploi y porté; Requête desdits veuve & héritiers Desnœuds, du vingt Mars 1753, d'emploi pour écritures & production, même pour contredits, en exécution de la susdite Ordonnance; Requête du Maréchal Duc de Richelieu, du vingt-sept Mai 1755, contenant demande à ce qu'en tant que besoin étoit ou seroit, le contrat du trente Janvier 1658, passé devant Pain & son confrere, Notaires à Paris, entre le feu Duc de Richelieu d'une part, & lesdits Flacourt, Lespine & Boilleau d'autre part, fût déclaré nul & de nul effet, en ce que l'on voudroit y induire une approbation, ou une confirmation du contrat du vingt-neuf Mai 1655; au surplus, que les conclusions par lui prises en l'Instance contre ladite veuve & héritiers Desnœuds & Consorts, lui fussent adjugées avec dépens; au bas de laquelle Requête est l'Ordonnance de notredite Cour, qui a réservé d'y faire droit en jugeant; Requête de la veuve & héritiers Desnœuds, & dudit de la Giraudiere & sa femme, d'emploi pour défenses à la susdite demande; Requête dudit Damas, audit nom, du quatorze Juin 1755, contenant demande à ce qu'en tant que besoin étoit, ou seroit, le contrat passé devant Pain & son confrere, Notaires à Paris, le trente Janvier 1658, entre le feu Duc de Richelieu d'une part, & lesdits Flacourt, Lespine & Boileau d'autre part, fût déclaré nul & de nul effet, seulement en ce que l'on voudroit induire dudit contrat une approbation, ou une confirmation de celui du vingt-neuf Mai 1655; qu'au surplus les conclusions prises par ledit Damas contre lesdits veuve & héritiers Desnœuds & consorts, lui fussent adjugées avec dépens, au bas de laquelle requête est l'Ordonnance de notredite Cour, qui a réservé d'y faire droit en jugeant; Requête desdits veuve & héritiers Desnœuds, & dudit de la Giraudiere & sa femme, des seize & dix-sept Juin mil sept cent cinquante-cinq, d'emploi pour défenses contre la susdite demande; Production nouvelle du Maréchal Duc de Richelieu, par requête du 22 Décembre 1745, contre les Comtesses Desmarets & de Livry; Requête desdites Desmarets & de Livry, du quatorze Juillet 1747, d'emploi pour contredits contre la susdite production nouvelle; Requête du Maréchal Duc de Richelieu, du vingt-cinq Avril 1746, contenant demande à ce qu'en réformant, corrigeant & augmentant les conclusions par lui ci-devant prises contre lesdites Desmarets & de Livry, & héritiers du Comte de Louvat, il lui fût donné acte de ce qu'il n'insistoit plus dans la demande qu'il avoit formée contre le feu Comte de Louvat, à ce qu'il fût tenu à se désister & départir de la propriété, possession & jouissance de la maison à lui pere appartenante; ce faisant, que le contrat passé devant Notaires au Châtelet de Paris, le vingt-neuf Mai 1655, fût déclaré nul & de nul effet, que lesdites Desmarets & de Livry fussent condamnées à se désister & départir du fonds, propriété & jouissance de la rente foncière de bail d'héritage, dont la maison à elles appartenante étoit chargée; à raison de cinq livres deux sols six deniers par chaque toise de superficie, suivant le contrat d'arrentement fait par feu le Cardinal de Richelieu, en faveur de Louis le Barbier, le dix-sept Mars 1636, de la place sur laquelle ladite maison a été construite, tenant ladite maison du côté de l'orient à celle dudit de Beaumont; du côté du couchant à celle des nommés Desnœuds; du côté du nord à la rue neuve des Petits-Champs; & du côté du midi au Jardin du

Palais Royal ; qu'il fût ordonné que ladite maison feroit & demeureroit chargée de ladite rente, pour la fervir & payer, tant au Maréchal Duc de Richelieu, qu'à ceux qui feroient appellés après lui, à la fubftitution portée par le teftament du Cardinal de Richelieu ; qu'il fût en outre ordonné que huitaine après la fignification de l'Arrêt qui interviendroit à perfonne au domicile, lefdites Defmarets & de Livry feroient tenues de paffer titre nouvel & reconnoiffance de ladite rente, au profit du Maréchal Duc de Richelieu ; finon, & à faute de ce faire dans ledit temps, & icelui paffé, que l'Arrêt qui interviendroit, vaudroit titre nouvel & reconnoiffance, que lefdites Defmarets & de Livry fuffent en outre condamnées à payer au Maréchal Duc de Richelieu les arrérages de ladite rente, à compter du dix Mai 1715, jour du décès du Duc de Richelieu, auquel temps la fubftitution s'eft trouvée ouverte en faveur du Maréchal Duc de Richelieu, & en fes dommages-intérêts, foufferts & à fouffrir ; qu'il fût donné acte au Maréchal Duc de Richelieu des offres qu'il avoit toujours faites, & qu'il réiteroit de tenir compte auxdites Defmarets & de Livry, de ce qui avoit pû être légitimement payé par elles & par leurs auteurs, à la décharge de la fucceffion du Cardinal de Richelieu, fur le prix du contrat de vente dudit jour vingt-neuf Mai 1655, & que lefdites Defmarets & de Livry fuffent condamnées en tous les dépens ; au bas de laquelle requête employée pour avertiffement, écritures & production fur icelle, eft l'Ordonnance de notredite Cour, qui l'a reglée en droit & joint, & donné acte de l'emploi y porté : Sommation faite à la requête du Maréchal Duc de Richelieu, aux Dames Defmarets & de Livry de fatisfaire à la fufdite Ordonnance ; requête du Maréchal Duc de Richelieu du vingt-trois Mai 1746, contenant demande à ce qu'en réformant & augmentant les conclufions par lui ci-devant prifes contre lefdites Defmarets & de Livry, le contrat du vingt-neuf Mai 1655 fût déclaré nul & de nul effet ; ce faifant, lefdites Defmarets & de Livry condamnées à fe défifter & départir du fonds, propriété & jouiffance de la rente fonciere dont la maifon à elles appartenante eft chargée, à raifon de trente-trois livres dix fols un denier par chaque toife de face fur fept toifes de profondeur feulement, conformément au contrat d'arrentement fait par feu le Cadinal de Richelieu, à Louis le Barbier, le dix-fept Mars 1636, de la place fur laquelle ladite maifon eft bâtie, laquelle rente fait partie de celle de huit mille deux cens huit livres fix fols huit deniers, qui appartenoit à la fubftitution au jour du décès du Cardinal de Richelieu, qui a été vendue avec autres biens, auxdits Flacourt, Lefpine & Boileau, par le fufdit contrat du vingt-neuf Mai 1655, qu'il fût ordonné que ladite maifon demeureroit chargée à l'avenir de ladite rente, à raifon de trente-trois livres dix fols un denier par chaque toife de face fur la rue neuve des Petits-Champs feulement, rembourfable fur le pied du denier vingt-quatre ; qu'il fût ordonné que dans huitaine, à compter du jour de la fignification de l'Arrêt qui interviendroit à domicile, lefdites Defmarets & Livry feroient tenues de paffer titre nouvel & reconnoiffance de ladite rente, finon, & ledit temps paffé, que l'Arrêt qui interviendroit, vaudroit titre nouvel & reconnoiffance, que lefdites Defmarets & de Livry fuffent condamnées en outre à payer au Maréchal Duc de Richelieu les arrérages de ladite rente, à compter du dix Mai 1715, jour du décès du Maréchal Duc de Richelieu pere, temps auquel la fubftitution s'eft trouvée ouverte au profit du Maréchal Duc de Richelieu, en fes dommages-intérêts foufferts & à fouffrir, & en tous les dépens aux offres faites par le Maréchal Duc de Richelieu, & qu'il réiteroit de tenir compte auxdites Defmarets & de Livry de ce qui avoit pû être légitimement payé par elles à la décharge de la fucceffion du Cardinal de Richelieu, fur le prix du contrat de vente de 1655 ; au bas de laquelle requête employée pour avertiffement, écritures & production fur icelle, eft l'Ordonnance de notredite Cour, qui l'a reglée en droit & joint, & donné acte de l'emploi y porté ; fommation faite à la requête du Maréchal Duc de Richelieu, auxdites veuves Defmarets & de Livry, de fatisfaire à la fufdite Ordonnance ; Requête du Maréchal Duc de Richelieu, du onze Janvier 1753, conrenant demande à ce qu'en rectifiant, augmentant & reformant en tant que befoin étoit ou feroit, les conclufions par lui ci-devant prifes contre lefdites Defmarets & de Livry, faifant droit fur les demandes du Maréchal Duc de Richelieu, & fans s'arreter aux requêtes defdites Defmarets & de Livry, dont elles feroient déboutées, le contrat paffé devant Parquet & fon confrere, Notaires à Paris, le vingt-neuf Mai 1655, fût déclaré nul & de nul effet ; en conféquence, lefdites Defmarets & de Livry condamnées purement & fimplement à fe défifter & départir au profit du Maréchal Duc de Richelieu, comme appellé à la fubftitution portée par le teftament du Cardinal de Richelieu, de la propriété, poffeffion & jouiffance d'une maifon fife en la ville de Paris, rue neuve des Petits-Champs, circonftances & dépendances, tenant ladite maifon du côté du midi au Jardin du Palais Royal ; du côté du nord à la rue neuve des Petits-Champs ; du côté de l'orient à la maifon qui appartient audit Belard & conforts ; & du côté du couchant à celle des veuve & héritiers Defnœuds, laquelle maifon fe trouvoit conftruite fur une partie du quatriéme emplacement, vendu & aliéné par le contrat du 29 Mai 1655, que lefdites Defmarets & de Livry fuffent condamnées pareillement à rendre au Maréchal Duc de Richelieu ladite maifon & emplacement, circonftances & dépendances, même à lui reftituer les fruits & revenus de ladite maifon, depuis le 10 Mai 1715, jour du décès du Duc de Richelieu pere, & temps auquel la fubftitution s'eft trouvée ouverte au profit du Maréchal Duc de Richelieu, le tout à dire d'Experts dont les parties conviendroient devant le Confeiller-Rapporteur, ou qui feroient par lui pris & nommés d'office, foit fur la répréfentation des baux que lefdites Defmarets & de Livry feroient tenues d'en faire ; qu'il fût donné acte au Maréchal Duc de Richelieu des offres qu'il faifoit de tenir compte auxdites Defmarets & de Livry, fur les fruits & revenus de ladite maifon des impenfes & améliorations, s'y aucunes avoient été faites dans ladite maifon, depuis l'ouverture de la fubftitution jufqu'à la dépoffeffion defdites Defmarets & de Livry, & ce fuivant l'eftimation qui en feroit faite par les mêmes Experts convenus ou nommés d'office, qui procéderoient à la liquidation des fruits & revenus de ladite maifon ; qu'il fût pareillement donné acte au Maréchal Duc de Richelieu des offres qu'il avoit toujours faites, & qu'il réitétoit de tenir compte auxdites Defmarets & de Livry des fommes qu'elles juftiferoient avoir été employées foit par elles foit par ceux qu'elles repréfentoient fur le prix de l'acquifition, faite par Flacourt, de Lefpine & Boileau par le contrat de mil fix cens cinquante cinq, au payement des dettes de la fucceffion du Cardinal de Richelieu, & que lefdites Defmarets & de Livry fuffent en outre condamnées en des dommages-intérêts envers le Maréchal Duc de Richelieu & en tous les dépens ; au bas de laquelle requête employée pour avertiffement, écritures & production fur icelle, eft l'Ordonnance de notredite Cour, qui l'a réglée en droit & joint, & donné acte de l'emploi y porté ; Requêtes defdites Defmarets & de Livry des dix fept

Mars

Mars 1753 : d'emploi pour défenses , écritures & production , même pour contredits en exécution de la susdite Ordonnance ; Requête dudit Damas audit nom , du seize Mars 1753 , contenant demande a ce que faisant droit sur ses demandes , & sans s'arrêter aux requêtes des veuves Desmarets & de Livry , dont elles seroient déboutées , le contrat du [vingt-neuf Mai 1655 , fût déclaré nul & de nul effet ; en conséquence lesdites Desmarets & de Livry fussent condamnées purement & simplement à se désister & départir au profit dudit Damas audit nom , de la propriété , possession & jouissance d'une maison sise en la Ville de Paris , rue neuve des Petits-Champs , circonstances & dépendances , tenant du côté du midi , au jardin du Palais Royal ; du côté du nord , à la rue des Petits-Champs ; du côté de l'orient , à la maison qui appartenoit audit Belard & consorts ; & du couchant à celle des héritiers Desnœuds ; laquelle maison se trouvoit construite sur une partie des cinq emplacemens à bâtir , désignés dans ladite rue neuve des Petits-Champs , & vendus par le contrat du vingt-neuf Mai 1655 ; que lesdites veuves Desmarets & de Livry fussent pareillement condamnées à rendre & laisser audit Damas audit nom lesdites maison & emplacemens circonstances & dépendances ; qu'il fut donné acte audit Damas de ce qu'en tant que besoin étoit ou seroit , il adhéroit aux conclusions prises par le Maréchal Duc de Richelieu , contre les veuves Desmarets & de Livry , pour la restitution des fruits & revenus de ladite maison , depuis le dix Mai 1715 , jour du décès du Duc de Richelieu pere , comme aussi de ce qu'il adhéroit aux offres faites par le Maréchal Duc de Richelieu , de tenir compte des impenses & améliorations qui auroient été valablement faites dans ladite maison , & des sommes que lesdites veuves Desmarets & de Livry justifieroient avoir été, emploiées soit par elles , soit par ceux qu'elles représentent , sur le prix de l'acquisition primitive faite par Flacourt , de Lespine & Boilleau , par le contrat du vingt-neuf Mai 1655 , au payement des dettes de la succession du Cardinal de Richelieu , & que lesdites Desmarets & de Livry fussent condamnées en des dommages - intérêts , & en tous les dépens , au bas de laquelle requête emploiée pour avertissement , écritures & production sur icelle , est l'Ordonnance de notredite Cour , qui l'a réglée en droit & joint , & donné acte de l'emploi y porté ; Requête desdites veuves Desmarets & de Livry , du dix-sept Mars 1753 , d'emploi pour défenses , écritures & production , même pour contredits en exécution de la susdite Ordonnance ; Requête du Maréchal Duc de Richelieu du vingt-sept Mai 1655 , à ce qu'en tant que besoin étoit ou seroit , le contrat passé devant Pain & son confrere , Notaires à Paris , le trente Janvier 1658 , entre le feu Duc de Richelieu d'une part , & lesdits Flacourt , Lespine & Boilleau d'autre , fût déclaré nul & de nul effet , seulement en ce que l'on voudroit en induire une approbation ou une confirmation du contrat passé devant Pain & Daubanton , Notaires à Paris , le vingt-neuf Mai 1655 ; qu'au surplus les conclusions par lui prises en l'instance contre lesdites Desmarets & de Livry , lui fussent adjugées avec dépens , au bas de laquelle requête est l'ordonnance de notredite Cour , qui a réservé d'y faire droit en jugeant ; requête de la veuve de Livry , du vingt-huit Mai 1755 , d'emploi pour défenses à la susdite demande ; requête dudit Damas audit nom , du trois Juin 1755 , contenant demande à ce que le contrat passé devant Pain & son confrere , Notaires à Paris , le trente Janvier 1658 , entre le feu Duc de Richelieu d'une part , & lesdits Flacourt , Lespine & Boilleau d'autre part , fût en tant que besoin étoit ou seroit , déclaré nul , seulement en ce qu'on voudroit induire dudit contrat une approbation ou une confirmation de celui passé devant Pain & Daubanton , Notaires à Paris , le vingt-neuf Mai 1655 ; qu'au surplus les conclusions par lui prises contre lesdites veuves Desmarets & de Livry , lui fussent adjugées avec dépens , au bas de laquelle requête est l'Ordonnance de notredite Cour , qui a réservé d'y faire droit en jugeant ; requête de la veuve de Livry , du quatre Juin 1755 , d'emploi pour fins de non recevoir , & défenses à la susdite demande ; production nouvelle du Maréchal Duc de Richelieu , contre Jean-Baptiste Belard & consorts , par requête du vingt-deux Décembre 1745 ; sommation faite à la requête du Maréchal Duc de Richelieu audit Belard & consorts , de fournir de contredits ; contredits contre la susdite production nouvelle ; requête du Maréchal Duc de Richelieu , du vingt-cinq Mai 1746 , contenant demande à ce qu'en réformant & augmentant les conclusions par lui ci-devant prises contre ledit Belard & consorts , le contrat du vingt-neuf Mai 1655 , fût déclaré nul & de nul effet , ce faisant ledit Belard condamné à se désister & départir du fonds , propriété & jouissance de la rente fonciére dont la maison à lui appartenante étoit chargée , à raison de trente-trois livres dix sols un denier par chaque toise de face sur sept toises de profondeur seulement , conformément au contrat d'arrentement fait par feu le Cardinal de Richelieu à Louis le Barbier le dix-sept Mars 1636 , de la place sur laquelle ladite maison étoit bâtie , laquelle rente faisoit partie de celle de huit mille deux cens huit livres , qui appartenoit a la substitution , au jour du décès du Cardinal de Richelieu , & avoit été vendue avec d'autres biens auxdits Flacourt , Lespine & Boilleau par le feu Duc de Richelieu pere , par le susdit contrat du vingt-neuf Mai 1655 ; qu'il fût ordonné que ladite. maison seroit & demeuroit chargée à l'avenir de ladite rente de trente-trois livres dix sols un denier par chaque toise de face , sur la rue des Petits-Champs , remboursable sur le pied du denier vingt-quatre ; qu'il fût ordonné que dans quinzaine à compter du jour de la signification de l'arrêt qui interviendroit à domicile , ledit Belard & consorts seroient tenus de passer titre nouvel & reconnoissance de ladite rente , sinon & ledit temps passé , que l'arrêt qui interviendroit vaudroit titre nouvel , que ledit Belard & consorts fussent en outre condamnés à payer au Maréchal Duc de Richelieu les arrérages de ladite rente , à compter du dix Mai 1714 , jour du décès du Duc de Richelieu pere , tems auquel la substitution s'étoit trouvée ouverte au profit du Duc de Richelieu , en ses dommages-intérêts , soufferts & à souffrir , & en tous les dépens , aux offres ci-devant faites par le Maréchal Duc de Richelieu , & qu'il réiteroit de tenir compte audit Belard & consorts de ce qui avoit pû être légitimement payé par lui ou par ses auteurs , à la décharge de la succession du Cardinal de Richelieu , sur le prix du contrat de 1655 , au bas de laquelle requête employée pour avertissement , écritures & production sur icelle , est l'Ordonnance de notredite Cour qui l'a réglée en droit & joint , & donné acte de l'emploi y porté ; requête dudit Damas audit nom , du six Juin 1746, contenant demande à ce qu'en réformant & augmentant les conclusions par lui prises contre ledit Belard & consorts , le contrat de 1655 fût déclaré nul & de nul effet , ledit Belard & consorts condamnés à se désister du fonds , propriété & jouissance de la rente fonciére dont la maison à lui appartenante étoit chargée , à raison de trente-trois livres dix sols un denier par chaque toise de face sur sept de profondeur seulement , faisant ladite rente partie de celle de huit mille deux cens huit livres six sols huit deniers qui apparte-

N n

noit à la fubftitution au jour du décès du Cardinal de Richelieu, qu'il fût ordonné que la maifon dudit Belard & conforts, feroit & demeureroit chargée de la dite rente, à raifon de trente trois livres dix fols un denier pour chaque toife de face fur la rue neuve des Petits-Champs, rachétable fur le pied du denier 24, & que dans huitaine à compter du jour de la fignification de l'arret à domicile, ledit Belard & conforts feroient tenus de paffer titre nouvel & reconnoiffance, finon que l'arrêt vaudroit titre, & que ledit Belard & conforts fuffent en outre condamnés à payer les arrérages de ladite rente, depuis l'ouverture de la fubftitution au profit du Maréchal Duc de Richelieu; & où il feroit jugé que le fonds des dix-huit places non bâties en 1655, & fur partie defquelles étoit conftruite la maifon dudit Belard & conforts, appartenoit à la fubftitution, en ce cas ledit Belard & conforts fuffent condamnés à fe défifter du fonds, propriété & jouiffance de ladite maifon, à en reftituer les jouiffances, depuis le dix Mai 1710, & qu'ils fuffent condamnés en tous les dépens, aux offres de tenir compte de ce qui avoit pû être légitimement payé à la décharge de la fubftitution; au bas de laquelle requête employée pour avertiffement, écritures & production fur icelle, eft l'Ordonnance de notredite Cour, qui l'a reglée en droit & joint, & donné acte de l'emploi y porté; requete defdits Belard & conforts, du cinq Juillet 1747, employée aux rifques du Maréchal Duc de Richelieu, & de leurs cohéritiers, pour défenfes, écritures & production, même pour contredits en exécution de la fufdite Ordonnance; Requête dudit Belard & conforts, du treize Octobre 1740, à ce qu'en conféquence de l'Inftance pendante en notredite Cour, entre le Maréchal Duc de Richelieu, & lefdits Belard & conforts, il leur fût permis d'y faire affigner les enfans & héritiers de Charles-François de Lobel, qui étoit héritier de Nicolas de Lobel & Françoife Haniele fes pere & mere, avec lefquels la Sentence de Licitation du treize Août 1699, avoit été rendue, pour voir déclarer commun avec eux l'Arrêt qui interviendroit fur l'Inftance pendante en notredite Cour, & voir dire que ledit Belard & conforts auroient acte de la dénonciation qu'ils leur faifoient de la demande du Maréchal Duc de Richelieu; ce faifant, qu'ils feroient tenus de fe joindre à eux, & leur adminiftrer moyens & pieces pour le faire débouter de fa demande, finon, dans le cas où le Maréchal Duc de Richelieu réuffiroit dans fa demande, que lefdits héritiers de Lobel fuffent condamnés d'acquitter, garantir & indemnifer lefdits Belard & conforts, pour la part & portion dont ils étoient héritiers dudit Charles-François de Lobel, lequel étoit héritier de Nicolas de Lobel & Françoife Haniele fes pere & mere, lequel Nicolas de Lobel étoit héritier de Chriftophe de Lobel fon pere, des condamnations qui pourroient être prononcées contre ledit Belard & conforts, au profit du Maréchal Duc de Richelieu, tant en principal, intérêts & frais, tant en demandant, défendant, que de la fommation; exploit d'affignation donnée en notredite Cour le treize Octobre 1740, à la requete defdits Belard & conforts, aux enfans & héritiers dudit feu Charles-François de Lobel, en vertu & aux fins de la fufdite requête; fins de non recevoir, & défenfes fournies le vingt-quatre Juillet 1742, par lefdits enfans & héritiers de Lobel, contre la fufdite demande; Arrêt du vingt-fept Juin 1746, par lequel notredite Cour a reçu lefdits de Lobel & conforts oppofans à l'exécution de l'Arret par défaut; & pour faire droit fur la demande dudit Belard & conforts, a appointé les Parties en droit à écrire & produire, & joint à l'inftance d'entre le Maréchal Duc de Richelieu, ledit Belard & conforts & autres, a joint les fins de non recevoir, défenfes réfervées au contraire, dépens réfervés; production dudit Belard & conforts, en exécution du fufdit Arrêt, par requête du vingt-fept Juin 1747, contenant demande à ce qu'il plût à notredite Cour leur donner acte de ce qu'ils fommoient & dénonçoient au Maréchal Duc de Richelieu la demande qu'ils avoient formée contre leurs cohéritiers, par requéte & exploit du treize Octobre 1740, & de ce qu'ils contrefommoient & dénonçoient auxdits de Lobel & conforts, héritiers de Charles-François de Lobel, la demande du Maréchal Duc de Richelieu, du 9 Février 1739; en conféquence, en déclarant le Maréchal Duc de Richelieu non recevable, en fa demande contre ledit Belard & conforts, il fût condamné en tous les dépens, tant en demandant, défendant, que des fommations, dénonciations & contre-fommations; & où il arriveroit que le Maréchal Duc de Richelieu réuffiroit en fadite demande, en ce cas que l'Arrêt qui interviendroit fur ladite Inftance fût déclaré commun avec lefdits enfans & héritiers de Lobel; en conféquence, qu'ils fuffent condamnés à acquitter, garantir & indemnifer ledit Belard & conforts pour les parts & portions dont ils étoient héritiers de Charles-François de Lobel, des condamnations qui pourroient être prononcées contre eux, au profit du Maréchal Duc de Richelieu, tant en principaux, intérêts, que frais & dépens, tant en demandant, défendant, que des fommations, dénonciations & contrefommations; au bas de laquelle requête employée pour avertiffement, écritures & production fur icelle, eft l'Ordonnance de notredite Cour, qui l'a reglé en droit & joint, & donné acte de l'emploi y porté; requete dudit Damas tuteur à la fubftitution du vingt-huit Août 1755, d'emploi pour écritures & production en exécution de la fufdite Ordonnance; Requête dudit Belard & conforts, du vingt-neuf dudit mois d'Août, d'emploi pour contredits contre l'emploi de production porté par la fufdite Requête; fommation faite à la requête dudit Belard & conforts, au Maréchal Duc de Richelieu, & aux héritiers de Lobel, de fatisfaire aux fufdits Arrêt & Ordonnance de notredite Cour, du vingt-fept Juin 1746, & vingt-fept Juin 1747; Requête du Maréchal Duc de Richelieu, du trente Juin 1747, employée pour fins de non recevoir, défenfes, avertiffement, écritures & production, en exécution de la fufdite Ordonnance de notredite Cour, du vingt-fept Juin 1747, & contenant demande à ce qu'il plût à notredite Cour, fans s'arrêter à la demande dudit Belard & conforts, portée par leur fufdite requête du vingt-fept Juin 1747, dans laquelle ils feroient déclarés non recevables, ou dont en tout cas ils feroient déboutés, les conclufions prifes par le Maréchal Duc de Richelieu lui fuffent adjugées avec dépens; au bas de laquelle requete eft l'Ordonnance de notredite Cour, qui a donné acte de l'emploi y porté, & réfervé d'y faire droit en jugeant; Requête defdits Belard & conforts, du cinq Juillet 1747, d'emploi pour contredits, contre l'emploi de production porté par la requete ci-deffus: production nouvelle dudit Belard & conforts, par requête du trois Juillet 1747, employée pour plus ample avertiffement en exécution de l'Arrêt du vingt-fept Juin 1747, & contenant demande à ce qu'il plût à notredire Cour, fans s'arrêter, ni avoir égard à tout ce qui avoit été dit par le Maréchal Duc de Richelieu, il fût déclaré purement & fimplement non recevable en fadite demande, ou en tout cas débouté avec dépens, même en ceux que ledit Belard & conforts avoient été obligés de faire contre leurs cohéritiers au fujet de la demande en garantie qu'ils avoient formé contre eux; & où notredite Cour feroit difficulté & adjugeroit au Maréchal Duc de Richelieu les conclufions par lui prifes, en ce cas que lefdits de Lobel & conforts fuffent condamnés de les acquitter & garantir de tous évenemens defdites condamnations, avec dépens; au bas de laquelle requête eft l'Ordonnance de notredite Cour, qui a donné acte de l'emploi y porté, & réservé d'y faire droit en jugeant; Requête du Maréchal Duc de Richelieu, du treize Juillet 1747, employée pour contredits contre la susdite production nouvelle; requête présentée en notredire Cour par ledit Belard & consorts, le treize Octobre 1740, cidessus visée, & assignation donnée en conséquence le même jour, à Hilaire-Athanase Lamirault, Marie-Françoise de Lobel sa femme, & à François de Lobel, en vertu & aux fins de ladite requête; défenses fournies le vingt-deux Août 1747, par lesdits Lamirault & de Lobel, contre la susdite demande; Arrêt du vingt-six Août 1747, par lequel notredire Cour, pour faire droit sur la susdite demande, a appointé les Parties en droit & joint, dépens reservés; production dudit Belard & consorts, en exécution du susdit Arrêt, par requête du vingt-sept Novembre 1747, contenant demande à ce qu'il leur fût donné acte de ce qu'ils sommoient & dénonçoient au Maréchal Duc de Richelieu, la demande qu'ils avoient formée contre leurs cohéritiers, par requête & exploit du treize Octobre 1740, ensemble les poursuites qu'ils avoient été obligés de faire sur la susdite demande, & de ce qu'ils sommoient & dénonçoient auxdits Lamirault & de Lobel, la demande du Maréchal Duc de Richelieu, portée par son exploit introductif d'Instance du neuf Février 1739; en conséquence, déclarant le Maréchal Duc de Richelieu non recevable en sa demande contre ledit Belard & consorts, qu'il fût condamné en tous les dépens qu'ils avoient été obligés de faire à ce sujet, tant en demandant, défendant, que des sommations, dénonciations & contresommations; & où il arriveroit au contraire que le Maréchal Duc de Richelieu réussiroit dans sadite demande, en ce cas, faisant droit sur le défaut faute de comparoir obtenu par ledit Belard & consorts contre ledit de Lobel, que l'Arrêt qui interviendroit sur la demande du Maréchal Duc de Richelieu, seroit déclaré commun avec ledit de Lobel, ledit Lamirault & consorts; en conséquence, condamnés à acquitter, garantir & indemniser lesdits Belard & consorts, pour les parts & portions dont ils étoient héritiers de feu Christophe de Lobel, par représentation de Charles-François de Lobel leur pere, des condamnations qui pourroient être prononcées contre eux, au profit du Maréchal Duc de Richelieu, tant en principaux, intérêts, que frais & dépens, tant en demandant, défendant, que des somations, dénonciations & contresommations; au bas de laquelle requête employée pour avertissement, écritures & production sur icelle, est l'Ordonnance de notredite Cour, qui l'a reglée en droit & joint, & donné acte de l'emploi y porté; requête du Maréchal Duc de Richelieu, du cinq Mai 1749, employée pour avertissement, écritures & production, même pour contredits en exécution des susdits Arrêt & Ordonnance de notredite Cour, des vingt-six Août & vingt-sept Novembre 1747; Requête dudit Belard & consorts, du vingt-neuf Août 1755, d'emploi aux risques de leurs garants, pour contredits contre la production faite par le Maréchal Duc de Richelieu, par sa susdite requête du cinq Mai 1749; sommation faite à la requête dudit Belard & consorts, auxdits Lamirault & de Lobel, de satisfaire aux susdits Arrêt & Ordonnance de notredite Cour, des vingt-six Août & vingt-sept Novembre 1747; Requête du Maréchal Duc de Richelieu, du treize Janvier 1753, contenant demande à ce qu'en rectifiant, augmentant & réformant en tant que besoin étoit ou seroit, les conclusions par lui ci-devant prises contre ledit Belard & consorts; faisant droit sur les demandes du Maréchal Duc de Richelieu, & sans s'arrêter aux requêtes dudit Belard & consorts, dont ils seroient déboutés, le contrat passé devant Me Parque & son confrere, Notaires à Paris, le 29 Mai 1655, fût déclaré nul & de nul effet; en conséquence, ledit Belard & consorts condamnés purement & simplement à se désister & départir au profit du Maréchal Duc de Richelieu, comme appellé à la substitution portée par le testament du Cardinal de Richelieu, de la propriété, possession & jouissance d'une maison sise en la ville de Paris, rue neuve des Petits-Champs, circonstances & dépendances, tenant ladite maison du côté du midi, au Jardin du Palais Royal; du côté du nord à la rue neuve des Petits-Champs; du côté de l'orient à la maison appartenante au dit de Beaumont; & du côté du couchant, à celle appartenante auxdits Desmarets & de Livry; laquelle maison se trouvoit construite sur une partie du quatriéme emplacement vendu & aliéné par le contrat du vingt-neuf Mai 1655; que ledit Belard & consorts fussent pareillement condamnés à rendre au Maréchal Duc de Richelieu, ladite maison & emplacement, circonstances & dépendances, même à lui restituer les fruits & revenus de ladite maison, depuis le dix Mai 1715, jour du décès du Duc de Richelieu pere, & temps auquel la substitution s'étoit trouvée ouverte au profit du Maréchal Duc de Richelieu, le tout à dire d'Experts dont les parties conviendroient devant le Conseiller Rapporteur, ou qui seroient par lui pris, & nommés d'office, soit sur la représentation des baux que ledit Belard & consorts seroient tenus d'en faire; qu'il fût donné acte au Maréchal Duc de Richelieu, des offres qu'il faisoit de tenir compte audit Belard & consorts, sur les fruits & revenus de ladite maison, des impenses & améliorations, si aucunes avoient été faites dans ladite maison, depuis l'ouverture de la substituton, jusqu'à la dépossession desdits Belard & consorts, & ce suivant l'estimation qui en seroit faite par les mêmes Experts convenus ou nommés d'office, qui procéderoient à la liquidation des fruits & revenus de ladite maison; qu'il fût pareillement donné acte au Maréchal Duc de Richelieu, des offres qu'il avoit toujours faites, & qu'il réiteroit de tenir compte audit Belard & consorts, des sommes qu'ils justifieroient avoir été employées, soit par eux, soit par ceux qu'ils représentent, sur le prix de l'acquisition faite par Flacourt, Lespine & Boileau, par le contrat de mil six cent cinquante-cinq, au payement des dettes de la succession du Cardinal de Richelieu, & que ledit Belard & consorts fussent en outre condamnés en des dommages-intérêts envers le Maréchal Duc de Richelieu, & en tous les dépens; au bas de laquelle requête, employée pour avertissement, écritures & production sur icelle, est l'Ordonnance de notredite Cour qui l'a reglée en droit & joint, & donné acte de l'emploi y porté; Requête desdits Belard & consorts du premier Fevrier 1753, employée aux risques de leurs co-héritiers pour fins de non-recevoir, défenses, avertissement, écritures & production, en exécution de la susdite Ordonnance, & contenant demande à ce que le Maréchal Duc de Richelieu fût déclaré purement non-recevable dans sa demande & requete du onze Janvier 1753, ou en tout cas débouté, & condamné aux dépens; qu'il fût donné acte audit Belard & consorts de l'abandonnement formel fait par le Maréchal Duc de Richelieu, par sadite requête, de toutes ses demandes, notamment de celle portée par son exploit du neuf Février 1739, introductif de l'instance, & qu'il fût condamné aux dépens faits jusqu'au onze Janvier; & dans tous les cas que les conclusions prises par ledit Belard & consorts, leur fussent adjugées avec dépens; au bas de laquelle requête est l'Ordonnance de notredite Cour qui a donné acte de l'emploi y porté, & réservé d'y faire droit en jugeant; requête dudit Belard & consorts du trois Février 1753, à ce que le Maréchal Duc de Richelieu fût déclaré purement & simplement non-recevable dans toutes les demandes par lui formées contre eux, & principalement dans celle portée en sa requête du onze Janvier

1753, ou en tous cas débouté, & condamné en tous les dépens ; & où contre toute apparence, les conclusions prises par le Maréchal Duc de Richelieu, lui seroient adjugées, en ce cas, qu'il fût donné acte audit Belard & consorts, de ce qu'ils lui sommoient & dénonçoient, au nom & comme héritier & bien tenant de la Duchesse de Richelieu sa mere, sa propre demande, à ce qu'en cette qualité, il eût à la faire cesser & à les garantir & indemniser de l'évenement d'icelle, tant en principal, intérêts, dommages-intérêts, que frais & dépens, & dans tous les cas que le Maréchal Duc de Richelieu fût condamné en tous les dépens ; au bas de laquelle requêté est l'Ordonnance de notredite Cour qui a reservé d'y faire droit en jugeant ; Requête dudit Damas, audit nom, du 19 Mars mil sept cinquante-trois, contenant demande à ce qu'en rectifiant & reformant en tant que besoin étoit ou seroit, les conclusions par lui prises contre ledit Belard & consorts, faisant droit sur les demandes dudit Damas, audit nom, & sans s'arrêter aux requêtes dudit Belard & consorts, dont ils seroient déboutés, le contrat du vingt-neuf Mai mil six cent cinquante-cinq, fût déclaré nul & de nul effet; en conséquence, ledit Belard & consorts condamnés purement & simplement à se départir au profit dudit Damas audit nom, de la propriété, possession & jouissance d'une maison sise en la ville de Paris rue neuve des Petits-Champs, circonstance & dépendances, tenant du côté du midi au jardin du Palais-royal ; du côté du nord à la rue neuve des Petits-Champs; du côté de l'orient à la maison du Comte de Maurepas & dudit de Beaumont; du côté du couchant à celle des veüves Desmarets & de Livry, laquelle maison se trouvoit construite sur une pattie des cinq emplacemens à bâtir, désignés dans la rue neuve des Petits-Champs & vendus par le contrat du vingt-neuf Mai 1655, que ledit Bellard & consorts fussent pareillement condamnés à rendre & laisser audit Damas audit nom, lesdits maison & emplacemens, circonstances & dépendances ; qu'il fût donné acte audit Damas de ce qu'en tant que besoin étoit ou seroit, il adhéroit aux conclusions prises par le Maréchal Duc de Richelieu contre ledit Belard & consorts pour la restitution des fruits & revenus de ladite maison, depuis le dix Mai 1715, jour du décès du duc de Richelieu pere, comme aussi de ce qu'il adhéroit aux offres faites par le Maréchal duc de Richelieu, de tenir compte des impenses & améliorations qui auroient été valablement faites dans ladite maison, & des sommes que ledit Belard & consorts justificroient avoir été employées soit par eux, soit par ceux qu'ils représentent, sur le prix de l'acquisition primitive fa te par Flacourt, Lespine & Boilleau, par le contrat du vingt-neuf Mai 1655, au payement des dettes de la succession du Cardinal de Richelieu, & que ledit Belard & consorts fussent condamnés en des dommages-intérêts & en tous les dépens, au bas de laquelle requête employée pour avertissement, écritures & production sur icelle, est l'Ordonnance de notredite Cour qui l'a réglé en droit & joint ; & donné acte de l'emploi y porté; requête dudit Belard & consorts du vingt-un Mars 1753, employée aux risques de leurs cohéritiers pour fins de non-recevoir, avertissement, défenses, écritures & production en exécution de la susdite Ordonnance, & contenant demande à ce qu'il plût à notredite Cour, déclarer ledit Damas audit nom, purement & simplement non-recevable dans sadite requête & demande du dix-neuf Mars 1753, ou eu tout cas, qu'il en fût débouté, & condamné aux dépens ; & au surplus que les conclusions prises par ledit Belard & consorts leur fussent adjugées; au bas de laquelle requéte est l'Ordonnance de notredite Cour, qui a donné acte de l'emploi y porté, & réservé d'y faire droit en jugeant ; requête dudit Belard & consorts dudit jour vingt-un Mars 1753 d'emploi pour contredits contre l'emploi de production faite par ledit Damas par sadite requete du dix-neuf Mars 1753 ; requéte dudit Belard & consorts du vingt-trois mars 1753, contenant demande à ce qu'il leur fût donné acte, de ce qu'aux risques du Maréchal duc de Richelieu & du tuteur à la substitution, ils sommoient & dénonçoient audit de Lobel & consorts les demandes du Maréchal duc de Richelieu & du tuteur à la substitution des onze Janvier & dix-neuf Mars 1753, ensemble les défenses dudit Belard & consorts, ce faisant & où il arriveroit que le Maréchal Duc de Richelieu & le tuteur à la substitution parviendroient à leurs fins, & que lesdits Belard & consorts seroient condamnés de leur abandonner la propriété, possession & jouissance de la maison, dont est question, & de l'emplacement sur lequel elle est bâtie, avec restitution des fruits & revenus, en ce cas déclarant l'Arrêt à intervenir sur lesdites demandes commun avec lesdits de Lobel & consorts, ils fussent condamnés à acquitter ledit Belard & consorts des condamnations, tant en principaux, restitutions de fruits & revenus, dommages, intérêts & dépens, & aux dépens envers ledit Belard & consorts, tant en demandant, défendant, que des sommations, dénonciations & contresommations, & ce pour les parts & portions dont ils étoient héritiers de Charles-François de Lobel, aux offres que ledit Belard & consorts faisoient de faire faire à chacun pour lesdites parts & portions à eux afférentes, déduction des sommes que le Maréchal duc de Richelieu & le tuteur à la substitution, seroient condamnés de rembourser audit Belard & consorts, & intérêts d'icelles; qu'il fût pareillement donné acte audit Belard & consorts de ce qu'ils contresommoient & dénonçoient au Maréchal duc de Richelieu & audit tuteur à la substitution leurs propres demandes, ensemble la susdite requete; au surplus que les autres conclusions prises par ledit Belard & consorts leur fussent adjugées, & le Maréchal duc de Richelieu & le tuteur à la substitution condamnés aux dépens envers ledit Belard & consorts, tant en demandant, défendant, que des sommations, dénonciations, même en ceux qui pourroient être adjugés au profit desdits de Lobel contre ledit Belard & consorts, & en ceux qui pourroient être compensés envers quelques-unes des Parties, attendu leur mauvaise contestation qui donnoit lieu aux demandes dudit Belard & consorts; au bas de laquelle requête employée pour avertissement, écritures & production sur icelle, est l'Ordonnance de notredite Cour qui l'a réglée en droit & joint, & donné acte de l'emploi y porté ; requétes du Maréchal duc de Richelieu & dudit Damas audit nom du vingt-huit Août 1755, d'emploi pour défenses, écritures & production en exécution de la susdite Ordonnance; requête dudit Belard & consorts du vingt neuf Août 1755, d'emploi pour contredits contre l'emploi de production porté par les susdites requêtes; sommation faite à la requête dudit Belard & consorts auxdits enfans & héritiers de Lobel de satisfaire à la susdite Ordonnance ; requête dudit Belard & consorts du vingt-trois Mars 1753, contenant demande à ce qu'il leur fût donné acte des offres faites par le Maréchal Duc de Richelieu par sa requête du onze Janvier 1753 & par le tuteur à la substitution, par sa requête du dix-neuf Mars 1753 de rembourser audit Belard & consorts les sommes que leurs auteurs avoient payées en l'acquit de la succession du Cardinal de Richelieu aux créanciers de cette succession, & de ce qu'ils reconnoissoient par-là que les auteurs dudit Belard & consorts avoient bien payées; & par conséquent que la vente faite par le contrat du vingt-neuf Mai 1655, pour le payement des créanciers étoit bonne & valable; ce faisant que le Maréchal duc de Richelieu & le tuteur à la substitution

fussent

fuffent déclarés non-recevables dans leurs demandes, ou en tout cas déboutés, & que les autres conclusions dudit Belard & conforts, leur fuffent adjugées avec dépens envers toutes les Parties, au bas de laquelle requête est l'Ordonnance de notredite Cour qui a réfervé d'y faire droit en jugeant: requête dudit Belard & conforts du vingt-fept Mars 1753, contenant demande à ce qu'il fût donné acte de ce qu'aux rifques du maréchal Duc de Richelieu, en fa qualité de grevé à la fubftitution du Cardinal & du tuteur à la fubftitution, ils lui dénonçoient la demande du tuteur à la fubftitution portée par fa requête du 19 Mars 1753, à ce qu'il n'en ignorât & eût à la faire ceffer, ainfi que celle par lui formée en fa premiere qualité, à prendre le fait & caufe dudit Belard & conforts & faire en forte d'en faire débouter ledit tuteur à la fubftitution audit nom; ce faifant, & où il arriveroit que ledit tuteur audit nom, & le Maréchal Duc de Richelieu viendroient à réuffir dans leurs demandes, & feroient condamner ledit Belard & conforts à fe défifter de la propriété, poffeffion & jouiffance de la maifon & emplacement fur lequel elle eft bâtie, dont ils étoient propriétaires, en ce cas, que le Maréchal Duc de Richelieu, audit nom d'héritier de la Dame Ducheffe de Richelieu fa mere, fût condamné à acquitter ledit Belard & conforts des condamnations qui pourroient être prononcées contre eux, tant en principaux, intérêts, dommages-intérêts, que frais & dépens, même à leur rembourfer le prix principal de l'acquifition de leur maifon, avec les intérêts, à compter du jour des payemens faits par leurs auteurs aux dommages-intérêts dudit Belard & conforts, à donner par déclaration, & en tous les dépens par eux faits vis-à-vis de toutes les Parties, même en ceux qui pourroient être compenfés, qu'il fût pareillement donné acte audit Belard & conforts de ce qu'aux rifques du Maréchal Duc de Richelieu, audit nom, ils contre-fommoient & dénonçoient audit tuteur à la fubftitution fa propre demande & la fufdite requête, à ce qu'il n'en ignorât; qu'au furplus les autres conclufions prifes par ledit Belard & conforts, leur fuffent adjugées, & qu'en tout événement ledit tuteur à la fubftitution, & le Maréchal Duc de Richelieu, fuffent condamnés aux dépens envers ledit Belard & conforts, tant en ceux faits vis-à-vis d'eux, qu'en ceux qu'ils avoient été obligés de faire vis-à-vis de leurs co-héritiers, en demandant, défendant, dénonciation & contre-fommation, même en ceux qui pourroient être compenfés; au bas de laquelle requête, employée pour avertiffement, écritures & production fur icelle, eft l'Ordonnance de notredite Cour, qui l'a reglée en droit & joint, & donné acte de l'emploi y porté; Requête du Maréchal Duc de Richelieu & du tuteur à la fubftitution, du vingt-huit Août 1755, d'emploi pour écritures & production en exécution de la fufdite Ordonnance; Requête defdits Belard & conforts des vingt-neuf Août 1755, d'emploi pour conttedits contre les emplois de production portés par les fufdites requêtes; Sommation faite à la requête dudit Belard & conforts au Maréchal Duc de Richelieu & au tuteur à la fubftitution, de fournir de contredits en exécution de la fufdite Ordonnance: Requête dudit Belard & conforts du vingt-neuf Janvier 1755, employée aux rifques de leurs garants, en exécution de tous les Arrets de réglemens pour plus amples contredits de productions & falvations, & contenant demande à ce que les conclufions ci-devant prifes par ledit Belard & conforts leur fuffent adjugées, ayant aucunement égard à la nouvelle demande du tuteur à la fubftitution du dix-neuf Mars 1753, il fut donné acte audit Belard & conforts de l'abonnement formel porté par la requête dudit tuteur à la fubftitution du dix-neuf Mars 1753, de fes précédentes demandes; en conféquence qu'il fût condamné en tous les dépens faits fur icelles, & ayant aucunement égard à ladite nouvelle demande portée par fadite requête du dix-neuf Mars 1753, qu'il fût déclaré purement & fimplement non-recevable dans icelle, ou en tout cas débouté & condamné en dix mille livres de dommages-intérêts envers ledit Belard & conforts, réfultant du trouble qu'il leur avoit fait & en tous les dépens, & où il feroit jugé que le Duc de Richelieu & fon époufe n'avoient pû foufcrire le contrat du vingt-neuf Mai 1655, au préjudice de la fubftitution portée par le teftament du Cardinal de Richelieu, en ce cas, attendu que les deniers provenans de la vente faite audit Belard & conforts, avoient été employés à payer Mademoifelle de Montpenfier, créanciere du Cardinal de Richelieu, & qu'au moyen de la fubrogation qui leur avoit été faite par ladite de Montpenfier, lefdits Belard & conforts font devenus créanciers de la fucceffion du Cardinal de Richelieu, qui n'a par ce moyen pû faire de fubftitution au préjudice dudit Belard & conforts, fes créanciers légitimes, & que ledit Belard & conforts ont purgé tous les hypotéques qui étoient fur ce terrain par le décret qu'ils en avoient fait faire; que ledit Damas fût déclaré non-recevable dans fes nouvelles demandes, ou en tous cas débouté & condamné aux dépens, & où il feroit fait quelque difficulté d'adjuger auxdits Belard & conforts les conclufions ci-deffus, en ce cas feulement, qu'il fût donné acte audit Belard & conforts, de ce qu'en tant que befoin étoit, aux rifques dudit tuteur, audit nom, ils fommoient & dénonçoient au Maréchal Duc de Richelieu, comme héritiers de la Ducheffe de Richelieu fa mere, la demande dudit tuteur portée en fa requête du dix-neuf Mars 1753, & de ce qu'ils lui contre-fommoient fa propre demande portée par fa requête du onze Janvier mil fept cent cinquante-trois; en conféquence que le contrat de vente confenti par le Duc & la Ducheffe de Richelieu pere & mere, au profit dudit Flacourt & conforts, en date du vingt-neuf Mai mil fix cent cinquante-cinq, fût déclaré exécutoire contre le Maréchal Duc de Richelieu audit nom, en ce qui concernoit ledit Belard & conforts, comme il l'étoit contre ladite Ducheffe de Richelieu, fa mere, à ce qu'il eût à prendre le fait & caufe dudit Belard & conforts, faire ceffer ladite demande & en faire débouter ledit Tuteur; & dans le cas où il interviendroit quelques condamnations contre ledit Belard & conforts au profit dudit Tuteur, que le Maréchal Duc de Richelieu fût condamné à en acquitter ledit Belard & conforts, tant en principal, intérêts, dommages-intérêts, que frais & dépens; qu'il fût en outre déclaré purement & fimplement non-recevable dans toutes fes demandes & condamné en tous les dépens, tant en demandant, défendant, que de la fommation, dénonciation, & contrefommation faits par ledit Belard & conforts, tant contre lui & ledit Tuteur, que contre leurs cohéritiers, & en dix mille livres de dommages-intérêts; qu'il fût donné acte audit Belard & conforts, de ce qu'aux rifques du Maréchal Duc Richelieu, ils contrefommoient & dénonçoient audit Tuteur fa propre demande & la préfente dénonciation dans tous les cas que ledit Tuteur & le Maréchal Duc de Richelieu fuffent condamnés en tous les dépens faits par ledit Belard & conforts dans l'inftance, & que l'Arrêt à intervenir fût déclaré commun avec lefdit de Lobel & Lamirault, cohéritiers & garants dudit Belard & conforts, pour être exécuté avec eux felon fa forme & teneur; au bas de laquelle requête, employée pour avertiffement, écritures & production fur icelle, eft l'Ordonnance de notred. Cour, qui l'a reglée en droit & joint & donné acte de l'emploi y porté: Sommation faite à la requête dudit Belard & conforts audit Lamirault & confors, aux enfans & héritiers de Lobel, au Maréchal Duc de Richelieu & au tuteur à la fubftitution, de fatisfaire à la fufdite Ordonnance: Requête du Maréchal Duc de Richelieu, du vingt-sept Mai 1755, contenant demande à ce que le contrat passé devant Pain & son confrere, Notaires à Paris, le trente Janvier 1658, entre le feu Duc de Richelieu, d'une part, & lesdits Flacourt, de Lespine & Boilleau, d'autre part, fût en tant que befoin étoit ou feroit, déclaré nul & de nul effet, feulement en que l'on voudroit en induire une approbation ou une confirmation du contrat passé devant Pain & Daubanton, Notaires à Paris, le vingt-neuf Mai 1655; au furplus, que les conclufions prises par le Maréchal Duc de Richelieu en l'instance contre ledit Belard & conforts, lui fussent adjugés avec dépens; au bas de laquelle requête est l'Ordonnance de notredite Cour, qui a réfervé d'y faire droit en jugeant: Requête dudit Belard & conforts du vingt-huit Mai 1755, employée aux rifques de fes garants, pour fins de non-recevoir & défenfes contre la fufdite demande: Requête dudit Damas audit nom, du trois Juin 1755, contenant demande à ce que le contrat passé devant Pain & son confrere, Notaires à Paris, le trente Janvier 1658, entre le feu Duc de Richelieu, d'une part, & lesdits Flacourt, de Lespine & Boileau, d'autre part, fût déclaré nul & de nul effet, feulement en ce que l'on voudroit induire dudit contrat une approbation ou une confirmation de celui passé devant Pain & Daubanton, Notaires à Paris, le vingt-neuf Mai 1655; au furplus, que les conclufions par lui prises contre ledit Belard & conforts, lui fussent adjugées, avec dépens; au bas de laquelle requête est l'Ordonnance de notredite Cour, qui a réfervé d'y faire droit en jugeant: Requête dudit Belard & conforts, du quatre Juin 1755, employée aux rifques du Maréchal Duc de Richelieu & autres garants, pour fins de non-recevoir & défenfes contre la fufdite demande: Requête dudit Belard & conforts du vingt-trois Août 1755, contenant demande à ce qu'en leur adjugeant les conclufions par eux prifes, le Maréchal Duc de Richelieu fût condamné en tous les dépens, que ledit Belard & conforts avoient été & feroient obligés de faire, tant fur les demandes principales, que fur celles par eux formées contre leurs garants; comme aussi que le Maréchal Duc de Richelieu fût condamné en tous les dépens faits par ledit Belard & conforts, contre les différens Tuteurs créés à la fubstitution portée au Testament du Cardinal de Richelieu, fur les demandes formées par les Tuteurs contre lefdits Belard & conforts; & enfin en tous les dépens faits par lefdits Belard & conforts, tant en demandant, défendant, que des fommations, dénonciations & contrefommations, même en ceux faits les uns à l'encontre des autres, & en ceux réfervés; au bas de laquelle requête est l'Ordonnance de notredite Cour, qui a réfervé d'y faire droit en jugeant: Production nouvelle du Maréchal Duc de Richelieu, contre François de Beaumont, par requête du vingt-deux Décembre 1745: Requête dudit de Beaumont du vingt Décembre 1742, d'emploi aux rifques de qui il appartiendroit, pour contredits contre ladite production nouvelle: Requête du Maréchal Duc de Richelieu, du vingt-trois Mai 1746, contenant demande à ce qu'il lui fût donné acte de ce qu'en réformant & augmentant les conclufions par lui ci-devant prises contre ledit de Beaumont, il concluoit à ce que le contrat du vingt-neuf Mai 1615, fût déclaré nul & de nul effet; ce faifant, ledit de Beaumont condamné à fe défister & départir des fonds, propriété & jouissance de la rente fonciere dont la maifon à lui appartenante étoit chargée, à raifon de trente-trois livres dix-fols un denier par chaque toife de face fur fept toifes de profondeur feulement, conformément au contrat d'arrentement fait par le Cardinal de Richelieu à Louis le Barbier, le dix-fept Mars 1636, de la place fur laquelle la maifon est bâtie, laquelle rente faifoit partie de celle de huit mille deux cens huit livres fix fols huit deniers qui appartenoit à la fubstitution au jour du décès du Cardinal de Richelieu, & avoit été vendue avec autres biens auxdits de Flacourt, de Lespine & Boilleau, par le feu Duc de Richelieu pere, par le fufdit contrat du vingt-neuf Mai 1655, qu'il fût ordonné que ladite maifon feroit & demeureroit chargée à l'avenir de ladite rente, à raifon de trente-trois livres dix fols un denier par chaque toife de fuperficie fur la rue neuve des Petits-Champs, remboursable fur le pied du denier vingt-quatre, qu'il fût ordonné que dans huitaine, à compter du jour de la fignification de l'Arrêt qui interviendroit à domicile, ledit de Beaumont feroit tenu de passer titre nouvel & reconnoissance de ladite rente, finon & ledit tems passé, que l'Arrêt qui interviendroit vaudroit titre nouvel & reconnoissance; que ledit de Beaumont fût en outre condamné à payer au Maréchal Duc de Richelieu les arrérages de ladite rente, à compter du dix Mai 1715, jour du décès du Duc de Richelieu pere, auquel tems la fubstitution s'étoit trouvée ouverte au profit du Maréchal Duc de Richelieu, en fes dommages-intérêts foufferts & à fouffrir, & en tous les dépens, aux offres ci-devant faites par le Maréchal Duc de Richelieu, & qu'il réitéroit, de tenir compte audit de Beaumont de ce qui avoit pû être légitimement payé par lui ou par fes auteurs, à la décharge de la fuccession dudit Cardinal de Richelieu, fur le prix du contrat de 1655; au bas de laquelle requête, employée pour avertissement, écritures & production fur icelle, est l'Ordonnance de notredite Cour, qui l'a réglée en droit, & joint & donné acte de l'emploi y porté: Sommation faite à la requête du Maréchal Duc de Richelieu audit de Beaumont, de fatisfaire à la fufdite Ordonnance: Requête dudit Damas audit nom, du fix Juin 1746, contenant demande à ce qu'en réformant & augmentant les conclufions par lui prifes contre ledit de Beaumont, le contrat de 1655 fût déclaré nul & de nul effet, & ledit de Beaumont condamné à fe défister du fonds, propriété & jouissance de la rente fonciere dont la maifon à lui appartenante étoit échargée, à raifon de trente-trois livres dix fols un denier par chaque toife de face fur fept toifes de profondeur feulement, faifant ladite rente partie de celle de huit mille deux cens huit livres fix fols huit deniers, qui appartenoit à la fubstitution au jour du décès du Cardinal de Richelieu, qu'il fût ordonné que la maifon dudit de Beaumont feroit & demeureroit chargée de ladite rente, à raifon de trente-trois livres dix fols un denier par chaque toife de face fur la rue neuve des Bons-Enfans, remboursable fur le pied du denier vingt-quatre, qu'il fût ordonné que dans huitaine, à compter du jour de la fignification de l'Arrêt à domicile, ledit de Beaumont feroit tenu de passer titre nouvel & reconnoissance, finon que l'Arrêt vaudroit titre nouvel, que ledit de Beaumont fût en outre condamné à payer les arrérages de ladite rente depuis l'ouverture de la fubstitution au profit du Maréchal Duc de Richelieu, & en tous les dépens; au bas de laquelle requête, employée pour avertissement, écritures & production fur icelle, est l'Ordonnance de notredite Cour, qui l'a réglée en droit & joint, & donné acte de l'emploi y porté: Requête dudit de Beaumont du vingt Décembre 1752, d'emploi pour défenfes, écritures & production, même pour contredits en exécution de la fufdite Ordonnance: Requête dudit de Beaumont du vingt-quatre Février 1748, contenant demande à ce qu'en conféquence de l'instance pendante en notredite Cour entre le Maréchal Duc de Richelieu, d'une part, le Tuteur à la fubstitution & autres, d'autre part, il lui fût permis d'y faire assigner dans les délais de l'Ordonnance, Marie-Claude Jullien, fille majeure, légataire univerfelle & biens-tenante de défunt Jean Girard, pour voir dire que ledit de Beaumont auroit acte de ce qu'il fommoit & dénonçoit à ladite Jullien les demandes formées contre lui à la requête du Maréchal Duc de Richelieu, par requête, commission & exploit des quinze, dix-sept Janvier & dix-sept Mars 1739, & celle du Tuteur à la substitution, pareillement formée contre ledit de Beaumont, circonstances & dépendances; ce faisant, faire dire, que ladite Jullien seroit tenue d'intervenir dans ladite instance, prendre le fait & cause dudit de Beaumont, & faire déclarer le Maréchal Duc de Richelieu, & le Tuteur à la substitution portée par le Testament du Cardinal de Richelieu, non-recevables & mal fondés dans toutes leurs demandes & prétentions, avec dommages-intérêts & dépens, pour ce qui concernoit la rente demandée par le Maréchal Duc de Richelieu, & ledit Tuteur à la substitution, sur la maison acquise par ledit défunt de Beaumont & son épouse dudit Jean-Gerard Girard, par contrat passé devant Notaires à Paris, le 20 Juin 1698, sise à Paris, & faisant l'encoignure des rues neuve des Bons-Enfans & des Petits-Champs, tenant d'une part audit de Beaumont, comme représentant les Comtes de Maurepas & de Saint Florentin & autres; d'autre aux représentans le nommé Boissiere, aboutissant sur le jardin du Palais Royal & sur lesdites rues des Bons-Enfans & des Petits-Champs, sinon & à faute de ce faire, & où il interviendroit quelques condamnations contre ledit de Beaumont, comme propriétaire & possesseur de ladite maison, qu'il fût dit & ordonné que le contrat de vente de ladite maison fait par ledit Jean-Gerard Girard audit défunt de Beaumont, seroit déclaré exécutoire contre ladite Jullien ès noms, comme ils étoit contre ledit défunt Girard; en conséquence qu'elle seroit condamnée à acquitter ledit de Beaumont des condamnations qui pourroient être prononcées contre lui pour raison & à cause de ladite maison au profit du Maréchal Duc de Richelieu & dudit Tuteur à la substitution portée par le Testament du Cardinal de Richelieu, en principaux, arrérages, intérêts, dommages-intérêts & dépens, & condamnée en outre en tous les dépens envers ledit de Beaumont, par lui faits & à faire, tant en demandant, qu'en défendant, sommation & dénonciation; Exploit d'assignation donnée en nottredite Cour le vingt-quatre Février 1748, à la requête dudit de Beaumont, à ladite Jullien, légataire & biens-tenante de défunt Jean-Gerard Girard, en vertu & aux fins de la susdite requête: Acte de reprise fait au Greffe de notredite Cour le huit Juin 1751 par Charles Jullien, héritier de Marie-Claude Jullien, sa sœur: Fins de non-recevoir & défenses fournies par Charles Jullien le vingt-cinq Juin 1751, contre la susdite demande: Arrêt du premier Juillet 1751, par lequel notredite Cour pour faire droit sur la susdite demande, a appointé les parties en droit & joint à l'instance d'entre ledit de Beaumont, d'une part, le Maréchal Duc de Richelieu & autres, d'autre part, pour leur être fait droit, ainsi qu'il appartiendra: Production dudit de Beaumont, en exécution du susdit Arrêt, par son inventaire du vingt-huit Juillet 1751: Requête dudit Jullien du vingt-neuf Décembre 1751, employée pour avertissement, écritures & production en exécution du même Arrêt, & contenant demande à ce que ledit de Beaumont fût déclaré non-recevable dans ladite demande du vingt-quatre Février 1748, en tous cas débouté & condamné aux dépens; au bas de laquelle requête est l'Ordonnance de notredite Cour, qui a donné acte de l'emploi y porté, & réservé d'y faire droit en jugeant: Requête dudit de Beaumont du dix-neuf Décembre 1752, d'emploi pour contredits contre l'emploi de production porté par la susdite requête: Sommation faite à la requête dudit de Beaumont audit Jullien, de fournir de contredits contre la susdite production: Requête dudit Jullien du dix-sept Mars 1751, contenant demande à ce qu'il fût reçu partie intervenante dans l'instance d'entre le Maréchal Duc de Richelieu, les héritiers & représentans Simon de Lespine, François de Beaumont & autres; qu'il lui fût donné acte du contenu en sa requête pour moyens d'intervention; qu'il lui fût pareillement donné acte de ce qu'il sommoit & dénonçoit aux héritiers & représentans Simon de Lespine la demande formée le vingt-quatre Février 1748 par ledit de Beaumont, contre ladite Jullien, ladite demande reprise par ledit Jullien, comme son seul & unique héritier, à ce qu'ils eussent à la faire cesser pour & jusqu'à concurrence de ce dont ils pouvoient être tenus au moyen du remboursement à eux fait par ledit défunt François Girard & Marie Clerambaut, sa femme, du principal de la rente de quatre-vingt-quinze livres quatre sols six deniers, que ledit Simon de Lespine leur auteur avoit droit de prendre sur la maison possédée par ledit de Beaumont, & dont étoit question; & en conséquence de la vente & cession qui lui en avoit été faite avec autres parties de rente de même nature par le feu Duc de Richelieu, en faire débouter ledit de Beaumont & le Maréchal Duc de Richelieu, de celle par lui formée contre ledit de Beaumont, par rapport à ladite maison seulement, sinon & où ledit de Beaumont obtiendroit quelque condamnation contre ledit Jullien, en ce cas, que lesdits héritiers & représentans ledit défunt de Lespine, fussent condamnés à l'en acquitter, garantir & indemniser pour & jusqu'à concurrence de ce dont ils en étoient tenus, tant en principaux, arrérages, intérêts, dommages-intérêts que frais & dépens, & en tous les dépens, tant en demandant, défendant, que des sommations & contre-sommations; au bas de laquelle requête, employée pour avertissement, écritures & production sur icelle, est l'Ordonnance de notredite Cour, qui a reçu ledit Jullien Partie intervenante; & pour faire droit sur ladite intervention & demande l'a réglée en droit, & joint & donné acte de l'emploi y porté; Requête dudit de Beaumont du dix-neuf Mai 1753, d'emploi pour défenses & écritures, production, même pour contredits en exécution de la susdite Ordonnance; Requête du Maréchal Duc de Richelieu du neuf Août 1755, d'emploi pour écritures & production en exécution de la susdite Ordonnance; Requête dudit Jullien du douze Août 1755, d'emploi pour contredits contre l'emploi de production ci-dessus; Sommation faite à la requête dudit Jullien aux Héritiers & représentans Simon de Lespine, de satisfaire à la susdite Ordonnance; Requête dudit Jullien du trente Mars 1753, contenant demande à ce qu'avant faire droit sur la demande en garantie formée par ledit de Beaumont contre ladite Jullien, laquelle avoit été reprise par ledit Jullien en qualité de son seul héritier; il fût ordonné que ledit de Beaumont seroit tenu de communiquer audit Jullien sous le récépissé de son Procureur, toutes les Piéces qui furent remises auxdits de Beaumont & sa femme ses pere & mere par ledit Girard lors de la vente qu'il leur fit par contrat du vingt-un Juin 1698, de la maison dont est question, notamment la déclaration faite au profit de Charles Clerambaut, ayeul dudit Girard, par Louis le Barbier, le trente-un Mars 1639, relative au contrat de la vente que ledit le Barbier fit le même jour audit Clerambault du terrein sur lequel ladite maison a été bâtie; plus l'extrait de partage fait devant M. le Boult, Conseiller en notredite Cour, Commissaire aux Requêtes du Palais, le quatre Décembre 1692, entre les enfans dudit Charles Clerambault, qui justifie que ladite maison étoit échue au lot de la mere dudit Girard, & les autres Piéces énoncées audit contrat de vente de 1698, remises audit de Beaumont & sa femme, & en cas de contestations, que ledit de Beaumont fût condamné aux dépens; au bas de laquelle requête est l'Ordonnance de notredite Cour, qui a réservé d'y faire droit en jugeant; Requête dudit de Beaumont du quinze Juillet 1755, employée pour fins de non-recevoir, & défenses à la demande dudit Jullien portée par sa requête du trente Mars 1753, & contenant demande, à ce que sans s'arrêter à la demande dudit jour trente Mars 1753, dans laquelle ledit Jullien sera déclaré non-recevable, ou dont en tout cas il sera débouté, les conclusions prises par ledit de Beaumont contre ledit Jullien seront adjugées avec dépens; au bas de laquelle requête, est l'Ordonnance de notredite Cour, qui a donné acte de l'emploi y porté & réservé d'y faire droit en jugeant; Requête dudit Jullien du vingt-deux Juillet 1755, d'emploi pour défenses à la demande ci-dessus; Requête dudit de Beaumont du neuf Avril 1755, contenant demande à ce qu'il lui fût donné acte de ce qu'aux risques de ses garants il contre-sommoit & dénonçoit au Maréchal Duc de Richelieu les demandes par lui formées contre les Comtes de Maurepas & de Saint Florentin, & le nommé Robert tuteur de la Dame de Plelo, par requête & exploit des vingt-cinq & sept Juillet 1739; ce faisant, que le Maréchal Duc de Richelieu, & le tuteur à la substitution, fussent déclarés non-recevables & mal fondés dans les demandes formées contre ledit de Beaumont par requête & exploit des quinze, dix-sept Janvier, & dix-sept Mars 1739, en tous cas qu'ils en fussent déboutés, desquelles demandes le Maréchal Duc de Richelieu s'étoit déja désisté par acte du vingt-sept Avril 1746, les reconnoissant mal-fondées, dont il avoit été donné acte aux Comtes de Maurepas & de Saint Florentin, & aux Duc & Duchesse d'Aiguillon, par Arrêt du quatorze Juin 1746, lequel sera exécuté à cet égard, & que le Maréchal Duc de Richelieu fût condamné en tous les dépens envers ledit de Beaumont, & en ceux par lui faits contre ses garants, tant en demandant qu'en défendant, Sommation & dénonciation, même en ceux faits contre le tuteur à la substitution, & en ceux réservés par les différens Arrêts de notredite Cour; & où, contre toute attente, le Maréchal Duc de Richelieu & le tuteur à la substitution réussiroient en tout ou partie de leur demande, & qu'il interviendroit quelque condamnation à leur profit contre ledit de Beaumont, en ce cas, que les conclusions prises par ledit de Beaumont en garantie par les requête & exploits des vingt-cinq & sept Juillet 1739, contre les Comtes de Maurepas & de Saint Florentin, & ledit Robert, audit nom, fussent adjugées, & les Comtes de Maurepas & de Saint Florentin, les Duc & Duchesse d'Aiguillon condamnés en tous les dépens envers ledit de Beaumont, même en ceux par lui faits contre le Maréchal Duc de Richelieu & les différens tuteurs à la substitution, tant en demandant, défendant, sommation & dénonciation, & en tous ceux réservés par les différens Arrêts de notredite Cour; & qu'au surplus les autres conclusions prises par ledit de Beaumont lui fussent adjugées; au bas de laquelle requête, employée pour avertissement, écritures & production sur icelle est l'Ordonnance de notredite Cour, qui l'a réglé en droit & joint, & donné acte de l'emploi y porté; Requête du Maréchal Duc de Richelieu du vingt Août 1755, d'emploi pour défenses, écritures & production en exécution de la susdite Ordonnance; Requête dudit de Beaumont du vingt-un Août 1755, d'emploi pour contredits contre l'emploi de production porté par la susdite requête; Requête dudit Damas, audit nom, 21 Août 1755, d'emploi pour défenses, écritures & production, en exécution de la même Ordonnance; Requête dudit de Beaumont du vingt-deux Août 1755, d'emploi pour contredits contre l'emploi de production porté par la susdite requête; Sommation faite à la requête dudit de Beaumont aux Comtes de Saint Florentin & de Maurepas, de satisfaire à la susdite Ordonnance; avertissement fourni le dix Septembre 1754, par ledit Jullien, en exécution des différens Arrêts de notredite Cour; Requête dudit Jullien du vingt-quatre Septembre 1754, tendante à ce qu'il fût reçu Partie intervenante dans l'instance principale, qu'il lui fût donné acte, de ce que sans se départir de ses défenses, il se joignoit audit de Beaumont, pour défendre à la demande formée par le Maréchal Duc de Richelieu; en conséquence que le Maréchal Duc de Richelieu fût déclaré non-recevable dans sa demande contre ledit de Beaumont, & par lui dénoncée audit Jullien, en tout cas, qu'il en fût débouté & condamné aux dépens, tant en demandant, défendant, que de la sommation & dénonciation, & où il y seroit fait la moindre difficulté: que ledit de Beaumont fût déclaré non-recevable dans sa demande en garantie par lui formée contre ladite défunte Jullien; reprise par ledit Jullien, par acte du huit Juillet 1751, & que ledit de Beaumont fût condamné en tous les dépens que sa demande a occasionnés sur les demandes que ledit Jullien avoit formées contre ses différens garants, & de l'acquitter des condamnations, si aucunes devoient être prononcées en leur faveur, en tous cas, que celui du Maréchal Duc de Richelieu, ou dudit de Beaumont, qui succombera, fût condamné à acquitter ledit Jullien de tous les événemens, tant actifs que passifs; au bas de laquelle requête, employée pour avertissement, écritures & production sur icelle, est l'Ordonnance de notredite Cour, qui reçoit ledit Jullien Partie intervenante sur ladite intervention & demande, appointe les Parties en droit & joint, & donne acte de l'emploi y porté; Requête dudit de Beaumont du quatorze Juillet 1755, d'emploi pour fins de non-recevoir, défenses, écritures & production, même pour contredits en exécution de la susdite Ordonnance; Requête dudit Jullien du dix-huit Juillet 1755, d'emploi pour contredits contre l'emploi de production ci-dessus; Sommation faite à la requête dudit Jullien au Maréchal Duc de Richelieu, de satisfaire à la susdite Ordonnance; Requête présentée en notredite Cour le vingt-un Février 1753, par ledit Jullien, tendante à ce qu'en conséquence des contestations y pendantes, il lui fût permis, aux risques dudit de Beaumont d'y faire assigner les Religieuses de la Visitation de Sainte Marie de Melun, pour voir dire qu'il auroit acte de ce qu'il leur dénonçoit & contre-sommoit la demande formée contre ladite défunte Jullien par ledit de Beaumont, par ses requête & exploit des vingt-quatre Février 1748, à ce qu'elles eussent à la faire cesser & à en faire débouter ledit de Beaumont avec dépens, sinon, & où il obtiendroit quelques condamnations contre ledit Jullien, que lesdites Religieuses fussent condamnées à l'en acquitter, garantir & indemniser, tant en principal, arrérages, intérêts, frais, mises d'exécution & dépens, tant en demandant, défendant, sommation, que contre-sommation; commission obtenue le vingt-un Février 1753, sur la susdite requête; assignation donnée en notredite Cour le vingt-quatre Février 1753, à la requête dudit Jullien auxdites Religieuses, en vertu & aux fins des susdites requête, ordonnance & commission; Requête desdites Supérieure & Religieuses de la Visitation de Sainte-Marie de Melun, du sept Septembre 1754, à ce qu'en conséquence des contestations y pendantes entre le Maréchal Duc de Richelieu d'une part, ledit de Beaumont, ledit Jullien & autres, il leur fût permis d'y faire assigner les héritiers & représentans défunt Charles Flacourt de la Touche, pour voir dire qu'elles auroient acte de ce qu'elles leur sommoient & dénonçoient la demande contr'elles formée par ledit Jullien par ses requête, commission & exploit des vingt-un & vingt-quatre Février 1753, à ce qu'ils eussent à intervenir, prendre le fait & cause desdites Religieuses, &

défendre

défendre à la demande dudit Jullien & à toutes autres qui seroient formées par la suite contre lesdites Religieuses, pour raison de la cession & transport des rentes à elle faites par ledit Flacourt, & faire en forte qu'elles n'en fussent inquiétées ni recherchées par qui que ce soit en maniere quelconque, sinon & à faute par lesdits héritiers & représentans ledit de Flacourt, de ce faire, & où il interviendroit quelques condamnations contre lesdites Religieuses, pour raison des rentes à elles cédées & transportées par ledit feu de Flacourt, voir dire qu'ils seroient condamnés d'acquitter, garantir & indemniser lesdites Religieuses de toutes condamnations qui pourroient être prononcées contr'elles au profit dudit Juilien & de tous autres en quelque forte & maniere que ce fût, tant en principaux, qu'arrérages, accessoires, frais & mises d'exécution; se voir en outre condamner aux dommages-intérêts envers lesdites Religieuses, à donner par déclaration, & tous les dépens faits & à faire par lesdites Religieuses, actifs & passifs, tant en demandant, défendant, que des sommations & dénonciations; commission obtenue le sept Septembre 1754, par lesdites Supérieure & Religieuses sur la susdite requête; Exploit d'assignation donnée en notredite Cour le seize Septembre 1754 audit de Thiville & sa femme, en vertu & aux fins des susdites requête, ordonnance & commission; Arrêt du sept Janvier 1755, par lequel notredite Cour a déclaré le défaut faute de comparoir, obtenu au Greffe des présentations d'icelle par lesdites Religieuses de la Visitation de Sainte-Marie de Melun, contre ledit de Thiville & sa femme, bien & dûement obtenu, & pour en adjuger le profit, l'a joint à la demande formée par Charles Jullien contre lesdites Religieuses, par sa requête, commission & exploit des vingt-un & vingt-quatre Février 1753, & joint à l'instance d'entre ledit Jullien, le Maréchal Duc de Richelieu & autres, pour en jugeant y avoir tel égard que de raison; a condamné ledit de Thiville & sa femme aux dépens de l'instance dudit défaut & de tout ce qui a suivi; Exploit de signification faite du susdit Arrêt le vingt-huit Janvier 1755 à la requête desdites Religieuses audit de Thiville & sa femme avec assignation en notredite Cour, pour voir taxer les dépens; demande desdites Religieuses de Melun, sur le profit du défaut, à ce qu'en adjugeant le profit dudit défaut, il fût donné acte auxdites Religieuses de la sommation & dénonciation par elles faites audit de Thiville & sa femme, défaillans de la demande en garantie contr'elles formée par ledit Jullien, à ce que ledit de Thiville & sa femme, comme héritiers & représentans Charles de Flacourt, fussent tenus de les faire cesser, sinon condamnés à les acquitter de toutes les condamnations qui pourroient intervenir contr'elles, au profit dudit Jullien, tant en principaux qu'accessoires, & en tous les dépens, tant en demandant, défendant, que des sommations & dénonciations, activement & passivement, & toutes autres condamnations qui pourroient intervenir contr'ell s; Requête dudit Jullien du dix Avril 1755, tendante à ce que faute par ledit de Beaumont d'avoir représenté & communiqué les trois Pièces mentionnées & spécifiées dans le contrat de vente du vingt-un Juin 1688, il fût déclaré non-recevable dans sa demande en garantie, & condamné d'indemniser ledit Jullien de toutes les condamnations qui pourroient intervenir contre lui, & en tous les dépens; au bas de laquelle requête, employée pour avertissement, écritures & production sur icelle, est l'Ordonnance de notredite Cour qui l a réglée en droit & joint, & donné acte de l'emploi y porté; plus amples contredits fournis le quatorze Juillet mil sept cent cinquante-cinq par ledit de Beaumont, servans d'avertissement en exécution de la susdite Ordonnance; Requête dudit de Beaumont du quinze de Juillet mil sept cent cinquante-cinq, d'emploi aux risques de qui il appartiendra pour écritures & production, en exécution de la même Ordonnance & pour contredits contre l'emploi de production porté par la requête dudit Jullien du dix Avril 1755; requête dudit Jullien du vingt-trois Avril 1 55, d'emploi pour contredits contre l'emploi de production ci-dessus; requête dudit de Beaumont du quinze Juillet 1755, employée aux risques de qui il appartiendroit pour fins de non-recevoir, défenses, écritures & production, en exécution de l'Ordonnance de notredite Cour du dix Avril 1755, & contenant demande à ce qu'il plût à notredite Cour, sans s'arrêter à tout ce qui avoit été dit par ledit Jullien, & le déclarant non-recevable en sa requête & demande du dix Avril 1755, ou en tout cas l'en déboutant, les conclusions par lui prises contre ledit Jullien lui fussent adjugées avec dépens; au bas de laquelle requête est l'Ordonnance de notredite Cour qui a donné acte de l'emploi y porté, & réservé d'y faire droit en jugeant; requête dudit Jullien du vingt-deux Juillet 1755, d'emploi pour défenses à la susdite demande; requête, Ordonnance, commission & exploit d'assignation donnée en notredite Cour les vingt-un & vingt-quatre Février 1753, à la requête dudit Jullien auxdites Religieuses du Monastere de la Visitation, ci-dessus visée; défenses fournies le dix Mars 1755, par lesdites Religieuses de la Visitation, contre la susdite demande; requête dudit Jullien du dix-neuf Avril 1755, à ce qu'il lui fût donné acte, de ce que sans déroger à la fin de non recevoir par lui proposée contre la demande de François de Beaumont, dans laquelle il persistoit, il lui fût donné acte de ce qu'aux risques desdites Religieuses, il sommoit & dénonçoit audit de Beaumont & au maréchal duc de Richelieu, la demande en garantie formée par ledit Jullien contre lesdites Religieuses de la Visitation de Sainte-Marie de Melun par requête, commission & exploit des vingt-un & vingt-quatre Février 1753, à ce que du contenu en icelle ils n'en ignorassent; il fût pareillement donné acte de ce qu'aux risques dudit de Beaumont & du Maréchal duc de Richelieu, il contresommoit & dénonçoit auxdites Religieuses la demande en garantie contre elles formées par ledit Jullien à ce qu'ils n'en ignorassent, faisant droit sur lesdites dénonciations & contresommation, que ceux qui succomberoient, fussent condamnés à l'acquitter, garantir & indemniser de toutes les condamnations qui pourroient intervenir contre lui, au profit ou dudit de Beaumont, ou du Maréchal duc de Richelieu, ou desdites Religieuses, tant en principaux, arrérages, intérêts, que frais & dépens, & en outre en tous les dépens faits & à faire contre toutes les Parties tant en demandant, défendant, que des sommations, dénonciations & contresommations; Arrêt du vingt-trois Avril 1755, par lequel notredite Cour pour faire droit sur les susdites demandes & défenses, a appointé les Parties en droit & joint à l'instance d'entre lesdits Jullien de Beaumont, & le Maréchal duc de Richelieu & autres, pour, sur le tout leur être conjointement fait droit; production des Religieuses de la Visitation de Sainte-Marie de Melun, en exécution du susdit Arrêt par requête du neuf Mai 1755, contenant demande à ce que sans déroger aux exceptions fournies par lesdites Religieuses le sept Septembre 1754, & par leur défenses du dix Mars 1755, dans lesquelles elles persistoient; & faute par ledit Jullien d'y avoir satisfait, il fût déclaré non-recevable en la demande qu'il avoit formée contre lesdites Religieuses, par les requête, commission & exploit desdits jours vingt-un & vingt-quatre Février 1753, ou en tout cas débouté; il fût pareillement donné acte auxdites Religieuses, de ce qu'en continuant les som-

P p

mations & dénonciations ci-devant faites par elles audit Jullien, elles lui fommoient & dénonçoient d'a-
bondant la demande en garantie qu'elles avoient formée contre ledit de Thiville & fa femme, par commiffion & exploit des fept & feize Septembre 1754, enfemble l'Arrêt par défaut faute de comparoir obtenu contr'eux le fept Janvier 1755, à ce qu'ils n'en ignoraffent; qu'il leur fût pareillement donné acte
de ce qu'elles contrefommoient & dénonçoient audit Jullien fa propre demande; en conféquence que ledit Jullien fût condamné en tous les dépens envers lefdites Religieufes, tant en demandant, défendant, que des
fommations, dénonciations & contrefommations, & généralement de les acquitter de toutes les condamnations,
fi aucunes intervenoient contr'elles, tant en principaux, intérêts, que frais actifs & paffifs, au bas de laquelle requéte employée pour avertiffement, écritures & production fur icelle, eft l'Ordonnance de notredite
Cour, qui l'a réglée en droit & joint, & donné acte de l'emploi y porté; fommation faite à la requête
defdites Religieufes audit Jullien de fatisfaire à la fufdite Ordonnance; avertiffement fourni le vingt-huit
Mai 1755, par ledit Jullien, & fa production en exécution du fufdit Arrêt, par fon inventaire fignifié le
28 Mai 1755; requête dudit Jullien du 31 Mai 1755, d'emploi pour contredits contre la production defdites
Religieufes; production defdites Reigleufes faite par requête du 9 Mai 1755, en exécution de l'Arrêt du vingt-
trois Avril précédent; requête dudit de Beaumont du quinze Juillet 1755, employée en exécution du
même Arrêt, pour fins de non-recevoir, & défenfes contre la demande dudit Jullien portée par fa requère du dix-neuf Avril; écritures & production & contenant demande, à ce qu'en lui adjugeant les
conclufions par lui prifes contre ledit Jullien, il fût déclaré non-recevable en ladite requête & demande,
en ce qui concernoit ledit de Beaumont, ou en tout cas débouté, & condamné aux dépens; au bas de
laquelle requère eft l'Ordonnance de notredite Cour, qui a donné acte de l'emploi y porté, & réfervé
d'y faire droit en jugeant; requête dudit Jullien des quinze, vingt-deux, vingt-trois & dix-huit Août
1755, d'emploi pour défenfes à la demande dudit de Beaumont du quinze Juillet 1753, d'emploi pour
contredits contre la production faite par ledit de Beaumont, en exécution de l'Arrêt du vingt-trois Avril
1755, & par requête dudit jour quinze Juillet audit an; requête du Maréchal Duc de Richelieu du onze
Août 1755, d'emploi pour production, en exécution de l'Arrêt du vingt-trois Avril 1755; requête dudit
Jullien du dix-huit Août 1755, d'emploi pour contredits contre l'emploi de production ci-deffus; requête
du Maréchal duc de Richelieu du 27 Mai 1755, contenant demande, à ce que le contrat paffé devant Pain
& fon confrere, Notaires à Paris, le trente Janvier 1658, entre le feu duc de Richelieu d'une part, &
lefdits Flacourt, Lefpine & Boilleau d'autre part, fût en tant que befoin étoit ou feroit, déclaré nul &
de nul effet, feulement en ce que l'on voudroit en induire une approbation ou une confirmation du contrat paffé devant Pain & Daubanton, Notaires à Paris, le vingt-neuf Mai 1655; qu'au furplus les conclufions par lui prifes en l'inftance contre ledit de Beaumont lui fuffent adjugées avec dépens, au bas de
laquelle requête eft l'Ordonnance de notredite Cour, qui a réfervé d'y faire droit en jugeant; requête dudit de Beaumont du vingt-huit Mai 1755, d'emploi pour fins de non-recevoir & défenfes à la demande
ci-deffus; requête dudit Jullien du trente-un Mai 1755, contenant demande à ce que les conclufions par
lui prifes contre le Maréchal Duc de Richelieu lui fuffent adjugées, & où il y feroit fait quelque difficulté, que ledit de Beaumont fût déclaré non-recevable dans fa demande en garantie par lui formée con-
rre ladite Jullien & reprife par ledit Jullien; faute par ledit de Beaumont d'avoir remis les pieces mentionnées dans le contrat de vente de mil fix cens quatre-vingt-dix-huit, qu'il fût donné acte audit Jullien de la
dénonciation par lui faite auxdites Religieufes de la Vifitation de Sainte-Marie de Melun de la demande contre
lui formée par ledit de Beaumont par fes requête & exploit du vingt-quatre Avril 1748; en conféquence
qu'il fût ordonné que lefdites Religieufes feroient tenues de les faire ceffer, & en faire débouter ledit de
Beaumont, finon & où il obtiendroit quelques condamnations contre ledit Jullien, qu'elles fuffent condamnées de l'en acquitter, tant en principal, arrérages, intérêts & frais; qu'il fût donné acte audit Jullien
de ce que fans déroger à la fin de non-recevoir par lui propofée contre ledit de Beaumont, & dans laquelle il perfiftoit aux rifques defdites Religieufes, il fommoit & dénonçoit au Maréchal Duc de Richelieu
& audit de Beaumont la demande en garantie par lui formée contre lefdites Religieufes, à ce qu'elles
n'en ignoraffent; faifant droit fur lefdites dénonciations & contrefommations, que celui ou celles qui
fuccomberoient, fuffent condamnés d'acquitter & indemnifer ledit Jullien de toutes les condamnations
qui pourroient être prononcées contre lui, foit envers le Maréchal Duc de Richelieu, ledit de Beaumont
ou lefdites Religieufes de la Vifitation de Melun, & en tous les dépens, tant en demandant, défendant,
que des dénonciations, fommations & contrefommations; au bas de laquelle requête eft l'Ordonnance de
notredite Cour qui a réfervé d'y faire droit en jugeant; requête dudit de Beaumont du quatorze Juillet
1755, d'emploi aux rifques de qui il appartiendroit pour fins de non-recevoir, & défenfes à la demande
ci-deffus; requête dudit Damas audit nom du quatre Juin 1755, contenant demande, à ce que le contrat
paffé devant Pain & fon confrere, Notaires à Paris, le trente Janvier 1658 entre le feu Duc de Richelieu
d'une part, & lefdits Flacourt, Lefpine & Boilleau d'autre, fût en tant que befoin étoit ou feroit, déclaré nul & de nul effet, feulement en ce que l'on voudroit induire dudit contrat, une approbation
ou une confirmation de celui paffé devant Pain & Daubanton, Notaires à Paris, le vingt-neuf Mai 1655;
& qu'au furplus les conclufions par lui prifes contre ledit de Beaumont lui fuffent adjugées avec dépens,
au bas de laquelle requête eft l'Ordonnance de notredite Cour, qui a réfervé d'y faire droit en jugeant;
requête dudit de Beaumont du quinze Juillet 1755, d'emploi pour défenfes à la fufdite demande; production nouvelle dudit de Beaumont, par requête du quinze Juillet 1755, contenant demande tendante
à ce que le Maréchal Duc de Richelieu & le tuteur à la fubftitution fuffent déclarées purement & fimplement non-recevables dans toutes leurs demandes, ou en tous cas déboutés, fauf à eux à fe pourvoir, fi
bon leur fembloit, contre la fucceffion du feu Duc de Richelieu, grévé conformément à l'article quinze
du titre fecond de l'Ordonnance de 1747, conforme à l'ancienne Jurifprudence, & que le Maréchal Duc de
Richelieu fût condamné en tous les dépens faits par ledit de Beaumont, tant en demandant, qu'en défendant, fommation & dénonciation, même en ceux faits par ledit de Beaumont, contre fes garants &
contre les différens tuteurs à la fubftitution, & en ceux réfervés auffi, tant en demandant, qu'en défendant, fommation & dénonciation, & acquitter ledit de Beaumont de ceux auxquels il pourroit être condamné envers fes garants ou autres Parties de l'Inftance; au bas de laquelle requête eft l'Ordonnance de
notrediteCour, qui a réfervé d'y faire droit en jugeant; requête dudit Jullien du 16 Juillet 1755, d'emploi pour
contredits contre ladite production nouvelle; requête dudit de Beaumont du 16 Juillet 1755, contenant dé-

mande à ce qu'il lui fût donné acte de ce qu'aux risques du Maréchal Duc de Richelieu & du tuteur à la substitution, il sommoit & dénonçoit audit Jullien les prétentions & demandes du Maréchal Duc de Richelieu & du tuteur à la substitution, portées par requêtes des six Juin 1746, vingt-sept Mai & quatre Juin 1755, à ce qu'il n'en ignorât, & eût à les faire cesser; & où le Maréchal Duc de Richelieu & le tuteur à la substitution réussiroient dans leurs prétentions & demandes, en ce cas qu'il fût adjugé audit de Beaumont les conclusions par lui prises contre ledit Jullien; en conséquence qu'il fût condamné à acquitter, garantir & indemniser ledit de Beaumont de toutes les condamnations qui interviendroient contre lui au profit du Maréchal Duc de Richelieu & du tuteur à la substitution, en principaux, arrérages, intérêts, frais & dépens; qu'il fût pareillement condamné en tous les depens, que ledit de Beaumont avoit été & seroit obligé de faire tant en demandant, défendant, que des sommations & dénonciations, en ceux réservés, & même en ceux faits les uns à l'encontre des autres; & où le Maréchal Duc de Richelieu & le tuteur à la substitution succomberoient dans leursdites demandes, en ce cas qu'il fût donné acte audit de Beaumont, de ce qu'aux risques dudit Jullien, il contresommoit & dénonçoit au Maréchal Duc de Richelieu & audit tuteur leurs propres requêtes & demandes des six Juin 1746, vingt-sept Mai & quatre Juin 1755; ce faisant, les déclarant non-recevables dans lesdites requêtes & demandes & dans toutes les autres prétentions, ou en tout cas les en déboutant, & adjugeant audit de Beaumont les autres conclusions par lui prises contr'eux, que le Maréchal Duc de Richelieu, comme auteur de toutes les contestations, fût condamné en tous les dépens faits par ledit de Beaumont, tant en demandant, défendant, que des sommations, dénonciations & contresommations, même en ceux réservés, comme aussi en tous ceux faits les uns à l'encontre des autres; au bas de laquelle requête, employée pour avertissement, écritures & production sur icelle, est l'Ordonnance de notredite Cour qui l'a réglée en droit & joint, & donné acte de l'emploi y porté; requête dudit Jullien du vingt-quatre Juillet 1755, d'emploi pour défenses, écritures & production, même pour contredits, en exécution de la susdite Ordonnance; requête dudit de Beaumont du vingt-six dudit mois de Juillet, d'emploi pour contredits contre l'emploi de production porté par la susdite requête; production nouvelle dudit Jullien, par requête du 22 Juillet 1755; requête dudit de Beaumont, d'emploi pour contredits contre la susdite production nouvelle; mémoires imprimés des nommés Gobert & consorts & de Verrieres & sa femme, premier, second & troisième Mémoires imprimés & signifiés les vingt-huit Mai, quatorze & vingt-huit Juillet mil sept cinquante-cinq, pour ledit Jullien, contre le Maréchal Duc de Richelieu & ledit de Beaumont; requête de Louis Taboureau, & de Catherine-Géneviéve Bazin son épouse, du sept Février 1746, contenant demande, à ce qu'en conséquence des contestations pendantes en notredite Cour, entre le Maréchal Duc de Richelieu d'une part, & ledit Taboureau & sa femme, en qualité d'héritiers de Gérard Bazin & son épouse, sur la demande formée par le Maréchal Duc de Richelieu, par requête & exploit du neuf Février 1739, il leur fût permis d'y faire assigner dans les délais de l'Ordonnance, le Comte de Sommery & consorts, enfans & seuls héritiers de Marie-Magdelaine de Lessaride, au jour de son décès, épouse de Jean-Baptiste de Johanne, Chevalier Comte de Sommery, pour voir dire que ledit Taboureau & sa femme auroient acte de la sommation & dénonciation qu'ils leur faisoient de la demande formée contre feu Bazin & sa femme, à la requête du Maréchal Duc de Richelieu, par exploit du neuf Février 1739, en vertu de l'Ordonnance de notredite Cour, du quinze Janvier précédent, pour qu'ils eussent à intervenir & faire cesser ladite demande; sinon, & où il arriveroit que le Maréchal Duc de Richelieu parviendroit à ses fins, se voir condamner lesdits de Sommery pour telles parts & portions, qu'ils étoient héritiers de ladite de Sommery, leur mere, solidairement & hipotéquairement, un seul pour le tout, comme biens tenans, à acquitter & indemniser ledit Taboureau & sa femme, des condamnations qui pourroient intervenir contre eux, au profit du Maréchal Duc de Richelieu, en principal, intérêts & frais, & en leurs domages-intérêts, à donner par déclaration, répondre aux autres fins & conclusions qui pourroient être prises contre eux, par la suite, comme aussi aux dépens que ledit Taboureau & sa femme, seroient obligés de faire tant contre eux, que contre le Maréchal Duc de Richelieu, tant en demandant, défendant, que de la sommation & dénonciation; exploit d'assignation donné le sept Février 1746, à la requête dudit Taboureau & sa femme, auxdits de Sommery, en vertu & aux fins desdites requête & ordonnance; requête desdits de Sommery, du quatorze Mars 1746, à ce qu'en conséquence des contestations pendantes en notredite Cour, entre ledit Taboureau & sa femme, & lesdits de Sommery, sur la demande formée par lesdits Taboureau, par requête & exploit du sept Février 1746, il leur fût permis d'y faire assigner dans les délais de l'ordonnance, Alexandre d'Orléans, Marquis de Rothelin, Maréchal de nos Camps & Armées, en qualité de fils & héritier de Gabrielle-Eléonore Montault de Noailles, qui étoit fille & héritiére de Philippe de Montault, Duc de Noailles, & de Susanne de Beaudrau, ses pere & mere, pour voir dire que lesdits de Sommery, auroient acte de la sommation & dénonciation qu'ils lui faisoient de la demande contre eux formée à la requête dudit Taboureau & sa femme, par requête & exploit du sept Février 1746, en vertu d'Ordonnance de notredite Cour, apposée au bas de ladite requête; ce faisant, que ledit Marquis de Rothelin audit nom, seroit tenu d'intervenir & faire cesser ladite demande, prendre leur fait & cause; & où il arriveroit que ledit Taboureau & sa femme parviendroient à leurs fins, se voir condamner ledit Marquis de Rothelin en sadite qualité de fils & héritier de ladite Gabrielle-Eléonore de Montault de Noailles, qui étoit héritiére de Philippe de Montault, Duc de Noailles, & de Susanne de Baudran, ses pere & mere, pour telles parts & portions qu'il en étoit héritier, solidairement & hipotéquairement pour le tout, comme biens tenant, à acquitter & indemniser lesdits de Sommery, des condamnations qui pourroient intervenir contre eux, au profit dudit Taboureau & sa femme, en principal, intérêts & frais, & en leurs dommages-intérêts, à donner par déclaration, répondre aux autres conclusions qui pourroient être prises par la suite contre eux, comme aussi aux dépens, que lesdits de Sommery seroient obligés de faire, tant contre le Marquis de Rothelin, que contre lesdits Taboureau, tant en demandant, défendant, que de la sommation, dénonciaton & contresommation; exploit d'assignation donnée en notredite Cour le quatorze Mars 1746, à la requête desdits de Sommery, au Marquis de Rothelin, en vertu & aux fins desdites requête & Ordonnance; défenses fournies le quatorze Mai 1746, par lesdits de Sommery contre la susdite demande; Arrêt du 26 Mai 1746, par lequel notredite Cour pour faire droit sur les demandes & défenses ci-dessus, a appointé les Parties en droit & joint à l'instance d'entre ledit Taboureau & sa femme, & le Maréchal

Duc de Richelieu pour y être conjointement fait droit ; avertissement dudit Taboureau & sa femme du dix Mai 1747, & leur production en exécution du susdit Arrêt, par leur inventaire signifié le quinze dudit mois de Mai ; production desdits Sommery, en exécution du même Arrêt, par requête du six Juin 1746, employée aux risques de leurs garants, pour fins de non-recevoir, & contenant demande à ce que lesdits Taboureau fussent déboutés de leur demande, & condamnés en tous les dépens, même en ceux faits par lesdits de Sommery contre le Marquis de Rothelin ; & où il y seroit fait quelque difficulté, & seroit prononcé quelque condamnation contre lesdits de Sommery au profit dudit Taboureau & sa femme, en ce cas, que le Marquis de Rothelin fût condamné en qualité de fils & héritier de Gabrielle-Eléonore Montault de Noailles, qui étoit fille & héritière de Philippe de Montault Duc de Noailles & de Susanne de Beaudran ses pere & mere, pour telles parts & portions qu'il en étoit héritier solidairement & hipothéquairement, pour le tout, comme biens-tenants, à acquitter, garantir & indemniser lesdits de Sommery des condamnations qui pourroient intervenir contr'eux, au profit dudit Taboureau & sa femme en principal, intérêts & frais, & en leurs dommages-intérêts, à donner par déclaration & en tous les dépens, tant en demandant, défendant, que de la sommation & dénonciation ; au bas de laquelle requête est l'Ordonnance de notredite Cour, qui a donné acte de l'emploi y porté, & réservé d'y faire droit en jugeant ; Requête du Marquis de Rothelin du quinze Mars 1747, d'emploi pour avertissement, écritures & production, en exécution du susdit Arrêt du 26 Mai 1746 ; sommation faite à la requête dudit Taboureau & sa femme auxdits de Sommery & au Marquis de Rothelin, de satisfaire au susdit Arrêt ; production nouvelle du Maréchal Duc de Richelieu contre ledit Taboureau & sa femme, par requête du onze Janvier 1746 ; sommation faite à la requête du Maréchal Duc de Richelieu auxdits Taboureau & sa femme de fournir de contredits contre la susdite production nouvelle ; requête du Maréchal Duc de Richelieu du vingt-cinq Mai 1746, contenant demande à ce qu'en réformant & augmentant les conclusions par lui ci-devant prises, contre ledit Gerard Bazin le contrat du vingt-neuf Mai 1655, fût déclaré nul & de nul effet ; ce faisant, ledit Bazin, condamné à se désister & départir du fonds, propriété & jouissance de la rente fonciere dont la maison à lui appartenante étoit chargée, à raison de trente-trois livres dix sols un denier par chaque toise de face sur sept toises de profondeur seulement, conformément au contrat d'arrentement fait par feu le Cardinal de Richelieu à Louis le Barbier le dix-sept Mars 1636, de la place sur laquelle ladite maison étoit bâtie, laquelle rente faisoit partie de celle de huit mille deux cens huit livres six sols huit den. qui appartenoit au jour du décès du Cardinal de Richelieu à la substitution, & avoit été vendue avec autres biens auxdits Flacourt, Lespine & Boilleau, par le feu Duc de Richelieu pere, par le susdit contrat du vingt-neuf Mai 1655 ; qu'il fût ordonné que ladite maison seroit & demeureroit chargée à l'avenir de ladite rente, à raison de trente-trois livres dix sols un denier par chaque toise de face sur la rue neuve des Bons-Enfans, remboursable sur le pied du denier vingt-quatre ; qu'il fût ordonné que dans huitaine, à compter du jour de la signification de l'Arrêt qui interviendroit à domicile, ledit Bazin seroit tenu de passer titre nouvel & reconnoissance de ladite rente, sinon, & ledit tems passé, que l'Arrêt qui interviendroit vaudroit titre nouvel ; que ledit Bazin fût en outre condamné à payer au Maréchal Duc de Richelieu, les arrérages de la rente à compter du dix Mai 1715, jour du décès du Duc de Richelieu pere, tems auquel la substitution s'étoit trouvée ouverte au profit du Maréchal Duc de Richelieu en ses dommages-intérêts soufferts & à souffrir, & en tous les dépens, aux offres ci-devant faites par le Maréchal Duc de Richelieu, & qu'il réitéroit de tenir compte audit Bazin de ce qui avoit pû être légitimement payé par lui ou par ses auteurs, à la décharge de la succession du Cardinal Duc de Richelieu, sur le prix du contrat de 1655 ; au bas de laquelle requête employée pour avertissement, écritures & production sur icelle, est l'Ordonnance de notredite Cour qui l'a réglée en droit & joint, & donné acte de l'emploi y porté ; sommation faite à la requête du Maréchal Duc de Richelieu audit Taboureau & sa femme de satisfaire à la susdite Ordonnance ; requête dudit Damas audit nom, du six Juin 1746, contenant demande à ce qu'en réformant & augmentant les conclusions par lui prises contre ledit Taboureau & sa femme, le contrat de 1655 fût déclaré nul & de nul effet, ledit Taboureau & sa femme fussent condamnés à se désister & départir du fonds, propriété & jouissance de la rente fonciere dont la maison à lui appartenante étoit chargée, à raison de trente - trois livres dix sols un denier par chaque toise de face sur sept toises de profondeur seulement, faisant ladite rente partie de celle de huit mille deux cens huit livres six sols huit deniers, qui appartenoit à la substitution au jour du décès du Cardinal de Richelieu ; qu'il fût ordonné que la maison dudit Taboureau & sa femme seroit & demeureroit chargée de ladite rente, à raison de trente-trois livres dix sols un denier par chaque toise de face sur la rue neuve des Bons-Enfans, remboursable sur le pied du denier 24 ; qu'il fût ordonné que dans la huitaine, à compter du jour de la signification de l'Arrêt à domicile, ledit Taboureau & sa femme seroient tenus de passer titre nouvel & reconnoissance, sinon, que l'Arrêt vaudroit titre ; que lesdits Taboureau fussent en outre condamnés à payer les arrérages de ladite rente depuis l'ouverture de la substitution, au profit du Maréchal Duc de Richelieu ; & où il seroit jugé que le fonds des dix-huit places non bâties en 1655, & sur partie desquelles étoit construite la maison dudit Taboureau & sa femme, appartenoit à la substitution, en ce cas ledit Taboureau & sa femme fussent condamnés à se désister du fonds, propriété & jouissance de ladite maison, à en restituer les jouissances depuis le dix Mai 1715, tems auquel la substitution avoit été ouverte au profit du Maréchal Duc de Richelieu, & en tous les dépens, aux offres ci-devant faites de tenir compte de ce qui avoit pû être légitimement payé, à la décharge de la substitution ; au bas de laquelle requête employée pour avertissement, écritures & production, est l'Ordonnance de notredite Cour, qui l'a réglée en droit & joint, & donné acte de l'emploi y porté ; sommation faite à la requête dudit Damas audit nom, audit Taboureau & sa femme, de satisfaire à la susdite Ordonnance ; requête dudit Taboureau & sa femme, du 13 Mai 1747, à ce qu'il leur fût donné acte de ce qu'ils contresommoient & dénonçoient au Maréchal Duc de Richelieu, ses propres demandes portées par les requêtes & assignations des quinze Janvier & neuf Février 1739, & par sa requête du vingt-neuf Mai 1746, ensemble les demandes & requêtes du tuteur à la substitution, des quatorze Juin & dix-neuf Juillet 1746, à ce qu'il fût tenu lui-même d'en acquitter & garantir ledit Taboureau & sa femme, en qualité d'héritier bénéficiaire d'Armand de Vignerol Duc de Richelieu son pere, qui a vendu auxdits Flacourt & consorts, les soixante toises de terrein appartenantes audit Taboureau & sa femme ; ce faisant, qu'il fût déclaré non-recevable dans ses propres

demandes

demandes, & condamné à faire cesser les demandes dudit tuteur à la substitution, & d'en acquitter, garantir & indemniser ledit Taboureau & sa femme, en principal, intérêts, frais & dépens; au bas de laquelle requête employée pour avertissement, écritures & production sur icelle, est l'Ordonnance de notredite Cour, qui l'a reglée en droit & joint, & donné acte de l'emploi y porté; sommation faite à la requête dudit Taboureau & sa femme, au Maréchal Duc de Richelieu, de satisfaire à la susdite Ordonnance; production nouvelle dudit Taboureau & sa femme, par requête du 4 Juillet 1747; requête du Marquis de Rothelin, du vingt-quatre Mai, 1746, à ce qu'en conséquence des contestations pendantes en notredite Cour, il lui fût permis, en qualité de fils & héritier en partie de Gabrielle-Eleonore de Montault de Noailles, qui étoit fille & héritiere de Philippe de Montault Duc de Noailles, & de Susanne de Baudran ses pere & mere, d'y faire assigner Nicolas de Lespine & Henri de Lespine, fils & héritiers de Nicolas de Lespine, qui étoit fils & héritier de Simon de Lespine, & tous autres qu'il appartiendroit, en qualité d'héritiers & représentans ledit Simon de Lespine, pour voir dire, en tant que besoin étoit ou seroit, que les deux contrats de vente en date des trente-un Juin & six Août mil six cent cinquante-huit, passés devant les Notaires du Châtelet de Paris, tant par défunt Simon de Lespine, que Charles Flacourt & Claude Gauldrée Boileau, au profit de Philippe de Montault Duc de Noailles & son épouse, seroient déclarés exécutoires contre lesdits héritiers & representans Simon de Lespine, pour iceux être exécutés; qu'il fût donné acte au Marquis de Rothelin de la sommation & dénonciation qu'il faisoit auxdits héritiers & aux représentans Simon de Lespine, de la requête & demande & exploit d'assignation en notredite Cour, du quatorze Mars mil sept cent quarante-six, contre lui formée par lesdits de Sommery, à ce que lesdits Nicolas & Henri de Lespine, tant en leurs noms, qu'en leurs susdites qualités d'héritiers & représentans ledit Simon de Lespine, eussent à intervenir dans l'instance d'entre le Marquis de Rothelin, lesdits de Sommery, ledit Taboureau & sa femme & autres, prendre le fait & cause dudit Marquis de Rothelin, en sa qualité d'héritier en partie de ladite de Montault de Noailles, & si bon leur sembloit pour les autres cohéritiers en la même succession de ladite de Noailles, tenus de faire cesser la demande & prétentions desdits de Sommery; & où il arriveroit que lesdits de Sommery réussiroient à leurs fins contre ledit Marquis de Rothelin, en ce cas que lesdits Nicolas & Henri de Lespine fussent condamnés en leurs noms & comme héritiers & représentans ledit Simon de Lespine, & solidairement & hypothéquairement, pour le tout, tel que ledit Simon de Lespine étoit obligé solidairement avec lesdits de Flacourt & Boileau, par les deux susdits contrats des trente-un Juin & six Août 1658, avec déclaration que les cinquante-sept toises vendues n'étoient chargées uniquement que du cens envers l'Archevêque de Paris, à acquitter le Marquis de Rothelin des condamnations qui pourroient intervenir au profit desdits de Sommery tant en principal, arrérages, intérêts, que dépens, tant en demandant, défendant, que de la sommation, dénonciation, contresommation; exploit d'assignation donnée en notredite Cour le 24 Mai 1746, à la requête du Marquis de Rothelin auxdits Nicolas & Henri de Lespine, en vertu & aux fins de la susdite requête; défenses fournies par ledit de Lespine, Arrêt de notredite Cour du 7 Juillet 1747, par lequel notredite Cour pour faire droit sur les demandes & défenses ci-dessus, a appointé les Parties en droit, & joint à l'Instance d'entre le Marquis de Rothelin, lesdits de Sommery & autres, pour leur être fait droit, ainsi qu'il appartiendroit; avertissement fourni par le Marquis de Rothelin, le cinq Août 1747, & sa production en exécution du susdit Arrêt, par son inventaire signifié le premier Septembre 1747: Sommation faite à la requête du Marquis de Rothelin, auxdits Nicolas & Henri de Lespine, de satisfaire au susdit Arrêt; requête desdits de Sommery, du quinze Juillet 1747, employée en exécution de l'Arrêt du vingt-trois Mai 1746, pour contredits aux risques du Marquis de Rothelin, contre la production faite par ledit Taboureau & sa femme, & contenant demande à ce qu'il leur fût donné acte de ce qu'ils adhéroient aux moyens proposés par ledit Taboureau & sa femme, dans leur avertissement, en ce qu'ils servoient à combattre la prétention du Maréchal Duc de Richelieu; ce faisant, qu'il leur fût donné acte de ce qu'aux risques dudit Taboureau & sa femme, ils sommoient & dénonçoient audit Marquis de Rothelin, l'avertissement à eux signifié par ledit Taboureau & sa femme, en ce qu'il paroissoit que le Maréchal Duc de Richelieu, demandeur originaire, en réformant sa première demande qui tendoit seulement à la reconnoissance d'une rente fonciere de cinq livres deux sols six deniers, & au payement des arrérages, à compter depuis mil sept cent quinze, il concluoit à ce que la maison dudit Taboureau & sa femme demeure chargée d'une rente de trente-trois livres dix sols par chaque toise de face, conformément au contrat d'arrentement fait par le Cardinal de Richelieu à Louis le Barbier, le dix-sept Mars 1656, qu'ils seroient tenus de lui en passer titre nouvel & reconnoissance, de lui en payer les arrérages, à compter depuis 1715, laquelle demande n'avoit jamais été dénoncée auxdits de Sommery; ce faisant, & où le Maréchal Duc de Richelieu réussiroit dans sa nouvelle prétention, & feroit condamner ledit Taboureau & sa femme, à payer cette rente, à raison de trente-trois livres dix sols, avec les arrérages; & où il obtiendroit la condamnation contre lesdits de Sommery; en ce cas, que le Marquis de Rothelin fût condamné à en acquitter, garantir & indemniser lesdits de Sommery, sur le pied de trente-trois livres dix sols en principal & intérêts; & au surplus, que les autres conclusions prises par lesdits de Sommery contre le Marquis de Rothelin, leur fussent adjugées avec dépens; au bas de laquelle requête employée pour avertissement, écritures & production sur icelle, est l'Ordonnance de notredite Cour, qui l'a reglée en droit & joint, & donné acte de l'emploi y porté; sommation faite à la requête desdits de Sommery, audit Taboreau & sa femme, & au Marquis de Rothelin, de satisfaire à la susdite Ordonnance; Requête du Maréchal Duc de Richelieu, du quinze Janvier 1753, à ce qu'en rectifiant, augmentant & réformant en tant que besoin étoit ou seroit, les conclusions par lui ci-devant prises contre ledit Taboureau & sa femme, faisant droit sur les demandes du Maréchal Duc de Richelieu, & sans s'arrêter aux requêtes dudit Taboureau & sa femme, dont ils seroient déboutés, le contrat passé devant Parque & son confrere, Notaires à Paris, le vingt-neuf Mai 1655, fût déclaré nul & de nul effet; en conséquence, ledit Taboureau & sa femme, condamnés purement & simplement à se désister & départir au profit du Maréchal Duc de Richelieu, comme appellé à la substitution portée par le testament du Cardinal de Richelieu, de la propriété, possession & jouissance d'une maison sise en la ville de Paris, rue des Bons-Enfans, circonstances & dépendances, tenant ladite maison du côté du midi, à la maison qui appartenoit aux nommés Racle; du côté du nord, à celle qui appartenoit au nommé Boissier; du côté de l'orient, à la rue neuve des Bons-Enfans; & du côté du couchant, au Jardin du Palais-Royal; laquelle maison se trouvoit construite sur une partie du cinquième emplacement vendu & aliéné par le contrat du vingt-neuf Mai 1655 ; que ledit Taboureau & sa femme fussent pareillement condamnés à rendre au Maréchal Duc de Richelieu ladite maison & emplacement, circonstances & dépendances, même à lui restituer les fruits & revenus de ladite maison, depuis le dix Mai 1715 , jour du décès du Duc de Richelieu père, & temps auquel la substitution s'est trouvée ouverte au profit du Maréchal Duc de Richelieu, le tout au dire d'Experts dont les Parties conviendroient devant le Conseiller Rapporteur, ou qui seroient par lui pris & nommés d'office, soit sur la représentation des baux que ledit Taboureau & sa femme seroient tenus d'en faire ; qu'il fût donné acte au Maréchal Duc de Richelieu, des offres qu'il faisoit par ladite requête, de tenir compte audit Taboureau & sa femme, sur les fruits & revenus de ladite maison, des impenses & améliorations, si aucunes avoient été faites dans ladite maison, depuis l'ouverture de la substitution, jusqu'à la dépossession desdits Taboureau & sa femme, & ce, suivant l'estimation qui en seroit faite par les mêmes Experts convenus ou nommés d'office, qui procéderoient à la liquidation des fruits & revenus de ladite maison ; qu'il fût pareillement donné acte au Maréchal Duc de Richelieu, des offres qu'il avoit toujours faites, & qu'il réitéroit de tenir compte audit Taboureau & sa femme , des sommes qu'ils justifieroient avoir été employées, soit par eux, soit par ceux qu'ils représentent sur le prix de l'acquisition faite par Flacourt, de Lespine & Boileau , par le contrat de 1655, au payement des dettes de la succession du Cardinal de Richelieu ; que lesdits Taboureau & sa femme fussent en outre condamnés en des dommages-intérêts envers le Maréchal Duc de Richelieu, & en tous les dépens ; au bas de laquelle requête employée pour avertissement, écritures & production sur icelle, est l'Ordonnance de notredite Cour, qui l'a reglée en droit & joint, & donné acte de l'emploi y porté ; sommation faite à la requête du Maréchal Duc de Richelieu, audit Taboureau & sa femme, de satisfaire à la susdite Ordonnance ; requête dudit Damas, audit nom, du dix-neuf Mars 1753, contenant demande à ce qu'en rectifiant & réformant en tant que besoin étoit ou seroit, les conclusions par lui prises contre ledit Taboureau & sa femme, faisant droit sur les demandes dudit Damas, audit nom, & sans s'arrêter aux requêtes dudit Taboureau & sa femme, dont ils seroient déboutés, le contrat du vingt-neuf Mai 1655, fût déclaré nul & de nul effet ; en conséquence, ledit Taboureau & sa femme condamnés purement & simplement à se désister & départir au profit dudit Damas, audit nom, de la propriété, possession & jouissance d'une maison sise en la ville de Paris, rue des Bons-Enfans, circonstances & dépendances, tenant du côté du midi à la maison appartenante audit Racle ; du côté du nord à celle dudit Boissier ; du côté de l'orient à la rue des Bons-Enfans ; du côté du couchant au Jardin du Palais-Royal, laquelle maison se trouvoit construite sur une partie des cinq emplacemens à bâtir, désignés dans la rue des Bons-Enfans, & vendue par le contrat du vingt-neuf Mai 1655 ; que ledit Taboureau & sa femme fussent pareillement condamnés à rendre & laisser audit Damas, ladite maison & emplacement, circonstances & dépendances ; qu'il fût donné acte audit Damas de ce qu'en tant que besoin étoit ou seroit, il adhéroit aux conclusions prises par le Maréchal Duc de Richelieu, contre ledit Taboureau & sa femme, pour la restitution des fruits & revenus de la maison, depuis le dix Mai 1715, jour du décès du Duc de Richelieu père ; comme aussi de ce qu'il adhéroit aux offres faites par le Maréchal Duc de Richelieu, de tenir compte des impenses & améliorations qui avoient été valablement faites dans ladite maison, & des sommes que ledit Taboureau & sa femme justifieroient avoir été employées soit par eux, soit par ceux qu'ils représentent sur le prix de l'acquisition primitive faite par Flacourt, Lespine & Boileau, par le contrat du vingt-neuf Mai 1655, au payement des dettes de la succession du Cardinal de Richelieu, & que ledit Taboureau & sa femme fussent condamnés en des dommages-intérêts, & en tous dépens ; au bas de laquelle requête employée pour avertissement, écritures & production sur icelle, est l'Ordonnance de notredite Cour, qui l'a reglée en droit & joint, & donné acte de l'emploi y porté ; sommation faite à la requête dudit Damas, audit nom, audit Taboureau & sa femme, de satisfaire à la susdite Ordonnance ; Requête dudit Taboureau & sa femme, du vingt-un Février 1755, à ce qu'il leur fût donné acte de ce qu'en continuant les précédentes sommations & dénonciations par eux faites, ils sommoient & dénonçoient aux risques du Maréchal Duc de Richelieu, & du tuteur à la substitution, auxdits de Sommery, la demande formée contre eux par le Maréchal Duc de Richelieu, par ses requêtes des vingt-cinq Mai 1746, & quinze Janvier 1753, & celle dudit Damas portée par sa requête du dix-neuf Mars 1753, à ce qu'ils n'en ignorassent, & eussent à faire cesser les demandes formées contre ledit Taboureau & sa femme ; sinon, & où il interviendroit quelque condamnation contre ledit Taboureau & sa femme, au profit du Maréchal Duc de Richelieu & dudit Damas, audit nom, en ce cas, que le Comte de Sommery & consorts fussent condamnés à acquitter, garantir & indemniser ledit Taboureau & sa femme, tant en principal, intérêts, que dommages, intérêts, frais & dépens ; qu'il fût pareillement donné acte audit Taboureau & sa femme, de ce qu'aux risques du Comte de Sommery & consorts, ils contresommoient & dénonçoient au Maréchal Duc de Richelieu, & audit Damas, audit nom , tant leurs propres demandes portées par leursdites requêtes des vingt-cinq Mai 1746, quinze Janvier & dix-neuf Mars 1753, que la susdite requête, à ce qu'ils n'en ignorassent, & que ceux ou du Comte de Sommery & consorts, ou du Maréchal Duc de Richelieu & dudit Damas, audit nom, qui succomberoient, fussent condamnés en tous les dépens envers ledit Taboureau & sa femme, tant en demandant, défendant, que des sommations, dénonciations & contresommations ; au bas de laquelle requête employée pour avertissement, écritures & production sur icelle, est l'Ordonnance de notredite Cour, qui l'a reglée en droit & joint, & donné acte de l'emploi y porté ; sommation faite à la requête dudit Taboureau & sa femme, au Comte de Sommery & consorts, au Maréchal Duc de Richelieu, & audit Damas, audit nom, de satisfaire à la susdite Ordonnance ; requête du Comte de Sommery & consorts, du douze Mai 1755, contenant demande à ce qu'il leur fût permis de faire assigner en notredite Cour, le Marquis de Rothelin, pour voir dire qu'ils auroient acte de ce qu'en continuant les précédentes sommations & dénonciations par eux faites, ils sommoient & dénonçoient aux risques de qui il appartiendroit, au Marquis de Rothelin, la demande en dénonciation contre eux formée par ledit Taboureau & sa femme, par requête du douze Février 1755, des demandes formées contre ledit Taboureau & sa femme, par le Maréchal Duc de Richelieu & ledit Damas, audit nom, par requêtes des vingt-cinq Mai 1746 & dix-neuf Mars 1753, à ce que ledit Marquis de Rothelin n'en ignorât, & eût à faire cesser lesdites demandes ; sinon où & il interviendroit quelques condamnations contre ledit Comte de Sommery & consorts, au profit dudit Taboureau & sa femme, audit cas le Marquis de Rothelin fût condamné à en acquitter, garantir & indemniser lesdits de Sommery, tant en principal, intérêts, dommages-intérêts, que frais & dépens ; exploit d'assignation donnée en notredite Cour le douze Mai 1755, à la requête du Comte de Sommery & consorts, au

Marquis de Rothelin, en vertu & aux fins des susdites Requête & Ordonnance ; fins de non-recevoir & défenses fournies le quinze Mai 1755, par le Marquis de Rothelin, aux risques de qui il appartiendroit, contre la susdite demande : Arrêt du vingt-sept Mai 1755, par lequel notredite Cour pour faire droit aux Parties sur les demandes & défenses ci-dessus, les a appointé en droit, & joint à l'Instance d'entre le Maréchal Duc de Richelieu, ledit Taboureau & autres ; production du Marquis de Rothelin, & en exécution du même Arrêt, par sa requête du trente-un Mai audit an ; sommation faite à la requête du Comte de Sommery & consorts, au Marquis de Rothelin, de fournir de contredits contre la susdite production ; requête du Maréchal Duc de Richelieu, du vingt-sept Mai 1755, contenant demande à ce que le contrat passé devant Pain & son confrere, Notaires à Paris, le trente Janvier 1658, entre le feu Duc de Richelieu d'une part, & lesdits Flacourt, Lespine & Boileau d'autre part, fût déclaré, en tant que besoin étoit ou seroit, nul & de nul effet, seulement en ce que l'on voudroit en induire une approbation ou une confirmation du contrat passé devant Pain & Daubanton Notaires à Paris, le 19 Mai mil six cent cinquante-cinq ; & qu'au surplus les conclusions par lui prises en l'instance contre ledit Taboureau & sa femme lui fussent adjugées, avec dépens ; au bas de laquelle requête est l'Ordonnance de notredite Cour, qui a réservé d'y faire droit en jugeant : Requête du Marquis de Rothelin du trois Juin 1755, à ce qu'il lui fût donné acte de ce qu'il sommoit & dénonçoit aux héritiers & représentans Simon de Lespine, la nouvelle demande en garantie formée contre le Marquis de Rothelin en notredite Cour de la part du Comte de Sommery & consorts, par requête & exploit du douze Mai 1755, des demandes du Maréchal Duc de Richelieu, & du Tuteur à la substitution, des vingt-cinq Mai 1746, & seize Mars 1753, ensemble les défenses fournies par ledit Marquis de Rothelin à ladite demande, à ce qu'ils n'en ignorassent & eussent à intervenir & prendre le fait & cause du Marquis de Rothelin sur ladite demande ; sinon & où il interviendroit sur icelle quelques condamnations contre le Marquis de Rothelin au profit du Comte de Sommery & consorts, en ce cas, en adjugeant au Marquis de Rothelin les conclusions par lui ci-devant prises, que lesdits héritiers & représentans de Lespine fussent condamnés à l'acquitter de toutes lesdites condamnations, tant en principal, intérêts que dommages-intérêts & dépens, qu'il lui fût donné acte de ce qu'aux risques desdits héritiers de Lespine, il sommoit & dénouçoit au Maréchal Duc de Richelieu, & audit Damas audit nom, la demande en dénonciation du Comte de Sommery & consorts, susdatée, & celle en garantie ci-dessus formée par le Marquis de Rothelin, contre les héritiers de Lespine, même de ce qu'il contresommoit au Maréchal Duc de Richelieu, & audit Tuteur à la substitution, leur propre demande, & tant à eux qu'auxdits héritiers de Lespine la susdite requête ; en conséquence que celui d'entr'eux qui succombera fût condamné aux dépens faits & à faire par le Marquis de Rothelin envers toutes les parties, tant en demandant, défendant, que des sommations & dénonciations & contresommations, même en ceux qui seront compensés ; au bas de laquelle requête est l'Ordonnance de notredite Cour, qui a réservé d'y faire droit en jugeant : Requête dudit Damas audit nom, du quatre Juin 1755, contenant demande à ce que le contrat du trente Janvier 1658, passé entre le Duc de Richelieu, d'une part, & lesdits Flacourt, de Lespine & Boilleau, d'autre part, fût déclaré en tant que besoin étoit ou seroit, nul & de nul effet, seulement en ce que l'on voudroit en induire une approbation ou une confirmation du contrat passé devant Pain & Daubanton, Notaires à Paris, le vingt-neuf Mai 1655 ; qu'au surplus les conclusions prises en l'instance par ledit Damas audit nom, contre ledit Taboureau & sa femme, lui fussent adjugés, avec dépens ; au bas de laquelle requête est l'Ordonnance de notredite Cour, qui a réservé d'y faire droit en jugeant : Requête dudit Taboureau & sa femme, du dix Juin 1755, employée aux risques de qui il appartiendra, pour fins de non-recevoir & défenses aux demandes du Maréchal Duc de Richelieu, & du Tuteur à la substitution, des vingt-sept Mai & quatre Juin 1755, & contenant demande à ce qu'il leur fût donné acte de ce qu'aux risques du Maréchal Duc de Richelieu, & du Tuteur à la substitution, ils sommoient & dénonçoient au Comte de Sommery & consors, lesdites demandes des vingt-sept Mai & quatre Juin 1755 ; & dans le cas où il interviendroit quelques condamnations contre ledit Taboureau & sa femme au profit du Maréchal Duc de Richelieu, & du Tuteur à la substitution, en ce cas le Comte de Sommery & consorts fussent condamnés à acquitter ledit Taboureau & sa femme desdites condamnations, tant en principal, qu'intérêts, frais & dépens ; qu'il fût donné acte audit Taboureau & sa femme, de ce qu'aux risques du Comte de Sommery & consorts, ils contresommoient & dénonçoient au Maréchal Duc de Richelieu, & au Tuteur à la substitution, tant leurs propres demandes, que la susdite requête, & que ceux ou du Maréchal Duc de Richelieu & du Tuteur à la substitution, ou du Comte de Sommery & consorts qui succomberont, fussent condamnés en tous les dépens, tant en demandant, défendant, que des sommations & dénonciations ; au bas de laquelle requête est l'Ordonnance de notredite Cour, qui a donné acte de l'emploi y porté, & réservé d'y faire droit en jugeant : Requête du Comte de Sommery & consorts du onze Juin 1755, employée aux risques du Marquis de Rothelin, pour défenses à la demande dudit Taboureau & sa femme, du dix Juin 1755, à ce qu'il leur fût donné acte de ce qu'aux risques de qui il appartiendroit, en continuant les précédentes sommations & dénonciations, ils sommoient & dénonçoient au Marquis de Rothelin la demande dudit Taboureau & sa femme, portée par leur requête du dix Juin 1755, à ce que le Marquis de Rothelin n'en ignorât, & eût à intervenir & prendre le fait & cause du Comte de Sommery & consorts sur ladite demande ; sinon & où il interviendroit sur icelle quelques condamnations contre le Comte de Sommery & consorts, au profit dudit Taboureau & sa femme ; audit cas adjugeant au Comte de Sommery & consorts les conclusions par eux prises en l'instance, que le Marquis de Rothelin fût condamné à acquitter le Comte de Sommery & consorts desdites condamnations, tant en principal, intérêts, frais & dépens ; qu'il fût pareillement donné acte au Comte de Sommery & consorts, de ce qu'aux risques de qui il appartiendroit, ils contresommoient & dénonçoient audit Taboureau & sa femme leur propre demande ; en conséquence, que le Marquis de Rothelin & autres qui succomberont fussent condamnés aux dépens ; au bas de laquelle requête est l'Ordonnance de notredite Cour, qui a donné acte de l'emploi y porté, & réservé d'y faire droit en jugeant : Production nouvelle du Maréchal Duc de Richelieu, contre les héritiers Racle, par requête du 22 Décembre 1744 ; Plus ample avertissement fourni le premier Décembre 1746 par ledit Regnier de Voisy, servant de contredits contre la susdite production nouvelle : Requête desdits Bonvarlet & consorts du dix Janvier 1752, employée pour contredit contre ladite production nouvelle : Requête dudit Bonvarlet & consorts du neuf Décembre 1751, employée pour réponses aux écritures dudit Regnier de Voisy du premier Décembre 1746 : Requête du Tuteur à la substitution du six Juin 1746, à ce qu'il lui fût donné acte de ce qu'en réformant & augmentant les conclusions par lui prises contre lesdits héritiers Racle, le contrat de 1655 fût déclaré nul & de nul effet, & lesdits Racle condamnés à se désister du fonds, propriété, & jouissance de la rente foncière dont la maison à eux appartenante étoit chargée, à raison de trente-trois livres dix sols un denier par chaque toise de face sur sept toises de profondeur seulement, faisant ladite rente partie de celle de huit mille deux cens huit livres six sols huit deniers, qui appartenoit à la substitution au jour du décès du Cardinal de Richelieu ; qu'il fût ordonné que la maison des héritiers Racle seroit & demeureroit chargée de ladite rente, à raison de trente-trois livres dix sols un denier par chaque toise de face sur la rue neuve des Bons-Enfans, remboursable sur le pied du denier vingt-quatre, qu'il fût ordonné que dans huitaine, à compter du jour de la signification de l'Arrêt à domicile lesdits Racle seroient tenus de passer titre nouvel, sinon que l'Arrêt vaudroit titre nouvel, que lesdits Racle fussent en outre condamnés à payer les arrérages de ladite rente depuis l'ouverture de la substitution au profit du Maréchal Duc de Richelieu & en tous les dépens ; au bas de laquelle requête employée pour avertissement, écritures & production sur icelle, est l'Ordonnance de notredite Cour qui l'a réglée en droit & joint, & donné acte de l'emploi y porté ; sommation faite à la requête dudit Damas audit nom, auxdits héritiers Racle de satisfaire à la susdite Ordonnance ; requête présentée en notredite Cour par ledit Regnier de Voisy le treize Août 1739, ci-dessus visée ; exploits d'assignations données en notredite Cour les treize, vingt-six, vingt-sept Août, treize & vingt-quatre Octobre 1739, à la requête dudit Regnier de Voisy, à Henry Chebron & consorts, en vertu & aux fins de la susdite requête ; Arrêt du 24 Novembre 1746, par lequel notredite Cour pour faire droit sur les demandes & défenses ci-dessus, a appointé les Parties en droit & joint à l'instance pendante en notredite Cour entre elles, dépens réservés ; production dudit Regnier de Voisy, en exécution du susdit Arrêt, par requête du 19 Décembre 1746, employée pour avertissement ; sommation faite à la requête dudit Regnier de Voisy audit Chebron & consorts de satisfaire au susdit Arrêt ; requête dudit Regnier de Voisy du quatre Mai 1739, contenant demande ci-dessus visée ; exploit d'assignations données en notredite Cour les quatorze, vingt-six & trente-un Août 1739, à la requête dudit Regnier de Voisy à Nicolas-Henry de Lespine & Charles-Philippe Mezerets, en vertu & aux fins des susdites Requête & Ordonnance ; requête dudit Regnier de Voisy du treize Août 1739, contenant demande aussi ci-dessus visée ; exploits d'assignations données en notredite Cour les treize & vingt-quatre Octobre 1739, à la requête dudit Regnier de Voisy audit de Lespine & consorts en vertu & aux fins de la susdite requête ; défenses fournies le vingt-huit Novembre 1739, par lesdits de Lespine & Mezerets contre les susdites demandes ; Arrêt du vingt-quatre Novembre 1746, par lequel notredite Cour pour faire droit sur les demandes & défenses ci-dessus, a appointé les parties en droit, à écrire, produire & contredire, & le tout joint à l'instance pendante entre ledit Regnier de Voisy, le Maréchal Duc de Richelieu & autres, pour être sur le tout conjointement fait droit, dépens réservés ; production dudit Regnier de Voisy, en exécution du susdit Arrêt, par requête du 14 Décembre 1746, employée pour avertissement ; sommation faite à la requête dudit Regnier de Voisy auxdits de Lespine & Mezerets de satisfaire au susdit Arrêt ; requête dudit Regnier de Voisy du treize Août 1739, contenant demande ci-dessus visée ; exploit d'assignation donnée en notredite Cour le vingt-quatre Novembre 1739, à la requête dudit Regnier de Voisy audit Pierre-Charles de Lespine en vertu & aux fins de la susdite requête ; défenses fournies le vingt-cinq Novembre 1746 par ledit de Lespine, contre la susdite demande ; Arrêt du sept Janvier 1747, par lequel notredite Cour pour faire droit sur les demandes & défenses ci-dessus, a appointé les parties en droit & joint à l'instance d'entre ledit Regnier de Voisy, le Maréchal Duc de Richelieu & autres, dépens réservés ; production dudit Regnier de Voisy, en exécution du susdit Arrêt, par requête du treize Mai 1747, employée pour avertissement & contenant demande à ce que les conclusions par lui prises lui fussent adjugées ; en conséquence dans le cas où ledit Herbinot Destouches obtiendroit quelques condamnations contre ledit Regnier de Voisy, que ledit Pierre-Charles de Lespine fût condamné solidairement avec les autres héritiers de Simon de Lespine, Juré ès œuvres de Maçonnerie, & Jeanne Pacquet, sa femme, à en acquitter, garantir & indemniser ledit Regnier de Voisy, en principal, intérêts & frais, & en tous les dépens, même en ceux réservés par l'Arrêt de notredite Cour du sept Janvier 1747 ; au bas de laquelle requête est l'Ordonnance de notredite Cour, qui a donné acte de l'emploi y porté, & réservé d'y faire droit en jugeant ; production desdits Chebron, de Lespine & consorts, en exécution de tous les réglemens de l'instance, par requête du deux Juin 1747, employée pour plus amples défenses contre les demandes dudit Regnier de Voisy ; requête dudit Regnier de Voisy du quinze Juin 1747, employée pour réponses à la requête ci-dessus, & pour contredits contre la susdite production ; acte de reprise d'instance fait au Greffe de notredite Cour le neuf Décembre 1747 par Gabriel-François Regnier de Vanbepin, au lieu & place dudit Regnier de Voisy, & ci-devant visé ; production nouvelle des héritiers Racle, par requête du neuf Décembre 1751, & contenant demande à ce qu'en leur adjugeant leurs conclusions, celui du Maréchal Duc de Richelieu, ou dudit Regnier, qui succombera, fût condamné en tous les dépens faits tant par ledit de Bonvarlet & consorts, héritiers Racle, que par la veuve Racle, dont ils avoient pris le fait & cause envers & contre toutes les parties, tant en demandant, défendant, en ceux des sommations, dénonciations & contresommations ; au bas de laquelle requête est l'Ordonnance de notredite Cour, qui a réservé d'y faire droit en jugeant ; sommation faite à la requête dudit de Bonvarlet & consorts audit Regnier, au Maréchal Duc de Richelieu & audit Damas audit nom, de fournir de contredits contre la susdite production nouvelle ; requête dudit de Bonvarlet & consorts ès noms, du sept Janvier 1752, employée pour fins de non recevoir ; défenses, avertissement, écritures & production en exécution de l'Ordonnance de notredite Cour, du six Juin 1746, étant au bas de la requête dudit Damas audit nom, & tendante à ce qu'il leur fût donné acte de ce qu'ils sommoient & dénonçoient audit Damas audit nom la demande en garantie qu'ils entendoient former par leurdite requête, contre ledit Regnier, à ce qu'il n'en ignorât ; ce faisant, que ledit Damas fût déclaré purement & simplement non-recevable, tant dans son intervention & demande du 14 Juin 1743, que dans celle du 6 Juin 1746, ou en tout cas débouté, & condamné en tous les dépens faits, tant par ledit Bonvarlet & consorts, que par la veuve Racle, & autres, envers & contre toutes les Parties, tant en demandant, défendant, que des sommations & dénonciations ; qu'il fût donné acte audit Bonvarlet & consorts, de ce qu'aux risques du mineur à la substitution en question, ils sommoient & dénonçoient, tant de leur chef que comme exerçans les droits de la succession vacante dudit Chapin, leur père, audit Regnier, les interventions & demandes du tuteur à la substitution, à ce qu'il eût à prendre le fait & cause dudit Bonvarlet & consorts, & faire cesser lesdites prétentions ; sinon, & au cas où ledit tuteur obtiendroit

quelques

quelques condamnations contre ledit Bonvarlet & consorts ; en ce cas ledit Regnier fût condamné d'acquitter, garantir & indemniser ledit Bonvarlet & consorts de toutes les condamnations qui pourroient intervenir contr'eux en principal, arrérages, intérêts, frais & dépens, & qu'il fût condamné en tous les dépens, même en ceux faits, tant par ledit Bonvarlet & consorts, que par la veuve Racle envers & contre toutes les Parties, tant en demandant, défendant, qu'en ceux des sommations & dénonciations ; au bas de laquelle requête, employée pour avertissement, écritures & production sur icelle, est l'Ordonnance de notredite Cour qui l'a réglée en droit & joint, & donné acte de l'emploi y porté ; sommation faite à la requête dudit Bonvarlet & consorts audit Regnier, au Maréchal Duc de Richelieu & au tuteur de satisfaire à la susdite Ordonnance ; Requête du Maréchal Duc de Richelieu du vingt-six Mai 1755, contenant demande à ce que le contrat passé devant Pain & son confrere, Notaires à Paris, le trente Janvier 1658, entre le feu Duc de Richelieu d'une part, & lesdits Flacourt, Lespine & Boileau d'autre part, fût, en tant que besoin étoit ou seroit, déclaré nul & de nul effet, en ce que l'on voudroit en induire une approbation ou une confirmation du contrat passé devant Pain & Daubanton, Notaires à Paris, le vingt-neuf Mai 1655, au surplus que les conclusions prises par le Maréchal Duc de Richelieu en l'instance contre ledit Bonvarlet & consorts, lui fussent adjugées avec dépens ; au bas de laquelle requête est l'Ordonnance de notredite Cour, qui a réservé d'y faire droit en jugeant ; Requête dudit Damas, audit nom, du quatre Juin 1755, contenant demande à ce que le contrat passé devant Pain & son confrere, Notaires à Paris le trente Janvier 1658, entre le feu Duc de Richelieu d'une part, & lesdits Flacourt, Lespine & Boileau d'autre part, fût en tant que besoin étoit ou seroit, déclaré nul & dul effet, seulement en ce que l'on voudroit en induire une approbation ou une confirmation du contrat passé devant Pain & Daubanton, Notaires à Paris, le vingt-nenf Mai 1655 ; au surplus que les conclusions prises par ledit Damas en l'instance contre ledit Bonvarlet & consorts lui fussent adjugées avec dépens ; au bas de laquelle requête est l'Ordonnance de notredite Cour, qui a réservé d'y faire droit en jugeant ; Requête du Maréchal Duc de Richelieu du vingt-quatre Mai 1746, contenant demande à ce qu'en reformant & augmentaut les conclusions par lui ci-devant prises contre la veuve Jullien, le contrat du vingt-neuf Mai 1655, fut déclaré nul & dul effet, ce faisant, la veuve Juillet & les nommés Gaillard condamnés solidairement à se désister & départir du fonds, propriété & jouissance de la rente fonciere dont la maison sise rue neuve des Bons-Enfans, à eux appartenante, étoit chargée, à raison de trente-trois livres dix sols un denier par chaque toise de face sur sept toises de profondeur, conformément au contrat d'arrentement fait par feu le Cardinal de Richelieu le dix-sept Mars seize cent trente-six, de la place sur laquelle ladite maison étoit bâtie, laquelle rente faisoit partie de celle de huit mille deux cens huit livres six sols huit deniers, qui appartenoit à la substitution au jour du décès du Cardinal de Richelieu, & avoit été vendue avec autres biens auxdits de Flacourt, de Lespine & Boileau, par le feu Duc de Richelieu pere, par le susdit contrat du vingt-neuf Mai 1655, qu'il fût ordonné que ladite maison seroit & demeureroit chargée de ladite trente, à raison de trente-trois livres dix sols un denier par chaque toise de face sur la rue neuve des Bons-Enfans, remboursable sur le pied du denier vingt-quatre, qu'il fût ordonné que dans huitaine, à compter du jour de l'Arrêt qui interviendroit, ladite veuve Juillet & lesdits Gaillard seroient conjointement tenus de passer au Maréchal Duc de Richelieu titre nouvel & reconnoissance de ladite rente, sinon & ledit tems passé, que l'Arrêt vaudroit titre nouvel : que la veuve Juillet & lesdits Gaillard fussent en outre condamnés à payer au Maréchal Duc de Richelieu les arrérages de ladite rente, à compter du dix Mai 1715, jour du décès du Duc de Richelieu pere, tems auquel la substitution s'étoit trouvée ouverte au profit du Maréchal Duc de Richelieu, & en ses dommages-intérêts, soufferts & à souffrir, & en tous les dépens, aux offres ci-devant faites par le Maréchal Duc de Richelieu, & qu'il réitéroit de tenir compte à la veuve Juillet & auxdits Gaillard, de ce qu'ils justifieroient avoir été légitimément payé par eux ou par leurs auteurs, à la décharge de la succession du Cardinal de Richelieu, sur le prix du contrat de 1655 ; au bas de laquelle requête, employée pour avertissement, écritures & production sur icelle, est l'Ordonnance de notredite Cour qui l'a réglée en droit & joint, & donné acte de l'emploi y porté ; Sommation faite à la requête du Maréchal Duc de Richelieu à la veuve Juillet & auxdits Gaillard & consorts, de satisfaire à la susdite Ordonnance ; Requête dudit Damas, audit nom, du six Juillet 1746, contenant demande à ce qu'en reformant & augmentant les conclusions par lui prises contre la veuve Juillet & lesdits Gaillard, le contrat de 1655 fût déclaré nul & de nul effet, ladite veuve Juillet & lesdits Gaillard, condamnés solidairement à se désister du fonds, propriété & jouissance de la rente fonciere dont ladite maison, à eux appartenante, étoit chargée, à raison de trente-trois livres dix sols un denier par chaque toise de face sur sept toises de profondeur seulement, faisant ladite rente partie de celle de huit mille deux cens huit livres six sols huit deniers, qui appartenoit à la substitution au jour du décès du Cardinal de Richelieu, qu'il fût ordonné que la maison de la veuve Juillet & lesdits Gaillard, seroit & demeureroit chargée de la rente, à raison de trente-trois livres dix sols un denier, par chaque toise de face sur la rue neuve des Bons-Enfans, remboursable sur le pied du denier 24, & que dans huitaine, à compter du jour de la signification de l'Arrêt à domicile, ladite veuve Juillet & lesdits Gaillard seroient tenus de passer titre nouvel & reconnoissance, sinon que l'Arrêt vaudroit titre, & que ladite veuve, Juillet & lesdits Gaillard, fussent en outre condamnés à payer les arrérages de ladite rente depuis l'ouverture de la substitution au profit du Maréchal Duc de Richelieu & en tous les dépens ; au bas de laquelle requête, employée pour avertissement, écritures & production sur icelle, est l'Ordonnance de notredite Cour, qui l'a réglée en droit & joint, & donné acte de l'emploi y porté ; acte de reprise d'instance faite au Greffe de notredite Cour le dix-sept Juin 1747, par Agnès-Marie Gaillard de Charantonneau, fille seule & unique héritiere par bénéfice d'inventaire de René Gaillard & de Charantonneau, au lieu & place dudit René Gaillard ci-dessus visé ; Requêtes de ladite Gaillard des premier & cinq Juillet 1747, d'emploi pour défenses, écritures, production, même pour contredits en exécution de la susdite Ordonnance : Sommation faite à la requête dudit Damas, audit nom, à la veuve Juillet, de satisfaire à la même Ordonnance ; Acte de reprise d'instance fait au Greffe de notredite Cour le cinq Avril 1753, par Antoine-René Gaillard, sieur de Charantonneau, seul & unique héritier de défunte Agnès-Marie Gaillard de Charantonneau sa sœur, laquelle étoit seule & unique héritiere par bénéfice d'inventaire de René Gaillard, & encore seul & unique héritier d'Antoine Gaillard de Glagny son oncle ; Requête du Maréchal Duc de Richelieu du

R r

vingt-six Mai 1755, contenant demande à ce que le contrat passé devant Pain & son confrere, Notaires à Paris, le trente Janvier 1658, entre le feu Duc de Richelieu d'une part, & lesdits Flacourt, Lespine & Boileau d'autre part, fût, en tant que besoin étoit ou seroit, déclaré nul & de nul effet, seulement en ce que l'on voudroit en induire une approbation ou une confirmation du contrat passé devant Pain & Daubanton, Notaires à Paris, le vingt-neuf Mai 1655; & qu'au surplus les conclusions par lui prises en l'instance contre la veuve Juillet & lesdits Charantonneau lui fussent adjugées avec dépens; au bas de laquelle requête est l'Ordonnance de notredite Cour, qui a réservé d'y faire droit en jugeant; Requête dudit Gaillard de Charantonneau ès noms, du vingt-sept Mai 1755, d'emploi pour fins de non-recevoir, & défenses à la susdite demande; Requête dudit Damas, audit nom, du six Juin 1755, contenant demande à ce que le contrat du trente Janvier 1658, fût en tant que besoin étoit ou seroit, déclaré nul & de nul effet, en ce que l'on voudroit en induire une approbation ou une confirmation de celui du vingt-neuf Mai seize cent cinquante-cinq; & qu'au surplus les conclusions prises par ledit Damas, audit nom, contre la veuve Juillet & consorts, lui fussent adjugées avec dépens; au bas de laquelle requête est l'Ordonnance de notredite Cour, qui a réservé d'y faire droit en jugeant; Requête dudit Gaillard du sept Juin mil sept cent cinquante-cinq, d'emploi pour défenses à la susdite demande; Production nouvelle dudit Gaillard contre le Maréchal Duc de Richelieu & ledit Damas, audit nom, par requête du deux Juillet 1755, contenant demande à ce que le Maréchal Duc de Richelieu & ledit Damas, audit nom, fussent déclarés purement & simplement non-recevables & mal fondés dans toutes les demandes par eux formées contre la veuve Juillet & ses enfans, & contre lesdits Gaillard, en tout cas, qu'ils en fussent déboutés, sauf à eux à se pourvoir, si bon leur sembloit, contre la succession du feu Duc de Richelieu, grévé conformément à l'article quinze du titre second de l'Ordonnance de 1747, conforme à l'ancienne Jurisprudence, & que le Maréchal Duc de Richelieu fût condamné en tous les dépens, tant envers la veuve Juillet & ses enfans, qu'envers ledit Gaillard ès noms, même en ceux faits contre les différens tuteurs à la substitution & en ceux réservés, & ce, tant en demandant qu'en défendant, sommation, dénonciation, & à acquitter ledit Gaillard de ceux auxquels il pourroit être condamné envers ladite veuve Juillet & ses enfans; au bas de laquelle requête est l'Ordonnance de notredite Cour qui a réservé d'y faire droit en jugeant; Sommation faite à la requête dudit Gaillard au Maréchal Duc de Richelieu & au tuteur à la substitution, de fournir de contredits contre la susdite production nouvelle du deux Juillet 1755; Requête du Maréchal Duc de Richelieu, du 2 Mars 1746, à ce qu'en conséquence des contestations pendantes en notredite Cour entre lui & les propriétaires actuels des maisons qui sont autour du Jardin du Palais Royal, il lui fût permis d'y faire assigner dans les délais de l'Ordonnance Claudine Bourdon, épouse non commune en biens de Claude-François Poitevin de Verriere, & ledit de Verriere, à l'effet d'autoriser son épouse pour se voir condamner à se désister & départir du fonds, propriété & jouissance de la rente fonciere de bail d'héritage de cent quaranre-une livres dix-sept sols un denier, au principal de trois mille quatre cens vingt-huit livres dix-sept sols six deniers, sur le pied du denier vingt-quatre, de laquelle rente la maison appartenante à ladite de Verrieres, sise rue neuve des Bons-Enfans étoit chargée, tenante ladite maison, du côté du midi à la maison appartenante au nommé Durey de Sauroy; du côté du nord à la maison de ladite veuve Juillet; du côté de l'orient à la rue neuve des Bons-Enfans; & du côté du couchant au Jardin du Palais Royal, & ce suivant le contrat d'arrentement fait par défunt le Cardinal de Richelieu à Louis le Barbier le dix-sept Mars 1636, lesquelles rentes faisoient partie des biens substitués, & qui avoient été vendus par le feu Duc de Richelieu pere à Charles Flacourt par le contrat du vingt-neuf Mai 1655; qu'il fût pareillement dit & ordonné que ladite maison seroit & demeureroit chargée de ladite rente pour la servir & payer tant au Maréchal Duc de Richelieu, qu'à ceux qui seroient après lui appellés à la substitution; comme aussi ledit de Verrieres & sa femme, condamnés à restituer au Maréchal Duc de Richelieu les arrérages de ladite rente échus depuis le dix Mai 1715, jour du décès du Duc de Richelieu pere, & tems auquel la substitution s'étoit trouvée ouverte en faveur du Maréchal Duc de Richelieu, aux offres que faisoit le Maréchal Duc de Richelieu, de tenir compte audit de Verrieres & sa femme, de ce qui avoit pû être légitimement payé, tant par eux que par ceux qu'ils représentoient, à la décharge de la succession du Cardinal Duc de Richelieu, sur le prix du Contrat de vente du vingt-neuf Mai 1655, & qu'ils fussent en outre condamnés aux dommages-intérêts du Maréchal Duc de Richelieu, soufferts & à souffrir, & aux dépens; commission obtenue le deux Mars 1746, par le Maréchal Duc de Richelieu sur la susdite requête; exploit d'assignation donnée en notredite Cour le dix-sept Mars 1746, à la requête du Maréchal Duc de Richelieu audit de Verrieres & sa femme, en vertu & aux fins des susdites requêtes; Ordonnances & commission, fins de non-recevoir & défenses fournies le 28 Juin mil sept cent quarante-six, par ledit de Verrieres & sa femme, contre la susdite demande; Arrêt du dix Décembre 1746, par lequel notredite Cour, sur les demandes & défenses ci-dessus, a appointé les parties en droit & joint pour être sur icelles, statué conjointement ou séparément avec les autres demandes appointées, entre le Maréchal Duc de Richelieu, & lesdits propriétaires des maisons situées autour du jardin du Palais Royal, a joint lès fins de non recevoir, défenses au contraire; avertissement fourni le trente Décembre 1746, par le Maréchal Duc de Richelieu, & sa production, en exécution du susdit arrêt par son propriétaire, signifié le vingt Janvier suivant; Requête dudit de Verrieres & sa femme, du premier Février 1747, d'emploi aux risques de leurs garans, pour avertissement, écritures & production, en exécution du susdit arrêt; Requête du Maréchal Duc de Richelieu, du vingt-deux Février 1747, d'emploi pour contredits, contre l'emploi de production porté par la susdite requête; contredits fournis le neuf Mai 1747, par ledit de Verrieres & sa femme, contre la production du Maréchal Duc de Richelieu, en exécution du susdit arrêt; Requête dudit de Verrieres & sa femme, du vingt-sept Mai 1746, à ce qu'en conséquence des contestations pendantes en notredite Cour, entre le Maréchal Duc de Richelieu d'une part, & ledit de Verrieres & sa femme d'autre, il leur fût permis d'y faire assigner dans les délais de l'Ordonnance, aux risques du Maréchal Duc de Richelieu, Jean-François de Creil & Emilie de Mailly son épouse, pour voir dire, que ledit de Verrieres & sa femme, auroient acte de la sommation & dénonciation qu'ils leur font de la demande contre eux formée de la part du Maréchal Duc de Richelieu, par requête, commission & exploit des deux & dix-sept Mars 1746; ce faisant, que ledit de Creil & sa femme, seroient tenus de prendre le fait & cause desdits de Verrieres, & de les faire mettre hors de cause; faire cesser la de-

mande & prétention du Maréchal Duc de Richelieu , & l'en faire débouter avec dépens ; finon , & à
faute de ce faire que ledit de Creil & fa femme , feroient folidairement condamnés à acquitter, garantir
& indemnifer ledit de Verrieres & fa femme , des événemens de ladite demande tels qu'ils pourroient
être , & aux dommages-intérêts defdits de Verrieres & fa femme , à donner par déclaration , & aux dépens , tant en demandant , défendant , que de ladite demande ; exploit d'affignation donné en notredite
Cour , le vingt-fept Mai mil fept cent quarante fix , à la requête dudit de Verrieres & fa femme , audit
de Creil & fa femme , en vertu & aux fins de la fufdite requête ; Arrêt du vingt-un Avril mil fept
cent quarante fept , par lequel notredite Cour a déclaré le défaut obtenu par lefdits de Verrieres & fa
femme , contre ledit de Creil & fa femme , bien & dûement obtenu , & pour en adjuger le profit , l'a
joint à l'inftance d'entre ledit de Verrieres & fa femme d'une part , & le Maréchal Duc de Richelieu ,
& autres d'autre part , pour en jugeant ladite inftance , être fait droit ainfi qu'il appartiendroit , à condamné ledit de Creil & fa femme , aux dépens de l'inftance dudit défaut , & de tout ce qui avoit fuivi ;
exploit de fignification faite du fufdit arrêt , le vingt-huit Avril 1747 , auxdits de Creil & fa femme ,
avec affignation pour voir taxer les dépens ; production nouvelle defdits de Verrieres & fa femme , par
requête du treize Mai 1747 , contredits fournis le fix Juin 1747 ; par le Maréchal Duc de Richelieu ,
contre la fufdite production , fervants de falvations aux contredits du neuf dudit mois de Mai ; production nouvelle dudit de Verrieres & fa femme , par requête du quinze Mai 1747 , contenant demande ,
à ce qu'en adjugeant les conclufions par eux prifes , en conféquence déclarant le Maréchal Duc de Richelieu , non-recevable en fa demande par requête , commiffion & exploit des deux & dix-fept Mars
1746 , ou en tout cas l'en déboutant , il leur fût donné acte de ce qu'aux rifques dudit de Creil & fa
femme , & de qui il appartiendroit , ils fommoient & dénonçoient au Maréchal Duc de Richelieu , la
demande formée par ledit de Verrieres & fa femme , contre ledit de Creil & fa femme ; par requête &
exploit du vingt-fept Mai 1746 , & tout ce qui avoit fuivi ladite demande , & que le Maréchal Duc
de Richelieu fût condamné en trois mille livres de dommages-intérêts , envers ledit de Verrieres & fa
femme , ou telle autre fomme qu'il plairoit à notredite Cour , & en tous les dépens faits par lefdits de
Verrieres , tant contre le Maréchal Duc de Richelieu , que contre ledit Creil & fa femme , en demandant, défendant, fommation & dénonciation ; & où la demande du Maréchal Duc de Richelieu feroit adop-
tée , en ce cas , en adjugeant le profit du défaut obtenu par ledit de Verrieres & fa femme , contre lefdits de Creil , lequel profit du défaut étoit joint par arrêt du vingt-un Avril 1747 , à l'inftance , pour en
jugeant ladite inftance être fait droit ainfi qu'il appartiendroit , il fût donné acte auxdits de Verrieres
de ce qu'aux rifques du Maréchal Duc de Richelieu , ils fommoient & dénonçoient auxdits de Creil , la
demande contre eux formée par le Maréchal Duc de Richelieu , par requête & commiffion defdits jours
deux & dix-fept Mars 1746 ; ce faifant , que lefdits de Creil fuffent condamnés folidairement à acquitter , garantir & indemnifer lefd ts de Verrieres , de toutes les condamnations qui pourroient intervenir
contre eux , au profit du Maréchal Duc de Richelieu , tant en principaux , intérêts , que frais & dépens ,
& que ledit de Creil & fa femme , fuffent en outre condamnés comme deffus , aux dommages-intérêts
defdits de Verrieres , à donner par déclaration & en tous les dépens faits contre le Maréchal Duc de Richelieu , & lefdits de Creil , tant en demandant , qu'en défendant , fommation & dénonciation , au bas
de laquelle requête eft l'Ordonnance de notredite Cour , qui a réfervé d'y faire droit en jugeant ; Requête du Maréchal Duc de Richelieu , du cinq Juin 1747 , employée pour contredits , contre la production nouvelle dudit de Verrieres & fa femme , faite par requête du quinze Mai 1747 , & pour défenfes à la demande portée par la même requête ; fommation faite à la requête dudit de Verrieres & fa
femme , auxdits de Creil , de fournir de contredits & défenfes , contre la même production nouvelle &
demande ; Production nouvelle dudit de Verrieres & fa femme , par requête du 13 Juin 1747 ; fommation
faite à la requête dudit de Verrieres & fa femme ; Requête defdits de Verriere du 15 Décembre 1751 , à ce qu'il
leur fût donné acte de ce qu'ils fommoient & dénonçoient aux Syndics & Directeurs des créanciers de Creil ,
la demande du Maréchal Duc de Richelieu , formée en notredite Cour , contre lefdits de Verrieres , par
requête , commiffion & exploit des deux & dix-fept Mars 1746 , pareillement celle en garantie formée
par lefdits de Verrieres , contre lefdits de Creil , par requête & exploit du vingt-fept Mars 1746 ; ce
faifant , que l'arrêt qui interviendroit entre lefdits de Verrieres d'une part , le Maréchal Duc de Richelieu , lefdits de Creil & autres , d'autre part , fur la demande du Maréchal Duc de Richelieu , contre
lefdits de Verrieres , porté par requête , commiffion & exploit des deux & dix-fept Mars 1746 , & fur
celle defdits de Verrieres , contre lefdits de Creil , formée par requête & exploit des vingt-fept Mai
1746 , fût déclaré commun avec lefdits créanciers , Syndics & Directeurs des droits des autres créanciers
dudit de Creil ; lefquels feroient tenus d'intervenir dans ladite inftance , faire ceffer la demande du Maréchal Duc de Richelieu , des deux & dix-fept Mars 1746 , l'y faire déclarer non-recevable , ou en tout
cas l'en faire débouter , avec dépens envers toutes les Parties , faits tant en notredite Cour ; qu'en autres
Jurifdictions , tant en demandant , défendant , fommation & dénonciation , frais & mifes d'exécution ,
finon , & à faute de ce faire que les conclufions prifes par lefdits de Verrieres , contre lefdits de Creil ,
par leur requête & exploit du vingt-fept Mai 1746 , & autres requêtes , feroient faites & adjugées auxdits de Verrieres , avec dépens envers toutes les Parties , faits tant en notredite Cour , qu'en autres
Jurifdictions , en demandant , défendant , fommations & dénonciations , frais & mifes d'exécution , & en
cas de conteftation que lefdits Directeurs fuffent condamnés en tous les dépens ; fins de non recevoir ,
& défenfes fournies le feize Décembre 1751 , par lefdits Syndics & Directeurs des créanciers de Creil ,
contre la fufdite demande ; Arrêt du vingt Décembre 1751 , par lequel notredite Cour pour faire droit
fur ladite demande , a appointé les Parties en droit & joint , à l'inftance d'entre le Maréchal Duc de
Richelieu d'une part , & ledit de Verrieres & fa femme d'autre part ; Production dudit de Verrieres & fa
femme , en exécution du fufdit arrêt , par leur requête du trente Décembre 1751 , employée pour
avertiffement ; production des Syndics & Directeurs des créanciers de Creil , en exécution du même
arrêt par leur requête du huit Janvier 1751 , employée pour avertiffement ; Requête dudit de Verrieres
& fa femme du premier Mars 1753 , d'emploi pour contredits contre la fufdite production ; Requête
defdits Syndics & Directeurs des créanciers de Creil , du quinze Décembre 1752 , employée pour contredits contre la production faite par lefdits de Verrieres ; en exécution dudit arrêt , du vingt Décembre
1751 , & contenant demande , à ce que faute par lefdits de Verrieres d'avoir produit en l'inftance le

contrat de vente fait à ladite de Creil, par le nommé Chevre du Laureau, en l'année 1670, & toutes les piéces remises à ladite de Creil, par ledit du Laureau lors dudit contrat, toutes les quelles piéces avoient été remises à la nommée Journel, par le contrat de vente qui lui avoit été fait par lesdits de Creil, le cinq Janvier 1720 ; & attendu que par le défaut de rapport de ces piéces lesdits Syndics & Directeurs étoient hors d'état de proposer contre le Maréchal Duc de Richelieu, les moyens qui en résultoient, que ledit de Verrieres & sa femme fussent déclarés purement & simplement non-recevables dans toutes les demandes par eux formées contre lesdits de Creil, & lesdits Syndics & Directeurs, ou en tout cas déboutés avec dépens, au bas de laquelle requête est l'Ordonnance de notredite Cour, qui a donné acte de l'emploi y porté, & réservé d'y faire droit en jugeant ; Production nouvelle dudit de Verrieres & sa femme, par requête du sept Septembre 1752 ; Requête desdits Syndics & Directeurs des créanciers de Creil, du quinze Décembre 1752, d'emploi pour contredits, contre la susdite production nouvelle ; Requête desdits de Verrieres, du trente-un Janvier 1753, à ce qu'il leur fût donné acte des ce qu'aux risques desdits de Creil, ils sommoient & dénonçoient au Maréchal Duc de Richelieu & audit Damas audit nom, la demande par eux formée en notredite Cour, par requête du onze Décembre 1751, contre les Directeurs des créanciers de Creil, & toutes les poursuites & procédures aussi par eux faites en la Cour des Aydes, pour être ajoutés à l'ordre & distribution des prix provenus & à provenir des ventes & adjudications des biens abandonnés par lesdits de Creil, à tous leurs créanciers ; ce faisant, en déclarant le Maréchal Duc de Richelieu, & ledit Damas audit nom, non-recevables en toutes leurs demandes & prétentions, ou en tout cas les en déboutant, que le Maréchal Duc de Richelieu fût condamné en tous les dépens envers toutes les Parties, faits les uns à l'encontre des autres, tant en demandant, défendant, que des sommations & dénonciations, même en ceux faits par ledit de Verrieres & sa femme en la Cour des Aydes, rélativement à leurs oppositions formées, afin de conserver aux décrets des biens vendus par lesdits Directeurs de Creil, frais & mises d'exécution ; & où les demandes & prétentions du Maréchal Duc de Richelieu & dudit Damas seroient adoptées, en ce cas, augmentant aux conclusions prises par ledit de Verrieres & sa femme, contre lesdits de Creil, & contre lesdits Directeurs, & en adjugeant le profit du défaut obtenu par ledit de Verrieres & sa femme, contre lesdits de Creil, lequel profit de défaut est joint par arrêt du vingt-un Avril 1747, à l'instance, pour en jugeant ladite instance être fait droit ainsi qu'il appartiendroit, il fût donné acte audit de Verrieres & sa femme, de ce qu'aux risques du Maréchal Duc de Richelieu & dudit Damas, ils sommoient & dénonçoient auxdits de Creil & auxdits Directeurs de Creil, les demandes & prétentions contre eux formées par le Maréchal Duc de Richelieu & ledit Damas audit nom ; ce faisant, que lesdits de Creil fussent condamnés solidairement, à acquitter, garantir & indemniser lesdits de Verrieres, de toutes les condamnations qui pourroient intervenir contre eux, au profit du Maréchal Duc de Richelieu & dudit Damas, en principaux, arrérages, intérêts, frais & dépens ; que l'arrêt à intervenir fût déclaré commun avec lesdits Directeurs de Creil, & que lesdits de Creil fussent condamnés comme dessus, aux dommages-intérêts desdits de Verrieres, à donner par déclaration, & en tous les dépens faits par lesdits de Verrieres contre toutes les Parties, & les uns à l'encontre des autres, tant en demandant, défendant, que des sommations & dénonciations, comme aussi en ceux faits par lesdits de Verrieres en la Cour des Aydes, frais & mises d'exécution, au bas de laquelle requête est l'Ordonnance de notredite Cour, qui a réservé d'y faire droit en jugeant ; production nouvelle desdits de Verrieres, par requête du vingt-six Février 1753, employée pour fins de non-recevoir, & défenses à la demande desdits Directeurs de Creil, portée par leur requête du quinze Décembre 1752, & contenant demande, à ce que sans s'arrêter à ladite demande des Directeurs de Creil, dans laquelle ils seroient déclarés non-recevables, où dont en tout cas ils seroient déboutés ; les conclusions prises par lesdits de Verrieres en l'instance leur fussent adjugées avec dépens, au bas de laquelle requête est l'Ordonnance de notredite Cour, qui a réservé d'y faire droit en jugeant ; Requête desdits Directeurs des créanciers de Creil, du vingt-trois Mars mil sept cent cinquante-trois, employée pour contredits contre la production nouvelle faite par lesdits de Verrieres, par requête du vingt-six Février 1753, & contenant demande à ce qu'ils fussent renvoyés de toutes les demandes formées contre eux par ladite de Verrieres & son mari, & condamnés aux dépens que lesdits Syndic & Directeurs pourroient en tout cas employer en frais de direction ; au bas de laquelle requête est l'Ordonnance de notredite Cour, qui a donné acte de l'emploi y porté, & réservé d'y faire droit en jugeant ; requête dudit de Verrieres & sa femme, du vingt-quatre Mars 1753, d'emploi pour défenses à la demande ci-dessus ; requête desdits Syndics & Directeurs des créanciers de Creil, du sept Décembre 1754, contenant demande à ce qu'ils fussent reçus parties intervenantes dans l'Instance d'entre le Maréchal Duc de Richelieu, contre ledit de Verrieres & sa femme ; qu'il leur fût donné acte du contenu en leurdite requête, pour moyens d'intervention, & de ce qu'ils sommoient & dénonçoient au Maréchal Duc de Richelieu, la demande formée contre eux par lesdits de Verrieres, par requête du treize Décembre 1751, en dénonciation de la demande du Maréchal Duc de Richelieu, & de ce qu'ils lui contresommoient sa propre demande à ce qu'il n'en ignorât ; ce faisant, que le Maréchal Duc de Richelieu fût déclaré non-recevable dans les demandes par lui formées contre ledit de Verrieres & sa femme, en tout cas qu'il en fût débouté, & condamné aux dépens envers lesdits Syndics & Directeurs faits tant contre eux, que contre lesdits de Verrieres, tant en demandant, défendant, que des sommations, dénonciations & interventions, même à acquitter lesdits Syndics des condamnations de dépens, si aucunes intervenoient contre eux, au profit dudit de Verrieres & sa femme, ou qui pourroient être compensés ; tous lesquels dépens lesdits Syndics & Directeurs pourroient en tout événement, employer en frais de Direction ; au bas de laquelle requête employée pour avertissement, écritures & production sur icelle, est l'Ordonnance de notredite Cour, qui a reçu lesdits Syndics & Directeurs parties intervenantes ; & pour faire droit sur la demande, l'a reglée en droit & joint, & donné acte de l'emploi y porté ; requête dudit de Verrieres, des dix & douze Décembre 1754, d'emploi pour défenses, écritures & production, & même pour contredits, en exécution de la susdite Ordonnance, du sept Décembre 1754 ; Requête desdits Syndics & Directeurs, du dix-huit Janvier 1755, d'emploi pour contredits contre l'emploi de production porté par la susdite requête ; sommation faite à la requête desdits Syndics & Directeurs, des créanciers de Creil, au Maréchal Duc de Richelieu, de satisfaire à la susdite Ordonnance ; Requête dudit Damas, audit nom, du vingt-sept Juin 1747, tendante à ce qu'il fût reçu partie intervenante en l'Instance d'entre le Maréchal Duc de Richelieu d'une part,

part, & lefdits de Verrieres, fur la demande du Maréchal Duc de Richelieu, portée par fa requête ; Ordonnance, Commiffion & Exploit des deux & dix-fept Mars 1746 ; qu'il lui fût donné acte du contenu en
fa requête pour moyens d'intervention ; qu'il lui fût pareillement donné acte de ce qu'il adhéroit aux conclufions prifes par le Maréchal Duc de Richelieu ; ce faifant & ajoûtant auxdites conclufions que le contrat
de 1655, fût déclaré nul & de nul effet ; en conféquence, que lefdits de Verrieres fuffent condamnés à fe
défifter & départir du fonds, propriété & jouiffance de la rente fonciere de bail d'héritage dont la maifon
à elle appartenante, fife rue neuve des Bons-Enfans, étoit chargée envers la fubftitution portée par le
teftament du Cardinal de Richelieu, tenante ladite maifon du côté du midi à celle du nommé Durey de
Sauroy ; du côté du nord à celle de la veuve Juillet ; du côté de l'orient rue neuve des Bons-Enfans ; &
du côté du couchant au Jardin du Palais-Royal ; & ce conformément au contrat d'arrentement fait par le
Cardinal de Richelieu à Louis le Barbier le dix-fept Mars 1636, laquelle rente faifoit partie des biens fubftitués, & avoit été vendue par feu le Duc de Richelieu pere, à Charles Flacourt, par le contrat du vingt-
neuf Août 1655 ; qu'il fût ordonné que ladite Maifon appartenante à ladite femme de Verrieres, feroit
& demeureroit chargée de ladite rente envers ledit Damas, audit nom, fauf au Maréchal Duc de Richelieu à faire ordonner la condamnation des arrérages échûs de ladite rente, depuis le décès du Duc de Richelieu pere, enfemble de ceux qui échtroient à l'avenir ; qu'il fût donné acte audit Damas, audit nom,
des offres qu'il faifoit, ainfi que le Maréchal Duc de Richelieu, de tenir compte à ladite de Verrieres,
de ce qui avoit pû être légitimement payé tant par elle, que par fes auteurs, à la décharge de la fucceffion du Cardinal de Richelieu, fur le prix du contrat dudit jour vingt-neuf Mai 1655, & que ledit
de Verrieres & fa femme fuffent en outre condamnés aux dommages-intérêts dudit Damas, & aux dépens ; Réquête defdits Syndics & Directeurs des créanciers de Creil, du dix-fept Septembre 1754, tendante
à ce qu'ils fuffent reçus parties intervenantes aux rifques dudit Damas ; qu'il leur fût donné acte du contenu en leur requête pour moyens d'intervention, & de ce qu'ils fommoient & dénonçoient audit Damas,
la demande formée contre eux par lefdits de Verrieres, par requête du trente-un Janvier 1753, en dénonciation de la demande contre eux formée par ledit Damas, & de ce qu'ils lui contreſommoient la demande par lui formée contre lefdits de Verrieres, par requête du ving-fept Juin 1747, à ce qu'il n'en
ignorât ; ce faifant, que ledit Damas fût déclaré non-recevable dans les demandes par lui formées contre
ledit de Verrieres & fa femme, ou en tout cas débouté & condamné aux dépens envers lefdits Syndics &
Directeurs, tant contre lui, que contre ledit de Verrieres & fa femme, tant en demandant, que des fommations, dénonciations & interventions, même à acquitter lefdits Syndics & Directeurs des condamnations de dépens, fi aucunes intervenoient contre eux, au profit dudit de Verrieres & fa femme, ou qui
pourroient être compenfés ; tous lefquels dépens lefdits Syndics & Directeurs pourroient en tout cas employer en frais de Direction ; Arrêt du dix-neuf Décembre 1754, par lequel notredite Cour a reçu lefdits
Syndics & Directeurs parties intervenantes ; & pour faire droit fur les interventions & demandes, a appointé les Parties en droit & joint, dépens réfervés ; production defdits Syndics & Directeurs des créanciers de Creil, en exécution du fufdit Arrêt, par requête du 16 Janvier 1655, employée pour avertiffement ;
production dudit de Verrieres & fa femme, en exécution du même Arrêt, par requête du 14 dudit mois de
Janvier, employée pour fins de non-recevoir, & défenfes contre la demande dudit Damas, du 27 Juin 1747,
& pareillement pour défenfes à la demande defdits Syndics & Directeurs du dix-fept Septembre 1754 ; &
contenant demande à ce que fans s'arrêter à la requête & demande dudit Damas, du vingt-fept Juin 1747,
dans laquelle il feroit déclaré non recevable, ou dont en tout cas débouté, il fût donné acte auxdits de
Verrieres, de ce qu'ils fommoient & dénonçoient audit Damas ès noms, l'intervention & demande defdits
Directeurs de Creil, dudit jour dix-fept Septembre 1754, & que les conclufions prifes par ledit de Verrieres contre le Maréchal Duc de Richelieu, leur fuffent adjugées avec tous dépens, même en ceux réfervés envers toutes les Parties ; & où le Maréchal Duc de Richelieu, & ledit Damas ès noms, réuffiroient
dans leurs prétentions, en ce cas que les conclufions prifes par lefdits de Verriere, contre lefdits de Creil
& les Syndics & Directeurs de leurs créanciers, leur fuffent adjugées avec tous dépens, même en ceux réfervés, au bas de laquelle requête eft l'Ordonnance de notredite Cour, qui a donné acte de l'emploi y porté, &
réfervé d'y faire droit en jugeant ; requête dudit de Verrieres & fa femme, du 17 Janvier 1755, d'emploi en
exécution de l'Arrêt du dix-neuf Décembre mil fept cens cinquante-quatre, pour contredits contre l'emploi
de production defdits Directeurs de Creil, faite par requête du feize dudit mois de Janvier ; requête defdits
Syndics & Directeurs, du dix-huit Janvier 1755, d'emploi pour contredits contre la production faite par
lefdits de Verrieres, en exécution de l'Arrêt du dix-neuf Décembre 1754 ; requête du Maréchal Duc de Richelieu, du vingt-fix Mai 1755, contenant demande à ce que le contrat paffé devant Pain & fon Confrere,
Notaires à Paris, le trente Janvier 1658, entre le feu Duc de Richelieu d'une part, & lefdits Flacour, Lefpine
& Boilleau d'autre part, en tant que befoin étoit ou feroit, déclaré nul & de nul effet, feulement en ce que
l'on voudroit en induire une approbation ou une confirmation du contrat paffé devant Pain & Daubanton,
Notaires à Paris, le vingt-neuf Mai 1655 ; qu'au furplus les conclufions par lui prifes lui fuffent adjugées
avec dépens, au bas de laquelle requête eft l'Ordonnance de notredite Cour, qui a réfervé d'y faire droit en
jugeant ; requêtes defdits de Verrieres & des Syndics & Directeurs des créanciers de Creil, du vingt-fept
Mai 1755, d'emploi pour défenfes à la fufdite demande ; requête defdits de Verrieres du vingt-huit Mai 1755,
à ce qu'il leur fût donné acte de ce qu'ils fommoient & dénonçoient auxdits Syndics & Directeurs des créanciers
de Creil, la requête & demande du Maréchal Duc de Richelieu, du vingt-fix Mai mil fept cens cinquante-
cinq, à ce qu'ils n'en ignoraffent, & euffent à la faire ceffer ; & où il arriveroit que le Maréchal Duc de
Richelieu réuffiroit, en ce cas, que les conclufions prifes par lefdits de Verrieres en l'inftance contre lefdits
de Creil & les Syndics & Directeurs de leurs Créanciers, leur fuffent adjugées avec dépens ; & où au contraire il arriveroit que le Maréchal Duc de Richelieu fuccomberoit dans fa requête du vingt-fix Mai 1755,
en ce cas, qu'il fût donné acte auxdits de Verrieres, de ce qu'aux rifques defdits de Creil, ils contrefommoient
& dénonçoient au Maréchal Duc de Richelieu, fa propre demande du vingt-fix Mai 1755, & que les conclufions prifes par lefdits de Verrieres contre le Maréchal Duc de Richelieu leur fuffent adjugées avec dépens, au bas de laquelle requête, employée pour avertiffement, écritures & production fur icelle, eft l'Ordonnance de notredite Cour, qui l'a reglé en droit & joint, & donné acte de l'emploi y porté ; requête
defdits Syndics & Directeurs de Creil, du trente Mai 1755, d'emploi pour avertiffement, écritures & production, même pour contredits, en exécution de la fufdite Ordonnance ; requête defdits de Verrieres du

trente-un Mai 1755, d'emploi pour contredits contre l'emploi de production porté par la requête desdits Syndics & Directeurs des créanciers de Creil, dudit jour trente Mai 1755 ; sommation faite à la requête dudit de Verrieres, au Maréchal Duc de Richelieu, de satisfaire à la susdite Ordonnance ; requête dudit Damas audit nom, du six Juin mil sept cens cinquante-cinq, contenant demande à ce que le contrat passé devant Pain & son Confrere, Notaires à Paris, le trente Janvier 1658, entre le feu Duc de Richelieu d'une part, & lesdits Flacourt, Lespine & Boilleau d'autre part, fût en tant que besoin étoit ou seroit, déclaré nul & de nul effet, seulement en ce que l'on voudroit induire dudit contrat une approbation ou une confirmation de celui du 29 Mai 1655 ; au surplus que les conclusions par lui prises contre lesdits de Verrieres, lui fussent adjugées avec dépens, au bas de laquelle requête est l'Ordonnance de notredite Cour, qui a réservé d'y faire droit en jugeant ; requête dudit de Verrieres, du sept Juin 1755, d'emploi pour fins de non-recevoir, & défenses à la demande ci-dessus ; requête dudit de Verrieres & sa femme, du dix-sept Juin 1755, contenant demande à ce qu'il leur fût donné acte de ce qu'aux risques dudit Damas audit nom, & du Maréchal Duc de Richelieu, ils sommoient & dénonçoient auxdits Syndics & Directeurs des créanciers de Creil, & audit de Creil & à sa femme, la requête & demande du six Juin 1755, dudit Damas ès noms, à ce qu'ils n'en ignorassent & eussent à la faire cesser ; sinon, & où il arriveroit que ledit Damas audit nom réussiroit dans ses prétentions & demandes, en ce cas, en adjugeant audit de Verrieres & sa femme, les conclusions par eux prises contre lesdits Directeurs des créanciers de Creil & contre lesdits de Creil, qu'ils fussent condamnés à acquitter, garantir & indemniter lesdits de Verrieres de toutes les condamnations qui seroient prononcées au profit dudit Damas ès noms, contre lesdits de Verrieres, en principaux, intérêts, frais & dépens, comme aussi qu'ils fussent condamnés en tous les dépens faits & à faire par lesdits de Verrieres, tant en demandant, défendant, que des sommations & dénonciations, même en ceux faits les uns à l'encontre des autres ; & où ledit Damas audit nom succomberoit en ses prétentions & demandes, en ce cas qu'il fût donné acte auxdits de Verrieres de ce qu'aux risques desdits Directeurs de Creil, & desdits de Creil, ils contresommoient & dénonçoient audit Damas audit nom, & au Maréchal Duc de Richelieu, auteur de toutes les contestations, ladite requête & demande du 6 Juin 1755, ce faisant, déclarant ledit Damas ès noms, non recevable en sadite demande, ou en tous cas l'en déboutant, en adjugeant auxdits de Verrieres les conclusions par eux prises contre ledit Damas & le Maréchal Duc de Richelieu, que le Maréchal Duc de Richelieu fût condamné en tous les dépens, faits & à faire par lesdits de Verrieres, tant en demandant, défendant, que des sommations & dénonciations, même en ceux faits les uns à l'encontre des autres, au bas de laquelle requête employée pour avertissement, écritures & production sur icelle, est l'Ordonnance de notredite Cour, qui l'a reglé en droit & joint, & donné acte de l'emploi y porté ; requête desdits Syndics & Directeurs des créanciers de Creil, des vingt Juin mil sept cens cinquante-cinq, d'emploi pour avertissement, écritures & production, même pour contredits, en exécution de la susdite Ordonnance ; sommation faite à la requête desdits de Verrieres, au Maréchal Duc de Richelieu, & au tuteur à la substitution de satisfaire à la susdite Ordonnance ; Requête desdits de Verrieres, du sept Juillet mil sept cinquante-cinq, employée aux risques, périls & fortunes de leurs garants, pour plus amples fins de non-recevoir & défenses aux demandes du Maréchal Duc de Richelieu, & du tuteur à la substitution, portées par Requêtes des vingt-six Mai & six Juin mil sept cens cinquante-cinq, & contenant demande à ce que, sans s'arrêter à tout ce qui avoit été dit par le Maréchal Duc de Richelieu, & le tuteur à la substitution, ils fussent déclarés purement & simplement non-recevables, & mal fondés dans toutes leursdites demandes, ou en tous cas déboutés ; & au surplus que les conclusions par eux prises contre le Maréchal Duc de Richelieu, leur fussent adjugées avec dépens, au bas de laquelle requête est l'Ordonnance de notredite Cour, qui a donné acte de l'emploi y porté, & réservé d'y faire droit en jugeant ; Mémoire imprimé & signifié le huit Juillet mil sept cens cinquante-cinq ; pour lesdits de Verrierre, contre le Maréchal Duc de Richelieu ; production nouvelle du Maréchal Duc de Richelieu, contre Jacques-Bernard Durey de Noinville, par requête du vingt-deux Décembre mil sept cens quarante-cinq ; sommation faite à la requête du Maréchal Duc de Richelieu, audit Durey de Noinville, de fournir de contredits contre la susdite production nouvelle ; requête de Joseph Durey de Sauroy, du vingt-deux Avril mil sept cens trente-neuf, à ce qu'il lui fût permis aux risques du Maréchal Duc de Richelieu, d'y faire assigner le Président de Noinville, pour voir dire qu'il auroit acte de la sommation & dénonciation qu'il lui faisoit de la requête, commission & exploit, des dix-sept Janvier & vingt-cinq Mars mil sept cens trente-neuf, & demande y portée ; ce faisant, qu'il seroit tenu la faire cesser, sinon être condamné à en acquitter, garantir & indemniter ledit Durey de Sauroy, tant en principal qu'accessoires, en ses dommages-intérêts, & aux dépens, tant en demandant, défendant, que de la sommation & dénonciation, & répondre en outre à telles autres conclusions qu'il appartiendroit ; exploit d'assignation donné en notredite Cour le 22 Avril 1739, à la requête dudit de Durey de Sauroy, au Président de Noinville ; requête du Président de Noinville, du 26 Mai mil sept cens trente-neuf, à ce qu'en conséquence des demandes pendantes en notredite Cour, il lui fût permis d'y faire assigner les Administrateurs de l'Hôpital Général, légataires universels de Marie-Therese de Chasseraye, pour voir dire que ledit Président de Noinville auroit acte de la sommation & dénonciation qu'il leur faisoit, de la demande du Maréchal Duc de Richelieu, portée par commission & exploit, des dix-sept Janvier & vingt-cinq Mars 1739, contre ledit de Sauroy, & de celle dudit de Sauroy contre ledit Président de Noinville, par requête & exploit du 22 Avril 1739, à ce qu'ils eussent à faire cesser lesdites demandes ; sinon, & où il interviendroit quelques condamnations contre le Président de Noinville, qu'ils fussent condamnés à les acquitter, garantir & indemniter en principaux, intérêts & dépens, & condamnés en tous les dépens, tant en défendant, sommation & dénonciation, en ses dommages-intérêts, répondre en outre à telles autres conclusions qu'il appartiendroit ; exploit d'assignation donné en notredite Cour, le vingt-six Mai 1739, à la requête du Président de Noinville, auxdits Administrateurs de l'Hôtel-Dieu & de l'Hôpital Général, en vertu & aux fins de ladite requête : fins de non-recevoir & défenses fournies le dix-huit Mars 1746, par lesdits Administrateurs de l'Hôtel-Dieu de Paris, contre la susdite demande ; requête du Président de Noinville, du vingt-neuf Mars 1746, employée pour défenses à la demande dudit Durey de Sauroy, formée contre le Président de Noinville, par requête & exploit du vingt-deux Avril 1739, avec les défenses que lesdits Administrateurs de l'Hôtel-Dieu de Paris & de l'Hôpital Général avoient fournies contre la demande dudit Président de Noinville, portée par requête & exploit du vingt-six Mai 1739, à ce qu'il lui fût donné acte de ce qu'il contresommoit & dénonçoit audit de Sauroy ladite demande en sommation, qu'il avoit formée contre lesdits Administrateurs, le vingt-fix Mai mil fept cens trente-neuf, & les défenfes qu'ils avoient fournies à ladite demande , ce faifant; que les conclufions prifes par le Préfident de Noinville lui fuffent adjugées , & ledit de Sauroy, & lefdits Adminiftrateurs, ou ceux d'entr'eux qui fuccomberoient, fuffent condamnés aux dépens ; requête dudit de Sauroy , du trente-un Mars 1746 , tendante à ce qu'il lui fût donné acte de ce qu'aux rifques de qui il appartiendroit , il dénonçoit & contre-fommoit au Maréchal Duc de Richelieu, la demande en fommation que ledit de Sauroy avoit fôrmée contre le Préfident de Noinville , par requête & exploit du vingt-deux Avril 1739 , enfemble la demande en fommation que le Préfident de Noinville avoit formée par requête & exploit du vingt-fix Mai 1739, contre les Adminiftrateurs de l'Hôtel-Dieu & ceux de l'Hôpital Général de Paris, les défenfes qu'ils avoient fournies à la demande & fommation du Préfident de Noinville, les huit Août mil fept cens trente-neuf, & dix-huit Mars 1746 , & la requête du Préfident de Noinville, du vingt-neuf dudit mois de Mars , à ce que du tout, le Maréchal Duc de Richelieu n'en ignorât ; ce faifant; & déboutant le Maréchal Duc de Richelieu de fes demandes, qu'il fût condamné en tous les dépens , même en ceux faits contre le Préfident de Noinville, tant en demandant, défendant, que des fommations, dénonciations & contre-fommations ; & où il arriveroit que le Maréchal Duc de Richelieu parviendroit à fes fins, & obtiendroit quelques condamnations contre ledit de Sauroy , en ce cas, que le Préfident de Noinville fût condamné d'acquitter, garantir & indemnifer ledit de Sauroy , de toutes les condamnations qui pourroient intervenir contre lui , tant en principal qu'intérêts, frais & dépens , & en tous les dépens faits par ledit de Sauroy , tant contre lui que contre le Maréchal Duc de Richelieu , tant en demandant; défendant, que des fommations , dénonciations , & contre-fommations ; que ledit de Sauroy fût reçu aux rifques du Maréchal Duc de Richelieu , & dudit Durey de Noinville, Partie intervenante en l'inftance particuliere d'entre le Préfident de Noinville & les Adminiftrateurs de l'Hôtel-Dieu & de l'Hôpital Général , fur la demande en fommation que le Préfident de Noinville a formée contre lefdits Adminiftrateurs, par requête & exploit du vingt fix Mai mil fept cent trente-neuf, qu'il fût donné acte audit de Sauroy du contenu en fa requête, pour moyens d'intervention ; & y faifant droit, dans le cas où il feroit adjugé au Préfident de Noinville un recours de garantie contre lefdits Adminiftrateurs, en ce cas, qu'il fût ordonné que ledit de Sauroy demeureroit autorifé à pourfuivre en fon nom & à fon profit, comme exerçant les droits du Préfident de Noinville, l'effet & recouvrement des condamnations, fi aucunes étoient prononcées au profit du Préfident de Noinville contre lefdits Adminiftrateurs , & que le Maréchal Duc de Richelieu, ledit Préfident de Noinville, & lefdits Adminiftrateurs, ou ceux qui fuccomberoient fuffent condamnés aux dépens defdites intervention & demandes , & en tous ceux faits par ledit de Sauroy , à l'encontre des uns & des autres , tant en demandant, défendant, que des fommation & dénonciations, & contre-fommations ; Arrêt du dix-neuf Avril mil fept cens quarante-fix , par lequel notredite Cour a reçu ledit de Sauroy partie intervenante , lui a donné acte de l'emploi du contenu en fa requête pour moyen d'intervention ; & pour faire droit fur ladite intervention & les demandes des Parties , les a appointé en droit & joint à l'inftance d'entre ledit de Sauroy , le Maréchal Duc de Richelieu & autres ; avertiffement dudit Durey de Sauroy, du vingt-fept Mai 1746 , & fa production en exécution du fufdit Arrêt, par inventaire fignifié le vingt-huit Juillet audit an ; production du Préfident de Noinville , en exécution du même Arrêt, par fon inventaire fignifié le vingt-huit Juin mil fept cens quarante-fept ; requête dudit Durey de Sauroy du vingt Juill t mil fept cens quarante-fept, d'emploi pour contredits contre la fufdite production ; fommation faite à la requête dudit de Sauroy au Préfident de Noinville , aux Adminiftrateurs de l'Hôtel-Dieu de Paris & de l'Hôpital Général, & au Maréchal Duc de Richelieu , de fatisfaire au fufdit Arrêt ; requête du Maréchal Duc de Richelieu , du vingt-trois Mai mil fept cens quarante-fix , contenant demande à ce qu'en réformant & augmentant les conclufions par lui ci-devant prifes contre ledit de Sauroy , le contrat du vingt-neuf Mai mil fix cens cinquante-cinq, fût déclaré nul & de nul effet; ce faifant , ledit de Sauroy condamné à fe défifter & départir du fonds, propriété & jouiffance de la rente fonciere, dont la maifon à lui appartenante étoit chargée , à raifon de trente-trois livres dix fols un denier par chaque toife de face ; fur fept toifes de profondeur feulement , conformément au contrat d'arrentement fait par feu le Cardinal de Richelieu à Louis le Barbier , le dix-fept Mars mil fix cens trente-fix , de la place fur laquelle ladite maifon eft bâtie, laquelle rente faifoit partie de celle de huit mille deux cens huit livres fix fols huit deniers , qui appartenoit à la fubftitution au jour du décès du Cardinal de Richelieu, & avoit été vendue avec d'autres biens auxdits Flacourt, Lefpine & Boilleau , par feu le Duc de Richelieu pere, par le fufdit contrat du vingt-neuf Mai mil fix cens cinquante-cinq ; qu'il fût ordonné que la maifon feroit & demeureroit chargée à l'avenir de ladite rente , à raifon de trente-trois livres dix fols un denier par chaque toife de face , fur la rue des Bons-Enfans, rembourfable fur le pied du denier vingt-quatre ; qu'il fût ordonné que dans huitaine, à compter du jour de la fignificat on de l'Arrêt qui interviendra à domicile, ledit de Sauroy feroit tenu de paffer titre nouvel & reconnoiffance de ladite rente , finon, & ledit tems paffé, que l'arrêt vaudroit titre nouvel; & que ledit de Sauroy fût condamné en outre à payer au Maréchal Duc de Richelieu les arrérages de ladite rente, à compter du dix Mai 1715 , jour du décès du Duc de Richelieu pere, tems auquel la fubftitution s'étoit trouvée ouverte au profit du Duc de Richelieu , en fes dommages-intérêts foufferts & à fouffrir, & en tous les dépens , aux offres ci-devant faites par le Maréchal Duc de Richelieu, & qu'il réitéroit de tenir compte audit de Sauroy , de ce qui avoit pû être légitimement payé par lui ou par fes auteurs , à la décharge de la fucceffion du Cardinal de Richelieu, fur le prix du contrat de mil fix cens cinquante-cinq, au bas de laquelle requête employée pour avertiffement, écritures & production fur icelle , eft l'Ordonnance de notredite Cour , qui l'a reglé en droit & joint , & donné acte de l'emploi y porté ; requête dudit de Sauroy , du vingt-fix Juillet 1746 , d'emploi pour défenfes , écritures & production, même pour contredits , en exécution de la fufdite Ordonnance ; requête dudit Damas audit nom , du fix Juin 1746 , contenant demande en ce qu'en réformant & augmentant les conclufions par lui prifes contre ledit de Sauroy , le contrat de mil fix cens cinquante-cinq fût déclaré nul & de nul effet, & ledit de Sauroy condamné à fe défifter du fonds, propriété & jouiffance de la rente fonciere, dont la maifon à lui appartenante étoit chargée, à raifon de trente-trois livres dix fols un denier par chaque toife de face fur fept toifes de profondeur feulement ; faifant ladite rente partie de celle de huit mille deux cens dix livres fix fols huit deniers, qui appartenoit à la fubftitution au jour du décès du Cardinal de Richelieu ; qu'il fût ordonné que la maifon dudit de Sauroy feroit & demeureroit chargée de ladite rente, à raifon de trente-trois livres dix fols un denier, par chaque toife de face; fur la rue neuve des Bons-Enfans, rembourfable fur le pied du denier 24 ; qu'il fût ordonné que dans huitaine, à compter du jour de la fignification de l'Arrêt à domicile , ledit de Sauroy feroit tenu de paffer titre nouvel de ladite rente, sinon que l'Arrêt vaudroit titre nouvel, & que ledit de Sauroy fût condamné à payer les arrérages de ladite rente, depuis l'ouverture de la substitution au profit du Maréchal Duc de Richelieu, & en tous les dépens, au bas de laquelle requête employée pour avertissement, écritures & production sur icelle, est l'Ordonnance de notredite Cour, qui l'a reglé en droit & joint, & donné acte de l'emploi y porté; requête dudit de Sauroy, du vingt-six Juillet mil sept cens quarante-six, d'emploi pour défenses, écritures & production, en exécution de la susdite Ordonnance; requête de Nicolas Chabouille, du vingt-huit Novembre 1749, & à ce qu'il plût à notredite Cour le recevoir Partie intervenante dans l'instance d'entre le Maréchal Duc de Richelieu, ledit Damas audit nom, Durey de Sauroy, le Président de Noinville, & les Administrateurs de l'Hôtel-Dieu de Paris & de l'Hôpital Général, au nom & comme légataires universels de ladite Petit de la Chansseraye, sur les demandes formées contre ledit Durey de Sauroy, par le Maréchal Duc de Richelieu, & ledit Damas audit nom, par leurs requêtes, ordonnances & exploits des quinze, dix-sept Janvier & vingt-quatre Mars 1739, & quatorze Juin 1743, & sur les demandes en garantie, formées par ledit Durey de Sauroy, contre ledit de Noinville & lesdits Administrateurs de l'Hôtel-Dieu de Paris & de l'Hôpital, & toutes autres demandes en dépendantes; qu'il lui fût donné acte de ce qu'il prenoit le fait & cause dudit Durey de Sauroy, sur les demandes qui avoient été formées contre lui, par le Maréchal Duc de Richelieu, par ledit Damas audit nom, & sur les demandes que ledit Durey de Sauroy avoit formées contre ledit Durey de Noinville, lesdits Administrateurs de l'Hôtel-Dieu de Paris & de l'Hôpital Général, le Maréchal Duc de Richelieu, & ledit Damas audit nom, en conséquence de ladite prise de fait & cause; qu'il fût ordonné que ledit Durey de Sauroy seroit mis hors de cause & tiré des qualités de l'instance; au surplus, faisant droit sur l'intervention dudit de Chabouille, que les conclusions prises par ledit Durey de Sauroy, tant contre les uns que contre les autres, lui fussent adjugées, & suivant icelles, qu'il fût donné acte audit Chabouille de la sommation & dénonciation faite par ledit Durey de Sauroy, dont il prenoit le fait & cause au Maréchal Duc de Richelieu, & audit Damas audit nom, des demandes en garanties formées par ledit de Sauroy contre le Président de Noinville, & contre lesdits Administrateurs de l'Hôtel-Dieu de Paris, & de l'Hôpital Général, à ce qu'ils n'en ignorassent; ce faisant, que le Maréchal Duc de Richelieu & ledit Damas audit nom, fussent déclarés non-recevables dans toutes leurs demandes contre ledit de Sauroy, ou en tous cas déboutés, & condamnés aux dépens faits tant par ledit Durey de Sauroy, que par ledit Chabouillé, contre toutes les Parties, tant en demandant, défendant, que des sommations & contre sommations, tous lesquels dépens seroient taxés au profit dudit Chabouillé, par une seule & même déclaration; & où le Maréchal Duc de Richelieu & ledit Damas audit nom obtiendroient quelques condamnations contre ledit Chabouillé, comme ayant pris le fait & cause dudit de Sauroy, en ce cas, en donnant acte audit Chabouillé des sommations & dénonciations faites par ledit Durey de Sauroy, au Présidnt de Noinville, & auxdirs Administrateurs de l'Hôtel-Dieu de Paris & de l'Hôpital Général, que le Président de Noinville fût condamné à acquitter, garantir & indemniser ledit Chabouillé de toutes les condamnations, tant en principaux, arrérages, intérêts, que frais, & qu'il fût condamné en tous les dépens faits tant par ledit Chabouillé, que contre outes les Parties, tant en demandant, défendant, que des sommations & dénonciations, tous lesquels dépens seroient pareillement taxés au profit dudit Chabouillé par une seule & même déclarasion; Arrêt du onze Décembre 1749, par lequel notredite Conr a reçu ledit Chabouillé partie intervenante, lui a donné acte de sa prise de fait & cause pour ledit Durey de Sauroy, sur les demandes formées contre lui, & sur celles par lui formées en conséquence de ladite prise de fait & cause, a ordonné que ledit Durey seroit mis hors de cause & tiré des qualités de l'instance; & pour faire droit sur le surplus de l'intervention & demande dudit Chabouillé, a appointé les Parties en droit & joint à l'instance d'entre lesdites Parties, dépens réservés; Production dudit Chabouillé, en exécution du susdit Arrêt, par requête du vingt-neuf Décembre 1747, employée pour avertissement; Requête du Maréchal Duc de Richelieu, du seize Avril 1750, employée pour avertissement, écritures & production en exécution du même Arrêt, & fins de non-recevoir & défenses contre les intervention & demande dudit Chabouillé, portées par sa requête du vingt-huit Novembre 1749, & contenant demande à ce que sans s'arrêter à la demande dudit Chabouillé, portée par sadite requête du 28 Novembre 1749, dans laqnelle il seroit déclaré non-recevabie, ou dont en tous cas, il seroit débouté, les conclusions prises par le Maréchal Duc Richelieu lui fussent adjugés avec dépens; au bas de laquelle requête est l'Ordonnance de notredite Cour, qui a donné acte de l'emploi y porté, & réservé d'y faire droit en jugeant; Requête du Maréchal Duc de Richelieu, du 22 Avril 1750, employée pour contredits contre la production faite par ledit Chabouillé; Requête dudit Chabouillé du vingt-trois Novembre 1750, d'emploi pour contredits contre la production faite en exécution du susdit Arrêt par le Maréchal Duc de Richelieu, par requête du seize Avril 1750, ensemble pour défenses à la demande en jugeant, portée par ladite requête; Production dudit Damas audit nom, en exécution du même Arrêt, par requête du trente Avril 5750; Requête dudit Chabouillé du vingt-trois Novembre 1750, d'emploi pour contredits contre l'emploi de production ci-dessus; Sommation faite à là requête dudit Chabouillé audit Durey de Sauroy, au Président de Noinville, & aux Administrateurs de l'Hôtel-Dieu & de l'Hôpital Général de Paris, de satisfaire au susdit Arrêt du onze Décembre 1749; Requête dudit Chabouillé du vingt Avril 1751, à ce qu'en conséquence des contestations pendantes en notredite Cour, il lui fût permis d'y faire assigner, aux risques de qui il appartiendra, Louis Davy de la Fautriere & consotts, Créanciers, Syndics & Directeurs des droits des autres Créanciers unis du Président de Noinville, pour voir dire que l'Arrêt à intervenir sur toutes les demandes formées en notredite Cour, soit par le Maréchal Duc de Richelieu & ledit Damas audit nom, aux fins des requête, ordonnance, commission & exploit des quinze, dix-sept Janvier, vingt-cinq Mars 1739, & quatorze Octobre 1745 contre ledit Durey de Sauroy, sur celles formées par ledit de Sauroy contre le Président de Noinville, aux fins des requête, ordonnance & exploit du vingt-deux Avril 1739, & sur toutes les demandes formées par ledit de Sauroy, ou contre lui, au sujet de la substitution dont est question, & sur l'intervention & demande dudit Chabouillé, portée par sa requête du vingt-huit Novembre 1749, & incidens en dépendans, toutes lesdites demandes appointées en notredite Cour, seroit déclaré commun avec eux; en conséquence que les conclusions prises en l'instance par ledit Chabouillé, contre ledit de Noinville, lui seroient adjugées contre lesdits Directeurs, & être condamnés aux dépens, que ledit Chabouillé pourroit en tous cas employer en frais & mises d'exécution; Exploit d'assignation don-

née

hée en notredite Cour le vingt-deux Avril 1751 à la requête dudit Chabouillé auxdits Directeurs des Crean-
ciers du Préſident de Noinville, en vertu & aux fins de la ſuſdite requête ; Fins-de non-recevoir & défenſes
fournies le vingt-huit Mai 1751 par les Syndics & Directeurs du Préſident de Noinville, contre la ſuſdite demande ; Arrêt du premier Juillet 1751, par lequel notredite Cour pour faire droit ſur la ſuſdite demande,
a appointé les Parties en droit & joint à l'inſtance d'entre le Maréchal Duc de Richelieu & ledit Durey de Sauroy ; dépens réſervés ; Production dudit Chabouillé, en exécution du ſuſdit Arrêt, par requête du dix-neuf
Juillet 1751, employée pour avertiſſement & tendante à ce que les concluſions par lui priſes lui fuſſent adjugées, & que leſdits Syndics & Directeurs des Créanciers du Préſident de Noinville fuſſent condamnés en tous
les dépens faits par ledit Chabouillé, même en ceux réſervés par ledit Arrêt de notredite Cour du premier
Juillet 1751 ; Sommation faite à la requête dudit Chabouillé auxdits Syndics & Directeurs des Créanciers du
Préſident de Noinville, de ſatisfaire au ſuſdit Arrêt ; Requête deſdits Syndics & Directeurs des Créanciers du
Préſident de Noinville du 24 Novembre 1751, tendante à ce qu'il plût à notredite Cour les recevoir parties intervenantes en l'inſtance d'entre le Maréchal Duc de Richelieu, ledit Damas audit nom, ledit Chabouillé, les Adminiſtrateurs de l'Hôtel-Dieu & ceux de l'Hôpital Général & autres, qu'il leur fût donné
acte du contenu en leur requête pour moyens d'intervention ; faiſant droit ſur icelle, qu'il leur fût donné
acte de ce qu'ils ſommoient & dénonçoient aux Adminiſtrateurs de l'Hôtel-Dieu & à ceux de l'Hôpital Général, Légataires univerſels de ladite Chaſſeraye les demandes en ſommation, dénonciation en garantie formées contre eux par ledit Chabouillé, par ſes requête & exploit des vingt-cinq Novembre 1750, & vingt-
deux Avril 1751, à ce qu'ils euſſent à prendre le fait & cauſe deſdits Syndics & Directeurs, faire ceſſer les
demandes & prétentions tant dudit Chabouillé, que celles du Maréchal Duc de Richelieu, & du Tuteur à la
ſubſtitution dont il s'agit, ſinon & à faute de ce faire, & au cas où il interviendroit quelques condamnations
contre leſdits Syndics & Directeurs, pour raiſon deſdites prétentions & demandes, qu'ils fuſſent condamnés
à acquitter, garantir & indemniſer leſdits Directeurs de toutes les condamnations qui pourroient intervenir
contre eux en principaux, arrérages, intérêts, frais & dépens, & en tous les dépens faits par leſdits Syndics & Directeurs envers toutes les Parties, tant en demandant, défendant, qu'en ceux des ſommations,
dénonciations & contreſommations ; & au cas où le Maréchal Duc de Richelieu & ledit Damas audit nom,
ſeroient déclarés non-recevables dans leurs prétentions & demandes, ou en ſeroient déboutés, qu'il fût
donné acte auxdits Syndics & Directeurs, de ce qu'ils leur ſomment & dénoncent les interventions & demandes dudit Chabouillé deſdits jours vingt-cinq Novembre 1751, & la ſuſdite requête, à ce qu'ils n'en
ignoraſſent ; ce faiſant, le Maréchal Duc de Richelieu, & ledit Damas ès noms, condamnés en tous les dépens faits par leſdits Syndics & Directeurs envers & contre toutes les Parties, tant en demandant, défendant, qu'en ceux des ſommations & dénonciations ; Arrêt du neuf Décembre 1751, par lequel notredite
Cour a reçu leſdits Syndics & Directeurs, parties intervenantes, leur a donné acte de l'emploi du contenu en
leur requête, pour moyens d'intervention ; & pour faire droit ſur le ſurplus de l'intervention & demande,
a appointé les Parties en droit & joint à l'inſtance d'entre leſdites Parties, dépens réſervés ; Requête dudit
Chabouillé du huit Janvier 1752, d'emploi pour avertiſſement, écritures & production en exécution du
ſuſdit Arrêt ; Production des Syndics & Directeurs des Créanciers du Préſident de Noinville, en exécution
des Arrêts de notredite Cour des premier Juillet & neuf Décembre 1751, par requête du ſept Septembre
1752, employée pour avertiſſement, & contenant demande à ce que les concluſions par eux priſes par
leur requête du vingt-quatre Novembre 1751, leur fuſſent adjugées, & que ceux d'entre le Maréchal Duc
de Richelieu, & le Tuteur à la ſubſtitution, les Adminiſtrateurs de l'Hôtel-Dieu, & de l'Hôpital Général, & ledit Chabouillé, qui ſuccomberont, fuſſent condamnés aux dépens faits par leſdits Syndics & Directeurs envers & contre toutes les Parties, tant en demandant, défendant, qu'en ceux des ſommations &
dénonciations, & en ceux réſervés, leſquels leſdits Syndics & Directeurs pourroient en tous cas employer
en frais de direction ; au bas de laquelle requête eſt l'Ordonnance de notredite Cour, qui a donné acte de
l'emploi y porté ; & réſervé d'y faire droit en jugeant ; Sommation faite à la requête deſdits Syndics &
Directeurs des Créanciers du Préſident de Noinville, au Maréchal Duc de Richelieu, audit Damas audit nom,
audit Chabouillé aux Adminiſtrateurs de l'Hôtel-Dieu & de l'Hôpital Général, de ſatisfaire au ſuſdit Arrêt,
Requête dudit Chabouillé du dix-huit Décembre 1752, contenant demande à ce qu'il lui fût donné acte de
ce qu'aux riſques des Syndics & Directeurs des Créanciers du Préſident de Noinville ; & en continuant les dénonciations ci-devant faites, il ſommoit & dénonçoit au Maréchal Duc de Richelieu, & audit Damas audit
nom, la demande formée par ledit Chabouillé contre leſdits Syndics & Directeurs des créanciers de Noinville,
par requête & exploit du 22 Avril 1751, & l'intervention & demande deſdits Directeurs, portée par leur requête du 24 Novembre ſuivant, comme étant le tout occaſionné par les demandes du Maréchal Duc de Richelieu, & du Tuteur à la ſubſtitution ; ce faiſant, en déclarant le Maréchal Duc de Richelieu & ledit Tuteur à
la ſubſtitution non-recevables dans toutes leurs demandes contre ledit de Sauroy, dont ledit Chabouillé a
pris le fait & cauſe & contre ledit Chabouillé, ou en tout cas en les déboutant deſdites demandes, que le
Maréchal Duc de Richelieu & ledit Damas ès noms, fuſſent condamnés en tous les dépens faits par ledit de
Sauroy & par ledit Chabouillé, tant contre le Préſident de Noinville & les Directeurs de ſes Créanciers,
& contre les Légataires univerſels de ladite Petit de Chaſſeraye, tant en demandant, défendant, que des
ſommations & dénonciations, même à acquitter ledit Chabouillé de toutes les condamnations de dépens,
qui pourroient intervenir contre lui au profit du Préſident de Noinville & des Directeurs de ſes Créanciers
& autres ; & où le Maréchal Duc de Richelieu, & le Tuteur à la ſubſtitution réuſſiroient & obtiendroient
quelques condamnations contre ledit Chabouillé, en ce cas, en adjugeant audit Chabouillé les concluſions
par lui priſes contre ledit Durey, de Noinville, & les Directeurs de ſes Créanciers, qu'ils fuſſent condamnés à acquitter ledit Chabouillé de toutes leſdites condamnations, tant en principaux, arrérages, que frais
& dépens, & en tous les dépens faits par ledit de Sauroy, aux droits duquel étoit ledit Chabouillé, & par
ledit Chabouillé, tant contre le Maréchal Duc de Richelieu & ledit Damas audit nom, le Préſident de Noinville, les Directeurs de ſes Créanciers, & les Légataires univerſels de ladite Petit de Chaſſeraye, tant en
demandant, défendant, que des ſommations, dénonciations ; tous leſquels dépens ledit Chabouillé pourroit employer en frais & miſes d'exécution, de la vente faite audit de Sauroy par le Préſident de Noinville le vingt Janvier 1731 ; au bas de laquelle requête, employée pour avertiſſement, écritures & production ſur icelle, eſt l'Ordonnance de notredite Cour, qui l'a réglée en droit & joint, & donné acte de
l'emploi y porté ; Sommations faite à la requête dudit Chabouillé au Maréchal Duc de Richelieu, audit
Damas audit nom, audit de Sauroy, au Préſident de Noinville, aux Directeurs de ſes Créanciers, & aux

T ij

Administrateurs de l'Hôtel-Dieu & de l'Hôpital Général de Paris, de satisfaire à la susdite Ordonnance; Production nouvelle dudit Chabouillé, par requête du trois Mai 1753, tendante à ce que les conclusions par lui prises lui fussent adjugées, avec dépens; au bas de laquelle requête est l'Ordonnance de notredite Cour, qui a réservé d'y faire droit en jugeant; Sommation faite à la requête dudit Chabouillé, aux Directeurs des Créanciers du Président de Noinville, de fournir de contredits contre la susdite production nouvelle; Requête du Maréchal Duc de Richelieu du vingt-six Mai 1655, contenant demande à ce que le contrat passé devant Pain & son confrere, Notaires à Paris, le trente Janvier 1658, entre le feu Duc de Richelieu, d'une part, & lesdits Flacourt, de Lespine & Boilleau, d'autre part, fût déclaré nul en tant que besoin seroit & de nul effet, seulement en ce l'on voudroit en induire une confirmation ou une approbation du contrat passé devant Pain & Daubanton, Notaires à Paris, le vingt-neuf Mai 1655; qu'au surplus, les conclusions par lui prises contre ledit Chabouillé lui fussent adjugées avec dépens; au bas de laquelle requête est l'Ordonnance de notredite Cour, qui a réservé d'y faire droit en jugeant; Requête dudit Damas audit nom, du six Juin mil sept cent cinquante-cinq, contenant demande à ce que le contrat passé devant Pain & son confrere, Notaires à Paris, le trente Janvier mil six cent cinquante-huit, entre le feu Duc de Richelieu d'une part, & lesdits Flacourt, Lespine & Boilleau d'autre, fût en tant que besoin étoit ou feroit, déclaré nul & de nul effet, seulement en ce que l'on voudroit induire dudit contrat une approbation ou une confirmation de celui passé devant Pain & Daubanton, Notaires à Paris, le vingt-neuf Mai 1655; qu'au surplus les conclusions prises par ledit Damas audit nom contre ledit Chabouillé lui fussent adjugées avec dépens; au bas de laquelle requête est l'Ordonnance de notredite Cour, qui a réservé d'y faire droit en jugeant; requête dudit Chabouillé du 27 Mai 1755, d'emploi pour défenses à la susdite demande; production nouvelle du Maréchal Duc de Richelieu contre Jean-Baptiste Rapally par requête du .... Requête dudit Rapally du 4 Juillet 1747, employée pour contredits contre la susdite production nouvelle; requête du Maréchal Duc de Richelieu du 23 Mai 1746, contenant demande, à ce qu'en réformant & augmentant les conclusions par lui ci-devant prises contre ledit Rapally, le contrat du 29 Mai 1655, fût déclaré nul & de nul effet; ce faisant, ledit Rapally condamné à se désister & départir du fonds, propriété & jouissance de la rente fonciere dont la maison à lui appaartenante étoit chargée, à raison de trente-trois livres dix sols un denier par chaque toise de face sur sept toises de profondeur, conformément au contrat d'arrentement fait par feu le Cardinal de Richelieu à Louis le Barbier le dix-sept Mars 1636, de la place sur laquelle ladite maison étoit bâtie, laquelle rente faisoit partie de celle de huit mille deux cens huit livres six sols huit deniers, qui appartenoit à la substitution au jour du décès du Cardinal de Richelieu, & avoit été vendue avec d'autres biens auxdits Flacourt, de Lespine & Boilleau par le feu Duc de Richelieu, par contrat du vingt-neuf Mai 1655, qu'il fût ordonné que ladite maison seroit & demeureroit chargée de ladite rente, à raison de trente-trois livres dix sols un denier par chaque toise de face sur la rue des Bons-Enfans, remboursable sur le pied du denier vingt-quatre, qu'il fût ordonné, que dans huitaine, à compter du jour de la signification de l'Arrêt qui interviendroit à domicile, ledit Rapally seroit tenu de passer titre nouvel & reconnoissance de ladite rente, sinon & ledit tems passé, que l'Arrêt vaudroit titre nouvel; que ledit Rapally fût en outre condamné à payer au Maréchal Duc de Richelieu les arrérages de ladite rente, à compter du dix Mai 1715, jour du décès du Duc de Richelieu pere, tems auquel la substitution s'étoit trouvée ouverte, au profit du Maréchal Duc de Richelieu, en ses dommages & intérêts souffert, & à souffrir, & en tous les dépens, aux offres ci-devant faites par le Maréchal Duc de Richelieu, & qu'il réitéroit de tenir compte audit Rapally de ce qui avoit pû être légitimement payé par lui ou par ses auteurs, à la décharge de la succession du Cardinal de Richelieu sur le prix du contrat de 1655; au bas de laquelle requête employée pour avertissement, écritures & production sur icelle, est l'Ordonnance de notredite Cour qui l'a réglée en droit & joint, & donné acte de l'emploi y porté; requêtes dudit Rapally des premier Juillet 1747 & vingt-trois Novembre 1751, employées pour fins de non-recevoir & défenses; avertissement, écritures, production & contredits en exécution de la susdite Ordonnance; requête dudit Damas audit nom, du six Juin 1746, contenant demande à ce qu'en réformant & augmentant les conclusions par lui prises contre ledit Rapally, le contrat de 1655, fût déclaré nul & de nul effet, & ledit Rapally condamné à se désister du fonds, propriété & jouissance de la rente fonciere, dont la maison à lui appartenante étoit chargée, à raison de trente-trois livres dix sols un denier par chaque toise de profondeur seulement, faisant ladite rente partie de celle de huit mille deux cens huit livres six sols huit deniers, qui appartenoit à la substitution au jour du décès du Cardinal de Richelieu; qu'il fût ordonné que la maison dudit Rapally seroit & demeureroit chargée de la rente, à raison de trente-trois livres dix sols un denier par chaque toise de face sur la rue des Bons-Enfans remboursable sur le pied du denier 24; qu'il fût ordonné que dans huitaine, à compter du jour de la signification de l'Arrêt à domicile, ledit Rapally seroit tenu de passer titre nouvel & reconnoissance, sinon que l'Arrêt vaudroit titre; que ledit Rapally fût en outre condamné à payer les arrérages de ladite rente depuis l'ouverture de la substitution au profit du Maréchal Duc de Richelieu, & en tous les dépens; au bas de laquelle requête employée pour avertissement, écritures & production sur icelle, est l'Ordonnance de notredite Cour qui l'a réglée en droit & joint, & donné acte de l'emploi y porté; requêtes dudit Rapally des vingt-sept Juillet 1747 & vingt-trois Novembre 1751, d'emploi pour fins de non-recevoir, défenses, avertissement, écritures & production, même pour contredits, en exécution de la susdite Ordonnance; requête présentée en notredite Cour le vingt-trois Juin 1746, par François-Nicolas Dupin & sa femme, à ce qu'en conséquence de l'Instance pendante entre le Maréchal Duc de Richelieu, ledit Rapally & autres, il leur fût permis d'y faire assigner les Syndics & Directeurs des Créanciers de Jean-André pour voir dire qu'ils auroient acte de la sommation & dénonciation qu'ils leur faisoient de la demande du Maréchal Duc de Richelieu du 14 Janvier mil sept cens trente-neuf, de l'assignation donnée en conséquence audit Dupin & sa femme ledit jour; ce faisant, l'Arrêt qui interviendroit sur lesdites demandes seroit déclaré commun avec lesdits Syndics & Directeurs des Créanciers André; en conséquence qu'où il interviendroit quelque condamnation contre ledit Rapally au profit du Maréchal Duc de Richelieu & contre lesdits Dupin comme garants dudit Rapally, en ce cas que lesdits Dupin seroient payés & remboursés des sommes auxquelles lesdites condamnations se trouveroient monter tant en principaux, arrérages, intérêts, que frais & dépens; sur le prix qui interviendroit de la vente des immeubles & effets dudit André, par hipotéque du vingt Septembre 1740, jour de l'obligation passée au profit desdits Dupin & sa femme par André, laquelle a été le prix de ladite maison, & en cas de contestation, que lesdits Syndics & Directeurs seroient condamnés aux dépens, ensemble de leurs frais & mises d'exécution, dont ledit Dupin & sa femme seroient pareillement remboursés sur le prix des biens dudit André ; exploit d'assignation donnée en notre-dite Cour le vingt-trois Juin 1746, à la requête dudit Dupin & sa femme à Georges Imbert & consorts, Syndics & Directeurs des Créanciers André, en vertu & aux fins de la susdite requête ; fins de non-re-cevoir & défenses fournies le dix Avril 1747, par lesdits Syndics & Directeurs contre la susdite demande ; Arrêt du neuf Juin 1747, par lequel notredite Cour pour faire droit sur la susdite demande, a appointé les Parties en droit & joint à l'Instance d'entre le Maréchal Duc de Richelieu & ledit Rapally, dépens réservés ; production dudit Dupin & sa femme, en exécution du susdit Arrêt par requête du trois Juillet 1747, employée pour avertissement ; requête desdits Syndics & Directeurs des créanciers André du quatorze Mai 1748 d'emploi pour avertissement, écritures & production en exécution du même Arrêt ; requête des-dits Syndics & Directeurs André du quinze Mai 1748, d'emploi pour contredits contre la production faite par Dupin, en exécution du même Arret par leur requête du trois Juillet 1747 ; production nouvelle dudit Dupin & sa femme par requête du vingt-un Juillet 1747 ; requête dudit Rapally du quatre Mai 1751, employée pour contredits contre ladite production nouvelle ; requête dudit Rapally du vingt-neuf Mars 1753, contenant demande, à ce qu'il lui fût donné acte de ce qu'aux risques de Dupin & sa fem-me, il sommoit & denonçoit au Maréchal Duc de Richelieu la requête présentée en notredite Cour par lui Rapally le trois Juin 1739 ; l'exploit d'assignation donné en conséquence, les défenses de Dupin & sa femme du dix Juillet suivant l'Arrêt de Reglement du vingt-trois Juin 1741, qui appointe les Parties en droit & joint au Procès ; l'avertissement que ledit Rapally avoit fait signifier en conséquence dudit Arrêt ; sa production du six Septembre suivant ; sa requête & demande du six Juin 1742 ; les réponses dudit Dupin & sa femme & tout ce qui avoit suivi, à ce que du contenu esdites pièces il n'ignorât ; en conséquence que le Maréchal Duc de Richelieu, ledit Dupin & sa femme, ou celui d'entr'eux, qui succomberoit, fût condamné aux dépens faits par ledit Rapally, tant contre le Maréchal Duc de Richelieu que contre Dupin & sa femme, que par eux contre lui, & par les uns à l'encontre des autres, tant en demandant, défen-dant, que des sommations & contresommations, & en ceux de la demande, au bas de laquelle requête est l'Ordonnance de notredite Cour, qui a réservé d'y faire droit en jugeant ; requête dudit Rapally du trois Avril 1753, contenant demande, à ce qu'en lui adjugeant les conclusions par lui prises, tant con-tre le Maréchal Duc de Richelieu que contre ledit Dupin & sa femme, le Maréchal Duc de Richelieu fût condamné aux dépens faits par ledit Rapally sur & à l'occasion des demandes formées par le tuteur à la substitution par requêtes des quatorze Juin 1743 & six Juin 1746 & autres, & par ledit tuteur à la substitution, par requêtes des quatorze Juin 1743, & six Juin 1746 & autres, & par ledit tuteur contre ledit Rapally & réciproquement les uns contre les autres, & en ceux de la susdite demande ; & où il arriveroit que ledit tuteur réussiroit dans ses demandes, en ce cas que ledit Dupin & sa femme fussent condamnés aux dépens, qu'ils ont occasionnés tant de la part desdits tuteurs, que contre ledit Rapally, que de la part dudit Rapally, contre le tuteur, tant en demandant que défendant, & en ceux de la de-mande ; au bas de laquelle requête est l'Ordonnance de notredite Cour, qui a réservé d'y faire droit en jugeant ; requête du Maréchal Duc de Richelieu du vingt-six Mai 1755, contenant demande, à ce que le contrat passé devant Pain & son confrere, Notaires à Paris, le trente Janvier 1658 entre le feu Duc de Richelieu d'une part, & lesdits Flacourt, Lespine & Boilleau d'autre, fût en tant que de besoin étoit ou seroit, déclaré nul & de nul effet, seulement en ce que l'on voudroit en induire une approbation ou une confirmation du contrat passé devant Pain & Daubanton, Notaires à Paris, le vingt-neuf Mai 1655 ; au surplus que les conclusions par lui prises contre ledit Rapally lui fussent adjugées avec dé-pens ; au bas de laquelle requête est l'Ordonnance de notredite Cour, qui a réservé d'y faire droit en jugeant ; requête dudit Rapally du vingt-trois Août 1755 employée pour défenses à la susdite demande ; Requête dudit Damas audit nom du six Juin 1755, contenant demande, à ce que le contrat passé de-vant Pain & son confrere, Notaires à Paris, le 30 Janvier 1658, entre le feu Duc de Richelieu d'une part, & lesdits Flacourt, Lespine & Boilleau d'autre part, fût en tant que besoin étoit ou seroit, déclaré nul & de nul effet, seulement en ce que l'en voudroit induire dudit contrat une approbation ou une confir-mation de celui passé devant Pain & Daubanton, Notaires à Paris, le vingt-neuf Mai 1655 ; au surplus que les conclusions par lui prises en l'instance contre ledit Rapally lui fussent adjugées avec dépens, au bas de laquelle requête est l'Ordonnance de notredite Cour, qui a réservé d'y faire droit en jugeant ; re-quête de Jean-Baptiste Pantin Daguesseau de Fresne du vingt-sept Août 1755, tendante à ce qu'il fût reçu Partie intervenante dans l'instance d'entre le Maréchal Duc de Richelieu sur la demande par lui formée con-tre ledit Rapally par requête & exploit des quatorze Janvier & trois Avril 1739, Dupin & sa femme, les Créanciers André & autres, qu'il lui fût donné acte du contenu en sa requête pour moyens d'inter-vention, faisant droit sur icelle, dans le cas seulement où notredire Cour ne se trouveroit pas suffisam-ment instruite pour déclarer le Maréchal Duc de Richelieu non recevable dans sa demande ; & autres y re-latives, attendu que ledit Daguesseau ne s'étoit défendu ni n'avoit pû se défendre sur la demande en dé-nonciation & garantie contre lui formée par le nommé de Boves le vingt-six Septembre 1747, depuis lequel tems il étoit décédé, il fût ordonné que la contestation tant sur ladite demande du Maréchal Duc de Richelieu formée par requête & exploit des quatorze Janvier & treize Avril 1739, contre ledit Ra-pally, que sur toutes les demandes en dénonciation & garantie & autres, qui y sont relatives, seroit dis-jointe de l'instance, & que sur icelle, les Parties contesteroient plus amplement, à l'effet dequoi ledit Daguesseau faisoit toutes réserves de droit de ses fins de non-recevoir & défenses, tant contre les héri-tiers & représentans de Boves qui l'a appellé en garantie, que contre le Maréchal Duc de Richelieu & tous autres ; au bas de laquelle requête est l'Ordonnance de notredite Cour qui a reçu ledit Daguesseau Partie intervenante, & sur sa demande a réservé d'y faire droit en jugeant ; production nouvelle du Ma-réchal Duc de Richelieu contre Claude-Picard de Vaux par requête du vingt-deux Décembre 1745 ; som-mation faite à la requête du Maréchal Duc de Richelieu audit Picard de Vaux de fournir de contredits contre la susdite production nouvelle ; requête du Maréchal Duc de Richelieu du 23 Mai 1746, contenant demande à ce qu'en réformant & augmentant les conclusions par lui ci-devant prises contre ledit Picard de Vaux, le contrat du vingt-neuf Mai 1655, fût déclaré nul & de nul effet ; ce faisant, ledit de Vaux condamné à se désister & départir du fonds, propriété & jouissance de la rente fonciere dont la maison à lui appar-tenante étoit chargée, à raison de trente-trois livres dix sols un denier par chaque toise de face sur sept toiſes de profondeur ſeulement , & conformément au contrat d'arrentement fait par feu le Cardinal de Richelieu à Louis le Barbier le dix-ſept Mars mil ſix cens trente-ſix de la place ſur laquelle ladite maiſon étoit bâtie , laquelle rente faiſoit partie de celle de huit mille deux cens huit livres ſix ſols huit deniers, qui appartenoit à la ſubſtitution au jour du décès du Cardinal de Richelieu , & avoit été vendue avec d'autres biens auxdits Flacourt, Leſpine & Boileau, par feu le Duc de Richelieu pere , par le ſuſdit contrat du vingt-neuf Mai 1655 , qu'il fût ordonné que ladite maiſon ſeroit & demeureroit chargée à l'avenir de ladite rente , à raiſon de trente-trois livres dix ſols un denier par chaque toiſe de face ſur la rue des Bons-Enfans , rembourſable ſur le pied du denier vingt-quatre ; qu'il fût ordonné qne dans huitaine, à compter du jour de la ſignification de l'Arrêt qui interviendroit à domicile , ledit Picard ſeroit tenu de paſſer titre nouvel & reconnoiſſance de ladite rente , ſinon & ledit tems paſſé , que l'Arrêt vaudroit titre nouvel ; que ledit Picard fût en outre condamné à payer au Maréchal Duc de Richelieu les arréreges de ladite rente , à compter du dix Mai mil ſept cent quinze , jour du décès du Duc de Richelieu pere, tems auquel la ſubſtitution s'étoit trouvée ouverte , & en ſes dommages-intérêts ſoufferts & à ſouffrir, aux offres ci-devant faites par le Maréchal Duc de Richelieu , & qu'il réireroit de tenir compte audit Picard de ce qui auroit pû être légitimement payé par lui ou ſes auteurs , à la décharge de la ſucceſſion du Cardinal de Richelieu ſur le prix du contrat de 1655 ; au bas de laquelle requête , employée pour avertiſſement , écritures & produdtion ſur icelle , eſt l'Ordonnance de notredite Cour, qui l'a réglée en droit & joint , & donné adte de l'emploi y porté ; Sommation faite à la requête du Maréchal Duc de Richelieu audit Picard , de ſatisfaire à la ſuſdite Ordonnance ; Requête dudit Picard , du vingt-cinq Mai 1746 , à ce qu'il lui fût donné adte de ce qu'il ſommoit & dénonçoit à la veuve Jacques Maziere, tant en ſon nom comme communre en biens avec ledit défunt, que comme tutrice de leurs enfans mineurs, au nommé Léduc & à ladite de Maziefre a femme , & audit de Bréget , ayant repris au lieu & place de Marie Delamouche ſa mere, la demande du Maréchal Duc de Richelieu , portée par ſa requête du vingt-trois Mai 1746 , à ce qu'ils euſſent à y défendre , ſi bon leur ſembloit , & en faire débouter le Maréchal Duc de Richelieu ; ſinon , & où ladite demande auroit lieu en tout ou partie , que ladite veuve de Mazieres ès noms , ledit Leduc & ſa femme, & ledit de Breget fuſſent ſolidairement condamnés à en acquitter , garantir & indemniſer ledit Picard , en principal , arrérages , intérêts , dommages-intérêts & dépens , & qu'il , fûſſent en outres condamné aux dépens faits & à faire par ledit Picard , tant contre'eux que contre le Maréchal Duc de Richelieu , en demandant , défendant , & des ſommations ; au bas de laquelle requête , employée pour avertiſſement, écritures & produdtion ſur icelle , eſt l'Ordonnance de notredite Cour , qui l'a réglée en droit & joint , & donné adte de l'emploi v porté ; Sommation faite à la requête dudit Picard à ladite veuve de Mazieres audit Leduc & ſa femme, & à M. de Breget , de ſatisfaire à la ſuſdite Ordonnance ; Requête dudit Picard du ſix Juin 1746 , employée aux riſques de ſes garants , pour défenſes , écritures & produdtion , en exécution de l'Ordonnance du vingt-trois Mai 1746 , étant au bas de la requête du Maréchal Duc de Richelieu ; Requête dudit Damas , audit nom , du ſix Juin 1747 , contenant demande à ce qu'en reformant & augmentant les concluſions par lui priſes contre ledit Picard , le contrat de mil ſix cent cinquante cinq , fût déclaré nul & de nul effet , en conſéquence ledit Picard condamné à ſe déſiſter du fonds , propriété & jouiſſance de la rente fonciere dont la maiſon , à lui appartenante étoit chargée , à raiſon de trente-trois livres dix ſols un denier , par chaque toiſe de face ſur ſept roiſes de profondeur ſeulement , faiſant ladite rente partie de celle de huit mille deux eent huit livres dix-ſept ſols huit deniers , qui appartenoit à la ſubſtitution au jour du décès du Cardinal de Richelieu , qu'il fût ordonné que la maiſon dudit Picard ſeroit & demeureroit chargée de ladite rente , à raiſon de trente-trois livres dix ſols un denier par chaque toiſes de face ſur la rue neuve des Bons-Enfans rembourſable ſur le pied du denier 24 , qu'il fût ordonné que dans huitaine , à compter du jour de la ſignification de l'Arrêt à domicile , ledir Picard ſeroit tenu de paſſer titre nouvel & reconnoiſſance , ſinon que l'Arrêt vaudroit titre , que ledit Picard fût en outre condamné à payer les arrérages de ladite rente depuis l'ouverture de la ſubſtitution au profit du Maréchal Duc de Richelieu & en tous les dépens ; au bas de laquélle requête , employée pour avertiſſement , écritures & produdtion ſur icelle , eſt l'Ordonnance de notredite Cour qui l'a réglée en droit & joint , & donné adte de l'emploi y porté ; Sommation faite à la requête dudit Damas , audit nom , audit Picard, de ſatisfaire à la ſuſdite Ordonnance ; Requête du Maréchal Duc de Richelieu , du vingt-ſix Mai 1755 , contenant demande à ce que le contrat paſſé devant Pain & ſon confrere, Notaires à Paris , le trente Janviet 1658 , entre le feu Duc de Richelieu d'une part , & leſdits Flacourt , Leſpine & Boileau d'autre , fût en tant que beſoin étoit ou ſeroit , déclaré nul & de nul effet , ſeulement en ce que l'on voudroit en induire une approbation ou uue confirmation du contrat paſſé devant Pain & Daubanton , Notaires à Paris le vingt-neuf Mai 1655 ; & qu'au ſurplus les concluſions priſes en l'inſtance par le Maréchal Duc de Richelieu contre ledit Picard lui fuſſent adjugées avec dépens ; au bas de laquelle requête eſt l'Ordonnance de notredite Cour , qui a reſervé d'y faire droit en jugeant ; Requête dudit Damas , audit nom , du ſept Juin 1755 , contenant demande à ce que le contrat paſſé devant Pain & ſon confrere , Notaires à Paris le trente Janvier 1658 , entre le feu Duc de Richelieu d'une part & leſdits Flacourt , Leſpine & Boileau d'autre , fût en tant que beſoin étoit ou ſeroit , déclaré nul & de nul effet , ſeulement en ce que l'on voudroit en induire une approbation ou une confirmation de celui paſſé devant Pain & Daubanton , Notaires à Paris le vingt-neuf Mai 1655 ; & qu'au ſurplus les concluſions priſes en l'inſtance par ledit Damas contre ledit Picard , lui fuſſent adjugées avec dépens ; au bas de laquelle requête eſt l'Ordonnance de notredite Cour , qui a reſervé d'y faire droit en jugeant ; Produdtion nouvelle du Maréchal Duc de Richelieu , contre Charles-Guillaume de Maupeou Evêque de Lombès , par requête du vingt-deux Décembre 1745 ; Sommation faite à la requête du Maréchal Duc de Richelieu à l'Evêque de Lombès , de fournir de contredits contre la ſuſdite produdtion nouvelle ; Requête du Maréchal Duc de Richelieu du vingt-trois Mai 1746 , contenant demande à ce qu'en reformant & augmentant les concluſions par lui ci-devant priſes contre Charles Maurice du Chauffour , le contrat du vingt-neuf Mai 1655 , fût déclaré nul & de nul effet, ce faiſant , ſedit Duchauffour condamné à ſe déſiſter & départir du fonds , propriété & jouiſſance de la rente fonciere dont la maiſon , à lui appartenante étoit chargée , à raiſon de trente-trois livres dix ſols un denier par chaque toiſe de profondeur ſeulement , conformément au contrat d'arrentement fait par feu le Cardinal de Richelieu à Louis le Barbier le dix-ſept Mars 1636 , de la place

ſuſ

fur laquelle ladite maifon étoit bâtie, laquelle rente faifoit partie de celle de huit mille deux cens huit livres fix fols huit deniers, qui appartenoit à la fubftitution au jour du décès du Cardinal de Richelieu, & avoit été vendue avec autres biens auxdits Flacourt, Lefpine & Boileau, par le feu Duc de Richelieu pere, par le fufdit contrat du vingt-neuf Mai 1655, qu'il fût ordonné que ladite maifon feroit & demeureroit chargée à l'avenir de ladite rente, à raifon de trente-trois-livres dix fols un denier par chaque toife de face fur la rue des Bons-Enfans, rembourfable fur le pied du denier vingt-quatre; qu'il fût ordonné que dans huitaine, à compter du jour de la fignification de l'Arrêt qui interviendroit à domicile, ledit Duchauffour feroit tenu de paffer titre nouvel & reconnoiffance de ladite rente, finon, & ledit tems paffé, que l'Arrêt vaudroit titre nouvel; que ledit Duchauffour fût en outre condamné à payer au Maréchal Duc de Richelieu, les arrérages de ladite rente, à compter du dix Mai 1715, jour du décès du Duc de Richelieu pere, tems auquel la fubftitution s'étoit trouvée ouverte au profit du Maréchal Duc de Richelieu en fes dommages-intérêts, foufferts & à fouffrir, & en tous les dépens, aux offres ci-devant faites par le Maréchal Duc de Richelieu, & qu'il réiteroit de tenir compte audit Duchauffour, de ce qui avoit pû être légitimement payé par lui ou par fes auteurs, à la décharge de la fucceffion du Cardinal de Richelieu fur le prix du contrat de 1655; au bas de laquelle requête, employée pour avertiffement, écritures & production fur icelle, eft l'Ordonnance de notredite Cour, qui l'a réglée en droit & joint, & donné acte de l'emploi y porté; Sommation faite à la requête du Maréchal Duc de Richelieu audit Duchauffour, de fatisfaire à la fufdite Ordonnance; Requête dudit Damas, audit nom, du fix Juin 1746, contenant demande, à ce qu'en reformant & augmentant les conclufions par lui prifes contre ledit Duchauffour & l'Evêque de Lombès, le contrat de 1655, fût déclaré nul & de nul effet, & ledit Duchauffour & l'Evêque de Lombès condamnés à fe défifter du fonds, propriété & jouiffance de la rente fonciere dont la maifon, à eux appartenante, étoit chargée, à raifon de 33 liv. dix fols un denier par chaque toife de face fur fept toifes de profondeur feulement, faifant partie ladite rente, de celle de 8208 liv. fix f. 8 den, qui appartenoit à la fubftitution au jour du décès du Cardinal de Richelieu, qu'il fût ordonné que la maifon defdits Duchauffour & de Lombès feroit & demeureroit chargée de ladite rente à raifon de trente-trois livres dix fols un denier pour chaque toife de face fur la rue neuve des Bons-Enfans, rembourfable fur le pied du denier 24, qu'il fût ordonné que dans huitaine, à compter du jour de la fignification de l'Arrêt à domicile, ledit Duchauffour & ledit de Lombès feroient tenus d'en paffer titre nouvel, & qu'ils fuffent condamnés à payer les arrérages de ladite rente, depuis l'ouverture de la fubftitution au profit du Maréchal Duc de Richelieu, & en tous les dépens; au bas de laquelle requête, employée pour avertiffement, écritures & production fur icelle, eft l'Ordonnance de notredite Cour, qui l'a réglée en droit & joint, & donné acte de l'emploi y porté; Sommation faite à la requête dudit Damas, audit nom, auxdits Duchauffour & de Lombès, de fatisfaire à la fufdite Ordonnance; Requête du Maréchal Duc de Richelieu du vingt-fix Mai 1755, contenant demande à ce que le contrat paffé devant Pain & fon confrere, Notaires à Paris, le trente Janvier 1658, entre le feu Duc de Richelieu d'une part, & lefdits Flacourt, Lefpine & Boilleau d'autre part, fût, en tant que befoin étoit ou feroit, déclaré nul & de nul effet, feulement en ce que l'on voudroit en induire une approbation ou une confirmation du contrat paffé devant Pain & Daubanton, Notaires à Paris, le vingt-neuf Mai 1655; qu'au furplus les conclufions par lui prifes en l'inftance contre ledit Duchauffour, lui fuffent adjugées avec dépens; au bas de laquelle requête, eft l'Ordonnance de notredite Cour, qui a refervé d'y faire droit en jugeant; Requête dudit Damas, audit nom, du fept Juin 1755, contenant demande à ce que le contrat paffé devant Pain & fon confrere, Notaires à Paris, le trente Janvier 1658, entre le feu Duc de Richelieu d'une part, & lefdits Flacourt, Lefpine & Boileau d'autre part, fût, en tant que befoin étoit ou feroit, déclaré nul & de nul effet, feulement en ce que l'on voudroit en induire une approbation ou une confirmation du conrrat paffé devant Pain & Daubanton, Notaires à Paris, le vingt-neuf Mai 1655; qu'au furplus les conclufions par lui prifes en l'inftance contre ledit Duchauffour, lui fuffent adjugées avec dépens; au bas de laquelle requête, eft l'Ordonnance de notredite Cour, qui a refervé d'y faire droit en jugeant; Requête dudit Pierre-Nicolas Chupin de Germigny du vingt Juin 1746, employée aux rifques dudit Regnier de Voify, pour contredits contre la production nouvelle faite par le Maréchal Duc de Richelieu, par requête du fix Mars 1745, & contenant demande à ce qu'il plût à notredite Cour, fans s'arrêter à ce qui avoit été dit par le Maréchal Duc de Richelieu, les conclufions prifes par ledit Chupin, lui fuffent adjugées, qu'il lui fût donné acte de ce qu'il fommoit & dénonçoit audit Regnier de Voify, la requête de production nouvelle du Maréchal Duc de Richelieu du fix Mars 1745, à ce qu'il n'en ignorât, & fût tenu de faire ceffer les inductions y contenues, à acquitter, garantir & indemnifer ledit Chupin de toutes condamnations, tant en principal, intérêts que frais, mifes d'exécution & dépens, tant en demandant, défendant, que des fommations & dénonciations; au bas de laquelle requête eft l'Ordonnance de notredite Cour, qui a donné acte de l'emploi y porté, & refervé d'y faire droit en jugeant; Requête dudit Regnier de Voify du vingt-neuf Novembre 1746, employée aux rifques, périls & fortunes de fes garants, pour fins de non-recevoir, & défenfes à la demande dudit Chupin du vingt Juin 1745; Production nouvelle du Maréchal Duc de Richelieu, par Requête du vingt-deux Décembre 1745; Requête dudit Chupin du douze Janvier 1746, employée aux rifques dudit Regnier de Voify, pour contredits contre la fufdite production nouvelle, & contenant demande à ce qu'en lui adjugeant les conclufions par lui prifes, il lui fût donné acte de ce qu'il fommoit & dénonçoit audit Regnier de Voify, ladite production nouvelle du Maréchal Duc de Richelieu, du vingt-deux Décembre 1745, à ce qu'il fût tenu de la contredire, & faire ceffer les inductions qui en étoient tirées contre ledit Chupin de Germigny, l'en acquitter, garantir & indemnifer, ainfi que de tous dépens, tant en demandant, défendant. que des fommations & dénonciations; au bas de laquelle requête eft l'Ordonnance de notredite Cour, qui a donné acte de l'emploi y porté, & réferve d'y faire droit en jugeant; Requête dudit Regnier de Voify du premier Décembre mil fept cent quarante-fix, employée aux rifques périls & fortune de fes garants, pour fins de non-recevoir, & défenfs à la demande ci-deffus; Requête dudit Chupin du vingt-trois Janvier 1747, employée pour repliques aux fins de non-recevoir, & défenfes dudit de Voify, portée par fa fufdite requête du premier Décemdre 1746; Requête dudit Chupin du dix-neuf Janvier 1747, employée pour réponfes à la requête dudit Regnier de Voify, du vingt-deux Novembre 1746; Requête dudit Regnier de Voify du vingt-trois Novembre 1746, employée

V v

aux rifques de qui il appartiendra, pour fins de non-recevoir, & défenfes à la demande dudit Chupin, du dix-neuf Juillet 1743 , & contenant demande , à ce que fans s'arrêter à ladite demande , dans laquelle ledit Chupin feroit déclaré non-recevable, ou dont en tout cas il feroit débouté, les conclufions par lui prifes fuffent adjugées avec dépens, au bas de laquelle requête eft l'Ordonnance de notredite Cour, qui a donné acte de l'emploi y porté, & réfervé d'y faire droit en jugeant ; Requête dudit Chupin , du vingt-cinq Janvier 1747, employée pour repliques aux fins de non-recevoir, portée par la fufdite requete, & défenfes contre la demande y portée ; Requête du Maréchal Duc de Richelieu du vingt-trois Mai 1746 , contenant demande , à ce qu'en réformant & augmentant les conclufions par lui cidevant prifes, contre ledit Chupin de Germigny, le contrat du vingt-neuf Mai 1655 , fût déclaré nul & de nul effet ; ce faifant, ledit Chupin condamné à fe défifter & départir du fonds, propriété & jouiffance de la rente fonciere dont la maifon à lui appartenante étoit chargée, à raifon de trente-trois livres dix fols un denier pour chaque toife de face, fur fept toifes de profondeur feulement, conformément au contrat d'arrentement, fait par feu le Cardinal de Richelieu, à Louis le Barbier le dix-fept Mars 1636, de la place fur laquelle ladite maifon étoit bâtie, laquelle rente faifoit partie de celle de huit mille deux cens huit livres fix fols huit deniers, qui appartenoit à la fubftitution au jour du décès du Cardinal de Richelieu, qui avoit été vendue avec d'autres biens auxdits de Flacourt, de Lefpine & Boilleau , par feu le Duc de Richelieu pere, par le fufdit contrat du vingt-neuf Mai 1655 ; qu'il fût ordonné que ladite maifon feroit & demeureroit chargée à l'avenir de ladite rente, à raifon de trente-trois livres dix fols un denier , par chaque toife de face, fur la rue neuve des Bons-Enfans , rembourfable fur le pied du denier vingt-quatre ; qu'il fût ordonné que dans huitaine, à compter du jour de la fignification de l'arrêt qui interviendroit à domicile , ledit Chupin feroit tenu de paffer titre nouvel , & reconnoiffance de ladite rente , finon , & ledit tems paffé que l'arrêt vaudroit titre nouvel , & qu'en outre ledit Chupin fût condamné à payer au Maréchal Duc de Richelieu , les arrérages de ladite rente , à compter du dix Mai 1710 , jour du décès du Duc de Richelieu pere, tems auquel la fubftitution s'étoit trouvée ouverte au profit du Duc de Richelieu, en fes dommages-intérêts, foufferts & à fouffrir, & en tous les dépens, aux offres & déclarations faites par le Maréchal Duc de Richelieu , & qu'il réitéroit de tenir compte audit Chupin de Germigny, de ce qui avoit pû être légitimement payé , par lui ou par fes Auteurs, à la décharge de la fucceffion du Cardinal de Richelieu, fur le prix du contrat de 1655 , au bas de laquelle requête employée pour avertiffement, écritures & production fur icelle, eft l'Ordonnance de notredite Cour qui l'a réglée en droit & joint, & donné acte de l'emploi y porté ; Requête dudit Chupin, du vingt-quatre Janvier 1747 , d'emploi pour contredits, contre l'employ de production porté par la fufdite requête ; fommation faite à la requête du Maréchal Duc de Richelieu audit Chupin, de produire en exécution de la fufdite Ordonnance ; Requête dudit Damas audit nom, du fix Juin 1746, contenant demande , à ce qu'en réformant & augmentant les conclufions par lui prifes contre ledit Chupin, le contrat de 1655 fût déclaré nul & de nul effet ; en conféquence ledit Chupin condamné à fe défifter du fonds, propriété & jouiffance de la rente fonciere, dont la maifon à lui appartenante étoit chargée, à raifon de trente-trois livres dix fols un denier par chaque toife de face, fur fept toifes de profondeur feulement, faifant ladite rente partie de celle de huit mille deux cens huit livres fix fols huit deniers , qui appartenoit à la fubftitution au jour du décès du Cardinal de Richelieu, qu'il fût ordonné que la maifon dudit Chupin, feroit & demeureroit chargée de ladite rente, à raifon de trente trois livres dix fols un denier par chaque toife de face fur la rue neuve des Bons-Enfans, rembourfable fur le pied du denier vingt-quatre ; qu'il fût ordonné que dans huitaine, à compter du jour de la fignification de l'arrêt à domicile , ledit Chupin feroit tenu de paffer titre nouvel & reconnoiffance, finon , que l'arrêt vaudroit titre ; que ledit Chupin fût en outre condamné à payer les arrérages de la rente , depuis l'ouverture de la fubftitution au profit du Maréchal Duc de Richelieu, & en tous les dépens, au bas de laquelle requête employée pour avertiffement, écritures & production fur icelle, eft l'Ordonnance de notredite Cour qui l'a réglée en droit & joint, & donné acte de l'emploi y porté ; Requête dudit Chupin, du vingt-quatre Janvier 1747, d'emploi pour contredits, contre l'emploi de production porté par la fufdite requête ; fommation faite à la requête dudit Damas audit nom, audit Chupin, de fatisfaire à la fufdite Ordonnance ; Requête dudit Chupin , du quinze Juin 1746, employée pour fins de non-recevoir, défenfes , avertiffement & production , contre les demandes, & en exécution des Ordonnances étant au bas des requêtes du Maréchal Duc de Richelieu, & dudit Damas audit nom, des vingt-trois Mai & fix Juin 1746, & contenant demande, à ce que fans s'arrêter aux nouvelles demandes du Maréchal Duc de Richelieu & dudit Damas, dans lefquelles ils feroient chacun à leur égard déclarés non-recevables, ou en tous cas déboutés, les conclufions prifes en l'inftance par ledit Chupin, lui fuffent adjugées avec dépens ; qu'au furplus il fût donné acte audit Chupin, de ce qu'aux rifques, périls & fortunes du Maréchal Duc de Richelieu & dudit Damas audit nom , il fommoit & dénonçoit les deux requêtes defdits jours vingt-trois Mai & fix Juin 1746, à Jean Régnier de Voify, à ce qu'il n'en ignorât, & qu'il eût de fon côté à y défendre ainfi qu'il aviferoit bon être, & à faire débouter le Maréchal Duc de Richelieu , & le tuteur à la fubftitution, de leurs nouvelles demandes; finon , & où il arriveroit qu'il y auroit quelques condamnations de prononcées contre ledit Chupin , au profit du Maréchal Duc de Richelieu & dudit Damas audit nom, que ledit de Voify fût condamné à en acquitter, garantir & indemnifer ledit de Chupin, tant en principal, intérêts, dommages-intérêts, que frais & mifes d'exécution & dépens, & par les mêmes voies que ledit Chupin pourroit y être condamné ; & en outre que ceux foit du Maréchal Duc de Richelieu, & dudit Damas ou dudit de Voify qui fuccomberoient, fuffent condamnés en tous les dépens, tant en demandant, défendant, que des fommations & dénonciations, & en ceux faits les uns à l'encontre des autres, au bas de laquelle requête employée pour avertiffement, écritures & production fur icelle, eft l'Ordonnance de notredite Cour qui l'a réglée en droit & joint , & donné acte de l'emploi y porté ; Requête dudit Regnier de Voify, du vingt-fix Novembre 1746, employée aux rifques de fes garants, pour fins de non-recevoir & défenfes , avertiffement, écritures & production , en exécution de l'Ordonnance de notredite Cour, étant au bas de la requête dudit Chupin, du quinze Juin 1746 ; fommation faite à la requête dudit Chupin au Maréchal Duc de Richelieu, & audit Damas audit nom, de fatisfaire à la fufdite Ordonnance ; Requête dudit Chupin , du vingt-un Janvier 1747, employée pour réponfes à celle dudit Regnier de Voify du vingt-fix Novembre 1746, &

pour contredits , contre l'emploi de production porté par la même requête ; Requête dudit Regnier de
Voify du vingt-deux Novembre 1746, employée aux rifques de qui il appartiendroit, pour fins de non-
recevoir, & défenfes à la demande dudit Chupin du quinze Juin 1746, & contenant demande, à ce que
ledit Chupin fût déclaré non-recevable dans fadite demande , ou en tous cas débouté, & que les conclufions
prifes par ledit Regnier de Voify, lui fuffent adjugées avec dépens, au bas de laquelle requête eft l'Ordonnance de notredite Cour, qui a donné acte de l'emploi y porté, & réfervé d'y faire droit en jugeant ;
Requête préfentée en notredite Cour, par ledit Regnier de Voify le quatre Mai 1739, contenant demande ci-deffus vifée ; exploit d'affignation donnée en notredite Cour le quatorze Août 1739, à la
requête dudit Regnier de Voify à Pierre-Charles de Lefpine, en vertu & aux fins de la fufdite requête ;
défenfes fournies le vingt-huit Novembre 1739, par ledit de Lefpine contre la fufdite demande ; Arrêt
du vingt-quatre Novembre 1746, par lequel notredite Cour pour faire droit fur les demande & défenfes
ci-deffus, a appointé les parties en droit & joint à l'inftance d'entre ledit Regnier de Voify, ledit
Chupin de Germigny, le Maréchal Duc de Richelieu & autres , pour être fur le tout conjointement
fait droit, dépens réfervés ; production dudit Regnier de Voify, en exécution du fufdit arrêt par requête
du trente-un Décembre 1746, employée pour avertiffement ; fommation faite à la requête dudit Regnier de Voify audit Pierre-Charles de Lefpine, de fatisfaire au fufdit arrêt ; production nouvelle dudit
Chupin de Germigny, par requête du neuf Décembre 1746, employée pour réponfes à celle dudit Regnier de Voify du vingt-un Novembre 1746, & contenant demande, à ce qu'il lui fût donné acte de
ce qu'en augmentant les qualités par lui prifes en l'inftance, il procédoit non feulement en qualité de
propriétaire d'un pavillon entier, dont la moitié avoit été vendue à la nommée Dhocquinquau, mais
encore en tant que befoin étoit, en qualité de donnataire & créancier de la fucceffion de Pierre Chupin
fon pere, que ledit de Voify fût condamné à rendre & reftituer le prix qu'il avoit touché des deux
Parties de rentes affignées fur les deux pavillons en queftion, & ce jufqu'à concurrence des condamnations qui pourroient intervenir en faveur du Maréchal Duc de Richelieu à l'encontre dudit Chupin
& autres acquereurs, fçavoir un quart au nommé Régnier, Lieutenant au Baillage de Verfailles, & les trois
autres quarts audit Chupin, comme ayant rembourfé de fes deniers non feulement la rente affignée fur
fon pavillon, mais encore celle qui étoit affignée fur l'autre Pavillon ; & adjugeant audit Chupin fes
autres conclufions que ledit Regnier de Voify, fût condamné en tous les dépens, au bas de laquelle
requête employée pour avertiffement, écritures & production fur icelle , eft l'Ordonnance de notredite Cour qui l'a réglée en droit & joint, & donné acte de l'emploi y porté ; Requête dudit Regnier de
Voify du huit Mai 1749, employée aux rifques de fes garants, pour contredits contre la production
nouvelle faite par ledit Chupin, par fa requête du neuf Décembre 1746, fins de non-recevoir &
défenfes contre la demande portée par la même requête, avertiffement, écritures & production fur icelle,
& contenant demande, à ce que fans s'arrêter à ladite demande du neuf Décembre 1746, dans laquelle
ledit Chupin feroit déclaré non-recevable, ou dont en tout cas il feroit débouté, les conclufions prifes
par ledit Regnier de Voify contre ledit Chupin lui fuffent adjugées ; qu'il fût donné acte audit Regnier
de Voify, de ce qu'aux rifques des héritiers de Lefpine & dudit Chupin, il fommoit & dénonçoit au
Maréchal Duc de Richelieu & au tuteur à la fubftitution, la production nouvelle & demande dudit
Chupin dudit jour neuf Décembre 1746 ; ce faifant, dans le cas où le Maréchal Duc de Richelieu & le
tuteur à la fubftitution feroient déclarés non-recevables dans leurs demandes principales, & que par
cette raifon les parties feroient mifes hors de Cour fur la demande dudit Chupin, ou même qu'il interviendroit quelque condamnation contre led.t Regnier de Voify, au profit dudit Chupin, que le Maréchal Duc de Richelieu & le tuteur qui ont occafionné cette demande, fuffent condamnés à acquitter,
garantir & indemnifer ledit Regnier de Voify, de tout événement pour raifon d'icelle, de maniere
que ledit Regnier de Voify n'en fouffrit aucun préjudice ; qu'il fût pareillement donné acte audit Regnier
de Voify, à ce qu'aux rifques de qui il appartiendroit, il fommoit & dénonçoit la production nouvelle &
demande dudit Chupin, enfemble la fufdite demande aux héritiers Simon Lefpine & Jeanne Pafquet fa femme ; ce faifant , dans le cas où il interviendroit quelque condamnation contre ledit Regnier de Voify,
foit au profit du Maréchal Duc de Richelieu & du tuteur à la fubftitution , attendu que les héritiers
Simon de Lefpine & fa femme, font folidairement garants dudit Regnier de Voify, aux termes du tranf-
port du dix-neuf Juin 1675 , qu'ils fuffent folidairement condamnés à acquiter , garantir & indemnifer
ledit Regnier de Voify de toutes les condamnations qui pourroient intervenir contre lui à l'occafion de
ladite demande, & dans tous les cas, que ceux qui fuccomberoient fuffent condamnés en tous les dépens
faits par ledit Regnier de Voify, activement & paffivement envers toutes les Parties, tant en demandant,
défendant, que des fommations, dénonciations & contrefommations, au bas de laquelle requête employée pour avertiffement, écritures & production fur icelle , eft l'Ordonnance de notredite Cour, qui
l'a réglée en droit & joint, & donné acte de l'emploi y porté ; Requête dudit Chupin, du dix-neuf
Mai 1747, d'emploi pour contredits , contre l'emploi de production faite par ledit Regnier, en exécution des Ordonnances des neuf Décembre mil fept cent quarante fix & huit Mai mil fept cent quarante fept ;
fommation faite à la requête dudit Regnier de Voify, audit Chupin, au Maréchal Duc de Richelieu, au
tuteur à la fubftitution, & aux héritiers de Lefpine, de fatisfaire à la fufdite Ordonnance ; Requête dudit
Chupin, du dix-neuf Mai 1747, employée pour avertiffement, écritures & production, en exécution de
l'Ordonnance de notredite Cour, étant au bas de la requête dudit Regnier de Voify, du huit Mai 1747,
& contenant demande à ce qu'en déboutant ledit Regnier de Voify de toutes fes demandes, il foit condamné en tous dépens envers ledit Chupin ; qu'il lui fût donné acte de qu'il dénonçoit ladite requête au
Maréchal Duc de Richelieu, & audit Damas, audit nom , à ce qu'ils n'en ignoraffent, & qu'ils fuffent
condamnés en tous les dépens, même en ceux réfervés ; au bas de laquelle requête eft l'Ordonnance de
notredite Cour, qui a donné acte de l'emploi y porté, & réfervé d'y faire droit en jugeant ; acte de reprife du neuf Décembre 1747, faite au Greffe par François Regnier de Vaubepin, au lieu dudit Regnier
de Voify ; Requête dudit Chupin du onze Octobre 1754 , employée pour additions de falvations aux
contredits portés par la requête dudit Regnier de Voify du huit Mai 1747, & défenfes contre la demande
y portée, & tendante à ce qu'il lui fût donné acte de ce qu'aux rifques dudit Regnier de Vaubepin, il
fommoit & dénonçoit ladite requête au Maréchal Duc de Richelieu, à ce qu'au cas qu'il fuccombât dans
fes demandes principales, il fût tenu d'en acquitter ledit Chupin, & de tous les dépens à cet égard, tant

en demandant, défendant, que des sommations & dénonciations, & au cas que le Maréchal Duc de Richelieu obtînt à ses fins contre ledit Chupin, que ledit Regnier de Vaubepin fût condamné en tous les dépens ; au bas de laquelle requête est l'Ordonnance de notredite Cour, qui a réservé d'y faire droit en jugeant ; requête dudit Chupin du huit Janvier 1755, d'emploi pour contredits contre la production faite par ledit Regnier, en exécution de l'Ordonnance du huit Mai 1747 ; requête dudit Chupin, du vingt-cinq Février 1755, employée aux risques de qui il appartiendroit, pour réponses & contredits contre le plus ample avertissement dudit Regnier de Voisy, du premier Décembre 1746, & contenant demande à ce qu'il lui fût donné acte de la reconnonoissance faite par feu Regnier de Voisy, par son avertissement du premier Décembre 1746, au folio cent-quatre versò, & cent-cinq rectò & versò, qu'il avoit reçu la somme de sept mille six cens trente-deux livres seize sols neuf deniers, laquelle devoit être imputée sur le remboursement de la re te qui étoit dùe sur le pavillon aujourd'hui divisé entre ledit Regnier Bailly de Versailles, & ledit Chupin ; en conséquence, que ledit Regnier de Vaubepin héritier dudit Regnier de Voisy, comme ayant repris en son lieu & place, fût débouté de toutes ses demandes, & que les conclusions prises par ledit Chupin en l'Instance, lui fussent adjugées, & ledit Regnier de Vaubepin fût condamné aux dépens, tant en demandant, défendant, que des sommations ; au bas de laquelle requête est l'Ordonnance de notredite Cour, qui a donné acte de l'emploi y porté, & réservé d'y faire droit en jugeant ; Requête dudit Chupin, du trente Avril 1755, contenant demande à ce qu'il lui fût donné acte de ce qu'il sommoit & dénonçoit audit Regnier de Vaubepin, comme héritier dudit Regnier de Voisy, la requête de production nouvelle du Maréchal Duc de Richelieu, du vingt-huit Mars 1753, dénoncée audit Chupin le dix-sept Août suivant, à ce qu'il eût à la contredire, si bon lui sembloit, & prendre le fait & cause dudit Chupin ; en tout cas, qu'il lui fût donné acte de ce qu'aux risques dudit Regnier de Vaubepin, il employoit pour contredits contre ladite production nouvelle le contenu en sadite requête, avec tout ce qu'il avoit dit en l'Instance ; ce faisant, & attendu que l'Instance qui concernoit ledit Chupin, tant contre le Maréchal Duc de Richelieu & contre ledit Regnier de Vaubepin, défendeur en garantie, qu'il fût ordonné qu'il seroit procédé au Jugement de ladite Instance, & y procédant, qu'il fût adjugé audit Chupin ses conclusions, soit contre le Maréchal Duc de Richelieu, soit contre ledit Regnier de Vaubepin, héritier dudit Regnier de Voisy, & que celui des deux qui succomberoit, fût condamné en tous les dépens, tant en demandant, défendant, que des sommations & dénonciations ; au bas de laquelle requete est l'Ordonnance de notredite Cour, qui a donné acte de l'emploi y porté, & réservé d'y faire droit en jugeant ; Requête du Maréchal Duc de Richelieu, du vingt-six Mai 1755, contenant demande à ce que le contrat passé devant Pain & son confrere, Notaires à Paris, le trente Janvier 1758, entre le feu Duc de Richelieu d'une part, & lesdits Flacourt, Lespine & Boileau d'autre part, fût déclaré, en tant que besoin étoit ou seroit, nul & de nul effet, seulement en ce que l'on voudroit en induire une approbation ou une confirmation du contrat passé devant Pain & Daubanton, Notaires à Paris, le vingt-neuf Mai 1655 ; au surplus, que les conclusions par lui prises en l'Instance, lui fussent adjugées avec dépens ; au bas de laquelle requête est l'Ordonnance de notredite Cour, qui a réservé d'y faire droit en jugeant ; Requete dudit Chupin, du deux Juin 1755, employée aux risques dudit Regnier de Vaubepin, son garant, p ur défenses contre la demande en jugeant, du Maréchal Duc de Richelieu, portée par sa requête du 26 Mai 1755, & tendante, à ce qu'il plût à notredite Cour déclarer le Maréchal Duc de Richelieu non-recevable, & mal fondé dans ladite requête ; en tout cas, qu'il fût donné acte audit Chupin de ce qu'il sommoit & dénonçoit ladite requête audit Regnier de Vaubepin, à ce qu'il fût tenu d'y défendre de son chef, & prendre à cet effet le fait & cause dudit Chupin, & qu'où le Maréchal Duc de Richelieu parviendroit à ses fins, en tout cas, que ledit Regnier de Vaubepin fût condamné à acquitter ledit Chupin de toutes les condamnations qui pourroient intervenir contre lui, au profit du Maréchal Duc de Richelieu ; & en tout cas, que le Maréchal Duc de Richelieu, ou ledit Regnier de Vaubepin, ou celui des deux qui succomberoit, fût condamné aux dépens, tant en demandant, défendant, que des sommations & dénonciations ; au bas de laquelle requête est l'Ordonnance de notredite Cour, qui a donné acte de l'emploi y porté, & réservé d'y faire droit en jugeant ; Requête dudit Damas, audit nom, du sept Juin 1755, contenant demande à ce que le contrat passé devant Pain & son confrere, Notaires à Paris, le trente Janvier 1658, entre le feu Duc de Richelieu d'une part, lesdits Flacourt, Lespine & Boileau d'autre part, fût, en tant que besoin étoit ou seroit, déclaré nul & de nul effet, seulement en ce que l'on voudroit induire dudit contrat, une approbation ou une confirmation de celui du vingt-neuf Mai 1655 ; & au surplus, que les conclusions prises en l'Instance par ledit Damas, contre ledit Chupin, lui fussent adjugées avec dépens ; au bas de laquelle requête est l'Ordonnance de notredite Cour, qui a réservé d'y faire droit en jugeant ; Requête dudit Chupin, du onze Juin 1755, employée aux risques dudit Regnier de Vaubepin, pour contredits contre la production nouvelle du Maréchal Duc de Richelieu, du 3 Mai 1753, dénoncée le neuf Juin 1755, & contenant demande à ce qu'il lui fût donné acte de ce qu'il sommoit & dénonçoit audit Regnier de Vaubepin, la susdite requête de production nouvelle, du trois Mai 1753, faite contre le Président Dupuis & autres, à ce que ledit Regnier de Vaubepin, comme garant dudit Chupin, ait à en prendre communication, & la contredire, si bon lui sembloit, ensemble garantir & indemniser ledit Chupin de tout événement qui en pourroit arriver ; & en outre, que le Maréchal Duc de Richelieu & ledit Regnier de Vaubepin, ou celui des deux qui succomberoit, fût condamné en tous les dépens, tant en demandant, défendant, que des sommations & dénonciations ; au bas de laquelle requête est l'Ordonnance de notredite Cour, qui a donné acte de l'emploi y porté, & réservé d'y faire droit en jugeant ; Requête dudit Chupin, du douze Juin 1755, employée aux risques dudit Regnier de Vaubepin, pour défenses à la demande du tuteur à la substitution du Cardinal de Richelieu, portée par requête du sept Juin 1755, & contenant demande à ce qu'en lui adjugeant les conclusions par lui prises, il lui fût donné acte de ce qu'il sommoit & dénonçoit audit Regnier de Vaubepin, son garant, ladite demande portée par requête du sept Juin 1755, à ce qu'il fût tenu d'y défendre & de la faire cesser, sinon, d'en acquitter & garantir ledit Chupin, tant en principal, qu'intérêts, frais, mises d'exécution & dépens ; en tout cas que le Maréchal Duc de Richelieu, ou ledit Regnier de Vaubepin fussent condamnés en tous les dépens, tant en demandant, défendant, que des sommations & dénonciations ; au bas de laquelle requête est l'Ordonnance de notredite Cour, qui a donné acte de l'emploi y porté, & réservé d'y faire droit en jugeant ; Requête dudit Chupin, du vingt-huit Juin 1755, employée aux risques dudit Regnier de Vau-

bepin,

bepin, pour contredits contre la production nouvelle du Maréchal Duc de Richelieu, faite par requête du vingt-six Juin 1755 ; & contenant demande à ce qu'il lui fût donné acte de ce qu'il sommoit & dénonçoit ladite production nouvelle audit Regnier de Vaubepin, à ce qu'il eût à la contredire, & faire cesser les inductions qui en étoient tirées ; en tout cas, que ceux qui succomberoient, fussent condamnés aux dépens ; au bas de laquelle requête est l'Ordonnance de notredite Cour, qui a donné acte de l'emploi y porté, & réservé d'y faire droit en jugeant ; Requête dudit Chupin, du vingt-trois Juillet 1755, contenant demande à ce que faute par ledit Regnier de Vaubepin, de prendre le fait & cause dudit Chupin, sur les demandes & prétentions du Maréchal Duc de Richelieu, il lui fût donné acte de ce qu'il sommoit & dénonçoit audit Regnier de Vaubepin, la production nouvelle du Maréchal Duc de Richelieu, faite par requête dénoncée audit Chupin, le vingt-deux Juillet 1755, à ce qu'il eût à la contredire, si bon lui sembloit ; & en adjugeant audit Chupin ses conclusions, soit contre le Maréchal Duc de Richelieu, soit contre ledit Regnier de Vaubepin, & que celui des deux qui succombera, fût condamné en tous les dépens, tant en demandant, défendant, que des sommations & dénonciations ; au bas de laquelle requête est l'Ordonnance de notredite Cour, qui a donné acte de l'emploi y porté, & réservé d'y faire droit en Jugeant ; Requête dudit Chupin, du sept Août 1755, employée aux risques dudit Regnier de Vaubepin, pour contredits contre la production faite par le Maréchal Duc de Richelieu, par requête du deux Août 1755, & contenant demande à ce que faute par ledit Regnier de Vaubepin, d'avoir pris le fait & cause dudit Chupin, il lui fût donné acte de ce qu'il lui sommoit & dénonçoit la requête de production nouvelle du Maréchal Duc de Richelieu, du deux Août 1755 ; ce faisant, adjugeant audit Chupin, ses conclusions, que le Maréchal Duc de Richelieu, ou ledit Regnier de Vaubepin, ou celui des deux qui succombera, fût condamné en tous les dépens, tant en demandant, défendant, que des sommations & dénonciations ; au bas de laquelle requête est l'Ordonnance de notredite Cour, qui a donné acte de l'emploi y porté, & réservé d'y faire droit en jugeant ; Requête dudit Chupin de Germigny, du huit Août 1755, employée pour contredits aux risques dudit Regnier de Vaubepin, contre la production nouvelle du Maréchal Duc de Richelieu, portée par requête du six Août mil sept cent cinquante-cinq, & contenant demande à ce que faute par ledit Regnier de Vaubepin, d'avoir voulu prendre le fait & cause dudit Chupin, il lui fût donné acte de ce qu'il lui sommoit & dénonçoit la production nouvelle du Maréchal Duc de Richelieu, du six Août 1755, à ce qu'il eût à faire décharger ledit Chupin de toutes les condamnations qui pourroient intervenir contre lui, tant en principal, qu'intérêts, frais & dépens ; en tout cas, que les conclusions prises par ledit Chupin, soit contre le Maréchal Duc de Richelieu, soit contre ledit Regnier de Vaubepin, lui fussent adjugées avec dépens, tant en demandant, défendant, que des sommations ; au bas de laquelle Requête est l'Ordonnance de notredite Cour, qui a donné acte de l'emploi y porté, & réservé d'y faire droit en jugeant ; Requête dudit Chupin, du dix-huit Août 1755, employée pour contredits contre la production nouvelle faite par le Maréchal Duc de Richelieu, par requête du douze Août 1755, & contenant demande à ce que faute par ledit Regnier de Vaubepin son garant, d'avoir pris son fait & cause, il lui fût donné acte de ce qu'il lui sommoit & dénonçoit la production nouvelle du Maréchal Duc de Richelieu, du douze Août 1755, & que le Maréchal Duc de Richelieu, ou ledit Regnier de Vaubepin, fussent condamnés en tous les dépens, tant en demandant, défendant, que des sommations & dénonciations ; au bas de laquelle requête est l'Ordonnance de notredite Cour, qui a donné acte de l'emploi y porté, & réservé d'y faire droit en jugeant ; Requête de la veuve Charles Regnier, du trois Mai 1747, employée pour contredits contre la production nouvelle du Maréchal Duc de Richelieu, faite par requête du vingt-deux Décembre 1745, & ci-dessus visée ; Requête du Maréchal Duc de Richelieu, du vingt-trois Mai 1746, contenant demande à ce qu'en réformant & augmentant les conclusions par lui ci-devant prises contre la veuve Charles Regnier, le contrat du vingt-neuf Mai 1655 fût déclaré nul & de nul effet ; ce faisant, ladite veuve Regnier condamnée à se désister & départir du fonds, propriété & jouissance de la rente foncière dont la maison à elle appartenante étoit chargée, à raison de trente-trois livres dix sols un denier par chaque toise de face sur sept toises de profondeur seulement & conformément au contrat d'arrentement fait par feu le Cardinal de Richelieu, à Louis le Barbier, le dix-sept Mars 1636, de la place sur laquelle ladite maison étoit bâtie, laquelle rente faisoit partie de celle de huit mille deux cens huit livres six sols huit deniers, qui appartenoit à la substitution, au jour du décès du Cardinal de Richelieu, & avoit été vendue avec d'autres biens, auxdits Flacourt, Lespine & Boileau, par le feu Duc de Richelieu pere, par le susdit contrat du vingt-neuf Mai 1655 ; qu'il fût ordonné que ladite maison seroit & demeureroit chargée à l'avenir de ladite rente de 33 liv. 10 sols 1 den. par chaque toise de face sur la rue des Bons-Enfans, remboursable sur le pied du denier vingt-quatre ; qu'il fût ordonné que dans huitaine, à compter du jour de la signification de l'Arrêt qui interviendroit à domicile, la veuve Regnier seroit tenue de passer titre nouvel & reconnoissance de ladite rente, sinon ledit tems passé, que l'Arrêt vaudroit titre nouvel ; que ladite veuve Regnier fût en outre condamnée à payer au Maréchal Duc de Richelieu les arrérages de ladite rente, à compter du dix Mai 1715, jour du décès du Duc de Richelieu, tems auquel la substitution s'étoit trouvée ouverte au profit du Maréchal Duc de Richelieu, en ses dommages-intérêts soufferts & à souffrir ; & en tous les dépens, aux offres ci-devant faites, & qu'il réitéroit, de tenir compte à ladite veuve Regnier de ce qui avoit pû être légitimement payé par elle ou par ses auteurs, à la décharge de la succession du Cardinal de Richelieu, sur le prix du contrat de 1655 ; au bas de laquelle requête, employée pour avertissement, écritures & production sur icelle, est l'Ordonnance de notredite Cour, qui l'a réglée en droit & joint, & donné acte de l'emploi y porté ; Requête de ladite veuve Regnier, du vingt-quatre Avril 1747, d'emploi pour défenses, avertissemens, écritures & production en exécution de la susdite Ordonnance ; Requête du Maréchal Duc de Richelieu du vingt-neuf Mai 1747, d'emploi pour contredits contre l'emploi de production porté par la susdite Requête ; Requête dudit Damas audit nom, du six Juin 1746, contenant demande à ce qu'en réformant & augmentant les conclusions par lui prises contre la veuve Regnier, le contrat de 1655 fût déclaré nul & de nul effet ; ce faisant, ladite veuve Regnier condamnée à se désister du fonds, propriété & jouissance de la rente foncière dont la maison à elle appartenante étoit chargée, à raison de trente-trois livres dix sols un denier par chaque toise de face sur sept toises de profondeur seulement, faisant ladite rente partie de celle de huit mille deux cens huit livres six sols huit deniers, qui appartenoit à la substitution au jour du décès du Cardinal de Richelieu ; qu'il fût ordonné que la maison de ladite veuve Regnier seroit & demeureroit chargée de ladite rente, à raison de 33 livres 6 sols un denier pour chaque toise de face sur la rue neuve des Bons-Enfans remboursable sur le pied du denier vingt-quatre; qu'il fût ordonné que dans huitaine, à compter du jour de la signification de l'Arrêt qui interviendroit à domicile, ladite veuve Regnier seroit tenue de passer titre nouvel & reconnoissance de ladite rente, sinon que l'Arrêt vaudra titre; que ladite veuve Regnier fût en outre condamnée à payer les arrérages de ladite rente depuis l'ouverture de la substitution au profit du Maréchal Duc de Richelieu, & en tous les dépens; au bas de laquelle requête, employée pour avertissement, écritures & production sur icelle, est l'Ordonnance de notredite Cour, qui l'a réglée en droit & joint, & donné acte de l'emploi y porté; Requête de ladite veuve Regnier du vingt-quatre Avril 1747, d'emploi pour défenses, avertissement, écritures & production en exécution de la susdite Ordonnance; Requête dudit Damas audit nom, du trente-un Mai 1747, d'emploi pour contredits contre l'emploi de production porté par la susdite requête; Requête dudit Regnier de Voisy du vingt-quatre Octobre 1739, à ce qu'en conséquence des contestations pendantes en notredite Cour, il lui fût permis d'y faire assigner, dans les délais de l'Ordonnance, Henri Chebron de Bonnegarde, le nommé Chebron, Contrôleur des Rentes, Marie-Anne Nicole & Elisabeth Chebron, filles majeures, Charles-Philippe Mezerets, Elisabeth de Lespine, sa femme, la nommée Delbost, fille majeure, Charles-François Duvier, Catherine-Henriette Chebron, sa femme, ensemble tous les autres héritiers & représentans Charles Flacourt de la Touche, Geneviève Regnier, son épouse, Simon de Lespine & Jeanne Pasquet, son épouse, & tous autres qu'il appartiendroit, pour voir dire que ledit Regnier de Voisy auroit acte de ce qu'aux risques de qui il appartiendroit, il leur sommoit & dénonçoit la demande de ladite veuve Charles Regnier, portée par ses requête & exploit du sept Septembre 1739, à ce qu'ils n'en ignorassent & eussent à prendre le fait & cause dudit Regnier de Voisy, comme étant ses garants formels, faire cesser l'effet de ladite demande & en faire débouter ladite veuve Regnier; sinon & à faute de ce faire, être solidairement condamnés, conformément audit Transport du dix-neuf Juin 1665, à acquitter, garantir & indemniser ledit Regnier de Voisy de l'événement de ladite demande, & de toutes les condamnations qui pourroient intervenir contre lui, tant en principaux, arrérages, intérêts, que frais, mises d'exécution & dépens actifs & passifs, & que lesdits héritiers Flacourt & de Lespine fussent en outre condamnés en tous les dépens, tant en demandant, défendant, que des sommations & dénonciations; Exploits d'assignations données en notredite Cour les vingt-quatre Octobre, douze Décembre 1739, & quatorze Janvier 1740, à la requête dudit Regnier de Voisy, à ladite de Chavigny, audit Chebron de Bonnegarde, à ladite Delbost, auxdits Duvivier, audit Chebron & auxdits Silvain & sa femme, en vertu & aux fins de la susdite requête; Arrêt du vingt-quatre Novembre 1746, par lequel notredite Cour pour faire droit sur les demandes & défenses ci-dessus, a appointé les parties en droit & joint à l'instance d'entre le Maréchal Duc de Richelieu, ladite veuve Regnier & autres, pour être sur le tout conjointement fait droit; Production dudit Regnier de Voisy, en exécution du susdit Arrêt, par requête du vingt-trois Décembre 1746, employée pour avertissement en exécution du susdit Arrêt; Sommation faite à la requête dudit Regnier de Voisy auxdits Chebron & consorts, de satisfaire au susdit Arrêt; Requête présentée en notredite Cour par ledit Regnier de Voisy le vingt-quatre Octobre 1739, contenant demande, ci-dessus visée; Exploit d'assignation donnée en notredite Cour le douze Décembre 1739, à la requête dudit Regnier de Voisy, à Charles-Philippe de Mezerets, & à Elisabeth Delbost, en vertu & aux fins de la susdite requête; Défenses fournies par ledit de Mezerets & ladite Delbost le dix-huit Janvier 1740, contre la susdite demande; Arrêt du vingt-quatre Novembre 1746, par lequel notredite Cour pour faire droit sur les demande & défenses, a appointé les Parties en droit à écrire, produire & contredire dans le tems de l'Ordonnance, & joint à l'instance d'entre le Maréchal Duc de Richelieu, la veuve Regnier & autres, pour être sur le tout conjointement fait droit, dépens réservés; Production dudit Regnier de Voisy, en exécution du susdit Arrêt, par requête du trente-un Décembre 1746, employée pour avertissement; Sommation faite à la requête dudit Regnier de Voisy audit de Mezerets & à ladite Delbost, de satisfaire au susdit Arrêt; Requête présentée en notredite Cour le vingt-quatre Octobre 1739 par ledit Regnier de Voisy, contenant demande, ci-dessus visée; Exploit d'assignation donnée en notredite Cour le quatorze Janvier 1750, à la requête dudit Regnier de Voisy audit Henri de Lespine, en vertu & aux fins de la susdite requête; Défenses fournies le dix Février 1740, par ledit Henri de Lespine, contre la susdite demande; Arrêt du vingt-quatre Novembre 1746, par lequel notredite Cour pour faire droit sur les demandes & défenses ci-dessus, a appointé les Parties en droit & joint à l'instance d'entre le Maréchal Duc de Richelieu & la veuve Regnier, pour être sur le tout conjointement fait droit, dépens réservés; La production dudit Regnier de Voisy, en exécution du susdit Arrêt, par requête du trente-un Décembre 1746, employée pour avertissement; La sommation faite à la requête dudit Regnier de Voisy, audit Henri de Lespine, de satisfaire au susdit Arrêt; Requête dudit Regnier de Voisy, du quatorze Juin 1746, à ce qu'il plût à notredite Cour le recevoir Partie intervenante dans les instances pendantes en notredite Cour entre le Maréchal Duc de Richelieu, ledit Damas audit nom, l'Evêque de Lombès & autres parties à lui jointes en comité pour défendre aux demandes & prétentions du Maréchal Duc de Richelieu & dudit Damas; qu'il lui fût donné acte du contenu en sa requête pour moyens d'intervention, faisant droit sur ladite intervention, qu'il lui fût pareillement donné acte de ce qu'en tant que besoin étoit ou seroit, il sommoit & dénonçoit au Maréchal Duc de Richelieu & audit Damas audit nom, toutes les demandes formées contre lui par lesdits Chupin de Germigny & Herbinot des Touches, & par la veuve Regnier, sans néanmoins aucune approbation desdites demandes, & sous toutes réserves de droit, & en général contre icelles, & aussi de ce qu'il sommoit & dénonçoit au Maréchal Duc de Richelieu, & audit Damas audit nom, les demandes en garantie, qu'il avoit formées de sa part contre ses garants; qu'il lui fût pareillement donné acte de ce qu'il s'unissoit à l'Evêque de Lombès, & aux Parties à lui jointes en comité, de ce qu'il adhéroit à leurs fins de non-recevoir, moyens & défenses contre toutes les demandes du Maréchal Duc de Richelieu & dudit Damas, & de ce qu'il adhéroit à leurs conclusions; ce faisant, que le Maréchal Duc de Richelieu & ledit Damas fussent déclarés non-recevables dans toutes les demandes formées par le Maréchal Duc de Richelieu, & par ledit Damas audit nom, & qu'ils fussent condamnés en tous les dépens en général envers ledit Regnier de Voisy, qui se réservoit tous ses droits & actions tel qu'ils pourroient être contre le Maréchal Duc de Richelieu, ledit Damas, & contre tous ceux qui avoient formé des demandes en garantie contre ledit Regnier de Voisy, & contre ses garants; Arrêt du vingt-quatre Novembre 1746, par lequel notredite Cour a reçu ledit Regnier de Voisy partie intervenante; & pour faire droit sur ladite intervention & demande, a appointé les parties en

droit & joint à l'inſtance d'entre le Maréchal Duc de Richelieu, l'Evêque de Lombès & autres, pour être
ſur le tout conjointement fait droit, dépens réſervés; Plus ample avertiſſement fourni le premier Décembre 1746, ſur toutes les demandes par ledit Regnier de Voiſy, ſervant de contredits contre les productions en exécution de tous les Arrêts, Ordonnances & Réglemens; Production dudit Regnier de Voiſy,
en exécution de l'Arrêt du vingt-quatre Novembre 1746, par requête du dix Décembre audit an, employée
aux riſques de les garants, pour avertiſſement, & contenant demande à ce que les concluſions par lui priſes
lui fuſſent adjugées, & que ceux qui ſuccomberont fuſſent condamnés en tous les dépens, même en ceux
réſervés par l'Arrêt du vingt-quatre Novembre 1746; au bas de laquelle requête eſt l'Ordonnance de nôtredite Cour, qui a donné acte de l'emploi y porté, & réſervé d'y faire droit en jugeant; Avertiſſement fourni
le vingt-neuf Mai 1747 par le Maréchal Duc de Richelieu, & ſa Requête du vingt Juin audit an, d'emploi
pour écritures & production en exécution du ſuſdit Arrêt du vingt-quatre Novembre 1746; Sommation faite
à la requête dudit Regnier de Voiſy au Maréchal Duc de Richelieu & audit Damas audit nom, de ſatisfaire au
ſuſdit Arrêt; Requête dudit Regnier de Voiſy du neuf Décembre 1746, à ce qu'il lui fût donné acte de ce
qu'aux riſques du Tuteur à la ſubſtitution, & de la veuve Regnier, il ſommoit & dénonçoit aux héritiers
Simon de Leſpine & Jeanne Paſquet, ſa femme, la demande dudit Tuteur à la ſubſtitution dénoncée audit
Regnier par la veuve Regnier, enſemble la Requête & demande en garantie de la veuve Regnier du vingt-
ſept Janvier 1744, Les défenſes fournies à leurs riſques, perils & fortunes, & toute la procédure faide à
cette occaſion, à ce que leſdits héritiers Leſpine & ſa femme n'en prétendiſſent cauſe d'ignorance & euſſent à
intervenir, prendre le fait & cauſe dudit Regnier de Voiſy, & faire ceſſer ladite demande; ſinon, & où il
interviendroit quelques condamnations contre ledit Regnier de Voiſy, pour raiſon d'icelle, en ce cas, que
les héritiers dudit de Leſpine & de ſa femme fuſſent condamnés perſonnellement pour telles parts & portions
dont ils étoient héritiers ſolidairement & hypothéquairement pour le tout, à en acquitter, garantir & indemniſer ledit Regnier de Voiſy en principal, intérêts, dommages-intérêts, frais, miſes d'exécution &
dépens; qu'il fût pareillement donné acte audit Regnier de Voiſy, de ce qu'aux riſques deſdits héritiers de
Leſpine & de la veuve Regnier, il contreſommoit & dénonçoit audit Damas audit nom, ſa propre demande
du quatorze Juin 1743, celle de la veuve Regnier du vingt-ſept Janvier 1744, & enfin la demande ci-deſſus
formée contre les héritiers de Leſpine, à ce que dans le cas où il ſuccomberoit dans ſa prétention, il fût
condamné à acquitter, garantir & indemniſer ledit Regnier de Voiſy des condamnations qui pourroient intervenir contre lui au profit de ladite Regnier, ou deſdits héritiers de Leſpine, à cauſe de ladite demande de
la veuve Regnier, & à cauſe de celle que ledit Regnier de Voiſy avoit formée contre les héritiers de Leſpine, tant en principal, intérêts, que frais & dépens; & enfin, attendu que ladite veuve Regnier n'a point
d'action contre ledit Regnier de Voiſy, qui n'eſt point ſon vendeur, il fût donné acte audit Regnier de
Voiſy de ce qu'il lui contreſommoit & dénonçoit ſa propre demande, enſemble les concluſions ci-deſſus
priſes contre les héritiers de Leſpine, à ce que dans le cas où il plairoit à notredite Cour la déclarer non-
recevable dans ſa propre demande du vingt-ſept Janvier 1740, elle fût condamnée en tous les dépens qu'elle
avoit occaſionné, même à acquitter ledit Regnier de Voiſy des condamnations qui pourroient intervenir
contre lui, ſoit au profit du Tuteur à la ſubſtitution, ſoit des héritiers de Leſpine; & dans tous les cas
que ceux qui ſuccomberont fuſſent condamnés en tous les dépens faits par ledit Regnier de Voiſy activement & paſſivement envers toutes les Parties, tant en damandant, défendant, que des ſommations, dénonciations & contreſommations; au bas de laquelle Requête, employée pour avertiſſement, écritures &
production ſur icelle, eſt l'Ordonnance de notredite Cour, qui l'a réglée en droit & joint, & donné acte
de l'emploi y porté; Sommation faite à la requête dudit Regnier de Voiſy audit Damas, à la veuve Regnier
& aux héritiers de Leſpine, de ſatisfaire à la ſuſdite Ordonnance; Requête de la veuve Charles Regnier
du vingt-cinq Avril mil ſept cent quarante-ſept, employée pour défenſes, écritures & production en
exécution de l'Ordonnance étant au bas de la Requête dudit Regnier de Voiſy, du neuf Décembre 1746;
Requête de ladite veuve Charles Regnier, du vingt-quatre Avril 1747, employée aux riſques dudit Regnier
de Voiſy, pour fins de non recevoir, à la demande du Maréchal Duc de Richelieu, du vingt-trois Mai 1746,
& à celle du tuteur à la ſubſtitution du ſix Juin ſuivant, & contenant demande à ce que ſans s'arrêter auxdites requêtes du Maréchal Duc de Richelieu, & dudit Damas audit nom, deſdits jours vingt-trois Mai & ſix
Juin 1746, dans leſquelles ils ſeroient déclarés non recevables, les concluſions priſes par ladite veuve Charles
Regnier lui fuſſent adjugées avec dépens; qu'il fût auſſi donné acte à ladite veuve Regnier, de ce qu'en continuant les ſommations & dénonciations par elle ci-devant faites audit Regnier de Voiſy ſon garant, elle
lui dénonçoit pareillement aux riſques, périls & fortunes du Maréchal Duc de Richelieu & dudit Damas audit
nom, leſdites deux requêtes du Maréchal Duc de Richelieu & dudit Damas audit nom, des vingt-trois
Mai & ſix Juin mil ſept cens quarante-ſix, à ce qu'il n'en ignorât, & eût à y fournir telles fins de non-
recevoir qu'il voudroit, ou y défendre ainſi qu'il aviſeroit; en conſéquence au cas que le Maréchal Duc de
Richelieu & ledit Damas viendroient à réuſſir dans leurſdites demandes, ledit Regnier de Voiſy fût condamné d'en acquitter, garantir & indemniſer ladite veuve Regnier, en principal, intérêts, frais & dépens,
& pour indemniſer à l'avenir ladite veuve Regnier, des arrérages de ladite rente que le Maréchal Duc de Richelieu, & ledit Damas audit nom, prétendent ſur la maiſon par elle acquiſe rue Neuve des Bons enfans, &
dont le prix en entier avoit été payé audit Regnier de Voiſy, qui s'étoit ſoumis ſolidairement de le rapporter s'il y écheoit, & s'étoit obligé à la garantie envers & contre tous, que ledit Regnier de Voiſy fût condamné de faire un fonds ſuffiſant au denier vingt-quatre, pour que la rente prétendue par le Maréchal Duc de
Richelieu, & ledit Damas audit nom, y pût être aiſément perçue, ſi mieux n'aimoit ledit Regnier de Voiſy
payer & rembourſer à ladite veuve Regnier le fonds de ladite rente au denier vingt-quatre, ainſi qu'elle étoit
demandée & prétendue; qu'il fût en outre condamné à payer en l'acquit de ladite veuve Regnier, tous les
arrérages échûs de ladite rente, & ceux qui échéroient juſqu'à ce que ledit fond ou ledit rembourſement.fût
fait, & que ledit Regnier de Voiſy fût condamné aux dépens, tant en demandant, défendant, que de la ſommation; qu'il fût pareillement donné acte à ladite veuve Regnier, de ce qu'aux riſques, périls & fortunes dudit
Regnier de Voiſy, elle contreſommoit, tant au Maréchal Duc de Richelieu, qu'audit Damas audit nom,
leurs propres demandes & requêtes deſdits jours vingt-trois Mai & ſix Juin mil ſept cens quarante-ſix,
& celles qui avoient précédé & ſuivi, & de ce qu'elle leur dénonçoit pareillement la ſuſdite demande
qu'elle formoit contre ledit Regnier de Voiſy, & que ceux du Maréchal Duc de Richelieu, dudit Damas audit nom, oududit Regnier de Voiſy qui ſuccomberoient, fuſſent condamnés en tous les dépens faits par ladite

veuve Regnier, tant en demandant, défendant, que de la sommation & contresommation, même en ceux réservés par l'Arrêt de notredite Cour, du vingt-sept Août 1744, au bas de laquelle requête employée pour avertissement, écritures & production sur icelle, est l'Ordonnance de notredite Cour, qui l'a réglée en droit & joint, & donné acte de l'emploi y porté; requête du Maréchal Duc de Richelieu, du vingt-neuf Mai 1747, d'emploi pour contredits contre l'emploi de production porté par la susdite requête; requête dudit Damas audit nom, du trente-un Mai 1747, d'emploi pour défenses, avertissement, écritures & production, même pour contredits, en exécution de la susdite Ordonnance; sommation faite à la requête de ladite veuve Regnier audit Regnier de Voisy, & au Maréchal Duc de Richelieu, de satisfaire à la susdite Ordonnance; requête de ladite veuve Charles Regnier, du vingt-sept Avril 1747, employée aux risques dudit Regnier de Voisy, pour contredits contre la production nouvelle du Maréchal Duc de Richelieu, du six Mars 1745, & contenant demande à ce qu'il lui fût donné acte de ce qu'en continuant ses précédentes dénonciations, elle dénonçoit audit Regnier de Voisy, la requête du Maréchal Duc de Richelieu, du six Mars 1745, contenant production nouvelle, dont elle offroit de lui communiquer la copie imprimée, sous le récépissé de son Procureur, & de ce qu'elle lui dénonçoit aussi ledit acte du trois ou trente Janvier 1658, duquel elle lui feroit donner copie, à ce qu'il eût à y fournir tels contredits que bon lui sembleroit; au surplus, en jugeant ladite instance, que les conclusions prises par ladite veuve Regnier lui fussent adjugées, & que celui, ou du Maréchal Duc de Richelieu, ou dudit Regnier de Voisy qui succombera, fût condamné en tous les dépens, tant en demandant, défendant, que de la sommation, au bas de laquelle requête est l'Ordonnance de notredite Cour, qui a donné acte de l'emploi y porté, & réservé d'y faire droit en jugeant; requête du Maréchal Duc de Richelieu, du vingt-neuf Mai 1747, d'emploi pour défenses à la demande de ladite veuve Regnier, du vingt-sept Avril 1747; production nouvelle de ladite veuve Charles Regnier, par requête du cinq Mai 1747, contenant demande à ce que les conclusions par elle prises, par ses requêtes des quinze & vingt-sept Janvier 1744, lui fussent adjugées, & que ceux du Maréchal Duc de Richelieu, dudit Damas audit nom, ou dudit Regnier de Voisy qui succomberoient, fussent condamnés en tous les dépens, tant en demandant, défendant, que de la sommation, même en ceux réservés par l'Arrêt de notredite Cour, du 27 Août 1744, au bas de laquelle requête est l'Ordonnance de notredite Cour, qui a réservé d'y faire droit en jugeant; requête du Maréchal Duc de Richelieu, du vingt-neuf Mai mil sept cens quarante-sept, employée pour contredits contre la susdite production nouvelle; requête du Maréchal Duc de Richelieu, du 29 Mai 1747, employée pour fins de non recevoir & défenses contre la demande de la veuve Regnier, portée par sa requête du 24 Avril 1747, ensemble pour avertissement, écritures & production, en exécution de l'Ordonnance étant au bas d'icelle, & contenant demande à ce qu'il plût à notredite Cour, sans s'arrêter à la demande de ladite veuve Regnier, dans laquelle elle seroit déclarée non recevable, ou dont en tous cas elle seroit déboutée, lui adjuger les conclusions par lui prises avec dépens, au bas de laquelle requête est l'Ordonnance de notredite Cour, qui a donné acte de l'emploi y porté, & réservé d'y faire droit en jugeant; requête de ladite veuve Regnier, du huit Avril 1755, employée aux risques de ses garants pour contredits, contre la production nouvelle faite par le Maréchal Duc de Richelieu, par sa requête du six Mars 1755, & contenant demande à ce qu'il lui fût donné acte de ce qu'aux risques de qui il appartiendroit, elle dénonçoit ladite requête de production nouvelle à Gabriel-François Regnier de Vaubespin, se disant héritier bénéficiaire de Jean Regnier de Voisy son oncle, à ce qu'il eût à y fournir de contredits, si bon lui sembloit; ce faisant, que les conclusions prises par ladite veuve Regnier, lui fussent adjugées, & que ceux du Maréchal Duc de Richelieu, ou dudit Regnier de Vaubespin qui succomberoient, fussent condamnés aux dépens faits par ladite veuve Regnier, tant en demandant, défendant, que des sommations & contresommations, au bas de laquelle requête est l'Ordonnance de notredite Cour, qui a donné acte de l'emploi y porté, & réservé d'y faire droit en jugeant; requête du Maréchal Duc de Richelieu, du 26 Mai 1755, contenant demande à ce que le contrat passé devant Pain & son Confrere, Notaires à Paris, le trente Janvier 1658, entre le feu Duc de Richelieu, d'une part, & lesdits Flacourt, Lespine & Boilleau d'autre part, fût en tant que besoin étoit ou seroit, déclaré nul & de nul effet, en ce que l'on voudroit en induire une approbation ou une confirmation du contrat passé devant Pain & Daubanton, Notaires à Paris, le 29 Mai 1655; qu'au surplus les conclusions par lui prises en l'instance contre ladite veuve Regnier, lui fussent adjugées avec dépens, au bas de laquelle requête est l'Ordonnance de notredite Cour, qui a réservé d'y faire droit en jugeant: requête dudit Damas audit nom, du sept Juin 1755, contenant demande à ce que le contrat passé devant Pain & son Confrere, Notaires à Paris, le trente Janvier 1658, entre le feu Duc de Richelieu d'une part, & lesdits Flacourt, Lespine & Boilleau d'autre part, fût en tant que besoin étoit ou seroit, déclaré nul & de nul effet, en ce que l'on voudroit en induire une approbation ou une confirmation du contrat passé devant Pain & Daubanton, Notaires à Paris, le vingt-neuf Mai 1655; qu'au surplus les conclusions par lui prises en l'instance contre ladite veuve Regnier lui fussent adjugées avec dépens, au bas de laquelle requête est l'Ordonnance de notredite Cour, qui a réservé d'y faire droit en jugeant: requête de ladite veuve Regnier, d'emploi pour défenses contre les demandes du Maréchal Duc de Richelieu, & du Tuteur à la substitution, des vingt-six Mai & sept Juin 1755: requête de ladite veuve Regnier, du 3 Juillet 1755, employée aux risques dudit Regnier de Vaubespin, son garant, pour contredits contre les productions nouvelles faites par le Maréchal Duc de Richelieu, par requêtes des dix-sept Avril, seize Mai, six & vingt-six Juin 1755, & tendante à ce que les conclusions par elle prises lui fussent adjugées, & que ceux du Maréchal Duc de Richelieu, ou dudit Regnier de Vaubespin qui succomberoient, fussent condamnés en tous les dépens faits par ladite veuve Regnier, tant en demandant, défendant, que des sommations & contresommations, au bas de laquelle requête est l'Ordonnance de notredite Cour, qui a donné acte de l'emploi y porté, & réservé d'y faire droit en jugeant; production nouvelle du Maréchal Duc de Richelieu, contre le nommé Lamothe, par requête du vingt-deux Décembre 1745; sommation faite à la requête du Maréchal Duc de Richelieu audit Lamothe, de fournir de contredits contre la susdite production nouvelle: requête du Maréchal Duc de Richelieu, du trente Juin 1747, contenant demande à ce qu'en augmentant les conclusions par lui ci-devant prises, le contrat du 29 Mai 1655, fût déclaré nul, & de nul effet, comme contenant l'aliénation d'une place réservée, qui appartenoit à la substitution; en conséquence que ledit Delamothe fût condamné à se désister & départir de la propriété, possession & jouissance d'une maison, avec ses dépendances, sise en la ville de Paris, rue Neuve des Bons Enfans, tenant, du côté du Septentrion, à la maison de la veuve Charles Regnier, du côté de l'orient, à la rue Neuve des Bons Enfans; & du côté du couchant, au Jardin du Palais Royal; ladite maison

construite

construite sur la troisiéme place réservée par le Cardinal de Richelieu, dans l'arrentement fait à Louis le Barbier, par le contrat du 17 Mars 1636, faisant partie des biens qui s'étoient trouvés dans la succession du Cardinal de Richelieu, substitués par son testament du vingt-trois Mai 1642, & vendus par le feu Duc de Richelieu pere, à Charles Flacourt, par le susdit contrat passé devant Notaires à Paris, le 29 Mai 1655; que ledit Delamothe fût pareillement condamné à rendre au Maréchal Duc de Richelieu ladite maison & dépendances, conformément audit testament, même à lui restituer les fruits & revenus de ladite maison, depuis le dix Mai 1715, jour du décès du Duc de Richelieu pere, & que ladite substitution s'étoit trouvée ouverte au profit du Maréchal Duc de Richelieu, le tout à dire d'Experts, dont les Parties conviendroient devant le Conseiller Rapporteur, ou qui seroient par lui nommés d'office, ou sur la représentation des baux de ladite maison; que ledit Delamothe fût en outre condamné aux dommages-intérêts du Maréchal Duc de Richelieu, & aux dépens à son égard, & qu'il fût donné acte au Maréchal Duc de Richelieu des offres qu'il faisoit de tenir compte audit Delamothe, sur les fruits, loyers & revenus de ladite maison, des impenses & améliorations qui pourroient avoir été faites dans icelle depuis l'ouverture de la substitution, en les justifiant, & suivant l'estimation qui en seroit faite par les mêmes Experts, qui procéderoient à la liquidation des fruits & revenus; qu'il fût pareillement donné acte au Maréchal Duc de Richelieu, des offres par lui faites & qu'il réitéroit, de tenir compte audit Delamothe des sommes qu'il justifieroit avoir été employées par ses auteurs, sur le prix du contrat de 1655, au payement des dettes de la succession du Cardinal de Richelieu, au bas de laquelle requête employée pour avertissement, écritures & production sur icelle, est l'Ordonnance de notredite Cour, qui l'a reglée en droit & joint, & donné acte de l'emploi y porté: sommation faite à la requête du Maréchal Duc de Richelieu, audit Delamothe, de satisfaire à la susdite Ordonnance: requête dudit Damas audit nom, du 30 Juin 1747, contenant demande à ce qu'en augmentant les conclusions par lui ci-devant prises, le contrat du 29 Mai 1655, fût déclaré nul & de nul effet, comme contenant l'aliénation d'une place réservée, qui appartenoit à la substitution; en conséquence que ledit Delamothe fût condamné à se désister & départir de la propriété, possession & jouissance du sol, fonds & superficie d'une maison, cour, bâtimens & dépendances, sise en la ville de Paris, rue Neuve des Bons-Enfans, tenant, du côté du midi, à la maison de feu Payen; du côté du septentrion, à la maison de la veuve Charles Regnier; du côté de l'orient, à la rue Neuve des Bons-Enfans; & du côté du couchant, au Jardin du Palais Royal; ladite maison construite sur la troisième des places réservées par le Cardinal de Richelieu, dans l'arrentement qu'il avoit fait à Louis le Barbier, par le contrat du dix-sept Mars mil six cens trente-six, & faisant partie des biens qui s'étoient trouvés dans la succession du feu Cardinal de Richelieu substitués par son testament du 2; Mai mil six cens quarante-deux & vendus par le feu Duc de Richelieu pere, à Charles Flacourt par le susdit contrat passé devant Notaires à Paris, le vingt-neuf Mai 1655; que ledit de la Motte fût pareillement condamné à laisser audit Damas audit nom, la libre propriété, possession & jouissance de ladite maison, sauf au Maréchal Duc de Richelieu à prendre des conclusions, si fait n'avoit été pour la restitution des fruits & revenus, qu'il fût donné acte audit Damas des offres qu'il faisoit de tenir compte en ce qui pourroit le concerner des impenses & améliorations si aucunes étoient justifiées avoir été faites dans ladite maison, comme aussi de tenir compte audit de la Motte des sommes qu'il justifieroit avoir été employées par ses auteurs sur le prix du contrat de 1655 au payement des dettes de la succession du Cardinal de Richelieu, & qu'en outre ledit de la Motte fût condamné en tous les dépens; au bas de laquelle requête employée pour avertissement, écritures & production sur icelle, est l'Ordonnance de notredite Cour qui l'a reglée en droit & joint, & donné acte de l'emploi y porté; sommation faite à la requête dudit Damas audit nom, audit de la Motte de satisfaire à la susdite Ordonnance; production nouvelle dudit de la Motte par requête du vingt-un Juillet 1747; requête du Maréchal Duc de Richelieu du vingt Avril 1751, employée pour contredits contre la susdite production nouvelle; autre production nouvelle dudit de la Motte par requête du quatre Août 1747; requête du Maréchal Duc de Richelieu du 21 Avril 1751, employée pour contredits contre la susdite production nouvelle; requête du Maréchal Duc de Richelieu du vingt-six Mai 1755, contenant demande à ce que le contrat passé devant Pain & son confrere, Notaires à Paris, le trente Janvier 1658, entre le feu Duc de Richelieu d'une part, & lesdits Flacourt, Lespine & Boilleau d'autre part, fût en tant que besoin étoit ou seroit, déclaré nul & de nul effet, seulement en ce que l'on voudroit en induire une approbation ou une confirmation de celui passé devant Pain & Daubanton, Notaires à Paris, le vingt-neuf Mai 1655; qu'au surplus les conclusions prises en l'instance par le Maréchal Duc de Richelieu contre ledit de la Motte lui fussent adjugées avec dépens; au bas de laquelle requête est l'Ordonnance de notredite Cour, qui a réservé d'y faire droit en jugeant; requête dudit de la Motte du trente Juillet 1755, d'emploi pour défenses à la susdite demande; requête dudit Damas audit nom du dix Juin 1755, à ce que le contrat passé devant Pain & son confrere, Notaires à Paris, le trente Janvier 1658 entre le feu Duc de Richelieu d'une part, & lesdits Flacourt, Lespine & Boilleau d'autre, fût en tant que besoin étoit ou seroit, déclaré nul & de nul effet, seulement en ce que l'on voudroit induire dudit contrat une approbation ou une confirmation de celui passé devant Pain & Daubanton, Notaires à Paris, le vingt-neuf Mai 1655; qu'au surplus les conclusions prises en l'instance par ledit Damas audit nom contre ledit de la Motte lui fussent adjugées avec dépens; au bas de laquelle requête est l'Ordonnance de notredite Cour, qui a réservé d'y faire droit en jugeant; quatre requêtes de François Lambert des cinq, douze, quatorze Janvier 1746 & vingt-un Août 1755, d'emploi pour avertissement, écritures, production & contredits en exécution de tous les Arrêts, Ordonnances & Réglemens de l'instance, & notamment en exécution des Arrêts des huit Août 1737, deux Juillet & vingt-sept Août 1744, & de l'Ordonnance du deux Août 1745; requête du Maréchal Duc de Richelieu du 3 Juin 1747, d'emploi pour contredits contre la production nouvelle faite par le Duc d'Orléans par requête du trente Mai 1747; dix requêtes dudit Philippe-Louis Thibault de Senneterre Marquis de la Ferté, des cinq Février, quatorze, dix-huit, dix-neuf, vingt & 23 Août 1755, d'emploi pour défenses à l'intervention du Duc de Ruffec & consorts, portée par requête du vingt-un Juin 1754, & d'emploi pour contredits en exécution des Arrets & Ordonnances des trente-un Juillet, cinq Septembre 1749, vingt-huit Mars & trois mai 1753, vingt-six Juin, dix-sept, vingt-six, vingt-neuf Juillet & douze Août 1755; deux requêtes dudit Jean-Jacques Coustard des vingt-trois & vingt-cinq Novembre 1746, d'emploi pour contredits; défenses, écritures & production en exécution des Ordonnances des vingt-trois Décembre 1745, & trente Avril 1746; neuf tequêtes dudit Melchior de Pondevaux & de Marie-Alphonsine de la Poire son épouse des vingt-neuf Novembre 1746, vingt-un, vingt-deux & vingt-trois Août 1755, d'emploi pour contredits & défenses en exécution des Arrêts & Ordonnances des vingt-six Janvier 1746, trois Mai 1753, 12 Mai, deux Juin, premier, dix-sept, vingt-six, vingt-neuf Juillet & douze Août 1755; requête du Maréchal du Duc de Richelieu du vingt-trois Novembre 1745, d'emploi pour contredits contre les productions faites par le Président Dupuis en exécution de tous les Arrêts; sept requêtes du Président Dupuis, des vingt-un Août 1745, quatorze Janvier 1746, vingt-huit Juin, premier Juillet 1747 & vingt-sept Août 1755, d'emploi pour avertissement, écritures & production, même pour contredits en exécution des Arrêts & Ordonnances de notredite Cour des quatre Septembre 1739, sept Septembre 1740, vingt-un Juillet, deux Août, dix-huit Décembre 1745 & vingt-six Janvier 1746; la susdite requête du premier Juillet 1747, contenant demande à ce qu'en adjugeant au Président Dupuis les conclusions par lui prises en l'instance, le Maréchal Duc de Richelieu fût condamné en tous les dépens faits tant contre lui que contre le tuteur à la substitution & autres, tant en défendant, demandant, que des sommations & dénonciations; au bas de laquelle requête est l'Ordonnance de notredite Cour, qui a réservé d'y faire droit en jugeant; dix requêtes de ladite Opportune-Marie Perrot ès noms des quatorze, quinze Mai, deux Juin & vingt-six Août 1755, d'emploi pour défenses, écritures, production & contredits en exécution des Arrêts & Ordonnances de notredite Cour, des quinze Mai 1739, vingt-huit Juin, vingt-sept Juillet 1742, vingt-quatre Juillet 1743, onze Mai 1746, vingt Mai 1748 & vingt-trois Août 1755; dix-huit requêtes dudit Président Haynault des treize Mars, quatorze Avril, vingt-six Mai, 4, treize Juin, douze Juillet, premier, quatre, sept, vingt-six & vingt-sept Août 1755, d'emploi pour avertissement, écritures, production & contredits en exécution des Arrêts & Ordonnances de notredite Cour des vingt-un Juin 1743, six Mai 1746, seize Décembre 1748, trente-un Mai 1751, neuf Janvier 1753, 6 & trente-un Mars, dix Avril, seize Mai, deux, six Juin, premier, neuf, vingt-quatre, vingt-six & vingt-neuf Juillet 1755; six requêtes de Geneviéve Leclerc veuve Perdrigeon & consorts des premier, quatre, cinq Juillet 1747, vingt Décembre 1752 & dix-sept Mars 1753, d'emploi pour contredits de production, en exécution des Arrêts & Ordonnances de notredite Cour des seize Décembre 1745, six Juin 1746, cinq Décembre 1752 & neuf Janvier 1753; six requêtes de ladite Catherine-Françoise Dionis & consorts, toutes du dix-huit Août 1755, d'emploi pour contredits contre les productions nouvelles du Maréchal Duc de Richelieu, faites par requêtes des onze, vingt-six Juin, vingt-trois, trente-un Juillet, six & treize Août 1755; sept requêtes d'Antoine Laisné & consorts des cinq & huit Juillet 1747, vingt Décembre 1752 & quinze Mars 1753, d'emploi pour défenses, écritures, production même, pour contredits en exécution des Arrêts & Ordonnances de notredite Cour des seize Décembre 1745, six Juin 1746, onze Décembre mil sept cens cinquante-deux & quatorze Mars mil sept cens cinquante-trois; sept requêtes dudit de Seve de Flecheres & consorts des treize Mai, dix-sept Juin, vingt-huit Juillet, sept, huit & vingt-neuf Août mil sept cens cinquante-cinq, d'emploi pour contredits de production, en exécution des Arrêts & Ordonnances de notredite Cour des vingt-sept Mars, trois Mai mil sept sept cens cinquante-trois, dix-sept, vingt-six, vingt-neuf Juillet & douze Août mil sept cept cens cinquante-cinq; deux requêtes du Maréchal Duc de Richelieu des vingt-sept Novembre mil sept cens quarante-cinq, d'emploi pour contredits contre les productions faites par la veuve Galois & consorts & les héritiers de la Riviere, en exécution de tous les Arrêts & Ordonnances de notredite Cour; 9 requêtes dudit Claude Anceau & consorts, des sept Mai, vingt-un & vingt-deux Août mil sept cens cinquante-cinq, d'emploi pour contredits, en exécution des Arrêts & Ordonnances de notredite Cour, des trois Mai mil sept cens cinquante-trois, trente-un Décembre mil sept cens cinquante-quatre, dix-neuf Juin, premier, 17, vingt-six, vingt-neuf Juillet & 12 Août mil sept cens cinquante-cinq; deux requêtes du Maréchal Duc de Richelieu du 10 Novembre mil sept cens quarante-cinq, d'emploi pour contredits contre les productions dudit Darcy & sa sœur, & dudit Lemosnier Duquesne, en exécution de tous les Arrêts & Ordonnances de notredite Cour; dix-neuf requêtes de Louis-michel de Chamillart comte de la Suze & consorts des 3, 6, 7, 10 Juin & 4 Juillet 1747, premier, deux, quatre, cinq, six, sept, huit, neuf, onze, vingt & vingt-huit, Août mil sept cent cinquante cinq, d'emploi pour défenses, avertissement, écritures, production & contredits, en exécution des Arrêts & Ordonnances de notredite Cour, des vingt-six Janvier, trois, dix-huit Février & neuf Décembre mil sept cent quarante, sept Mai mil sept cent quarante cinq, quinze, dix-huit Juin mil sept cent quarante six, vingt-deux Avril, neuf, vingt, vingt-six Juin, vingt-quatre, vingt-six, vingt-neuf Juillet, dix-huit & vingt-six Août mil sept cent cinquante-cinq; quatorze requêtes des Religieuses de saint Thomas, des quatre, sept, dix-neuf, vingt-un & vingt-neuf Août 1755, d'emploi pour défenses & contredits, en exécution des Arrêts & Ordonnances de notredite Cour des vingt-neuf, trente Juillet, quatorze & vingt-six Août mil sept cens cinquante-cinq; Requête de Constantin-Joseph Perrier & consorts du vingt-un Août mil sept cent cinquante cinq, d'emploi pour avertissement, écritures, production, contredits & défenses, en exécution de tous les Arrêts & Ordonnances de notredite Cour; huit Requêtes dudit Bertrand Tailligoury & sa femme des vingt-un Avril mil sept cent quarante-sept, douze Avril, vingt-sept Mai, six Juin, vingt-six Juillet, six, huit & dix-neuf Août mil sept cent cinquante-cinq, d'emploi pour satisfaire à tous les réglemens & Ordonnnances de notredite Cour, & notamment pour contredits contre la production nouvelle du Maréchal Duc de Richelieu faites par requête des vingt-huit Mars 1753, trois, seize Mai, dix-sept, vingt-six, vingt sept Juillet & douze Août 1755; huit requêtes de Louis-Pierre de Berthereau de la Giraudiere & consorts, des trente-un Janvier, six Février & vingt-un Avril 1747, deux, vingt-neuf Juillet, six, huit & dix-neuf Août 1755, d'emploi pour satisfaire à tous les réglemens & Ordonnances de notredite Cour, & notamment pour contredits contre les productions nouvelles du Maréchal Duc de Richelieu faites par requêtes des premier, dix-sept, vingt-six, vingt-neuf Juillet & douze Août 1755; deux requêtes dudit Lambert, Desnœuds & consorts, des dix-neuf & vingt-neuf Août 1755, d'emploi pour contredits contre la production dudit Damàs, audit nom, en exécution de l'Arrêt du vingt-sept Septembre 1754, & contre la production nouvelle du Maréchal Duc de Richelieu, faite par requête du douze Août 1755; huit requéres dudit Charles Jullien, des vingt-deux, vingt-trois, trente-un Juillet, six, douze, dix-huit & dix-neuf Août 1755, d'emploi pour défenses & contredits, en exécution des Arrêts & Ordonnances de notredite Cour, des premier, quinze, vingt-six, trente Juillet, neuf, onze & douze Août 1755; deux requêtes de François de Beaumont, des vingt-un

& vingt-deux Août 1755 / l'une d'emploi pour contredits contre la production du Maréchal Duc de Richelieu, faite par requête du vingt dudit mois d'Août, en exécution de l'Ordonnance de notredite Cour, du feize Juillet précédent, & l'autre d'emploi pour contredits contre l'emploi de production faite par ledit Damas, audit nom, par fa requête du vingt-un dudit mois d'Août, en exécution de l'Ordonnance de notredite Cour, dudit jour feize Juilllet 1755; quatre requêtes de la veuve Racle & dudit Bonvarlet & conforts, des dix-huit Janvier 1746, fix Juillet 1747, & vingt-un Août 1755, d'emploi pour défenfes aux interventions de la veuve le Bas de Girangis, & du tuteur à la fubftitution portée par leurs requêtes des vingt - fix Janvier mil fept cent quarante, & quatorze Juin mil fept cent quarante-trois, & d'emploi pour fatisfaire à tous les Arrêts & Ordonnances de notredite Cour; Requête du Maréchal Duc de Richelieu du vingt-fept Novembre mil fept cent quarante-cinq, d'emploi pour contredits contre les productions faites par la veuve Juillet & le nommé Gaillard, en exécution de tous les Arrêts & Ordonnances de notredite Cour; neuf requêtes des Syndics & Directeurs des créanciers du Marquis de Creil des dix-huit Janvier, cinq, vingt-fix Mai, & dix-huit Août mil fept cent cinquante-cinq, d'emploi pour défenfes à la demande dudit Poitevin de Verrieres & fa femme, formée par requête du quatorze Janvier mil fept cent cinquante-cinq, & d'emploi pour contredits contre les productions nouvelles, faites par le Maréchal Duc de Richelieu, par requêtes des dix-huit Màrs, feize Mai, onze, vingt-fix Juin, vingt-deux, trente-un Juillet, fix & treize Août mil fept cent cinquante-cinq; Requête dudit Durey de Sauroi & des Directeurs des créanciers du Préfident de Noinville, des douze Février mil fept cent quarante-fix, & vingt-un Août mil fept cent cinquante-cinq; l'une d'emploi ponr contredits contre la production nouvelle du Maréchal Duc de Richelieu, faite par requête du vingt-deux Décembre 1745, & l'autre d'emploi pour avertiffement, écritures, production, contredits & défenfes en exécution de tous les Arrêts & Ordonnances de notredite Cour: huit requêtes dudit Nicolas Chabouillé des cinq, vingt - fix Mai & vingt-un Août mil fept cent cinquante-cinq, d'emploi pour contredits contre les productions nouvelles, faites par le Maréchal Duc de Richelieu, par requêtes des vingt-huit Mars, feize Mai, onze, vingt-fix Juin, vingt-deux, trente-un Juillet, fix & treize Août mil fept cent cinquante-cinq; Requête de Jean-Baptifte Rapally du trois Décembre mil fept cent cinquante-un, d'emploi pour contredits contre la production nouvelle du Maréchal Duc de Richelieu, faite par requête du cinq Septembre mil fept cent quarante-neuf; vingt-une requêtes dudit de la Mothe, des vingt-neuf, trente Juillet, premier, quatre, & fept Août mil fept cent cinquante-cinq, d'emploi pour défenfes, avertiffement, écritures, production & contredits contre les productions du Maréchal Duc de Richelieu, en exécution d'Arrêts & productions nouvelles, faites par requêtes des feize Décembre mil fept cent quarante-huit, quatre Décembre mil fept cent cinquante-deux, neuf, douze Janvier, douze, quatorze Mars mil fept cent cinquante-trois, fix Mars, dix Avril, treize, feize Mai, deux, dix Juin, premier, vingt-quatre, vingt-neuf Juillet mil fept cent cinquante-cinq; quatre Mémoires imprimés pour les Propriétaires des maifons fituées fur le Palais Royal, contre le Maréchal Duc de Richelieu, & fignifiées les neuf Avril mil fept cent einquante-trois, einq, dix-fept Mai, & vingt-trois Juillet mil fept cent cinquante-cinq; Sommation générale de fatisfaifaire à tous les réglemens de l'inftance: Conclufions de notre Procureur Général; tout joint & confidéré:

NOTREDITE COUR, faifant droit fur le tout, déclare Louis-François Armand Dupleffis Duc de Richelieu, & Louis-Charles Damas, tuteur à la fubftitution portée au teftament de feu Jean-Armand Dupleffis, Cardinal Duc de Richelieu, ayant repris audit nom, par acte du vingt-fept Avril mil fept cent quarante-fix, au lieu de défunt Jacques de la Blancherie, ci-devant tuteur nommé à ladite fubftitution, non-recevables & mal fondés dans toutes leurs demandes en nullité du contrat de vente du vingt-neuf Mai mil fix cent cinquante-cinq; en conféquence, tant fur l'appel interjetté par lefdits Dupuis, Nouveau, Bitault & autres, appointé au Confeil, & joint par Arrêt du trente Juin mil fept cent cinquante-un, que fur toutes les demandes en garantie, fommations, dénonciatons, contre-fommations, & autres demandes, fins & conclufions, met les Parties hors de Cour & de Procès, fauf audit Louis-François Armand Dupleffis, Duc de Richelieu, & audit Damas, audit nom, à fe pourvoir, fi bon leur femble, pour raifon du défaut d'emploi, fi aucun y a, du prix porté audit contrat de vente du vingt-neuf Mai mil fix cent cinquante-cinq, contre qui, & ainfi qu'il aviferont bon être, les fins de non-recevoir, & défenfes des Parties intéreffées, réfervées au contraire: tous dépens faits fur les demandes en garantie, fommations & dénonciations compenfés; condamne le Duc de Richelieu & ledit Damas, audit nom, chacun à leur égard en tous les dépens envers toutes les Parties de l'inftance, même en ceux ci-deffus compenfés, & faits les unes à l'encontre des autres, tant en demandant, défendant, que des fommations, dénonciations & contre-fommations, & en ceux réfervés; pourront les Directeurs des créanciers defdits de Creil & fa femme, André, Durcy, de Noinville, & autres Directeurs de créanciers, employer chacun à leur égard ceux par eux faits en frais de Direction. Si mandons mettre le préfent Arrêt à exécution: Donné en Parlement le vingt-huit Août, l'an de grace mil fept cent cinquante-cinq. Et de notre Régne le quarantiéme. Collationné. *Signé*, LANGELÉ, *Enfuite eft écrit:* Par la Chambre, *figné* DUFRANC.

A Paris chez P. G. SIMON, Imprimeur du Parlement, rue de la Harpe, à l'Hercule. 1756.